Grundbuchverfahrensrecht
Eickmann/Böttcher

Grundbuchverfahrensrecht

Lehr- und Praxisbuch

von

Dieter Eickmann (†)
Professor a.D. an der Hochschule
für Wirtschaft und Recht in Berlin

und

Roland Böttcher
Professor an der Hochschule
für Wirtschaft und Recht in Berlin

unter Mitarbeit (Kap. 11 u. 12) von

Alexander Dressler-Berlin
Diplom-Rechtspfleger beim Amtsgericht (Grundbuchamt)
Tempelhof-Kreuzberg und Lehrbeauftragter
am Fachbereich Rechtspflege der Hochschule
für Wirtschaft und Recht in Berlin

5., völlig neu bearbeitete Auflage

2019

Verlag Ernst und Werner Gieseking GmbH, Bielefeld

Zitierweise:
- Eickmann/Böttcher, GBVerfR, Rdn.
- Dressler-Berlin in Eickmann/Böttcher, GBVerfR, Rdn.

Bibliografische Information der Deutschen Nationalbibliothek
Die Deutsche Nationalbibliothek verzeichnet diese Publikation in der Deutschen Nationalbibliografie; detaillierte bibliografische Daten sind im Internet über http://dnb.d-nb.de abrufbar.

2019
© Verlag Ernst und Werner Gieseking GmbH, Bielefeld

Dieses Werk ist urheberrechtlich geschützt. Jede Verwertung, insbesondere die auch nur auszugsweise Vervielfältigung auf fotomechanischem oder elektronischem Wege, die Einstellung in Datenbanken oder die Aufnahme in Online-Dienste, ist nur insoweit zulässig, als sie das Urheberrechtsgesetz ausdrücklich gestattet, ansonsten nur ausschließlich mit vorheriger Zustimmung des Verlages. Alle Rechte bleiben vorbehalten.

Lektorat: Dr. iur. Jobst Conring
Satz: Fotosatz L. Huhn, Linsengericht / Eidengesäß
Druck: CPI books GmbH, Birkach
ISBN 978-3-7694-1219-2

Vorwort zur fünften Auflage

Die Neuauflage berücksichtigt die zwischenzeitlich ergangene Rechtsprechung und veröffentlichte Literatur, soweit sie für ein Lehrbuch von Bedeutung sind. Am 31.8.2017 verstarb *Dieter Eickmann*, der Ursprungsautor dieses Werks. Er war der Begründer des modernen Grundbuchverfahrensrechts. Seine dogmatisch fundierten Aussagen prägen bis in die heutige Zeit das Grundbuchrecht. Seine Systematisierung der Verfahrensvoraussetzungen und der Verfahrensstruktur liegen dem Buch selbstverständlich weiter zugrunde und werden in seinem Sinne fortgeführt. Als Mitautor gewonnen werden konnte **Diplom-Rechtspfleger** *Alexander Dressler-Berlin* (für die Kapitel 11 und 12), der über eine langjährige Praxis- und Lehrerfahrung im Grundbuchrecht verfügt. Frau Diplom-Rechtspflegerin *Dagmar Zorn* und Herrn Professor *Walter Böhringer* danke ich für wertvolle Hinweise bei der Erstellung der Neuauflage. Das Buch soll nicht nur die Studierenden auf die **Rechtspflegerprüfung** und die Rechtsanwälte/tinnen auf die **Notarfachprüfung** vorbereiten, sondern auch der **Grundbuchpraxis** eine Hilfe sein.

Berlin, im Sommer 2019 *Roland Böttcher*

Aus dem Vorwort zur Erstauflage

… Schwerpunkt des Buches ist die Darstellung und Systematisierung der Verfahrensvoraussetzungen und der Verfahrensstruktur. Ich habe mich dabei von dem Grundsatz leiten lassen, das Verfahren als eines der freiwilligen Gerichtsbarkeit den allgemein dort geltenden Verfahrensregeln und Begriffen wieder anzunähern, soweit dies möglich war; insbesondere aber, die vielfältigen Erkenntnisse der modernen Verfahrensrechtslehre im Rahmen des Möglichen in das Grundbuchverfahren zu übertragen. Wesentliche Anregungen dabei verdanke ich insbesondere den in ihrer Bedeutung weitgehend noch gar nicht erkannten Arbeiten *Ertls* zur Rechtsnatur der Bewilligung und der groß angelegten bedeutenden Untersuchung von *Vollkommer* über das Spannungsverhältnis zwischen Verfahrensstrenge und materieller Gerechtigkeit im Zivilprozess.

Von den besonderen Verfahren der GBO habe ich nur die behandelt, die eine gewisse praktische Bedeutung erlangt haben; deshalb habe ich z.B. die Löschung wegen Gegenstandslosigkeit, das Anlegungsverfahren oder das Rangklarstellungsverfahren ausgeklammert.

Materiell-rechtliche Fragen sind insoweit behandelt, als sie für das Verfahrensrecht unmittelbar von Bedeutung sind (so z. B. im Bereich der Verfügungsbeschränkungen); darüber hinaus war es mir ein Anliegen, die starke Verflechtung des Verfahrens mit dem materiellen Recht darzustellen und daraus die notwendigen Konsequenzen zu ziehen ...

Inhaltverzeichnis

Literaturverzeichnis XIX
Abkürzungsverzeichnis XXV

1. Kapitel: Bedeutung und Geschichte der Grundbucheinrichtung . . 1
§ 1 Die Bedeutung des Grundbuchsystems 1
    I. Notwendigkeit und Aufgaben 1
    II. Die einzelnen Auswirkungen des Grundbuchs
        und Grundbuchverfahrens 2
        1. Überblick 2
        2. Die Übertragungs- oder Konstitutivwirkung 3
        3. Die Vermutungswirkung 3
        4. Die Schutzwirkung 4
        5. Die Rechtsschutzfunktion des Verfahrens 4
        6. Die öffentlich-rechtliche Kontroll-, Warn- und
           Schutzfunktion 5
§ 2 Die Geschichte der Grundbucheinrichtung 7
    I. Vorgeschichte, Vorgängerformen 7
    II. Das heutige System 10
    III. Die jüngste Zeit 11

**2. Kapitel: Die rechtssystematische Einordnung
des Grundbuchverfahrens** 13
§ 1 Das Grundbuchverfahren als Verfahren
    der freiwilligen Gerichtsbarkeit 13
§ 2 Die Anwendbarkeit der allgemeinen Verfahrensgrundsätze
    der freiwilligen Gerichtsbarkeit 14
    I. Amtsverfahren und Antragsverfahren 14
    II. Der Beteiligtenbegriff 14
    III. Beteiligtenfähigkeit und Verfahrensfähigkeit 18
        1. Die Beteiligtenfähigkeit 18
        2. Die Verfahrensfähigkeit 23
    IV. Die Gewinnung der Entscheidungsgrundlagen 25
        1. Amtsermittlung oder Beibringungsgrundsatz? 25
        2. Zulässige Beweismittel und Form der Beweiserhebung . . 26
        3. Die Feststellungslast 28
    V. Das rechtliche Gehör im Grundbuchverfahren 32

		1. Der Grundsatz	32
		2. Inhalt	32
	VI.	Wirksamwerden von Entscheidungen und Abänderungsbefugnis des Gerichtes	34
		1. Arten der Entscheidungen; Wirksamwerden	34
		2. Die Abänderungsbefugnis	37
	VII.	Formelle und materielle Rechtskraft im Grundbuchverfahren	37

§ 3 Die Anwendbarkeit weiterer Vorschriften des FamFG und anderer Gesetze ... 40
    I. Ablehnung und Ausschließung von Gerichtspersonen ... 40
    II. Verfahrenskostenhilfe ... 40
    III. Bevollmächtigte und Beistände ... 40
    IV. Fristenberechnung ... 40
    V. Gerichtssprache ... 41
    VI. Öffentlichkeit ... 41
    VII. Rechtshilfe ... 41
    VIII. Rechtsmittelbelehrung ... 42
    IX. Zwangsmittel ... 42

3. Kapitel: Das Grundbuchamt und seine Funktionsträger ... 43
§ 1 Die sachliche Zuständigkeit in Grundbuchsachen ... 43
§ 2 Die örtliche Zuständigkeit in Grundbuchsachen ... 45
    I. Grundsatz ... 45
    II. Verstöße ... 45
        1. Handlungen ... 45
        2. Abgabe von Erklärungen ... 45
§ 3 Die funktionelle Zuständigkeit in Grundbuchsachen ... 48
    I. Die Zuständigkeitsregeln ... 48
        1. Der Grundbuchrichter ... 48
        2. Der Rechtspfleger ... 48
        3. Der Urkundsbeamte der Geschäftsstelle ... 49
        4. Der Präsentatsbeamte ... 49
        5. Zweiter Beamter der Geschäftsstelle ... 49
    II. Die Verletzung der Zuständigkeitsregeln ... 49
    III. Die Geschäftsverteilung in Grundbuchsachen ... 51

4. Kapitel: Das Grundstück und sein Grundbuch ... 55
§ 1 Kataster und Grundbuch ... 55
    I. Das amtliche Grundstücksverzeichnis ... 55
        1. Das Liegenschaftskataster ... 55
        2. Die Gemarkung ... 56
    II. Das Grundstück im Rechtssinne ... 56

§ 2	Die Einrichtung des Grundbuchs	58
I.	Allgemeines	58
II.	Das Bestandsverzeichnis	59
III.	Die erste Abteilung	60
IV.	Die zweite Abteilung	60
V.	Die dritte Abteilung	60
§ 3	Veränderungen im Grundstücksbestand	61
I.	Die Grundstücksteilung	61
	1. Der Begriff der Teilung	61
	2. Teilung bei Belastung	62
	3. Ideelle Teilung	64
	4. Notwendige Nachweise	64
	5. Teilung im eigenen Besitz	65
	6. Teilungswirkungen	65
II.	Die Grundstücksvereinigung	65
	1. Der Begriff der Vereinigung	65
	2. Voraussetzungen	66
	3. Wirkungen der Vereinigung	73
III.	Die Bestandteilszuschreibung	75
	1. Der Begriff der Zuschreibung	75
	2. Voraussetzungen	75
	3. Wirkungen der Zuschreibung	75

5. Kapitel: Die Voraussetzungen des Eintragungsverfahrens ... 79

§ 1	Das System der Eintragungsvoraussetzungen	79
I.	Die allgemeinen und besonderen Verfahrensvoraussetzungen	79
II.	Das Zusammenwirken von allgemeinen und besonderen Voraussetzungen	81
§ 2	Der Eintragungsantrag	82
I.	Zweck und Bedeutung des Antragsgrundsatzes	82
	1. Der Zweck des Antrages	82
	2. Formelle und materielle Bedeutung	82
	2.1. Formell	82
	2.2. Materiell	83
	3. Geltungsbereich	83
II.	Die Rechtsnatur des Antrages	84
	1. Verfahrenshandlung	84
	2. Verfahrensfähigkeit	84
III.	Inhalt des Antrages	84
	1. Notwendiger Inhalt	84
	2. Der sog. gemischte Antrag	85
	3. Inhaltliche Übereinstimmung mit der Bewilligung	86

		4. Antrag mit Vorbehalt	87
	IV.	Die Antragsberechtigung	89
		1. Das Antragsrecht der unmittelbar Beteiligten	89
		2. Antragsrecht nur mittelbar Beteiligter	92
	V.	Vertretung bei der Antragstellung	92
		1. Allgemein	92
		2. Die vermutete Vollmacht des Urkundsnotars	93
		2.1. Die Vollmachtsvermutung	93
		2.2. Voraussetzungen des § 15 Abs. 2 GBO	94
		2.3. Auswirkungen	95
		2.4. Prüfung der Eintragungsfähigkeit durch den Notar (§ 15 Abs. 3 GBO)	96
	VI.	Wirksamwerden des Antrages	97
	VII.	Rücknahme des Antrages	98
		1. Grundsatz	98
		2. Rücknahmeberechtigung	99
		3. Form der Rücknahme	99
§ 3		Eintragungsbewilligung/Dingliche Einigung	101
	I.	Die Bedeutung des Konsensprinzips	101
		1. Materieller oder formeller Konsens?	101
		2. Ausnahmsweise Prüfung des materiellen Konsenses (§ 20 GBO)	102
	II.	Die Rechtsnatur der Bewilligung	117
		1. Verfahrensrechtliche Natur	117
		2. Stellungnahme	117
		3. Folgerungen aus der Rechtsnatur der Bewilligung	120
	III.	Die Bewilligungsberechtigung	120
		1. Bewilligungsmacht und Bewilligungsbefugnis als Begriffe	120
		2. Die Bewilligungsmacht	123
		2.1. Der Grundsatz des § 19 GBO	123
		2.2. Das Fehlen der Bewilligungsmacht	125
		2.3. Notwendige Mitwirkung mittelbar Betroffener	128
		2.4. Besonderheiten im Beitrittsgebiet	132
		3. Die Bewilligungsbefugnis	133
		3.1. Grundsatz und Einschränkungen	133
		3.2. Heilung durch Zustimmung	134
		3.3. Die Schutzvorschrift des § 878 BGB	136
		a) Anwendungsbereich	136
		b) Schutzbereich	136
		c) Voraussetzungen	137
		d) Einzelfragen	141
		3.4. Gutglaubensschutz gem. § 892 BGB	145

		a) Anwendung von § 892 BGB im Grundbuchverfahren?	145

        a) Anwendung von § 892 BGB im Grundbuchverfahren? 145
        b) Verweigerung der Eintragung 148
           aa) Fehlen einer Verfahrensvoraussetzung ... 148
           bb) Eintragung eines Widerspruchs 148
           cc) Vorherige Berichtigung des Grundbuches .. 150
           dd) Fehlendes Verkehrsgeschäft 150
           ee) Fehlen eines Rechtsgeschäfts 151
           ff) Absolute Verfügungsbeeinträchtigungen .. 151
           gg) Bösgläubigkeit 152
    IV. Der Einfluss von Verfügungs- und Erwerbsverboten 152
        1. Die Verfügungsverbote 152
           1.1. Rechtsnatur 152
           1.2. Folgerungen für das Grundbuchverfahren 157
           1.3. Verfügungsverbot und Erbbaurecht 160
        2. Die Erwerbsverbote 161
    V. Der Inhalt der Bewilligung 165
        1. Die notwendige Verfahrenserklärung 165
        2. Eintragungsfähiges Recht 166
        3. Eintragungsfähiger Inhalt 166
        4. Zulässiges Anteilsverhältnis mehrerer Berechtigter 167
           4.1. Grundsätze 167
           4.2. Mögliche Anteilsverhältnisse 168
               a) Bruchteilsgemeinschaft (§§ 741 ff. BGB) 168
               b) Gesamthandsgemeinschaft 169
               c) Gesamtberechtigung (Gesamtgläubigerschaft) nach § 428 BGB 169
               d) Mitberechtigung nach § 432 BGB 169
           4.3. Ausnahmen von § 47 GBO 170
           4.4. Einzelfälle 170
               a) Eigentum 170
               b) Erbbaurecht 170
               c) Grundpfandrechte 171
               d) Reallast 171
               e) Vorkaufsrecht 171
               f) Grunddienstbarkeit 174
               g) Beschränkte persönliche Dienstbarkeit 175
               h) Wohnungsrecht nach BGB 175
               i) Dauerwohnrecht nach WEG 176
               j) Nießbrauch 176
               k) Vormerkung 178
           4.5. Gesellschaft bürgerlichen Rechts 179
    VI. Wirksamkeit der Bewilligung 190

	1. Wirksamwerden und Widerruf im Meinungsstreit	190
	2. Die Voraussetzungen des Wirksamwerdens der Bewilligung	192
	3. Die Zurücknahme der Bewilligung	196
	3.1. Die Rechtslage	196
	3.2. Praktische Beispiele zur Rücknahme der Bewilligung	199
	4. Anfechtung der Bewilligung?	200
VII.	Abgabe der Bewilligung/dinglichen Einigung durch Vertreter	201
	1. Grundsätze	201
	1.1. Nachweis der Vertretungsmacht	207
	1.2. Umfang der Vertretungsmacht	209
	1.3. Fortbestehen der Vertretungsmacht	211
	2. Erklärungen durch Behörden	212
	3. Erklärungen durch gesetzliche Vertreter juristischer Personen und Personengesellschaften	213
	4. Formelle Bewilligung/materielle Erklärung durch gesetzliche Vertreter natürlicher Personen	213
	4.1. Grundsätze	213
	4.2. Genehmigungspflichtige Rechtsvorgänge	221
	a) Eintragungen im Bestandsverzeichnis	221
	b) Eintragungen in Abt. I	222
	c) Eintragungen in Abt. II	226
	d) Eintragungen in Abt. III	226
	4.3. Der Nachweis der Genehmigung	229
	a) Verfahren nach § 20 GBO	229
	b) Verfahren nach § 19 GBO	234
	5. Erklärungen durch gewillkürte Vertreter	241
	6. Erklärungen durch Vertreter ohne Vertretungsmacht	241
	7. Bewilligung durch den Notar	242
VIII.	Die ersetzte und die erzwungene Bewilligung	243
	1. Ersetzte Bewilligung	243
	2. Erzwungene Bewilligung	244
§ 4 Die Voreintragung des Betroffenen		247
I.	Inhalt und Zweck der Regelung	247
	1. Voreintragungsgrundsatz	247
	2. Darstellung und Kritik der mit § 39 GBO verfolgten Zwecke	247
II.	Der Anwendungsbereich des Grundsatzes	250
	1. Der Grundsatz	250
	2. Die anerkannten Ausnahmen	251
	2.1. § 39 Abs. 2 GBO	252

		2.2. § 40 GBO 253

```
          2.2.  § 40 GBO ...........................  253
          2.3.  § 18 Abs. 2 GBO ....................  261
          2.4.  § 927 Abs. 1, § 928 Abs. 2 BGB .....  261
          2.5.  § 19 ZVG ...........................  261
          2.6.  § 1139 BGB .........................  261
          2.7.  Bei Eigentümerrechten ..............  261
§ 5  Der Beweis der Eintragungsgrundlagen .............  263
     I.   Die im Grundbuchverfahren regelmäßig zulässigen
          Beweismittel ............................  263
          1. Der Grundsatz der Beweismittelbeschränkung ......  263
          2. Urkunde und öffentlich-beglaubigte Erklärung .....  264
             2.1. Der Urkundenbegriff ...................  264
                  a) Behörde und Urkundsperson .........  264
                  b) Einhaltung der sachlichen Zuständigkeit ... 264
                  c) Einhaltung der vorgeschriebenen Form ... 265
             2.2. Die Unterschriftsbeglaubigung ...........  269
             2.3. Die Behördenerklärung .................  272
          3. Die Beweiswirkung ........................  273
             3.1. Bei Urkunden .........................  273
             3.2. Bei Unterschriftsbeglaubigung .............  273
     II.  Die formbedürftigen Eintragungsgrundlagen .........  274
          1. Die Unterscheidung von Erklärungen
             und Tatsachen ............................  274
          2. Der Begriff der „Erklärung" ................  275
          3. Der Begriff der „anderen Voraussetzungen der
             Eintragung" (= Tatsachen) ..................  276
          4. Die Vorlage der Eintragungsunterlagen ..........  277
     III. Ausnahmen von der Formstrenge .................  277
          1. Offenkundigkeit von Tatsachen ...............  277
          2. Ausnahmsweise Zulässigkeit der freien Beweiswürdigung . 278
             2.1. Nebenumstände, die eine Erklärung erst
                  wirksam machen ......................  278
             2.2. Tatsachen, die eine Antragszurückweisung
                  rechtfertigen können .................  283
          3. Erleichterter Nachweis von Vertretungsbefugnis
             und Güterstand ...........................  283
             3.1. Vertretungsbefugnis ....................  283
             3.2. Güterstand ...........................  284
             3.3. Andere Nachweismöglichkeiten ...........  284
          4. Weitere Ausnahmen vom Formzwang ...........  288
§ 6  Das Erfordernis behördlicher Genehmigungen ...........  289
     I.   Das Eindringen des öffentlichen Rechts
          in den Grundstücksverkehr ....................  289
```

	II.	Grunderwerbssteuergesetz	290
	III.	Die einschlägigen Regelungen des Baugesetzbuches	291
		1. Die mit dem BauGB verfolgten Ziele, sein Instrumentarium	291
		2. Begründung von Wohnungseigentum	292
		3. Das gesetzliche Vorkaufsrecht nach §§ 24–28 BauGB	295
		4. Auswirkungen des Umlegungsverfahrens	296
		5. Auswirkung städtebaulicher Maßnahmen	296
	IV.	Die Regelungen im Grundstücksverkehrsgesetz	297
		1. Der Gesetzeszweck	297
		2. Die Genehmigungspflichten	297
	V.	Sonderregelungen im Beitrittsgebiet	298

6. Kapitel: Die Prüfungspflicht des Grundbuchamtes 299
§ 1 Die Prüfungspflicht im Spannungsverhältnis zwischen
 Legalitätsgrundsatz und Leichtigkeit des Verfahrens 299
§ 2 Die Gegenstände der grundbuchamtlichen Prüfung 304
 I. Die Prüfung der Eintragungsbewilligung 304
  1. Die allgemeinen Grundsätze 304
  2. Die Gemeinschaftsordnung nach § 10 WEG 306
 II. Die Prüfung der dinglichen Einigung 308
 III. Die Prüfung des Grundgeschäftes 310
 IV. Der Sonderfall der Vormerkung 314
 V. Allgemeine Geschäftsbedingungen
  im Grundbuchverfahren........................ 315
  1. Begriff der AGB 315
  2. Inhaltskontrolle durch das GBA 318
  3. Inhaltskontrolle, Einzelfälle 319
   3.1. Umfang.............................. 319
    a) Eintragungsbewilligung 320
    b) Dingliche Einigung 320
   3.2. Einzelfälle 321

7. Kapitel: Die Entscheidungen des Grundbuchamtes 325
§ 1 Die Entscheidung bei Fehlen einer Eintragungsvoraussetzung .. 325
 I. Der grundbuchrechtliche Beibringungsgrundsatz 325
  1. Die Verfahrensstruktur 325
  2. Die Beweiswürdigung 326
  3. Das Ergebnis der Beweiswürdigung 327
 II. Die Zurückweisung 328
  1. Die Fälle der Zurückweisung 328
   1.1. Antragsmangel 328

		1.2. Unwirksame oder noch nicht erklärte Bewilligung des unmittelbar Betroffenen	329

1.2. Unwirksame oder noch nicht erklärte Bewilligung des unmittelbar Betroffenen 329
1.3. Unwirksame oder noch nicht erklärte Auflassung . . 331
1.4. Nichtvorliegen der Voraussetzungen der Zwangsvollstreckung 333
1.5. Fehlen eines materiellen Rechtsgeschäfts 334
1.6. Inhaltlich nicht vollziehbares Recht oder Rechtsgeschäft 334
1.7. Fehlende Grundbuchunrichtigkeit bei Stellung eines Berichtigungsantrages 335
2. Die Form der Zurückweisung 336
   2.1. Der Beschluss 336
      a) Rubrum 336
      b) Tenor 336
   2.2. Bekanntmachung 337
3. Zwischenverfügung trotz Zurückweisungsgebot 337
III. Die Zwischenverfügung 337
1. Der Inhalt der Zwischenverfügung 337
2. Die Wirkungen der Zwischenverfügung 338
   2.1. Grundsatz 338
   2.2. Die Rangwahrung durch Rangschutzvermerk (Vormerkung) 339
      aa) Abt. III, Sp. 7 (halbspaltig) 341
      bb) am gleichen Ort (ganzspaltig) 341

§ 2 Die Entscheidung bei Vorliegen aller Eintragungsvoraussetzungen 343
   I. Die Eintragungsverfügung 343
   II. Die sog. Folgeverfügungen 344
     1. Briefbildung und -aushändigung 344
     2. Bekanntmachung der Eintragung 345

8. Kapitel: Die Eintragungen im Grundbuch 347
§ 1 Form und Inhalt der Eintragungen 347
   I. Die Form der Grundbucheintragung 347
     1. Der Eintragungsort 347
     2. Die Datierung der Eintragungen 347
     3. Die Unterzeichnung der Eintragungen 348
       3.1. Der Grundsatz 348
       3.2. Die sog. Sammelbuchung 349
   II. Der Inhalt der Eintragung 351
     1. Der Bestimmtheitsgrundsatz 351
     2. Die Notwendigkeit unmittelbarer Eintragung 352
     3. Die Bezugnahme auf die Bewilligung 353

§ 2 Die Reihenfolge der Eintragungen 355
    I. Der Prioritätsgrundsatz 355
        1. Das Zusammenwirken von materiellem und formellem Recht 355
        2. Die Entscheidungsreihenfolge des § 17 GBO 356
            2.1. Grundsätze 356
            2.2. Ausnahmen 357
        3. Die Buchungsreihenfolge des § 45 GBO 357
            3.1. Grundsatz 357
            3.2. Ausnahmen 358
            3.3. Rang außerhalb des Buches 359
    II. Die Rangherstellung 359
        1. Zweck und gesetzliche Grundlagen 359
        2. Einzelfälle, systematische Erfassung 361
            2.1. Rangbestimmungen nur in Bewilligung 361
            2.2. Rangbestimmungen nur in Antrag 363
            2.3. Rangbestimmungen in Antrag und Bewilligung ... 365
            2.4. Regeln 365
    III. Die nachträgliche Rangänderung 366
    IV. Die Pfanderstreckung (nachträgliche Mitbelastung) 367
        1. Wesen, Durchführung 367
        2. Rangverhältnisse 367
    V. Die Rangregulierung 369
    VI. Fehlerhafte Rangeintragungen 370
        1. Ohne Rangbestimmung 370
        2. Mit Rangbestimmung 371
            2.1 Ohne Rangvermerke 371
            2.2 Mit Rangvermerken 371

9. Kapitel: Besondere Verfahrensarten 375
  § 1 Die Grundbuchberichtigung 375
    I. Der Begriff der Grundbuchunrichtigkeit 375
    II. Voraussetzungen der Berichtigung 376
        1. Die bewilligte Berichtigung 376
        2. Der Unrichtigkeitsnachweis 376
        3. Sonderfälle 378
            3.1. Die Löschung von sog. rückstandsfähigen Rechten . 378
            3.2. Die Berichtigung bei Vormerkungen und Widersprüchen 388
                a) Vormerkungen 388
                b) Widersprüche 389
            3.3. Die Berichtigung bei Briefrechten 389
            3.4. Gesellschaft bürgerlichen Rechts 390

§ 2	Die Eintragung von Vor- und Nacherbenrecht	397
I.	Das Wesen von Vor- und Nacherbschaft	397
	1. Ihre Anordnung	397
	2. Die Verfügungsbeschränkungen des Vorerben	397
	2.1. Grundsätze	397
	2.2. Die erfassten Fälle	398
	2.3. Heilung durch Zustimmung	400
	2.4. Befreiung des Vorerben	402
	2.5. Zusammentreffen von Vorerbschaft mit Testamentsvollstreckung oder mit weitergeltender Vollmacht	402
II.	Die Eintragung des Nacherbenrechts	403
	1. Der Nachweis des Nacherbenrechts	403
	2. Die Amtseintragung	403
III.	Verfügungen des nicht eingetragenen Vorerben	408
IV.	Verfügungen des eingetragenen Vorerben	410
	1. Verfügungen bei bestehen bleibendem Nacherbenvermerk	410
	2. Verfügungen, die auch zur Löschung des Nacherbenvermerks führen	410
	3. Beteiligung des Nacherben	414
	4. Schema der Zustimmungs- und Nachweiserfordernisse	414
§ 3	Die Eintragung von Testamentsvollstreckung	415
I.	Rechtsnatur und Wirkungen	415
II.	Die Eintragung der Testamentsvollstreckung	415
III.	Verfügungen des Erben	416
	1. Eingetragener oder einzutragender Erbe	416
	2. Nicht eingetragener und nicht einzutragender Erbe	416
IV.	Verfügungen des Testamentsvollstreckers	417
V.	Löschung des Vermerks	423
§ 4	Der Amtswiderspruch und die Amtslöschung	426
I.	Der Amtswiderspruch	426
	1. Zweck und Aufgabe	426
	2. Voraussetzungen	426
	2.1. Grundbuchunrichtigkeit	426
	2.2. Gesetzesverstoß	427
	2.3. Möglichkeit gutgläubigen Erwerbs	428
	3. Das Verfahren	428
	4. Eintragung und Wirkungen	429
	4.1. Eintragungsinhalt	429
	4.2. Wirkungen	429
	4.3. Weitere Eintragungen trotz Widerspruch?	430
II.	Die Amtslöschung	434

10. Kapitel: Rechtsbehelfe im Grundbuchverfahren ... 441
§ 1 Die Anfechtung von Eintragungen ... 441
I. Grundsatz der Unanfechtbarkeit ... 441
II. Die sog. beschränkte Beschwerde ... 442
§ 2 Die Anfechtung anderer Entscheidungen ... 445
I. Unanfechtbare Entscheidungen ... 445
II. Anfechtbare Entscheidungen und Anfechtungsverfahren ... 446
1. Anfechtbare Entscheidungen und weitere Zulässigkeitsvoraussetzungen ... 446
   1.1. Anfechtbarkeit ... 446
   1.2. Beschwerdeberechtigung ... 448
2. Verfahren ... 449

11. Kapitel: Auslandsbezug im Grundbuchverfahren ... 453
§ 1 Die ausländische Urkunde im Grundbuchverfahren ... 453
I. Allgemeines ... 453
II. Grundsatz der Legalisation ... 453
III. Apostillierung (der praktische Regelfall bei weit über 100 Vertragsstaaten) ... 455
IV. EU-Apostillenverordnung ... 459
V. Staatsverträge ... 459
§ 2 Die ausländische Urkunde in fremder Sprache – Erfordernis der Übersetzung ... 461
§ 3 Ausländischer Güterstand im Grundbuchverfahren ... 463
I. Die EuGüVO ... 463
1. Allgemeines ... 463
2. Rechtswahl ... 464
3. Die gesetzliche Regelung – keine Rechtswahl ... 465
II. Artt. 14, 15 EGBGB – Rechtslage bezüglich des Güterrechts von bis zum 28.01.2019 geschlossenen Ehen (Eheschließung ab dem 08.04.1983) ... 468
III. Güterrecht von 1953 bis 1983 ... 471
IV. Güterrecht vor 1953 ... 471
V. Beachtung des ausländischen Güterstands im Grundbuchverfahren ... 472
VI. Gemeinschaftsverhältnis falsch eingetragen – Grundbuchunrichtigkeit als Folge ... 473
§ 4 Ausländische Erbnachweise im Grundbuchverfahren ... 475
I. Erbschein ... 475
II. Testament ... 476
III. Europäisches Nachlasszeugnis (ENZ) ... 477
IV. Das Europäische Nachlasszeugnis bringt neue grundbuchverfahrensrechtliche Probleme – das dinglich wirkende Vermächtnis ... 479

V. Praktische Probleme bei der Umsetzung der Entscheidung – Nachlasszeugnis als Unrichtigkeitsnachweis 482

12. Kapitel: Elektronischer Rechtsverkehr im Grundbuchverfahren . 485
§ 1 Das maschinelle (elektronische) Grundbuch 485
§ 2 Elektronischer Rechtsverkehr 487

Sachregister 489

Literaturverzeichnis

Armbrüster/Preuß/Renner, Beurkundungsgesetz, 7. Auflage, 2015
Arnold/Meyer-Stolte/Herrmann/Rellermeyer/Hintzen, Rechtspflegergesetz, 8. Auflage, 2015

Baumbach/Hopt, HGB-Kommentar, 38. Auflage, 2018
Baumbach/Lauterbach/Albers/Hartmann, ZPO-Kommentar, 77. Auflage, 2019
Bamberger/Roth/Hau/Poseck, Kommentar zum BGB, 4. Auflage, 2019
Bassenge/Roth, Kommentar zum FamFG und RPflG, 12. Auflage, 2009
Bauer/Schaub, Kommentar zur GBO, 4. Auflage, 2018
Baur/Stürner, Sachenrecht, 18. Auflage, 2009
Bärmann, Wohnungseigentumsgesetz, 14. Auflage, 2018
Beck'sches Notar-Handbuch, 6. Auflage, 2015
BeckOK GBO, 35. Ed. (1. März 2019), Online-Kommentar zur GBO (basierend auf Hügel, Grundbuchordnung, s.u.)
Bengel/Simmerding, Grundbuch, Grundstück, Grenze, 5. Auflage, 2000
Bienwald/Sonnenfeld/Harm, Betreuungsrecht, 6. Auflage, 2016
Böttcher, Praktische Fragen des Erbbaurechts, 8. Auflage, 2018
Böttcher, Kommentar zum ZVG, 6. Auflage, 2016
Böttcher, Zwangsvollstreckung im Grundbuch, 2. Auflage, 2003
Bork/Jakoby/Schwab, Kommentar zum FamFG, 3. Auflage, 2018

Dassler/Schiffhauer/Hintzen/Engels/Rellermeyer, Kommentar zum ZVG, 15. Auflage, 2016
Demharter, Kommentar zur GBO, 31. Auflage, 2018
Dörndorfer, Kommentar zum RPflG, 2. Auflage, 2014
Dutta/Weber/Schmidt, Kommentar zur EuErbVO, 2016

Eickmann/Böttcher, Grundbuchrecht, 6. Auflage, 2018
Eickmann/Böttcher, Zwangsversteigerungs- und Zwangsverwaltungsrecht, 3. Auflage, 2013
Erman, Kommentar zum BGB, 15. Auflage, 2017

Gaul/Schilken/Becker-Eberhard, Zwangsvollstreckungsrecht, 12. Auflage, 2010
Geimer/Schütze, Internationaler Rechtsverkehr in Zivil- und Handelssachen, Stand: 56. EL (September 2018), Kommentar (u. a.) zur EuErbVO
Gernhuber/Coester-Waltjen, Lehrbuch des Familienrechts, 6. Auflage, 2010
Grziwotz, Grundbuch- und Grundstücksrecht, 1999

Grziwotz/Heinemann, Beurkundungsgesetz, 3. Auflage, 2018
Güthe/Triebel, Grundbuchordnung, 6. Auflage, 1936

Habscheid, Freiwillige Gerichtsbarkeit, 7. Auflage, 1983
Hausmann/Odersky, Internationales Privatrecht in der Notar- und Gestaltungspraxis, 3. Auflage, 2017
Hesse/Saage/Fischer, Grundbuchordnung, 4. Auflage, 1957
Hock/Bohner/Christ/Steffen, Immobiliarvollstreckung, 6. Auflage, 2018
Holzer/Kramer, Grundbuchrecht, 2. Auflage, 2004
Hügel, Grundbuchordnung, 3. Auflage, 2016
Hügel/Elzer, Kommentar zum WEG, 2. Auflage, 2018
Hügel/Scheel, Rechtshandbuch Wohnungseigentum, 4. Auflage, 2018

Ingenstau/Hustedt, Kommentar zum Erbbaurecht, 11. Auflage, 2018

Jansen, Gesetz über die Angelegenheiten der freiwilligen Gerichtsbarkeit, 3. Auflage, 2006
Jennißen, Kommentar zum WEG, 5. Auflage, 2017

Kayser/Thole, Heidelberger Kommentar zur InsO, 9. Aufl., 2018
Keidel, Kommentar zum FamFG, 19. Auflage, 2017
Keller, Zwangsvollstreckungsrecht, 2013
Keller, Insolvenzrecht, 2006
Kersten/Bühling, Formularbuch und Praxis der Freiwilligen Gerichtsbarkeit, 26. Auflage, 2019
Kuntze/Ertl/Herrmann/Eickmann, Grundbuchrecht, 8. Auflage, 2019

Lambert-Lang/Tropf/Frenz, Handbuch der Grundstückspraxis, 2.Auflage, 2005
Leesmeister/Ramm, Materielles Liegenschaftsrecht im Grundbuchverfahren, 4. Auflage, 2016
Lemke, Immobilienrecht, 2. Auflage, 2015
Limmer/Hertel/Frenz/Mayer, Würzburger Notarhandbuch, 5. Auflage, 2018
Linde/Richter, Erbbaurecht und Erbbauzins, 3. Auflage, 2001

Meikel, Kommentar zur GBO, 11. Auflage, 2015
Müller, Praktische Fragen des Wohnungseigentums, 6. Auflage, 2015
Müller-Lukoschek, Die neue EuErbVO, 2. Auflage 2015
Münchener Kommentar zum BGB, 8. Auflage, 2018 ff.
Münchener Kommentar zum FamFG, 3. Aufl., 2018/2019
Münchener Kommentar zur InsO, 3. Auflage, 2013
Münchener Kommentar zur ZPO, 5. Auflage, 2016/2017

Nomos Kommentar zum BGB, Band 3, Sachenrecht, 4. Auflage, 2016 *von Oefele/Winkler/Schlögel,* Handbuch des Erbbaurechts, 6. Auflage, 2016

Palandt, Kommentar zum BGB, 78. Auflage, 2019
Prütting/Wegen/Weinreich, Kommentar zum BGB, 13. Auflage, 2018
Prütting/Helms, Kommentar zum FamFG, 4. Auflage, 2018

Reichsgerichtsrätekommentar zum BGB, 12. Auflage, 1974 ff.
Reithmann/Albrecht, Handbuch der notariellen Vertragsgestaltung, 8. Auflage, 2001
Reul/Heckschen/Wienberg, Insolvenzrecht in der Gestaltungspraxis, 2. Auflage, 2018
Riecke/Schmid, Kommentar zum WEG, 4. Auflage, 2015
Rosenberg/Schwab/Gottwald, Zivilprozeßrecht, 17. Auflage, 2010

Schmidt, Karsten, Kommentar zur InsO, 19. Auflage, 2016
Schmidt, Karsten, Gesellschaftsrecht, 5. Auflage, 2017
Schmidt, Karsten, Handelsrecht, 6. Auflage, 2014
*Schneider,*Wohnungseigentumsrecht, 2017
Schöner/Stöber, Grundbuchrecht, 15. Auflage, 2012
Schreiber, Immobilienrecht, 2. Auflage, 2005
Soergel, Kommentar zum BGB, 13. Auflage, 1999 ff.
Staudinger, Kommentar zum BGB, Neubearbeitungen, 2010-2019
Steiner, Kommentar zum ZVG, 9. Auflage, 1984 ff.
Stein/Jonas, Kommentar zur ZVO, 23. Auflage, 2013 ff.
Stöber, Kommentar zum ZVG, 22. Auflage, 2019
Stöber, Zwangsvollstreckung in das unbewegliche Vermögen, 9. Auflage, 2010

Thomas/Putzo, Kommentar zur ZPO, 39. Auflage, 2018

Weirich/Ivo, Grundstücksrecht, 4. Auflage, 2015
Weitnauer, Wohnungseigentumsgesetz, 9. Auflage, 2005
Westermann/Gursky/Eickmann, Sachenrecht, 8. Auflage, 2011
Wieling, Sachenrecht, 4. Auflage, 2002
Wilhem, Sachenrecht, 6. Auflage, 2016
Winkler, Beurkundungsgesetz, 19. Auflage, 2019
Wolfsteiner, Die vollstreckbare Urkunde, 4. Auflage, 2019

Zöller, Zivilprozessordnung, 32. Auflage, 2018
Zorn, Das Recht der elterlichen Sorge, 3. Auflage, 2016

Abkürzungsverzeichnis

a.A.	anderer Ansicht
a.a.O.	am angegebenen Ort
Abs.	Absatz
Abt.	Abteilung
AcP	Archiv für die civilistische Praxis (Band und Seite)
AG	Amtsgericht/Aktiengesellschaft
allgem. M.	allgemeine Meinung
BauGB	Baugesetzbuch
BayGO	Bayerische Gemeindeordnung
BayObLG	Bayerisches Oberstes Landesgericht
BayObLGZ	Entscheidungen des BayObLG in Zivilsachen (Band und Seite)
BeckRS	Beck-Rechtsprechung
BeurkG	Beurkundungsgesetz
BGB	Bürgerliches Gesetzbuch
BGBl.	Bundesgesetzblatt
BGH	Bundesgerichtshof
BGHZ	Entscheidungen des BGH in Zivilsachen (Band und Seite)
Bl.	Blatt
BNotO	Bundesnotarordnung
BWNotZ	Zeitschrift für das Notariat in Baden-Württemberg (Jahrgang und Seite)
DNotI-Report	Informationsdienst des Deutschen Notarinstituts
DNotZ	Deutsche Notarzeitschrift (Jahrgang und Seite)
DR	Deutsches Recht (Jahrgang und Seite)
ErbbauRG	Erbbaurechtsgesetz
ErbR	Zeitschrift für die gesamte erbrechtliche Praxis
FamFG	Gesetz über das Verfahren in Familiensachen und in den Angelegenheiten der freiwilligen Gerichtsbarkeit
FGPrax	Praxis der Freiwilligen Gerichtsbarkeit (Jahrgang, Seite)
FGG	Gesetz über die Angelegenheiten der freiwilligen Gerichtsbarkeit
FinA	Finanzamt
FlSt.	Flurstück

GBA	Grundbuchamt
GBO	Grundbuchordnung
GBV.	Grundbuchverfügung
GG	Grundgesetz
Gl.	Gläubiger
GrdStVG	Grundstückverkehrsgesetz
GrEstG	Grunderwerbsteuergesetz
h.A.	herrschende Ansicht
h.M.	herrschende Meinung
HGB	Handelsgesetzbuch
IPRax	Praxis des Internationalen Privat- und Verfahrensrechts
i.S.	im Sinne
i.V.m.	in Verbindung mit
i.W.	in Worten
InsO	Insolvenzordnung
JFG	Jahrbuch der Entscheidungen in Angelegenheiten der freiwilligen Gerichtsbarkeit und des Grundbuchrechts (Band und Seite)
JuS	Juristische Schulung (Jahrgang und Seite)
JW	Juristische Wochenschrift (Jahrgang und Seite)
KEHE	Kuntze/Ertl/Herrmann/Eickmann (s. Literaturverzeichnis)
KG	Kammergericht
KTS	Zeitschrift für Konkurs-, Treuhand- und Schiedsgerichtswesen (Jahrgang und Seite)
LG	Landgericht
MittBayNot	Mitteilungen des Bayerischen Notarvereins (Jahrgang und Seite)
MittRhNotK	Mitteilungen der Rheinischen Notarkammer (Jahrgang und Seite)
MünchKomm BGB	Münchener Kommentar zum BGB (s. Literaturverzeichnis)
MünchKomm FamFG	Münchener Kommentar zum FamFG
NB	Nachbemerkung
NJOZ	Neue Juristische Online-Zeitschrift
NJW	Neue Juristische Wochenschrift (Jahrgang und Seite)

NJW-RR	NJW Rechtsprechungs-Report
NotBZ	Zeitschrift für die notarielle Beratungs- und Beurkundungspraxis (Jahrgang und Seite)
NZFam	Neue Zeitschrift für Familienrecht
OLG	Oberlandesgericht
PrKG	Preisklauselgesetz
RA	Rechtsanwalt
Rdn.	Randnummer
RG	Reichsgericht
RGZ	Entscheidungen des Reichsgerichts in Zivilsachen (Band und Seite)
RNotZ	Rheinische Notar-Zeitschrift (Jahrgang und Seite)
Rpfleger	Der Deutsche Rechtspfleger (Jahrgang und Seite)
RPflG	Rechtspflegergesetz
RpflJB	Rechtspfleger-Jahrbuch (Band und Seite)
RpflStud	Rechtspfleger-Studienhefte (Jahrgang und Seite)
Rspr.	Rechtsprechung
Sch.	Schuldner
SchlHAnz	Schleswig-Holsteinische Anzeigen (Jahrgang und Seite)
StAZ	Das Standesamt
UB	Unbedenklichkeitsbescheinigung
WEG	Wohnungseigentumsgesetz
Zerb	Zeitschrift für die Steuer- und Erbrechtspraxis
ZEV	Zeitschrift für Erbrecht und Vermögensnachfolge
ZfIR	Zeitschrift für Immobilienrecht (Jahrgang und Seite)
ZfPW	Zeitschrift für die gesamte Privatrechtswissenschaft
ZNotP	Zeitschrift für die Notarpraxis (Jahrgang und Seite)
ZPO	Zivilprozessordnung
ZVG	Gesetz über die Zwangsversteigerung und Zwangsverwaltung
ZWE	Zeitschrift für Wohnungseigentumsrecht (Jahrgang und Seite)
ZwVfg.	Zwischenverfügung

1. Kapitel:
Bedeutung und Geschichte der Grundbucheinrichtung

§ 1
Die Bedeutung des Grundbuchsystems

I. Notwendigkeit und Aufgaben

Es scheint uns einer der größten Mängel des ansonsten doch so sehr verfeinerten römischen Rechts gewesen zu sein, dass es zwischen beweglichen und unbeweglichen Sachen nicht unterschied; halten wir doch aus heutiger Sicht eine verschiedene rechtliche Behandlung dieser beiden Gegenstände für ebenso selbstverständlich wie notwendig.

Grund und Boden ist nicht beliebig vermehrbar, er ist als nahezu einziges Gut unverzichtbar und unzerstörbar. Er genießt daher besondere Wertschätzung und sein Wert nimmt zu, wenn in Zeiten weltweit inflationistischer Tendenzen das Vertrauen der Bevölkerung in Geld und geldwerte Papiere sinkt, vielmehr die Flucht in Sachwerte einsetzt, zu denen nicht zuletzt Grundstücke und die ihnen gleichstehenden modernen Rechtsgebilde wie Erbbaurecht und Wohnungseigentum gehören.

Schon allein dieser Wert und die Einmaligkeit des jeweiligen Grundstückes verlangen nach einer eindeutigen Klarstellung der es betreffenden Rechtsverhältnisse.

Bei **beweglichen Sachen kann der Besitz** das Eigentum nach außen bezeugen. Kostbarkeiten gibt man nicht aus der Hand; wer sie besitzt, ist wohl auch zumeist ihr Eigentümer (vgl. § 1006 Abs. 1 S. 1 BGB). Etwas anderes gilt für Grundstücke: Sie werden häufig vermietet oder verpachtet; der Besitz an ihnen – sofern er nach außen überhaupt in Erscheinung tritt – kann nicht als Charakteristikum der Eigentumsverhältnisse gelten. Klarheit über das Grundeigentum liegt aber nicht nur im privaten Interesse, sondern nicht zuletzt auch im Interesse der Öffentlichkeit. Das nachbarliche Nebeneinander der Grundstücke birgt von seiner Natur her die Gefahr von Interessengegensätzen. Zur Beseitigung von Immissionen oder gar von Gefahren, die von einem Grundstück ausgehen, muss der Nachbar an den Eigentümer herantreten können. Die gesamte Bevölkerung ist an den Rechtsverhältnissen eines Grundstückes z.B. interessiert, wenn es etwa für eine im öffentlichen Interesse notwendige Straße benötigt wird oder wenn es darum geht, seine zweckgerechte Nutzung sicherzustellen.

1

Die wirtschaftliche Bedeutung des Grundeigentums liegt insbesondere darin, dass es die Grundlage für den **Realkredit** bildet. Investitionspolitik der Industrien ebenso wie die Eigentumsbildung der Privaten sind abhängig von der hypothekarischen Beleihung des Bodens: Wir werden unten (→ Rdn. 8) dargestellt finden, wie z.b. gerade die zur Überwindung der Verheerungen des 30-jährigen Krieges notwendige Wiederbelebung des Realkredites an dem Fehlen eines Grundbuchsystems litt. Ein funktionierender Realkredit ist eben nur denkbar, wenn ein öffentliches Buchsystem besteht, das:

- die Eigentumsverhältnisse an den Grundstücken offenlegt;
- die dinglichen Belastungen kenntlich macht; und
- ihre Rangverhältnisse untereinander klarstellt.

Nur wenn diese Voraussetzungen gegeben sind, kann der Kreditgeber feststellen, ob er hinreichende Sicherheit für sein Geld zu erwarten hat.

Schließlich muss – im schlechtesten Falle – das Buchsystem als Grundlage für eine zwangsweise Verwertung des Grundstückes dienen können, wenn der gewährte Kredit notleidend wird.

Gerade in jüngerer Zeit, nach der deutschen Wiedervereinigung, hat sich dies alles neu erwiesen. Der so dringend erforderliche wirtschaftliche Aufschwung in den neuen Bundesländern verzögerte sich nicht zuletzt wegen des Fehlens einer funktionierenden Grundbucheinrichtung.

II. Die einzelnen Auswirkungen des Grundbuchs und Grundbuchverfahrens

1. Überblick

All den vielfältigen Ansprüchen, die an ein modernes Grundbuchsystem gestellt werden und sich aus der oben angedeuteten Sonderstellung von Grund und Boden ergeben, kann unser deutsches Grundbuch von seiner Anlage her auch heute gerecht werden, erfährt es die aus der Veränderung der tatsächlichen Situation heraus erforderlich werdenden Anpassungen und Auslegungen.

Wenn von der Bedeutung des Grundbuchsystems die Rede ist, sollen deshalb nicht nur die drei anerkannten Hauptwirkungen des Grundbuchsystems:

- die **Übertragungswirkung**,
- die **Vermutungswirkung**,
- und die **Schutzwirkung**

betrachtet werden. Es ist ebenso wichtig, neben diesen Auswirkungen des Bucheintrages die Wirkungen zu betrachten, die das **Eintragungsverfahren** selbst entfaltet oder entfalten sollte, nämlich:

- die **Rechtsschutzwirkung**, sowie
- die **öffentlich-rechtliche Kontroll-, Warn- und Schutzfunktion**

auch wenn diese in jüngerer Zeit vagen Rationalisierungsbestrebungen zunehmend geopfert wird.

2. Die Übertragungs- oder Konstitutivwirkung

Die Übertragung des Eigentums an einem Grundstück und die Bestellung oder Übertragung dinglicher Rechte am Grundstück bedürfen nach §§ 873, 925 BGB der Einigung zwischen den Beteiligten und der Eintragung im Grundbuch. Nur beide Erfordernisse zusammen führen die gewollte Rechtsfolge herbei: Der Grundbucheintrag hat also nicht nur eine deklaratorische, sondern eine konstitutive Wirkung. Darin – wenn auch nicht allein – liegt eine besondere Bedeutung des Grundbucheintrages, die ihn von den anderen öffentlichen Registern grundsätzlich unterscheidet.

3

Deshalb ist die Behauptung von *Kissel* (Der dreistufige Gerichtsaufbau, 1972, S. 160, und: Über die Zukunft der Justiz, 1974, S. 94/95) „die hier dem ordentlichen Gericht obliegenden Aufgaben der Registerführung unterscheiden sich dem Grunde nach systematisch wie in der Bedeutung für die Betroffenen nicht von der Führung anderer Register" schon im Ansatzpunkt verfehlt. Sie ist auch gefährlich, weil der Rechtsschutz des Bürgers entscheidend geschmälert würde, folgte man dem Vorschlag von *Kissel* zur Übertragung des Grundbuchwesens auf die allgemeinen Verwaltungsbehörden (s. dazu insbesondere unten → Rdn. 5).

Die Eintragung in das Grundbuch schafft also neues Recht, sofern sie sich mit der dinglichen Einigung deckt. Sie begründet die widerlegbare Vermutung für den eingetragenen materiellen Rechtszustand (s. dazu auch unten → Rdn. 4).

3. Die Vermutungswirkung

Nach § 1006 Abs. 1 S. 1 BGB gilt der Besitzer einer beweglichen Sache als deren Eigentümer. Im Grundstücksverkehr wäre der Besitz an einem Grundstück ein höchst unsicherer Anhaltspunkt für die Eigentumsverhältnisse. Andererseits kann der moderne Rechtsverkehr ohne einen Anhalt, ohne eine solche Vermutung, nicht auskommen. Bei dem großen Wert, der gerade bei Grundstücksgeschäften betroffen ist, bedarf es eines sicheren Nachweises über das Eigentum. An die Stelle des Besitzes, wie bei einer beweglichen Sache, tritt bei Grundstücken (und grundstücksgleichen sowie Grundstücksrechten) der Grundbucheintrag. Wer im Grundbuch eingetragen ist, gilt gem. **§ 891 Abs. 1 BGB** als der wahre Berechtigte; ist ein Recht im Grundbuch gelöscht, so wird vermutet, dass es nicht besteht.

4

Diese Vermutung äußert nicht nur im Prozess ihre Wirkung. Dort erlangt sie zwar eine ganz bestimmte rechtliche Bedeutung, indem sie die sog. materielle Beweislast demjenigen zuschiebt, für den das Grundbuch nicht spricht. Die Vermutung des § 891 BGB ist jedoch auch von großer wirtschaftlicher Bedeutung, weil sie erst den Grundstücksverkehr und den Realkredit auf sichere Grundlagen stellt. Sie beeinflusst weiter u.U. das Grundbuchverfahren selbst, weil sie gleichermaßen für das Grundbuchamt gilt.

Die Vermutungswirkung gilt – anders etwa als die des § 1006 BGB – nicht nur zugunsten des Eingetragenen. Jeder, für den dies von rechtlicher Bedeutung ist, kann sich vielmehr auf die Vermutung berufen; sie kann sich freilich deshalb auch zulasten des Eingetragenen auswirken.

4. Die Schutzwirkung

5   Würde man, der Rechtslogik entsprechend, nur einen Rechtserwerb vom wirklich Berechtigten zulassen, so würde das Grundbuchsystem seinen Zweck in einem wichtigen Teilbereich verfehlen. Jeder müsste in allen Einzelfällen überprüfen, ob sein im Grundbuch eingetragener Vertragspartner auch wirklich Eigentümer oder Berechtigter ist; ein Bemühen, das häufig gar nicht durchführbar, jedenfalls aber stets aufwendig, unsicher und kostspielig wäre.

Deshalb lässt das BGB – ähnlich wie bei Fahrnis in § 932 BGB – den Erwerb vom Nichtberechtigten zu: Der Erwerber, der den Mangel der Berechtigung nicht kennt, wird durch den Grundbucheintrag geschützt, er gilt zu seinen Gunsten als richtig §§ 892, 893 BGB. Diese Schutzwirkung ist eine Folgerung aus den Gedanken der vorstehend angesprochenen Übertragungs- und Vermutungswirkungen: Wenn das Gesetz an den Vorgang der Eintragung die Wirksamkeit der Übertragung oder Rechtsentstehung knüpft, spricht eine große Wahrscheinlichkeit dafür, dass das Grundbuch die wahre Rechtslage wiedergibt. Ist dies einmal nicht der Fall, so muss die Vermutungswirkung auch denjenigen schützen, der zwar selbst noch nicht eingetragen ist, aber von einem eingetragenen Berechtigten erwirbt.

Auch in dieser umfassenden Schutzwirkung unterscheidet sich das Grundbuch wesentlich von allen anderen öffentlichen Registern. So genießt das Handelsregister gem. § 15 HGB zwar eine gewisse Publizitätswirkung, die jedoch dem öffentlichen Glauben des Grundbuches nicht gleichkommt (vgl. dazu RGZ 142, 98); andere öffentliche Verzeichnisse und Register haben überhaupt keine vergleichbaren oder ähnlichen Wirkungen aufzuweisen.

5. Die Rechtsschutzfunktion des Verfahrens

6   Der anhaltende Wunsch weitester Bevölkerungskreise nach Grundeigentum und die damit verbundene Zunahme des Realkredits bewirken, dass dem Grundbuchverfahren heute eine außerordentliche wirtschaftliche und soziale Bedeutung zukommt. Dabei darf nicht außer Acht gelassen werden, dass sich Rechtsgeschäfte über Grundstücke und Grundstücksrechte nicht immer zwi-

schen wirtschaftlich und intellektuell Gleichgestellten abspielen. Die Idee des sozialen Rechtsstaates gebietet es, den wirtschaftlich und intellektuell unterlegenen Beteiligten gegen Rechtsverstöße zu schützen. Die Aufgabe des GBA kann sich deshalb nicht darin erschöpfen, die Rechtsverhältnisse an Grundstücken formal „richtig" zu buchen; ihm kommt auch die Aufgabe zu, die Rechte der Beteiligten zu wahren und Rechtsmissbräuchen vorzubeugen.

Freilich kann sich, der Eigenart des Grundbuchverfahrens entsprechend, diese Schutzfunktion des Grundbuchverfahrens nicht dahin auswirken, dass das GBA in jedem Einzelfalle durch umfangreiche Ermittlungen zu prüfen hätte, ob die begehrte Eintragung geeignet ist, die materielle Rechtsfolge herbeizuführen. Zwischen der Rechtsschutzaufgabe des GBA und den Erfordernissen eines rationellen Grundbuchverfahrens muss deshalb ein vernünftiger Ausgleich gefunden werden, sodass das Verfahren weder zu einem nur noch technischformalen Funktionieren denaturiert, jedoch auch nicht in jedem Einzelfall alle schuldrechtlichen Beziehungen zwischen den Beteiligten auf ihre Abgewogenheit untersucht, was sicherlich seinem Wesen nicht mehr gemäß wäre.

6. Die öffentlich-rechtliche Kontroll-, Warn- und Schutzfunktion

Die verschiedensten im öffentlichen Interesse stehenden Anliegen staatlicher Wirtschaftslenkung, öffentlicher Bauüberwachung sowie der Bodenverkehrskontrolle haben eine nicht geringe Zahl von öffentlich-rechtlichen Genehmigungsvorbehalten zur Folge (vgl. dazu unten → Rdn. 258).

Die Pflicht zur Überprüfung mancher öffentlich-rechtlichen Genehmigungen ist dem GBA auferlegt. Insoweit sprechen wir von der öffentlich-rechtlichen **Kontrollfunktion.** Hinzu kommt jedoch noch dies:

Nach allgemeiner Ansicht werden nicht eintragungsfähige Rechte nicht vom öffentlichen Glauben des Grundbuches erfasst (*Eickmann* in Westermann/Gursky/Eickmann, Sachenrecht, § 83 II 1). Nicht eintragbar sind in der ersten Linie alle öffentlich-rechtlichen Lasten und Beschränkungen (**§ 54 GBO**). Man bezeichnet es mit Recht als bedenkliche Aushöhlung des öffentlichen Glaubens, dass diese jedenfalls nach der Verkehrsauffassung wesentlichen Beschränkungen und Lasten vom öffentlichen Glauben nicht erfasst werden. Das Gleiche gilt für die zwar eintragungsfähigen, aber nicht eintragungsbedürftigen öffentlich-rechtlichen Verfügungsbeeinträchtigungen, Sie gelten auch ohne Eintragung gegenüber einem gutgläubigen Erwerber.

Es erscheint einmal im Interesse eines umfassenden Rechtsschutzes im Grundstücksverkehr erforderlich, den öffentlichen Glauben des Grundbuches zu erweitern: Öffentliche Verfügungsbeeinträchtigungen sind für den Grundstücksverkehr von großer Bedeutung. Da sie zum Teil nicht im Grundbuch eingetragen sind, ist es für alle Beteiligten ebenso wie für die diese Rechte betreuenden Verwaltungsbehörden sehr umständlich, aufwendig und zeitraubend, das Bestehen oder Nichtbestehen solcher Rechte jeweils zu ermitteln. Nichts wäre naheliegender, als die generelle Eintragung dieser Rechte und Beschränkungen in das Grundbuch und die Erstreckung des Gutglaubensschutzes auf sie in der Form, dass sich ein gutgläubiger Erwerber auf das Nichtbestehen verlassen kann, solange eine entsprechende Eintragung aus dem Grundbuch nicht ersichtlich ist.

Für die Eintragungsfähigkeit öffentlich-rechtlicher Vermerke sollte es ausschließlich darauf ankommen, ob ihnen im Interesse des Rechtsverkehrs eine Warn- und Schutzfunktion zukommen kann. Die Eintragungsfähigkeit eines solchen Vermerkes darf nur dann verneint werden, wenn durch Gesetzesauslegung im Einzelfall sich ergibt, dass der Gesetzgeber eben diese Eintragungsfähigkeit bewusst und eindeutig verneint hat. Gegenüber der Warn- und Schutzfunktion kann nicht argumentiert werden, das Grundbuch sei nur für private, nicht aber für öffentliche Rechtsverhältnisse bestimmt. Gewiss haben bei der Schaffung des heutigen Grundbuchrechts im ausgehenden 19. Jahrhundert öffentlich-rechtliche Einflüsse auf den Grundstücksverkehr kaum bestanden, man konnte sie ignorieren und das Grundbuchverfahren als einen ausschließlich privatrechtlichen Kautelen unterliegenden Vorgang ausgestalten. Heute ist eben die Situation eine andere. Gerade die öffentlich-rechtlichen Lasten und vielfältigen Beschränkungen haben wesentlichen Einfluss auf die Erwerbsentscheidung eines Grundstückskäufers; es ist nicht übertrieben, wenn man feststellt, dass heute häufig die aus dem öffentlichen Recht entstehenden Probleme den Grundstücksverkehr mehr beherrschen als die privatrechtlichen Fragen. Diesem geänderten Lebenssachverhalt muss sich das Grundbuchrecht anpassen; das lediglich historische Argument hat heute nichts mehr zu besagen.

§ 2
Die Geschichte der Grundbucheinrichtung

I. Vorgeschichte, Vorgängerformen

Wenngleich die Institution des Grundbuches, also der urkundlichen Ordnung, die alle Rechtsschicksale des Bodens in einem amtlichen Buche offenlegt, im deutschen Rechtssystem seine Vervollkommnung und modernste Ausgestaltung erfahren hat, ist es keine ursprüngliche Erfindung des deutschen Rechts.

Theophrast berichtet etwa aus dem Attika des Altertums bereits von Büchern in die von einem Grundstücksbesitzer zu leistende Zahlungen eingetragen wurden; im Ägypten der Römerzeit wurden nach Anordnung der Stadthalter über Grundstücksveräußerungen Urkundensammlungen angelegt und verwahrt.

Freilich konnte keines dieser „Grundbücher" eine dem heutigen Grundbuchwesen vergleichbare Stellung erlangen. Einer vervollkommneten Ausgestaltung und Einbindung in das Rechtssystem stand entgegen, dass das römische Recht bewegliche und unbewegliche Sachen gleich behandelte und das Eigentum auch an Grundstücken durch einen formlosen Vertrag, die sog. „traditio", übergehen ließ.

Das Recht der **germanischen Zeit** kannte zwar neben der einer gemeinsamen Nutzung unterliegenden gemeinsamen Mark („*Allmende*"), bereits das Sondereigentum an Haus und Hofstatt (*„gard"*). Allerdings war auch dieses Individualrecht nicht beliebig verfügbar, es war zugunsten der Sippe gebunden. So kannte die germanische Zeit weder Grundverkehr, noch – im Zeitalter reiner Naturalwirtschaft – irgendeine Art von Realkredit.

Der Eigentumserwerb an Haus und Hofstatt vollzog sich durch die Tatsachen von Niederlassung, Hausbau und Umfriedung; die Sondernutzung bezüglich des Ackerlandes verlieh die Gemeinschaft nach der gemeinschaftlichen Landnahme. Diese urtümlichsten Formen der Rechtsentstehung und -übertragung genügten den Bedürfnissen jener Zeit; für ein wie auch immer ausgestaltetes Grundbuch bestand kein Bedürfnis.

Die **fränkische Zeit** ist gekennzeichnet durch den auf die Stürme der Völkerwanderung und die Sesshaftmachung folgenden tiefgreifenden Strukturwandel im sozialen und wirtschaftlichen Bereich. Nun „vertiefte sich das vormals lose Verhältnis zum Grund und Boden": Die Anerkennung des Erbrechts, für das sich insbesondere die Kirche einsetzte, brachte das erste verkehrsfähige Eigentum an Haus und Hof; durch Teilungen von Erbengemeinschaftsbesitz entstand Kleinbesitz, der oftmals weiterveräußert wurde, auch kommt es zu freiwilligen Verpfändungen von Grundbesitz.

Der Erwerb des Eigentums an einem Grundstück war in dieser Zeit an eine feierliche Form geknüpft, ja geradezu ritualisiert: Der Veräußerer verließ das Grundstück und gestattete, zumeist vor Zeugen, dem Erwerber das Betreten. Er ließ ihn auf das Grundstück hinauf (= *„Auflassung"!*) – hier ist deutlich das Bestreben zu erkennen, dem als besonders wichtig erkannten Rechtsvorgang nach außen hin sichtbare Gestalt zu verleihen.

Mit zunehmendem Grundstücksverkehr wurde diese umständliche und zeitraubende Art der Eigentumsübertragung immer lästiger, schließlich erwies sie sich weitgehend als undurchführbar, ja sie drohte den Grundstücksverkehr, der sich kaum zu einer ersten Blüte entfaltet hatte, nahezu zu lähmen. Wie immer, wenn Rechtsnormen – welcher Art sie immer auch sein mögen – ihre ihnen zugedachte Aufgabe nicht mehr erfüllen können und deshalb sinnlos werden, wendet sich der Rechtsalltag, die Rechtswirklichkeit von ihnen ab:

Zuerst fand sich eine neue Art von unkörperlicher Investitur (Besitzeinweisung) bei den Volksgerichten: Der zur Eigentumsübertragung Verurteilte wies den Obsiegenden an der Gerichtsstelle durch eine darauf gerichtete Erklärung in den Besitz am Grundstück ein. Dieser Vorgang, vor den Gerichtspersonen im Beisein von Zeugen vorgenommen und vom Gericht beurkundet, zeigt bereits deutliche Anklänge an die moderne Form der Grundstücksauflassung.

Das **Spätmittelalter** ist insbesondere gekennzeichnet durch den Aufstieg des Bürgertums; es war die große Zeit der Städte. Hier entwickeln sich – frei von feudalen Bindungen – nicht zuletzt auch eigene Bodenrechte, die bei aller typisch mittelalterlichen Vielfalt doch eine ganze Reihe von charakteristischen Gemeinsamkeiten aufweisen.

So entsteht eine große Zahl von beschränkten dinglichen Rechten, die eine Nutzung fremden Bodens gestatten, insbesondere erlangen den Bedürfnissen des sich immer mehr ausweitenden Handels entsprechend die Grundpfandrechte große wirtschaftliche Bedeutung. Rechtsakte, die zur Übertragung von Grundeigentum oder zu dessen Belastung führen, werden nun überall urkundlich festgestellt; häufig waren sie vor Ratskommissionen oder vor dem Gericht vorzunehmen. Auch wenn zwischen den Beteiligten kein Streit herrschte, erging häufig ein Gerichtsurteil, das die Tatsache des Eigentumsüberganges feststellte: Erste Anfänge der freiwilligen Gerichtsbarkeit! Die Urkunden wurden alle gesammelt und verwaltet. Diese Urkundensammlungen sind die Vorläufer des heutigen Grundbuches, wenngleich sie sich in einen besonderen wesentlichen Punkt noch grundsätzlich davon unterscheiden: Sie hatten, im Gegensatz zur konstitutiven Wirkung des Grundbucheintrages nach heutigem Recht, nur reine Beweisfunktion.

Die ältesten und bedeutendsten Urkundensammlungen dieser Art sind die Kölner Schreinskarten und Schreinsbücher (seit 1135); auch die Städte München und Ulm begannen im 12. Jahrhundert mit der Sammlung solcher grundbuchähnlicher Beurkundungen.

Böttcher

An der Wende vom **14. zum 15. Jahrhundert** kam man in einer größeren Zahl von Stadtrechten bereits dazu, den Bucheintrag als Perfektionsakt anzusehen, d. h., dass zu den Vertragserklärungen hinzutretend erst die Eintragung im Stadtbuch den Eigentumsübergang herbeiführte. Das war der zweite entscheidende Schritt auf dem Weg zum heutigen Grundbuchsystem.

Diese bedeutsame Entwicklung erfuhr jedoch durch die gegen Ende des 14. Jahrhunderts, also nahezu gleichzeitig, einsetzende Rezeption des römischen Rechtes eine bedauerliche Unterbrechung: Die große Zahl von Juristen, die an den berühmten italienischen Universitäten ausgebildet worden war, besetzte nunmehr Verwaltung und Gerichtsbarkeit. Insbesondere die kirchlichen Gerichte wurden sehr bald mit rechtsgelehrten Richtern besetzt. Bedenkt man dabei, dass diese Gerichte immer dann zuständig waren, wenn eine Partei geistlich war, so ist es angesichts des ungeheuren Grundbesitzes der Kirchen in der damaligen Zeit leicht verständlich, dass gerade Rechtsfragen des Bodenrechts bald nur noch von Richtern entschieden wurden, die ihre Ausbildung im römischen Rechtskreis erhalten hatten. Auf allen italienischen Universitäten wurde die Theorie von der subsidiären Geltung des römischen Rechts gelehrt. Das hieß, dass überall dort, wo das lokale Recht (Stadtrecht) keine eindeutige Regel enthielt, das römische Recht als „ius commune" oder „ratio scripta" Geltung hatte. So wurde die oben geschilderte Entwicklung zum Grundbuchsystem unterbrochen; außer im Bereich einiger bereits ausgeformter und fixierter Stadtrechte, insbesondere in München und Ulm, ergriff die Formlosigkeit und damit letztlich Ungenauigkeit und Unbeweisbarkeit des römischen Rechts den Immobiliarverkehr. Das römische Recht kannte ja, wie bereits erwähnt, keinen Unterschied zwischen Immobilien und Fahrnis. Die Eigentumsübertragung geschah durch Vertrag und traditio (Übergabe); überdies war dem rezipierten Recht die Mitwirkung des Gerichts oder einer Behörde bei der Eigentumsübertragung fremd.

Die Beurteilung der Rezeption ist in der rechtsgeschichtlichen Literatur stets umstritten gewesen. Wenn man sie heute auch insgesamt weniger kritisch beurteilt, als etwa im 19. Jahrhundert, kann jedenfalls daran kein Zweifel bestehen, dass sie auf dem Teilgebiet des Grundstücksrechts sich ungünstig ausgewirkt und insbesondere die Entwicklung des Grundbuchsystems lange und schwerwiegend behindert hat.

Das **17. Jahrhundert** bringt Deutschland die Katastrophe des Dreißigjährigen Krieges. Deutschland hatte nicht nur etwa ein Drittel seiner Bevölkerung durch den Krieg verloren, es war auch wirtschaftlich am Ende: Acker, Weinberge und Anpflanzungen anderer Art waren verwildert, der Viehbestand nahezu auf ein Drittel herabgemindert, die Häuser waren zerstört, der Kapitalbesitz und bewegliche Werte waren durch die Plünderungen der Bevölkerung weggenommen. Neues Kapital war schwer zu bilden, die Handelswege waren meist zerstört. Der Wiederaufbau Deutschlands, die Wiedererschließung und Wiederbesiedelung der brachliegenden Flächen nahm Jahrzehnte in Anspruch.

In dieser Epoche des Merkantilismus wurden die Mängel des römischen Rechts nachhaltig sichtbar: Es fehlte an Klarheit über die Eigentumsverhältnisse am Grundbesitz; die an einer Geldanlage Interessierten hielten sich zurück, weil die von ihnen beanspruchte dingliche Sicherung des Kapitals weder vermerkt und damit beweiskräftig gehalten werden konnte, noch in ihrem Rang gegenüber anderen Kreditgebern Sicherung erhielt. Wirtschaftliche Notwendigkeiten führten somit zu einem allgemeinen Rückschlag der römischen Rechtsgedanken und zu einer erneuten Hinwendung zum Grund- oder jedenfalls Hypothekenbuchsystem: Das Unglück des Krieges konnte endlich wieder bewirken, was in der Zeit der Prosperität vergessen worden war. So entwickelten sich in den verschiedenen Ländern Deutschlands wieder Systeme der Eintragung von Grundeigentum oder jedenfalls von Grundstücksbelastungen in öffentliche Bücher.

Deutschland war in jener Zeit ein mehr oder weniger loser Verband von größeren und kleineren Territorien, die sich gegeneinander oft eifersüchtig abschlössen und nicht zuletzt auch auf eine eigene Rechtsentwicklung stolz waren. So bietet das Grundbuchwesen der damaligen Zeit die Buntheit unterschiedlichster Systeme: In Bayern, Württemberg, Weimar und – bis 1872 – in Preußen galt das sog. Hypotheken- oder Pfandbuchsystem. Es vermerkte die dinglichen Belastungen der Grundstücke; die Eintragung eines Grundstückes in das Buch war deshalb auch nur dann veranlasst, wenn eine Belastung beabsichtigt war.

In Baden und Rheinhessen bestand das Inskriptions-(Transkriptions-)system. Es stellte eine eigentümliche Mischung römisch-rechtlicher und deutschrechtlicher Prinzipien dar, indem es für Eigentumsübergang und Belastung im Innenverhältnis (also zwischen den Beteiligten) zwar den formlosen Vertrag genügen ließ, zur Wirksamkeit dieser Vorgänge gegenüber Dritten jedoch die Eintragung vorschrieb.

In Preußen (seit 1872), Sachsen, Oldenburg, Mecklenburg, Anhalt, Braunschweig und Hamburg schließlich galt das aus heutiger Sicht eigentliche Grundbuchsystem: Alle Rechte an Grundstücken, das Vollrecht ebenso wie alle beschränkten dinglichen Rechte, bedurften der Eintragung in das Grundbuch; erst durch diese Eintragung fand der Vorgang der Rechtsentstehung bzw. des Rechtsüberganges seinen Abschluss.

II. Das heutige System

9   Nach der Gründung des Deutschen Reiches und der neu geschaffenen Zuständigkeit des Reichsgesetzgebers für die gemeinsame Gesetzgebung über das gesamte bürgerliche Recht ging man an die Schaffung eines neuen einheitlichen Zivilrechtes. Die vom Bundesrat berufene BGB-Kommission ging dabei davon aus, dass mit der Schaffung eines Bürgerlichen Gesetzbuches zugleich

eine reichseinheitliche Grundbuchordnung geschaffen werden müsse, um im gesamten Deutschen Reich ein einheitliches Grundbuchsystem einzuführen. Im Jahre 1883 wurde der I. BGB-Kommission ein Vorentwurf einer GBO vorgelegt, welcher sich insbesondere auf das in Preußen und anderen norddeutschen Ländern geltende Grundbuchsystem stützte. Dieser Entwurf aus der Feder des nachmaligen Reichsgerichtsrates *Dr. Achilles* fand in großen Teilen Eingang in den offiziellen Entwurf der ersten BGB-Kommission von 1889. Er bildete die Grundlage für die Beratungen der II. BGB-Kommission; nach verschiedenen Ergänzungen und Überarbeitungen wurde er schließlich am 21. Januar 1897 angenommen und beschlossen; er trägt das Datum vom 24. März 1897.

III. Die jüngste Zeit

Durch das Registerverfahrensbeschleunigungsgesetz (**RegVBG**) vom 20.12.1993 (BGBl. I S. 2182) wurde ein **Wechsel vom Papier- zum EDV-Grundbuch** vollzogen. Damit wurde erstmals ein elektronisches, maschinell geführtes Grundbuch geschaffen. Mit dem Gesetz zur Einführung des elektronischen Rechtsverkehrs und der elektronischen Akte im Grundbuchverfahren (**ERVGBG**) vom 11.8.2009 (BGBl. I S. 2713) wurden die Grundlagen für die **Einführung des elektronischen Rechtsverkehrs im Grundbuchsachen** geschaffen (§§ 135–141 GBO).

Das Gesetz zur **Einführung eines Datenbankgrundbuchs (DaBaGG)** vom 1.10.2013 (BGBl. I S. 3719) beabsichtigt die Umstellung des elektronischen Grundbuchs auf eine strukturierte Datenhaltung. Dies erfordert die Umschreibung einer Vielzahl von Grundbuchblättern – eine Herkulesaufgabe.

2. Kapitel:
Die rechtssystematische Einordnung des Grundbuchverfahrens

§ 1
Das Grundbuchverfahren als Verfahren der freiwilligen Gerichtsbarkeit

Das Grundbuchverfahren gehört zur freiwilligen Gerichtsbarkeit. Das ergibt sich aus der Zuweisung in § 23a Abs. 2 Nr. 8 GVG. **12**

Damit ist jedoch keineswegs festgestellt, dass es dem Gesetzgeber etwa möglich wäre, durch eine bloße Änderung von § 23a GVG das Grundbuchverfahren den Gerichten zu entziehen und es, wie dies immer wieder vorgeschlagen wird, einer Verwaltungsbehörde zuzuweisen: Die Frage nach der Zulässigkeit einer solchen Maßnahme beantwortet sich vielmehr aus Art. 92 GG; denn das Verfahren gehört zur Rechtsprechung im weiteren Sinne (BVerfG, BVerfGE 22, 49, 74 = NJW 1967, 219).

Mit der Feststellung, ein bestimmtes Verfahren sei dem Bereich der freiwilligen Gerichtsbarkeit zugewiesen, ist wenig gewonnen. Die FG ist durch die Bestimmungen im FamFG keineswegs umfassend geregelt, sondern es gibt eine Fülle von Sonderregelungen, die dessen Grundsätze teilweise ergänzen, teilweise verdrängen. So ist auch das Grundbuchverfahren in der GBO gesondert geregelt; daneben gilt das FamFG nur subsidiär, also nur insoweit, als die GBO keine Regelung trifft und die Regelungen des FamFG mit dem besonderen Charakter des Grundbuchverfahrens vereinbar sind.

Es ist also notwendig, zunächst festzustellen, welche der Verfahrensgrundsätze der FG auch im Grundbuchverfahren, unmittelbar oder in modifizierter Form, anwendbar sind.

§ 2
Die Anwendbarkeit der allgemeinen Verfahrensgrundsätze der freiwilligen Gerichtsbarkeit

I. Amtsverfahren und Antragsverfahren

13 Das FamFG unterscheidet zwischen zwei Verfahrensarten: Einmal dem sog. Amtsverfahren, das dadurch gekennzeichnet ist, dass es ohne Antrag oder eine andere Willensbekundung eines Beteiligten bei Vorliegen bestimmter vom materiellen Recht vorgeschriebener Voraussetzungen von Amts wegen eingeleitet wird; zum anderen dem sog. Antragsverfahren, das immer dann gegeben ist, wenn das materielle Recht für eine bestimmte gerichtliche Maßnahme eine Antragsstellung seitens eines Beteiligten verlangt.

Auch die GBO kennt diese beiden Verfahrensarten: Der Regelfall ist hier das Antragsverfahren, weil § 13 GBO vorschreibt, dass eine Eintragung nur auf Antrag vorgenommen werden soll (s. zum Antragsgrundsatz ausführlich unten → Rdn. 89 ff.). Bestimmte Verfahrensarten jedoch sind in der GBO als Amtsverfahren ausgestaltet: Die Verfahren auf Eintragung eines Amtswiderspruches oder auf Durchführung einer Amtslöschung (§ 53 GBO; vgl. unten → Rdn. 397 ff.), das Verfahren zur Löschung einer Eintragung wegen Gegenstandslosigkeit (§ 84 GBO) und das sog. Rangklarstellungsverfahren (§ 90 GBO) sind gesonderte Verfahren, die von Amts wegen betrieben werden.

Daneben enthält die GBO eine Reihe von Fällen, in denen einzelne Eintragungen, meist im Zusammenhang mit einer beantragten Eintragung, von Amts wegen vorzunehmen sind, so z. B. in § 9 Abs. 2 und 3: § 18 Abs. 2 (vgl. dazu unten → Rdn. 307 ff.); § 23 Abs. 1 (vgl. dazu unten → Rdn. 367); § 45 Abs. 1 und 2 (vgl. dazu unten → Rdn. 355); § 48; § 51 (vgl. dazu unten → Rdn. 375); § 52 (vgl. dazu unten → Rdn. 392); § 68 Abs. 3; § 76 Abs. 2; § 82a.

II. Der Beteiligtenbegriff

14 Das FamFG unterscheidet zwischen Ist- (§ 7 Abs. 1 FamFG), Muss- (§ 7 Abs. 2 FamFG) und Kann-Beteiligten (§ 7 Abs. 3 FamFG). In Antragsverfahren ist der Antragsteller Ist-Beteiligter (§ 7 Abs. 1 FamFG). Als Muss-Beteiligte sind diejenigen dem Verfahren hinzuziehen, deren Recht durch das Verfahren unmittelbar betroffen wird (§ 7 Abs. 2 Nr. 1 FamFG) und die auf Grund des FamFG oder eines anderen Gesetzes von Amts wegen oder auf Antrag zu beteiligen sind (§ 7 Abs. 2 Nr. 2 FamFG). Als Kann-Beteiligte sind die Personen anzusehen, die das Gericht von Amts wegen oder auf Antrag hin-

zuziehen kann, soweit dies im FamFG oder einem anderen Gesetz vorgesehen ist (§ 7 Abs. 3 FamFG). Die Rechtsstellung des Ist-Beteiligten folgt aus seiner eigenen Verfahrenshandlung, nämlich seiner Antragstellung; die der Muss- und Kann-Beteiligten aus einer Verfahrenshandlung des Gerichts, d.h. der Hinzuziehung. Letztere folgt in der Regel aus dem materiellen Berührtwerden durch das Verfahren, was allein für die Erlangung der Beteiligtenstellung aber nicht genügt; hinzukommen muss das gerichtliche Hinzuziehen. Die Muss- und Kann-Beteiligten sind von der Einleitung des Verfahrens zu benachrichtigen, soweit sie dem Gericht bekannt sind; sie sind über ihr Antragsrecht zu belehren (§ 7 Abs. 4 FamFG).

Stellt die rechtlich verlierende Person (evtl. vertreten durch den Notar nach § 15 Abs. 2 GBO) den Eintragungsantrag nach § 13 GBO (= »Betroffener« im Sinne des Antragsrechts), so ist sie natürlich Beteiligte am Grundbuchverfahren (z.B. der Verkäufer beim Eigentumswechsel oder der Grundstückseigentümer bei der Bestellung einer Grundschuld). Dies folgt aus § 7 Abs. 1 FamFG. Für die Grundbucheintragung bedarf es regelmäßig noch der formellen Bewilligung (§ 19 GBO) und beim Eigentumswechsel auch der materiellen Auflassungserklärung (§ 20 GBO) dieses rechtlich Verlierenden. Unter Anwendung von § 7 Abs. 2 Nr. 1 FamFG müsste das Grundbuchamt die materiellrechtlich gewinnende Person (z.B. den Käufer oder Grundschuldgläubiger) hinzuziehen. Dies ist nicht gerechtfertigt. Bei den Verfahren nach § 20 GBO (= Auflassung, Erbbaurecht) hat er sowieso die Einigungserklärung abgegeben. Aber auch bei den Verfahren nach § 19 GBO (z.B. Grundschuldbestellung) ist er nicht zum Verfahren hinzuziehen, da dies dem Grundprinzip des Grundbuchrechts widersprechen würde, nämlich die rechtlich Begünstigten nicht am Eintragungsverfahren zu beteiligen. Diese Wertentscheidung der GBO wird durch das FamFG nicht aufgehoben; § 7 Abs. 2 FamFG findet deshalb keine Anwendung im Grundbuchverfahren. Stellt die rechtlich gewinnende Person (evtl. vertreten durch den Notar nach § 15 Abs. 2 GBO) den Eintragungsantrag nach § 13 GBO (= »Begünstigter« im Sinne des Antragsrechts), so ist auch sie selbstverständlich Beteiligte am Grundbuchverfahren (§ 7 Abs. 1 FamFG), z.B. der Käufer beim Eigentumswechsel oder der Gläubiger bei der Bestellung einer Grundschuld. Für die Grundbucheintragung muss noch die formelle Bewilligung (§ 19 GBO) und beim Eigentumswechsel auch der materielle Auflassungserklärung (§ 20 GBO) des rechtlich Verlierenden vorliegen. Unter Anwendung von § 7 Abs. 2 Nr. 1 FamFG müsste das Grundbuchamt diese Person (z.B. den Käufer oder Grundschuldgläubiger) nochmals hinzuziehen. Dies ist nicht gerechtfertigt. Bei den Verfahren nach § 19 GBO hat er bereits die Bewilligung und bei § 20 GBO (= Auflassung, Erbbaurecht) auch noch die Einigungserklärung abgegeben. Eine weitere Beteiligung im Eintragungsverfahren würde den Grundprinzipien des Grundbuchrechts widersprechen (§§ 19, 20, 29 GBO). § 7 Abs. 2 FamFG findet deshalb auch in diesem Fall keine Anwendung. Mit der Feststellung, dass § 7 Abs. 2 FamFG im Grundbuchverfahren keine Anwen- **14a** dung findet, ist noch nichts darüber gesagt, wer außer dem Antragsteller (§ 7 Abs. 1 FamFG) noch Beteiligter im Grundbuchverfahren ist (ohne dass eine gesonderte »Hinzuziehung« nötig ist). Bei rechtsändernden Antragsverfahren ist zwischen unmittelbar Betroffenen und unmittelbar Begünstigten zu unterscheiden. Die materiellrechtliche Rechtsstellung dieser Personen wird durch die Eintragung zweifelsohne berührt, so dass es der Grundsatz des fairen Verfahrens verlangt, dass sie als Beteiligte behandelt werden. Bei der Eintragung einer Grundschuld aufgrund eines Antrags (§ 13 GBO) und einer Bewilligung (§ 19 GBO) des unmittelbar betroffenen Grundstückseigentümers ist auch der begünstigte Grundschuldgläubiger als Beteiligter anzusehen, auch wenn er keinen Antrag gestellt hat, und zwar ohne Hinzuziehung des Grundbuchamts. Beantragt der Käufer eines Grundstücks als unmittelbar Begünstigter seine Eintragung (§ 13 GBO) unter Vorlage der materiellen Auflassung (§ 20 GBO), so ist auch der keinen Antrag stellende aber unmittelbar betroffene Verkäufer Beteiligter im Eintragungsverfahren, und zwar ohne Hinzuziehung des Grundbuchamtes. Es gibt einen dualistischen Beteiligtenbegriff. Der Auffassung von der alleinigen Beteiligtenstellung des Antragstellers kann schon deshalb nicht gefolgt werden, weil beschwerdeberechtigt jeder ist, dem ein Antragsrecht zusteht, ohne Rücksicht darauf, ob er es tatsächlich auch ausgeübt hat. Von einem Beschwerderecht kann aber nur dann Gebrauch gemacht werden, wenn der Berechtigte vom Verfahrensgang und vom Verfahrensabschluss unterrichtet wird, d. h. wenn er als Beteiligter behandelt wird.

14b Materiell Beteiligte sind vom Grundbuchamt von Amts wegen zu ermitteln, so z. B. für die Löschung einer Grunddienstbarkeit, wenn vom herrschenden Grundstück Teilflächen abgeschrieben und veräußert worden sind (BayObLG DNotZ 1997, 395). Materiell Beteiligte in den **rechtsändernden Antragsverfahren** sind die **Personen, denen nach § 13 Abs. 1 S. 2 GBO ein Antragsrecht zusteht**, ohne Rücksicht darauf, ob sie es im Einzelfall ausgeübt haben oder nicht, das sind der unmittelbar Betroffene und der unmittelbar Begünstigte. Die materiellrechtliche Rechtsstellung dieser Personen wird durch die Eintragung zweifelsohne berührt, sodass es der Grundsatz des fairen Verfahrens verlangt, dass sie am Verfahren beteiligt werden. Fraglich ist, ob auch die **mittelbar Betroffenen (§ 19 GBO)**, die einem Rechtsvorgang zustimmen müssen (z. B. § 876, § 880 Abs. 2 S. 2, § 1180 Abs. 2, § 1183 BGB), als materiell Beteiligte anzusehen sind. Unproblematisch sind dabei die Fälle, in denen der mittelbar Betroffene ein eigenes Antragsrecht als unmittelbar Begünstigter nach § 13 Abs. 1 Satz 2 GBO hat, wie z. B. der Eigentümer bei der Löschung eines Fremdgrundpfandrechts (§ 1183 BGB), sodass er sowieso materiell Beteiligter ist (§ 7 Abs. 1 FamFG). Steht dem mittelbar Betroffenen jedoch kein eigenes Antragsrecht zu, so z. B. dem Eigentümer beim Rangrücktritt eines Grundpfandrechts (§ 880 Abs. 2 S. 2 BGB; vgl. dazu *Böttcher*, Rpfleger 1982, 52), dann ist er auch nicht materieller Beteiligter im eigentlichen Sinn. Dies hat aber keine Rechtsschmälerung für den zustimmungsberechtigten Dritten zur Folge: Hat er die

II. Der Beteiligtenbegriff 17

Zustimmung erteilt, so ist er damit am Verfahren beteiligt; fehlt seine Zustimmung und ergeht deswegen eine Zwischenverfügung, so wird er auf diese Weise am Verfahren beteiligt; fehlt dagegen die Zustimmung und der Grundbuchrechtspfleger erkennt dies nicht, so ist dem mittelbar Betroffenen allein durch die Bezeichnung als Beteiligter auch nicht geholfen. Zustimmungsberechtigte Dritte sind, soweit ihnen kein eigenes Antragsrecht nach § 13 Abs. 1 S. 2 zusteht, nicht materiell Beteiligte im Grundbuchverfahren, weil keine unmittelbare, sondern nur eine mittelbare Beeinträchtigung vorliegt; ihre Rechte sind durch die Stellung als Mitbewilligungsberechtigte (§ 19 GBO) hinreichend gewahrt.

Materiell Beteiligte in den **berichtigenden Antragsverfahren** sind der **Buchberechtigte und derjenige, der die Berichtigung begehrt**. Bei jedem Berichtigungsverfahren geht es darum, die zugunsten eines eingetragenen Berechtigten wirkende Rechtsvermutung des § 891 BGB zu widerlegen und durch die Eintragung eines anderen Berechtigten zu beseitigen. Zu Beginn eines solchen Verfahrens steht die Aussage, dem Eingetragenen steht kein materielles Recht zu, d. h. es liegt der typische Fall einer materiellen Beteiligung vor: das Recht des Eingetragenen könnte durch eine Berichtigung, deren Voraussetzungen nicht gegeben waren, beeinträchtigt werden (§ 892 BGB). Derjenige, der die Berichtigung begehrt, ist materiell Beteiligter, was sich bereits aus seinem Anspruch auf Grundbuchberichtigung (§ 894 BGB) ergibt: Die unrichtige Buchposition gilt stets als aktuelle Beeinträchtigung des »wahren« Rechts.

14c

Materiell Beteiligte im **Amtswiderspruchsverfahren** (§ 53 Abs. 1 S. 1 GBO) sind der **Buchberechtigte und der, zu dessen Gunsten der Widerspruch einzutragen ist**. Bei beiden ist eine aktuelle Gefährdung bzw Beeinträchtigung ihrer materiellrechtlichen, schutzwürdigen Position festzustellen: Dem Buchberechtigten steht nach § 894 BGB ein Anspruch gegen den zu, der zu Unrecht einen Widerspruch erwirkt hat (BGHZ 51, 50); derjenige, dessen Recht zu Unrecht nicht eingetragen ist, hat gegen den Buchberechtigten den Anspruch aus §§ 894, 899 BGB.

14d

Materiell Beteiligte im **Amtslöschungsverfahren** (§ 53 Abs. 1 S. 2 GBO) sind der **Buchberechtigte und der Grundstückseigentümer**. Das Verfahren dient der Feststellung der Unzulässigkeit einer Eintragung und sodann der Löschung dieser Eintragung. Für den noch eingetragenen Buchberechtigten besteht dabei die Gefahr eines Rang- oder Rechtsverlustes bei rechtsirrtümlicher Amtslöschung (§ 891 Abs. 2, § 892 BGB); aufgrund dieser möglichen Rechtsbeeinträchtigung ist er daher materiell Beteiligter. Aber auch der Grundstückseigentümer ist als materiell Beteiligter anzusehen, da die Amtslöschung seine Rechtsstellung insoweit berührt, als er in der Regel aufgrund des Kausalgeschäfts zur Begründung des Rechts verpflichtet ist und die Löschung dazu führt, dass er diesen Anspruch nunmehr aufs Neue erfüllen muss.

14e

Wer in einer Antragsache einen Antrag stellt, wird damit **formell Beteiligter (= Antragsteller)**. Sein Antrag muss behandelt und beschieden werden, ob er begründet ist, spielt keine Rolle. Ist der formell Beteiligte nicht auch zugleich

Böttcher

ein materiell Beteiligter, so ist sein Antrag als unzulässig zurückzuweisen. Im Antragsverfahren müssen sich daher formelle und materielle Beteiligung decken, wenn das Verfahren zulässig sein soll. Eine Ausnahme gilt nur dann, wenn das Gesetz einem materiell Nichtbeteiligten ausdrücklich ein eigenes Antragsrecht gewährt; er ist dann wie ein materiell Beteiligter zu behandeln. Beispielhaft zu nennen sind das Antragsrecht des vollstreckenden Gläubigers nach § 14 GBO und des dinglich Berechtigten am herrschenden Grundstück gemäß § 9 Abs. 1 S. 2 GBO. Für ein **Amtsverfahren** bedarf es keiner Antragstellung. Derjenige, der jedoch ein solches Verfahren ausdrücklich anregt, ist als formell Beteiligter zu behandeln, weil er ein Recht auf Verbescheidung hat.

14f Im **Beschwerdeverfahren** ist formell Beteiligter der **Beschwerdeführer**. Gleichgültig ist, ob die Beschwerde begründet ist oder nicht, oder ob sie zulässig oder unzulässig ist, denn eine Entscheidung muss ergehen, unabhängig davon, ob es eine Sachentscheidung oder eine Prozessentscheidung ist.

III. Beteiligtenfähigkeit und Verfahrensfähigkeit

1. Die Beteiligtenfähigkeit

15 Beteiligtenfähigkeit ist die Fähigkeit, in einem Verfahren der FG Beteiligter zu sein. Diese Fähigkeit hat im FG-Verfahren jeder, der rechtsfähig ist, § 8 FamFG. Am Grundbuchverfahren beteiligt zu sein bedeutet regelmäßig, ein Recht an einem Grundstück oder ein Recht an einem Grundstücksrecht inne zu haben oder erwerben zu wollen.

Beteiligtenfähig im Grundbuchverfahren ist deshalb, wer nach dem infrage kommenden materiellen Recht Inhaber eines Grundstücksrechts sein kann, also stets, wer rechtsfähig ist.

Beteiligtenfähig im Grundbuchverfahren sind also zunächst:

Jede lebende natürliche Person, jede juristische Person des öffentlichen oder privaten Rechts, der Staat und alle Gebietskörperschaften (Gemeinden, Landkreise etc.) rechtsfähige Vereine, GmbH, AG, Genossenschaften, die Handelsgesellschaften des HGB, die rechtsfähige Außen-GbR (BGH, NJW 2001, 1056 u. NJW 2006, 2191), die Gemeinschaft der Wohnungseigentümer (§ 10 Abs. 6 WEG), die Europäische wirtschaftliche Interessenvereinigung – EWIV – (Art. 1 Abs. 2 EWIV-VO), die Europäische Gesellschaft – SE – (§ 3 SEAG), die Europäische Genossenschaft (§ 3 SCEAG), die REIT-Aktiengesellschaft (§ 1 Abs. 3 REITG), die Reederei.

15a Gemäß § 3 des Parteiengesetzes i.d.F. vom 15.02.1994 (BGBl I 243) können eine **politische Partei** und ihre Landesverbände der höchsten Organisationsstufe unter ihren Namen klagen und verklagt werden, d.h. sie sind im Zivilprozess parteifähig; entsprechend ist im FG-Verfahren von der Beteiligungsfähigkeit politischer Parteien auszugehen, d.h. sie sind grundbuchfähig (OLG

III. Beteiligtenfähigkeit und Verfahrensfähigkeit

Zweibrücken, Rpfleger 1999, 531; *Bauer* in Bauer/Schaub, § 13 Rdn. 37). Dies gilt jedoch nicht für die Bezirks-, Kreis- und Ortsverbände, die nicht grundbuchfähig sind (vgl. § 3 Satz 2 ParteienG; OLG Celle, NJW 2004, 1743).

Der **nichtrechtsfähige Verein** ist sowohl passiv als auch aktiv parteifähig (§ 50 Abs. 2 ZPO). Die Frage, ob ein nichtrechtsfähiger Verein nur unter seinem Namen ohne Angabe der Vereinsmitglieder in das Grundbuch eingetragen werden kann, ist umstritten. Da in der neueren Literatur (*Sauter/Schweyer/ Waldner*, Der eingetragene Verein, Rdn. 619; *Stöber/Otto*, Handbuch zum Vereinsrecht, Rdn. 1504) dem nichtrechtsfähigen Verein die Rechtsfähigkeit zugesprochen wird, folgert eine Meinung daraus, dass eine Grundbucheintragung auch nur unter dem Namen ohne Nennung der Mitglieder möglich sei (*Soergel/ Hadding*, § 54 BGB Rdn. 18). Eine zweite Ansicht bejaht zwar auch die Rechtsfähigkeit des nichtrechtsfähigen Vereins; aufgrund der Verweisung in § 54 Satz 1 BGB auf die Vorschriften über die GbR sei aber die Vorschrift des § 47 Abs. 2 GBO anzuwenden, die neben der Eintragung der GbR auch die Eintragung sämtlicher Gesellschafter verlangt (*Staudinger/C. Heinze*, 2018, § 873 BGB Rdn. 101). Der BGH (ZNotP 2016, 102) hat sich der letztgenannten Meinung angeschlossen. Da es dem nichtrechtsfähigen Verein an jedweder Publizität hinsichtlich der Existenz des jeweiligen Mitgliederbestands fehlt, kann sich der Rechtsverkehr von seiner Existenz und Identität nicht zuverlässig überzeugen. Die Grundbucheintragung nur unter dem Namen ohne Nennung der Mitglieder würde sich mit der erforderlichen Publizität sachenrechtlicher Verhältnisse nicht vertragen und stünde in Widerspruch zu den Aufgaben des Grundbuchs. Dies rechtfertigt eine Gleichbehandlung des nichtrechtsfähigen Vereins mit der GbR. Eine andere Sichtweise vermögen auch die besonders mitgliederstarken Vereine nicht zu rechtfertigen, da reine Praktikabilitätserwägungen nicht zu einer Durchbrechung der strengen Publizität im Grundbuchverfahren führen können. Eine Eintragung einer GbR nur unter ihrem Namen ohne Angabe der Gesellschafter nach § 47 Abs. 2 Satz 1 GBO führt zu einer inhaltlich unzulässigen Eintragung, die gemäß § 53 GBO von Amts wegen gelöscht werden muss, wenn die Eintragung nach dem 18.8.2009 erfolgte (= Inkrafttreten des § 47 Abs. 2 GBO; KG, Rpfleger 2017, 143; *Lautner*, DNotZ 2009, 650, 654, a.A. *Waldner*, NotBZ 2016, 384, 385); dies gilt auch für einen nichtrechtsfähigen Verein, der nur unter seinem Namen im Grundbuch eingetragen ist (KG, Rpfleger 2017, 142; *Lautner*, MittBayNot 2018, 155; **a.A.** *Waldner*, NotBZ 2017, 147).

Für die **Gewerkschaften** ergibt sich die Parteifähigkeit im arbeitsgerichtlichen Verfahren aus § 10 ArbGG; ebenso wird für den Zivilprozess die aktive Parteifähigkeit der Gewerkschaften von der h.M. bejaht (BGH, BGHZ 50, 325). Die Beteiligtenfähigkeit der Gewerkschaften im Grundbuchverfahren ist umstritten. Zum Teil wird die Meinung vertreten, dass die Gewerkschaften – entsprechend der aktiven Parteifähigkeit im Zivilprozess – auch im Grundbuchverfahren als beteiligtenfähig anzusehen sind und unter ihrem Namen in das Grundbuch eingetragen werden können (*Jung*, NJW 1986, 157, 162). Dem

15b

15c

widerspricht die Gegenansicht zu Recht, da nur die Mitglieder in ihrem jeweiligen Bestand Träger der sich aus dem Grundeigentum oder den dinglichen Rechten ergebenden Rechtsstellung sind (*Demharter*, § 19 Rdn. 101). Entsprechend den allgemeinen Grundsätzen bleibt den Gewerkschaften der Ausweg über die Kapitalgesellschaft.

16 Beteiligtenfähig im Grundbuchverfahren sind ausnahmsweise auch Gebilde, denen noch keine Rechtsfähigkeit zukommt:

16a **a) Erzeugte, aber noch nicht geborene Personen** können kraft ausdrücklicher gesetzlicher Vorschriften Träger von Rechten sein und somit auch Beteiligte im Grundbuchverfahren, so insbesondere aufgrund Erbrechts (§ 1923 Abs. 2, § 2101 Abs. 1 BGB), Vermächtnisses (§ 2162 Abs. 2 BGB), Unterhaltsrechts gegenüber einem durch unerlaubte Handlung Getöteten (§ 844 Abs. 2 S. 2 BGB) und eines echten Vertrages zugunsten eines Dritten (§ 328 Abs. 1 BGB). Ein nasciturus kann aber wegen der Bedingungsfeindlichkeit der Auflassung (§ 925 Abs. 2 BGB) kein Eigentum an einem Grundstück erwerben.

16b **b) Noch nicht erzeugte Personen** einer bestimmten Person können in das GB eingetragen werden, soweit sie durch Beerbung (§ 1923 Abs. 2, § 2101 Abs. 1 BGB), Vermächtnis (§ 2162 Abs. 2 BGB), Vertrag zugunsten Dritter oder gemäß § 844 Abs. 2 S. 2 BGB Rechte erwerben können (RGZ 61, 356; LG Passau, RNotZ 2003, 569; a.A. *Staudinger/C. Heinze*, 2018, § 873 BGB Rdn. 91);

16c **c)** Nach h.M. ist die **Gründungsgesellschaft einer juristischen Person (z. B. GmbH)**, die mit Abschluss eines notariell beurkundeten Gesellschaftsvertrag entsteht, eine Organisation, die einem Sonderrecht untersteht, das aus den im Gesetz oder im Gesellschaftsvertrag gegebenen Gründungsvorschriften und dem Recht der rechtsfähigen Gesellschaft, soweit es nicht die Eintragung voraussetzt, besteht (BGH, BGHZ 21, 242, 246; 45, 338, 347; 51, 30, 32); vor allem ist festzuhalten, dass keine BGB-Gesellschaft oder OHG vorliegt. Die Rechtsprechung hat dieser Gründungsgesellschaft Schritt für Schritt die Beteiligtenfähigkeit zuerkannt: Die Auflassung oder eine sonstige dingliche Einigung mit der Gründungsgesellschaft ist bereits vor deren Eintragung im Handelsregister zulässig und wirksam (BGH, NJW 1973, 798). Soll bei der Errichtung einer GmbH ein Grundstück oder Grundstücksrecht als Sacheinlage eingebracht werden (§ 5 Abs. 4 GmbHG), so ist die Auflassung bzw. dingliche Einigung und deren Grundbucheintragung schon vor der Handelsregistereintragung der GmbH notwendig, was § 7 Abs. 3 GmbHG verlangt; insoweit ist die GmbH in Gründung beteiligtenfähig (BGH NJW 1966, 1311). Außerdem ist anerkannt, dass die Gründungsgesellschaft Beteiligtenfähigkeit besitzt, wenn für sie eine Auflassungsvormerkung eingetragen werden soll, selbst wenn der Grundstückserwerb nicht mit der Einbringung einer Sacheinlage in die Gesellschaft zusammenhängt (BayObLG, DNotZ 1979, 502). Den entscheidenden Schritt zur allgemeinen Beteiligtenfähigkeit der Gründungsgesellschaft im FG-

III. Beteiligtenfähigkeit und Verfahrensfähigkeit

Verfahren und somit auch im Grundbuchverfahren brachte die Entscheidung des BGH zur Komplementärfähigkeit der Vor-GmbH bei einer KG, worin ausgeführt wird, dass der Gesetzgeber die Bildung von Gesamthandsvermögen in der Hand der Gründungsgesellschaft voraussetzt und dem auf der anderen Seite die Fähigkeit entsprechen müsse, durch das satzungsmäßige Vertretungsorgan schon vor der Eintragung Verbindlichkeiten einzugehen, sodass sämtliche Aktiva und Passiva der Gründungsgesellschaft, auch soweit sie aus nicht durch den Gesellschaftsvertrag gedeckten Geschäften stammen, nahtlos auf die GmbH übergehen (BGH, NJW 1981, 1373). Die allgemeine Beteiligtenfähigkeit einer Gründungsgesellschaft im Grundbuchverfahren wird seitdem überwiegend bejaht (*Staudinger/C. Heinze*, 2018, § 873 BGB Rdn. 107); dem ist zuzustimmen. Wenn nämlich die Gründungsgesellschaft als solche bereits Rechtsbeziehungen aufnehmen kann, z. B. Komplementär einer KG sein kann, dann muss dies auch für den Erwerb dinglicher Rechtspositionen gelten. Da die Vor-GmbH in der Gründungsphase bereits körperschaftliche Strukturen aufweist, hat nicht die Eintragung aller Gesellschafter mit Gesellschaftszusatz wie bei der OHG bzw KG in Gründung (= BGB-Gesellschaft) zu erfolgen, sondern in analoger Anwendung des § 15 Abs. 1 Buchst b GBV ist die Gründungsgesellschaft unter ihrer künftigen Firma mit einem auf das Gründungsstadium hinweisenden Zusatz einzutragen (z. B. **A-GmbH in Gründung, Sitz X**). Mit der **Eintragung der Gesellschaft in das Handelsregister** gehen ohne weitere rechtsgeschäftliche Erklärungen alle Rechte der Gründungsgesellschaft auf die GmbH über, da die Gründerorganisation nur ein gesetzlich notwendiges Durchgangsstadium für die Entstehung der juristischen Person ist (BGH, DNotZ 1967, 381). Es ist von der Identität der Gründungsgesellschaft und der Gesellschaft nach Handelsregistereintragung auszugehen, d. h. ein Übergang im Rechtssinne ist gar nicht gegeben; bei dem Grundbucheintrag handele es sich nur um eine Richtigstellung tatsächlicher Angaben in der Bezeichnung des Berechtigten, d. h. die Richtigstellung erfolgt von Amts wegen, wenn die unrichtige Bezeichnung feststeht (Handelsregisterauszug; *Demharter*, § 19 GBO Rdn. 103). Die angeführten Grundsätze zur Beteiligtenfähigkeit der Gründungsgesellschaft im Grundbuchverfahren gelten auch für die **Ein-Mann-Vor-GmbH**, da sie zwischen dem Abschluss des Gesellschaftsvertrags und der Handelsregistereintragung der Mehrpersonen-Vorgesellschaft nach dem Grad ihrer Verselbständigung in nichts nachsteht.

d) Strittig ist die Frage, ob eine **OHG oder KG in Gründung** im Grundbuchverfahren beteiligtenfähig ist. Einigkeit herrscht insoweit, dass dann, wenn eine Personenhandelsgesellschaft kein Handelsgewerbe nach § 1 Abs. 2 HGB betreibt, vom Abschluss des Gesellschaftsvertrags bis zur Eintragung im Handelsregister eine Gesellschaft des bürgerlichen Rechts besteht (BGH, BGHZ 63, 45, 47; 69, 95, 97; BayObLG, NJW 1984, 497). Zum Teil wird dann die Meinung vertreten, dass diese BGB-Gesellschaft als OHG bzw KG

16d

in Gründung allgemein grundbuchfähig sei und unter ihrer künftigen Firma mit einem Gründungszusatz im Grundbuch eingetragen werden könne; beim Entstehen der OHG bzw. KG sei lediglich der Gründungszusatz als Richtigstellung des Grundbuchs, nicht im Wege einer Grundbuchberichtigung im Sinne des § 894 BGB zu löschen (*Demharter*, § 19 Rdn. 104). Die Gegenansicht verneint die allgemeine Beteiligtenfähigkeit einer OHG bzw. KG in Gründung im Grundbuchverfahren und verlangt vielmehr die namentliche Eintragung aller Gesellschafter in ihrer gesamthänderischen Verbundenheit einer Gesellschaft des bürgerlichen Rechts (vgl. § 47 Abs. 2 GBO, § 15 Abs. 3 GBV; *Bauer* in Bauer/Schaub, § 13 Rdn. 36; *Staudinger/C. Heinze*, 2018, § 873 BGB Rdn. 104)).

Dieser Auffassung ist beizupflichten: Die grundbuchrechtliche Beteiligtenfähigkeit einer Personenhandelsgesellschaft, die kein vollkaufmännisches Handelsgewerbe (§ 1 Abs. 2 HGB) betreibt und nicht im Handelsregister eingetragen ist, ist grundsätzlich zu verneinen, weil anders als eine in Gründung befindliche Kapitalgesellschaft die Personenhandelsgesellschaft in Gründung als Gesellschaft des bürgerlichen Rechts besteht und als solche in der Lage ist, rechtsgeschäftlich tätig zu werden. Wird die Personenhandelsgesellschaft in Gründung in das Handelsregister eingetragen, dann handelt es sich hierbei lediglich um die Umwandlung einer Personengesellschaft (= BGB-Gesellschaft) in eine andere personengleiche Gesellschaft (= OHG bzw. KG), bei der sich die Rechtsform, nicht aber die Identität in der gesamthänderischen Zuordnung des Gesellschaftsvermögens ändert, d.h. zwischen der OHG, KG in Gründung als BGB-Gesellschaft und der durch Handelsregistereintragung entstandenen OHG, KG besteht Rechtsidentität, die keinen neuen dinglichen Vertrag und keine neue Grundbucheintragung hinsichtlich des Grundbesitzes erforderlich macht (RGZ 155, 75, 84; *Rissmann/Waldner*, Rpfleger 1984, 59, 60). Strittig ist in diesem Fall jedoch, ob eine Berichtigung nach § 22 Abs. 1 GBO veranlasst ist (*Rissmann/Waldner*, Rpfleger 1984, 59, 60) oder ob es sich um eine Richtigstellung tatsächlicher Angaben handelt (*Bauer* in Bauer/Schaub, § 13 Rdn. 36; *Demharter*, § 19 Rdn. 104). Letzterer Ansicht ist zuzustimmen, weil das Grundbuch nicht im materiellen Sinne, sondern bloß in Bezug auf tatsächliche Angaben, unrichtig ist. Die Berichtigung tatsächlicher Angaben kann aber jederzeit auf eine Anregung hin ohne urkundlichen Nachweis in der Form des § 29 GBO von Amts wegen herbeigeführt werden; § 894 BGB und § 22 GBO finden somit keine Anwendung: statt der Gesellschafter der BGB-Gesellschaft ist die OHG bzw. KG unter ihrer Firma einzutragen. In Ausnahme von diesen Grundsätzen ist eine OHG oder KG in Gründung zumindest dann beteiligtenfähig, wenn für sie eine Vormerkung eingetragen werden soll (BayObLG, DNotZ 1986, 156). Dies ergibt sich aus der Akzessorietät der Vormerkung zu dem schuldrechtlichen Anspruch, den sie sichert, und der Vorläufigkeit ihrer Eintragung, die bereits auf ihre Löschung bei Eintragung des vorgemerkten Rechts angelegt ist; daraus folgt, dass die Inhaber der Vormerkung mit denen des zu sichernden schuldrechtlichen Anspruchs korrespondieren und nicht mit denen des vorgemerkten dinglichen Rechts. Für die Innehabung des schuldrechtlichen Anspruchs genügt aber Bestimmbarkeit des Gläubigers, Bestimmtheit ist nicht erforderlich.

e) Ein **Verstorbener** ist grundsätzlich nicht beteiligtenfähig, d. h. er kann nicht in das Grundbuch eingetragen werden (BayObLG, MittBayNot 1994, 435). Wird er trotzdem vom Grundbuchamt in Unkenntnis seines Todes in das Grundbuch eingetragen, so ist diese Eintragung zwar ordnungswidrig, aber keineswegs materiell unwirksam oder inhaltlich unzulässig, vielmehr liegt nur eine unrichtige Bezeichnung des Berechtigten vor (KG, Rpfleger 1965, 366). Stirbt der Auflassungsempfänger vor seiner Eintragung, so darf er nicht mehr als Eigentümer in das Grundbuch eingetragen werden, wenn der Grundbuchrechtspfleger dies weiß; zur Eintragung der Erben als neue Eigentümer ist weder eine neue Auflassung noch eine neue Bewilligung notwendig, vielmehr genügt der Erbnachweis (§ 35 GBO) und der formlose Eintragungsantrag eines Erben. Hat der Grundstückseigentümer für den Erblasser ein Recht bewilligt, so können i.d.R. sogleich die Erben als Berechtigte eingetragen werden, und zwar ohne neue Bewilligung zu ihren Gunsten (LG Düsseldorf, Rpfleger 1987, 14). Dies gilt jedoch nicht für die rechtsgeschäftlich oder kraft Gesetzes auf die Lebenszeit des Berechtigten beschränkten Rechte (z. B. Nießbrauch, beschränkte persönliche Dienstbarkeit, Vorkaufsrecht). **Ausnahmsweise** ist ein **Verstorbener** beteiligtenfähig, d. h. er kann in das Grundbuch eingetragen werden, wenn er **Ersteher in der Zwangsversteigerung** ist, denn das Versteigerungsergebnis kann nur im Ganzen eingetragen werden (§ 130 ZVG; KG, Rpfleger 1975, 133). 16e

f) Nach § 8 Nr. 3 FamFG sind Behörden, auch wenn sie nicht selbstständig rechtsfähig sind (Jugendamt, Betreuungsbehörde, Standesamt), beteiligtenfähig. 16f

Das GBA hat keine Nachforschungen darüber anzustellen, ob einem Beteiligten die Beteiligtenfähigkeit zukommt, solange dies nach der von dem Beteiligten geführten Bezeichnung glaubhaft ist und dem GBA keine entgegenstehenden Tatsachen bekannt sind.

2. Die Verfahrensfähigkeit

Verfahrensfähigkeit ist die Fähigkeit einer Person, Verfahrenshandlungen selbst oder durch Vertreter vorzunehmen oder entgegenzunehmen. Im Grundbuchverfahren bedeutet Verfahrensfähigkeit, im eigenen Namen Eintragungsanträge und Eintragungsbewilligungen sowie andere Grundbucherklärungen abgeben zu können. Wer nicht verfahrensfähig ist, muss nach den einschlägigen gesetzlichen Vorschriften vertreten sein (§ 9 Abs. 2, 3 FamFG). Die Verfahrensfähigkeit ist eine von Amts wegen zu prüfende Verfahrensvoraussetzung; fehlt es 17 daran, so ist der Antrag als unzulässig zurückzuweisen. Der Mangel der Verfahrensfähigkeit ist aber durch Genehmigung des Vertreters rückwirkend heilbar. Wer voll geschäftsfähig ist, ist auch verfahrensfähig (§ 9 Abs. 1 Nr. 1 FamFG). Die volle Geschäftsfähigkeit erlangt der Mensch mit der Volljährigkeit (§ 2 BGB), also mit Beginn des Tages, an dem er 18 Jahre alt wird (§ 187 Abs. 2 BGB). Beschränkt Geschäftsfähige (§ 106 BGB), die mit Ermächtigung des gesetzlichen Vertreters in Dienst oder Arbeit treten oder – mit zusätzlicher Genehmigung des Familiengerichts – ein Erwerbsgeschäft betreiben, sind für die sich aus diesem beschränkten Bereich ergebenden Rechtsgeschäfte voll geschäftsfähig und damit auch verfahrensfähig (§ 9 Abs. 1 Nr. 2 FamFG); ausgenommen sind Rechtsgeschäfte, zu denen der gesetzliche Vertreter der Genehmigung des Familiengerichts bedarf (§ 112 Abs. 1 S. 2, § 113 Abs. 1 S. 2 BGB). **Geisteskranke** (§ 104 Nr. 2 BGB) gelten für Verfahren, in denen über die wegen ihres Geisteszustandes zu treffenden Maßnahmen entschieden wird, zur Wahrnehmung ihrer Rechte als verfahrensfähig (BVerfG, BVerfGE 10, 302, 306). Dies gilt auch für Rechtsmittel gegen Verfügungen, welche die Fortdauer solcher Maßnahmen anordnen oder eine Anregung, sie aufzuheben, ablehnen (BGH, BGHZ 35, 1; 70, 252, 256). Vermögensrechtliche Angelegenheiten betreffen aber regelmäßig nicht den persönlichen Lebensbereich des Beteiligten, sodass z. B. keine Verfahrensfähigkeit vorliegt bei dem Vollzug eines Übergabevertrags im Grundbuch, auch wenn der bei dem Vertragsabschluss durch seinen Vormund Vertretene hiervon nicht unerheblich betroffen ist – er verliert das Miteigentum an einem Hof und erhält stattdessen nur ein Leibgeding (BayObLG, Rpfleger 1982, 20).

18 Der **Geschäftsunfähige ist verfahrensunfähig**; für ihn muss in vollem Umfange sein gesetzlicher Vertreter handeln. Geschäftsunfähig sind nach **§ 104 BGB** Minderjährige bis zum Beginn des Tages, an dem sie 7 Jahre alt werden (Nr. 1) und dauernd Geisteskranke, deren freie Willensbestimmung ausgeschlossen ist (Nr. 2). Bei der Frage, ob eine Verfahrensunfähigkeit gemäß § 104 Nr. 2 BGB vorliegt, ist solange von der Geschäftsfähigkeit auszugehen, als nicht das Gegenteil bewiesen ist; die Geschäftsunfähigkeit muss zur Überzeugung des Gerichts feststehen. Es gibt zwar eine beschränkte Geschäftsfähigkeit (**§ 106 BGB**), aber keine allgemeine beschränkte Verfahrensfähigkeit; der beschränkt Geschäftsfähige ist verfahrensunfähig, für ihn muss der gesetzliche Vertreter (Eltern, Betreuer) handeln. Beschränkt geschäftsfähig sind Personen ab dem vollendeten 7. Lebensjahr bis zur Volljährigkeit (§ 106 BGB). Erhält eine geschäftsfähige Person einen **Pfleger** (§§ 1911, 1913, 1960 BGB), so bleibt sie geschäftsfähig (OLG Düsseldorf, OLGZ 1981, 105). Sofern sich der Gegenstand der Pflegschaft auf das infragestehende Grundstücksrecht erstreckt, verdrängt der Pfleger als gesetzlicher Vertreter den Pflegling, der insoweit verfahrensunfähig ist (**§ 9 Abs. 5 FamFG, § 53 ZPO**). Gleiches gilt, wenn jemand unter **Betreuung** steht. Ist zwar Betreuung angeordnet, aber kein Einwilligungsvorbehalt, bleibt der Betreute zwar voll geschäftsfähig, aber im Rahmen der Betreuung ist er prozessunfähig (§ 53 ZPO) und damit auch verfahrensunfähig

(§ 9 Abs. 5 FamFG). Ist eine Betreuung mit Einwilligungsvorbehalt angeordnet, dann ist der Betreute weitgehend einem beschränkt Geschäftsfähigen gleichgestellt (vgl. § 1903 BGB; OLG Celle, DNotZ 2006, 923) und deshalb verfahrensunfähig. Deshalb muss der Betreuer für ihn auftreten. Verfahrensunfähig sind alle **juristischen Personen** des privaten und öffentlichen Rechts, da sie nur durch ihre Vertreter handeln können. Die Personenhandelsgesellschaften (**OHG und KG**) sind ebenfalls verfahrensunfähig, da sie durch die persönlich haftenden Gesellschafter vertreten werden.

IV. Die Gewinnung der Entscheidungsgrundlagen

Die Vorschriften, die mit der Beschaffung und Beurteilung der entscheidungserheblichen Tatsachen zusammenhängen, gehören zu den wichtigsten in jeder Verfahrensordnung; von ihnen hängt der Ausgang des Verfahrens sehr viel häufiger ab, als von materiell-rechtlichen Fragen. 19

Wir müssen dabei folgende Fragenkomplexe unterscheiden:

- Wer hat die entscheidungserheblichen Tatsachen zu beschaffen?
- Auf welche Weise müssen diese Tatsachen dem Gericht nachgewiesen werden?
- Wie ist zu entscheiden, wenn eine entscheidungserhebliche Tatsache nicht bewiesen, aber auch ihr Nichtvorliegen nicht nachgewiesen ist?

1. Amtsermittlung oder Beibringungsgrundsatz?

→ **Beispiel 1:**

a) Auf dem Grundstück des A ist für B eine Hypothek eingetragen. A beantragt deren Umschreibung in eine Eigentümergrundschuld, weil er die gesicherte Forderung zurückbezahlt hat (§§ 1163, 1177 BGB). Er regt an, das GBA solle sich diesbezüglich beim Gläubiger B erkundigen. 20

b) A ist als Eigentümer eines Grundstückes eingetragen. B beantragt, gegen das Eigentum des A gem. § 53 GBO einen Widerspruch einzutragen. Die seinerzeitige Auflassung sei unwirksam, weil der Notar bei der Erklärung der Parteien nicht anwesend gewesen sei.

In beiden Fällen stellen die Antragsteller Rechtsbehauptungen auf. Den Beweis dafür erbringen sie jedoch nicht, sondern verweisen das Gericht mehr oder minder pauschal darauf, die erforderlichen Ermittlungen anzustellen.

Nun sieht **§ 26 FamFG** für das Verfahren der FG in der Tat eine solche Amtsermittlungspflicht des Gerichts vor; das Gericht hat von sich aus allen Tatsachen nachzugehen, die für die jeweils anzuwendende Norm entscheidungserheblich sind. Gilt diese Regel auch im Grundbuchverfahren? Auch hier ist wieder zwischen Antragsverfahren und Amtsverfahren zu unterscheiden:

Im **Antragsverfahren** *(Beispiel 1a)* gilt die Regel des § 26 FamFG **nicht**, weil hier die GBO Sonderregelungen enthält. Im Antragsverfahren gilt vielmehr eine eigentümliche Mischung zwischen dem das FG-Verfahren beherrschenden Amtsermittlungsgrundsatz und aus dem Zivilprozess entlehnten Elementen der Parteidisposition: Zwar bestimmt das GBA, welche Tatsachen jeweils erheblich sind und welche Beweise dafür als notwendig erachtet werden, jedoch obliegt es allein dem Antragsteller, diese vom GBA für erforderlich angesehenen Beweismittel vorzulegen.

Wir nennen diese Verfahrensausgestaltung den **grundbuchrechtlichen Beibringungsgrundsatz** weil hier der Antragsteller alle nach Auffassung des Gerichts entscheidungserheblichen Beweise beizubringen (vorzulegen) hat. Fehlen nach Auffassung des Gerichts noch Beweise, so wird dem Antragsteller durch Zwischenverfügung deren Beibringung aufgegeben (vgl. dazu unten → Rdn. 305).

Im **Amtsverfahren** hingegen – wozu auch das Verfahren nach § 53 GBO gehört –, gilt uneingeschränkt § 26 FamFG. Dabei spielt es keine Rolle, dass B in unserem Falle die Eintragung eines Amtswiderspruches „beantragt" hat: Im Verfahren nach § 53 GBO ist ein Antrag eines Beteiligten nur eine Anregung an das Gericht, in Ermittlungen einzutreten.

In den Verfahren nach §§ 53, 84 und 90 GBO sowie in den anderen vorne aufgeführten Fällen, in denen eine Eintragung von Amts wegen bewirkt werden muss (vgl. oben → Rdn. 13), hat das GBA somit die entscheidungserheblichen Tatsachen aus eigenem Entschluss und unter eigener Beurteilung von deren Notwendigkeit zu ermitteln und zu untersuchen. Geständnisse, Nichtbestreiten oder Schweigen seitens der Beteiligten sind dabei unbeachtlich; sie können die gerichtliche Ermittlungstätigkeit nicht einschränken oder gar ausschließen.

2. Zulässige Beweismittel und Form der Beweiserhebung

→ **Beispiel 2:**

21

In obigem *Beispiel 1a* beantragt A, den B zur Frage der Zurückzahlung der gesicherten Forderung als Zeugen zu hören.

In *Beispiel 1b* zieht das GBA Akten der Staatsanwaltschaft bei, in denen sich Zeugenaussagen zu der entscheidungserheblichen Tatsache befinden.

Nach § 30 FamFG sind im Verfahren der FG alle Beweismittel zulässig. Beweismittel sind zunächst die in der ZPO genannten: Augenschein, Zeugen, Sachverständige, Urkunden und Parteivernehmung.

Im Grundbuchverfahren gilt jedoch auch hier wieder eine Besonderheit:
Im **Antragsverfahren** ist grundsätzlich nur der Urkundenbeweis zulässig. Ausnahmen sind nur zugelassen für offenkundige Tatsachen und gem. § 35 GBO für den Nachweis der Erbfolge (vgl. zu diesen Beweisfragen ausführlich

unten → Rdn. 246). In unserem *Beispiel 2a* muss also A eine urkundliche Erklärung beibringen, sonst wird sein Antrag zurückgewiesen.
Im **Amtsverfahren** hingegen gilt ja, wie bereits festgestellt, § 26 FamFG. Das GBA kann also hier alle vorbezeichneten Beweismittel ausschöpfen.

Nach BayObLGZ 1952, 109 und 1953, 5 ist auch die eidliche Vernehmung eines Beteiligten zulässig, also ein an die Parteieinvernahme der ZPO angelehntes Beweismittel. Der BGH ist dem entgegengetreten (BGHSt 5, 111 und BGHSt 10, 272). Die ablehnende Auffassung des BGH vermag jedoch jedenfalls dann nicht zu überzeugen, wenn es sich um ein Amtsverfahren handelt, in dem sich Beteiligte mit entgegengesetzten Interessen gegenüberstehen. Gewiss sind die Parteieinvernahme und ihr verwandte Beweiserhebungsarten ein Ausfluss des Mehrparteienprinzips und primär auf das Streitverfahren zugeschnitten. Wenn sich jedoch im Amtsverfahren Beteiligte mit entgegengesetzten Interessen gegenüberstehen (so z. B. im Rangklarstellungsverfahren oder auch im Amtswiderspruchsverfahren), steht einer Anwendung dieser Beweismittel nichts entgegen. Anderes mag gelten für die Verfahren, in denen Beteiligte mit entgegengesetzten Interessen nicht gegeben sind.

In unserem *Beispiel 2b (1b)* ist also – da es sich um ein Amtsverfahren handelt – der Zeugenbeweis zulässig. Damit ist jedoch nichts über die Zulässigkeit der Art und Weise gesagt, in der das GBA diesen Zeugenbeweis erhoben hat:
Nach § 355 Abs. 1 ZPO (§ 30 Abs. 1 FamFG) muss die Beweisaufnahme unmittelbar sein, d. h. dass das entscheidende Gericht grundsätzlich selbst die Zeugen anhört und sich nicht auf eine von einem anderen Gericht oder einer anderen Behörde durchgeführte Zeugeneinvernahme verlässt (Ausnahmen nach § 362 ZPO und in den in § 375 ZPO genannten Fällen). Die Beweisaufnahme muss ferner nach § 357 ZPO parteioffen sein, d. h. die Parteien (Beteiligten) müssen bei der Zeugeneinvernahme anwesend sein, um ihr Fragerecht (§ 397 ZPO) ausüben zu können. Beide Grundsätze sind in unserem *Beispiel 2b* nicht gewahrt. Ist die Beweisaufnahme deshalb unzulässig?
Das Verfahren der FG unterscheidet zwischen zwei verschiedenen Beweisarten. Dem sog. **Strengbeweis** und dem sog. **Freibeweis**.
Der Strengbeweis richtet sich gem. § 30 FamFG nach den für die Beweisaufnahme im Zivilprozess geltenden Regeln; er muss also unmittelbar und parteioffen (beteiligtenoffen) sein.
Anders im Rahmen des sog. Freibeweises, wo das Gericht nach seinem Ermessen alle sachgemäßen Arten der Tatsachenermittlungen ergreifen kann.
Wenn also in unserem *Beispiel 2b* der Strengbeweis durchzuführen war, so ist die vom GBA durchgeführte Beweiserhebung unzulässig; war hingegen der Freibeweis zulässig, bestehen gegen die Ordnungsmäßigkeit dieser Beweisaufnahme keine Bedenken.
Wenngleich das Gericht der FG nach seinem pflichtgemäßen Ermessen darüber befindet, ob und inwieweit es eine förmliche Beweisaufnahme durchführen oder formlose Ermittlungen vornehmen will (so BGHZ 39, 114/114), ist dies jedoch keinesfalls seinem Gutdünken anheimgestellt.
Der **Freibeweis** ist im Wesentlichen nur zulässig:

- bei Maßnahmen, die eilbedürftig sind, oder
- bei nur vorläufigen Maßnahmen, die noch keinen endgültigen Eingriff in die Rechte der Beteiligten enthalten.

Beide Voraussetzungen dürften bei der Eintragung eines Amtswiderspruches gegeben sein, sodass hier der vom GBA erhobene Freibeweis zulässig war. Es kann für die hauptsächlichen Amtsverfahren der GBO Folgendes gesagt werden:

Amtswiderspruch (§ 53 Abs. 1 S. 1 GBO): Freibeweis zulässig (*Meikel/Böttcher*, GBO, Einl. C Rdn. 105), da regelmäßig eilbedürftig (Gefahr gutgläubigen Erwerbs!) und auch nur von vorläufiger Wirkung (endgültiger Eingriff erst durch die sich anschließende Grundbuchberichtigung!);

Amtslöschung (§ 53 Abs. 1 S. 2 GBO): Hier wohl nur Strengbeweis zulässig, weil weder Eilbedürftigkeit (gutgläubiger Erwerb kann sich nicht anschließen!), noch eine vorläufige Maßnahme vorliegt (*Meikel/Böttcher*, GBO, Einl. C Rdn. 106). Zwar bringt eine Löschung, deren Voraussetzungen nicht vorlagen, das Recht nicht zum Erlöschen; es besteht jedoch die Möglichkeit des Rangverlustes infolge gutgläubigen Erwerbs eines nachfolgenden Gläubigers;

Löschung wegen Gegenstandslosigkeit: Auch hier dürfte nach den oben erwähnten Gründen nur Strengbeweis zulässig sein (*Meikel/Böttcher*, GBO, Einl. C Rdn. 107);

Rangklarstellungsverfahren: Da die endgültige Feststellung der Rangverhältnisse (§§ 108, 111 GBO) materiell-rechtliche Wirkungen hat und das materiell-rechtlich bisher bestehende Rangverhältnis dadurch verändert werden kann, ist hier wohl auch nur der Strengbeweis zulässig (*Meikel/Böttcher*, GBO, Einl. C Rdn. 108).

3. Die Feststellungslast

23 Kann die Beweiserhebung eine volle Sachaufklärung in einem Einzelpunkt nicht erreichen, endet also die Beweisaufnahme mit einem non liquet, so stellt sich die Frage der materiellen Feststellungslast (Beweislast); nach ihr bestimmt sich, wie das GBA zu entscheiden hat.

→ **Beispiel 3:**
a) Im obigen *Beispiel 1b)* lässt sich die Frage, ob der Notar anwesend war, weder eindeutig bejahen noch eindeutig verneinen, weil die Angaben der Zeugen widersprüchlich sind.
b) Der im gesetzlichen Güterstand lebende A beantragt die Eintragung einer Hypothek auf dem in seinem Alleineigentum stehenden Grundstück. Seine Ehefrau wendet sich dagegen, sie ist der Auffassung, es handele sich um eine Verfügung über das Vermögen im Ganzen (§ 1365 BGB). Vom GBA angeforderte Gutachten über den Wert des Grundstückes ergeben unterschiedliche Werte.

In beiden Fällen ist eine entscheidungserhebliche Tatsache nach der Beweisaufnahme weder zu bejahen noch zu verneinen:

Im *Beispiel a)* kommt es entscheidend darauf an, ob der Notar zugegen war oder nicht. War er nicht zugegen, ist die Auflassung nach § 925 Abs. 1 BGB unwirksam, das Grundbuch damit unrichtig und – das Vorliegen eines Gesetzesverstoßes einmal unterstellt – der Amtswiderspruch einzutragen (§ 53 GBO).

Wenn das Grundstück im *Falle b)* das einzige bedeutsame Vermögensstück des A darstellt und seine Belastung mit einer Hypothek eine über bestimmte Wertgrenzen hinausgreifende Verfügung darstellt, kann eine Genehmigungspflicht nach § 1365 Abs. 1 BGB gegeben sein (vgl. *Erman/Budzikiewicz*, § 1365 BGB Rdn. 18); entscheidend dafür ist nach h.M. der Wert des Grundstückes im Verhältnis zur Höhe der Belastung.

Im **Amtsverfahren** *(Beispiel a)* bedeutet ein non liquet, dass die vom Gesetz für eine bestimmte Maßnahme oder Entscheidung aufgestellten Tatsachen nicht zur Überzeugung des Grundbuchamtes feststehen. Die Maßnahme darf also nicht angeordnet werden. Die Feststellungslast trägt – wenn man es so ausdrücken will – der Staat, das GBA (*Meikel/Böttcher*, GBO, Einl. C Rdn. 122). Die Eintragung des Amtswiderspruches muss unterbleiben. Die Entscheidung belastet also den, der aus dem materiellen Recht eine für ihn günstige Rechtsfolge herleitet.

Im **Antragsverfahren** *(Beispiel b)* muss man die Dinge etwas differenzierter betrachten:

Zwar gilt hier der Grundsatz, dass es dem Antragsteller obliegt, alle Tatsachen, die seinen Antrag rechtfertigen, auch nachzuweisen. Gelingt ihm das nicht zur Überzeugung des GBA, so ist der Antrag abzulehnen. Im Grundsatz trägt also der Antragsteller die Feststellungslast für alle Tatsachen und Voraussetzungen einer ihm günstigen Norm (*Meikel/Böttcher*, GBO, Einl. C Rdn. 123).

Dabei ist jedoch zu beachten, dass sich häufig aus dem materiellen Recht Beweislast-(Feststellungslast-)Regeln oder Beweislast-(Feststellungslast-)Umkehrungen ergeben:

In obigem *Beispiel 3b* hängt die Entscheidung über den Eintragungsantrag davon ab, ob § 1365 BGB vorliegt oder nicht. § 1365 BGB ist seiner rechtssystematischen Stellung nach jedoch eine Ausnahmevorschrift; er schränkt den Grundsatz der freien Verfügung über Gegenstände des Alleineigentums in bestimmten Ausnahmefällen ein. Aus dieser Rechtsnatur der Vorschrift ergibt sich, dass nicht dem Antragsteller die Feststellungslast dafür aufgebürdet werden kann, dass § 1365 BGB nicht gegeben ist, sondern dass vom Grundsatz der freien Verfügung auszugehen ist, wenn die Voraussetzungen der Ausnahmevorschrift nicht eindeutig nachgewiesen sind (ähnlich BGH, NJW 1965, 910).

Es gelten somit folgende **Regeln** (vgl. *Meikel/Böttcher*, GBO, Einl. C Rdn. 125):

– Für das Vorliegen einer gesetzlichen Regel trägt der Antragsteller keine Feststellungslast; endet die Beweisaufnahme insoweit mit einem non liquet, so ist zugunsten des Antragstellers zu entscheiden.

– Die Feststellungslast für eine Ausnahme von der Regel trägt derjenige, der sich auf die Ausnahme beruft.

23a In Bezug auf das Nichtvorliegen **rechtshindernder oder rechtsvernichtender Normen** (z. B. fehlende Geschäftsfähigkeit, Vorhandensein von Verfügungsbeeinträchtigungen, Sittenwidrigkeit, Vertragsaufhebung, Widerruf der Einigung, Anfechtung einer Willenserklärung) trifft den Antragsteller grundsätzlich keine Feststellungslast (OLG München, NotBZ 2017, 110; OLG Düsseldorf, RNotZ 2013, 92).

→ **Beispiel 3a:**
Zu notarieller Urkunde vom 28.12.2007 erklärte der Eigentümer E die schenkungsweise Übereignung seiner Immobilie an seine damalige Lebensgefährtin L. Letztere beantragte am 15.6.2016 die Eigentumsumschreibung. Vor Grundbucheintragung reichte der Eigentümer E ein am 25.1.2008 von einem Chefarzt einer psychosomatischen Klinik ausgestelltes Attest beim GBA ein, wonach er bereits vor dem 19.12.2007 geschäftsunfähig gewesen sei. Das GBA verweigerte die Eigentumsumschreibung. Dagegen wurde Beschwerde eingelegt.

Das OLG München (NotBZ 2017, 110) hat diese zu Recht als unbegründet zurückgewiesen. Das Grundbuchamt darf eine Auflassung (§§ 873, 925 BGB) nur eintragen, wenn deren Wirksamkeit nachgewiesen ist (§§ 20, 29 GBO). Da eine von einem Geschäftsunfähigen erklärte Auflassung nichtig ist (§§ 104, 105 Abs. 1 BGB), erstreckt sich die Prüfungsbefugnis und –pflicht des Grundbuchamts auch auf die Geschäftsfähigkeit der Erklärenden. Dem Antragsteller obliegt grundsätzlich die Beibringungspflicht dafür, dass sein Antrag begründet ist, d.h. er hat dem Grundbuchamt das **Vorliegen aller Eintragungsvoraussetzungen und das Fehlen aller denkbaren Eintragungshindernisse** darzutun. Der verfassungsrechtliche Verhältnismäßigkeitsgrundsatz (BVerfGE 35, 382, 401) und das Erfordernis einer praktikablen und rationellen Verfahrensgestaltung führen aber dazu, dass die **Beibringungspflicht des Antragstellers entfällt**, wo aufgrund der allgemeinen Lebenserfahrung und des Verständnisses eines vernünftig Urteilenden das Vorliegen bestimmter Tatsachen (Situationen, Rechtsverhältnisse) als gegeben angesehen werden muss, d.h. sobald ein allgemein anerkannter Erfahrungssatz für das Bestehen einer Tatbestandsvoraussetzung oder das Fehlen eines Eintragungshindernisses spricht, ist der Antragsteller von einer Beibringungspflicht befreit. Für das Vorliegen der Geschäftsfähigkeit besteht bei Volljährigkeit grundsätzlich keine Beibringungspflicht für den Antragsteller. Da die allgemeinen Erfahrungssätze immer nur einen gewissen Grad an Wahrheit in sich bergen, besteht selbst bei ihrem Vorliegen eine Prüfungspflicht des Grundbuchamtes und damit eine Beibringungspflicht des Antragstellers, wenn dem Grundbuchamt **konkrete Tatsachen oder Tatsachenbehauptungen** zur Kenntnis gelangen, die schlüssig die Begründetheit des Antrages in Frage stellen. Beim Vorliegen solcher Zweifel ist das Grundbuchamt

Böttcher

IV. Die Gewinnung der Entscheidungsgrundlagen

zur Beanstandung durch Zwischenverfügung nach § 18 GBO berechtigt und verpflichtet. Umstände, die geeignet sind, eine beantragte Eintragung zu verhindern, sind z. B. fehlende Geschäftsfähigkeit. Im vorliegender Fall war davon auszugehen, dass der Aussteller des Attests als Chefarzt einer Fachklinik über die Fachkunde verfügt, die ihn dazu befähigt, Art und Schwere der Symptomatik des Eigentümers sowie deren Auswirkungen auf dessen Geschäftsfähigkeit zu beurteilen. Dass der beurkundende Notar offenbar von der Geschäftsfähigkeit ausgegangen ist, weil er die Beurkundung vorgenommen hat (vgl. § 11 Abs. 1 S. 1 BeurkG), ist in diesem Zusammenhang nicht maßgeblich. Weil die Zweifel an der Geschäftsfähigkeit nicht nur auf einer unbelegten Behauptung des Eigentümers, sondern auf einem aussagekräftigen und in zeitlichem Zusammenhang zur Beurkundung stehenden fachärztlichen Attest beruhten, standen sie der beantragten Eintragung entgegen. Bei dieser Sachlage obliegt es dem Antragsteller, die vorhandenen Zweifel soweit auszuräumen, dass wieder vom Grundsatz der Geschäftsfähigkeit ausgegangen werden kann. Zweifel an der Geschäftsfähigkeit sind grundsätzlich behebbar. Als Mittel kommt die Vorlage eines Sachverständigengutachtens oder eines fachärztlichen Zeugnisses eines Psychiaters oder Neurologen über die Geschäftsfähigkeit der betroffenen Person im Zeitpunkt der Auflassung in Betracht. Dabei genügt es, wenn hierdurch die vorhandenen Zweifel zerstreut werden, so dass wieder der Grundsatz der Geschäftsfähigkeit gilt; der volle Nachweis der Geschäftsfähigkeit muss durch das Gutachten oder das ärztliche Zeugnis nicht geführt werden. Als weiteres Mittel der Behebung kommt die Vorlage eines im zivilgerichtlichen Verfahren erstrittenen rechtskräftigen Feststellungsurteils in Betracht, wonach die Auflassung wirksam ist. In einem solchen Verfahren würde bei einem „non liquet" hinsichtlich der Geschäftsfähigkeit die Wirksamkeit der Auflassung festgestellt. Die Zwischenverfügung (§ 18 GBO) eröffnet die Möglichkeit, eine – auch das Grundbuchamt bindende – feststellende Entscheidung des Zivilgerichts zu erstreiten und dabei von der Beweislastverteilung zu profitieren.

Für die Feststellungslast wichtig sind die **Rechtsvermutungen**, z. B. § 891 BGB; sie haben zur Folge, dass denjenigen, der sich auf sie beruft, niemals eine Feststellungslast trifft, d.h. ein »non liquet« geht stets zu seinen Gunsten. Für § 891 BGB bedeutet dies, dass derjenige, der sich auf eine dem Wortlaut des Buches widersprechende Rechtslage beruft, dem Grundbuchamt die volle Überzeugung von der Grundbuchunrichtigkeit verschaffen muss; ein »non liquet« geht zu seinen Lasten.

23b

V. Das rechtliche Gehör im Grundbuchverfahren

1. Der Grundsatz

24 Die Würde des Menschen gebietet es, dass über sein Recht nicht kurzerhand von Obrigkeits wegen verfügt wird, sondern dass er vor einer Entscheidung, die seine Rechte betrifft, zu Wort kommt, um Einfluss auf das Verfahren und sein Ergebnis nehmen zu können. Das Recht auf rechtliches Gehör fließt damit unmittelbar aus dem Gebot der Achtung der Menschenwürde (Art. 1 GG). Auch wenn der Anspruch auf rechtliches Gehör nicht im Grundrechtsteil des GG steht (Art. 103 GG), handelt es sich nach unbestrittener Auffassung um ein echtes **Grundrecht** (BVerfGE 1, 332, 347; 1, 418, 429). Nicht verwechselt werden darf das rechtliche Gehör mit der Tatsachenermittlung und der Gewinnung der Entscheidungsgrundlagen; dafür ist es nicht bestimmt.

Das Gehörsrecht besteht »vor Gericht«, d. h. in jedem gerichtlichen Verfahren (BVerfGE 6, 12, 14; 8, 253, 255). Deshalb ist allgemein anerkannt, dass es auch in den Verfahren der FG zu gewähren ist (BayObLGZ 1956, 353, 360; KG, NJW 1954, 1410) . Da der Rechtspfleger im Rahmen seiner funktionellen Zuständigkeit das Gericht repräsentiert, hat auch er das rechtliche Gehör nach Art. 103 GG zu gewähren (*Stavorinus*, Rpfleger 2004, 738; *Habscheid*, Rpfleger 2001, 209; *Dümig*, Rpfleger 2001, 469; *Eickmann*, Rpfleger 1982, 449, 450; a.A. BVerfGE 101, 397 = NJW 2000, 1709 = Rpfleger 2000, 205, wonach sich das rechtliche Gehör aus dem Grundsatz eines fairen Verfahrens ergibt; kritisch dazu: *Pawlowski*, JZ 2000, 913; *Gottwald*, FamRZ 2000, 1477; *Heß/Vollkommer*, JZ 2000, 786.). Mit der Geltung des rechtlichen Gehörs im Grundbuchverfahren hat sich die Rechtsprechung vor allem für das Beschwerdeverfahren befasst (BayObLG, Rpfleger 1973, 97; OLG Hamm, DNotZ 1966, 236). Nach richtiger Auffassung muss das Gehörsrecht aber **im gesamten Grundbuchverfahren** gelten, auch und vor allem im erstinstanziellen Verfahren (BGH, ZNotP 2005, 105; BayObLG, MittBayNot 2005, 41). Es ist kein Grund ersichtlich, warum dieses Grundrecht, das in allen gerichtlichen Verfahren gilt, im Grundbuchverfahren beim Amtsgericht nicht gelten solle; gerade dort werden schwierige Fragen von erheblicher vermögensrechtlicher Bedeutung entschieden.

2. Inhalt

25 Das Grundbuchamt muss dem Gehörsberechtigten alle Tatsachen zur Kenntnis geben, die es in seiner Entscheidung zu verwerten gedenkt (= **Informationspflicht**). Sodann ist den Beteiligten eine angemessene Frist zur Stellungnahme zu setzen, oder – wenn die Setzung einer Frist unterblieben ist – muss jedenfalls eine angemessene Zeit mit der Entscheidung zugewartet werden (= **Recht zur Stellungnahme**). Soweit ein Vorbringen objektiv erheblich ist, muss das Grundbuchamt auf dieses Vorbringen eingehen und dies in seiner Entscheidung zum Ausdruck bringen (= **Berücksichtigungspflicht**).

Nun würde man es sich zu leicht machen, nähme man an, diesem Grundsatz sei im **Antragsverfahren** stets schon deshalb Genüge getan, weil ja in diesem Verfahren alle entscheidungserheblichen Tatsachen vom Antragsteller vorgetragen werden.

→ **Beispiel 4:**
A hat dem B eine Hypothek bestellt und bewilligt; B beantragt deren Eintragung. Insovenzverwalter V teilt dem GBA mit, dass über das Vermögen des A das Insolvenzverfahren eröffnet worden sei und regt die Zurückweisung des Antrages an.

In unserem Beispiel hat nunmehr das GBA – auch wenn es zur Erkenntnis kommen sollte, dass nach den ihm bekannten Tatsachen die **Zurückweisung des Antrages** veranlasst ist (vgl. dazu unten → Rdn. 141 ff.) – zunächst A und B dazu zu hören, da ihnen als Beteiligte (vgl. oben → Rdn. 14) Gelegenheit zur Stellungnahme vor einer ihnen ungünstigen Entscheidung gegeben werden muss (*Meikel/Böttcher*, GBO, Einl. C Rdn. 89).

Ist der **Antrag nach Auffassung des GBA vollzugsreif**, bedarf es **keines weiteren rechtlichen Gehörs**, weil die Bewilligung der unmittelbar und mittelbar Betroffenen vorliegen muss (§ 19 GBO) und die Begünstigten durch die Grundbucheintragung ihre Begünstigung erfahren. Bei einer Grundbuchberichtigung auf Grund Unwichtigkeitsnachweises nach § 22 GBO, d. h. ohne Bewilligung des Betroffenen gem. § 19 GBO (z. B. lastenfreie Abschreibung eines von einer Eigentumsvormerkung nicht betroffenen Grundstücksteils auf Grund Bescheinigung des Vermessungsamts), soll dem Betroffenen rechtliches Gehör gewährt werden (BGH, ZNotP 2005, 105; BayObLG, MittBayNot 2005, 41).

Vor der **Zwischenverfügung** besteht keine Veranlassung zum rechtlichen Gehör, da diese ja gerade ein verfahrensrechtliches Mittel der Gehörsgewährung darstellt. Wenn jedoch behauptet wird, dass die Zwischenverfügung nur dem Antragsteller bekannt zu machen ist (*Demharter*, § 1 GBO Rdn. 69), so kann dem nicht zugestimmt werden. Da **jeder Beteiligte**, unabhängig von einer konkreten Antragstellung, die Möglichkeit hat, durch Erfüllung der Zwischenverfügung das Verfahren zum erfolgreichen Abschluss zu bringen, ist diese allen Gehörsberechtigten bekannt zu machen.

Im **Amtsverfahren** gilt das Recht auf Gewährung des rechtlichen Gehörs im besonderen Maße. Das GBA muss von der Einleitung eines Amtsverfahrens (s. oben → Rdn. 13) grundsätzlich allen Beteiligten Kenntnis geben und sie zur Abgabe einer Stellungnahme auffordern. Eine Einschränkung kann jedoch dann geboten sein, wenn die Gewährung rechtlichen Gehöres zu einer Gefährdung der Rechte dessen führen könnte, zu dessen Gunsten das Verfahren durchzuführen ist:

→ **Beispiel 5:**
Auf dem Grundstück des A ist für B eine Hypothek eingetragen. Das Recht ist – aus hier nicht interessierenden Gründen – nicht entstanden. B weigert sich, eine Löschungsbewilligung abzugeben; A erfährt von dritter Seite, dass B eine Abtretung des Rechts beabsichtigt. A regt die Eintragung eines Amtswiderspruches an.

Wenn das GBA nunmehr den B zu der Anregung des A hören und ihm Gelegenheit zur Stellungnahme einräumen sollte, besteht die Gefahr, dass B die

Zwischenzeit dazu benützt, das Recht an einen gutgläubigen Dritten abzutreten. Damit wäre – durch das Verfahren – gerade die Wirkung herbeigeführt worden, die durch es verhindert werden sollte.

Es ist allgemein anerkannt, dass die Eilbedürftigkeit oder die Gefahr der Rechtsvereitelung eine Einschränkung des Rechts auf rechtliches Gehör zulassen. In einem solchen Fall wird es geboten sein, den Betroffenen erst von der bereits vollzogenen Eintragung des Widerspruches zu benachrichtigen (*Meikel/Böttcher*, GBO, Einl. C Rdn. 86).

In Erinnerungs- und Beschwerdeverfahren gilt der Grundsatz des rechtlichen Gehörs uneingeschränkt.

26 Es können für die erstinstanziellen Verfahren folgende **Regeln** formuliert werden:

1. Einer Gewährung rechtlichen Gehörs an andere Beteiligte als den Antragsteller bedarf es nicht, wenn die aus dem vorliegenden Vertragswerk bekannten Tatsachen die Eintragung rechtfertigen und zur Eintragung führen.
2. Beanstandet das GBA den Antrag oder will es ihn zurückweisen, so ist allen materiell Beteiligten rechtliches Gehör zu gewähren. Dies geschieht durch Zustellung der Zwischenverfügung an alle Beteiligten bzw. durch Anheimgabe der Stellungnahme für alle Beteiligten vor der Zurückweisung.
3. In den Amtsverfahren ist grundsätzlich allen Beteiligten rechtliches Gehör in Form einer Gelegenheit zur Stellungnahme zu geben. Der Verfahrenszweck (Eilbedürftigkeit) kann es jedoch gebieten, davon im Einzelfall abzusehen.

VI. Wirksamwerden von Entscheidungen und Abänderungsbefugnis des Gerichtes

1. Arten der Entscheidungen; Wirksamwerden

27 Nach § 40 Abs. 1 FamFG werden gerichtliche Entscheidungen mit der Bekanntgabe an den jeweiligen Adressaten wirksam. Hierher gehören Zwischenentscheidungen (z. B. die Zwischenverfügung des § 18 GBO, vgl. dazu unten → Rdn. 305) und Endentscheidungen. Zu Letzteren gehören im Grundbuchverfahren der Zurückweisungsbeschluss (vgl. dazu unten → Rdn. 294); der Beschluss, der ein Amtswiderspruchs- oder Amtslöschungsverfahren einstellt (vgl. dazu → Rdn. 403 ff.) und die Feststellungsbeschlüsse nach §§ 87 und 108 GBO. Eine Entscheidung über den Eintragungsantrag ergeht auch durch die

VI. Wirksamwerden von Entscheidungen und Abänderungsbefugnis des Gerichtes

antragsgemäß vorgenommene Eintragung im Grundbuch; für sie gelten jedoch Sonderregeln (vgl. § 44 GBO).

Die Eintragungsverfügung ist lediglich ein Internum des Gerichts, sie ist keine Entscheidung (Verfügung) im hier behandelten Sinne; sie ist, wie wir noch sehen werden, auch nicht anfechtbar (vgl. unten → Rdn. 414).

Bei der **Bekanntgabe** der Entscheidung sind zwei Fragen zu unterscheiden: 28

a) An wen ist bekannt zu machen?
b) In welcher Form muss dies geschehen?

a) **Adressat** der Bekanntgabe ist im **Antragsverfahren** zunächst der Antragsteller, also derjenige von mehreren Antragsberechtigten, der den Eintragungsantrag tatsächlich gestellt hat; hat der Notar gem. § 15 GBO den Antrag gestellt, so ist an ihn bekannt zu machen.

Darüber hinaus ist es jedoch erforderlich, die ergangenen Entscheidungen den anderen Antragsberechtigten bekannt zu geben, auch wenn sie den Eintragungsantrag nicht gestellt haben (*Meikel/Böttcher*, GBO, Einl. C Rdn. 130). Die Notwendigkeit dafür ergibt sich sowohl aus der Tatsache, dass jeder Antragsberechtigte, auch wenn er von seinem Antragsrecht keinen Gebrauch gemacht hat, nach allgemeiner Auffassung beschwerdeberechtigt ist (vgl. dazu unten → Rdn. 415) als auch aus der vertretenen Beteiligteneigenschaft jedes Antragsberechtigten. Wenn einem Beteiligten ein Beschwerderecht eingeräumt ist, muss ihm die seiner Anfechtung zugängliche Entscheidung auch vom Gericht bekannt gegeben werden. Dies ist Voraussetzung dafür, dass er sich darüber überhaupt schlüssig werden kann, ob er sein Beschwerderecht ausüben will. Dass jedem Beteiligten die Endentscheidung zugehen muss, ist allg. Meinung. Im **Amtsverfahren** ist jeder materiell Beteiligte (zum Begriff s. oben → Rdn. 14) Adressat der Entscheidungen.

b) Die **Form** der Bekanntmachung richtet sich gem. § 15 FamFG:

aa) **Zwischenverfügungen**

Nach § 15 Abs. 1 FamFG sind Dokumente, deren Inhalt eine Termins- oder Fristbestimmung enthalten oder den Lauf einer Frist auslösen, den Beteiligten bekannt zu machen. Darunter fällt sicherlich die **Zwischenverfügung** nach § 18 Abs. 1 GBO, mit der dem Antragsteller unter Fristsetzung die Behebung eines Eintragungshindernisses aufgegeben wird. Da die Zwischenverfügung mittels Beschluss ergeht, folgt die Bekanntmachungspflicht an die Beteiligten auch aus § 41 Abs. 1 S. 1 FamFG. Die Zwischenverfügung wird mit der Bekanntmachung wirksam wird und kann dann angefochten werden (§ 40 Abs. 1 FamFG). Es ist eine förmliche Zustellung nach den Vorschriften der ZPO erforderlich, da die Zwischenverfügung nicht dem erklärten Willen des Antragsteller entspricht, der auf Eintragung gerichtet ist (§ 41 Abs. 1 S. 2 FamFG). Die teilweise geübte Praxis, ohne Zustellungsnachweis die Zwischenverfügung bekannt zu geben, ist zu beanstanden. Zuweilen wird die Zwischenverfügung nur dem wirklichen Antragsteller bekannt gemacht. Dem kann nicht zugestimmt werden, da § 15

Abs. 1 FamFG und § 41 Abs. 1 S. 1 FamFG von den Beteiligten sprechen. Da jeder Beteiligte, unabhängig von einer konkreten Antragstellung, die Möglichkeit hat, durch Erfüllung der Zwischenverfügung das Verfahren zum erfolgreichen Abschluss zu bringen, ist diese auch allen sonstigen Beteiligten zuzustellen (*Demharter*, § 13 GBO Rdn. 35). Zum anderen sind diese Personen auch beschwerdeberechtigt, sodass ihnen die Zwischenverfügung zugehen muss, damit sie sich schlüssig werden können, ob sie von ihrem Beschwerderecht Gebrauch machen. Hat der Notar für alle Antragsberechtigten gemäß § 15 GBO oder in ausdrücklicher Vollmacht den Antrag gestellt, so muss ihm die Zwischenverfügung zugestellt werden; die Bekanntmachung an die Beteiligten selbst setzt die Frist hier nicht in Lauf, und zwar selbst dann nicht, wenn die Beteiligten neben dem Notar den Eintragungsantrag gestellt haben.

bb) **Zurückweisungsbeschlüsse**
Sie können nicht unter § 15 Abs. 1 FamFG subsumiert werden, da er weder eine Fristbestimmung enthält noch eine Frist auslöst. Der Zurückweisungsbeschluss ist den Beteiligten aber nach § 41 Abs. 1 S. 1 FamFG bekannt zu geben, damit wird er wirksam (§ 40 Abs. 1 FamFG). Für die Bekanntgabe soll eine formlose Mitteilung genügen, etwa per Telefonat, E-Mail oder einfacher Post (*Wilsch*, FGPrax 2009, 243, 244). Dieser Ansicht kann nicht zugestimmt werden. Die Bekanntmachung des Zurückweisungsbeschlusses muss mittels förmlicher Zustellung erfolgen, weil der Beschluss dem erklärten Willen des Antragstellers nicht entspricht (§ 41 Abs. 1 S. 2 FamFG; vgl. *Böhringer*, BWNotZ 2010, 2, 8). Die Bekanntmachung hat nicht nur an den Antragsteller zu erfolgen, sondern nach § 41 Abs. 1 S. 1 FamFG auch an die sonstigen Beteiligten (*Demharter*, § 18 GBO Rdn. 14). Hat der Notar für alle Antragsberechtigten gemäß § 15 GBO oder in ausdrücklicher Vollmacht den Antrag gestellt, so muss ihm der Zurückweisungsbeschluss zugestellt werden.

cc) **Einstellungsbeschlüsse** in den Verfahren nach §§ 53, 84 GBO unterliegen – sofern man ihre Anfechtung überhaupt bejaht (s. dazu unten → Rdn. 415 f.) – der unbefristeten Erinnerung; sie sind formlos mitzuteilen;

dd) **Feststellungsbeschlüsse** nach § 87 Buchst. c GBO unterliegen gem. § 89 Abs. 1 GBO der befristeten Erinnerung. Sie sind förmlich zuzustellen;

ee) **Rangänderungsvorschläge** gem. § 103 GBO sind nach der ausdrücklichen Regelung in § 104 Abs. 1 förmlich zuzustellen;

ff) **Beschlüsse** nach § 105 Abs. 2, 2. Halbs. GBO (Zurückweisung oder Verwerfung eines Wiedereinsetzungsantrages) sind mit befristeter Erinnerung anfechtbar, sie sind förmlich zuzustellen;

gg) **Aussetzungsbeschlüsse** nach § 106 GBO sind formlos mitzuteilen, wenn sie nach § 106 Abs. 1 ergehen, also ein Aussetzungsantrag vorliegt; ergehen sie nach Abs. 2 a.a.O., so enthalten sie eine Fristsetzung, sind also dann förmlich zuzustellen;

hh) Bei **Feststellungsbeschlüssen** nach § 108 GBO ist zu unterscheiden, ob sie zugleich über den Widerspruch eines Beteiligten entscheiden oder nicht. Im

ersteren Falle sind sie gem. § 108 Abs. 2 GBO förmlich zuzustellen, im zweiten Falle genügt die einfache Bekanntgabe;
ii) **Einstellungsbeschlüsse** nach § 109 GBO unterliegen keiner Anfechtung (S. 2 a.a.O.); sie sind deshalb lediglich formlos bekannt zu geben.

2. Die Abänderungsbefugnis

Das Gericht kann nach § 48 Abs. 1 FamFG eine Entscheidungen mit Dauerwirkung bei Änderung der Rechtslage grundsätzlich jederzeit ändern. 29

Abänderungsverbote ergeben sich für das Grundbuchverfahren:
a) Bei vollzogenen **Eintragungen** (§ 44 Abs. 1 GBO) ist grundsätzlich keine Abänderung möglich, weil die Vermutung des § 891 BGB einsetzt und sich gutgläubiger Erwerb nach § 892 anschließen kann (z. B. bei Fehlen materiellrechtlicher Voraussetzungen) oder eine konstitutive Rechtsänderung eingetreten ist (bei Vorliegen aller materiellrechtlicher Voraussetzungen). Ausnahmsweise ist jedoch eine nachträgliche Klarstellung von Eintragungen zulässig, wenn sich dadurch die materielle Rechtslage nicht ändert, z. B. die Richtigstellung von Namensbezeichnungen oder tatsächlicher Angaben über die Bebauung des Grundstücks. Weitere Ausnahmen bilden die Löschungen gemäß §§ 53, 84 GBO und die Grundberichtigung nach § 22 GBO. Ein Abänderungsverbot scheidet schließlich aus, wenn es sich um Eintragungen handelt, die nicht dem öffentlichen Glauben des Grundbuchs unterliegen, weil insoweit die einer Grundbucheintragung üblicherweise beigelegte Rechtsschein- und Gutglaubenswirkung nicht besteht. 30

b) **Bei zurückgewiesenen Anträgen:** Hier bedarf es nach § 48 Abs. 1 S. 2 FamFG eines neuen Antrages. Ihn kann der bisherige Antragsteller, aber auch ein anderer Antragsberechtigter stellen (*Meikel/Böttcher*, GBO, Einl. C Rdn. 134).

VII. Formelle und materielle Rechtskraft im Grundbuchverfahren

Unter **formeller Rechtskraft** ist die **Unanfechtbarkeit** einer Entscheidung zu verstehen; sobald die Entscheidung mit ordentlichen Rechtsbehelfen und Rechtsmitteln nicht mehr angefochten werden kann, erwächst sie in formelle Rechtskraft. Somit entzieht die formelle Rechtskraft die gerichtliche Entscheidung jeder Anfechtung und sichert auf diese Weise ihren Bestand. Insbesondere aber schließt der Eintritt der formellen Rechtskraft aus, dass das Grundbuchamt diese Entscheidung im gleichen Verfahren noch abändern kann (vgl Rdn 136). Formelle Rechtskraft ist dann eingetreten, wenn 31

- der Instanzenzug erschöpft ist,
- ein gegebenes Rechtsmittel durch Fristablauf oder Verzicht verloren gegangen ist,
- eine Entscheidung von Anfang an unanfechtbar ist.

Obwohl die **Grundbucheintragung** grundsätzlich unanfechtbar ist (vgl Rdn 138), meint die h.M., dass die Eintragung nur eine auf die Rangordnung beschränkte formelle Rechtskraft habe, wenn die Eintragungen in einem materiellen Rangverhältnis stehen und ohne Rangvermerke erfolgt sind (BGH, BGHZ 21, 98, 99; *Staudinger/S. Heinze*, 2018, § 879 Rdn. 25);

→ **Beispiel 6:**
Es sollen Hypotheken für A und B eingetragen werden. Das Recht des A geht vor dem für B ein; irrtümlich trägt das Grundbuchamt jedoch zuerst das Recht für B in das Grundbuch ein und dann erst das Recht für A.

Nach den Grundsätzen der §§ 17, 45 GBO hätte das GBA die Rechte bei Fehlen von Rangbestimmungen in der Eingangsreihenfolge vollziehen müssen (vgl. dazu unten → Rdn. 338 ff.). Wenn es dagegen verstoßen hat, sind die Rechte trotzdem mit dem eingetragenen Rang entstanden; das GBA ist richtig.

Im Übrigen soll die Eintragung nur eine formale Bindungswirkung haben, d.h. das Grundbuchamt dürfe sie grundsätzlich nicht von sich aus ändern. Der formellen Rechtskraft hinsichtlich des Ranges und der formalen Bindungswirkung einer Grundbucheintragung ist zuzustimmen, dies schließt aber nicht die generelle formelle Rechtskraft bezüglich einer unanfechtbaren Eintragung eines Vollrechts aus. Eine Grundbucheintragung ist unanfechtbar, wenn sich gutgläubiger Erwerb anschließen kann; dagegen sind die keinem Gutglaubensschutz zugänglichen Eintragungen anfechtbar, sodass insoweit eine formelle Rechtskraft ausscheidet. Ein Buchrecht (= im Grundbuch eingetragenes dingliches Recht, dem eine materielle Voraussetzung seiner Wirksamkeit fehlt) kann ebenfalls nicht in formelle Rechtskraft erwachsen, da insoweit eine beschränkte Anfechtbarkeit nach § 71 Abs. 2 S. 2 GBO in Frage kommt. Dagegen ist einem eingetragenen Vollrecht (= materiell-rechtlich wirksames dingliches Recht), das unanfechtbar ist, weil sich ein gutgläubiger Erwerb anschließen kann, die formelle Rechtskraft anzuerkennen.

32 Die **materielle Rechtskraft** verbietet zum einen eine nochmalige Entscheidung über denselben Verfahrensgegenstand (ne bis in idem) und bindet zum anderen das Entscheidungsorgan eines späteren Verfahrens an die Entscheidung, die es, wenn die entschiedene Angelegenheit als Vorfrage in einem anderen Verfahren auftaucht, ungeprüft seiner Entscheidung zugrunde zu legen hat. **Zwischenverfügungen** sind der materiellen Rechtskraft nicht fähig, weil sie keine abschließende Entscheidung enthalten. **Zurückweisungsbeschlüsse** erwachsen ebenfalls nicht in materielle Rechtskraft, da das materielle Recht durch die Zurückweisung eines Eintragungsantrages nicht verändert wird,

z. B. bleibt eine einmal eingetretene Bindung (§§ 873 Abs. 2, 875 Abs. 2 BGB) aufrechterhalten. Das Grundbuchamt ist nicht gehindert, einem neuen Antrag mit gleicher Begründung stattzugeben, wenn es inzwischen seine Rechtsauffassung geändert hat. Der **Grundbucheintragung** wird von der h.M. die materielle Rechtskraftfähigkeit abgesprochen, weil die Freiwillige Gerichtsbarkeit, zu der auch das Grundbuchverfahren gehört, die materielle Rechtskraft nur in den Streitverfahren kenne, zu denen jedoch das Grundbuchverfahren nicht gehört (*Demharter*, § 18 Rdn. 18). Dem kann nicht gefolgt werden. In der FG sind nämlich gerichtliche Entscheidungen auch dann der materiellen Rechtskraft fähig, wenn durch sie die materielle Rechtslage verändert wird, ihnen also Gestaltungswirkung beigelegt ist. Bei der Eintragung eines Vollrechts (= materiell-rechtliches wirksames dingliches Recht), d.h. bei Vorliegen und Übereinstimmung von Einigung und Eintragung, begründet die auf der Entscheidung des Grundbuchrechtspflegers beruhende Eintragung neues materielles Recht; in diesem Fall entfaltet die Grundbucheintragung entgegen der h.M. materielle Rechtskraft.

§ 3
Die Anwendbarkeit weiterer Vorschriften des FamFG und anderer Gesetze

I. Ablehnung und Ausschließung von Gerichtspersonen

33 Für die Ablehnung und Ausschließung von Gerichtspersonen gelten, gem. § 6 Abs. 1 FamFG die Vorschriften der ZPO (§§ 41–49) entsprechend. Beide Regelungen gelten für den Grundbuchrichter, für den Rechtspfleger über § 10 RPflG und für den Urkundsbeamten, soweit ihm nach § 12c GBO Geschäfte zur selbstständigen Wahrnehmung zugewiesen sind.

Im Beschwerdeverfahren gelten über § 81 Abs. 2 FamFG die Vorschriften der ZPO.

II. Verfahrenskostenhilfe

34 Nach § 76 Abs. 1 FamFG sind die Vorschriften der §§ 114 ff. ZPO entsprechend anzuwenden.

Ist im Prozessverfahren einer Partei Prozesskostenhilfe bewilligt worden, so erstreckt sich diese Bewilligung nicht mehr auf die Zwangsvollstreckung oder den GB-Vollzug; es muss neuer Antrag gestellt werden.

III. Bevollmächtigte und Beistände

35 Vgl. dazu ausführlich Rdn. 192 ff.

IV. Fristenberechnung

36 Über § 16 FamFG gelten für die Berechnung von Fristen die Vorschriften der ZPO i.V.m. denen des BGB.

V. Gerichtssprache

Die Gerichtssprache ist also Deutsch (§ 184 GVG). Das bedeutet, dass alle **37** Grundbucherklärungen (Anträge, Bewilligung, Zustimmungen) in deutscher Sprache abgegeben werden müssen. Fremdsprachige Erklärungen – auch wenn sie übersetzt sind oder der Rechtspfleger der Fremdsprache kundig ist – genügen nicht. Etwas anderes gilt nur für Urkunden, auf welche sich Beteiligte zum Nachweis einer entscheidungserheblichen Tatsache berufen (OLG Schleswig, Rpfleger 2008, 498). Sofern der Rechtspfleger der Fremdsprache nicht kundig ist (§ 185 Abs. 3 GVG) muss eine solche Urkunde übersetzt sein; die Übersetzung muss von einem Notar durch Schnur und Siegel mit der Urkunde verbunden und die Unterschrift des Übersetzers muss öffentlich-beglaubigt sein.

VI. Öffentlichkeit

Das Verfahren vor dem Grundbuchamt ist **nicht öffentlich** (§ 170 GVG); **38** das Öffentlichkeitsprinzip ist der Freiwilligen Gerichtsbarkeit, wozu auch das Grundbuchverfahren gehört, fremd (*Demharter*, § 1 GBO Rdn. 48). Dem Interesse an einer Kontrolle der Gerichtstätigkeit durch die Öffentlichkeit steht hier weitgehend das grundrechtlich geschützte Interesse an der Privatsphäre der Beteiligten (Art. 1, 2 GG) entgegen, und dieses Interesse verdient den Vorrang. Verhandlungen in Grundbuchsachen sind äußerst selten, zu denken ist beispielsweise an das Klarstellungsverfahren bezüglich der Rangverhältnisse gemäß §§ 90 ff. GBO. Andere als die Verfahrensbeteiligten und deren Vertreter haben kein Recht auf Anwesenheit. Unbeteiligte dürfen deshalb nur mit Zustimmung der Beteiligten und besonderer Erlaubnis des Rechtspflegers beiwohnen, die er zu verweigern hat, wenn kein besonderer Grund geltend gemacht wird, der die Teilnahme rechtfertigt. Der Grundsatz der Beteiligtenöffentlichkeit, der besagt, dass die Beteiligten an der Verhandlung teilnehmen und der Beweisaufnahme beiwohnen können, gilt dagegen für die gesamte Freiwillige Gerichtsbarkeit, somit auch für das Grundbuchverfahren.

VII. Rechtshilfe

Es gelten die §§ 157 bis 168 GVG. Im Antragsverfahren ist Rechtshilfe aller- **39** dings nicht denkbar, weil hier der Beibringungsgrundsatz (s. oben → Rdn. 20) den Antragsteller verpflichtet, alle entscheidungserheblichen Unterlagen dem GBA herbeizuschaffen. Kein Fall der Rechtshilfe sind die Verfahren nach § 48 oder § 59 Abs. 2 GBO; hier erfüllen die beteiligten Grundbuchämter eigene Aufgaben aufgrund eigener Zuständigkeit. Zu einem Rechtshilfeersuchen ist der Rechtspfleger ohne Einschaltung des Richters befugt (OLG Zweibrücken, Rpfleger 2000, 381). Hat ein Rechtspfleger ein an ihn gerichtetes Rechtshilfeersuchen abgelehnt, ist er auch ohne Einschaltung des Richters befugt, den Antrag auf Entscheidung durch das OLG gemäß § 159 GVG zu stellen (OLG Zweibrücken, Rpfleger 2000, 381; BayObLG, Rpfleger 1994, 103).

VIII. Rechtsmittelbelehrung

40 Die GBO schreibt keine Rechtsmittelbelehrung vor. In **§ 39 FamFG** ist sie aber für jeden Beschluss vorgeschrieben; ausgenommen sind nur die sog. außerordentlichen Rechtsbehelfe (z. B. Wiedereinsetzung, Wiederaufnahme, Berichtigung). Es kommt nicht darauf an, ob die befristete Beschwerde statthaft ist, oder – wie nach der GBO – ein unbefristetes Rechtsmittel. Allen anfechtbaren Entscheidungen im Grundbuchverfahren – also insbesondere Zwischenverfügung und Zurückweisungsbeschluss – ist eine Belehrung nach § 39 FamFG anzufügen.

Sie beinhaltet:

- Die Bezeichnung des Rechtsmittels,
- Frist (Fristlosigkeit), Form,
- Adressat.

IX. Zwangsmittel

41 Nach § 35 FamFG sind die Festsetzung von Zwangsgeld sowie Gewaltanwendung zulässig.

Die Androhung von Zwangsgeld ist zulässig, wenn das GBA zur Auferlegung einer bestimmten Verpflichtung an eine Person berechtigt ist (z. B. Rückgabe eines versehentlich übersandten Hypothekenbriefes oder Antragstellung und Unterlagenbeschaffung im Berichtigungszwangsverfahren nach § 82 GBO) und diese Pflicht schuldhaft (BayObLGZ 1970, 119) nicht erfüllt wird.

Gewaltanwendung kann zur Erzwingung der Herausgabe einer Sache (insbesondere von Grundpfandrechtsbriefen) infrage kommen. Es kann die Durchsuchung der Wohnung des Verpflichteten durch einen Gerichtsvollzieher und die zwangsweise Wegnahme angeordnet werden.

3. Kapitel:
Das Grundbuchamt und seine Funktionsträger

§ 1
Die sachliche Zuständigkeit in Grundbuchsachen

Die sachliche Zuständigkeit erklärt, welche Art von Gericht in erster Instanz für das Grundbuchverfahren zuständig ist. Sachlich zuständig für alle Grundbuchsachen ist das Amtsgericht. § 1 Abs. 1 S. 1 GBO. 42

Grundbuchsachen im Sinne dieser Regelung sind: Die Entscheidung über Eintragungsanträge, die Vornahme von Eintragungen, die Erteilung von Briefen, die Aufbewahrung von Urkunden und Führung der Grundakten sowie die Entscheidung über die Grundbucheinsicht. Auch soweit das GBA als Vollstreckungsorgan tätig wird (z.B. bei der Eintragung einer Zwangshypothek) handelt es sich um ein Grundbuchverfahren. Weiter gehören hierher die besonderen Verfahrensarten der GBO (Zwangsberichtigungsverfahren, Amtswiderspruchs- und Amtslöschungsverfahren, Rangklarstellungsverfahren). Schließlich sind zu nennen, die Fälle, in denen materiell-rechtliche Erklärungen **gegenüber** dem GBA abzugeben sind. Es sind dies die Fälle der §§ 875 Abs. 1, 876, 880 Abs. 2, S. 3, 928 Abs. 1, 1168 Abs. 2, 1183, 1196 Abs. 2 BGB, § 8 Abs. 1 WEG.

Davon zu unterscheiden ist die Abgabe einer Erklärung vor dem GBA (vgl. z.B. § 873 Abs. 2, 2. Alternat. BGB), d.h. die Beurkundung einer solchen Erklärung durch das GBA. Diese Möglichkeit besteht seit Inkrafttreten des BeurkG nicht mehr; entsprechende Vorschriften sind obsolet.

Wird eine grundbuchrechtliche Handlung von einem sachlich unzuständigen Gericht (z.B. Landgericht) vorgenommen, so wird die Wirkung der betreffenden Handlung in der grundbuchrechtlichen Literatur unterschiedlich dargestellt. Während eine Meinung von der Nichtigkeit ausgeht (*Hügel/Holzer*, § 1 Rdn. 34), nimmt die Gegenansicht die Gültigkeit, aber Anfechtbarkeit an (*Demharter*, § 1 Rdn. 32; *Waldner* in Bauer/Schaub, §1 Rdn. 5). Da die Grundbuchvorschriften keinen Anhaltspunkt für eine Klärung hergeben, ist auf die Normen der freiwilligen Gerichtsbarkeit zurückzugreifen. Nach § 2 Abs. 3 FamFG sind gerichtliche Handlungen nicht deswegen unwirksam, weil sie von einem örtlich unzuständigen Gericht vorgenommen worden sind; diese Norm gilt entsprechend bei fehlender sachlicher Zuständigkeit. Selbst Handlungen eines kraft Gesetzes ausgeschlossenen Richters (Rechtspflegers) sind gültig (vgl. § 6 FamFG), sodass solche eines lediglich sachlich unzuständigen Gerichts erst 43 recht wirksam sein müssen – argumentum a maiore ad minus. Es kann wohl nicht bestritten werden, dass der Mangel eines ausgeschlossenen Justizorgans weit schwerwiegender ist als das Fehlen der sachlichen Zuständigkeit. In Übereinstimmung mit der h.M. in der freiwilligen Gerichtsbarkeit (*Keidel/Sternal*, § 2 FamFG Rdn. 30a) ist daher auch im Bereich des Grundbuchverfahrens bei Verstößen gegen die sachliche Zuständigkeit von der **Gültigkeit** aber (falls möglich: § 71 GBO) **Anfechtbarkeit** der betreffenden Handlung auszugehen.

44 Materiellrechtliche Erklärungen, die gegenüber dem Grundbuchamt abzugeben sind (z.B. Aufhebungserklärung gemäß § 875 Abs. 1 BGB), werden mit dem Zugang beim (richtigen) Empfänger wirksam, § 130 BGB. Die Abgabe einer solchen Willenserklärung gegenüber einem sachlich unzuständigen Gericht (z.B. OLG) führt zu deren Unwirksamkeit (KEHE/*Keller*, § 1 Rdn. 9). Erfolgt die Abgabe einer grundbuchrechtlichen Erklärung gegenüber dem sachlich zuständigen Amtsgericht, jedoch anstatt beim Grundbuchamt beim Registergericht, so ist unter Anwendung des Vertrauensschutzgedankens regelmäßig von der Wirksamkeit auszugehen.

§ 2
Die örtliche Zuständigkeit in Grundbuchsachen

I. Grundsatz

Die örtliche Zuständigkeit regelt die Zuweisung der Rechtspflegeaufgaben 45
in Grundbuchsachen für ein bestimmtes Grundstück an das Amtsgericht eines
bestimmten Ortes.
Nach § 1 Abs. 1 S. 2 GBO ist grundsätzlich jedes Amtsgericht für die in seinem Bezirk liegenden Grundstücke sachlich zuständig. Grundbuchamtsbezirk ist somit der Amtsgerichtsbezirk.

II. Verstöße

1. Handlungen

Für die Wirkung der Handlungen durch ein örtlich unzuständiges Amts- 46
gericht (GBA) ist § 2 Abs. 3 FamFG maßgebend, wonach gerichtliche Handlungen nicht aus dem Grund unwirksam sind, weil sie von einem örtlich unzuständigen Gericht vorgenommen sind. Gerichtliche Handlung des Grundbuchamts ist jede positive Tätigkeit, z. B. Eintragungen, Entscheidungen (Zurückweisung, Zwischenverfügung), Erteilung von Hypotheken- und Grundschuldbriefen; im Gegensatz zu den aktiven Handlungen steht die bloße Entgegennahme von Erklärungen. Wenn auch die örtliche Unzuständigkeit des Grundbuchamts eine grundbuchrechtliche Handlung **nicht unwirksam** macht, so soll sie doch anfechtbar bleiben, soweit eine Anfechtungsmöglichkeit gegeben ist (z. B. bei Zurückweisung, Zwischenverfügung; vgl. *Lemke/Schmeider*, Immobilienrecht, § 1 GBO Rdn. 18). Da jedoch im Rechtsmittelverfahren nach dem FamFG weder die Beschwerde (vgl. § 65 Abs. 4 FamFG) noch die Rechtsbeschwerde (vgl. § 72 Abs. 2 FamFG) auf einen Verstoß gegen die örtliche Zuständigkeit gestützt werden kann (*Keidel/Sternal*, § 2 FamFG Rdn. 36), muss dies auch hier zu gelten haben. Die Anfechtung führt lediglich dazu, dass dem unzuständigen GBA die weitere Bearbeitung der Sache entzogen wird; das bisherige Verfahren wird nicht aufgehoben (*Waldner* in Bauer/Schaub, § 1 Rdn. 12).

2. Abgabe von Erklärungen

Inwieweit Erklärungen Wirksamkeit erlangen können, die dem GBA gegen- 47
über abzugeben sind (vgl. oben → Rdn. 42), jedoch einem örtlich unzuständigen GBA gegenüber abgegeben wurden, ist streitig.

Hier ist eine differenzierende Betrachtungsweise veranlasst; sie kann sich im Wesentlichen an die Rechtsprechung anschließen, die für die Abgabe einer Erbschaftsausschlagungserklärung beim unzuständigen Gericht entwickelt worden ist.

→ **Beispiel 7:**
Für A ist auf dem Grundstück des B eine Hypothek eingetragen. A will die Hypothek aufheben (§ 875 Abs. 1 BGB), B muss als Eigentümer zustimmen (§ 1183 BGB).

a) Er gibt die Erklärung gegenüber dem GBA B-Stadt ab, weil dort das Grundbuch für das Grundstück geführt wird. Bei einer Neuvermessung nach einigen Jahren stellt sich heraus, dass das Grundstück in der Flur der Gemeinde C-Stadt liegt.

b) Zuständiges GBA für das Grundstück ist das GBA in C-Stadt; es führt auch das Grundbuch. B, der in B-Stadt wohnt, gibt die Erklärung der Einfachheit halber gegenüber dem dortigen GBA ab, dieses gibt sie nach C-Stadt weiter;

c) Im *Falle b)* teilt der Rechtspfleger des GBA B-Stadt dem A mit, das GBA sei nicht zuständig und verfügt das Weglegen des Vorganges. Das GBA in C-Stadt löscht die Hypothek versehentlich ohne Eigentümerzustimmung.

d) Im *Falle c)* wird dem B nichts mitgeteilt, sondern der nachlässige Rechtspfleger, welcher der Auffassung ist, die Erklärung gehe ihn nichts an, legt sie ohne weitere Veranlassung bei den ausgeschiedenen Aktenstücken weg.

Ist die im Grundbuch jeweils gelöschte Hypothek auch materiell-rechtlich erloschen?

Sie ist es nur, wenn zum grundbuchamtlichen Vollzugsakt (= Löschung) auch die materiell-rechtlich erforderlichen Erklärungen (Aufhebungserklärung nach § 875 und Zustimmung nach § 1183 BGB) hinzukommen. Die Hypothek ist also erloschen, wenn in den verschiedenen Fällen die Zustimmungserklärung des B Wirksamkeit erlangt hat.

Im *Falle a)* ist die Erklärung nach allgemeiner Auffassung wirksam geworden. Wenn das örtlich unzuständige Gericht tätig wird, weil es – wenn auch unter Verstoß gegen die Regel des § 1 GBO – das Grundbuch führt, so gebietet es der Grundsatz des Vertrauensschutzes, dem Bürger den Zuständigkeitsverstoß nicht zuzurechnen: Er kann darauf vertrauen, dass ein Gericht seine Zuständigkeit zu Recht bejaht hat (BGHZ 36, 197).

Im *Falle b)* ist die Zustimmungserklärung gleichfalls wirksam geworden. Wenn das unzuständige Gericht eine Erklärung an das zuständige Gericht weitergibt, schadet die Einreichung beim unzuständigen Gericht nicht (der Wirksamkeitszeitpunkt bestimmt sich entsprechend § 25 Abs. 3 FamFG).

Im *Falle c)* ist die Frage zweifelhaft. Weist das angegangene Gericht den Erklärenden auf die Unzuständigkeit hin und bleibt im Übrigen untätig, so soll die Erklärung gleichfalls wirksam sein (*Habscheid*, FG § 13 Abs. 1 S. 2). Dagegen könnten jedoch Bedenken erhoben werden: Die vorstehend geschilderten, von der Rechtsprechung anerkannten Einschränkungen des § 130 BGB haben ihre Rechtfertigung im notwendigen und vertretbaren Vertrauensschutz für den Rechtsuchenden. Eines solchen Schutzes bedarf aber nicht, wer auf eine bestehende Unzuständigkeit ausdrücklich hingewiesen worden ist. Leitet das angegangene Gericht die Erklärung nicht an das zuständige Gericht weiter, was allerdings stets ein Nobile Officium sein wird, so ist die Erklärung unwirksam. Die Hypothek ist dann nicht erloschen.

Anders ist die Rechtslage im *Falle d)*, wo B auf die Unzuständigkeit nicht hingewiesen worden war. Hier muss die Erklärung – auch wenn sie dem zuständigen GBA nicht vorgelegen hat – wirksam geworden sein; die Hypothek ist erloschen (Der Verstoß gegen § 27 GBO hindert das Erlöschen des Rechts ja nicht, weil das dort geregelte Zustimmungserfordernis rein formell-rechtlicher Natur ist).

§ 3
Die funktionelle Zuständigkeit in Grundbuchsachen

I. Die Zuständigkeitsregeln

48 Die funktionelle Zuständigkeit regelt, welches Rechtspflegeorgan für bestimmte Verrichtungen des GBA zuständig ist, also die Aufgabenverteilung zwischen den verschiedenen „Grundbuchbeamten", wie sie zuweilen im älteren Schrifttum noch genannt werden.
Wir kennen folgende im Grundbuchverfahren tätig werdenden Rechtspflegeorgane:

- den Grundbuchrichter,
- den Rechtspfleger,
- den Urkundsbeamten der Geschäftsstelle,
- den Präsentatsbeamten,
- den zur Leistung der sog. zweiten Unterschrift ermächtigten Bediensteten.

1. Der Grundbuchrichter

49 Da das gesamte Grundbuchverfahren, soweit nicht die Zuständigkeit des Urkundsbeamten besteht, ohne Vorbehalt voll auf den Rechtspfleger übertragen ist (s. unten → Rdn. 50), wird der Richter im Grundbuchverfahren nur noch tätig, wenn ihm der Rechtspfleger eine Angelegenheit nach § 5 RPflG vorlegt oder wenn Maßnahmen nach § 4 Abs. 2 Nr. 1, Abs. 3 RPflG zu treffen sind. Eine Entscheidungszuständigkeit des Richters kann sich dann allerdings auch für andere – nicht vorgelegte oder angefochtene – Geschäfte aus § 6 RPflG ergeben: Sofern nämlich das vorgelegte oder angefochtene Geschäft mit einer anderen Angelegenheit in einem so engen Zusammenhang steht, dass eine getrennte Behandlung nicht sachdienlich ist, wird der Richter auch für die Erledigung dieser anderen Angelegenheit zuständig.

2. Der Rechtspfleger

50 Die Aufgaben des Amtsgerichts in Grundbuchsachen sind nach § 3 Nr. 1 Buchst. h RPflG dem Rechtspfleger zugewiesen; unberührt bleibt § 12c GBO.

3. Der Urkundsbeamte der Geschäftsstelle

Ihm sind die in den § 12c GBO genannten Aufgaben zugewiesen. Nach § 44 GBO vollzieht er die vom Rechtspfleger verfügten Eintragungen. § 12c GBO regelt nur die Aufgabenzuweisung an den Urkundsbeamten. Wer als Urkundsbeamter tätig werden kann, ist dort nicht geregelt. Vorschriften darüber finden sich in den von den Landesjustizverwaltungen erlassenen Geschäftsstellenanordnungen. Sie weisen die Aufgaben des Urkundsbeamten meist dem Beamten des mittleren Justizdienstes zu und gestatten es daneben, dass auch besonders erfahrene Justizangestellte mit solchen Aufgaben betraut werden.

4. Der Präsentatsbeamte

Der Zeitpunkt, zu dem ein Eintragungsantrag beim GBA eingeht, ist von außerordentlicher Bedeutung, so z. B.

- für den Rang des einzutragenden Rechtes (§ 879 BGB, §§ 17, 45 GBO) und
- für das Wirksamwerden von Verfügungsbeschränkungen (§ 878 BGB).

Bei jedem Eintragungsantrag oder ersuchen muss deshalb der Zeitpunkt seines Einganges nach Stunde und Minute zuverlässig beurkundet werden (§ 13 Abs. 2 GBO). Zuständig zur Anbringung dieses Eingangsvermerkes (das sog. „Präsentat") sind nur:

- der Rechtspfleger, der das Grundbuch für das infrage stehende Grundstück führt, d. h. für das betreffende Grundstück geschäftsverteilungsmäßig zuständig ist,
- oder ein vom Behördenvorstand dafür ausdrücklich bestellter Beamter (§ 13 Abs. 3 GBO).

5. Zweiter Beamter der Geschäftsstelle

Er hat in den Fällen des § 12c Abs. 2 Nr. 2–4 GBO die Eintragung mit zu unterschreiben, § 44 Abs. 1 S. 3 GBO.

(Rdn. 54–55 nicht belegt.)

II. Die Verletzung der Zuständigkeitsregeln

→ **Beispiel 8:**

a) Es wird eine eilige Eintragung einer Zwangshypothek beantragt. Anstelle des dienstlich gerade verhinderten Rechtspflegers verfügt der Richter diese Eintragung.

b) Der Rechtspfleger versagt einem Rechtsuchenden, der sich unmittelbar an ihn gewandt hat, die Einsicht in das Grundbuch.

c) Bei der Entscheidung über einen Eintragungsantrag ist – etwa zur Beurteilung der Verfügungsbefugnis – ausländisches Güterrecht von Bedeutung. Der Rechtspfleger erholt ein Rechtsgutachten über diese Frage und entscheidet dann über den Antrag.

d) Wie *Fall b)*, nur dass sich der Rechtsuchende sofort an den Richter gewandt hat. Dieser versagt die Einsicht.

e) Justizsekretär A, der als Urkundsbeamter am GBA tätig ist, verfügt und vollzieht die Eintragung einer Zwangshypothek, weil die Sache besonders eilig und der zuständige Rechtspfleger gerade abwesend ist.

f) Rechtspfleger B war bis 31.1. dem GBA zugeteilt, seit 1.2. ist er in der Verwaltungsabteilung des OLG tätig. Am 1.2. und 2.2. unterschreibt er im GBA noch die Eintragungen, die er am 31.1. verfügt hatte. Wäre die Rechtslage eine andere, wenn B nicht an das OLG, sondern an das Vormundschaftsgericht des gleichen Amtsgerichts versetzt worden wäre?

g) Justizsekretär A beurkundet bei dem unter *e)* erwähnten Antrag auf Eintragung der Zwangshypothek anstelle des Präsentatsbeamten, der gerade Mittagspause macht, den Eingangszeitpunkt.

Im *Falle a)* wird anstelle des gem. § 3 Nr. 1 Buchst. h RPflG zuständigen Rechtspflegers der funktionell unzuständige Richter tätig. Nach der ausdrücklichen Regelung in § 8 Abs. 1 RPflG sind die Handlungen des Richters trotzdem wirksam.

In *Fall b)* ist funktionell der Urkundsbeamte zuständig, § 12c Abs. 1 Nr. 1 GBO. Nach § 8 Abs. 5 RPflG ist die Handlung des Rechtspflegers jedoch nicht unwirksam. Die Vorschrift erklärt sich aus dem Grundgedanken, dass es unschädlich sein muss, wenn in die Zuständigkeit eines in der Gerichtshierarchie „nachgeordneten" Organs eingegriffen wird.

In *Fall c)* hätte der Rechtspfleger nach § 5 Abs. 2 RPflG die Sache vorlegen können. Da nach § 8 Abs. 3 RPflG sogar die Verletzung einer Vorlagepflicht unschädlich ist, gilt das hier erst recht. Die Eintragung ist wirksam.

In *Fall d)* wäre, wie bereits erwähnt (oben *Fall b)*, der Urkundsbeamte zuständig gewesen. Trotzdem ist die Entscheidung des Richters wirksam (vgl. BayObLG, Rpfleger 1999, 216; OLG Hamm, Rpfleger 1971, 107).

Wenn ein vom Richter vorgenommenes Rechtspflegergeschäft wirksam bleibt, so muss dies ebenso für ein Urkundsbeamtengeschäft gelten, zumal § 8 Abs. 5 RPflG ein Tätigwerden des Rechtspflegers anstelle des Urkundsbeamten der Geschäftsstelle wirksam sein ließe.

In *Fall e)* handelt es sich bei der wahrgenommenen Aufgabe um eine solche, die in den Kernbereich der grundbuchamtlichen Tätigkeit fällt, nämlich um die Entscheidung über einen Eintragungsantrag. Dafür ist nur „das Gericht" zuständig, d.h., in Grundbuchsachen der Rechtspfleger, oder – ausnahmsweise – der Richter. Der Urkundsbeamte der Geschäftsstelle ist eine Person, die nicht „Gericht" im Sinne der gerichtsverfassungsrechtlichen Regelungen ist. Die Handlungen einer Person die nicht zum beschließenden oder erkennenden Gericht gehört, sind nach allgemeiner Auffassung unheilbar nichtig, *Demharter*, § 1 Rdn. 21. Die nichtige Entscheidung wird auch nicht dadurch wirksam, dass das Beschwerdegericht sie gebilligt hat(BGH, Rpfleger 2005, 520).

Fall f) ist besonders interessant, nicht zuletzt, weil er in der Praxis immer wieder vorkommt: Für seine Behandlung ist wichtig, dass die Ableistung der vorgeschriebenen Ausbildung (§ 2 RPflG) das Ablegen der Rechtspflegerprüfung und die Ernennung zum Justizinspektor usw. lediglich die Befähigung zur Wahrnehmung von Rechtspflegeraufgaben verleihen, nicht aber schon die Befugnis dazu Diese Befugnis wird vielmehr erst durch einen weiter hinzutretenden Betrauungsakt erworben (§ 2 Abs. 1 S. 1 RPflG). Die Betrauung geschieht nach h.M. durch die Zuweisung von Rechtspflegergeschäften an den betreffenden Beamten im Geschäftsverteilungsplan des Gerichts (vgl. zur Geschäftsverteilung unten → Rdn. 57) Ein Beamter, dem – wie in unserem Falle 1.2. – keine Rechtspflegergeschäfte zugewiesen sind, sondern der für Aufgaben der Justizverwaltung zuständig ist kann Rechtspflegergeschäfte nicht wirksam vornehmen (OLG Frankfurt/M., JVBl. 1968, 132). Die Eintragung ist somit unwirksam. Sie erlangt Wirksamkeit erst, wenn der zuständige Amtsnachfolger des B sie unterzeichnet; sie hat dann aber erst den Rang dieses Zeitpunktes (vgl. dazu auch unten → Rdn. 323).

Wenn B nur vom Grundbuchamt ins Familiengericht umgesetzt worden ist (eine Versetzung im Rechtssinne ist das nicht, weil diese einen Behördenwechsel voraussetzen würde), so bleibt er nach wie vor mit der Wahrnehmung von Rechtspflegeraufgaben betraut. Die Tatsache, dass er nicht mit Rechtspflegergeschäften in Grundbuch-, sondern in Familiensachen betraut ist, hindert die Wirksamkeit seiner Handlungen in entsprechender Anwendung von § 22d GVG hier nicht.

In *Fall g)* hat A die ausschließliche Zuständigkeit des Präsentatsbeamten nach § 13 Abs. 3 GBO verletzt. Der Antrag gilt erst dann als eingegangen, wenn er entweder dem zuständigen Rechtspfleger vorgelegt wird, oder wenn der zuständige Präsentatsbeamte das Präsentat – allerdings mit diesem späteren Zeitpunkt! – nachholt. Das kann für die Hypothek u.U. einen Rangverlust bedeuten, wenn zwischenzeitlich andere Anträge, die dasselbe Grundstück betreffen, eingegangen sind, deren Eingang vom zuständigen Beamten beurkundet worden ist.

III. Die Geschäftsverteilung in Grundbuchsachen

Das Recht auf den gesetzlichen Rechtspfleger gemäß Art. 101 Abs. 1 S. 2 GG muss dadurch gesichert werden, dass die Zuständigkeiten zwischen den einzelnen Rechtspflegern im **Geschäftsverteilungsplan gem § 21e GVG** geregelt werden (OLG Frankfurt, NJW 1968, 1289; *Waldner* in Bauer/Schaub, § 1 Rdn. 21; KEHE/*Keller,* § 1 Rdn. 29; *Lemke/Schneider,* Immobilienrecht, § 1 GBO Rdn. 25). Jeder anderen Ansicht (BGH, Rpfleger 2010, 277) ist zu widersprechen. Es gehört zum elementaren Rechtsschutz des Bürgers, dass er das für ihn zuständige Justizorgan im Voraus mit Sicherheit feststellen kann, um sich so vor Verschiebungen unter den Rechtspflegern zu schützen. Die Geschäftsverteilung dient daneben der Sicherung der sachlichen Unabhängigkeit der Rechtspfleger. Besondere Bedeutung erlangt der Geschäftsverteilungsplan für die Beteiligten, wenn sie ihr Recht auf Ablehnung eines befangenen oder ausgeschlossenen Rechtspflegers ausüben wollen. Dies ist nur dann möglich, wenn aus dem Geschäftsverteilungsplan ohne Zweifel der zuständige Rechtspfleger oder dessen Vertreter erkennbar ist. Die in der Praxis zuweilen vorgebrachte Behauptung, dass eine Geschäftsverteilung nach objektiven Kriterien in Grundbuchsachen nicht möglich sei, trifft nicht zu. Zum einen beweisen die meisten Geschäftsverteilungspläne bereits heute das Gegenteil, indem sie eine Abgrenzung nach Gemarkung o.ä. vornehmen, zum anderen gab es auch früher eine Geschäftsverteilung im Grundbuchverfahren, als der Richter noch zuständig war; durch die Übertragung auf den Rechtspfleger kann sich an deren Notwendigkeit nichts geändert haben. Der Justizverwaltung kann nur empfohlen werden, die richterlichen Geschäftsverteilungsregeln ebenfalls für die Verteilung der Rechtspflegeraufgaben anzuwenden, auch wenn es für die Praxis manchmal umständlich und beschwerlich ist.

Der Geschäftsverteilungsplan muss die **Zuständigkeit der Rechtspfleger nach allgemeinen Merkmalen regeln**, so z.B. nach Gemarkungen. Nie darf nach Umfang oder Schwierigkeitsgrad der Verfahren verteilt werden und stets ist darauf zu achten, dass der Arbeitsanfall möglichst gleichmäßig verteilt wird, auch wenn die Rechtspfleger unterschiedlich beamtenrechtlichen Dienstgraden angehören. Weiterhin muss der Geschäftsverteilungsplan die Vertretung jedes einzelnen Rechtspflegers genau bestimmen; die Vertretung muss so festgelegt werden, dass der Vertreter für jeden Vertretungsfall eindeutig feststeht, d.h. also mehrere Vertreter in bestimmter Reihenfolge für den Fall weiterer Verhinderungen. Entscheidend für den Geschäftsverteilungsplan ist somit, dass für ein bestimmtes Grundstück ein eindeutig bestimmbarer Rechtspfleger bzw. dessen Vertreter zuständig ist. Während eines Jahres darf der Geschäftsverteilungsplan der Rechtspfleger gemäß § 21e Abs. 3 GVG nur geändert werden, wenn dies wegen Überlastung oder ungenügender Auslastung eines Rechtspflegers oder infolge Wechsels oder dauernder Verhinderung einzelner Rechtspfleger nötig wird.

Der in § 22d GVG zum Ausdruck kommende Grundsatz, dass Handlungen des nach der Geschäftsverteilung unzuständigen Richters **wirksam** sind, gilt auch für den Rechtspfleger; d.h. Verstöße des Rechtspflegers gegen den Geschäftsverteilungsplan lassen die Wirksamkeit der betreffenden Handlung unberührt. Jedoch kann die Entscheidung des nach dem Geschäftsverteilungsplan unzuständigen Rechtspflegers mit der Begründung angefochten werden, dass nicht der gesetzliche Rechtspfleger entschieden habe (BGH, MDR 1962, 645; OLG Bremen, NJW 1965, 1447; *Meikel/Böttcher*, § 1 Rdn. 60; **a.A.** KEHE/ *Keller*, § 1 Rdn. 29).

4. Kapitel:
Das Grundstück und sein Grundbuch

§ 1
Kataster und Grundbuch

I. Das amtliche Grundstücksverzeichnis

1. Das Liegenschaftskataster

Wer vom Grundstück spricht, meint zunächst den alltäglichen Begriff: Ein bestimmter Teil der Erdoberfläche, der durch Zäune, Hecken o.ä. von anderen abgegrenzt ist. Freilich ist dieser Begriff sehr ungenau, er orientiert sich an äußeren Gegebenheiten, die heute oder morgen geändert werden können. Für das Rechtsleben ist er ungeeignet. 58

Grundlage für alle rechtlich bedeutsamen Vorgänge im weitesten Sinne ist vielmehr ein amtliches Verzeichnis der Grundstücke, das Kataster.

Die Bezeichnung ist noch nicht in allen Ländern der Bundesrepublik einheitlich, wohl aber das, was man mit den verschiedenen Begriffen umschreibt. Hier soll der Begriff Kataster (oder Liegenschaftskataster) verwendet werden, weil er wohl am weitesten verbreitet ist.

Gem. **§ 2 Abs. 2 GBO** werden die Grundstücke in den Grundbüchern nach diesem amtlichen Verzeichnis benannt.

Das Kataster wird regelmäßig von den Vermessungsbehörden geführt; es dient als Grundlage für die Darstellung des Grundstückes im Grundbuch und damit für alle Rechtsbeziehungen, die an ein Grundstück geknüpft sind (Rechtsverkehr im engeren Sinne: Übertragung und Belastung; Grundsteuerbemessung usw.). Das **Kataster** besteht aus **zwei Teilen:**

Dem **beschreibenden Teil** (Automatisiertes Liegenschaftsbuch = ALB), in ihm werden die einzelnen Grundstücke nach ihrer Lage, Wirtschaftsart und Größe beschrieben. Jedes Grundstück („Flurstück") ist mit einer eigenen Nummer bezeichnet; sie ist sozusagen der katastertechnische „Name", das Kennzeichen und Unterscheidungsmerkmal; dem **darstellenden Teil,** der sog. Flurkarte. Sie ist ein Kartenwerk der gesamten in die Zuständigkeit der jeweiligen Katasterbehörde fallenden Erdoberfläche. In ihr sind alle Flurstücke nach ihrer tatsächlichen Lage und geometrischen Gestalt eingezeichnet und mit der jeweiligen Flurstücksnummer gekennzeichnet.

> Grundstück im katastertechnischen Sinne ist also ein Teil der Erdoberfläche, der im Kataster mit einer besonderen Nummer verzeichnet, beschrieben und dargestellt ist („**Flurstück**").

Damit ist freilich nicht gesagt, dass sich die katastertechnische Grundstücksbezeichnung und der Grundstücksbegriff im Rechtssinne decken (s. unten → Rdn. 60); sie stehen jedoch stets in einem unmittelbaren Zusammenhang miteinander, weil Grundlage jedes Grundstückes im Rechtssinne stets ein Grundstück im katastertechnischen Sinne ist.

2. Die Gemarkung

59 Eine Gruppe von Flurstücken wird jeweils zu einer Nummerierungseinheit, einem Bezirk, zusammengefasst: die sog. Gemarkung. Meist sind diese Gemarkungen in ihrem Umfang mit Gemeindeteilen oder bestimmten Gemeindegebieten identisch; häufig tragen sie auch noch die – sonst zuweilen gar nicht mehr gebräuchlichen – historischen Namen dieser Gebiete oder Teile.
Wegen der Veränderungen im Grundstücksbestand s. unten → Rdn. 71 ff.

II. Das Grundstück im Rechtssinne

60 Wenn BGB, GBO oder andere Gesetze vom Grundstück sprechen, meinen sie stets ein Grundstück im Rechtssinn. Wie bereits oben angedeutet, muss dies nicht immer mit dem katastertechnischen Grundstück identisch sein, wenngleich sich die Begriffe häufig decken. Das einzelne Grundstück als Rechtsbegriff wird ausschließlich durch die Eintragung im Grundbuch definiert:

> Grundstück im Rechtssinn ist ein Teil der Erdoberfläche, der im Bestandsverzeichnis des Grundbuchs unter einer eigenen Nummer eingetragen ist (vgl. zur Definition ausführlich RGZ 84, 270; auch BayObLGZ 1954, 262).

Dabei kann nun das Grundstück (wenn wir künftig von „Grundstück" sprechen, meinen wir immer: „Grundstück im Rechtssinn!") aus einem Grundstück im katastertechnischen Sinne (also aus **einem** Flurstück) bestehen; man spricht dann von einem sog. **Idealgrundstück**. Es kann aber auch aus **mehreren** Flurstücken bestehen, dann nennt man es ein **zusammengesetztes** Grundstück:
Im nachstehenden *Muster 1* weist das Grundbuch zwei Grundstücke (also:

„Grundstücke im Rechtssinne") aus. Das Grundstück Bestandsverzeichnis Nr. 1 ist ein Idealgrundstück, es besteht nur aus einem Flurstück. Das Grundstück Nr. 2 (N. B.: ein **einziges** Grundstück im Rechtssinne!) besteht hingegen aus zwei Flurstücken, es ist also ein sog. „zusammengesetztes Grundstück".

Muster 1:

1	2	3		4	
1	–	Moosach	An der Feldmochinger Straße,		5
		100	Ackerland	6	0
2		100/1	Wohnhaus mit Garten	7	50
		100/2	Gartenland	3	20

Es ist wichtig sich zu merken:

> Ein Grundstück im Rechtssinne kann aus einem oder beliebig vielen Flurstücken (Grundstücke im katastertechnischen Sinn!) bestehen; niemals kann jedoch ein Grundstück im Rechtssinne nur aus dem Teil eines Flurstückes bestehen!

Das Grundstücksrecht und damit das Grundbuchrecht befasst sich jedoch nicht nur mit Grundstücken. Die Rechtsentwicklung hat zur Formulierung gewisser Berechtigungen an einem Grundstück geführt, die wie Grundstücke behandelt werden: die sog. **grundstücksgleichen Rechte**. Auf sie sind kraft Gesetzes die für Grundstücke geltenden Vorschriften anzuwenden. 61

Sie sind einmal landesgesetzlich geregelt und meist alte, historisch gewachsene Rechtsfiguren (vgl. Art. 196 EGBGB). Hier sind insbesondere zu nennen: Bergwerksrechte (Art. 67 EGBGB), Fischereiberechtigungen (Art. 69 EGBGB) und andere Gewerbeberechtigungen. Sie spielen heute jedoch nur noch eine geringe Rolle.

Wesentlich ist jedoch das bundeseinheitlich geltende **Erbbaurecht** (§ 11 Abs. 1 S. 1 ErbbauRG).

Weitgehend gelten die grundbuchrechtlichen Vorschriften auch für die moderne Form der Wohnungseigentumsberechtigung (kurz: **Wohnungseigentum**). Vgl. dazu insbes. WGV v. 24.1.1995 (BGBl. I S. 134).

Im **Beitrittsgebiet** schließlich ist durch den EinigungsV das **Gebäudeeigentum** nach dem DDR-ZGB aufrechterhalten worden (vgl. Art. 231 EGBGB § 5 Abs. 1 und Art. 233 § 8 EGBGB). Es handelt sich dabei – unter Durchbrechung von § 93 BGB – um das rechtlich verselbstständigte, vom Grundstückseigentum getrennte Eigentum am Bauwerk. 62

§ 2
Die Einrichtung des Grundbuchs

I. Allgemeines

63 Die Grundbücher werden nach § 2 Abs. 1 GBO für Bezirke eingerichtet. Grundbuchbezirke sind die Gemeindebezirke (§ 1 S. 1 GBV); mehrere zu einem Verwaltungsbezirk zusammengefasste Gemeinden bilden einen Grundbuchbezirk (§ 1 Abs. 1 S. 2 GBV); ein Gemeindebezirk kann durch Anordnung der Justizverwaltung in mehrere Grundbuchbezirke geteilt werden (§ 1 Abs. 1 S. 3 GBV).

64 Nach dem Grundsatz des § 3 Abs. 1 GBO erhält jedes Grundstück ein Blatt, auf dem es gebucht wird (sog. **Realfolium**). Wenn jemand Eigentümer mehrerer Grundstücke ist, so werden also regelmäßig mehrere Blätter angelegt, in denen jeweils ein Grundstück verbucht ist. Zur Vereinfachung können jedoch diese mehreren Grundstücke ein und desselben Eigentümers auch auf einem gemeinschaftlichen Blatt eingetragen werden (N. B.: Jedes natürlich unter einer eigenen Nummer des Bestandsverzeichnisses!), man spricht dann von einem sog. **Personalfolium** (§ 4 Abs. 1 GBO).

Nach **§ 3 Abs. 4 GBO** kann von der selbstständigen Buchung eines Grundstückes dann abgesehen werden, wenn es keine eigene wirtschaftliche Bedeutung hat, sondern als „Zubehör" anderer Grundstücke, deren Eigentümern es in Bruchteilsgemeinschaft gehört, zu betrachten ist. Es enthält dann kein eigenes Blatt, sondern jeder Anteil wird auf dem Blatt „seines" Hauptgrundstückes gebucht (sog. **Anteilsbuchung**). Typische Beispiele: Die Eigentümer einer Wohnsiedlung sind Bruchteilsmiteigentümer am Zugangsweg, dem Garagenvorplatz oder dem Kinderspielplatz.

Das Grundbuchblatt, auf dem ein Grundstück gebucht ist, ist sein „Grundbuch" im Rechtssinne (§ 3 Abs. 1 S. 2 GBO)!

Nicht das gesamte Grundbuch des jeweiligen Grundbuchamtes, nicht das Grundbuch eines bestimmten Bezirkes, sondern nur das Blatt, auf dem das Grundstück vorgetragen ist, bildet für dieses Grundstück das Grundbuch im Sinne der materiell-rechtlichen Vorschriften. Hier müssen die in §§ 873, 875 usw. BGB vorgesehenen Rechtsänderungen eingetragen werden, um materiell wirksam zu sein und um die Vermutung des § 891 BGB zu begründen. Der Inhalt dieses Blattes allein ist für den öffentlichen Glauben maßgebend.

65 Für Grundstücke und grundstücksgleiche Rechte besteht, sofern das Gesetz nicht ausdrücklich eine Ausnahme zulässt (§ 3 Abs. 2 GBO) **Buchungszwang**.

Ohne dass es also eines Antrages des Eigentümers oder auch nur seines Einverständnisses bedürfte, muss für jedes Grundstück (Erbbaurecht, Gebäudeeigentum) ein Grundbuchblatt angelegt werden.

Die ausnahmsweise bestehende **Buchungsfreiheit** (§ 3 Abs. 2 GBO) bedeutet freilich nicht, dass für dieses Grundstück das Liegenschaftsrecht des BGB keine Geltung hätte: Soll ein buchungsfreies Grundstück veräußert oder belastet werden, so muss es eben nachträglich eingetragen werden, d. h. es muss, damit den Erfordernissen des § 873 BGB Rechnung getragen werden kann, ein Grundbuchblatt angelegt werden. Das Anlegungsverfahren ist in §§ 116 ff. GBO geregelt.

Jedes Grundbuchblatt (also: das Grundbuch für das einzelne Grundstück!) weist eine Aufschrift auf (§ 5 GBV). Es zerfällt in **vier Teile:** 66

- das **Bestandsverzeichnis**, sowie
- die **Abteilungen I, II und III.**

In den §§ 6–11 GBV ist im Einzelnen geregelt, welche Einträge in den einzelnen Teilen des Grundbuchblattes (also: Im Bestandsverzeichnis und in den einzelnen drei Abteilungen) vorzunehmen sind.

Das GBA hat sich natürlich an diese Regelungen strikt zu halten. Andererseits bildet das gesamte Blatt das Grundbuch im materiell-rechtlichen Sinne und zwar ohne Rücksicht auf seine Einteilung nach Maßgabe der GBV. Diese Einteilung beruht auf Gründen der Übersichtlichkeit, sie hat jedoch keine materiell-rechtliche Bedeutung. Eine Hypothek ist wirksam entstanden, auch wenn sie versehentlich in Abt. II anstatt in Abt. III gebucht worden ist (vgl. dazu RGZ 54, 251). Nur ausnahmsweise, wenn nämlich das materielle Recht einer Eintragung einen bestimmten Platz zuweist, wie etwa im Falle des § 881 Abs. 2, 2. Halbsatz BGB, muss die Eintragung, soll sie materiell-rechtlich wirksam sein, auch an dieser Stelle des Blattes vorgenommen werden.

II. Das Bestandsverzeichnis

In ihm ist das Grundstück (oder bei einem Personalfolium: die Grundstücke) zu bezeichnen, § 6 GBV. 67

Dazu dienen die Spalten 1 mit 4 (s. obiges *Muster 1* → Rdn. 60).

Die Spalten 5 und 6 **geben** die Herkunft des Grundstückes an (es war ja meist schon auf einem anderen Blatt eingetragen), ferner werden in diesen Spalten Veränderungen des Grundstücksbestandes vermerkt, die nicht zu einer Verringerung des Bestandes führen (also Teilungen, Vereinigungen und Bestandteilszuschreibungen, s. dazu unten → Rdn. 71 ff.). In den Spalten 7 und 8 werden Veränderungen **gebucht**, die zu einer Verringerung des vorhandenen Bestandes führen (sog. **Abschreibungen**). *Muster* s. unten → Rdn. 71 ff.

III. Die erste Abteilung

68   In Abt. I werden die **Eigentumsverhältnisse** am Grundstück dargestellt. § 9 GBV.
Die Spalte 2 kennzeichnet dabei den Eigentümer nach den Grundsätzen des § 15 GBV. In den Spalten 3 und 4 ist für jedes im Bestandsverzeichnis eingetragene Grundstück anzugeben, wodurch der Eigentumserwerb nachgewiesen wurde (Auflassung, Erbgang, Ehevertrag etc.; vgl. § 9 Buchst. d GBV).
Muster s. in den Probeeinträgen (Anlage 1) zur GBV.

IV. Die zweite Abteilung

69   In Abt. II werden alle **Belastungen** des Grundstückes sowie alle sich auf das Eigentum beziehenden **Beschränkungen, Vormerkungen** und **Widersprüche** eingetragen (ausgenommen von den Belastungen sind Hypotheken, Grund- und Rentenschulden – sie gehören in Abt. III) – § 10 Abs. 1 GBV.

Hier sind also z. B. einzutragen: Erbbaurecht, beschr. persönliche Dienstbarkeit, Grunddienstbarkeit, dingliches Vorkaufsrecht, Reallast, dingliches Wiederkaufsrecht, Dauerwohn- und Dauernutzungsrecht, Nießbrauch, Regelungen gem. § 1010 BGB, Vormerkungen auf Einräumung hier einzutragender Rechte, Auflassungsvormerkungen, Widersprüche gegen die Nichteintragung oder Löschung von in Abt. II einzutragenden Rechten, Widersprüche gegen das Eigentum, alle Beschränkungen des Verfügungsrechts des Eigentümers (Nacherbfolge, Testamentsvollstreckung, Zwangsversteigerung und Zwangsverwaltung, Veräußerungsverbot gegen den Eigentümer und Insolvenz des Eigentümers).

In den Spalten 1 und 3 werden diese Eintragungen vorgenommen; in den Spalten 4 und 5 werden darauf bezügliche Änderungen, in den Spalten 6 und 7 die Löschungen dieser Eintragungen dargestellt. *Muster* s. Anl. 1 zur GBV.

V. Die dritte Abteilung

70   Sie enthält **Hypotheken, Grund- und Rentenschulden** sowie alle sich auf diese Rechte beziehenden ergänzenden Eintragungen, Vormerkungen und Widersprüche. § 11 Abs. 1 GBV.
Auch hier ist das Grundbuchmuster wieder in Spalten unterteilt, in denen die ursprüngliche Eintragung vorzunehmen ist (Spalten 1 mit 4; gegenüber dem Muster der Abt. II Erweiterung um Spalte 3, in die der Geldbetrag des Rechts zu vermerken ist) und in solche, in denen Veränderungen und Löschungen eingetragen werden (Spalten 5 mit 10). Vgl. § 11 Abs. 2 mit 7 GBV.
Muster s. Anl. 1 zur GBV.

Böttcher

§ 3
Veränderungen im Grundstücksbestand

I. Die Grundstücksteilung

Literatur: Böttcher, Die Grundstücksteilung unter Berücksichtigung des DaBaGG, RpflStud 2013, 171; *Böttcher,* Grundstücksteilung, Rpfleger 1989, 133

1. Der Begriff der Teilung

Ausgangspunkt der Betrachtungen ist Folgendes: 71

→ **Beispiel 9:**
A ist Eigentümer eines unter Nr. 1 im Bestandsverzeichnis eingetragenen Grundstückes von 5000 m². Er will 1000 m² an B veräußern.
a) Das Grundstück besteht aus einem Flurstück, FlSt.Nr. 10;
b) das Grundstück besteht aus den Flurstücken FlSt.Nr. 100 zu 4000 m² und FlSt. Nr. 110 zu 1000 m².

In beiden Fällen liegt ein Grundstück im Rechtssinne vor (s. oben → Rdn. 60). Soll ein Teil davon veräußert werden, so ist dieser Teil von dem Grundstück abzuschreiben und als selbstständiges Grundstück einzutragen; man nennt diesen Vorgang die Teilung des Grundstückes § 7 Abs. 1 GBO.

Durch die Teilung entstehen also grundsätzlich mindestens zwei (oder auch mehrere) neue, selbstständige Grundstücke.

Was geschieht in unserem Fall katastertechnisch?

Im *Falle a)* muss die Vermessungsbehörde ein eigenes neues Flurstück bilden; sie zerlegt das FlSt.Nr. 10 in zwei Flurstücke – etwa Nr. 10 (neu) mit nunmehr 4000 m² und FlSt.Nr. 10/1 mit 1000 m². Das ist erforderlich, weil ja ein Grundstück (und ein solches muss nach dem Gebot des § 7 Abs. 1 GBO gebildet werden!) mindestens aus einem eigenen Flurstück bestehen muss. Man kann diese **Zerlegung** (= katastertechnischer Begriff) zwar als Gegenstück zur **Teilung** (= Rechtsbegriff) bezeichnen, beide Begriffe müssen sich jedoch keineswegs immer decken, auch ist das eine nicht stets von der Vornahme des anderen abhängig:

Im *Falle b)* nämlich kann es durchaus sein, dass das FlSt. 11 seiner räumlichen Lage nach der Grundstücksteil ist, den B braucht und haben will. Dann ist zwar eine Teilung erforderlich; eine Zerlegung erübrigt sich jedoch, weil ja bereits zwei Flurstücke bestehen.

Natürlich kann auch im *Falle b)* eine Zerlegung neben der Teilung dann erforderlich werden, wenn der reale Grundstücksteil, den B haben will, in seiner räumlichen Lage und Abgrenzung nicht mit dem Flurstück 11 identisch ist. Dann muss vielleicht das FlSt. 10 zerlegt werden oder es könnte sogar sein, dass beide Flurstücke zerlegt werden müssen und aus den Teilen durch Verschmelzung (s. unten → Rdn. 77) ein neues Flurstück gebildet wird.

Wenn wir annehmen, dass im *Falle b)* eine Zerlegung aus den vorne dargestellten tatsächlichen Gründen nicht erforderlich ist:

- kann das GBA in diesem Falle die von § 7 Abs. 1 GBO geforderte Teilung ohne vorgängige Mitwirkung der Vermessungsbehörde vornehmen;
- im *Falle a)* jedoch kann das GBA erst tätig werden, wenn die Vermessungsbehörde zuvor die notwendige Zerlegung durchgeführt hat.

Über diese Zerlegung erstellt die Vermessungsbehörde (wie über jede Veränderung im Flurstücksbestand) einen sog. **Fortführungsnachweis**. Er ist Teil des Katasterwerkes (die Fortführungsnachweise werden deshalb innerhalb jeder Gemarkung laufend nummeriert) und weisen die vorgenommenen Veränderungen in der üblichen katastermäßigen Art und Weise aus. Für das GBA erteilt die Behörde einen Auszug aus dem Fortführungsnachweis, der mit einem förmlichen Ausfertigungsvermerk der Vermessungsbehörde versehen ist.

Wenn alle anderen Teilungsvoraussetzungen vorliegen (s. dazu unten → Rdn. 74), bucht das GBA die Teilung im BestVerz. und schreibt anschließend das neu gebildete Grundstück ab.

Muster 2:

1	2	3		4	
<u>1</u>	–	Moosach <u>10</u>	Wiese an der Dachauer Straße	<u>50</u>	<u>00</u>
2	1	10	Wiese an der Dachauer Straße	40	00
<u>3</u>	1	<u>10/1</u>	<u>Wiese an der Dachauer Straße</u>	<u>10</u>	<u>00</u>

5	6	7	8
1, 2, 3	Nr. 1 lt. Fortführungsnachweis Nr. 33/17 geteilt in Nrn. 2 und 3 am 9. Juli 2017 Meier　　　Huber	3	Übertragung nach Band 29 Blatt 110 am 9. Juli 2017

N. B.: Unterstreichungen im Muster bedeuten Rötungen.

2. Teilung bei Belastung

Die Teilung eines Grundstückes kann jedoch auch notwendig werden, wenn ein Grundstücksteil belastet wird.

I. Die Grundstücksteilung

§ 7 Abs. 1 GBO scheint seinem Wortlaut nach **nur** diesen Fall anzusprechen; die Übertragung des Eigentums an einem Grundstücksteil muss jedoch erst recht darunterfallen, man könnte – terminologisch sicher etwas schief – sagen, sie stelle eben die stärkste denkbare Form der Belastung, nämlich die mit dem Vollrecht Eigentum dar. Wesentlich ist jedoch, dass eben an ein und demselben Grundstück Volleigentum mehrerer nicht nebeneinander bestehen kann.

→ **Beispiel 10:**
A ist Eigentümer eines Grundstückes, das aus zwei Flurstücken, nämlich FlSt. 10 (Haus) und FlSt. 11 (Gartenland) besteht. B möchte gerne das Gartengrundstück kaufen.

a) A ist noch unentschlossen, ob er verkaufen will. Er verspricht dem B jedoch, dass er, wenn er sich zum Verkauf entschließe, dem B den Vorkauf einräume! Er bestellt für B ein Vorkaufsrecht und bewilligt dessen Eintragung.

b) A möchte an sich nicht verkaufen. Er ist jedoch ein guter Nachbar und räumt deshalb dem B und seiner Familie das Recht ein, den Garten mitzubenutzen; er bewilligt die Eintragung einer Dienstbarkeit.

c) A verkauft das Grundstück an B und bewilligt zur Sicherung des Auflassungsanspruches die Eintragung einer Auflassungsvormerkung.

Im *Falle a)* muss das Grundstück geteilt werden (eine Zerlegung ist allerdings nicht erforderlich); die Rechtslage ist die Gleiche wie in *Beispiel 9 b*.

Für *Fall b)* kann nach **§ 7 Abs. 2 GBO** die Teilung unterbleiben, wenn Verwirrung nicht zu besorgen ist, d. h. der zu belastende Teil eindeutig bestimmt werden kann. Das dürfte im vorliegenden Fall, da die Belastung ja ein selbstständiges Flurstück erfassen soll, keine Schwierigkeiten bereiten. Der Grund für diese Ausnahme wird darin zu sehen sein, dass die in Abs. 2 genannten Rechte am Rechtsverkehr nicht in dem Maße teilnehmen, wie die anderen Rechte und dass deshalb das Bedürfnis für eine so scharfe Trennung wie sie Abs. 1 a.a.O. vorsieht, nicht gegeben ist.

Die Beteiligten hätten freilich in unserem Falle auch noch einen anderen Weg gehen können: Sie hätten vereinbaren können, dass die Dienstbarkeit das **ganze Grundstück** belasten soll, ihre **Ausübung** jedoch auf den (kartenmäßig genau zu kennzeichnenden) Bereich des Gartens beschränkt werden soll. Vgl. dazu *Meikel/Böttcher*, § 7 Rdn. 58 ff.

Für *Fall c)* sieht § 7 Abs. 2 GBO keine Ausnahme vor. Trotzdem wendet die h.M. auch auf die Eintragung von Vormerkungen diese Ausnahmeregelung entsprechend an (vgl. *Meikel/Böttcher*, § 7 Rdn. 37). Sie hält die Ausnahme ferner für gegeben bei der Eintragung von Widersprüchen und Verfügungsbeeinträchtigungen nur auf einem Grundstücksteil.

Ausschlaggebend für diese – richtige – Erweiterung ist die Erwägung, dass die Eintragung solcher Rechte bzw. Vermerke, wenn sie ihren Sicherungszweck erfüllen sollen, meist sehr schnell erfolgen muss, was durch das Erfordernis einer vorherigen Teilung nicht immer erreicht werden könnte, zumal wenn eine Mitwirkung der Katasterbehörde notwendig wäre.

3. Ideelle Teilung

73 Die Vorschrift des § 7 GBO gilt immer nur dann, wenn ein **realer** Grundstücksteil belastet werden soll. Davon streng zu unterscheiden ist die Belastung eines **ideellen Bruchteiles**. Sie ist zulässig, sofern es sich um den Eigentumsbruchteil eines von mehreren Miteigentümern handelt (vgl. §§ 1066, 1095, 1106, 1114, 1192, 1199 BGB). Grundsätzlich ausgeschlossen ist die Belastung eines Bruchteiles des Eigentums eines Alleineigentümers (vgl. BGH, Rpfleger 1968, 114; *Meikel/Böttcher*, § 7 Rdn. 50), Gleiches gilt für einen Anteil eines Gesamteigentümers an einer Gesamthandsgemeinschaft, weil hier kein trennbarer Anteil am einzelnen Gegenstand besteht (vgl. *Meikel/Böttcher*, § 7 Rdn. 44).

Auch von diesen Grundsätzen hat die Rechtsprechung gewisse Ausnahmen zulassen müssen, deren Voraussetzungen jedoch äußerst selten vorliegen werden. Vgl. dazu im Einzelnen *Meikel/Böttcher*, § 7 Rdn. 51 ff.

4. Notwendige Nachweise

74 Liegt ein Fall der notwendigen Teilung (§ 7 Abs. 1 GBO) vor, so ist diese Teilung, sobald die Eintragung einer Veräußerung oder Belastung beantragt wird, von Amts wegen vorzunehmen. Irgendwelche materiell-rechtlichen oder grundbuchrechtlichen Erklärungen sind deshalb nicht erforderlich (*Meikel/Böttcher*, § 7 Rdn. 23 ff.).

Auf Grund § 2 Abs. 3 GBO a.F. musste bei einer Teilung grundsätzlich ein beglaubigter Auszug aus dem amtlichen Verzeichnis (= **Fortführungsnachweis mit Ausfertigungsvermerk**) vorgelegt werden. Die Beibringung des Nachweises erübrigte sich aber, wenn der abzuschreibende Teil katastertechnisch ein selbständiges Grundstück, also ein Flurstück war (§ 2 Abs. 4 GBO a.F.). Inzwischen ist jedoch gewährleistet, dass Veränderungen und Berichtigungen des Liegenschaftskataster dem Grundbuchamt unverzüglich mitgeteilt werden. Zudem können die meisten Grundbuchämter online auf den Datenbestand des Liegenschaftskataster zugreifen. Die sich aus einem Fortführungsnachweis ergebenden Informationen sind somit beim Grundbuchamt regelmäßig offenkundig, weshalb die Vorlage eines Fortführungsnachweises **in der Regel nicht mehr notwendig** ist; dies ist nur noch ausnahmsweise notwendig in den Fällen, in denen die sich aus einem Fortführungsnachweis ergebenden Daten dem Grundbuchamt noch nicht offenkundig sind. Aufgrund des mit dem DaBaGG vom 1.10.2013 (in Kraft seit 9.10.2013, BGBl. I S 3719) neu gefassten § 2 Abs. 3 GBO darf ein Teil eines Grundstücks nur von diesem abgeschrieben werden, wenn er im amtlichen Verzeichnis unter einer besonderen Nummer verzeichnet ist, d. h. ein Flurstück ist, oder wenn die Katasterbehörde bescheinigt, dass sie von einer Buchung unter einer besonderen Nummer absieht, weil der Grundstücksteil mit einem benachbarten Grundstück oder einem Teil davon zusammengefasst wird.

5. Teilung im eigenen Besitz

Auch wenn eine Veräußerung oder Belastung eines Grundstückes nicht beabsichtigt ist, kann der Eigentümer natürlich kraft seines Herrschaftsrechtes über das Grundstück (§ 903 BGB) eine Teilung in zwei Grundstücke vornehmen. Man spricht dann von einer Teilung im eigenen Besitz. Sie erfordert eine materiell-rechtliche Teilungserklärung des Eigentümers und (verfahrensrechtlich) einen Antrag (§ 13 GBO) und eine Bewilligung (§ 19 GBO) in der Form des § 29 GBO (*Meikel/Böttcher*, § 7 Rdn. 22). 75

6. Teilungswirkungen

Die Wirkungen einer Teilung (sowohl der notwendigen wie der Teilung im eigenen Besitz) sind folgende: 76

- Grundpfandrechte und Reallasten bestehen an den neuen Grundstücken als Gesamtrechte fort;
- Dienstbarkeiten, deren Ausübung das ganze (bisherige) Grundstück erfasst hatte, bestehen auf den neuen Grundstücken fort; streitig ist, ob als Gesamtrecht (so BGH, Rpfleger 2019, 72; BayObLG, DNotZ 1991, 254 = Rpfleger 1990, 111) oder als Einzelrechte (so *Meikel/Böttcher*, § 7 Rdn. 81-84, 93). War jedoch die Ausübung des Rechts auf einen bestimmten Teil des (bisherigen) Grundstückes beschränkt, so besteht sie nur noch an dem (neuen) Grundstück fort, auf das sich die Ausübung erstreckt (§ 1026 BGB).
- Vorkaufsrechte und Nießbrauchrechte sind **nicht** gesamtrechtsfähig. Sie bestehen als Einzelrechte an den neu zu bildenden Grundstücken fort und sind entsprechend einzutragen.

II. Die Grundstücksvereinigung

Literatur: Böttcher, Verbindung von Grundstücken unter Berücksichtigung des DaBaGG, ZNotP 2013, 367; *Böttcher*, Grundstücksverbindungen, RpflStud 1989, 1 u. 51; *Böttcher*, Vereinigung unterschiedlich belasteter Grundstücke, ZfIR 2010, 6; *Weber*, Entwirrung der Verwirrung?, MittBayNot 2014, 497.

1. Der Begriff der Vereinigung

Nach § 890 Abs. 1 BGB können mehrere Grundstücke dadurch zu einem Grundstück vereinigt werden, dass der Eigentümer sie als ein Grundstück in das Grundbuch eintragen lässt. 77

→ **Beispiel 11:**
A ist Eigentümer eines Grundstückes (FlSt.Nr. 10) zu 5000 m². Sein Nachbar B, der Eigentümer eines Grundstückes von 2000 m² ist (FlSt.Nr. 11), möchte seinen Grund-

besitz vergrößern. Er tritt an A heran mit dem Angebot, er wolle ihm die an sein – des B – Grundstück angrenzenden 1000 m² abkaufen. A ist einverstanden (= im Anschluss an *Beispiel 9 a*).

Wie bereits bekannt, muss nun zunächst das Grundstück des A geteilt werden (s. oben → Rdn. 71 *Muster 2*); aus dem Grundstück werden zwei neue Grundstücke gebildet: Das Grundstück zu 1000 m² (es ist natürlich auch katastermäßig verselbstständigt und trägt jetzt eine eigene Flurstücksnummer!) und das Restgrundstück. B kann nun dieses neue (selbstständige) Grundstück einfach unter einer eigenen Nummer auf dem Grundbuchblatt eintragen lassen, auf dem bereits sein bisheriges Grundstück zu 2000 m² gebucht ist. Er ist dann Eigentümer zweier Grundstücke, die auf einem Personalfolium eingetragen sind; in der Regel wird er aber daran interessiert sein, aus seinem alten und dem neu erworbenen Grundstück ein einheitliches Grundstück zu bilden.

Dies kann auf zweierlei Art geschehen:

a) Entweder er lässt das neue Grundstück und das alte unter einer neuen Nummer eintragen, dann ist dadurch, wie wir wissen, aus den beiden bisher selbstständigen Grundstücken nunmehr ein neues Grundstück entstanden und zwar in der Form des sog. zusammengesetzten Grundstückes (s. oben → Rdn. 60).

b) B kann jedoch auch zunächst durch die Vermessungsbehörde aus den beiden Flurstücken ein einheitliches neues Flurstück bilden und dann dieses neue Flurstück eintragen lassen.

Wenn zwei Flurstücke katastertechnisch miteinander verbunden werden und aus ihnen ein neues einheitliches Flurstück gebildet wird, so sprechen wir von einer Verschmelzung. Die **Verschmelzung** ist das katastertechnische Gegenstück zur oben behandelten Flurstückszerlegung.

Das **rechtliche** Gegenstück zur Grundstücksteilung ist die **Vereinigung**. Sie liegt vor, wenn aus bisher selbstständigen Grundstücken ein einheitliches neues Grundstück gebildet wird. Auf welche der vorne dargelegten Arten dies geschieht, ist gleichgültig; in beiden Fällen handelt es sich um einen Vorgang nach § 890 Abs. 1 BGB.

2. Voraussetzungen

78 Materielle Voraussetzung einer Vereinigung ist eine darauf gerichtete Erklärung des Eigentümers gegenüber dem GBA. Formell bedarf es eines **Antrags** (§ 13 GBO) und einer **öffentlich-beglaubigten Bewilligung** des Eigentümers (§§ 19, 29 GBO). Wenn der Vereinigung eine Flurstücksverschmelzung vorausgegangen ist, muss ein Fortführungsnachweis mit Kartenauszug vorgelegt werden.

Weiter ist nach **§ 5 Abs. 1 S. 1 GBO** Voraussetzung einer Vereinigung, dass **Verwirrung** nicht zu besorgen ist. Dies ist stets dann der Fall, wenn durch die begehrte Eintragung das Grundbuch unübersichtlich oder schwer verständlich würde. Das Grundbuch darf, soll es seine Publizitätswirkung entfalten können, nur eindeutige klare und unmissverständliche Eintragungen enthalten. Da § 5 GBO aber nur eine grundbuchrechtliche Ordnungsvorschrift ist, d. h. das Fehlen der Verwirrungsgefahr nur eine **formell-rechtliche Voraussetzung** der Vereinigung darstellt, ist die Vereinigung auch dann materiellrechtlich wirksam, wenn objektiv von ihr Besorgnis der Verwirrung ausgeht. Der **Begriff der Verwirrung** erfordert nach der allgemein üblichen Charakterisierung, dass die Eintragungen im Grundbuch durch die Vereinigung bzw. Bestandteilzuschreibung, derart unübersichtlich und schwer verständlich werden, dass der grundbuchliche Rechtszustand des Grundstücks nicht mit der für den Grundbuchverkehr notwendigen Klarheit und Bestimmtheit erkennbar ist und die Gefahr von Streitigkeiten zwischen den Realberechtigten untereinander oder mit dritten Beteiligten und von Verwicklungen namentlich im Falle der Zwangsversteigerung besteht (BGH, ZfIR 2014, 60; OLG Jena, NotBZ 2013, 312). Die „Besorgnis der Verwirrung" ist ein Begriff mit einem umschriebenen und damit nachprüfbaren rechtlichen Inhalt, der als **unbestimmter Rechtsbegriff** anzusehen ist und für eine Ermessensentscheidung des Grundbuchamtes keinen Raum lässt (BayObLG, Rpfleger 1977, 251). Grundsätzlich kann der Eigentümer mit seinem Grundbesitz nach Belieben verfahren (§ 903 BGB), so insbesondere Grundstücke vereinigen oder als Bestandteil zuschreiben (§ 890 BGB). Dieses Recht des Eigentümers wird durch die §§ 5, 6 GBO eingeschränkt, da eine Vereinigung bzw. Bestandteilzuschreibung nur zulässig ist, wenn davon keine Besorgnis der Verwirrung ausgeht. **Entscheidungskriterien** bei der Feststellung der Verwirrungsgefahr sind beispielsweise die Übersichtlichkeit des Grundbuchs vor allem für die Öffentlichkeit (§ 12 GBO), die durch eine Vielfalt von Grundstücken und Belastungen gefährdet sein kann, aber auch die eindeutige Bestimmbarkeit der Belastungs- und Rangverhältnisse, die durch häufige Pfandunterstellungen und Rangänderungen in Frage gestellt sein kann (BGH, ZfIR 2014, 60). Vordringliches Kriterium sind aber die Schwierigkeiten bei einer möglichen Zwangsversteigerung, insbesondere bei der Festlegung des Versteigerungsobjekts und der Aufstellung des geringsten Gebotes, schließlich bei der Erlösverteilung. Das Grundbuchamt darf keine Rechtsverhältnisse schaffen, die eine Verwertung des Grundstücks unmöglich machen. Bei der Prüfung der Frage, ob durch eine Vereinigung oder Bestandteilzuschreibung eine Verwirrung des Grundbuchs gemäß §§ 5, 6 GBO zu besorgen ist, sind nach richtiger Ansicht nicht nur die gegenwärtigen Rechtsverhältnisse der Grundstücke und die unmittelbaren Folgen der Vereinigung oder Bestandteilzuschreibung zu berücksichtigen, sondern auch sonstige Folgen, die sich aus Anträgen ergeben, die in Verbindung mit dem Vereinigungs- oder Zuschreibungsantrag gestellt sind; eine zukünftige Entwicklung, die **im Zeitpunkt der Entscheidung** noch nicht sicher überschaubar ist, darf das Grundbuchamt dagegen nicht berücksichtigen, z. B. geplante Aufteilung des neuen

Grundstücks in Wohnungseigentum (OLG Jena, NotBZ 2013, 312; OLG Brandenburg, ZfIR 2010, 25).

78a Verwirrung ist zu besorgen bei unterschiedlichen Eigentumsverhältnissen an den zu vereinigenden Grundstücken (BayObLG, Rpfleger 1991, 4). Die Grundstücke müssen **demselben Eigentümer** gehören, wobei es genügt, wenn das Eigentum gleichzeitig mit der Vereinigung/Bestandteilszuschreibung erworben wird. Nicht vorausgesetzt wird, dass die Grundstücke einer einzelnen Person gehören. Auch solche Grundstücke, die denselben Miteigentümern oder Gesamthändern gehören, können einer Vereinigung/Bestandteilszuschreibung unterzogen werden. Nicht vereinigt werden können Grundstücke, die denselben Personen, aber in verschiedenen Gemeinschaftsarten gehören. Selbst verschiedene Arten von Gesamthandeigentum (z. B. Erbengemeinschaft und BGB-Gesellschaft) schließen die Möglichkeit der Vereinigung/Bestandteilszuschreibung aus. Verwirrung ist stets zu besorgen, wenn die Anteile der Miteigentümer an den zu vereinigenden Grundstücken verschieden sind.

78b Nach § 5 Abs. 1 S. 2 GBO ist Verwirrung nun zu besorgen, wenn die Grundstücke im Zeitpunkt der Vereinigung wie folgt belastet sind:
1. mit **unterschiedlichen Grundpfandrechten oder Reallasten** oder
2. mit den denselben Grundpfandrechten oder Reallasten **in unterschiedlicher Rangfolge**.

Die Gleichbelastung als Voraussetzung der Vereinigung soll für alle Verwertungsrechte gelten, die zu einem Zwangsversteigerungsverfahren führen können, d. h. für alle Verwertungsrechte (= Grundpfandrechte und Reallasten). Es genügt, wenn die ranggleiche Belastung mit Verwertungsrechten nicht bereits bei den zu vereinigenden Grundstücken im Grundbuch verlautbart ist, sondern auf der Grundlage entsprechender Bewilligungen erst am vereinigten Grundstück durch gleichzeitige Eintragung von Pfanderstreckung und Vereinigung hergestellt wird (OLG Hamm, Rpfleger 2016, 91). Das Erfordernis der Gleichbelastung mit Verwertungsrechten gilt selbst dann, wenn der rechtlichen Vereinigung keine katastertechnische Verschmelzung zugrunde liegt, d. h. die Flurstücke erhalten bleiben, obwohl dies die Zwangsversteigerung nicht behindern würde; sie ist aus einem vor Vereinigung/Bestandteilszuschreibung eingetragenen Verwertungsrecht in den belasteten Grundstücksteil (= Flurstück) des zusammengesetzten Grundstücks möglich und zulässig (BGH, DNotZ 2006, 288). Nach dem Sinn und Zweck von § 5 Abs. 1 S. 2 Nr. 1 GBO ist Verwirrung auch dann zu besorgen, wenn von den zu vereinigenden Grundstücken nur eines mit einem Grundpfandrecht und/oder einer Reallast belastet und das andere Grundstück lastenfrei ist (*Meikel/Böttcher*, § 5 Rdn. 39; *Schneider* in Lemke, Immobilienrecht, § 5 GBO Rdn. 64; *Weber*, MittBayNot 2014, 497, 501; a.A. *Waldner* in Bauer/Schaub, §§ 5, 6 Rdn. 29a).

78c Verwirrung ist auch dann zu besorgen, wenn die zu **vereinigenden Grundstücke mit denselben Grundpfandrechten oder Reallasten in unterschiedlicher Rangfolge belastet** sind (§ 5 Abs. 1 S. 2 Nr. 2 GBO). Wenn Vorkaufsrechte,

Nießbrauchsrechte, Grunddienstbarkeiten oder beschränkte persönlichen Dienstbarkeiten an mehreren Grundstücken in unterschiedlicher Rangfolge lasten, ist keine Verwirrung zu besorgen (OLG Dresden, NotBZ 2019, 149). Dies folgt zum einen aus dem Umkehrschluss von § 5 Abs. 1 S. 2 Nr. 2 GBO und zum anderen aus dem Umstand, dass selbst die unterschiedliche Belastung der zu vereinigenden Grundstücke mit Vorkaufsrechten und Dienstbarkeiten grundsätzlich keine Besorgnis der Verwirrung auslöst. „Unterschiedliche Rangfolge" i.S.v. § 5 Abs. 1 S. 2 Nr. 2 GBO bezieht sich allein auf das Rangverhältnis von Verwertungsrechten (Hypotheken, Grundschulden und Reallasten). Für den grundbuchverfahrensrechtlichen Vollzug einer Vereinigung/Bestandteilszuschreibung ist ausreichend, dass die Einheitlichkeit der Rangverhältnisse mit der Grundbucheintragung der Vereinigung/Bestandteilszuschreibung hergestellt wird (OLG Hamm, Rpfleger 2016, 91). Ist ein Grundstück nicht nur mit Verwertungsrechten (Hypothek, Grundschuld, Reallast), sondern auch mit anderen vorrangigen dinglichen Rechten (z. B. Dienstbarkeiten, Vorkaufsrecht, Erbbaurecht) und/oder Vormerkungen belastet, fragt sich, ob eine Vereinigung nach § 5 Abs. 1 S. 2 Nr. 2 GBO ausscheidet. Lastet etwa an einem von zwei Grundstücken an erster Stelle eine Dienstbarkeit oder Vormerkung und steht dahinter eine Gesamtgrundschuld, welche am anderen Grundstück an erster Rangstelle steht, so hat die Grundschuld nach der Vereinigung unterschiedlichen Rang an den Grundstücksteilen; dies löst aber keine Verwirrung aus, und zwar unabhängig davon, ob der Vereinigung eine Verschmelzung der Flurstücke zugrunde liegt oder nicht (*Weber*, MittBayNot 2014, 497, 505). Bei einem vorrangigen Vorkaufsrecht oder Erbbaurecht gilt dies ebenfalls, wenn der Vereinigung keine Verschmelzung zugrunde liegt; ist dies aber der Fall, ist Verwirrung zu besorgen.

Nach einer Meinung (OLG Jena, NotBZ 2013, 312; OLG Brandenburg, ZfIR 2010, 25) ist eine ungleiche Belastung der Grundstücke mit **Vorkaufsrechten und Erbbaurechten** hinzunehmen, wenn der rechtlichen Vereinigung keine katastertechnische Verschmelzung zugrunde liegt und somit die bisherigen Flurstücke erhalten bleiben. Der Meinung (*Stöber*, MittBayNot 2001, 281; *Morvilius*, MittBayNot 2006, 229), die bei unterschiedlicher Belastung stets Verwirrungsgefahr annimmt, kann nicht gefolgt werden. Sie schränkt das grundgesetzlich geschützte Eigentumsrecht über das nach Art. 14 Abs. 1 S. 2 GG zulässige Maß hinaus ein. Es ist ein Widerspruch in sich, wenn einerseits § 890 BGB das Recht des Eigentümers auf Vereinigung und Bestandteilszuschreibung trotz unterschiedlicher Belastung und Rangfolge ausdrücklich gestatten und dieser Umstand andererseits zugleich als objektive Annahme für das Vorliegen der Verwirrungsgefahr über die §§ 5, 6 GBO zu einer Einschränkung dieses materiellrechtlich zulässigen und grundgesetzlich geschützten Eigentumsrechts führen soll. Zu folgen ist daher die *Meinung*, wonach eine **unterschiedliche Belastung** der einzelnen zu vereinigenden oder an der Zuschreibung beteiligten Grundstücke mit Vorkaufsrechten und Erbbaurechten nur dann die **Besorgnis der**

78d

Verwirrung begründet, wenn eine **Flurstücksverschmelzung** vorausgeht. Liegt nämlich keine Flurstücksverschmelzung zugrunde, behalten die Grundstücksteile ihre katastermäßige Selbständigkeit, auch wenn die Vereinigung/Bestandteilszuschreibung durch gemeinschaftliche Buchung der Flurstücke unter einer laufenden Nummer des Bestandsverzeichnisses erfolgte.

78e Sind infolge der beantragten Vereinigung/Bestandteilszuschreibung die unselbständigen Teilflächen des neuen Grundstücks mit **Dienstbarkeiten (Nießbrauch, Grunddienstbarkeit, beschränkte persönliche Dienstbarkeit)** unterschiedlich belastet, so ist deshalb dann keine Verwirrung zu besorgen, wenn § **7 Abs. 2 GBO** erfüllt ist (OLG Dresden, NotBZ 2019, 149; BayObLG, DNotZ 1997, 398; OLG Frankfurt, Rpfleger 1993. 396). Da es sich bei den Dienstbarkeiten um keine Verwertungsrechte handelt, muss Belastungsgegenstand nicht unbedingt ein katastermäßig feststehendes Flurstück sein. Vielmehr genügt es, wenn sich die verschieden belasteten Grundstücksteile klar im Grundbuch verlautbaren lassen. Verwirrung ist – auch nach vorausgegangener Flurstücksverschmelzung – daher dann nicht zu besorgen, wenn das neue Grundstück im Rechtssinne aus

- einem Flurstück besteht, die Dienstbarkeit sich auf einen realen Teil davon erstreckt und dafür ein Auszug der Flurkarte vorgelegt wird (§ 7 Abs. 2 S. 2 GBO),
- mehreren Flurstücken besteht und die Dienstbarkeit sich auf ein oder einige Flurstücke davon erstreckt (ohne Flurkarte, § 7 Abs. 2 S. 3 GBO),
- mehreren Flurstücken besteht, die Dienstbarkeit sich auf einen oder mehrere Teile eines oder mehrerer Flurstücke erstreckt und dafür ein Auszug der Flurkarte vorgelegt wird (§ 7 Abs. 2 S. 2 GBO).

78f Der Besorgnis der Verwirrung kann durch **Lastenerstreckung (= Lastenunterstellung, Pfanderstreckung, Pfandunterstellung, Nachverpfändung, unselbständige Neubelastung)** begegnet werden. Sind die bisher selbständigen Grundstücke oder Teile von solchen für sich belastet, dann ist

- bei Vereinigung wechselseitige Lastenerstreckung
- bei Bestandteilszuschreibung Lastenerstreckung soweit die Folge des § 1131 BGB nicht eintritt (Abteilung II, Belastungen am zugeschriebenen Grundstück) erforderlich. **Materiellrechtlich** erfolgt die Lastenerstreckung auf ein weiteres Grundstück oder einen Grundstücksteil gemäß § 873 Abs. 1 BGB durch Einigung zwischen Eigentümer und Gläubiger und Eintragung der Erstreckung im Grundbuch. **Formellrechtlich** genügt neben dem Antrag (§ 13 GBO) die Bewilligung des Eigentümers (§ 19 GBO). Der Eigentümer braucht dabei nicht die gesamten Konditionen des zu erstreckenden Rechts in der Bewilligung wiederholen. Er kann vielmehr auf die ursprüngliche, bereits vollzogene Bewilligung Bezug nehmen oder sich auf die Eintragungsstelle im Grundbuch bezie-

hen, wo das zu erstreckende Recht bereits eingetragen ist. Ist ein Grundstück mit einer sog. Altgrundschuld hinsichtlich der (sofortigen) Fälligkeit (§ 1193 BGB) belastet (eingetragen bis zum 19.8.2008) und soll ab dem 20.8.2008 eine Pfanderstreckung dieses Grundpfandrechts auf ein anderes Grundstück erfolgen, so stellt dies insoweit eine Neubelastung des bisher insoweit unbelasteten Grundstücks im Sinne von § 873 BGB dar, die erst mit der Grundbucheintragung wirksam wird und zu einem Gesamtrecht führt (BGH, NJW 1981, 1503). Für das ab dem 20.8.2008 neu belastete Grundstück können nur die unabdingbaren Fälligkeitsregelungen des § 1193 Abs. 1, Abs. 2 S. 2 BGB gelten. Umstritten ist die Frage, ob dieses Gesamtrecht unterschiedliche Fälligkeitsregelungen bei den einzelnen Grundstücken haben kann oder die Pfanderstreckung nur vollzogen werden kann, wenn die Fälligkeitsregelungen des Altrechts der neuen Rechtslage angepasst werden. Soweit Letzteres gefordert wird (LG Berlin, Rpfleger 2009, 230), muss dem widersprochen werden. Der Gläubiger des Gesamtrechts kann nach seinem Belieben ganz oder teilweise aus jedem der belasteten Grundstück Befriedigung suchen (§ 1132 BGB). Deshalb widerspricht es der Einheitlich eines Gesamtrechts nicht, wenn für die einzelnen belasteten Grundstücke unterschiedliche Fälligkeitsbestimmungen gelten (BGH, DNotZ 2010, 683). Für die Eintragung einer Pfanderstreckung eines Altrechts ab dem 20.8.2008 genügt damit eine Eintragungsbewilligung des Grundstückseigentümers; eine Mitwirkung des Gläubigers ist nicht erforderlich. Eingetragen werden könnte folgender Wortlaut: *„BVNr. 5 haftet mit; insoweit gilt die gesetzliche Regelung des § 1193 Abs. 1 BGB."* Die Eintragungsbewilligung des Eigentümers muss eine Erklärung beinhalten, ob es sich bei dem zu erstreckenden Recht um eine Sicherungsgrundschuld handelt, da das Grundbuchamt sonst die Frage nicht beantworten kann, ob für die Belastung am neuen Grundstück die neuen Fälligkeitsregelungen des § 1193 Abs. 1 BGB gelten (Sicherungsgrundschuld) oder die bisherigen Bestimmungen des Altrechts (keine Sicherungsgrundschuld).

Durch die Lastenerstreckung können unterschiedliche Rangverhältnisse geschaffen werden, weil die erstreckten Rechte auf den neuen Grundstücksteilen jeweils Nachrang hinter den bereits eingetragenen Rechten haben. Werden beispielsweise zwei Grundstücke, und zwar FlNr 100 und FlNr 200, die verschiedenartig mit **Grundpfandrechten** belastet sind, rechtlich vereinigt, die Grundpfandrechte wechselseitig ohne Rangregulierung auf das andere Grundstück erstreckt, so gilt: Alle Grundpfandrechte lasten auf dem gesamten neuen Grundstück, aber das **Rangverhältnis ist verschieden**; auf dem Grundstücksteil, der der früheren FlNr 100 entspricht, lasten die bisher dort eingetragenen Rechte vorrangig, im Range danach die von der früheren FlNr 200 erstreckten Rechte; auf der Teilfläche, die der früheren FlNr 200 entspricht, ist es umge- **78g** kehrt. In einem solchen Fall ist grundsätzlich **Verwirrung zu besorgen (§ 5 Abs. 1 S. 2 Nr. 2 GBO)**; dies gilt auch für **Reallasten**. Unerheblich ist dabei, ob der rechtlichen Vereinigung auch eine katastertechnische Verschmelzung zugrunde liegt oder nicht. Eine Verwirrung wegen uneinheitlicher Rangverhältnisse ist nicht gegeben, wenn, die unterschiedlichen Rangverhältnisse durch einen ebenfalls vorliegenden und bereits vollzugsreifen Eintragungsantrag wieder beseitigt werden (OLG Hamm, Rpfleger 2016, 91). Grundsätzlich gilt jedoch, dass dann, wenn das nachträglich zu belastende Grundstück bereits selbst mit anderen Rechten belastet ist, eine **Rangregulierung** zu erfolgen hat. Eine Verwirrung i.S.v. § 5 Abs. 1 S. 2 Nr. 2 GBO ist nicht zu befürchten, wenn ein Grundstück neben einem Grundpfandrecht/einer Reallast zusätzlich mit einer vorrangigen Dienstbarkeit oder/und Vormerkung belastet ist und das Verwertungsrecht auf das bisher unbelastete Grundstück an erster Rangstelle pfanderstreckt wird; dabei spielt es keine Rolle, ob der Vereinigung eine Verschmelzung der Flurstücke zugrunde liegt oder nicht (*Weber*, MittBayNot 2014, 497, 505). Bei der Zwangsversteigerung des vereinigten Grundstücks würden die vorrangige Dienstbarkeit und/oder die Vormerkung bestehen bleiben. Gleiches gilt bei einem vorrangigen Vorkaufsrecht oder Erbbaurecht, wenn der Vereinigung keine Verschmelzung zugrunde liegt; ansonsten ist Verwirrung zu besorgen.

Muster 3:

1	2	3		4	
<u>1</u>	-	Moosach <u>10</u>	Wiese an der Dachauer Straße	<u>50</u>	<u>00</u>
2	1	10	Wiese an der Dachauer Straße	40	00
<u>3</u>	<u>1</u>	<u>10/1</u>	<u>Wiese an der Dachauer Straße</u>	<u>10</u>	<u>00</u>

5	6	7	8
1, 2, 3	Nr. 1 lt. Fortführungsnachweis Nr. 33/17 geteilt in Nrn. 2 und 3 am 9. Juli 2017 Meier Huber		

78h Nach § 5 Abs. 2 S. 1 GBO sollen die an einer Vereinigung beteiligten **Grundstücke** im selben Grundbuchamts- und Katasteramtsbezirk liegen und **unmittelbar aneinandergrenzen**, d. h. eine gemeinsame Grenze haben. Das Vorliegen dieser Voraussetzungen war dem GBA durch die Vorlage einer beglaubigten Karte des Katasteramts nachzuweisen (§ 5 Abs. 2 S. 3 GBO a.F.). Das DaBaGG vom 1.10.2013 (in Kraft seit 9.10.2013, BGBl. I S 3719) hat dies geändert. Nunmehr kann die Lage der Grundstücke zueinander durch **Bezugnahme auf das amtliche Verzeichnis** nachgewiesen werden (§ 5 Abs. 2 S. 3 GBO n.F.). Die

Grundbuchämter können mittlerweile online auf die amtliche Liegenschaftskarte zugreifen. Es besteht daher keine Notwendigkeit mehr für die Vorlage einer Karte durch die Beteiligten.
Von dem Erfordernis des § 5 Abs. 2 S. 1 GBO besteht eine Ausnahme, wenn hierfür ein erhebliches Bedürfnis besteht, insbesondere wegen der Nebenanlagen (§ 5 Abs. 2 S. 2 GBO). Das erhebliche Bedürfnis ist glaubhaft zu machen; § 29 GBO gilt hierfür nicht (§ 5 Abs. 2 S. 4 GBO). Der Gesetzgeber machte diese Ausnahmen, weil es Fälle gibt, in denen die Möglichkeit der Vereinigung auch nicht aneinandergrenzender Grundstücke unverzichtbar ist. Das gilt etwa dann, wenn Stellplätze baurechtlich nachgewiesen werden müssen. Hier würde das Vorhandensein eines Garagengrundstücks allein nicht immer genügen, weil es gesondert veräußert werden könnte. Deshalb verlangen die Baubehörden hier oft eine Vereinigung, um dann durch Verweigerung der Teilungsgenehmigung sicherstellen zu können, dass die Grundstücke verbunden bleiben. Ähnliches würde für Grundstücke gelten, auf denen Mülltonnen abgestellt werden. Ein wirtschaftliches Interesse an einer Vereinigung ist auch anzunehmen, wenn an den beteiligten Grundstücken Wohnungs- oder Teileigentum begründet werden soll. Denn hierfür ist eine vorherige Vereinigung oder Zuschreibung wegen § 1 Abs. 4 WEG erforderlich. Dem Eigentümer soll die Möglichkeit einer Bildung von Wohnungs- oder Teileigentum nicht deshalb genommen werden, weil sein Grundbesitz von der Grenze des Kataster- oder Grundbuchamtsbezirks durchschnitten wird. Einer Wohnungs- oder Teileigentümergemeinschaft soll ferner die Möglichkeit verbleiben, ein Grundstück zur Erweiterung der Anlage hinzuzuerwerben. Ein erhebliches Bedürfnis für die Zulassung der Vereinigung kann bei der Bestellung eines Erbbaurechts an mehreren Grundstücken bestehen, die eine einheitliche Bahnanlage bilden (OLG Hamm, Rpfleger 2007, 313). Ein solch erhebliches Bedürfnis ist glaubhaft zu machen, wobei dafür § 29 GBO nicht gilt. Der Grundstückseigentümer kann sich deshalb aller Beweismittel bedienen (vgl. § 294 ZPO), insbesondere auch der Versicherung an Eides statt. Wird dem GBA das erhebliche Bedürfnis nachgewiesen, so müssen die zu vereinigenden Grundstücke nicht aneinandergrenzen, auch nicht im Bezirk desselben Grundbuchamts oder Katasteramts liegen.

3. Wirkungen der Vereinigung

Die vereinigten Grundstücke verlieren für die Zukunft ihre rechtliche Selbstständigkeit; sie werden nichtwesentliche Bestandteile des neu gebildeten einheitlichen Grundstückes. Wird also nach der Vereinigung das (neue) einheitliche Grundstück belastet, so erstreckt sich diese Belastung auf es als Ganzes (kein Fall eines Gesamtrechtes, weil ja nur **ein** Grundstück vorliegt!).

Die bisher an den (alten) Grundstücken bereits bestehenden Belastungen freilich erstrecken sich nicht auf das (neue) einheitliche Grundstück, sondern bleiben im bisherigen Umfang an den bisherigen Belastungsgegenständen bestehen (BGH, NJW 2006, 1000; *Meikel/Böttcher,* § 5 Rdn. 86).

Wenn die zu vereinigenden Grundstücke (Grundstücksteile) mit Grundpfandrechten und Reallasten verschieden belastet sind, müssen deshalb einheitliche Belastungsverhältnisse hergestellt werden.

→ **Beispiel 12:**
> A ist Eigentümer des Grundstückes FlSt.Nr. 10, das mit einer Hypothek für C belastet ist. Er veräußert das Grundstück an B, der es mit seinem unbelasteten Grundstück FlSt.Nr. 11 vereinigen möchte.

In diesem Falle muss durch eine **Pfanderstreckung** erreicht werden, dass die Hypothek des C das ganze neue Grundstück belastet. Dazu ist materiellrechtlich erforderlich die Einigung zwischen B und C und die Eintragung in das Grundbuch (§ 873 BGB; hier: sog. „**unselbstständige Neubelastung**"). Verfahrensrechtlich genügt wie stets die einseitige Bewilligung des B gem. § 19 GBO.

B kann dabei, ohne den gesamten Inhalt der Hypothek in dieser Bewilligung wiederholen zu müssen, entweder auf die alte Bewilligung oder auf die bisherige Grundbucheintragung (vgl. OLG Frankfurt/M., DNotZ 1971, 667) Bezug nehmen. Die Vollstreckungsunterwerfung (§ 800 ZPO) freilich muss er bezüglich des neu belasteten Teiles in notarieller Urkunde neu vornehmen (*Meikel/ Böttcher,* § 5 Rdn. 53).

Dies ist die einfachste Form der Pfanderstreckung; es kann jedoch folgende Situation vorliegen:

→ **Beispiel 13:**
> In *Beispiel 12* ist nicht nur das FlSt. 10 mit einer Hypothek für C belastet, sondern auch auf dem FlSt. 11 ist eine Grundschuld für D eingetragen.

Hier ist die bloße Pfanderstreckung nicht ausreichend, weil damit der **Rang** der beiden Rechte an dem neuen einheitlichen Grundstück noch Anlass zu Verwirrung geben würde (§ 5 Abs. 1 S. 2 Nr. 2 GBO); es ist deshalb hier zusätzlich eine sog. **Rangregulierung** erforderlich. Werden also zwei Grundstücke, die verschiedenartig mit **Grundpfandrechten** belastet sind, rechtlich vereinigt, die Grundpfandrechte wechselseitig ohne Rangregulierung auf das andere Grundstück erstreckt, so gilt: Alle Grundpfandrechte lasten auf dem gesamten neuen Grundstück, aber das **Rangverhältnis ist verschieden;** auf dem Grundstücksteil, der der früheren FlNr 10 entspricht, lasten die bisher dort eingetragenen Rechte vorrangig, im Range danach die von der früheren FlNr 11 erstreckten Rechte; auf der Teilfläche, die der früheren FlNr 11 entspricht, ist es umgekehrt. In einem solchen Fall ist grundsätzlich **Verwirrung zu besorgen (§ 5 Abs. 1 S. 2 Nr. 2 GBO);** dies gilt auch für **Reallasten.** Unerheblich ist dabei, ob der rechtlichen Vereinigung auch eine katastertechnische Verschmelzung zugrunde liegt oder nicht. Eine Verwirrung wegen uneinheitlicher Rangverhältnisse ist nicht gegeben, wenn, die unterschiedlichen Rangverhältnisse durch einen ebenfalls vorliegenden und bereits vollzugsreifen Eintragungsantrag wieder beseitigt werden. Grundsätzlich gilt jedoch, dass dann, wenn das nachträglich zu belastende Grundstück bereits selbst mit anderen Rechten belastet ist, eine **Rangregulierung** zu erfolgen hat.

III. Die Bestandteilszuschreibung

1. Der Begriff der Zuschreibung

Nach § 890 Abs. 2 BGB können zwei Grundstücke auch dergestalt verbunden werden, dass eines dem anderen als Bestandteil zugeschrieben wird. 80

Man unterscheidet dabei das sog. **Hauptgrundstück** (dessen Bestandteil das andere Grundstück werden soll) und das sog. **Zuschreibungs- oder Bestandteilsgrundstück** (das dem Hauptgrundstück zugeschrieben, werden soll).

2. Voraussetzungen

Erforderlich ist, wie bei der Vereinigung, eine materiell-rechtliche Erklärung des Eigentümers gegenüber dem GBA. Formell-rechtlich bedarf es eines Antrags (§ 13 GBO) und einer öffentlich-beglaubigten Bewilligung des Eigentümers (§§ 19, 29 GBO). 81

Auch hier gilt gem. **§ 6 GBO** der Grundsatz, dass eine Grundstücksverbindung nur vollzogen werden darf, wenn **Verwirrung** nicht zu besorgen ist; vgl. dazu Rdn. 78!

3. Wirkungen der Zuschreibung

Das zugeschriebene Grundstück wird nichtwesentlicher Bestandteil des neuen, einheitlichen Grundstückes. 82

Für **Belastungen** gilt Folgendes:
Lasten am Hauptgrundstück (s. oben → Rdn. 80) **Grundpfandrechte,** so erstrecken sie sich kraft Gesetzes auch auf das Bestandteilsgrundstück, §§ 1131, 1192 BGB. Umgekehrt gilt dies nicht: Belastungen am Bestandteilsgrundstück erstrecken sich nicht auf das Hauptgrundstück (*Meikel/Böttcher,* § 6 Rdn. 54).

Mit den Grundpfandrechten ergreifen auch die entsprechenden Vollstreckungsunterwerfungen (§ 800 ZPO) das Bestandteilsgrundstück (*Meikel/Böttcher,* § 6 Rdn. 51).

Muster 4:

1	2	3		4	
<u>1</u>	–	<u>Moosach</u> <u>10</u>	Gartenland an der Dachauer Straße	<u>50</u>	<u>00</u>
<u>2</u>	–	<u>11</u>	Wiese an der Dachauer Straße	<u>10</u>	<u>00</u>
3	1.2	10	Gartenland an der Dachauer Straße	50	00
		11	Wiese an der Dachauer Straße	10	00
			oder		
3	1.2	10/1	Gartenland an der Dachauer Straße	60	00

5	6	7	8
1, 2, 3	Nr. 2 der Nr. 1 als Bestandteil zugeschrieben und zusammen mit dieser als Nr. 3 neu vorgetragen am 9. Juli 2017. Meier **oder**		
1, 2, 3	Nr. 2 der Nr. 1 als Bestandteil zugeschrieben und zusammen mit dieser lt. VN Nr. 12/17 als Nr. 3 neu vorgetragen am 9. Juli 2017. Meier		

§ 1131 BGB gilt nicht für Reallasten am Hauptgrundstück (*Meikel/Böttcher*, § 5 Rdn. 53).

Andere dingliche Rechte belasten nach wie vor nur das bisher belastete Grundstück.

Neu eingetragene Rechte belasten das ganze einheitliche Grundstück.

Diese Wirkung des § 1131 BGB ist von Bedeutung für die Frage einer die Verwirrungsgefahr beseitigenden notwendigen rechtsgeschäftlichen **Pfanderstreckung** (s. oben → Rdn. 79):

→ **Beispiel 14:**
Dem Grundstück FlSt.Nr. 10 soll das Grundstück FlSt.Nr. 11 als Bestandteil zugeschrieben werden.
a) FlSt.Nr. 10 ist unbelastet; auf FlSt.Nr. 11 lastet eine Hypothek;
b) FlSt.Nr. 11 ist unbelastet; auf FlSt.Nr. 10 lastet eine Hypothek.

In *Beispiel 14a* ist das Hauptgrundstück (FlSt. 10) unbelastet; da für die auf dem Bestandteilsgrundstück (FlSt. 11) lastende Hypothek die Wirkung des § 1131 BGB nicht eintritt, muss diese Hypothek auf das Hauptgrundstück auf die bekannte Weise erstreckt werden.

III. Die Bestandteilszuschreibung

Im *Beispiel 14b* ist das Hauptgrundstück belastet; hier tritt die Pfanderstreckung gem. § 1131 BGB kraft Gesetzes ein. Die Verwirrungsgefahr wird also sozusagen kraft Gesetzes beseitigt; weitere Maßnahmen sind deshalb nicht notwendig.

Pfanderstreckung ist allerdings bei allen dinglichen Rechten notwendig, für die § 1131 BGB nicht gilt, es sei denn, sie können gem. § 7 Abs. 2 GBO auch an einem realen Grundstücksteil lasten.

Die Folge des § 1131 BGB ist jedoch auch noch in anderer Hinsicht von Bedeutung: 83

→ **Beispiel 15:**
Der minderjährige A ist Eigentümer zweier Grundstücke, nämlich FlSt. 10 (belastet mit einer Hypothek) und FlSt. 11 (unbelastet). Sein Vormund stellt den Antrag, dem Grundstück FlNr. 10 das andere Grundstück als Bestandteil zuzuschreiben.

Die Folge der Bestandteilszuschreibung ist, dass sich die Hypothek nunmehr kraft Gesetzes auch auf das bisher unbelastete Grundstück erstreckt. Würde der Vormund dieses Grundstück (ohne dass er eine Bestandteilszuschreibung vollzieht) selbstständig neu belasten, so bedürfte er dazu nach § 1821 Abs. 1 Nr. 1 BGB der **gerichtlichen Genehmigung.** Wirtschaftlich – und darauf stellen die einschlägigen Genehmigungsvorschriften allgemein ab – kann es jedoch keinen Unterschied machen, ob das Grundstück FlSt. 11 rechtsgeschäftlich belastet wird oder ob sich eine bisher nur auf einem anderen Grundstück lastende Hypothek nunmehr kraft Gesetzes aufgrund der Erklärung nach § 890 Abs. 2 BGB auch auf dieses Grundstück erstreckt. Deshalb bedarf in diesem Fall die Zuschreibungserklärung (§ 890 Abs. 2 BGB) ebenfalls der gerichtlichen Genehmigung (*Meikel/Böttcher*, § 6 Rdn. 20).

Dem **Testamentsvollstrecker** sind **unentgeltliche Verfügungen** grundsätz- 83a
lich untersagt (§ 2205 S. 3 BGB); der Erblasser kann ihn von dieser Einschränkung auch nicht befreien (§ 2207 S. 2 BGB). Die Erklärung des Testamentsvollstreckers, ein Nachlassgrundstück einem anderen mit Grundpfandrechten belasteten Nachlassgrundstück als Bestandteil zuzuschreiben, stellt eine Verfügung gemäß § 2205 BGB dar (*Schneider* in Lemke, Immobilienrecht, § 6 GBO Rdn. 31).

Bei **Gütergemeinschaft** ist der Alleinverwalter zwar grundsätzlich ver- 83b
fügungsbefugt (§ 1422 BGB), er bedarf aber der Zustimmung des anderen Ehegatten zur Verfügung über ein Gesamtgutsgrundstück (§ 1424 BGB). Zur Bestandteilszuschreibungserklärung des gesamtgutsverwaltenden Ehegatten ist daher die **Zustimmung des anderen Ehegatten** erforderlich, wenn das Bestandteilsgrundstück bereits zum Gesamtgut gehört und das Hauptgrundstück mit Grundpfandrechten belastet ist, § 1131 BGB (*Schneider* in Lemke, Immobilienrecht, § 6 GBO Rdn. 30). Der Erwerb eines Grundstücks ist nicht

zustimmungspflichtig, da dies keine Verfügung des Erwerbers über das Grundstück ist; daran ändert sich auch nichts, wenn das erworbene Grundstück einem belasteten Gesamtgutsgrundstück als Bestandteil zugeschrieben wird mit der Folge des § 1131 BGB, weil wirtschaftlich das Gesamtgut infolge des gleichzeitigen Wertzuwachses nicht geschmälert wird (*Demharter*, § 6 Rdn. 15). Wird das Hauptgrundstück neu erworben und befindet sich das Bestandteilsgrundstück bereits im Gesamtgut, so ist die Zustimmung dann erforderlich, wenn das Hauptgrundstück mit Grundpfandrechten belastet ist.

5. Kapitel:
Die Voraussetzungen des Eintragungsverfahrens

§ 1
Das System der Eintragungsvoraussetzungen

I. Die allgemeinen und besonderen Verfahrensvoraussetzungen

Wie bei jedem gerichtlichen Verfahren hängt auch im Grundbuchverfahren **84** der Erfolg des vom Rechtsuchenden an das GBA herangetragenen Begehrens davon ab, dass bestimmte Voraussetzungen vorliegen. Wie im Zivilprozess die Zulässigkeit der Klage vom Vorliegen der Prozessvoraussetzungen abhängt, bestimmen im Grundbuchverfahren die allgemeinen und besonderen Verfahrensvoraussetzungen die Entscheidung des GBA.

> Die Verfahrensvoraussetzungen sind also Zulässigkeitsvoraussetzungen für die Grundbucheintragung.

Die Praxis formuliert zwar häufig dahin, dass bei Fehlen einer Verfahrensvoraussetzung der Eintragungsantrag als „unbegründet" bezeichnet wird. Von dieser Formulierung, die sich primär auf das Vorliegen bzw. das Nichtvorliegen eines materiell-rechtlichen Anspruches bezieht, sollte jedoch abgesehen werden. Anträge, für welche die erforderlichen formellen (prozessualen) Voraussetzungen fehlen, werden in allen Verfahrensarten als „unzulässig" bezeichnet.

Wir unterscheiden dabei zunächst die **allgemeinen** Verfahrensvorausset- **85** zungen:

- **Zuständigkeit** des angegangenen GBA (s. oben → Rdn. 45)
- **Beteiligtenfähigkeit** (s. oben → Rdn. 15)
- **Verfahrensfähigkeit** (s. oben → Rdn. 17)

Im Antragsverfahren treten zu diesen allgemeinen Verfahrensvorausset- **86** zungen noch die **besonderen** Verfahrensvoraussetzungen hinzu:

- ordnungsgemäßer Eintragungs**antrag**,
- ordnungsgemäße Eintragungs**bewilligung** (ausnahmsweise: ordnungsgemäße dingliche Einigung),

- Nachweis der Bewilligungs**berechtigung** (sog. „Voreintragung des Betroffenen"),
- **Beweis** der anderen Eintragungsvoraussetzungen (sog. „Formgrundsatz"),
- Notwendigkeit behördlicher **Genehmigungen**,
- andere zur Eintragung notwendige **Unterlagen** (Karten, Skizzen etc.).

87 Es ergibt sich dabei folgendes **Prüfungsschema** für die Verfahrensvoraussetzungen:

1. Antrag
1.1. Als Antrag auslegbare Erklärung
1.2. Antragsberechtigung
1.3. Ordnungsgemäße Vertretung

2. Eintragungsbewilligung
2.1. Bewilligungserklärung
2.2 Bewilligungsberechtigung
2.2.1. Bewilligungsmacht
2.2.2. Bewilligungsbefugnis
2.3. Ordnungsgemäße Vertretung
2.4. Evtl. gerichtliche Genehmigungen
2.5. Inhalt der Bewilligung
2.5.1. Eintragungsfähiges Recht?
2.5.2. Eintragungsfähiger Inhalt?
2.5.3. Zulässiges Anteilsverhältnis mehrerer Beteiligter?
2.6. Zustimmung (Mitwirkung) anderer Beteiligter
2.7. Öffentlich-rechtliche Genehmigungen
2.8. Voreintragung des Betroffenen

3. Form
3.1. Erklärungen
3.2. Andere Tatsachen
3.3. Ausnahmsweise freie Beweiswürdigung

4. Weitere notwendige Urkunden (Skizzen, Karten etc.)

Gilt § 20 GBO, so lautet Nr. 2 wie folgt:
2. Dingliche Einigung
2.1. Verfügungsberechtigung
2.1.1. Verfügungsmacht
2.1.2. Verfügungsbefugnis
2.2. Ordnungsgemäßer Vertragsabschluss
2.3. Ordnungsgemäße Vertretung
2.4 Inhalt
2.4.1. Eigentumsübergang (bzw. Inhalt des ErbbR und dessen Bestellung. Übertrag. oder Änderung)
2.4.2. Einigung über Anteilsverhältnis mehrerer Erwerber
2.4.3. Unbedingt und unbefristet
2.5. Evtl. gerichtliche Genehmigung
2.6. Evtl. öffentlich-rechtliche Genehmigungen
2.7. Voreintragung des Betroffenen

Böttcher

II. Das Zusammenwirken von allgemeinen und besonderen Voraussetzungen

Die allgemeinen und besonderen Verfahrensvoraussetzungen wirken wie folgt zusammen:
Die **gerichtsbezogene** Verfahrensvoraussetzung der örtlichen, sachlichen und funktionellen **Zuständigkeit** muss in jedem Verfahren (auch in den Amtsverfahren) vorliegen.

88

Von den **personenbezogenen** allgemeinen Voraussetzungen muss im Antragsverfahren die Beteiligtenfähigkeit sowohl beim Betroffenen wie beim Begünstigten gegeben sein. Im Antragsverfahren werden sie ergänzt durch die zusätzlichen Erfordernisse, die an den Bewilligenden zur Abgabe einer ordnungsgemäßen Bewilligung gestellt werden, also insbes. die erforderliche **Bewilligungsberechtigung** (s. dazu unten → Rdn. 128 ff.).

Die h.M. prüft beim **Begünstigten** das Vorliegen seiner Rechtsfähigkeit (s. oben → Rdn. 15) im Rahmen der sog. **Erwerbsfähigkeit** (vgl. *Demharter*, § 19 Rdn. 95). Wenngleich sie damit natürlich zum gleichen Ergebnis gelangt, wie die hier vertretene Auffassung, welche die Rechtsfähigkeit als Beteiligtenfähigkeit im Grundbuchverfahren versteht (vgl. oben a.a.O.), so vermengt sie damit doch wiederum formelles und materielles Recht: Die Fähigkeit zum Erwerb eines dinglichen Rechtes ist eine Frage des materiellen Rechts, das regelmäßig im Grundbuchverfahren nicht zu prüfen ist und meist nur im Rahmen des Legalitätsgrundsatzes Geltung erlangt, wenn erkennbar das Grundbuch unrichtig würde (s. dazu unten → Rdn. 270). Die h.M. wendet also eine Ausnahmeregelung an, um mit ihrer Hilfe eine Voraussetzung zu schaffen. Zweckmäßiger erscheint es, den verfahrensrechtlichen Begriff der Beteiligtenfähigkeit zu verwenden.

Die **Verfahrensfähigkeit** muss nur bei dem Beteiligten vorliegen, der eine Verfahrenshandlung (Antrag, Bewilligung) vornimmt.

Bei der Übertragung des Eigentums freilich, wo das GBA ausnahmsweise zur Überprüfung des materiell-rechtlichen Konsenses verpflichtet ist (vgl. dazu unten → Rdn. 119), muss der materiell-rechtliche Erwerbswille neben der Erwerbsfähigkeit in die Prüfung mit einbezogen werden.

§ 2
Der Eintragungsantrag

I. Zweck und Bedeutung des Antragsgrundsatzes

1. Der Zweck des Antrages

89 Nach § 13 Abs. 1 S. 1 GBO soll eine Eintragung regelmäßig nur auf Antrag vollzogen werden. Wer im Schrifttum Auskunft über den Zweck dieses Grundsatzes sucht, findet meist die Feststellung, er erkläre sich daraus, dass der Erwerb und die Sicherung dinglicher Rechte im Belieben der Beteiligten stehe (so z. B. *Demharter*, § 13 Rdn. 1). Das erscheint jedoch nicht unbedingt überzeugend: Wenn der Antrag den Zweck haben sollte, den (künftigen) Gläubiger eines Rechts, also den Begünstigten, davor zu „schützen", dass er ein Recht ohne oder gegen seinen Willen erwirbt, so ist es damit kaum vereinbar, dass ja eine Grundbucheintragung bei einseitiger Bewilligung des Betroffenen auch auf dessen Antrag hin vorgenommen werden kann.

Allerdings ist damit ohnehin über den Rechtserwerb des Begünstigten noch nichts Entscheidendes gesagt, denn er hängt ja davon ab, dass sich der Begünstigte mit dem Berechtigten gem. § 873 BGB auch geeinigt hat. Die Anknüpfung der h.M. an den materiell-rechtlichen Erwerbsvorgang ist also aus zweierlei Gründen wenig glücklich.

Richtiger dürfte folgende Überlegung sein: Grundlage der Eintragung ist die Eintragungsbewilligung. Sie wird vom Berechtigten erklärt, jedoch häufig nicht unmittelbar an das GBA „adressiert", sondern – z. B. zur Herbeiführung der Bindung an die Einigung (§ 873 Abs. 2 BGB) – dem Begünstigten ausgehändigt, oder vom Notar für ihn entgegengenommen (vgl. zu diesen Fragen ausführlich unten → Rdn. 145 ff.). Wenn die Bewilligung in den Eingang des GBA gelangt, muss feststehen, dass sie nunmehr als Grundlage eines Eintragungsverfahrens bestimmt ist und wirken soll. Die dahin gerichtete Erklärung ist der Eintragungsantrag: das Begehren, es möge ein Eintragungsverfahren eingeleitet werden.

2. Formelle und materielle Bedeutung

2.1. Formell

90 Der Antrag löst das Eintragungsverfahren aus. Es bedeutet somit für das GBA – sofern nicht eine der Ausnahmen vom Antragsgrundsatz vorliegt (s. dazu unten → Rdn. 92) – Rechtfertigung und Pflicht zum Tätigwerden.

Nach § 17 GBO begründet der Antrag für das GBA ferner die Verpflichtung, das Eintragungsbegehren vor allen anderen Anträgen zu verbescheiden, die später eingegangen sind; im Zusammenhang mit § 45 GBO soll diese Regelung die Eintragung des materiell-rechtlich „richtigen" Rangverhältnisses sichern (vgl. dazu ausführlich unten → Rdn. 338 ff.).

2.2. Materiell

Wenngleich der Eintragungsantrag keine Voraussetzung der dinglichen Rechtsänderung ist, somit also ein eingetragenes Recht bei Vorliegen der dinglichen Einigung des § 873 BGB auch dann entsteht, wenn es an einem Eintragungsantrag gefehlt hat, so sind an den Antrag doch bedeutsame materiellrechtliche Folgen geknüpft: 91

a) Verfügungsbeeinträchtigungen beim Betroffenen hindern den Rechtserwerb des Begünstigten nicht, wenn vor ihrem Wirksamwerden Bindung an die Einigung eingetreten ist und der Eintragungsantrag vorher gestellt wurde (§ 878 BGB; vgl. dazu ausführlich unten → Rdn. 148);
b) für den guten Glauben des Erwerbers ist in bestimmten Fällen der Zeitpunkt der Antragstellung maßgebend (§ 892 Abs. 2 BGB).

3. Geltungsbereich

Der Antragsgrundsatz gilt für alle Eintragungsverfahren i.S.d. 2. Abschnittes der GBO. Er gilt also zunächst nicht bei den Amtsverfahren der GBO (s. oben → Rdn. 13). Er gilt ferner nicht: 92

a) für das **Anlegungsverfahren nach §§ 116 ff. GBO;**
b) für Eintragungen rein **tatsächlicher** Art, z. B. Berichtigung der Grundstücksgröße oder Berichtigung der Schreibweise der Berechtigtenbezeichnung;
c) in den Fällen, in denen das Gesetz ausdrücklich **Ausnahmen** vorsieht. Hier seien beispielhaft genannt die Fälle der notwendigen Teilung (§ 7 GBO); die durch eine Zwischenverfügung veranlassten Eintragungen (§ 18 Abs. 2 GBO), die Eintragung des Widerspruches im Falle des § 23 Abs. 1 GBO, die Eintragung der notwendigen Rangvermerke (§ 45 GBO), die Eintragung des Nacherben bei Eintragung des Vorerben (§ 51 GBO), die Eintragung des Testamentsvollstreckers bei Eintragung des Erben (§ 52 GBO) oder bei Erteilung eines neuen Briefes (§ 68 Abs. 3 GBO).

II. Die Rechtsnatur des Antrages

1. Verfahrenshandlung

93 Der Antrag ist das an das GBA gerichtete Begehren, eine Eintragung vorzunehmen. Er hat dabei, wie noch aufzuzeigen ist (vgl. unten → Rdn. 95 ff.), weder die Aufgabe, diese Eintragung näher zu umschreiben, noch inhaltlich darzustellen. Er ist nicht mehr als der Anstoß, ein Eintragungsverfahren einzuleiten. Den Inhalt der begehrten Eintragung bestimmt allein die Bewilligung.

Überträgt man – bei aller Unzulänglichkeit solcher Vergleiche – Antrag und Bewilligung auf das Prozessverfahren, so könnte man etwa Folgendes sagen:
Der Antrag ist vergleichbar der prozessualen Erklärung „Ich erhebe Klage"; die Bewilligung ist dann vergleichbar dem Klageantrag: „... mit dem Antrag, den Beklagten zur Zahlung von 100,- € zu verurteilen".

Der Antrag ist somit **keine** rechtsgeschäftliche Willenserklärung, sondern rein verfahrensrechtlicher Natur; er gehört zur Gruppe der prozessualen Erwirkungshandlungen (RGZ 54, 384; OLG Düsseldorf, NJW 1956, 877). Wegen des sog. gemischten Antrages s. unten → Rdn. 96.
Als Verfahrenshandlung ist der Antrag jederzeit rücknehmbar (vgl. dazu unten → Rdn. 111 ff.), er ist jedoch nicht wegen Willensmängeln anfechtbar (BayObLG, ZfIR 2003, 682).

2. Verfahrensfähigkeit

94 Wegen der rein verfahrensrechtlichen Natur des Antrages sind auf ihn die für Rechtsgeschäfte geltenden Vorschriften des BGB jedenfalls nicht unmittelbar anwendbar.
Vom Antragsteller ist **Verfahrensfähigkeit** zu verlangen.

III. Inhalt des Antrages

1. Notwendiger Inhalt

95 Der Antrag muss enthalten:
a) Das **Begehren**, dass ein Eintragungsverfahren eingeleitet werde. Dafür ist allerdings – wie stets im Verfahrensrecht – die Verwendung bestimmter Ausdrücke (etwa des Wortes „beantragen") nicht erforderlich. Es muss jedoch der auf die Vornahme der Eintragung gerichtete Wille unzweifelhaft zum Ausdruck kommen. „Anträge", die eine erst später mögliche Eintragung in Aussicht nehmen oder einen Antrag für den Fall eines künftig eintretenden Ereignisses ankündigen, sind unzulässig (vgl. dazu OLG Frankfurt/M., Rpfleger 1956, 193 und OLG Hamm, JMBlNRW 1956, 80).

In der Eintragungsbewilligung (§ 19 GBO) liegt grundsätzlich nicht auch der Eintragungsantrag nach § 13 GBO (*Meikel/Böttcher*, § 13 Rdn. 23). Die Bewilligung ist nämlich nur die verfahrensrechtliche Begründung für den Antrag. Wenn sich der Betroffene mit einem Rechtsverlust einverstanden erklärt und ihn deshalb bewilligt, so gibt er damit noch nicht zu erkennen, dass dieser Rechtsverlust sofort (!) vollzogen werden darf. Wenn der Betroffene die Bewilligung persönlich (nicht durch den Notar vertreten auf Grund vermuteter Vollmacht gemäß § 15 Abs. 2 GBO) beim GBA einreicht, kann ein Eintragungsbegehren konkludent in Betracht kommen. Kein Antrag des Begünstigten liegt vor, wenn er Bewilligung und Antrag des Betroffenen beim GBA einreicht. Bei Löschung eines Grundpfandrechts liegt in der Zustimmung des Grundstückseigentümers gemäß § 27 S. 1 GBO in der Regel nicht der Eintragungsantrag des Eigentümers nach § 13 GBO.

b) Die **Person** des Antragstellers. Dies ist erforderlich, damit das Vorliegen der Antragsberechtigung (s. unten → Rdn. 100) geprüft werden kann;

c) Die **Bezeichnung** des betroffenen Grundstückes, sofern eine Bewilligung nicht erforderlich ist (§ 28 GBO).

2. Der sog. gemischte Antrag

Häufig sind dem Antrag durch Auslegung auch noch andere Erklärungen zu entnehmen als das bloße Begehren einer Eintragung: 96

→ **Beispiel 16:**
Für A ist auf dem Grundstück des B eine Hypothek eingetragen. A händigt dem B eine Löschungsbewilligung bezüglich dieses Rechts aus; B beantragt beim GBA die Löschung.

Die Löschung des Grundpfandrechtes setzt voraus: Löschungsantrag (§ 13 GBO), Löschungsbewilligung des Gläubigers (§ 19 GBO) und die Zustimmung des Eigentümers (§ 27 GBO). Wenn nun in unserem Beispiel B die Löschung beantragt hat, so steht damit natürlich fest, dass er damit einverstanden ist, ihr zustimmt. Der Löschungsantrag kann deshalb ohne Weiteres dahin ausgelegt werden, dass er auch die Zustimmung des § 27 GBO enthält (vgl. BayObLG, Rpfleger 1980, 347).

Man spricht in einem solchen Fall von einem „**gemischten Antrag**": Er enthält nämlich, legt man ihn aus, den notwendigen Antrag, zum anderen aber auch eine weitere für die Eintragung erforderliche Erklärung (= Bewilligung, Zustimmung). Es handelt sich also um **zwei** Erklärungen; für die zweite Erklärung gelten dann aber auch hier die Vorschriften, die für sie gelten würden, hätte sie der Erklärende gesondert abgegeben. Das ist insbesondere bedeutsam für die Form: Während der Eintragungsantrag als solcher stets formfrei ist, bedarf der gemischte Antrag der Form des § 29 GBO (**§ 30 GBO**).

Hierher gehören also die Fälle, in denen die Eintragungsbewilligung oder eine Zustimmungserklärung in die Form des Antrages gekleidet sind; aber auch die Fälle, in denen der Antrag erforderliche materiell-rechtliche Erklärungen enthält (so z.B. die Vereinigungs-, Zustimmungs- oder Teilungserklärung). Hierbei gehört auch die Bestimmung des Rangverhältnisses im Antrag nach § 45 Abs. 3 GBO. Ebenfalls als gemischter Antrag anzusehen ist der Antrag auf Eintragung eines Widerspruches nach § 1139 BGB, weil mit ihm die Erklärung verbunden sein muss, der Gläubiger habe die Darlehensvaluta noch nicht ausbezahlt.

3. Inhaltliche Übereinstimmung mit der Bewilligung

97 Der Antrag darf nicht in Widerspruch zur Eintragungsbewilligung stehen. Wenn es auch nicht Aufgabe des Antrages ist, das einzutragende Recht zu umschreiben oder gar inhaltlich zu charakterisieren, so lässt sich doch nicht immer umgehen, dass im Antrag zur näheren Bezeichnung dessen, was gewollt ist, auf den Inhalt der begehrten Eintragung eingegangen wird.

→ **Beispiel 17:**
   a) A hat B eine Hypothek bewilligt, dieser legt die Bewilligung vor „mit dem Antrag auf Eintragung der Grundschuld".
   b) A ist Eigentümer von drei Grundstücken, die zugunsten des B mit einer Gesamthypothek belastet werden sollen. Da eines der Grundstücke nach Abgabe der Bewilligung – aus hier nicht interessierenden Gründen – anderweitig belastet werden soll, stellt A den Antrag, die auf drei Grundstücken bewilligte Hypothek nur auf zwei Grundstücken einzutragen.
   c) Auf dem Grundstück des A soll für B eine Hypothek zu 100.000,- € bestellt werden. A hat die Hypothek in dieser Höhe bewilligt; weil er infolge einer unvorhergesehenen Erbschaft nur noch 50.000,- € benötigt, beantragt er nur noch die Eintragung i. H. von 50.000,- €.
   d) A hat dem B ein Grundstück verkauft und aufgelassen. Der Kaufpreis soll in Form einer monatlichen Geldrente (Reallast) entrichtet werden. B legt die Urkunde dem GBA vor mit dem Antrag, nur den Eigentumsübergang einzutragen.

Im *Beispiel a)* decken sich Antrag und Bewilligung hinsichtlich des Charakters des Rechts nicht. Es ist damit jedoch noch nicht gesagt, dass es sich dabei unbedingt um einen Mangel des Antrages handeln muss: Soll nach dem Willen des Antragsberechtigten tatsächlich eine Grundschuld eingetragen werden, so mangelt es nicht am Antrag bzw. an dessen Übereinstimmung mit der Bewilligung, sonders es fehlt für die Eintragung einer Grundschuld die erforderliche Eintragungsbewilligung. Soll tatsächlich eine Hypothek eingetragen werden, dann widerspricht der Antrag der Bewilligung und muss geändert werden.

Eine vom GBA hier zu erlassende Zwischenverfügung muss also in diesem Fall beide Fragen aufwerfen und alternativ zur Behebung anheimstellen.

In *Beispiel b)* beantragt A gegenüber der Bewilligung weniger einzutragen. Das ist dann zulässig, wenn unterstellt werden kann, dass die Beteiligten auch mit diesem Weniger einverstanden sein werden (vgl. dazu LG Köln, DNotZ 1955, 398).

Ob allerdings in unserem – vom LG Köln a.a.O. entschiedenen – Beispielsfall eine solche Annahme gerechtfertigt ist, erscheint durchaus zweifelhaft: Es wird entscheidend auf den Wert der zu belastenden Grundstücke in Relation zur Höhe der Hypothek und zu den bestehenden Vorbelastungen ankommen, ob die Annahme gerechtfertigt ist, der Gläubiger sei auch mit der Haftung von nur zwei anstatt von drei Grundstücken einverstanden. Hier wird sich eine Zwischenverfügung wohl kaum umgehen lassen.

Im *Falle c)* kann wohl das Einverständnis der Beteiligten zu einer geringeren Eintragung keinesfalls unterstellt werden.

Im *Falle d)* ist der Antrag gleichfalls unvollziehbar, weil die beiden Eintragungen in einem inneren Zusammenhang miteinander stehen: A will selbstverständlich den Eigentumsübergang nur dann, wenn er gleichzeitig wegen seines Kaufpreisanspruches dinglich gesichert wird. In einem solchen Fall kann der eingeschränkte Antrag gleichfalls nicht vollzogen werden.

> Zusammenfassend kann deshalb gesagt werden: Eine Abweichung des Antrages gegenüber der Bewilligung ist nur dann zulässig, wenn mehrere selbstständige Rechte bewilligt wurden oder mehrere voneinander rechtlich unabhängige Rechtsvorgänge vorliegen, bei denen weder nach dem Inhalt der Urkunde, dem erkennbaren Interesse der Beteiligten, noch nach der gegebenen rechtlichen Situation ein innerer Zusammenhang besteht.

4. Antrag mit Vorbehalt

Es ist grundsätzlich nicht zulässig, den Eintragungsantrag an einen Vorbehalt zu knüpfen. § **16 Abs. 1 GBO**. Ein solcher Antrag wäre unwirksam und deshalb zurückweisungsreif. Davon zu unterscheiden ist jedoch der vorbehaltlose Antrag auf Eintragung eines bedingten Rechtes.

→ **Beispiel 18:**
a) A beantragt die Eintragung einer bewilligten Buchhypothek. Der Antrag enthält den Zusatz, die Eintragung solle erst vorgenommen werden, wenn A dem GBA mitgeteilt hat, dass der Gläubiger die Darlehensvaluta ausbezahlt habe.
b) A beantragt die Eintragung einer Hypothek für B. Nach dem Inhalt der Bewilligung soll die Forderung des Gläubigers erst entstehen, wenn dieser sich verheiratet.

Im *Falle a)* liegt ein **Vorbehalt** vor, weil die Erledigung des Antrages von einem nicht zu den gesetzlichen Eintragungsvoraussetzungen gehörigen Umstand abhängig gemacht wird.

Das in diesem Vorbehalt zum Ausdruck kommende Sicherungsverlangen des Eigentümers ist zwar durchaus verständlich, ihm kann jedoch in der erstrebten Form nicht Rechnung getragen werden. Bei einer Buchhypothek hat der Eigentümer bei unterbliebener Darlehenshingabe die Möglichkeit der Widerspruchseintragung nach § 1139 BGB; ist ihm auch das zu unsicher, dann muss er eine Briefhypothek verlangen, hier ist er gem. § 1117 BGB geschützt.

Der vorbehaltsbehaftete Antrag ist somit unzulässig. Nach allg. M. kann er zurückgewiesen werden; es ist jedoch auch eine Zwischenverfügung auf Streichung des Vorbehalts möglich.

In der Praxis bestehen vergleichbare Interessenlagen vor allem bei der Auflassung: Sie soll erst vollzogen werden, wenn der Kaufpreis auf dem Treuhandkonto des Notars eingegangen ist. Häufige – und zulässige – Lösung ist folgende Klausel: „Der Notar darf den Eintragungsantrag erst stellen, wenn …". Diese Anweisung richtet sich im Innenverhältnis an den Notar und verstößt nicht gegen § 16 Abs. 1 GBO.

In *Fall b)* ist der Eintragungsantrag vorbehaltlos gestellt; hier ist lediglich das Recht als solches mit einer Bedingung versehen. Dagegen ist nichts einzuwenden, wenn – wie im gegebenen Fall – das materielle Recht eine solche Bedingung zulässt.

99 Werden **mehrere** Eintragungen beantragt, so ist das Vorbehaltsverbot durch **§ 16 Abs. 2 GBO** eingeschränkt: Der Antragsteller kann dann bestimmen, dass alle Eintragungen nur gemeinsam vollzogen werden dürfen. Die durch diesen Vorbehalt verbundenen Anträge sind dann als verfahrensrechtliche Einheit zu betrachten: Sie können nur ein einheitliches Schicksal haben, d. h. dass ein Hindernis, das auch nur einem der Anträge entgegensteht, den Vollzug aller Anträge hindert.

Häufig ist ein solcher **verbindender Vorbehalt** jedoch nicht ausdrücklich erklärt, sondern ergibt sich aus dem Inhalt und Zweck der beantragten Eintragungen:

→ **Beispiel 19:**
Wie im *Fall 17d*; der Eintragung der Reallast steht ein Hindernis entgegen.

Im vorliegenden Beispiel zeigt sich folgende Situation: A will gewiss den Eigentumsübergang nur dann eingetragen wissen, wenn zugleich die Gegenleistung des B dinglich gesichert wird. Zwischen den beiden Eintragungen besteht ein so enger Zusammenhang rechtlicher und wirtschaftlicher Art, dass auch ohne – diesbezügliche ausdrückliche – Erklärung! davon ausgegangen werden muss, der Vollzug solle nur gemeinsam vorgenommen werden (vgl. OLG Zweibrücken, NJW-RR 1999, 1174; LG Hamburg, Rpfleger 1987, 103 = Wohnrecht f. d. Verkäufer). Eine solche **stillschweigende Bestimmung** ist wie die ausdrücklich erklärte Bestimmung zu behandeln.

Von einem – ausdrücklichen oder stillschweigenden – Vorbehalt nach § 16 Abs. 2 kann sich ein Antragsteller nicht einseitig lösen. Auch wer in Bezug auf alle Eintragungen antragsberechtigt ist, kann bei Bestehen eines solchen Vorbehalts nicht einseitig erklären, die Anträge seien voneinander unabhängig und sollen voneinander unabhängig vollzogen werden. Ein getrennter Vollzug ist in einem solchen Falle nur möglich, wenn **alle** Antragsteller damit einverstanden sind (OLG Hamm, Rpfleger 1973, 305).

IV. Die Antragsberechtigung

1. Das Antragsrecht der unmittelbar Beteiligten

Antragsberechtigung ist die Befugnis, ein Eintragungsverfahren in Gang zu setzen. **100**

Diese verfahrensrechtliche Befugnis ergibt sich aus der Stellung der Beteiligten zu der herbeizuführenden Rechtsänderung. Sie ist entweder an die derzeit (noch) bestehende Rechtsposition dessen geknüpft, der das Recht aufgeben will (sog. **Betroffener**) oder an die anwartschaftsähnliche Stellung dessen, der ein Recht erlangen soll (sog. **Begünstigter**): Nach § 13 Abs. 1 S. 2 GBO ist antragsberechtigt jeder, dessen Recht von der Eintragung betroffen wird oder zu dessen Gunsten die Eintragung erfolgen soll.

Beide Begriffe sind dabei rein rechtlich und nicht im wirtschaftlichen Sinne zu verstehen: Der Eigentümer, der sein Grundstück veräußert ist Betroffener, auch wenn er einen den Wert des Grundstückes weit übersteigenden Kaufpreis „herausgeschlagen" hat; wer eine Hypothek erwirbt, ist Begünstigter, auch wenn die Hypothek infolge ihres schlechten Ranges völlig wertlos ist!

Sind mehrere Antragsberechtigte vorhanden, so übt jeder sein Recht selbstständig und vom anderen unabhängig aus.

Wer ist nun „Begünstigter" und wer ist „Betroffener"? **Begünstigter** ist der, **101** „zu dessen Gunsten die Eintragung erfolgen soll". Es kommt also nicht darauf an, wer aller – im weitesten Sinne – durch die vorzunehmende Eintragung jetzt oder künftig einmal einen Rechtsvorteil erlangen könnte, sondern es ist allein darauf abzustellen, wem der Bewilligende durch die beabsichtigte Eintragung **unmittelbar** einen Rechtsvorteil zuwenden will (*Meikel/Böttcher*, § 13 Rdn. 37); ausschlaggebend sind Vorstellung und Absicht des Bewilligenden.

Betroffener ist der, dessen gegenwärtiger Rechtsstand durch die beabsichtigte Eintragung **unmittelbar** verschlechtert wird.

Während sich beim Begünstigten das Erfordernis der Unmittelbarkeit direkt aus dem Gesetz ergibt, ist dies beim Begriff des Betroffenen nicht der Fall. Trotzdem ist es ganz allgemeine Meinung, dass auch nur der unmittelbar Betroffene ein Antragsrecht haben kann, weil sonst der Kreis der Antragsberechtigten ins Uferlose ausgedehnt würde (OLG Frankfurt/M., OLGZ 1970, 284).

Entscheidend ist somit für den Begriff:

- des **Begünstigten** der **Zweck** der Erklärung, also ein **subjektives** Moment;
- für den Begriff des **Betroffenen** der **Rechtserfolg** der Eintragung, also ein **objektives** Moment.

102 Zur Verdeutlichung sollen folgende Einzelfälle dienen:

→ **Beispiel 20:**
  a) Auf dem Grundstück des A ist für B eine Hypothek eingetragen. B tritt das Recht an C ab;
  b) Auf dem Grundstück des A sind für B und für C je eine Hypothek eingetragen. B bewilligt die Löschung seines Rechtes;
  c) Auf dem Grundstück des A ist für B eine Auflassungsvormerkung und für C eine Hypothek eingetragen. B räumt dem C den Vorrang ein;
  d) Auf dem Grundstück des A sind für B und C Hypotheken eingetragen; B räumt C den Vorrang ein.

Im *Falle a)* ist B unmittelbar Betroffener, weil er, wenn die beantragte Eintragung vorgenommen wird, sein Recht verliert. C ist Begünstigter, weil die Erklärung des B den Zweck hat, ihm das Recht zu verschaffen, ihn also unmittelbar begünstigt. Ist auch der Eigentümer im Sinne des § 13 GBO beteiligt? Das muss verneint werden: Er ist nicht Betroffener, auch wenn etwa C ein „unangenehmer" Gläubiger sein sollte, weil das kein **rechtliches** Betroffensein darstellt; am dinglichen Rechtszustand, so wie er für A besteht, ändert sich ja nichts. Er ist auch nicht Begünstigter, selbst wenn C ein „angenehmer" Gläubiger sein sollte, weil auch das wiederum kein rechtliches Kriterium ist (allenfalls ein wirtschaftliches!); insbesondere aber geschieht die Abtretung nicht zu dem unmittelbaren und hauptsächlichen Zweck, dem A irgendwelche Vorteile zu verschaffen. Der Eigentümer ist also nicht antragsberechtigt (*Meikel/Böttcher*, § 13 Rdn. 48).

Im *Falle b)* ist Betroffener der Gläubiger B: Sobald die Löschung vollzogen ist, ist sein Recht erloschen (§ 875 BGB) – die begehrte Eintragung bewirkt also unmittelbar für ihn eine Rechtsverschlechterung. Begünstigter ist A: Die Löschung geschieht zu dem Zweck, das Eigentum des A von der – jedenfalls nominell bestehenden – Belastung freizumachen. Ist auch C Begünstigter? Gewiss insoweit, als er nach Löschung des Rechts nunmehr – wenn er bisher Nachrang hatte – die bessere Rangstelle erlangt. Das ist jedoch keine unmittelbare Begünstigung i.S.d. § 13 Abs. 1 S. 2 GBO, weil die Löschung nicht zu diesem Zweck vorgenommen wird (*Meikel/Böttcher*, § 13 Rdn. 49).

Im *Falle c)* besteht an der Antragsberechtigung des B und des C kein Zweifel: B ist Betroffener, weil sich durch die begehrte Eintragung unmittelbar sein Rang verschlechtert; C ist Begünstigter, weil sich sein Rang verbessert und die Erklärung des B auf diese Rangverbesserung hinzielt. Äußerst streitig ist jedoch, ob auch der Eigentümer A als Begünstigter anzusehen ist: Eine Auffassung in der Rechtsprechung bejaht das mit der Begründung, durch die begehrte Eintragung verbessere sich auch der Rang seines künftigen Eigentümerrechts (so z. B. KG, NJW 1964, 1479; OLG Oldenburg, NJW 1965, 1768). Das vermag jedoch nicht zu überzeugen: Zunächst ist schon das Abstellen auf eine erst künftig entstehende Eigentümergrundschuld geradezu der typische Fall einer nur mittelbaren Begünstigung; zum anderen aber – das ist m. E. das entscheidende Argument – ist es **nicht** der subjektive **Zweck** der hier vorzunehmenden Eintragung, dem Eigentümer eine bessere Stellung zu verschaffen, sondern die Vorstellung des B geht wohl ausschließlich auf eine Besserung des C. Man wird in diesem Fall ein Antragsrecht des Eigentümers verneinen müssen, weil nur eine mittelbare Begünstigung vorliegt (so auch LG Dortmund, NJW 1960, 678, *Haegele*, Rpfleger 1965, 15 u. *Böttcher*, Rpfleger 1982, 52).

Im *Falle d)* ist die Situation ähnlich: Auch hier geht es wieder um die Frage, ob A – sei es als Begünstigter oder als Betroffener – antragsberechtigt ist. Begünstigter im Hinblick auf sein künftiges Eigentumsrecht aus dem Recht des C kann er nicht sein, weil der Zweck der Vorrangeinräumung nicht auf eine Rechtsverbesserung für A gerichtet ist, sondern auf eine Verbesserung für C.

Ob man demgegenüber mit der Überlegung etwa argumentieren kann, A sei – wenn erst einmal ein Eigentümerrecht besteht – der Rechtsnachfolger des C und habe darauf bereits eine Art von Anwartschaft, erscheint mir zweifelhaft.

A kann aber auch nicht Betroffener sein, weil eine Rangverschlechterung seines künftig einmal bestehenden Eigentümerrechts wohl nicht als **unmittelbare** Rechtsverschlechterung angesehen werden kann (*Meikel/Böttcher*, § 13 Rdn. 50). Anders wäre die Rechtslage nur, wenn zumindest ein Teil des Rechts bereits auf den Eigentümer übergegangen wäre.

Der **Berechtigte einer Eigentumsvormerkung** ist als nur mittelbar Beteiligter nicht antragsberechtigt für Löschung eines Rechtes (z. B. Zwangshypothek) an seiner gekauften Immobilie (BGH, NJW 2010, 3367; OLG Düsseldorf, Rpfleger 2007, 69). Antragsberechtigt sind insoweit nur der Grundstückseigentümer als unmittelbar Begünstigter und der Berechtigte des zu löschenden Rechts als unmittelbar Betroffener.

2. Antragsrecht nur mittelbar Beteiligter

103 Ausnahmsweise steht auch mittelbar Beteiligten ein Antragsrecht zu. Der Hauptfall ist der des § 14 GBO.

→ **Beispiel 21:**
A ist Eigentümer eines Grundstückes. Er verstirbt, B ist sein Erbe. B, der von einer Vielzahl von persönlichen Gläubigern bedrängt wird, beschließt, sich nicht in das Grundbuch als neuer Eigentümer eintragen zu lassen, damit seine Gläubiger nicht auf das Grundstück zugreifen können.

Wenn die Gläubiger des B gegen ihn – etwa durch Eintragung von Zwangshypotheken – vollstrecken wollen, muss B als Eigentümer eingetragen werden (§ 39 GBO); das wäre nur dann entbehrlich, wenn es sich um Nachlassverbindlichkeiten handeln würde und die Gläubiger bereits gegen A einen Titel erwirkt hätten (vgl. § 40 Abs. 1 GBO, vgl. dazu unten → Rdn. 217 ff.).

Die Gläubiger sind jedoch nach § 13 Abs. 1 S. 2 GBO nicht antragsberechtigt, weil sie durch die begehrte Eintragung nur mittelbar begünstigt werden. Hier schafft § 14 GBO für diese Fälle eine Erweiterung des Antragsrechtes.

Eine weitere Ausnahme von § 13 Abs. 1 S. 2 GBO stellt die Antragsberechtigung der in § 876 S. 2 BGB genannten Gläubiger auf Eintragung des sog. Aktivvermerkes für subjektiv-dingliche Rechte dar **§ 9 Abs. 1 S. 2 GBO**.

V. Vertretung bei der Antragstellung

1. Allgemein

104 Im Grundbuchverfahren ist bei Vornahme aller Verfahrenshandlungen Vertretung zulässig (s. oben → Rdn. 35), somit kann auch der Eintragungsantrag durch den Vertreter eines Antragsberechtigten gestellt werden.

Wie stets, unterscheiden wir auch hier:

- die **gesetzliche** Vertretung nicht verfahrensfähiger Beteiligter (s. dazu oben → Rdn. 17),
- die **gewillkürte** Vertretung aufgrund ausdrücklich erteilter oder gesetzlich vermuteter (s. unten → Rdn. 105) Vollmacht.

Die Vollmacht eines Vertreters muss dem GBA zwar nachgewiesen werden, jedoch bedarf dieser Nachweis nicht der Form des § 29 GBO, sofern es sich nicht ausnahmsweise um einen sog. gemischten Antrag handelt, § 30 GBO.

2. Die vermutete Vollmacht des Urkundsnotars

2.1. Die Vollmachtsvermutung

Wenn Beteiligte einen Notar aufsuchen, um die für eine Eintragung erforderlichen Erklärungen beurkunden oder beglaubigen zu lassen, so wird ihr Wille regelmäßig darauf gerichtet sein, dass der Notar nicht nur den eigentlichen Beurkundungsakt vornimmt, sondern für sie das ganze Eintragungsverfahren betreibt und überwacht. Aus dieser Erwägung heraus schafft § 15 Abs. 2 GBO für den beurkundenden Notar die – widerlegbare – Vermutung einer Bevollmächtigung zur Antragstellung.

Der Notar hat also **kein** eigenes Antragsrecht, sondern er übt nur kraft vermuteter Vollmacht das Antragsrecht eines unter § 13 Abs. 1 S. 2 GBO fallenden Beteiligten aus. Daraus ergeben sich wesentliche Folgerungen:

→ **Beispiel 22:**
A hat für B eine Hypothek bestellt. Am 1.3. Wird gegen A das Insolvenzverfahren eröffnet. Den vom Urkundsnotar am 2.3. gem. § 15 GBO gestellten Eintragungsantrag will B nicht mehr aufrechterhalten, weil er mit dem Insolvenzverfahren nichts zu tun haben will.

Da A durch das Insolvenzverfahren in seiner Verfügungsbefugnis eingeschränkt ist (vgl. §§ 80, 81, 91 InsO), erlischt auch die gesetzlich vermutete Vollmacht des Notars (vgl. *Demharter*, § 15 Rdn. 10).

Der zugleich namens des B gestellte Antrag wurde durch B zulässig widerrufen: § 15 GBO stellt eine widerlegbare Vermutung einer bis zur Eintragung frei widerrufbaren Vollmacht auf. Wenn B in der Form des § 29 GBO, die auch für den Widerruf der Vollmacht des § 15 GBO gilt, gegenüber dem GBA zum Ausdruck bringt, dass er nicht mehr durch den Notar vertreten sein möchte, so kann die Eintragung nicht mehr vollzogen werden.

§ 15 Abs. 2 GBO eröffnet die Möglichkeit, dass der Notar und die Beteiligten selbst identische Anträge stellen. Da der Notar den Antrag stets im Namen der Beteiligten stellt, liegen in keinem Falle verschiedene, nebeneinander bestehende Anträge vor, wie die Rechtsprechung (BGH, DNotZ 1978, 696; BayObLG, Rpfleger 1989, 147) und das Schrifttum (*Nieder*, NJW 1984, 329; *Bauch*, Rpfleger 1982, 457) teilweise annehmen. Deshalb bleibt bei Rücknahme durch einen Beteiligten auch kein »Notarantrag«, der in Wirklichkeit »Beteiligtenantrag« ist, übrig. Stellt der mit der Durchführung beauftragte Notar unter Vorlage einer Urkunde, die ausformulierte Anträge der Beteiligten enthält, die Anträge gemäß § 15 GBO selbst, so ist in der Regel davon auszugehen, dass die Ausformulierung in der Urkunde vorsorglich für den Fall erfolgt ist, dass der Notar nicht tätig werde; den **Antrag stellt in diesem Falle allein der Notar für die Beteiligten** (OLG Braunschweig, DNotZ 1961, 413; OLG Köln, Rpfleger 1990, 159; *Meikel/Böttcher*, § 15 Rdn. 31 m.w.N.). Ist ausnahmsweise anzunehmen, die Beteiligten hätten die Anträge selbst stellen wollen, so werden ihre unmittelbar gestellten Anträge durch die in ihrem Namen vom Notar gestellten Anträge verdrängt, der damit das Verfahren selbst in die Hand nimmt. Dasselbe gilt auch, wenn der Notar nach Antragstellung durch die Beteiligten selbst dieselben Anträge seinerseits stellt. Die Berechtigung dazu folgt aus § 15 Abs. 2 GBO, wonach der Notar nicht nur einzelne, sondern alle von den Beteiligten direkt gestellten Anträge von der Erledigung ausnehmen kann, indem er erklärt, dass sie als dem GBA nicht zugegangen gelten sollten (KG, Rpfleger 1971, 312; BayObLG, DNotZ 1978, 242). Wenn aber die Beteiligten selbst dem GBA eine Urkunde vorlegen, die eine Auflassung, den Umschreibungsantrag und die Bewilligung einer Auflassungsvormerkung enthält, und dabei erkennen lassen, dass sie die Eigentumsumschreibung wünschen, so ist der Umschreibungsantrag auch dann wirksam gestellt, wenn der Notar nur den Antrag auf Eintragung der Vormerkung auf die Urkunde gesetzt hatte (BayObLG, Rpfleger 1977, 134). Hier ist die Vermutung des § 15 Abs. 2 insoweit widerlegt, als es sich um die Einschränkung der Anträge handelt. Dagegen ist von einer die direkten Anträge der Beteiligten verdrängenden Antragswiederholung auszugehen, wenn der Notar auf Beanstandungen des GBA Ausführungen macht und dabei den Antrag erneut stellt.

Das Auftreten des Notars nach § 15 GBO hat zur Folge, dass alle ergehenden Entscheidungen (Zwischenverfügungen, Zurückweisungen) ihm bekannt gemacht werden müssen; weiter, dass er im Namen der von ihm vertretenen Antragsberechtigten Rechtsbehelfe einlegen kann.

2.2. Voraussetzungen des § 15 Abs. 2 GBO

106 Voraussetzung der vermuteten Vollmacht ist die Beurkundung oder Beglaubigung einer zur Eintragung erforderlichen Erklärung. Solche Erklärungen sind die Eintragungsbewilligung; die dingliche Einigung nur im Falle des § 20 GBO; evtl. notwendige Zustimmungserklärungen (§ 22 Abs. 2, § 27 GBO) und Verpfändungserklärungen (§ 26 GBO). **Nicht** genügt die Beurkundung des schuldrechtlichen Grundgeschäftes, die Beurkundung der dinglichen Einigung, wenn es sich um die Bestellung eines dinglichen Rechts handelt, oder die Beurkundung des Eintragungsantrages.

Ist eine Beurkundung oder Beglaubigung unwirksam (z. B. nach §§ 6, 7, 13 BeurkG), besteht auch keine Antragsermächtigung des Notars gemäß § 15 Abs. 2 GBO (*Meikel/Böttcher*, § 15 Rdn. 7). Dafür spricht zum einen der Gesetzeswortlaut (»Ist ... beurkundet oder beglaubigt«) und zum anderen der unterstellte Parteiwille, der sicherlich nicht auf die Bevollmächtigung eines Notars gerichtet ist, der eine unwirksame Beurkundung oder Beglaubigung vorgenommen hat. Auch ist es nicht gerechtfertigt, bei einer Vollmachtsvermutung die vertretenen Beteiligten für die Kosten einer evtl. Zurückweisung heranzuziehen, die sich aus dem Formmangel ergibt.

2.3. Auswirkungen

Folge der wirksamen Beurkundung oder Beglaubigung ist die Bevollmächtigung des Notars zur Vertretung aller Antragsberechtigten. Der Notar kann also auch für den Antragsberechtigten handeln, von dem er keine Erklärung entgegengenommen oder keine Unterschrift beglaubigt hat. Wenn also der Grundstückseigentümer beim Notar eine Eintragungsbewilligung zur Eintragung einer Hypothek beurkunden lässt, so ist der Notar im Gang des Eintragungsverfahrens auch zur Vertretung des Gläubigers, der nie bei ihm erschienen ist, befugt.

107

In der Praxis ergibt sich häufig der Fall, dass ein Notar den Antrag gemäß § 15 Abs. 2 GBO stellt, aber **ohne Angabe** der von ihm Vertretenen, und **nach der Grundbucheintragung** geklärt werden muss (z. B. wegen der Kostenhaftung), wer die tatsächlichen Antragsteller waren. Nach allgemeiner Meinung gilt in diesem Fall zu Recht der Grundsatz, dass der Antrag im Zweifel **im Namen aller Antragsberechtigten** gestellt anzusehen ist, und zwar auch dann, wenn der Notar nicht Erklärungen aller Antragsberechtigten beurkundet oder beglaubigt hat (BGH, NJW 1985, 3070, 3071; KG, Rpfleger 1991, 305; OLG Bremen, Rpfleger 1987, 494). Diese vielfältige und immer wiederkehrende Beschäftigung der Gerichte könnte entfallen, wenn im Antragsverfahren, d. h. **vor der Grundbucheintragung**, der **Notar ausdrücklich angeben** würde, **für wen er als Vertreter auftritt**. Dies ist nicht nur »wünschenswert« oder »empfehlenswert«, sondern **zwingend erforderlich** (BayObLG, MittBayNot 1993, 82; *Weber,* Rpfleger 2013, 142; *Lappe,* Rpfleger 1984, 386; *Meikel/Böttcher*, § 15 Rdn. 30). Es kann nicht angehen, dass erst die Instanzen entscheiden müssen, was im Grundbuchverfahren offen geblieben ist, nämlich die Frage, wer Antragsteller ist. Nicht nur das Gebot der Tatbestandsbestimmtheit für öffentliche Gebühren verlangt eindeutige Antragsteller, sondern ganz allgemein der formelle Bestimmtheitsgrundsatz. Nicht gefolgt werden kann daher einer weitgehenden Praxis, die beim Fehlen einer ausdrücklichen Angabe der Vertretenen durch den Notar dies nicht beanstandet, sondern bereits im Eintragungsverfahren die Auslegungsregel »im Zweifel im Namen aller Antragsberechtigten« anwendet. Dies ist nicht gerechtfertigt. Im Eintragungsverfahren sind Zweifel auszuräumen; das Grundbuchrecht verlangt klare und eindeutige Erklärungen. Allein die Tatsache, dass sich die Gerichte immer wieder mit Beschwerden von Grundpfandrechtsgläubigern wegen ihrer Kostenhaftung beschäftigen müssen, zeigt doch, dass die Beteiligten teilweise andere Vorstellungen haben als das Grundbuchamt bei der Anwendung der Auslegungsregel »im Zweifel im Namen aller Antragsberechtigten«. Es ist jeweils zu unterscheiden zwischen dem formellen und materiellen Bestimmtheitsgrundsatz. Dies muss auch gelten bei der Frage der Vertretung durch den Antrag im Rahmen seiner Antragstellung gemäß § 15 Abs. 2 GBO: Gibt er nicht an, wen er vertritt, muss dies mittels **Zwischenverfügung** (§ 18 Abs. 1 GBO) beanstandet werden (*Lappe,* Rpfleger 1985, 357, 358; *Meikel/Böttcher*, § 15 Rdn. 30).

Erforderlich ist, dass der Notar deutlich zum Ausdruck bringt, er mache von der Vollmacht des § 15 GBO Gebrauch. Üblich ist die Vorlage einer Urkunde „gem. § 15 GBO zum Vollzug". Legt der Notar nur vor „zum Vollzug" oder gar „mit der Bitte, dem gestellten Antrag stattzugeben", so handelt es sich um eine bloße Botentätigkeit (BGH, DNotZ 1964, 435; OLG Hamburg, a.a.O.).

108 Die Vollmacht des § 15 GBO schafft eine echte Vertretung des Antragsberechtigten mit allen aus dieser Stellung fließenden Befugnissen. So kann der Notar den gestellten Antrag zurücknehmen (vgl. dazu unten → Rdn. 113), er kann eine Bestimmung nach § 16 Abs. 2 GBO treffen und er kann auch – entgegen der h.M. – im Antrag eine Rangbestimmung (§ 45 Abs. 3 GBO) treffen, wenn die Bewilligung keine enthält. Nach h.M. ist der Notar zwar zu einer Rangbestimmung nach § 45 Abs. 3 GBO nicht berechtigt (OLG Hamm, FGPrax 1995, 171; OLG Schleswig, SchlHA 1960, 308; KG, Rpfleger 2000, 453; *Demharter*, § 15 Rdn. 15). Die h.M. kann jedoch nicht überzeugen. Die Stellung des Notars ist im Rahmen des § 15 GBO die eines echten Bevollmächtigten. Genauso wie ein durch Rechtsgeschäft Bevollmächtigter eine Rangbestimmung vornehmen kann, muss dies auch der Notar können (*Meikel/Böttcher*, § 15 Rdn. 33 m.w.N.). Er ist kein Vertreter minderen Rechts; der einzige Unterschied zu anderen Bevollmächtigten besteht darin, dass er seine Vollmacht nicht nachzuweisen braucht (vgl. zu dieser Frage auch noch unten → Rdn. 350).

Der Notar ist jedoch z. B. nicht befugt, das Gemeinschaftsverhältnis mehrerer Beteiligter zu bestimmen, weil das Inhalt der Bewilligung ist; er ist nicht befugt, andere Grundbucherklärungen zu ersetzen (so z. B. die Zustimmung des § 27 GBO, vgl. OLG Köln, Rpfleger 1970, 286) und er ist auch nicht zu einer Bestimmung über die Briefaushändigung gem. § 60 Abs. 2 GBO ermächtigt, weil auch dieses Recht nicht an die Tatsache der Antragstellung oder die Antragsberechtigung anknüpft.

2.4. Prüfung der Eintragungsfähigkeit durch den Notar (§ 15 Abs. 3 GBO)

→ **Beispiel 22a:**

Am 1.12.2006 bewilligte der Gläubiger in notariell beglaubigter Form die Löschung seiner Grundschuld. Auf dieser Löschungsbewilligung war der Text für die Zustimmung des Grundstückseigentümers bereits vorgedruckt. Diese Zustimmung nahm der Grundstückseigentümer in notariell beglaubigter Form am 31.7.2017 vor. Der Beglaubigungsnotar beantragte am 10.8.2017 die Löschung der Grundschuld gemäß § 15 GBO. Das GBA verlangte mit Zwischenverfügung einen mit Unterschrift und Dienstsiegel versehenen Vermerk, dass der Notar die Eintragungsfähigkeit der Zustimmung des Eigentümers geprüft habe. Dagegen wurde Beschwerde eingelegt.

Das OLG Celle (NotBZ 2018, 63) hat die Beschwerde als unbegründet zurückgewiesen. Für die Löschung der Grundschuld bedarf es neben der Löschungsbewilligung des Gläubigers (§§ 19, 29 GBO) der Zustimmung des Grundstückseigentümers (§ 27 GBO) in notariell beglaubigter Form (§ 29 GBO). Letztere ist eine für die Grundbucheintragung erforderliche Erklärung und wurde im vorliegenden Fall am 31.7.2017 abgegeben. Nach § 15 Abs. 3 S. 1 GBO sind die ab dem 9.6.2017 (vgl. § 151 GBO) abgegebenen zu einer Eintragung erforderlichen Erklärungen vor ihrer Einreichung für das Grundbuchamt von einem Notar auf Eintragungsfähigkeit zu prüfen. Ist allerdings eine für die Grundbucheintragung erforderliche Erklärung nach §§ 8 ff. BeurkG beurkundet worden, so ist bereits aufgrund der Prüfpflicht des Notars nach § 17 BeurkG für das Grundbuchamt ersichtlich, dass auch die Prüfung der Eintragungsfähigkeit erfolgt ist; ein weiterer gesonderter Nachweis, insbesondere in Form eines Prüfvermerks, ist nicht erforderlich (OLG Celle, NotBZ 2018, 63). Eine Prüfpflicht des Notars nach § 15 Abs. 3 GBO entfällt auch dann, wenn sich aus dem Text der Unterschriftsbeglaubigung eindeutig ergibt, dass der beglaubigende Notar zugleich den Text der Erklärung entworfen hat (OLG Celle, NotBZ 2018, 63; OLG Schleswig, NJW 2017, 3603); denn in diesem Fall trifft den Notar das volle Pflichtenprogramm des § 17 BeurkG (BGH, DNotZ 1997, 51, 52). Ob der Erklärungstext unzweifelhaft von dem beglaubigenden Notar entworfen worden ist oder es sich möglicherweise um einen Fremdentwurf handelt, hat das Grundbuchamt im jeweiligen Einzelfall festzustellen; bei Zweifeln ist ein Prüfvermerk anzufordern (OLG Celle, NotBZ 2018, 63). Im vorliegenden Fall ist offenkundig, dass der Text der Eigentümerzustimmung nach § 27 GBO vom 31.7.2017 nicht vom Beglaubigungsnotar stammt, da er bereits auf der Löschungsbewilligung vom 1.12.2006 vorgedruckt war. Damit musste der Notar die abstrakte Eintragungsfähigkeit nach § 15 Abs. 3 GBO prüfen. Diese notarielle Prüfung ist eine formelle Voraussetzung für die Grundbucheintragung (OLG Celle, NotBZ 2018, 63; OLG Schleswig, NJW 2017, 3603). Sie ist damit nicht nur eine notarielle Amtspflicht, sondern die Grundbucheintragung darf nur erfolgen, wenn die notarielle Prüfung erfolgt und nachgewiesen ist. Ist der Nachweis der Eintragungsvoraussetzung nicht erbracht, liegt ein Eintragungshindernis i.S.v. § 18 Abs. 1 GBO vor und ist eine Zwischenverfügung zu erlassen (OLG Celle, NotBZ 2018, 63). Die Prüfung der Eintragungsfähigkeit und damit die Erfüllung der formellen Eintragungsvoraussetzung des § 15 Abs. 3 GBO kann dem Grundbuchamt insbesondere durch Beifügung eines Prüfvermerks nachgewiesen werden. Dieser könnte lauten: *„Die vorstehend unterschriebene Erklärung habe ich nach § 15 Abs. 3 S. 1 GBO auf Eintragungsfähigkeit geprüft."*

VI. Wirksamwerden des Antrages

Der Antrag wird wirksam, wenn er – bei Vorliegen aller rechtlichen Voraussetzungen – beim GBA eingeht; in diesem Zeitpunkt ist er z.B. „gestellt" i.S.d. § 878 BGB.

Ein Antrag ist eingegangen, wenn er einem zur Entgegennahme zuständigen Beamten vorgelegt wird (§ 13 Abs. 2 S. 2 GBO), d. h. in dessen Besitz kommt. Es kommt also nicht auf den Eingang beim Amtsgericht (etwa durch Einwurf in den Briefkasten) oder auf den Eingang beim GBA schlechthin an, sondern auf die Besitzerlangung durch einen zuständigen Beamten.

Zuständig sind nach § 13 Abs. 3 S. 1 GBO der für die Führung des betroffenen Grundbuches (also des für das betroffene Grundstück angelegten Grundbuchblattes) zuständige Rechtspfleger oder der vom Behördenvorstand zur Entgegennahme von Eintragungsanträgen ausdrücklich ermächtigte Bedienstete, der sog. Präsentatsbeamte. Erst mit dem Zugang an einen solchen Beamten ist ein Antrag eingegangen, d. h. wirksam gestellt.

Nimmt ein für das betreffende Grundbuch nicht zuständiger Rechtspfleger den Antrag entgegen, so ist der Antrag noch nicht eingegangen. Ist dieser Rechtspfleger zugleich Vertreter des zuständigen Rechtspflegers, so ist der Antrag nur dann bei ihm wirksam eingegangen, wenn der Vertretungsfall gegeben war.

Wenn sich der Antrag auf mehrere Grundstücke beim gleichen Grundbuchamt bezieht, so ist jeder Beamte zuständig, der wenigstens für eines der betroffenen Grundstücke Zuständigkeit besitzt (§ 13 Abs. 3 S. 2 GBO). Sind jedoch mehrere Grundbuchämter zuständig, so muss der Antrag bei jedem der beteiligten Grundbuchämter gesondert wirksam werden.

Anträge zur Niederschrift des Grundbuchamtes sind nach der Änderung des § 29 GBO durch § 57 Abs. 7 BeurkG nur noch dann möglich, wenn es sich um reine (also um formfreie) Anträge handelt. Sie sind eingegangen, wenn der Beamte die Niederschrift abgeschlossen hat und er zu den allgemein zuständigen Personen gehört. Ist er dies nicht, so gelten die allgemeinen Regeln.

110 Wegen der besonderen Bedeutung des Zeitpunktes, zu dem der Antrag gestellt ist (vgl. dazu oben → Rdn. 90 ff.), muss dieser Zeitpunkt auf dem Antrag nach Stunde und Minute vermerkt werden. § 13 Abs. 2 S. 1 GBO. Dieser vom zuständigen Beamten unterschriebene Eingangs-(Präsentats-)vermerk ist eine öffentliche Urkunde mit Beweiskraft nach § 418 ZPO. Gegenbeweis gegen die darin enthaltenen Feststellungen, insbesondere also hinsichtlich des Eingangszeitpunktes, ist zulässig.

VII. Rücknahme des Antrages

1. Grundsatz

111 Bis zur Vollendung der Eintragung, also bis zur Wirksamkeit der Eintragung durch Aufnahme in den Datenspeicher (§ 129 Abs. 1 GB), kann der Antrag zurückgenommen werden. Es ist dabei ohne Bedeutung, ob bereits eine Eintragungsverfügung vorliegt, denn sie ist noch keine Entscheidung über den Antrag, dies ist erst die Eintragung.

Mit der wirksamen Rücknahme ist der Antrag erledigt. Eine Anfechtung der Rücknahme ist unzulässig, weil sie – ebenso wie bei der Antragstellung – eine reine Verfahrenshandlung darstellt; ein zurückgenommener Antrag kann jedoch jederzeit neu gestellt werden. Die Rücknahme ist auch zulässig, wenn der Antrag „unwiderruflich" gestellt worden ist, da ein solcher Verzicht verfahrensrechtlich wirkungslos ist (OLG Düsseldorf, NJW 1956, 877; *Haegele,* Rpfleger 1957, 293).

2. Rücknahmeberechtigung

Zur Rücknahme berechtigt ist jeder Antragsteller, jedoch stets nur hinsichtlich 112 des von ihm selbst gestellten oder von seinem Vertreter für ihn gestellten Antrages. Nach dem Tod eines Antragstellers können seine Erben aufgrund eines Mehrheitsbeschlusses den Antrag zurücknehmen (OLG Düsseldorf, NJW 1956, 877).

Bei der Rücknahme durch einen **Vertreter** des Rücknahmeberechtigten ist 113 zu unterscheiden:

a) **Gesetzliche** Vertreter können den Antrag stets zurücknehmen; das Gleiche gilt für sog. Parteien kraft Amtes, wie z. B. den Insolvenzverwalter (vgl. dazu *Wörbelauer,* DNotZ 1965, 531);
b) **Bevollmächtigte,** die zur Antragstellung ausdrücklich ermächtigt worden sind, haben regelmäßig damit keine Vollmacht erhalten, den Antrag auch wieder zurückzunehmen. In einem solchen Fall muss also stets eine besondere Rücknahmevollmacht nachgewiesen werden;
c) Hat der **Notar** den Antrag gem. § 15 GBO gestellt, so ist er ohne besonderen Vollmachtsnachweis auch zur Rücknahme ermächtigt, § 24 Abs. 3 S. 1 BNotO. Wiederholt der Notar jedoch einen Antrag, nachdem die Beteiligten ihn gestellt haben (s. oben → Rdn. 105), oder nimmt er einen Antrag zurück, den die Beteiligten gestellt haben, ohne dass er selbst gem. § 15 GBO in Erscheinung getreten ist, so muss er zur Rücknahme eine Vollmacht in der Form des § 29 GBO nachweisen.

Davon zu unterscheiden ist die Frage, ob auch die Rücknahmeerklärung der Form des § 29 GBO bedarf, s. dazu unten VII. 3 (→ Rdn. 114).

3. Form der Rücknahme

Die Rücknahme eines Eintragungsantrages bedarf (im Gegensatz zur form- 114 freien Antragstellung, § 30 GBO) nach **§ 31 GBO** der Form des § 29 GBO. Das gilt dann nicht, wenn der Notar – also aufgrund vermuteter oder nachgewiesener Vollmacht – einen Antrag zurücknimmt, hier genügen nach § 24 Abs. 3 S. 2 BNotO Unterschrift und Amtssiegel des Notars. (Davon zu unterscheiden ist der u.U. notwendige Nachweis einer formbedürftigen Rücknahmevollmacht, s. oben → Rdn. 113.)

Die Rücknahme**erklärung** des Notars ist – anders als die evtl. nötige formgebundene Vollmacht – stets formfrei (BGH, Rpfleger 1978, 365 und 1980, 465).

Dies gilt selbst dann, wenn der Notar einen nicht von ihm gestellten Antrag zurücknimmt (BGH, Rpfleger 1980, 465).

§ 3
Eintragungsbewilligung/Dingliche Einigung

I. Die Bedeutung des Konsensprinzips

1. Materieller oder formeller Konsens?

Nach § 873 Abs. 1 BGB tritt die dingliche Rechtsänderung regelmäßig nur 115
ein, wenn sich die Beteiligten über sie geeinigt haben und die beabsichtigte
Rechtsänderung im Grundbuch eingetragen wird.

Bei der Aufhebung eines dinglichen Rechtes genügt die Aufhebungserklärung des Berechtigten und die Löschung des Rechtes im Grundbuch (§ 875 Abs. 1 BGB); bei Hypotheken und Grundschulden ist zur Aufhebungserklärung jedoch noch die Zustimmung des Grundstückseigentümers erforderlich (§ 1183 BGB), im Ergebnis also der Einigungsgrundsatz wieder hergestellt.

Man nennt diesen **Einigungsgrundsatz** auch das „materielle Konsensprinzip".

Es hätte nahegelegen, dass der Gesetzgeber demgemäß das Grundbuchamt 116
verpflichtet, zur Herbeiführung einer Eintragung diesen materiellen Konsens
der Beteiligten, also die dingliche Einigung, zu prüfen. Im Interesse einer Erleichterung des Grundbuchverfahrens hat der Gesetzgeber jedoch davon abgesehen und sich mit der einseitigen Gestattung des Betroffenen begnügt: **Nach
§ 19 GBO** bedarf es nur der Bewilligung des Betroffenen, damit – wenn die
anderen Voraussetzungen vorliegen – eine Eintragung vorgenommen werden
kann. Man nennt diesen Grundsatz das sog. „**formelle Konsensprinzip**".

> Beachte: Das formelle Konsensprinzip ändert – natürlich – nichts am
> materiellen Recht. Voraussetzung der Rechtsänderung sind grundsätzlich **Einigung und Eintragung.** Kommt keine Einigung zustande, tritt
> der Rechtserfolg – trotz Eintragung – nicht ein. Die **Bewilligung** ist
> lediglich eine der Eintragungsvoraussetzungen.

Im Gegensatz zu den Grundbuchsystemen süddeutscher Länder, die überwiegend die Überprüfung des materiellen Konsenses vorschrieben, entschied
sich der Gesetzgeber bei Schaffung der GBO für das preußische System des
formellen Konsenses. Er tat dies im Interesse einer Beschleunigung und Erleichterung des Eintragungsverfahrens, sah aber ganz klar auch die dabei möglicherweise entstehenden Gefahren, nämlich eine Grundbuchunrichtigkeit, die
dadurch herbeigeführt werden kann, dass zwar die einseitige Bewilligung vor-

liegt und zur Eintragung führt, die dingliche Einigung zwischen den Beteiligten aber nicht zustande gekommen ist. Diese Möglichkeit einer Grundbuchunrichtigkeit nimmt der Gesetzgeber in Kauf; die Gefahr, dass es dazu kommt, ist jedoch verringert einmal durch das sog. **Legalitätsprinzip**, nämlich die Pflicht des Grundbuchamtes, das Grundbuch stets richtig zu halten (vgl. dazu → Rdn. 270) und durch den für die Bewilligung – im Gegensatz zur Einigung des § 873 BGB – vorgeschriebenen Formzwang (§ 29 GBO; vgl. dazu unten → Rdn. 240 ff.).

117 Die Bewilligung ist somit die einseitige Erlaubnis zur Vornahme einer Grundbucheintragung.

Sie wird zwar abgegeben, damit eine materielle Rechtsänderung eintrete, sie vermag aber, fehlt es an der Einigung, die Rechtsänderung ebenso wenig herbeizuführen, wie ihr Fehlen bei Vorliegen von Eintragung und Einigung den Eintritt der materiellen Rechtsordnung hindern kann. Daraus werden für die Rechtsnatur der Bewilligung entscheidende Erkenntnisse zu ziehen sein (vgl. dazu unten → Rdn. 121 ff.).

118 Die Bewilligung tritt in dreifacher Form auf:

- als sog. **Änderungsbewilligung** (§ 19 GBO): Ihr Inhalt ist die Herbeiführung einer Rechtsänderung und zwar einer Rechtsbegründung, Inhaltsänderung oder Rechtsübertragung;
- als sog. **Löschungsbewilligung** (§ 19 GBO): Ihr Inhalt ist die Herbeiführung einer Löschung;
- als sog. **Berichtigungsbewilligung** (§ 22 Abs. 1 GBO): Ihr Inhalt ist die Herbeiführung einer Grundbuchberichtigung, ihr Ziel ist also die Wiedergewinnung der Übereinstimmung zwischen Buchrechtslage und materieller Rechtslage („deklaratorische Bewilligung").

Als Bewilligungen gelten auch die Erklärungen der mittelbar Beteiligten, für die meist der Ausdruck „Zustimmung" verwendet wird (vgl. dazu unten → Rdn. 136).

2. Ausnahmsweise Prüfung des materiellen Konsenses (§ 20 GBO)

Literatur: Böttcher, Die Bewilligung des Verkäufers (§ 19 GBO) für einen Eigentumswechsel, ZNotP 2008, 58

119 Die Problematik des formellen Konsensprinzips liegt in der Möglichkeit der Herbeiführung einer Grundbuchunrichtigkeit. Ist diese Möglichkeit bei den beschränkten dinglichen Rechten nach der Überzeugung des Gesetzgebers immerhin noch erträglich, so kann sie beim Grundeigentum nicht hingenommen werden: Die mit dem Eigentum (und dem Erbbaurecht) verbundenen privatrechtlichen und öffentlichrechtlichen Folgen sind so bedeutsam und so von allgemeinem Interesse, dass die Verantwortung für die Übereinstimmung von Buchrechtslage und materieller Rechtslage nicht den Beteiligten überlassen bleiben darf. Im Falle der **Auflassung eines Grundstückes sowie bei der Bestellung, Übertragung oder Inhaltsänderung eines Erbbaurechts** muss dem GBA gem. § 20 GBO deshalb ausnahmsweise die dingliche Einigung nachgewiesen werden. Die Behandlung des Erbbaurechts ist nicht Gegenstand dieses Buches; vgl. dazu *Böttcher,* Praktische Fragen des Erbbaurechts, 8. Auflage, 2018!

Heute ist es zu Recht h.M., dass in den Fällen des Eigentumswechsels an einem Grundstück und der Bestellung, Übertragung und Inhaltsänderung eines Erbbaurechts dem Grundbuchamt sowohl die formelle Bewilligung des § 19 GBO als auch die materielle Einigung des § 20 GBO nachzuweisen sind (BGH, Rpfleger 1982, 153; 1973, 355; OLG Düsseldorf, MittBayNot 2010, 307; OLG Stuttgart, DNotZ 2008, 456; BayObLG, DNotZ 1975, 685; OLG Köln, MittRhNotK 1997, 325, 327; *Böttcher,* ZNotP 2008, 258 m.w.N.). Aus der allein sachgerechten, rein verfahrensmäßigen Einordnung der Bewilligung ergibt sich, dass die Frage, ob neben der Einigung in den Fällen des § 20 GBO noch die Eintragungsbewilligung erforderlich ist, schon im Ansatz falsch gestellt ist. Da es an Verfahrenserklärungen grundsätzlich nur den Eintragungsantrag des § 13 GBO und die Eintragungsbewilligung des § 19 GBO gibt, sind diese Verfahrenshandlungen im Grundbuchverfahren stets nötig, ob sie entbehrlich sind, stellt sich gar nicht. Ob neben der Einigung eine Bewilligung nötig ist, kann gar nicht das Problem sein, weil die Einigung keine Grundbucherklärung ist, sondern nur ein sachenrechtlicher Vertrag, der allerdings nachzuweisen ist. Der dingliche Vertrag, die Einigung, kann die Eintragungsbewilligung niemals ersetzen. Die Eintragungsbewilligung kann allenfalls in den sachenrechtlichen Erklärungen enthalten (d.h. konkludent erklärt) sein. Das ändert aber nichts daran, dass die Bewilligung als Verfahrenshandlungen auf jeden Fall erforderlich ist und nicht etwa durch eine sachenrechtliche Erklärung ersetzt wird. Es liegen immer zwei Erklärungstatbestände vor. Im Grundbuchverfahrensrecht bestimmt § 19 GBO grundsätzlich somit, dass eine Eintragung im Grundbuch nur vorgenommen werden darf, wenn der in seinem Recht Betroffene sie bewilligt (formelles Konsensprinzip). An diesem Grundsatz des § 19 GBO ändert § 20 GBO nichts, er ergänzt ihn nur. § 20 GBO ist ebenso ein Zusatz zu § 19 GBO, wie § 925 BGB ein Zusatz zu § 873 BGB ist. Zur Eintragung des Erwerbers als Eigentümer und der Bestellung, Übertragung und Inhaltsänderung eines Erbbaurechts genügt die formelle Bewilligung des Betroffenen nicht, sondern es bedarf noch des Nachweises der materiellen Einigung des Berechtigten und des anderen Teils. § 20 GBO verdrängt damit weder § 19 GBO, noch ersetzt er ihn.

120

Bei der Erklärung der formellen Bewilligung in den Fällen des § 20 GBO ist die h.M. sehr großzügig: Die materielle Einigung enthalte regelmäßig die formelle Eintragungsbewilligung, sofern nicht ein gegenteiliger Wille ausdrücklich erklärt oder den Umständen nach deutlich erkennbar sei (OLG Düsseldorf, MittBayNot 2010, 307; BayObLG, Rpfleger 1975, 27; OLG Köln, Rpfleger 1992, 153; *Demharter*, § 20 Rdn. 2). Dem kann nicht gefolgt werden. Es widerspricht der Logik, einen Doppeltatbestand zu schaffen, ihn dann aber stets anzunehmen. Es muss daher beim Gegenteil bleiben. Die materielle Einigung enthält die Bewilligung nicht, auch nicht regelmäßig (*Hügel*, § 20 Rdn. 3; *Krafka*, MittBayNot 2011, 211; *Meikel/Böttcher*, § 20 Rdn. 6; *Wulf*, MittRhNotK 1996, 41, 44; in diese Richtung auch *Kössinger* in Bauer/Schaub § 19 Rdn. 42–44, § 20 Rdn. 15–17). Die Bewilligung muss stets daneben vorliegen. Kann das Grundbuchamt nur eine reine materielle Einigung als ihm nachgewiesen feststellen, so muss es, um das Verfahren zur Eintragung dieser Einigung im Grundbuch in Gang bringen zu können, eine Bewilligung verlangen. Das ist kein sinnloses Doppelverlangen auf Vorliegen einer wörtlichen Einigung und einer wörtlichen Bewilligung, sondern das durchaus sinnvolle Stellen des Grundbuchverfahrens auf eine sichere Grundlage. Dass dient zur Sicherheit für die Beteiligten, aber auch zur Sicherheit des Grundbuchamtes, dem man sonst vorwerfen könnte, es habe ein Verfahren in Gang gebracht, das die Beteiligten, die sich zunächst nur dinglich einigen wollten, nicht gewünscht haben. Der Grundbuchverkehr und die Praxis werden durch diese Meinung nicht unnötig belastet. Es ist ja durchaus üblich, die Bewilligung ausdrücklich zu erklären. Es ist falsch, zu sagen, in der Rechtswirklichkeit seien keine Fälle denkbar, in denen die Beteiligten zwar die materielle Einigung wollten, aber nicht wollten, dass durch eine formelle Bewilligung die entsprechende Eintragung im Grundbuch herbeigeführt werde. Es sind sehr wohl Fälle denkbar, in denen die Beteiligten sich dinglich, etwa auch bindend (§ 873 Abs. 2 BGB), zu einigen beabsichtigen, aber noch keine Veranlassung und Erlaubnis zum Tätigwerden des Grundbuchamtes geben wollen, wie es ja die Bewilligung tut. Hierher gehören vor allem sowohl die Fälle, in denen die Parteien sich zunächst nur sachenrechtlich binden wollen, sowie diejenigen praktischen Fälle, in denen der Umstand, dass die Bewilligung später abzugeben ist, der Sicherung einer Partei, etwa des verlierenden Teils (meist Verkäufer), hinsichtlich der zu bewirkenden Gegenleistung dient; dies ist zulässig. Folgende Formulierung ist denkbar (vgl. *Grziwotz*, Grundbuch und Grundstücksrecht, Rdn. 807):

„Die Vertragsteile sind sich über den Eigentumsübergang auf den Käufer einig. Die Eintragungsbewilligung des Verkäufers wird heute ausdrücklich noch nicht abgegeben. Der amtierende Notar wird von den Vertragsteilen bevollmächtigt, die Eigentumsumschreibung namens des Verkäufers in das Grundbuch zu bewilligen. Für das Innenverhältnis gilt: Von dieser Ermächtigung darf der Notar nur Gebrauch machen, wenn ... (etwa der Kaufpreis samt etwaiger Zinsen bezahlt ist und/oder Kosten, auch wegen für Rechnung des Käufers bestellte Grund-

pfandrechte, und/oder Grunderwerbsteuer bezahlt oder sonstige Pflichten erfüllt sind)."

Gibt der Notar aufgrund seiner Durchführungsvollmacht auf sich selbst die Eintragungsbewilligung für den Veräußerer ab, dann kann trotz § 6 Abs. 1 Nr. 1 BeurkG eine wirksame öffentliche Urkunde vorliegen, die zum Nachweis nach § 29 GBO ausreicht, und zwar ohne dass die Unterschrift des Notars durch einen anderen Notar beglaubigt wird (= Eigenurkunde; vgl. BGH, DNotZ 1981, 252; OLG Frankfurt/M., MittBayNot 2001, 255).

Nach der hier vertretenen Meinung bedeutet dies für die Prüfungstätigkeit des Grundbuchamtes: Der Eigentumswechsel und die Bestellung, Übertragung oder Inhaltsänderung eines Erbbaurechts kann nur vollzogen werden, wenn die **Urkunde sowohl die materielle Einigung (§ 20 GBO) als auch die formelle Bewilligung (§ 19 GBO) ausdrücklich enthält.** Wurde nur die materielle Einigung erklärt und die formelle Bewilligung ausdrücklich nicht abgegeben, darf die Urkunde vom Grundbuchamt nicht vollzogen werden; Gleiches muss nach der hier vertretenen Meinung auch gelten, wenn zwar die materielle Einigung ausdrücklich erklärt, aber zu der formellen Bewilligung nichts gesagt wurde und der Betroffene auch keinen Eintragungsantrag gestellt hat, worin konkludent seine Bewilligung liegen würde.

Umstritten ist die Frage, welches **Prüfungsrecht das Grundbuchamt** hinsichtlich der ihm vorgelegten materiellen Einigung hat. Dazu wird die Meinung vertreten, dass das Grundbuchamt nur die verfahrensrechtliche Verwendbarkeit der ihm vorgelegten Einigungserklärungen prüfen darf, nicht aber die materielle Wirksamkeit der Einigung (*Wufka*, DNotZ 1985, 651, 662; *Wolfsteiner*, DNotZ 1987, 67, 72 f.; *Demharter*, § 20 Rdn. 38). Die Richtigkeit dieser Auffassung hat *Rühl* (Materiell-rechtliche Prüfungspflichten im Eintragungsverfahren nach der GBO, 1990, Kap. I; ebenso NK-BGB/*Grziwotz*, Anhang zu §§ 925 ff. Rdn. 1; *Krüger*, ZNotP 2006, 202, 204) umfassend und überzeugend widerlegt. Richtig ist zunächst, dass der Wortlaut des § 20 GBO nicht ausdrücklich eine **wirksame Einigung** verlangt. Jedoch ergibt sich dieses Erfordernis eindeutig aus den Quellen zur Grundbuchordnung. Dies folgt bereits aus der Bemerkung zu § 21 des Entwurfs. Danach sollte in den Fällen des heutigen § 20 GBO eine »Eintragung nur auf Grund der (gültig erfolgten) Einigung vorgenommen werden dürfen« (Bemerkungen zu § 21, bei *Jacobs/Schubert* S. 531). Auch in der den Beratungsstand vom 14.12.1895 wiedergegebenen Fassung war noch die Formulierung gewählt, die Eintragung dürfe nur erfolgen, »wenn die Einigung des Berechtigten und des anderen Theiles nachgewiesen wird« (vgl. bei *Jacobs/Schubert* S. 509). Erstmals in dem vom Reichsjustizamt aufgestellten Entwurf einer Grundbuchordnung taucht die Formulierung auf, die erforderliche Einigung müsse »erklärt« sein (vgl. bei *Jacobs/Schubert*, S. 579). Es findet sich jedoch kein Hinweis auf eine mit dieser Änderung des Wortlautes bezweckten inhaltlichen Änderung. Insbesondere in der Denkschrift zur Grundbuchordnung heißt es wieder, die Einigung dürfe nur auf Grund

120a

der nachgewiesenen Einigung erfolgen (vgl. bei *Hahn/Mugdan* V S. 159). Das Ergebnis der Beratungen ging vielmehr dahin, die Eintragung nur auf Grund einer nachgewiesenen wirksamen Einigung zu gestatten (Bemerkungen zu § 21, 7. Sitzung der Kommission vom 14.12.1895, bei *Jacobs/Schubert*, S. 531). Zur Wirksamkeit der Einigung gehört nun aber auch die Einhaltung der materiellen Formvorschriften; eine nicht der Form des § 925 Abs. 1 BGB entsprechende Auflassung ist unwirksam. Auch das OLG München (Rpfleger 2013. 509) geht z. B. zu Recht davon aus, dass das GBA die Geschäftsfähigkeit des Veräußerers im Beurkundungszeitpunkt bzw. im Zeitpunkt der Vertragsgenehmigung eigenverantwortlich zu prüfen habe, was natürlich eine materielle Prüfung der Wirksamkeit der Auflassung darstellt (*Frohn*, RpflStud 2019, 37).

120b **Form der Auflassung:** Gemäß § 925 BGB muss die Einigung **bei gleichzeitiger Anwesenheit vor einer zuständigen Stelle (z. B. Notar) erklärt werden.** 925 BGB schreibt weder Schriftform, noch notarielle Beurkundung, noch öffentlichen Beglaubigung vor. Die Bestimmung spricht lediglich von einer Erklärung beider Teile vor einer zuständigen Stelle. Eine Pflicht, die erklärte Auflassung schriftlich niederzulegen, notariell zu beurkunden oder die Unterschriften der Beteiligten öffentlich zu beglaubigen, normiert § 925 BGB jedoch nicht; eine solche Pflicht kann auch nicht durch die entsprechende Anwendung der Formvorschriften oder der Vorschriften, die sich mit der Form befassen, statuiert werden.

Die Erklärung der Auflassung ist eine Wirksamkeitsvoraussetzung. Strittig ist dabei allerdings, ob die Erklärung mündlich zu erfolgen hat (bejahend: OLG Zweibrücken, RNotZ 2009, 654; verneinend: OLG Rostock, DNotZ 2007, 220; *Hügel*, § 20 Rdn. 41; *Meikel/Böttcher*, § 20 Rdn. 64). § 925 BGB schreibt dies zumindest nicht vor. Jede Art der Erklärungsabgabe genügt, auch durch Zeichen. Die die Mündlichkeit fordernde Meinung würde zu dem merkwürdigen Ergebnis führen, dass Stumme, obwohl das Beurkundungsgesetz für sie besondere Möglichkeiten vorsieht, ihre Erklärungen zu beurkunden, die Auflassung weder erklären noch entgegennehmen könnten. Dies kann nicht richtig sein. Das Erfordernis der Mündlichkeit ist bei der Auflassung somit nicht zu halten. § 925 BGB verlangt, das die Auflassung »erklärt«, nicht dass sie »mündlich« erklärt werden muss. Zur Wahrung der Auflassungsform genügt es daher, wenn auch ohne ein verständlich gesprochenes Wort die Auflassungserklärungen für die anwesenden Vertragspartner zu keinem Zweifel am Einverständnis mit den gesamten Inhalt der Auflassung Anlass geben, d. h. es genügt z. B. Kopfnicken, Unterlassen eines Widerspruchs gegen die Erklärungen des anderen Teiles, Unterzeichnung der Urkunde im Anschluss an deren Verlesung.

Die Auflassung muss bei **gleichzeitiger Anwesenheit von Veräußerer und Erwerber** vor der zuständigen Stelle erklärt werden. Das Erfordernis der gleichzeitigen Anwesenheit der Vertragsparteien ist ein materiellrechtliches Erfordernis, so dass ein Verstoß dagegen die Nichtigkeit der Auflassung zur Folge hat. Die von § 925 BGB verlangte, gleichzeitige Anwesenheit beider Vertrags-

I. Die Bedeutung des Konsensprinzips

teile erfordert nicht, dass die Beteiligten persönlichen anwesend sein müssen. Die Wirksamkeit einer Auflassungserklärung durch einen Bevollmächtigten, Unterbevollmächtigten, vollmachtlosen Vertreter oder Nichtberechtigten ist deshalb nicht ausgeschlossen (BGHZ 19, 138; 29, 370).

Die Erklärung vor einem zuständigen Amtsträger ist eine materielle Wirksamkeitsvoraussetzung, d. h. bei der Nichtbeachtung ist die Auflassung unwirksam. Zuständige Stelle für die Entgegennahme der Auflassung ist im gesamten Bundesgebiet jeder **deutsche Notar** (§ 925 Abs. 1 Satz 2 BGB), der ja auch für die Beurkundung des zugrunde liegenden, schuldrechtlichen Verpflichtungsgeschäfts zuständig ist (§ 311b Abs. 1 BGB). Die Zuständigkeit des Notars ist unabhängig davon, ob das betroffene Grundstück in seinem Amtsbereich (§ 10a BNotO) oder Amtsbezirk (§ 11 BNotO) liegt oder nicht. Die Auflassung ist auch dann wirksam, wenn sie der Notar außerhalb des Bundeslandes, in dem er bestellt ist (§ 2 BeurkG), entgegengenommen hat. Unwirksam ist die Auflassung allerdings dann, wenn sie ein deutscher Notar im Ausland entgegennimmt, denn dafür sind nur die deutschen Konsulate zuständig. Nach dem klaren Gesetzeswortlaut des § 925 Abs. 1 Satz 2 BGB ist für die Wirksamkeit der Auflassung **keine notarielle Beurkundung** nötig, sondern eben nur die Abgabe bei gleichzeitiger Anwesenheit vor einem Notar (KG, NotBZ 2015, 387). Nicht zuständig für die Entgegennahme der Auflassung sind ausländische Notare (KG, Rpfleger 1986, 428; *Döbereiner,* ZNotP 2001, 465).

§ 20 GBO verlangt im Falle der Grundstücksauflassung den Nachweis der materiellen Einigungserklärung (§§ 873, 925 BGB). Die formelle Form des Nachweises regelt § 29 GBO. Nach dessen Satz 1 müssen die zur Eintragung erforderlichen Erklärungen durch öffentliche oder öffentlich beglaubigte Urkunden nachgewiesen werden. Dazu gehört nach materiellem Recht jedenfalls die Erklärung der Einigung bei gleichzeitiger Anwesenheit beider Teile vor dem Notar als einer zur Entgegennahme der Auflassung zuständigen Stelle. Dass für die Auflassung dieser Nachweis jedenfalls nicht durch eine lediglich öffentlich beglaubigte Urkunde erbracht werden kann, entspricht allgemeiner Meinung (KG, NotBZ 2015, 387). Denn durch eine Beglaubigung wird mit öffentlichem Glauben nur bekräftigt, dass die Unterschriften von den Personen stammen, die sie in Gegenwart des Notars vollzogen oder anerkannt haben (§ 40 BeurkG). Nicht bewiesen wird damit, dass die Erklärungen gemäß § 925 BGB bei gleichzeitiger Anwesenheit beider Vertragsteile vor dem Notar abgegeben worden sind. Demnach kann nach h. M. der Nachweis **nur durch eine öffentliche Urkunde nach § 29 Abs. 1 S. 2 GBO** erbracht werden (OLG Köln, RNotZ 2007, 483, 487; BayObLG, Rpfleger 2001, 228). Der Nachweis der §§ 20, 29 GBO kann auch dadurch geführt werden, dass die Erklärung der Auflassung in einer **Anlage** zur notariellen Urkunde gemäß § 9 BeurkG beurkundet ist. Verstößt die notarielle Niederschrift gegen zwingende Bestimmungen des Beurkundungsrechts (z. B. fehlende Unterschrift eines Beteiligten gemäß § 13 BeurkG), so führt dies zwar zur **Unwirksamkeit der Beurkundung**, aber nicht zur Unwirksamkeit der materiellen Auflassung (OLG Rostock, DNotZ 2007, 220). Da die Form des § 29 Abs. 1 Satz 2 GBO aber dann nicht gewahrt ist, kann die Auflassung nicht vom Grundbuchamt vollzogen werden.

120c **Die Auflassung eines Grundstücks, die unter einer Bedingung oder einer Zeitbestimmung erfolgt, ist unwirksam** (§ 925 Abs. 2 BGB). Dies ist im Interesse der Rechtssicherheit des Grundstücksverkehrs angeordnet, damit das Grundbuch möglichst keinen falschen Grundstückseigentümer ausweist und der Eigentumsübergang nicht von einem künftigen Ereignis oder Termin abhängig gemacht werden kann. Unzulässig ist sowohl eine aufschiebende als auch auflösende Bedingung bzw. sowohl ein Anfangstermin als auch einen Endtermin. Jede rechtsgeschäftliche Bedingung oder Zeitbestimmung i.S.v. §§ 158, 163 BGB führt zur Unwirksamkeit der gesamten Auflassung und nicht nur der Nebenabrede über die Bedingung oder Befristung. Die unwirksame Auflassung ist auch nicht heilbar, d.h. bleibt unwirksam, wenn die aufschiebende Bedingung eintritt oder die auflösende Bedingung ausfällt oder der Anfangstermin bzw. Endtermin erreicht ist. Ist auf Grund einer bedingten oder befristeten Auflassung ein neuer Eigentümer im Grundbuch eingetragen worden, so ist damit das Grundbuch unrichtig geworden.

Folgende **Einzelfälle** führen wegen § 925 Abs. 2 BGB zu einer unwirksamen Auflassung:

a) Die Wirksamkeit der sachenrechtlichen Auflassung ist abhängig von der Wirksamkeit oder dem Bestehenbleiben des schuldrechtlichen Grundgeschäfts (OLG Celle, DNotZ 1974, 731). Behält sich jedoch der Verkäufer in einem Kaufvertrag mit Auflassung für bestimmte Fälle vor, vom Vertrag zurückzutreten, so erstreckt sich der Rücktrittsvorbehalt im Zweifel nur auf das Verpflichtungsgeschäft, so dass keine bedingte Auflassung vorliegt (OLG Oldenburg, Rpfleger 1993, 330).

b) In einem gerichtlichen Vergleich wurde eine Auflassung unter einem Widerrufsvorbehalt erklärt (BGH, NJW 1988, 415).

c) Die Parteien eines Scheidungsrechtsstreits haben in einem gerichtlichen Vergleich die Auflassung eines Grundstücks erklärt »für den Fall der rechtskräftigen Scheidung«; dies führt zur Unwirksamkeit der Auflassung selbst dann, wenn das Urteil in dem gleichen Termin noch verkündet und wegen beiderseitigen Rechtsmittelverzichts rechtskräftig geworden ist (OLG Düsseldorf, RNotZ 2015, 299).

d) Die Wirksamkeit der sachenrechtlichen Auflassung wird abhängig gemacht vom künftigen Abschluss der Ehe oder eines Ehevertrages.

e) Auflassung unter dem Anfangstermin, dass das Eigentum erst mit dem Tod des Veräußerers auf den Erwerber übergehen soll.

Ist das der Auflassung zugrunde liegende **schuldrechtliche Verpflichtungsgeschäft bedingt oder befristet** vereinbart worden, führt dies auf Grund des Abstraktionsprinzips grundsätzlich nicht zu einer unwirksamen, weil bedingten oder befristeten Auflassung (BGH, NJW 1976, 237). Nur wenn die Beteiligten das schuldrechtliche Verpflichtungsgeschäft und die sachenrechtlichen Auflassung zu einer Einheit i.S.v. § 139 BGB zusammengefasst haben, wäre dies der Fall; allein durch die Aufnahme von Kaufvertrag und Auflassung in einer Urkunde liegt aber noch keine Geschäftseinheit vor (BGH, BGHZ 112, 378).

Rechtsbedingungen sind keine rechtsgeschäftlichen Bedingungen im Sinne von § 158 BGB, sondern gesetzliche Wirksamkeitsvoraussetzungen eines Rechtsgeschäfts. Sie sind bei einer Auflassung **zulässig** und machen diese nicht unwirksam. Deshalb ist eine Auflassung wirksam, wenn sie an eine in Gründung befindliche juristische Person unter der Rechtsbedingung erfolgt, dass diese entsteht (BGH, BGHZ 45, 339). Wirksam ist auch eine Auflassung vorbehaltlich einer noch ausstehenden Genehmigung einer Behörde oder des Familien- bzw. Betreuungsgerichts oder der nachträglichen Genehmigung des vollmachtlos Vertretenen oder des Berechtigten nach § 185 Abs. 2 BGB.

Keine Bedingungen im Sinne von § 925 Abs. 2 BGB stellen sog. **Vollzugsvorbehalte** dar, mit denen die Beteiligten den Grundbuchvollzug von einer Voraussetzung abhängig machen, aber nicht die sachenrechtliche Einigung. Insbesondere fallen darunter Weisungen an den Notar, z. B. zur Stellung oder Rücknahme des Eintragungsantrags, Vorlage oder Zurücknahme der dinglichen Einigung bzw. formellen Bewilligung. Die Anweisung an den Notar, den Antrag auf Eintragung des Eigentumswechsels nicht vor einem bestimmten Zeitpunkt zustellen, ist keine Befristung der Auflassung (BGH, NJW 1953, 1301). Die Vertragsparteien können auch untereinander Vereinbarungen für den Grundbuchvollzug treffen (z. B. Verzicht auf die Antragstellung), die jedoch nur schuldrechtliche Wirkung haben und deshalb für das Grundbuchamt unbeachtlich sind (OLG Celle, NotBZ 2018, 382); die Wirksamkeit der Auflassung beeinflussen sie auch nicht. Keine für die Auflassung schädliche Bedingung ist auch die Erklärung eines Vorbehalts gem. § 16 Abs. 2 GBO an das Grundbuchamt, wonach eine Grundbucheintragung nicht ohne eine bestimmte andere Eintragung erfolgen soll, z. B. der Vollzug der Auflassung an den Käufer nicht ohne gleichzeitige Eintragung einer Kaufpreisgrundschuld für den Verkäufer (BayObLG, DNotZ 1976, 103).

Die Auflassung kann auch in einem **gerichtlichen Vergleich** erklärt werden (§ 925 Abs. 1 S. 3 BGB). Die Gerichte im Sinne dieser Vorschrift sind unstrittig alle Instanzen von Gerichten der Bundesrepublik Deutschland der streitigen und freiwilligen Gerichtsbarkeit, die in gerichtlicher Funktion in Verfahren tätig werden, in denen sich mehrere Beteiligte im Streit gegenüberstehen; dazu gehören auch Vollstreckungs-, Insolvenz- und Landwirtschaftsgerichte (BGH, Rpfleger 1999, 483), Nachlassgerichte, aber auch Strafgerichte in Privatklage- und Adhäsionsverfahren. Nicht zuständig sollen allerdings Verwaltungs-, Sozial- und Finanzgerichte seien (BayVGH, BayBVL. 1972, 664). Dem ist zu widersprechen. Aus dem Gesetz ist eine solche unterschiedliche Behandlung nicht zu

120d

entnehmen. Alle Gerichtszweige sind vielmehr gleichwertig und gleichrangig. Die Auflassung muss auch nicht unmittelbar mit dem Streitgegenstand des Verfahrens in Zusammenhang stehen, vielmehr darf ein Vergleich über den Rahmen des Streitfalles hinausgehen. Deshalb kann die Auflassung auch in einem Vergleich vor dem Verwaltungs-, Sozial- und Finanzgericht erklärt werden (BVerwG, NJW 1995, 2179 = Rpfleger 1995, 497). Die Auflassung »in einem gerichtlichen Vergleich« bedeutet, dass die Auflassung unter Wahrung der prozessrechtlichen Form (§§ 159 ff. ZPO) protokolliert werden muss. Ein Vergleich in Form eines Schiedsspruchs mit vereinbartem Wortlaut (§ 1053 ZPO) kann keine Auflassung enthalten, weil das Schiedsgericht weder zur Entgegennahme von Auflassungserklärungen für zuständig erklärt ist, noch es sich bei einem Schiedsspruch mit vereinbartem Wortlaut um einen gerichtlichen Vergleich handelt. Durch die Aufnahme der Auflassung in ein nach den Vorschriften der ZPO (§ 160 ZPO) errichtetes Protokoll über einen Vergleich wird die notarielle Beurkundung ersetzt (§ 127a BGB). Ein gerichtlicher Vergleich kann auch dadurch geschlossen werden, dass die Parteien dem Gericht einen schriftlichen Vergleichsvorschlag unterbreiten oder einen schriftlichen Vergleichsvorschlag des Gerichts durch Schriftsatz gegenüber dem Gericht annehmen; das Gericht stellt daraufhin das Zustandekommen und den Inhalt des Vergleichs durch Beschluss fest (**§ 278 Abs. 6 ZPO**). Auf einen solchen Vergleich findet § 127a BGB entsprechende Anwendung, d. h. die notarielle Beurkundung wird ersetzt (BGH, NotBZ 2017, 261). Ob die in einem Beschlussvergleich nach § 278 Abs. 6 ZPO erklärte Auflassung einer Immobilie auch als Grundlage für die Grundbucheintragung eines Eigentumswechsels dienen kann, ist umstritten. Zum Teil wird die Meinung vertreten, dass es sich bei einem schriftlichen Vergleich gemäß § 278 Abs. 6 ZPO um einen gerichtlichen Vergleich nach § 925 Abs. 1 S. 3 BGB handeln soll; der Beschlussvergleich sei aber eine öffentliche Urkunde nach § 29 Abs. 1 GBO, der die Grundbucheintragung des Eigentumswechsels rechtfertige (OLG München, ZWE 2014, 167; KG, FGPrax 2011, 108). Trotzdem kann die Auflassung einer Immobilie nicht in einem gerichtlichen Vergleich nach § 278 Abs. 6 ZPO erklärt werden, da es hier an der zwingenden gleichzeitigen Anwesenheit der Beteiligten (§ 925 Abs. 1 Satz 1 BGB) mangelt (*Frohn*, RpflStud 2019, 37; OLG Hamm, NotBZ 2018, 341; OLG Jena, Rpfleger 2015, 261). Der persönliche Kontakt und damit auch die Möglichkeit, unmittelbar auftretende Fragen der Beteiligten zu klären, ist bei einer Auflassung in einem schriftlichen Verfahren nach § 278 Abs. 6 ZPO im Vergleich zu einer Auflassung vor einem Notar oder auch in einem protokollierten gerichtlichen Vergleich nicht in vollem Umfang gewährleistet.

→ **Beispiel 22b:**

120e

In einem Vergleich vor einem Familiensenat eines OLG vereinbarten die Eheleute am 7.6.2011: „Die Beteiligten sind sich darüber einig, dass das in ihrem Miteigentum stehende Hausgrundstück in 15569 Woltersdorf, Rapsweg 5, zu Alleineigentum auf die

I. Die Bedeutung des Konsensprinzips

Ehefrau übergeht." Zu notarieller Urkunde vom 20.3.2012 bewilligte der Ehemann die Eintragung des Eigentumswechsels an dem ½-Miteigentumsanteil am Grundstück in 15569 Woltersdorf, Rapsweg 5, Gemarkung Woltersdorf, Flur 3, Flurstück 64, Gebäude- und Freifläche, 764 qm (Amtsgericht Fürstenwalde, Grundbuch von Woltersdorf, Blatt 123). Den Eintragungsantrag des Notars vom 29.3.2012 hat das Grundbuchamt mit Beschluss vom 21.6.2012 zurückgewiesen.

Die dagegen eingelegte Beschwerde hatte beim OLG Naumburg (NotBZ 2014, 184) Erfolg. Gegenstand der Auflassung kann ein Grundstück im Rechtssinne sein. Für die **materielle Wirksamkeit der Einigung** (§§ 873, 925 BGB) ist es nötig, dass die Beteiligten den Gegenstand ihrer Einigung hinreichend bestimmt haben. Dazu ist es nicht notwendig, wenn auch wünschenswert, dass das Grundstück in Übereinstimmung mit dem Grundbuch (§ 28 GBO) bezeichnet wird (BayObLG, Rpfleger 1963, 243). Für die Bestimmbarkeit des Grundstücks genügen die Angabe der Straße und die Hausnummer einer Gemeinde. Die Auflassung des Miteigentumsanteils an dem Grundstück im gerichtlichen Vergleich vom 7.6.2011 vor dem Familiensenat des OLG war damit materiell wirksam und lag dem GBA vor (§ 20 GBO). Für den Vollzug des Eigentumswechsels im Grundbuch bedurfte es noch der Eintragungsbewilligung des Veräußerers (§ 19 GBO), die am 20.3.2012 auch formgerecht (§ 29 Abs. 1 S. 2 GBO) und mit der Bezeichnung des Grundstücks nach § 28 GBO abgegeben wurde.

Für die **formellrechtliche Verwendbarkeit der Auflassung** im Grundbuchverfahren muss der Gegenstand der Einigung gem. **§ 28 GBO** bezeichnet werden, obwohl diese Vorschrift nach ihrem Wortlaut nur für die Eintragungsbewilligung gilt. § 28 GBO ist aber eine Verfahrensvorschrift, die für das ganze Grundbuchverfahren anzuwenden ist, somit auch für die Auflassung (OLG Naumburg, NotBZ 2014, 184). Formell war somit der Vergleich vor dem Familiensenat des OLG fehlerhaft. Materiellrechtlich ist für die Wirksamkeit der Einigung die Vorschrift des § 28 GBO aber ohne Belang.

Enthält die Auflassung nicht die ordnungsgemäße Bezeichnung des betroffenen Objektes nach § 28 GBO, so ist eine **Nachholung** möglich. Bestritten ist nur die Art und Weise. Teilweise wird behauptet, dass dies der Erwerber allein in der Form des § 29 GBO kann (OLG Köln, Rpfleger 1992, 153). Dem muss widersprochen werden, denn der Gegenstand der Einigung muss auch in der Bewilligung des § 19 GBO genannt sein und die kann nur der Betroffene abgeben. Soweit es als ausreichend angesehen wird, dass die Nachholung durch den Betroffenen allein genügt (OLG Naumburg, NotBZ 2014, 184), kann dem auch nicht zugestimmt werden. Bei den hier in Frage stehenden Fällen muss sich der Gegenstand der Auflassung (§ 20 GBO) aus dieser selbst ergeben. Der Inhalt der Einigung kann jedoch nur durch eine erneute Auflassung, wiederum in der Form des § 29 GBO, ergänzt werden (*Hügel*, § 20 Rdn. 51; *Kössinger* in Bauer/Schaub, § 20 Rdn. 171-174). Die Nachholung kann auch durch den Notar erfolgen, wenn er von dem Beteiligten hierzu bevollmächtigt worden ist; die daraufhin errichtete Eigenurkunde des Notars, versehen mit Unterschrift und

Dienstsiegel, genügt den Anforderungen des § 29 GBO (BayObLG, Rpfleger 1982, 416).

120f
→ **Beispiel 22c:**
Am 5.9.1966 wurde der Kaufvertrag, die Auflassung und die Bewilligung des Verkäufers V an den Käufer K beurkundet. Der beim GBA am 15.11.1966 eingereichte Eintragungsantrag wurde nicht vollzogen. Der Verkäufer V verstarb 1991 und wurde von A allein beerbt; letzterer wurde als neuer Eigentümer eingetragen. Nach dem Tod des Käufers K im Januar 2017 stellte sein Alleinerbe B den Antrag, ihn als Alleineigentümer einzutragen. Dies geschah am 11.5.2017. Da der Alleinerbe A des Verkäufers V keine Kaufpreiszahlung feststellen konnte, beantragte er die Eintragung eines Widerspruchs gegen die Eigentümerstellung des B. Dies hat das GBA abgelehnt. Dagegen wurde Beschwerde eingelegt.

Diese wurde vom OLG München (Rpfleger 2018, 367) zu Recht zurückgewiesen. In Betracht kam die Eintragung eines Amtswiderspruchs nach § 71 Abs. 2 S. 2, § 53 Abs. 1 S. 1 GBO. Voraussetzungen dafür sind die Verletzung von gesetzlichen Vorschriften durch das Grundbuchamt, eine Grundbuchunrichtigkeit und die Möglichkeit des gutgläubigen Erwerbs. Das Grundbuchamt hat bei der Grundbucheintragung des neuen Eigentümers keine gesetzliche Vorschrift verletzt. Insbesondere lag eine wirksame und formgerechte Auflassung vor (§§ 20, 29 GBO). Sie wurde bereits am 5.9.1966 bindend mit notarieller Beurkundung (§ 873 Abs. 2 Alt. 1 BGB) und dies entsprach auch der formellen Form nach § 29 Abs. 1 S. 2 GBO. Ohne Einfluss auf die Wirksamkeit der Auflassung war der Tod von Verkäufer und Käufer. Verstirbt einer der Beteiligten nach Erklärung der Auflassung, so bleibt diese trotzdem wirksam und muss nicht unter Beteiligung der Erben wiederholt werden (BGH, BGHZ 32, 369); die bisherige Einigung rechtfertigt weiterhin eine Grundbucheintragung. Beim **Tod des die Auflassungserklärung abgebenden Teiles** bedarf es für den Grundbuchvollzug auch nicht der Zustimmung der Erben oder Erbeserben, vgl. § 130 Abs. 2 BGB (BGH, BGHZ 48, 356). Bei einer Auflassung des Erblassers ist zur Grundbuchumschreibung auch die Zustimmung desjenigen entbehrlich, der teils durch Erbgang (§ 1922 BGB), teils durch Erbteilserwerb (§ 2033 BGB) Eigentümer geworden und als solcher im Grundbuch eingetragen ist. Um die abgegebene Einigungserklärung vollziehen zu können, bedarf es auch nicht der vorherigen Eintragung der Erben (§ 40 GBO). Den erforderlichen Eintragungsantrag nach § 13 GBO kann der Erwerber als Begünstigter oder ein Miterbe als Betroffener stellen. Ob dem Grundbuchamt die Einigung bereits vor dem Tod des Erklärenden eingereicht worden ist oder nicht, ist ohne Bedeutung.

Stirbt der Empfänger der Auflassungserklärung vor seiner Grundbucheintragung, so darf er nicht mehr Grundbuch eingetragen werden, wenn das Grundbuchamt dies weiß. Zur Eintragung der Erben ist weder eine neue Einigung noch eine neue Bewilligung notwendig, vielmehr genügt der Erbennachweis (§ 35 GBO) und der formlose Eintragungsantrag eines Erben (OLG

I. Die Bedeutung des Konsensprinzips

München, Rpfleger 2018, 367). Die wirksame Auflassung vom 5.9.1966 wirkt auch gegen die Alleinerben des Verkäufers und Käufers (§ 1922 BGB).
Ist die Bewilligung (§ 19 GBO) wirksam geworden, so bleibt sie dies auch analog § 130 Abs. 2 BGB, wenn der Bewilligende danach verstirbt (OLG München, Rpfleger 2018, 367). Treten diese Umstände aber vor dem Zugang oder der Aushändigung der Bewilligung ein, dann ist die Bewilligung trotzdem wirksam, wenn der Aussteller vorher alles Erforderliche getan hat, um das Wirksamwerden der Erklärung herbeizuführen (OLG Stuttgart, NotBZ 2012, 237). Dies ist dann der Fall, wenn der Aussteller die Bewilligung nicht nur abgefasst, sondern auch an den Adressaten abgesandt hat. Es genügt aber auch, wenn er die Bewilligung in anderer Weise derart in den Rechtsverkehr gebracht hat, dass er mit ihrem Zugehen bei diesem rechnen konnte. Soweit daher der Erblasser in einer notariellen Urkunde die Bewilligung abgegeben und dem Notar zur Weiterleitung an das Grundbuchamt bevollmächtigt hat, hat er die Bewilligung derart in den Rechtsverkehr gebracht, dass er mit ihrem Zugehen beim Grundbuchamt rechnen konnte. In diesem Fall ist die vom Erblasser abgegebene Bewilligung wirksam und eine Genehmigung durch den Erben unter Vorlage eines Erbscheins ist nicht erforderlich. Im vorliegenden Fall wurde die Eintragungsbewilligung wirksam am 15.11.1966 mit Zugang beim Grundbuchamt. Auch dass 1991 der Alleinerbe des Bewilligenden als Eigentümer eingetragen wurde, ändert an der Wirksamkeit der Bewilligung nichts. Denn für die Grundbucheintragung genügt die wirksame Bewilligung des Erblassers, selbst wenn zwischenzeitlich sein Alleinerbe im Grundbucheingetragen worden ist. Einer weiteren Bewilligung des eingetragenen Erben bedarf es nicht (OLG München, Rpfleger 2018, 367).
Auch für eine Grundbuchunrichtigkeit besteht kein Anhaltspunkt. Die wirksame Auflassung stammt vom 5.9.1966 und die Grundbucheintragung erfolgte am 11.5.2017 (§§ 873, 925 BGB). Beides zusammen führte zum wirksamen Eigentumserwerb. Der Einwand, dass noch keine Kaufpreiszahlung erfolgte, ist irrelevant. Nach dem Abstraktionsprinzip ist der Eigentumserwerb unabhängig von den schuldrechtlichen Gegebenheiten.

→ **Beispiel 22d:**
Am 28.8.2013 verkaufte der Verkäufer V zu notarieller Urkunde eine noch **unvermessene Grundstücksteilfläche** an den Käufer K. Da der Verkäufer V sich weigerte, die Auflassung zu erklären, wurde er am 25.11.2014 rechtskräftig zur Auflassung „einer noch wegzumessenden Teilfläche" nach näherer Maßgabe des notariellen Kaufvertrags verurteilt. Aufgrund der Vermessung wurde am 20.6.2015 der Fortführungsnachweis erstellt. Daraufhin nahm der Käufer K am 8.12.2016 zu notarieller Urkunde die Auflassung des nun vermessenen Grundstücksteils an und beantragte beim Grundbuchamt seine Eintragung als neuer Eigentümer. Das Grundbuchamt hat mit Beschluss vom 11.3.2017 den Eintragungsantrag zurückgewiesen (§ 18 GBO). Zu Recht?

120g

Es ist h.M., dass in den Fällen des Eigentumswechsels an einem Grundstück dem Grundbuchamt sowohl die formelle Bewilligung des Verkäufers nach § 19 GBO als auch die materielle Einigung des § 20 GBO nachzuweisen sind (OLG Stuttgart NotBZ 2008,126; *Meikel/Böttcher*, § 20 Rdn. 5). Die materielle Auflassung enthalte nach überwiegender Meinung regelmäßig die formelle Eintragungsbewilligung, sofern nicht ein gegenteiliger Wille ausdrücklich erklärt oder den Umständen nach deutlich erkennbar sei (OLG Köln, DNotZ 1992,371; MittRhNotK 1997,325,327). Dem hat sich das OLG Stuttgart (NotBZ 2008,126) angeschlossen auch für den Fall, dass der Veräußerer zur Abgabe der Auflassungserklärung verurteilt wurde. Dem wird widersprochen. Wenn der Veräußerer schon nicht einmal bereit ist, seine materielle Auflassung zu erklären, will er auch seine formelle Eintragungsbewilligung nicht abgeben. Letztere dann mittels Auslegung anzunehmen, ist nicht gerechtfertigt. Die gesetzliche Fiktion des rechtskräftigen Urteils gegen den Verkäufer nach § 894 ZPO bezieht sich nur auf die Erklärung, zu deren Abgabe er verurteilt wird. Wird der Veräußerer nur zur materiellen Auflassung verurteilt, nicht aber auch zur formellen Bewilligung der Eintragung, dann ist es ausgeschlossen, im Wege der Auslegung des Urteils auch die Eintragungsbewilligung als ersetzt anzusehen; dann gibt es nichts auszulegen (*Demharter*, MittBayNot 2008,124; *Brenner*, BWNotZ 2008, 56).

Für die rechtsgeschäftliche und zwangsweise (§ 894 ZPO) Auflassung eines realen Grundstücksteils genügt es materiellrechtlich, wenn die grundbuchlich noch nicht abgeschriebene und katastermäßig noch nicht abgetrennte Teilfläche hinreichend bestimmt ist (BGH, DNotZ 1988, 109). Für die materielle Wirksamkeit der Auflassung ist es nicht notwendig, dass der betroffene Grundstücksteil nach § 28 S. 1 GBO übereinstimmend mit dem Grundbuch bezeichnet wird. Die materiell wirksame Auflassung eines noch unvermessenen, aber bestimmbaren Grundstücksteils kann jedoch nicht im Grundbuch vollzogen werden. Vielmehr bedarf der betroffene Grundstücksteil noch der Bezeichnung nach § 28 S. 1 GBO, d.h. der Konkretisierung mindestens nach Gemarkung, Flur, Flurstücksnummer, Beschrieb und Größe unter Hinweis auf das ursprüngliche Grundstück. Zwar spricht § 28 S. 1 GBO nur von der Eintragungsbewilligung, er gilt aber analog für jedes Verfahrenselement, also auch für den Nachweis der Auflassung nach § 20 GBO. Im Grundbuchverfahren ist der Vollzug der Auflassung eines unvermessenen Grundstücksteils immer erst nach durchgeführter amtlicher Vermessung zulässig. Die Möglichkeit, sich über den Eigentumsübergang wegen eines unvermessenen Grundstücksteils materiellrechtlich wirksam zu einigen, birgt somit den Fall in sich, dass das formelle Verfahren (§§ 20, 28 S. 1 GBO) mehr verlangt als das materielle Recht (§§ 873, 925 BGB). Die §§ 20, 28 GBO verlangen nämlich verfahrensmäßig das amtlich geprüfte Vermessungsergebnis (= Fortführungsnachweis). Die §§ 873, 925 BGB verlangen dagegen materiellrechtlich lediglich die eindeutig bestimmte Bezeichnung des aufgelassenen Teils. Die in einer materiell wirksamen Auflassung einer unvermessenen, aber bestimmbaren Grundstücksteilfläche fehlende Bezeichnung nach § 28 S. 1 GBO muss für den Grundbuchvollzug nach Vermessung noch nachgeholt werden. Das Verfahrensrecht bremst somit das materielle Recht.

Der Grundbuchvollzug einer materiellrechtlich wirksamen Auflassung eines unvermessenen, aber hinreichend bestimmten Grundstücksteils scheitert aber auch an dem Fehlen einer inhaltlich ausreichenden Eintragungsbewilligung (§§ 19, 28 S. 1 GBO). Letztere muss den betroffenen Grundstücksteil übereinstimmend mit dem Grundbuch oder durch Hinweis auf das Grundbuchblatt bezeichnen. Vor Vermessung ist dies nicht möglich. Eine Klage auf Abgabe der Eintragungsbewilligung (§ 19 GBO) gegen den Verkäufer ist daher mangels Rechtsschutzinteresse unzulässig, solange eine Bezeichnung des betroffenen Grundstücksteils nach § 28 S. 1 GBO noch nicht erfolgen kann und auch noch kein vom Verkäufer genehmigter Fortführungsnachweis vorliegt, auf den Bezug genommen werden kann (BGH, NJW 1988, 415). Eine entsprechende Tenorierung im Urteil würde auch nichts nützen, da sie grundbuchlich nicht vollzogen werden könnte ohne die Angaben nach § 28 S. 1 GBO. Das Grundbuchamt müsste dies mittels Zwischenverfügung (§ 18 GBO) noch verlangen. Handelt es sich – wie im vorliegenden Fall – nach dem Wortlaut der gemäß § 894 ZPO fingierten Auflassungserklärung bei dem zu übertragenden Grundstück um eine noch wegzumessende Teilfläche, die nicht übereinstimmend mit dem Grundbuch oder durch Hinweis auf das Grundbuchblatt bezeichnet wurde (§ 28 S. 1 GBO), dann verbietet sich auch eine Auslegung, dass darin stillschweigend die formelle Eintragungsbewilligung des Veräußerers nach § 19 GBO liegt. Diese ist dem Grundbuchamt noch gesondert vorzulegen (OLG Stuttgart, NotBZ 2008, 126).

Zum Grundbuchvollzug der materiellrechtlich wirksamen Auflassung einer noch nicht vermessenen Grundstücksfläche müssen nach der Vermessung bei dem Nachweis der Auflassung (§ 20 GBO) die erforderlichen Angaben gemäß § 28 S. 1 GBO nachgeholt werden. Gleiches gilt für eine gleichzeitig mit der Auflassung und freiwillig abgegebene formelle Eintragungsbewilligung des Veräußerers (§ 19 GBO); bei einer nach § 894 ZPO fingierten Auflassungserklärung des Veräußerers bedarf es nach der Vermessung überhaupt noch einer (freiwillig abgegebenen oder nach § 894 ZPO fingierten) Eintragungsbewilligung des Veräußerers mit den Angaben des § 28 S. 1 GBO. Eine Eintragungsbewilligung kann nur vom Betroffenen, also vom Veräußerer, abgegeben und auch nur von ihm hinsichtlich der Angaben nach § 28 S. 1 GBO ergänzt werden. Es ist lediglich denkbar, dass eine freiwillig abgegebene Eintragungsbewilligung ohne die Angaben des § 28 S. 1 GBO eine Vollmacht an den Erwerber oder Notar enthält, die Bewilligung durch die nötigen Angaben des § 28 S. 1 GBO zu ergänzen. Ist der Notar zur Ergänzung der Bewilligung nach § 19 GBO bevollmächtigt, kann er diese Vollmacht in notarieller Eigenurkunde ausführen. Aber auch die materiell wirksame Auflassung muss nach Vermessung formell um die Angaben des § 28 S. 1 GBO ergänzt werden, was nur Veräußerer und Erwerber gemeinsam können (*Hügel* in Hügel, § 20 Rdn. 51). Eine Bevollmächtigung des beurkundenden Notars mit der Folge, dass er die Angaben des § 28 S. 1 GBO in einer notariellen Eigenurkunde nachholen kann, soll an § 6 Abs. 1 Nr. 1 BeurkG scheitern, weil es sich um materiell-rechtliche Ergänzungserklärungen zur Auflassung handele; entweder werde ein Notarmitarbeiter bevollmächtigt oder der bevollmächtigte Notar gibt die Erklärungen vor einem anderen Notar ab (*Hügel* in Hügel, § 20 Rdn. 51). Zu überlegen ist jedoch, ob die materiell wirksame Auflassung nach §§ 873, 925 BGB nicht nur mit den formellen Angaben des § 28 Satz 1 GBO ergänzt wird, d. h. den grundbuchrechtlichen Erfordernissen angepasst wird. Dann kann die Nachholung auch durch den beurkundenden Notar erfolgen, wenn er von der Beteiligten hierzu bevollmächtigt worden ist; die daraufhin errichtete Eigenurkunde des Notars, versehen mit Unterschrift und Dienstsiegel, genügt den Anforderungen des § 29 GBO. Die Erklärungen von Veräußerer und Erwerber ergänzen die Auflassung (§ 20 GBO) und die Bewilligung (§ 19 GBO) um die nach § 28 Satz 1 GBO erforderlichen Angaben. Bei einer nach § 894 ZPO fingierten Auflassungserklärung des Veräußerers hinsichtlich einer noch unvermessenen Grundstücksteilfläche wird es dem Käufer wohl nicht erspart bleiben, die Ergänzung der Auflassungserklärung um die Angaben nach § 28 S. 1 GBO und die Abgabe der Eintragungsbewilligung mit den Angaben des § 28 S. 1 GBO einzuklagen. Eine Klage des Käufers auf Abgabe der Auflassungserklärung hinsichtlich einer Grundstücksteilfläche vor Vermessung ist deshalb sehr problematisch, weil wohl immer ein zweiter Prozess gegen den Verkäufer nach Vermessung nötig sein wird, um seine Ergänzung der Auflassung um die Angaben des § 28 S. 1 GBO und seine Abgabe der Eintragungsbewilligung (§ 19 GBO) mit den Angaben des § 28 S. 1 GBO zu erreichen (§ 894 ZPO).

Die Bezeichnung gemäß § 28 S. 1 GBO wird in der Regel dadurch nachgeholt, dass die Beteiligten nach Vermessung der Teilfläche und Vorliegen des Fortführungsnachweises die Richtigkeit der Vermessung anerkennen. Ob allerdings zwischen der aufgelassenen und der vermessenen Teilfläche Identität besteht, hat das Grundbuchamt selbst festzustellen; eine Identitätserklärung kann vom Grundbuchamt nicht verlangt werden (BayObLG, FGPrax 2003,57). Ob der aufgelassene Grundstücksteil mit dem Messungsergebnis wirklich identisch ist, ist eine Frage der Tatsachenfeststellung. Liegt keine Identität vor, müssen die Beteiligten eine neue Auflassung hinsichtlich des vermessenen Grundstücks erklären (*Hertel* in Würzburger-Notarhandbuch, Teil 2 Kap. 2 Rdn. 586; *Wilsch* in Hügel, § 28 Rdn. 107).

Zur Vermeidung all der vorgenannten Schwierigkeiten kann nur empfohlen werden, **zunächst nur den schuldrechtlichen Kaufvertrag über eine unvermessenen Grundstücksteilfläche zu beurkunden, danach die Vermessung vornehmen zu lassen und anschließend die materielle Auflassung (einschließlich der Messungsanerkennung) und die formelle Eintragungsbewilligung entsprechend den Festlegungen des Fortführungsnachweises zu erklären** (*Hertel* in Würzburger Notarhandbuch, Teil 2 Kap. 2 Rdn. 586; *Krauß* in Beck'sches Notar-Handbuch, Rdn. 609; *Wilsch* in Hügel § 28 Rdn. 108). Zu überlegen ist sogar, eine doppelte Auflassung zu erklären: Eine vor der Vermessung ohne die Angaben gemäß § 28 S. 1 GBO (u.a. um die Bindung nach § 873 Abs. 2, 1. Alt. BGB zu erreichen) und eine nach Vermessung mit den Angaben nach § 28 S. 1 GBO. Vielfach wird in der Praxis den Notarangestellten dazu Auflassungsvollmacht erteilt Davon ist wegen der Haftungsrisiken abzuraten; empfehlenswert ist dagegen, dass sich die Kaufvertragsparteien gegenseitig Auflassungsvollmacht erteilen (*Hertel* in Würzburger-Notarhandbuch, Teil 2 Kap. 2 Rdn. 586). Dem Notar selbst kann die Vollmacht nicht erteilt werden, da der Notar keine eigenen Willenserklärungen beurkunden kann (§ 6 Abs. 1 Nr. 1 BeurkG). Eine Klage des Käufers auf Abgabe der Auflassungserklärung (§§ 873, 925 BGB, § 20 GBO) und der Eintragungsbewilligung (§ 19 GBO) des Verkäufers ist zulässig, wenn nach Vermessung des Grundstücksteils ein Fortführungsnachweis vorliegt; durch Bezugnahme auf diesen Fortführungsnachweis kann das abzuschreibende Grundstück übereinstimmend mit dem künftigen Inhalt des Grundbuchs festgelegt werden.

II. Die Rechtsnatur der Bewilligung

Literatur: Böttcher, Rechtsnatur und Wirksamkeit der Bewilligung nach § 19 GBO, RpflStud 2003, 97

1. Verfahrensrechtliche Natur

Nach heute herrschender Meinung ist die Bewilligung eine **verfahrensrecht-** 121 **liche** Grundbucherklärung, die die Eintragungstätigkeit des GBA gestattet, den Inhalt der Eintragung bestimmt und diese formell rechtfertigt (OLG Düsseldorf, MittBayNot 2010, 307; OLG Stuttgart, DNotZ 2008, 456; OLG Frankfurt/M., MittBayNot 2001, 255; BayObLG, Rpfleger 1993, 189; OLG Hamburg, FGPrax 1999, 6; *Meikel/Böttcher,* § 19 Rdn. 31-34 m.w.N.). Sie ist **keine** rechtsgeschäftliche Willenserklärung, wie lange Zeit angenommen wurde; sie ist erst recht **keine** Verfügung.

2. Stellungnahme

Die der früher vorherrschenden Auffassung vom Verfügungscharakter der 122 Bewilligung zugrunde liegende Rechtsprechung des RG (insbesondere RGZ 54, 378) stimmte nie mit dem geltenden Recht überein. Sie stützte sich auf die Regelungen, die im ersten Entwurf zum BGB und zur GBO für die Bewilligung vorgesehen waren und sie dort in der Tat als rechtsgeschäftliche Willenserklärung des Bürgerlichen Rechts ausgestalteten. Diese Regelungen wurden jedoch nicht Gesetz; die endgültige Regelung, die die Bewilligung in der GBO gefunden hat, weicht davon in den entscheidenden Punkten ab (vgl. zur Entwicklung der Gesetzgebung *Güthe/Triebel*, § 19 Rdn. 2 ff.). *Ertl* hat als erster in ausführlichen Untersuchungen den rein **verfahrensrechtlichen Charakter** der Bewilligung nachgewiesen (DNotZ 1964, 270). In Anschluss an ihn und in Übereinstimmung mit ihm ist festzuhalten:

123 a) Es bestehen zwischen der dinglichen Einigung als der Verfügung über das betroffene Recht und der Bewilligung entscheidende **Wesensunterschiede:**

Die Einigung führt zusammen mit der Eintragung die dingliche Rechtsänderung herbei. Die Bewilligung hingegen hat auf die dingliche Rechtslage keinen unmittelbaren Einfluss:

Fehlt eine Bewilligung oder ist sie unwirksam, so tritt die materielle Rechtsänderung ein, wenn Einigung und Eintragung wirksam sind, wobei es auch nicht schadet, dass die Eintragung nicht hätte ohne eine Bewilligung vorgenommen werden dürfen. Fehlt die Einigung oder ist sie unwirksam, so tritt die dingliche Rechtsänderung nicht ein, auch wenn Bewilligung und Eintragung vorliegen und in Ordnung sind. Die Bewilligung verändert somit nur die Buchposition des Bewilligenden (also ein rein verfahrensrechtliches Ergebnis!); nur die Einigung verändert zusammen mit der Eintragung die materielle Position. Die Bewilligung kann somit **nicht** als Verfügung aufgefasst werden, weil gerade der entscheidende Wesensinhalt einer Verfügung ihre unmittelbare Ausrichtung auf eine dingliche Rechtsänderung ist. Wäre sie eine Verfügung, so wäre sie die einzige, die keine Rechtsänderung bewirken kann.

Die Bewilligung ist auch nicht – wie RGZ 54, 384 meint – ein Teil der dinglichen Einigung. Wäre sie das, so müsste sie sich mit der Einigung inhaltlich naturnotwendig voll decken. Dies ist jedoch keineswegs immer der Fall, weil z. B. die Einigung bedingt sein kann, die Bewilligung jedoch unbedingt sein muss, die Auflassung nicht unter einem Vorbehalt abgegeben werden kann, jedoch die Bewilligung und weil schließlich Einigung und Bewilligung zu verschiedenen Zeiten unwiderruflich werden können (vgl. dazu unten → Rdn. 189).

124 b) Auch die **Willensrichtung** des Erklärenden ist unterschiedlich: Bei Erklärung der Einigung ist der Wille der Erklärenden auf die Herbeiführung der dinglichen Rechtsänderung gerichtet. Die Erklärung des Berechtigten wird dabei an den Vertragspartner gerichtet, um mit ihm über eben diese dingliche Rechtsänderung einig zu werden. Bei der Bewilligung ist der Wille des Betroffenen ausschließlich auf die Gestattung (Duldung) der Grundbucheintragung gerichtet. Die Bewilligung wird auch nicht in Richtung auf den anderen Teil abgegeben, sondern ihr Empfänger ist das Grundbuchamt.

125 c) Nach den von Rechtsprechung und Prozessrechtslehre entwickelten Grundsätzen allgemeiner verfahrensrechtlicher Geltung kommt es für die Abgrenzung von materiellrechtlicher Verfügung und Verfahrenshandlung entscheidend darauf an, wo **Voraussetzungen** und **Wirkungen** einer Erklärung geregelt sind und ob ihr Hauptzweck und ihre Hauptwirkung verfahrensrechtlicher Art sind. Dazu ist zu bemerken:

II. Die Rechtsnatur der Bewilligung

Die Bewilligung ist ausschließlich im Verfahrensrecht der GBO geregelt. Auch die für die Umschreibung ihrer Voraussetzungen vom Gesetzgeber verwendete Terminologie ist rein verfahrensrechtlich, so z. B. in dem Begriff „Betroffener", der auch sonst nur im Verfahrensrecht verwendet wird (z. B. in § 13 Abs. 1 S. 2 GBO) und in bewusstem Gegensatz zum Begriff „Berechtigter" des BGB steht.

Die erste **Hauptwirkung** der Bewilligung ist es, dem Grundbuchamt gerade ohne Nachweis des materiellen Konsenses (!) die Eintragung zu gestatten. Diese Hauptwirkung ist eine rein verfahrensrechtliche; auch sie ist im Verfahrensrecht geregelt. Ihr Ergebnis ist die bloße Erlangung der Buchposition. Die im materiellen Recht geregelten Nebenwirkungen der Bewilligung (§ 873 Abs. 2; § 875 Abs. 2; § 874 BGB) sind von sekundärer Bedeutung; nicht jede Bewilligung entfaltet sie, sie sind also nicht wesenstypisch.

Die zweite Hauptwirkung ist, dass sie die Eintragung auch dann rechtfertigt, wenn diese nicht zu einer materiellen Rechtsänderung führen kann, weil die Einigung fehlt. Das zeigt sich z. B. auch beim verfahrensrechtlichen Widerspruch des § 53 GBO (sog. Amtswiderspruch, vgl. unten → Rdn. 397 ff.), der dann nicht zulässig ist, wenn zwar das Grundbuch unrichtig geworden ist, die Eintragung aber formell ordnungsgemäß ist (d. h. für unseren Fall: durch Bewilligung abgedeckt ist); der materiellrechtliche Widerspruch des § 894 BGB hingegen setzt Grundbuchunrichtigkeit voraus, darf aber wiederum nur eingetragen werden, wenn diese Eintragung bewilligt oder die Bewilligung durch Gerichtsentscheid ersetzt wird. Auch an diesem Beispiel zeigt sich deutlich der vom Gesetzgeber gewollte und ausgedrückte Unterschied zwischen materieller Rechtsänderung bzw. materiellem Rechtszustand und rein verfahrensrechtlicher Bewilligungswirkung. Die Bewilligung gleicht insoweit, als sie lediglich die Rechtfertigung für einen bestimmten Hoheitsakt darstellt, prozessualen Erklärungen wie Anerkenntnis oder Verzicht. Auch sie bewirken eine verfahrensrechtliche Lage, auf die das Gericht einen Hoheitsakt (das entsprechende Urteil) stützt, dessen verfahrensrechtliche Wirkungen jedoch auch bei fehlendem oder fehlerhaftem materiellem Erfolgswillen des Erklärenden eintreten. Sie sind längst als reine Prozesshandlungen anerkannt (vgl. z. B. BGHZ 10, 333).

Zusammenfassend ist also festzustellen:
Die Bewilligung ist **keine** Verfügung, sondern eine **reine Verfahrenshandlung**. Ihr Inhalt ist die Erlaubnis an das Grundbuchamt, bestimmte und genau umschriebene Eintragungen vorzunehmen; ihr Zweck ist die **formelle** Rechtfertigung der auf diese Bewilligung gestützten Eintragung.

126

3. Folgerungen aus der Rechtsnatur der Bewilligung

127 Da die Bewilligung eine reine Verfahrenshandlung ist, sind alle in der GBO nicht geregelten Fragen nach den allgemeinen verfahrensrechtlichen Grundsätzen der freiwilligen Gerichtsbarkeit und nach den passenden Grundsätzen des allgemeinen Verfahrensrechts zu beurteilen (so *Meikel/Böttcher*, § 19 Rdn. 34).

Die Anwendung des Zivilprozessrechtes ist dabei in den durch das Wesen der FG bedingten Grenzen ebenso möglich (vgl. BGHZ 14, 183 und Rpfleger 1958, 263), wie die entsprechende Anwendung bürgerlichrechtlicher Grundsätze. Dabei darf jedoch nie übersehen werden, dass Verfahrensrecht stets reines Zweckmäßigkeitsrecht ist (BGHZ 10, 359), dessen Aufgabe darin besteht, das materielle Recht durchzusetzen und nicht zu verhindern (vgl. dazu ausf. unten → Rdn. 227).

Die Anwendung bürgerlichrechtlicher Grundsätze kann dabei stets nur eine entsprechende, niemals eine unmittelbare sein.

III. Die Bewilligungsberechtigung

Literatur: Böttcher, Die Bewilligungsmacht im Grundbuchverfahren, ZfIR 2002, 693

1. Bewilligungsmacht und Bewilligungsbefugnis als Begriffe

128 Nicht jedermann ist berechtigt, eine Grundbucheintragung zu gestatten, sondern nur derjenige, der durch eine bestimmte verfahrensrechtliche Stellung dazu legitimiert ist. Nach **§ 19 GBO** ist das der sog. **„Betroffene"**. Das ist derjenige, dessen grundbuchmäßiges Recht rechtlich, nicht nur wirtschaftlich oder tatsächlich, im **Zeitpunkt der Grundbucheintragung** beeinträchtigt werden kann oder beeinträchtigt werden wird (BGH, Rpfleger 2001, 69 = DNotZ 2001, 381; *Meikel/Böttcher*, § 19 Rdn. 37).

→ **Beispiel 22e:**

E war Eigentümer eines Grundstücks bestehend aus den Flurstücken 453/2 und 453/3. Am 3.4.1979 veräußerte E zu notarieller Urkunde das Flst. 453/2 an X und bestellte an Flst. 453/3 ein Geh- und Fahrtrecht. Die Anträge für beide beabsichtigten Eintragungen wurden am 8.9.1980 gestellt. Der Eigentumswechsel an Flst. 453/2 wurde im Jahr 1981 vollzogen; das Geh- und Fahrtrecht an Flst. 453/3 wurde versehentlich nicht eingetragen. Im Jahr 1997 wurden hinsichtlich des Grundstücks 453/3 ein neuer Eigentümer Y und eine Grundschuld daran für G eingetragen. 2014 stellte der Geh- und Fahrtberechtigte den Antrag sein Recht im Vorrang vor der Grundschuld im Wege der Berichtigung einzutragen oder zumindest einen Amtswiderspruch. Das Grundbuchamt hat das Begehren zurückgewiesen. Dagegen wurde Beschwerde eingelegt. Mit Erfolg?

Das OLG München (NotBZ 2016, 63) hat die Beschwerde zu Recht als unbegründet zurückgewiesen. Sowohl für die begehrte Eintragung des Geh- und

III. Die Bewilligungsberechtigung

Fahrtrechts im Wege der Grundbuchberichtigung gemäß § 22 GBO als auch die angeregte Eintragung eines Amtswiderspruchs gemäß § 53 GBO setzen eine Unrichtigkeit des Grundbuchs voraus. Unrichtig ist ein Grundbuch, wenn die materielle und formelle Rechtslage auseinanderfallen (vgl. § 894 BGB). Daran fehlt es im vorliegenden Fall. Die im Grundbuch verlautbarten Rechte und deren Rangverhältnis entsprechen der materiellen Rechtslage.

Gemäß § 873 Abs. 1 BGB setzt die rechtsgeschäftliche Belastung eines Grundstücks mit einem Recht – hier mit einer Grunddienstbarkeit in Gestalt eines Geh- und Fahrtrechts (§ 1018 BGB) – neben der Einigung der Vertragsparteien über die Rechtsänderung auch deren Eintragung im Grundbuch voraus. Ein Grundstücksrecht entsteht somit erst mit der konstitutiven Eintragung im Grundbuch und somit wird das Grundbuch durch eine Unterlassung der Eintragung nicht unrichtig (OLG München, NotBZ 2016, 63).

Das Rangverhältnis unter mehreren Rechten, mit denen ein Grundstück in verschiedenen Abteilungen des Grundbuchs belastet wird (z. B. Grundschuld in Ab. III und Geh- und Fahrtrecht in Abt. II), bestimmt sich nicht nach der Reihenfolge des Antragseingangs beim Grundbuchamt, sondern gemäß § 879 Abs. 1 S. 2 BGB nach dem Datum der vollzogenen Eintragungen im Grundbuch. Zwar sind nach der Ordnungsvorschrift des § 17 GBO die dasselbe Recht betreffenden Anträge in der Reihenfolge ihres Eingangs beim Grundbuchamt zu erledigen. Ein Verstoß gegen diese Vorschrift berührt jedoch die Wirksamkeit der vorgenommenen Eintragungen nicht. Das durch die Eintragungsabfolge im Grundbuch ausgewiesene Rangverhältnis stimmt daher mit er materiellen Rechtslage überein. Ein Verstoß gegen § 17 GBO (z. B. Erledigung des späteren Antrags auf Eintragung einer Grundschuld vor dem früher gestellten Antrag auf Eintragung des Geh- und Fahrtrechts) macht das Grundbuch nicht unrichtig, sondern kann allenfalls Schadensersatzansprüche begründen, § 839 BGB i.V.m. Art. 34 GG (OLG München, NotBZ 2016, 63). Ein solcher Anspruch kann jedoch nicht im Grundbuchverfahren geltend gemacht werden. Insbesondere hat das Grundbuchamt keine Handhabe, um zu Lasten eines vorrangig Berechtigten Schadensersatz im Wege der Naturalrestitution zu gewähren.

Im vorliegenden Fall ist der am 8.9.1980 gestellte Antrag auf Eintragung des Geh- und Fahrtrechts noch nicht vollzogen, d.h. er ist unerledigt. Für den Vollzug ist nach dem Eigentumswechsel am Grundstück Flst. 453/3 von E an Y die Bewilligung des Rechtsnachfolgers Y als der von Eintragung des Geh- und Fahrtrechts unmittelbar Betroffenen (§ 19 GBO) erforderlich. Denn die Bewilligungsberechtigung muss in dem Zeitpunkt vorliegen, in dem die Eintragung des Rechts stattfindet (OLG München, NotBZ 2016, 63). In die Eintragungsbewilligung des Rechtsvorgängers E ist der Betroffene Y nicht im Wege der Universalsukzession eingetreten, weil er über die rechtsgeschäftliche Übertragung nicht Gesamtrechtsnachfolger des bewilligenden Rechtsvorgängers E geworden ist.

Aber selbst wenn der aktuell betroffene Grundstückseigentümer Y eine Bewilligung für die Eintragung des Geh- und Fahrtrechts abgeben würde, könnte

Böttcher

der Vorrang vor der Grundschuld nicht eingetragen werden. Denn dafür bedarf es materiell der Einigung zwischen dem Grundschuldgläubiger und dem Geh- und Fahrtberechtigten (§ 880 BGB) und formell der Rangrücktrittsbewilligung durch den Grundschuldgläubiger (§ 19 GBO).

128a Wer im Grundbuch als Rechtsinhaber (= Eigentümer, Gläubiger eines dinglichen Rechtes) eingetragen ist, hat die Rechtsmacht, seine Buchposition aufzugeben oder zu verändern: Er ist Inhaber der **Bewilligungsmacht**.

Die Tatsache, dass jemand als Rechtsinhaber eingetragen, also Inhaber der Bewilligungsmacht ist, sagt jedoch noch nichts darüber, ob er auch im Einzelfall wirksam eine Bewilligung abgeben kann. Er kann dies nämlich nur dann, wenn er rechtlich dazu in der Lage ist, seine Bewilligungsmacht auch auszuüben. Das ist zwar der Regelfall, es ist jedoch möglich, dass der Rechtsinhaber durch gesetzliche oder gerichtliche Anordnungen (s. dazu unten → Rdn. 141) in der Ausübung seiner Bewilligungsmacht eingeschränkt ist: Dann fehlt ihm die Bewilligungsbefugnis.

Wenn beispielsweise über das Vermögen des Eigentümers das Insolvenzverfahren eröffnet wird, so bleibt er nach wie vor Eigentümer des Grundstückes, behält die Bewilligungsmacht. Er kann sie aber nicht mehr ausüben, verliert also die **Bewilligungsbefugnis;** an seiner Stelle übt die Bewilligungsbefugnis der Insolvenzverwalter aus (§ 80 InsO).

129 – **Bewilligungsmacht** ist also das Innehaben einer Buchposition, die es gestattet, diese Position aufzuheben, zu übertragen oder zu ändern. Sie ist der verfahrensrechtliche Parallelbegriff zur materiellen Verfügungsmacht.
– **Bewilligungsbefugnis** ist die rechtliche Fähigkeit, von der Bewilligungsmacht Gebrauch machen zu können. Sie ist der verfahrensrechtliche Parallelbegriff zur materiellen Verfügungsbefugnis. Durch gesetzliche oder gerichtliche Anordnung kann der Inhaber der Bewilligungsmacht in der Ausübung der aus ihr fließenden verfahrensrechtlichen Befugnisse beschränkt sein.

Üblicherweise wird in Literatur und Rechtsprechung zwischen den Begriffen „Verfügungsmacht" und „befugnis" (bzw. Bewilligungsmacht u. befugnis) nicht unterschieden; es wird für beides die hier als Oberbegriff aufgefasste Bezeichnung „Verfügungsberechtigung" verwendet. Es erscheint jedoch systematisch und didaktisch notwendig, sich vor Augen zu führen, dass das rechtliche Verfügenkönnen zwei voneinander unter Umständen unabhängige Komponenten hat (vgl. *Meikel/Böttcher*, § 19 Rdn. 35):

– eine dingliche Rechtsstellung zur Sache, die Herrschaftsmacht gewährt (§ 903 BGB!),
– die rechtliche Fähigkeit, aus der Herrschaftsmacht fließende Befugnisse auch ausüben zu können.

Im Regelfall trifft beides zusammen: Wer Eigentümer eines Grundstückes ist, kann die aus dieser Rechtsstellung fließenden Rechte auch ausüben. Wird jedoch über sein Vermögen das Insolvenzverfahren eröffnet, so bleibt er zwar nach wie vor Eigentümer, er ist jedoch wegen § 80 InsO daran gehindert, alle aus dieser Eigentümerstellung sich ergebenden Rechte auch auszuüben. An seine Stelle tritt der Insolvenzverwalter, dessen Handeln m. E. überhaupt nur dann rechtlich fassbar und erklärbar ist, wenn man erkennt, dass er nunmehr für den Inhaber der Verfügungsmacht dessen Rechte ausübt: Er ist nun mehr Inhaber der Verfügungsbefugnis! Die Unterscheidung macht auch verständlich, weshalb § 185 BGB unmittelbar bei Vorliegen einer Verfügungsbeschränkung nicht anwendbar ist und weshalb § 878 BGB beim Fehlen der Eigentümerstellung nicht eingreift, obwohl doch beides allgemein als Mangel der Verfügungsberechtigung eingeordnet wird, was eine didaktisch allerdings schwer vermittelbare und systematisch doch wohl wenig befriedigende Uneinheitlichkeit der Anwendung auf eine doch scheinbar so einheitliche Situation verlangt!

Die Unterscheidung macht auch das Handeln von „Parteien kraft Amtes" wie Insolvenzverwalter, Testamentsvollstrecker usw. erklärbar: Sie üben für einen anderen die aus dessen Verfügungsmacht fließenden Rechte aus, daher ist ihr Handeln wirksam; umgekehrt kann der Insolvenzschuldner, Erbe usw. diese Rechte nicht selbstständig ausüben, sein Handeln ist deshalb unwirksam.

2. Die Bewilligungsmacht

2.1. Der Grundsatz des § 19 GBO

Die Bewilligung muss von dem abgegeben werden, dessen buchmäßiges Recht rechtlich beeinträchtigt wird oder beeinträchtigt werden kann. Auch hier kommt es ausschließlich auf die rechtliche Situation an; wirtschaftliche Erwägungen bleiben völlig außer Betracht. 130

„Betroffener" i.S.d. § 19 GBO ist bei der Eigentumsübertragung ausschließlich der Veräußerer (vgl. BGHZ 53, 174/177). Auch ein noch so günstiger – vielleicht weit überhöhter – Kaufpreis belässt den Veräußerer in der Stellung des „Betroffenen".
Diese Stellung deckt sich mit der materiell-rechtlichen Verfügungsmacht bei allen rechtsändernden Eintragungen, anders ist dies lediglich im Fall der Berichtigungsbewilligung, wo Bewilligungsmacht der eingetragene, materiell Nichtberechtigte hat.
Die verfahrensrechtliche Betrachtung vereinfacht somit auch in dieser Beziehung das Grundbuchverfahren, indem sie für das Grundbuchamt das Buchrecht grundbuchrechtlich wie das Vollrecht behandelt und den Buchberechtigten grundsätzlich als den wahren Berechtigten ansieht (BGH, Rpfleger 2001, 19 = DNotZ 2001, 381; *Meikel/Böttcher*, § 19 Rdn. 37).

Die Bewilligung des Inhabers der Bewilligungsmacht (= also des eingetragenen Rechtsinhabers) genügt jedoch nicht immer. Dadurch, dass das Gesetz ganz allgemein auf das rechtliche Betroffensein abstellt, deutet es an, dass auch 131 andere Rechtsträger, deren Recht durch eine Veränderung der Buchposition beeinträchtigt werden könnte, an der Bewilligung mitwirken müssen; dies geschieht durch deren Zustimmung (sog. **Zustimmungsberechtigte**, vgl. dazu unten → Rdn. 144).

Der Betroffenenbegriff soll an einigen Beispielfällen verdeutlicht werden:

→ **Beispiel 23:**
   a) A übereignet ein Grundstück an B, gleichzeitig soll für A ein Nießbrauch eingetragen werden;
   b) auf dem Grundstück des A ist eine Hypothek für B eingetragen, zugunsten des C soll eine Vormerkung auf Übertragung des Rechts an ihn bei Eintritt bestimmter Voraussetzungen eingetragen werden;
   c) auf dem Grundstück des A ist eine Hypothek für B eingetragen; der nachrangige Gläubiger verlangt die Eintragung einer Löschungsvormerkung zu seinen Gunsten;
   d) auf dem Grundstück des A ist für B eine Hypothek eingetragen. Das Recht soll in eine Grundschuld umgewandelt werden;
   e) auf dem Grundstück des A soll für B eine Hypothek eingetragen werden. Das dem Eigentümer nach dem Inhalt der Hypothek zustehende Kündigungsrecht soll durch Inhaltsänderung für eine bestimmte Zeit ausgeschlossen werden.
   Wer muss jeweils bewilligen?

Bewilligen muss der Inhaber der Bewilligungsmacht; dies ist derjenige, dessen Buchposition durch die beabsichtigte Eintragung möglicherweise beeinträchtigt wird.

Im *Falle a)* ist B durch das beabsichtigte Gesamtgeschäft rechtlich (!) ausschließlich begünstigt; die Belastung des Grundstückes ist für ihn lediglich eine Erwerbsmodalität, die ihn nicht zum Betroffenen i.S.d. § 19 GBO macht: bewilligen muss A. (Anders natürlich, wenn das Recht erst nach der Auflassung eingetragen werden soll.)

Im *Falle b)* wird die Buchposition des B durch die Eintragung der Vormerkung betroffen, weil dadurch der Anspruch auf Übertragung dieser Position auf C gesichert wird. Bewilligungsmacht hat deshalb hier B (vgl. OLG Düsseldorf, Rpfleger 1957, 377; **a.A.** LG Düsseldorf, NJW 1958, 673 und LG Darmstadt, Rpfleger 1957, 382).

Im *Falle c)* richtet sich die beabsichtigte Eintragung nicht gegen das derzeitige Recht des B, sondern gegen die künftige Eigentümergrundschuld des A. Erst gegen dieses Recht soll die Löschungsvormerkung Wirkung entfalten. Nur der (künftige) Gläubiger dieser Eigentümergrundschuld – also A – ist durch diese Eintragung betroffen (*Meikel/Böttcher*, § 19 Rdn. 73).

Im *Falle d)* fällt es schwer, die Person des Betroffenen eindeutig festzulegen: Gewiss ist die Rechtsstellung des Eigentümers bei einer Hypothek meist günstiger als bei einer Grundschuld (Akzessorietät!); andererseits kann diese Umwandlung auch für den Gläubiger u.U. Vorteile mit sich bringen. Bei Inhaltsänderungen ist es eben meistens so, dass die Abgrenzung von Betroffenem und Begünstigtem nicht eindeutig getroffen werden kann: In diesen Fällen müssen deshalb regelmäßig **beide** Teile als Betroffene angesehen werden (vgl. *Meikel/ Böttcher*, § 19 Rdn. 87). In unserem Falle haben also **beide** Beteiligten die Bewilligungsmacht, beide müssen die Bewilligung abgeben; (vgl. zu weiteren Einzelfällen *Meikel/Böttcher*, § 19 Rdn. 77 ff.).

Im *Falle e)* hingegen haben wir eine Inhaltsänderung, die eindeutig nur den Eigentümer in seiner Rechtsstellung betrifft, weil nur das ihm zustehende Kündigungsrecht ausgeschlossen werden soll. Hier ist nur der Eigentümer bewilligungsberechtigt (OLG München, JFG 22, 101. Davon gut zu unterscheiden ist der Fall, dass die Kündigungsbestimmungen allgemein geändert werden, das wäre wieder ein Fall des beiderseitigen Betroffenseins!). Weitere Fälle von Inhaltsänderungen, von denen nur **ein** Teil betroffen ist, finden sich bei *Meikel/ Böttcher*, § 19 Rdn. 75 ff.

2.2. Das Fehlen der Bewilligungsmacht

a) Wird die Eintragung von jemandem bewilligt, der nicht Rechtsinhaber ist, so handelt er als verfahrensrechtlich **Nichtberechtiger**. Seine Bewilligung kann jedoch unter gewissen Voraussetzungen trotzdem zur Eintragung führen. Die Bewilligung dieses Nichtinhabers der Bewilligungsmacht kann durch entsprechende Anwendung von **§ 185 BGB** geheilt werden, weil es einem allgemeinen Grundsatz des Verfahrensrechts entspricht, dass die fehlende Sachbefugnis und Prozessführungsbefugnis im Laufe des Verfahrens heilbar sind.

→ **Beispiel 24:**
A hat sein Grundstück an B verkauft und aufgelassen. Noch vor seiner Eintragung will B:
a) das Grundstück an C weiterveräußern; er lässt es an C auf und bewilligt die Eintragung von C;
b) das Grundstück bela sten, er bewilligt die Eintragung einer Hypothek für D.

In beiden Fällen ist A noch als Eigentümer eingetragen, er ist somit materiell-rechtlich Inhaber der Verfügungsmacht und verfahrensrechtlich Inhaber der Bewilligungsmacht. Beides steht B (noch) nicht zu. Die Bewilligungen des B können gem. § 185 BGB auf vierfache Weise geheilt werden:

- wenn A vorher **eingewilligt** hat, sind sie von Anfang an wirksam (§ 185 Abs. 1 BGB);
- wenn A nachträglich seine **Genehmigung** erteilt, werden die Bewilligungen rückwirkend wirksam (§ 185 Abs. 2, 1. Alt., § 184 BGB);
- wenn B das Eigentum **erwirbt**, d.h. sobald er in das Grundbuch als Eigentümer eingetragen wird; in diesem Falle allerdings erst ex nunc, also **ohne** Rückwirkung (§ 185 Abs. 2, 2. Alt. BGB);

- wenn B durch A unbeschränkt haftend **beerbt** würde (§ 185 Abs. 2, 3. Alt. BGB); auch hier allerdings ohne Rückwirkung.

B kann also die Grundbucheintragung des C bzw. D nur erreichen, wenn er – sehen wir einmal von der etwas „makaberen" vierten Möglichkeit ab – entweder eine **Einwilligung** des A nachweist oder eine **Genehmigung** des A beibringt oder sich zuerst in das Grundbuch **eintragen** lässt.

Nun könnte es allerdings sein, dass er – wie im *Beispiel 24 a)* – an seiner Zwischeneintragung (die ja nur Gebühren und Abgaben auslöst!) gar nicht interessiert ist; vielleicht ist ihm auch die Eintragung – im *Falle 24 b)* – noch nicht möglich, etwa weil irgendwelche Genehmigungen noch ausstehen; er braucht aber dringend das Darlehen, das hypothekarisch gesichert werden soll. Wenn er sich an A mit dem Ersuchen um Genehmigung wendet, wird ihm A unter Umständen erklären, er habe das Grundstück aufgelassen, für ihn sei die Angelegenheit erledigt und er wolle mit dem Grundstück nichts mehr zu tun haben.

133 Die Rechtsprechung hat deshalb nach einer Möglichkeit gesucht, den Beteiligten und ihren Interessen in einem solchen Falle gerecht zu werden. Sie hat diese Möglichkeit in der Prüfung der Frage gefunden, ob nicht A durch die Erklärung der Auflassung an B bereits in weitere Verfügungen und verfahrensrechtliche Erklärungen des B **eingewilligt** (§ 185 Abs. 1 BGB) hat:

Nach h.M. **beinhaltet die Auflassung** die Einwilligung des Veräußerers i.S.d. § 185 BGB:

- ohne dass es einer ausdrücklichen Erklärung bedürfte zur **Weiterveräußerung** des Grundstückes an einen Dritten (BGH, NJW 1997, 936; 1989, 1093; OLG Frankfurt/M., NotBZ 2007, 26; OLG Hamm, MittBayNot 2001, 394; *Meikel/Böttcher*, § 20 Rdn. 130).

In unserem *Beispiel a)* ist also die Auflassung des B an C und die Bewilligung des C bei Vorlage der Auflassung A/B als voll wirksam anzusehen.

- in **Belastungen** des Grundstückes jedoch nur dann, wenn kein irgendwie geartetes Interesse des alten Eigentümers denkbar ist, das die Verweigerung einer solchen Zustimmung als nicht völlig unberechtigt erscheinen lässt (OLG Frankfurt/M., NotBZ 2007, 26; BayObLGZ 1970, 254/257 = Rpfleger 1970, 431). Eine solche Zustimmung kann deshalb regelmäßig dann in der Auflassung **nicht** erblickt werden, wenn der Eigentümer hinsichtlich seines Kaufpreisanspruches noch nicht völlig abgefunden oder zumindest im Rang vor dem einzutragenden Recht gesichert ist. Ist der Kaufpreis bezahlt, so kommt es nach Auff. d. BayObLG darauf an, ob die dingliche Haftung des Veräußerers nur für kurze Zeit andauern soll oder ob er etwa Gefahr läuft, in ein Versteigerungsverfahren verwickelt zu werden.

Im *Beispiel 24 b)* kommt es also darauf an, ob die Kaufpreiszahlung oder Sicherstellung nachgewiesen werden kann. Ist dies der Fall, so kann die Hypothek grundsätzlich – s. aber die vorstehenden Überlegungen des BayObLG – aufgrund der Bewilligung des B eingetragen werden; die den A für eine kurze Übergangszeit treffende dingliche Haftung braucht nicht entscheidend ins Gewicht zu fallen. Gegebenenfalls bedarf es in solchen Fällen einer Darlegung seitens des Erwerbers, weshalb er sich nicht eintragen lässt (BayObLGZ 1970, 254, 258) und wie lange dieser Zustand noch andauern soll. Diese Erklärungen bedürfen wohl nicht der Form des § 29 GBO, weil sie sog. Nebenumstände betreffen (vgl. unten → Rdn. 248).

Etwas anderes gilt für die Belastung des Grundstückes mit einer Auflassungsvormerkung durch den Nichtberechtigten, da dies eine Ermächtigung auch zur Begründung unmittelbar schuldrechtlicher Beziehungen voraussetzen würde (BayObLG, Rpfleger 1973, 97/98). Hier kann eine Einwilligung nicht unterstellt werden; Heilung ist in solchen Fällen nur gem. § 185 Abs. 2 BGB möglich.

Eine Lösung des Belastungsproblems kann i.d.R. darin gefunden werden, dass der Veräußerer den Erwerber zu Belastungen bevollmächtigt. 134

Zur Finanzierung der Kaufpreissumme, der Neubau-, Renovierungs- und Sanierungskosten nimmt der Käufer regelmäßig ein Darlehen auf. Zur Absicherung muss bereits vor Umschreibung des Eigentums am Kaufgrundstück auf den Käufer daran ein Grundpfandrecht eingetragen werden. Dazu erteilt der Verkäufer als Nocheigentümer häufig dem Käufer eine Vollmacht (vgl. dazu *Kesseler,* DNotZ 2017, 651). Für den Verkäufer ist die Vollmachtserteilung an den Käufer jedoch mit Risiken versehen. Der Käufer hat nämlich einen Darlehensauszahlungsanspruch gegen seinen Gläubiger, aber Letzterer ist am Grundstück des Verkäufers dinglich abgesichert. Für die Erfüllung der Pflichten des Käufers aus dem Darlehensverhältnis haftet somit auch der Verkäufer dem Gläubiger mit dem Grundstück. Der Verkäufer unterwirft sich als Eigentümer des Grundbesitzes häufig auch dem Gläubiger des Käufers gegenüber der sofortigen Zwangsvollstreckung (*Kuhn,* RNotZ 2001, 305, 313); zulässig ist aber auch eine Vollstreckungsunterwerfung des Käufers als künftiger Eigentümer, wodurch die Notwendigkeit der späteren Umschreibung der Vollstreckungsklausel auf den Käufer vermieden wird (KG, DNotZ 1988, 238). Vereinbart wird in der Regel eine eingeschränkte Sicherungsabrede, und zwar in der Form, dass der Gläubiger das Grundpfandrecht nur wegen bestimmter Ansprüche (z.B. Kaufpreisforderung, Renovierungs- und Sanierungskosten) verwerten darf (*Hügel,* NotBZ 1997, 9). Außerdem verpflichtet sich der Gläubiger gegen Rückzahlung des bereits geleisteten Betrages, die Löschung des Grundpfandrechtes ohne Auflagen, Zinsen und Kosten für den Verkäufer zu bewilligen, wenn der Kaufvertrag wegen nicht vollständiger Kaufpreiszahlung rückabgewickelt wird. Die im Kaufvertrag und/oder der Grundschuldbestellungsurkunde enthaltene Sicherungsabrede kommt als Vereinbarung zwischen dem Verkäufer und dem Finanzierungsgläubiger durch die Zusendung und stillschweigende

Annahme seitens des Gläubigers zustande (LG Karlsruhe, DNotZ 1995, 892). Die Bank darf die Grundschuld dann nur für solche Forderungen in Anspruch nehmen, welche durch die Zweckerklärung gedeckt sind (*Schramm*, ZNotP 1998, 363; *Wolfsteiner*, MittBayNot 1981, 1, 11). In der Praxis der Bestellung einer Finanzierungsgrundschuld auf dem Grundstück des Verkäufers ist inzwischen die Vereinbarung einer eingeschränkten Sicherungsabrede selbstverständlich (*Reithmann*, DNotZ 1995, 896, 897). Wenn der Finanzierungsgläubiger entgegen der Sicherungsabrede aus der Grundschuld vollstreckt, muss dagegen mit Vollstreckungsgegenklage nach §§ 795, 767 ZPO vorgegangen werden (OLG Hamm, DNotI-Report 1999, 50).

Formulierungsbeispiel:

> *„Für das vorstehende Grundpfandrecht gilt zwischen Verkäufer und Gläubiger bis zur vollständiger Kaufpreiszahlung, längstens bis zum Übergang des Eigentums am Pfandobjekt auf den Käufer ausschließlich die nachfolgende Sicherungsvereinbarung: Der Gläubiger darf das Grundpfandrecht nur insoweit als Sicherheit verwerten und/oder behalten, als er tatsächlich Zahlungen mit Tilgungswirkung für die Kaufpreisschuld des Käufers geleistet hat. Ist die Grundschuld zurückzugewähren, so kann nur Löschung verlangt werden, nicht Abtretung oder Verzicht. Alle weiteren innerhalb oder außerhalb dieser Urkunde getroffenen Zweckbestimmungserklärungen, Sicherungs- und Verwertungsvereinbarungen gelten daher erst nach vollständiger Kaufpreiszahlung, spätestens nach Übergang des Eigentums am Pfandobjekt auf den Käufer."*

135 b) Was ist die Folge, wenn der Inhaber der Bewilligungsmacht nach Abgabe der Bewilligung aber vor Eintragung **stirbt**? Zu denken ist an § 130 Abs. 2 BGB; die Anwendung kann freilich, angesichts der verfahrensrechtlichen Natur der Bewilligung, nur eine analoge sein.

Dafür spricht, dass die Vorschrift einen allgemeinen Rechtsgrundsatz enthält, der z.B. auch im öffentlichen Recht Anwendung findet (vgl. *Kempfler*, NJW 1965, 1951) und weiter, dass Verfahren der freiwilligen Gerichtsbarkeit durch den Tod eines Beteiligten grundsätzlich nicht unterbrochen werden. Ist die Bewilligung also abgegeben worden (vgl. dazu unten → Rdn. 183 ff.), so wird ihre Wirksamkeit durch den Tod des Erklärenden nicht berührt (OLG Celle, DNotZ 2006, 923, 925; BayObLG, Rpfleger 1973, 296; *Meikel/Böttcher*, § 19 Rdn. 60).

2.3. Notwendige Mitwirkung mittelbar Betroffener

136 a) Wie wir oben (→ Rdn. 101) sahen, ist der Begriff „Betroffener" in § 13 Abs. 1 S. 2 GBO dadurch eingeschränkt, dass als antragsberechtigt nur ein unmittelbar Betroffener angesehen werden kann. Das ist erforderlich, um das Antragsrecht nicht über Gebühr auszudehnen. Eine solche Einschränkung auch auf die Bewilligung vorzunehmen, wäre jedoch nicht statthaft: Niemand braucht eine Einwilligung zu dulden, durch die seine Buchposition auch nur

III. Die Bewilligungsberechtigung

möglicherweise beeinträchtigt wird, denn das wäre u.U. ein unstatthafter Eingriff in eine bereits bestehende und damit absolut wirkende dingliche Rechtsposition.

Deshalb müssen am Bewilligungsakt **alle** mitwirken, deren Rechtsstellung **auch nur mittelbar beeinträchtigt** werden kann (*Meikel/Böttcher*, § 19 Rdn. 42 m.w.N.).

Sie wirken am Bewilligungsakt mit, indem sie entweder die Bewilligung zusammen mit dem unmittelbaren Betroffenen abgeben („Wir bewilligen ..."), oder indem sie der Bewilligung des Inhabers der Bewilligungsmacht nachträglich zustimmen.

Mittelbar betroffen sind:

- alle diejenigen, deren **Zustimmung zur Rechtsänderung nach materiellem Recht notwendig ist** (z. B. § 876; § 880 Abs. 2 S. 2; § 1180 Abs. 2 S. 1; § 1183 BGB – in § 27 GBO überflüssigerweise noch konkretisiert! –; § 876 i.V.m. § 877 und § 880 Abs. 3 BGB; § 26 ErbbauRG);
- alle **gleich- oder nachrangigen Berechtigten**, wenn ihr Recht durch eine Erweiterung eines gleichstehenden oder vorrangigen Rechtes verschlechtert wird, oder wenn der Inhalt der Belastung verstärkt und dadurch die Haftung des Grundstückes verschärft wird (BayObLGZ, 1959, 529 = NJW 1160, 155; *Meikel/Böttcher*, § 19 Rdn. 56).

Merke: Wer nach materiellem Recht einer Verfügung zustimmen muss, muss auch am Bewilligungsvorgang mitwirken („Grundsatz der Mitwirkung mittelbar Betroffener").

b) Eine bedeutsame Einschränkung des vorgenannten Grundsatzes enthält § 21 GBO. Danach ist die Mitwirkung der am herrschenden Grundstück Berechtigten bei der Verfügung über ein subjektiv-dingliches Recht (vgl. § 876 S. 2 BGB) verfahrensrechtlich (!) nur dann erforderlich, wenn auf dem Blatt des herrschenden Grundstückes der sog. Herrschvermerk gebucht ist. Nur dann also kann das GBA die Zustimmungserklärungen verlangen.

137

Auch bei Fehlen des Herrschvermerkes bleibt natürlich die Zustimmung des § 876 S. 2 BGB materiell-rechtlich (!) erforderlich; das GBA prüft sie allerdings dann nicht. Das kann zu einer Grundbuchunrichtigkeit führen, die das Gesetz (unnötigerweise) in Kauf nimmt.

138 Übersicht zu § 876 S. 2 BGB:

Das aufzuhebende Recht ist subj.-dinglich	Das Recht am herrschenden Grundstück ist	Zustimmung nach § 876 S. 2 BGB?
1. Reallast	a) Grundpfandrecht oder Reallast	Ja, wegen der Bestandteilshaftung, §§ 96, 1120, 1126 BGB
	b) Dienstbarkeit	Nein (Ausnahme bei tatsächl. Einfluss auf Ausübung)
	c) Nießbrauch	Ja, weil ihm die Einzelleistungen als Rechtsfrüchte (§ 99 Abs. 3 BGB) zustehen
	d) Vorkaufsrecht	Ja, weil es sich auf Rechte i.S.d. § 96 BGB erstreckt
2. Dienstbarkeit	a) Grundpfandrecht oder Reallast	Ja, wie oben
	b) Dienstbarkeit	Grundsätzlich nein, wie oben
	c) Nießbrauch	Ja, weil ihm auch die Gebrauchsvorteile zustehen
	d) Vorkaufsrecht	Ja, wie oben
3. Vorkaufsrecht	a) Grundpfandrecht oder Reallast	Nein, weil kein realer Haftungswert
	b) Dienstbarkeit	Nein, ohne Bedeutung für Ausübung
	c) Nießbrauch	Nein, weil nicht vom Recht erfasst
	d) Vorkaufsrecht	Wohl ja, weil Rechtserweiterung für den Berechtigten (Möglichkeit d. doppelten Vorkaufs!)

139 c) Die Anknüpfung des Zustimmungserfordernisses bereits an eine **mögliche** Beeinträchtigung darf jedoch auch hier nicht dazu verleiten, wirtschaftliche oder tatsächliche Nachteile genügen zu lassen. Wie stets beim Begriff des „Betroffenen" ist ausschlaggebend allein die **rechtliche** Situation. Deshalb bleiben Veränderungen persönlicher oder wirtschaftlicher Art stets unberücksichtigt (*Meikel/Böttcher*, § 19 Rdn. 44).

Hier sind zu nennen:

- Änderungen in der Person des Grundstückseigentümers haben keinen rechtlich nachteiligen Einfluss auf die an diesem Grundstück dinglich Berechtigten. Ob für sie der neue Eigentümer mehr oder weniger Wert hat, ist unbeachtlich (*Meikel/Böttcher*, § 19 Rdn. 46); die Gläubiger sind nicht betroffen i.S.d. § 19 GBO;

III. Die Bewilligungsberechtigung

- Veränderungen des Belastungsobjektes sind nach § 903 BGB stets zulässig, sofern Rechte Dritter nicht beeinträchtigt werden. Das ist bei Teilung eines Grundstückes und Mitübertragung der dinglichen Rechte der Fall. Dass das Bestehen von Gesamtbelastungen in einem solchen Fall den Gläubigern wirtschaftlich oder tatsächlich lästig sein mag, ist rechtlich ohne Bedeutung; die Gläubiger sind nicht betroffen i.S.d. § 19 GBO, ihrer Mitwirkung bedarf es nicht (BGH, NJW 1961, 1352; *Meikel/Böttcher*, § 7 Rdn. 6).

Ist ein Grundstück als Ganzes mit Rechten belastet (z. B. Grundschuld), brauchten nach früher h.M. die Berechtigten der **Bildung von Wohnungseigentum** nicht zustimmen (BGH, Rpfleger 1968, 114). Grundpfandrechte und Reallasten bestehen als Gesamtrechte an den Wohnungseigentumseinheiten fort. Andere Rechte (z.B. Vorkaufsrecht) bestehen als Einzelrechte an allen Wohnungseigentumseinheiten fort; wenn dies nicht möglich ist (z. B. Geh- und Fahrtrecht), dann weiterhin am gesamten Grundstück. Seit der Einführung der Rangklasse § 10 Abs. 1 Nr. 2 ZVG (= Hausgeldansprüche) zum 1.7.2007 (Gesetz vom 26.3.2007, BGBl I S. 370) war dies umstritten. Wird daraus nämlich die Zwangsversteigerung betrieben, erlöschen die Grundpfandrechte, Reallasten, Vorkaufsrechte und Nießbrauchsrechte in Rangklasse § 10 Abs. 1 Nr. 4 ZVG durch Zuschlagserteilung. Diese mussten nach der vor allem von *Kesseler* (NJW 2010, 2317; ebenso OLG Frankfurt, ZfIR 2011, 573) vertretenen Meinung der Aufteilung in Wohnungseigentum nach §§ 877, 876 BGB zustimmen. Nur die Berechtigten von Grunddienstbarkeiten und beschränkten persönlichen Dienstbarkeiten müssen nicht zustimmen, weil sie auch in der Zwangsversteigerung aus § 10 Abs. 1 Nr. 2 ZVG bestehen bleiben (§ 52 Abs. 2 S. 2 Nr. b ZVG). Abgelehnt wurde die Zustimmungspflicht vor allem von *Schneider* (ZNotP 2010, 299), weil allein durch die Aufteilung des Grundstücks durch den Eigentümer nach § 8 WEG noch keine Eigentümergemeinschaft entstehe und damit noch keine Zwangsversteigerung nach § 10 Abs. 1 Nr. 2 ZVG möglich sei; die überwiegende Ansicht in Literatur (*Fabis*, ZNotP 2012, 91; *Volmer*, NotBZ 2012, 3999 und Rechtsprechung (OLG München, ZWE 2011, 266; KG, Rpfleger 2011, 202) hatte sich dieser Ansicht angeschlossen. Solange sich alle Einheiten noch in der Hand des aufteilenden Grundstückseigentümers befinden, ist dies sicherlich richtig. Aber spätestens mit der ersten Veräußerung einer Wohnung wird das Problem für den dinglich Berechtigten virulent. Trotzdem hat der *BGH* (ZfIR 2012, 245) entschieden, dass die Grundschuldgläubiger den Verlust ihres Rechts hinnehmen müssen und ihre Zustimmung zur Begründung von Wohnungseigentum nicht erforderlich ist. Begründet wird dies damit, dass der Gesetzgeber mit der Einordnung der Hausgeldansprüche in § 10 Abs. 1 Nr. 2 ZVG die Beeinträchtigung der Grundschuldgläubiger in Kauf genommen habe und deshalb auch keine planwidrige Regelungslücke vorliege.

Veränderungen bei nachrangigen Eintragungen berühren die Rechtsinhaber vorrangiger Rechte nicht, auch wenn sich die Gefahr von Zwangsversteigerungen etc. durch die nachrangigen Belastungen erhöhen sollte, weil dies ein lediglich wirtschaftliches Betroffensein darstellt (*Meikel/Böttcher*, § 19 Rdn. 45).

d) In bestimmten Fällen enthält das Gesetz **ausdrückliche Regelungen**, die die Mitwirkung eines nur **mittelbar** Betroffenen in gewissen Fällen entbehrlich machen. Es sind dies die Fälle des § 1119 Abs. 1 BGB (beachte, dass die Vorschrift nur für Zinsen, nicht für andere Nebenleistungen gilt!); §§ 1119 Abs. 2, 1186, 1198, 1203 BGB (sind die umzuwandelnden Rechte ihrerseits belastet, ist Zustimmung nach §§ 876, 877 BGB erforderlich!); § 1151 BGB.

2.4. Besonderheiten im Beitrittsgebiet

140   In den neuen Bundesländern und Ostberlin weisen die manchmal noch das sog. Sozialistische Eigentum aus (vgl. oben → Rdn. 10). Soll über diese Grundstücke verfügt werden, so muss grundsätzlich der jetzige Eigentümer eingetragen sein, bzw. sich legitimieren (vgl. dazu unten → Rdn. 214 ff.). Angesichts der Vielzahl von Privatisierungsvorschriften und nicht unerheblicher Abgrenzungsprobleme (vgl. *Eickmann*, Grundstücksrecht in den neuen Bundesländern, Rdn. 22 ff.; *Meikel/Böhringer*, Einl. K Rdn. 320 ff.) versucht man, den Grundstücksverkehr durch **gesetzliche Verfügungsermächtigungen** zu erleichtern. Hier sind zu nennen:

- Fortgeltende Verfügungsmacht eines staatlichen Verwalters i.S.v. § 11 VermG gem. § 11a Abs. 1 S. 3 VermG; ergänzt durch die Möglichkeit der Bestellung eines gesetzlichen Vertreters nach § 11b VermG sowie durch die Bewilligungsberechtigung nach § 113 Abs. 1 Nr. 6 und Abs. 3 GBV (bis 31.12.2010) bei dinglichen Rechten.
- Verfügungsberechtigung gem. **§ 8 VZOG** für Gebietskörperschaften, wenn diese, ihre Organe oder die ehem. VEB der Wohnungswirtschaft als Rechtsträger eingetragen sind; bzw. für die neuen Länder, wenn Bezirke, aus denen sie gebildet sind, oder deren Organe als Rechtsträger eingetragen sind.

Die Verfügungsermächtigung gem. § 8 VZOG ist ein eigentümliches Institut, dessen sachenrechtliche Undefinierbarkeit nicht wenige Probleme aufwirft. Während die Gesetzesbegründung sie als „gesetzliche Vollmacht" ansieht (BT-Drucks. 12/449, S. 18), besteht weitgehend Einigkeit darüber, sie als eine Ermächtigung zum Handeln im eigenen Namen (vergleichbar § 185 BGB) anzusehen (*Schmidt-Räntsch*, ZIP 1991, 973, 977; *Eickmann*, Grundstücksrecht in den neuen Bundesländern, Rdn. 56).

Die Verfügungsermächtigung soll ein sofortiges Handeln ermöglichen, deshalb ist § 39 GBO unbeachtlich (so: *Schmidt-Räntsch,* Eigentumszuordnung ..., S. 78). Man könnte – sinngemäß – sagen, dass die Fiktion der Berechtigung auch deren buchmäßigen Ausdruck fingiert.

Die Verfügungsrechte des tatsächlichen Eigentümers bleiben ausdrücklich unberührt, § 8 Abs. 2 S. 1 VZOG. Seine Verfügungen sind somit gleichermaßen vollziehbar, wobei freilich der tatsächliche Eigentümer erst die Hürde des § 39 GBO überwinden muss, sofern nicht § 40 GBO erfüllt ist. Konkurrieren Verfügungen des tatsächlichen Eigentümers und des Ermächtigten, so ist § 17 GBO anzuwenden. Eine andere Lösung ist angesichts der Gleichwertigkeit der Verfügungen nicht möglich.

Die Ermächtigung des § 8 Abs. 1 VZOG **endet,** wenn eine Entscheidung nach §§ 2, 4, 7 VZOG (Zuordnungsentscheidung) rechtsbeständig geworden und dies dem GBA in grundbuchmäßiger Form nachgewiesen ist, § 8 Abs. 3 S. 1 VZOG. Eine Verfügung des Ermächtigten ist dessen ungeachtet noch vollziehbar:

– wenn § 878 BGB erfüllt ist (unten → Rdn. 145–154),
– **oder** wenn **vor** dem Zeitpunkt des § 8 Abs. 3 S. 1 VZOG die Eintragung einer Vormerkung beantragt war. Die Ermächtigung deckt dann nicht nur die Eintragung eben dieser Vormerkung, sondern auch die Eintragung des vorgemerkten Rechts.

3. Die Bewilligungsbefugnis

Literatur: Böttcher in Meikel, GBO Anhang zu §§ 19, 20

3.1. Grundsatz und Einschränkungen

Nicht jeder Inhaber der Bewilligungsmacht kann von dieser Rechtsmacht auch uneingeschränkt Gebrauch machen: Ist er durch Gesetz oder gerichtliche Anordnung in der Verfügungsbefugnis beschränkt, so ist eine von ihm abgegebene Bewilligung u.U. unwirksam.

Ebenso wie im Prozessrecht zur Beurteilung der Prozessführungsbefugnis und der Wirksamkeit von Verzicht und Anerkenntnis auf die Vorschriften des materiellen Rechts zurückgegriffen werden muss, muss auch im Grundbuchverfahren zur Feststellung der Bewilligungsbefugnis auf die Regeln des materiellen Rechts über die Verfügungsbefugnis zurückgegriffen werden.

Das Grundbuchamt hat stets von Amts wegen die Verfügungsbefugnis des Rechtsinhabers zu prüfen (BGHZ 35, 139 = Rpfleger 1961, 234; BayObLGZ 1969, 145 = Rpfleger 1969, 301 u. Rpfleger 1986, 470; 1989, 200).

Dabei ist zu beachten, dass die Verfügungsbefugnis grundsätzlich bis zur Vollendung des Rechtserwerbs andauern muss (BGHZ 27, 366).

Fällt die Verfügungsbefugnis (= Bewilligungsbefugnis) **vor** der Eintragung weg und das GBA erhält davon zuverlässige Kenntnis, so kann die Bewilligung nur noch in bestimmten Ausnahmefällen eine geeignete Eintragungsgrundlage abgeben (vgl. dazu unten → Rdn. 145 ff.).

142 Das geltende Recht kennt eine Vielzahl von Entziehungen und Einschränkungen der Verfügungsbefugnis.

Hier soll eine Systematisierung der vorhandenen Arten und der möglichen Problemlösungen versucht werden.

Wir können unterscheiden bei den Verfügungsbeeinträchtigungen:

- Fälle eines gesetzlich geregelten vollständigen Entzuges der Verfügungs-, (Bewilligungs-)befugnis (= **Verfügungsentziehungen**)
 Hier sind zu nennen die Eröffnung des Insolvenzverfahrens über das Vermögen des Inhabers der Bewilligungsmacht (§ 80 InsO); die Anordnung von Nachlassverwaltung (§§ 1984, 1985 BGB) und die Anordnung von Testamentsvollstreckung (§§ 2205, 2211 BGB; vgl. dazu unten → Rdn. 392 ff.);
- Fälle einer gesetzlich geregelten Einschränkung der Verfügungs-(Bewilligungs-)befugnis in bestimmter Hinsicht (= **Verfügungsbeschränkungen**).

Hierher gehören die gesetzlichen Beschränkungen, die sich aus dem ehelichen Güterrecht ergeben (z. B. § 1365 BGB oder bei Gütergemeinschaft §§ 1423–1425, § 1453 BGB);

Fälle einer vertraglich vereinbarten Einschränkung: Hierher gehören die Fälle der § 5 ErbbauRG, § 12 Abs. 1 WEG, § 35 WEG.

143 **Sonderfälle** stellen dar:

- die **Verfügungsverbote** (§ 135 BGB): Sie bewirken, wie noch dazu auszuführen ist (vgl. unten → Rdn. 167), keine Einschränkung der Verfügungsbefugnis des Betroffenen, sondern enthalten eine Beschränkung im Recht des Erwerbers. Sie müssen deshalb gesondert betrachtet werden;
- die **öffentlich-rechtlichen Veräußerungs-** und **Bewilligungsverbote**: Auch sie sind mit den vorne erwähnten Einschränkungen der Verfügungsbefugnis nur teilweise vergleichbar; auch für sie empfiehlt sich eine gesonderte Betrachtung (s. unten → Rdn. 258 ff.).

3.2. Heilung durch Zustimmung

144 Trotz des Bestehens einer der oben 3.1. aufgeführten Verfügungsbeeinträchtigungen kann die Bewilligung gem. **§ 185 BGB** wirksam sein oder werden. § 185 BGB ist auf diese Fälle nach allg. Meinung entsprechend anwendbar, weil er eine Ausformung des allg. Grundsatzes „volenti non fit iniuria" darstellt.

Heilung wird herbeigeführt durch:

III. Die Bewilligungsberechtigung

a) **Zustimmung** des nunmehr Verfügungsbefugten oder des Geschützten, also: des Insolvenzverwalters, des Nachlassverwalters, des Testamentsvollstreckers vgl. dazu unten → Rdn. 395), des Nacherben.

Hierher gehören des Zusammenhangs wegen – auch wenn sie nicht unter § 185 BGB fallen, sondern gesondert gesetzlich geregelt sind – die heilenden Zustimmungen gem. §§ 1365, 1423–1425, 1453 BGB, §§ 6, 8 ErbbauRG, § 12 Abs. 3 WEG (§ 35 WEG).

b) **Erwerb** des Rechtes, das von der Bewilligung erfasst wird, durch den Bewilligenden zur wiederum freien Verfügung; also bei Beendigung des Insolvenzverfahrens, der Nachlassverwaltung oder Testamentsvollstreckung; ferner bei **Freigabe des Gegenstandes** durch den Insolvenzverwalter (vgl. RGZ 79, 27; 122, 55/56; 138, 71), den Nachlassverwalter oder den Testamentsvollstrecker.

→ **Beispiel 24a:**
> Der Grundstückseigentümer hatte seinen Grundbesitz zu notarieller Urkunde verkauft und aufgelassen. Danach wurde über sein Vermögen das Insolvenzverfahren eröffnet. Das Insolvenzgericht ersuchte das GBA um Eintragung des Insolvenzvermerks. Danach wurde beantragt, den Käufer als neuen Eigentümer einzutragen. Das Grundbuchamt trug den Insolvenzvermerk ein. Danach hat der Insolvenzverwalter mit privatschriftlicher Erklärung gegenüber dem Insolvenzgericht und dem Insolvenzschuldner die Freigabe des Grundstücks aus der Insolvenzmasse erklärt. Daraufhin wurde der Insolvenzvermerk aufgrund Ersuchens des Insolvenzgerichts im Grundbuch gelöscht. Das GBA verlangt für den Vollzug des Eigentumswechsels die Freigabeerklärung des Insolvenzverwalters in notariell beglaubigter Form nach § 29 GBO. Zu Recht?

Durch die Freigabe einer Immobilie aus der Insolvenzmasse durch den Insolvenzverwalter erlangt der Grundstückseigentümer wieder die Verfügungsbefugnis darüber (§ 80 InsO). Wenn der Grundstückseigentümer danach über die Immobilie verfügen will, soll dem Grundbuchamt die Freigabe durch den Insolvenzverwalter in der Form des § 29 GBO nachgewiesen werden müssen, d. h. in öffentlich beglaubigter Form (OLG Celle, FGPrax 2015, 154, OLG Naumburg, Rpfleger 2014, 365; OLG Brandenburg, NotBZ 2012, 384). Daran soll auch ein zwischenzeitlich gelöschter Insolvenzvermerk im Grundbuch der Immobilie nichts ändern. Die Funktion des Insolvenzvermerks beschränke sich auf die Zerstörung des guten Glaubens nach § 892 Abs. 1 S. 2 BGB. Aus dem Löschen des Vermerks folge nicht, dass die Verfügungsbefugnis des Insolvenzverwalters nicht mehr bestehe. In einem fortdauernden Insolvenzverfahren sei der Wegfall der Verfügungsbefugnis des Insolvenzverwalters hinsichtlich einer Immobilie und die Wiedererlangung durch den Grundstückseigentümer in der Form des § 29 GBO nachzuweisen. Eine schriftliche Freigabeerklärung durch den Insolvenzverwalter reiche daher nicht aus. Dem ist zu widersprechen. Nach der Löschung des Insolvenzvermerks kann das Grundbuchamt von der uneingeschränkten Verfügungsbefugnis des Grundstückseigentümers nach § 891 BGB ausgehen (BGH, DNotZ 2018, 223 = Rpfleger 2017, 715; KG, Rpfleger 2017, 612; OLG Hamm, Rpfleger 2014, 363).

3.3. Die Schutzvorschrift des § 878 BGB

145 Bei Vorliegen bestimmter Voraussetzungen hindert gem. § 878 BGB eine nachträglich eingetretene Verfügungsbeschränkung den Rechtserfolg nicht. Diese Vorschrift ist nach allgemeiner Auffassung auch im Grundbuchverfahren anwendbar, weil sie für die von ihr erfassten Fälle die Verfügungsbefugnis des Betroffenen regelt, diese aber wiederum für die verfahrensrechtliche Bewilligungsbefugnis maßgebend ist (s. oben → Rdn. 128, 141).

> Wenn die Voraussetzungen des § 878 BGB vorliegen, besteht die Bewilligungsbefugnis des Betroffenen bis zur Eintragung weiter und das Grundbuchamt hat den Eintragungsantrag zu vollziehen.

a) Anwendungsbereich

146 § 878 BGB ist anwendbar bei Verfügungsbeeinträchtigungen, die eintreten durch:

- Insolvenzeröffnung (§ 91 InsO);
- Nachlassverwaltung, auch wenn § 91 InsO in § 1984 BGB nicht erwähnt ist;
- eine Vereinbarung gem. § 5 ErbbauRG (BGH, NJW 1962, 36);
- eine Vereinbarung gem. §§ 12, 35 WEG, weil diese Vereinbarungen dem § 5 ErbbauRG nachgebildet wurden und ihm in ihren Auswirkungen gleichstehen.

b) Schutzbereich

147 Zu den von § 878 BGB **geschützten Rechtsvorgängen** gehören:

- die Erklärungen nach §§ 873, 875, 877, 880, 1109 Abs. 2, 1116 Abs. 2, 1132 Abs. 2, 1154 Abs. 3, 1168 Abs. 2, 1180 Abs. 1, 1196 Abs. 2 BGB;
- die Bewilligung einer **Vormerkung** (BGHZ 28, 182 = DNotZ 1959, 36; BGHZ 33, 123/129; BayObLGZ 1954, 97 = NJW 1954, 1120);
- Die Abgabe der **Zustimmungserklärung** nach §§ 5, 6 ErbbauRG und §§ 12, 35 WEG (BGH, DNotZ 1963, 433);
- Teilungserklärung nach § 8 WEG (BGH DNotZ 2017, 119 = Rpfleger 2017, 133).

§ 878 BGB gilt nach h.M. **nicht** zugunsten eines Gläubigers, der die **Zwangsvollstreckung** betreibt. Dagegen erhebt *Wacke* mit beachtlichen Erwägungen Bedenken (ZZP 1982, 380 ff.). Eine analoge Anwendung drängt sich in der Tat

angesichts der identischen Schutzbedürftigkeit (z. B. bei Konkurrenz zwischen Zwangshypothek und bewilligter Hypothek) auf (in diese Richtung auch *Meikel/Böttcher*, GBO Anhang zu §§ 19, 20 Rdn. 70).
Als rechtsgeschäftlicher Erwerb gilt auch der Erwerb, der sich nach § 894 ZPO vollzieht (RGRK/*Augustin*, § 878 Rdn. 7), auch wenn § 878 BGB in § 898 ZPO nicht erwähnt ist.

c) Voraussetzungen

§ 878 BGB stellt **zwei** Voraussetzungen auf, die **beide** nebeneinander vorliegen müssen: **148**

- **Bindung** an das **materielle** Rechtsgeschäft (§§ 873 Abs. 2, 875 Abs. 2 BGB) vor Wirksamwerden der Verfügungsbeeinträchtigung (dazu s. unten → Rdn. 149, 150);
- **Antragstellung** beim Grundbuchamt **vor** Wirksamwerden der Verfügungsbeeinträchtigung.

Probleme hinsichtlich des Zeitfaktors können beim **Antrag** angesichts des Präsentatsvermerkes nicht bestehen. Notwendig ist ein wirksamer Antrag. Zweifel könnten sich ergeben, wenn nur der in der Verfügung Beeinträchtigte den Antrag gestellt hat, weil dann der durch die Verfügungsbeeinträchtigung bewirkte Verlust der Antragsberechtigung den Antrag unwirksam machen soll (so: *Venjakob*, Rpfleger 1991, 284; *Böhringer*, Rpfleger 1990, 337, 344; *Ertl*, Rpfleger 1980, 41, 44; *Kesseler*, ZfIR 2006, 117). Das widerspricht zunächst dem allgemein anerkannten Wirksamwerden des Antrages mit Eingang, noch viel mehr aber dem Sinn und Zweck des § 878 BGB. Nach der hier durchweg vertretenen Auffassung von der dienenden Funktion des Verfahrensrechts zur Durchsetzung (und nicht der Verhinderung) materieller Wertentscheidungen kann es nicht richtig sein, wenn der materielle Verkehrsschutz Einigung und Bewilligung (also Verfügungs- und Bewilligungsbefugnis) fortgeltend wirksam erhält, aber an der formellen Antragsberechtigung – die ja wiederum auch eine materielle Grundlage hat – scheitern sollte. Der wirksam gewordene Antrag bleibt wirksam (ebenso: KG, Rpfleger 1975, 89; *Staudinger/C. Heinze*, 2018, § 878 Rdn. 49–51; *Meikel/Böttcher*, GBO Anhang zu §§ 19, 20 Rdn. 79; *Schmitz*, JuS 1990, 1008, 1010; *Klüsener*, RpflStud 1990, 33, 40; *Böttcher*, Rpfleger 1983, 187, 190). Haben – wie meistens – beide Antragsberechtigte den Antrag gestellt, so ist die Situation ohnehin unproblematisch.

Da dem Grundbuchamt bei Bestellung eines dinglichen Rechtes nach dem **149** formellen Konsensprinzip (s. oben → Rdn. 116) die dingliche Einigung nicht nachgewiesen werden muss und deshalb regelmäßig auch nicht nachgewiesen wird, stellt die Anwendung des § 878 BGB das Grundbuchamt in Bezug auf das Erfordernis der **Bindung** vor Beweisschwierigkeiten, die – wenn eine Klärung durch Zwischenverfügung nicht möglich ist – nach allgemeiner Auffassung nur durch Anwendung von Erfahrungssätzen interessengerecht gelöst werden können (vgl. dazu ausführlich *Rahn*, BWNotZ 1967, 269 und NJW 1959, 97). Keinesfalls darf dies aber dazu führen, dass nahezu alle Voraussetzungen von § 878 und § 873 Abs. 2 BGB als von den Beteiligten gewollt einfach unterstellt werden, nur weil ihr Nachweis im Grundbuchverfahren Schwierigkeiten bereitet. Gewiss können – wie die nachstehenden Beispiele zeigen – einzelne sich erfahrungsgemäß vollziehende Geschehensabläufe auch ohne förmlichen Nachweis nach § 29 GBO der Entscheidung des Grundbuchamtes zugrunde gelegt werden (vgl. dazu unten *Beispiel 25g*). Der Grundsatz muss jedoch bleiben, dass § 878 BGB eine Ausnahmevorschrift darstellt. Wer aus ihr Rechte herleiten will, trägt die **Feststellungslast** für ihr Vorliegen; gelingt der Nachweis ihrer Erfordernisse nicht zur Überzeugung des Grundbuchamtes, so kann sich der Rechtserwerb eben nicht mehr vollenden (allgemein zur Feststellungslast s. oben → Rdn. 23).

→ **Beispiel 25:**

Auf dem Grundstück des A soll für B eine Buchhypothek bestellt werden.

a) A und B finden sich beim Notar ein, der die beiderseitigen Erklärungen über die Bestellung des Rechts und die Bewilligung des A unterschriftlich beglaubigt;

b) A lässt seine Erklärung, die Hypothek bestellen zu wollen, und die Eintragungsbewilligung beim Notar beurkunden; B schreibt an A, er sei mit diesen Vorgängen einverstanden;

c) Weil A sich weigert, Einigung und Bewilligung abzugeben, verklagt ihn B. Das der Klage stattgebende Urteil erlangt die Rechtskraft;

d) Im Falle c) kommt es nicht zu einem Urteil, weil A und B sich in einem ordnungsgemäßen Vergleich i.S.d. Klage einigen;

e) Im Falle b) sind die beiden Erklärungen beim Grundbuchamt eingereicht worden;

f) A reicht seine beglaubigte Eintragungsbewilligung beim Grundbuchamt ein, B stellt den Eintragungsantrag;

g) B stellt den Eintragungsantrag und legt zugleich eine formgerechte Bewilligung des A vor;

h) A lässt die Bewilligung beurkunden und weist in dieser Urkunde den Notar an, dem Gläubiger eine Ausfertigung der Urkunde zu erteilen;

i) A lässt die Bewilligung beurkunden, der Notar legt die Bewilligung „für den Gläubiger" dem Grundbuchamt vor;

k) B hat den Notar bevollmächtigt, für ihn die Bewilligung in Empfang zu nehmen, der Notar reicht die von A formgerecht abgegebene Bewilligung beim Grundbuchamt ein;

l) A hat den Notar bevollmächtigt, für ihn die Bewilligung an B auszuhändigen; der Notar reicht die Urschrift beim Grundbuchamt ein und übersendet dem B eine beglaubigte Abschrift.

Ist jeweils Bindung an die Einigung eingetreten, wie wird sie dem Grundbuchamt nachgewiesen?

III. Die Bewilligungsberechtigung

Im *Falle a)* ist zunächst an § 873 Abs. 2, 1. Alt. BGB zu denken: Die Vorschrift verlangt aber „Beurkundung", d.h. die Erstellung einer Urkunde i.S.v. §§ 8 ff. BeurkG; die bloße Unterschriftsbeglaubigung genügt nicht, um Bindung herbeizuführen. Hier kann Bindung erst eintreten, wenn die Einigung dem Grundbuchamt zusammen mit der Bewilligung vorgelegt wird (§ 873 Abs. 2, 3. Alt. BGB).

Auch im *Falle b)* ist Bindung nach § 873 Abs. 2, 1. Alt. BGB nicht eingetreten, weil die Erklärung des B nicht beurkundet, sondern lediglich privatschriftlich abgegeben ist. Zwar ist es – außer im Falle der Auflassung (§ 925 BGB!) – nicht erforderlich, dass die Einigungserklärungen gleichzeitig abgegeben werden (vgl. § 128 BGB), es müssen jedoch beide Erklärungen beurkundet werden. Auch in diesem Falle wird Bindung erst eintreten, wenn beide Erklärungen beim Grundbuchamt eingegangen sind.

Im *Falle c)* tritt Bindung im Augenblick der Rechtskraft ein. In diesem Zeitpunkt gilt die Erklärung des Beklagten A als abgegeben und trifft mit der in der Klageerhebung zu erblickenden Erklärung des Klägers B zusammen. Bindend ist sie deshalb, weil sich die Parteien von den Urteilsfolgen wegen der Rechtskraftwirkung nicht mehr lösen können; die sonst stets gegebene Widerruflichkeit der Einigung entfällt hier schon mit dem Rechtskrafteintritt (*Meikel/Böttcher*, GBO Anhang zu §§ 19, 20 Rdn. 80). Der Bindungsnachweis wird dem Grundbuchamt in diesem Falle durch Vorlage einer Urteilsausfertigung mit Rechtskraftvermerk erbracht (Beachte: Liegt eine Verurteilung zur **Auflassung** vor, so gilt wegen § 925 BGB etwas anderes: In einem solchen Fall muss der Kläger unter gleichzeitiger Vorlage des rechtskräftigen Urteils vor einem Notar die ihm obliegende Einigungserklärung abgeben; Bindung tritt dann erst ein mit der Beurkundung der Erklärung des Klägers).

Im *Falle d)* ersetzt gem. § 127a BGB der gerichtliche Vergleich, sofern er den Vorschriften der ZPO entspricht, die notarielle Beurkundung. Bindung ist dann eingetreten mit Abschluss der Vergleichsprotokollierung (ebenso wie sie bei § 873 Abs. 1, 1. Alt. BGB mit Abschluss des Beurkundungsvorganges beim Notar eintritt; dies ist mit der Unterschrift des Notars gem. § 13 Abs. 3 BeurkG). Der meist nur sehr schwer zu erbringende Nachweis dieses Zeitpunkts im Grundbuchverfahren wird dadurch erübrigt, dass ja § 878 BGB als zweites Erfordernis die Antragstellung beim Grundbuchamt vor Wirksamwerden der Verfügungsbeschränkung verlangt. Da die Antragstellung regelmäßig erst nach diesen Vorgängen geschehen wird, bedarf es im Falle der noch rechtzeitigen Antragstellung, wenn bei ihr die Einigung mit vorgelegt wird, keines Nachweises über den **Zeitpunkt** der Bindung. Dieser muss ja dann – sofern Bindung überhaupt vorliegt – auf jeden Fall vor der Verfügungsbeschränkung liegen. Etwas anderes ist es in den Fällen, in denen die Einigung der Antragstellung nachgefolgt ist; hier kann den Beteiligten der Nachweis des Zeitpunktes der Bindung nicht erlassen werden (*Meikel/Böttcher*, GBO Anhang zu §§ 19, 20 Rdn. 91; über die Form dieses Nachweises in Bezug auf § 29 GBO vgl. unten →

Rdn. 240 ff.). **Beachte:** Der Nachweis des **Zustandekommens** ist in den Fällen 1–3 des § 873 Abs. 2 BGB nie entbehrlich; insoweit ergibt sich dann eine Ausnahme vom formellen Konsensprinzip!

Im *Falle e)* tritt, da § 873 Abs. 2, 1. Alt. BGB nicht eingreift (s. Fall b) die Bindung erst mit Eingang beider Erklärungen beim Grundbuchamt ein (§ 873 Abs. 2, 3. Alt. BGB). Der Zeitpunkt der Bindung ergibt sich aus dem Eingangsstempel.

Im *Falle f)* muss § 873 Abs. 2, 1. Alt. BGB ausscheiden, weil eine **beurkundete** Einigung nicht vorliegt. Die h.M. nimmt jedoch hier das Vorliegen von § 873 Abs. 2, 3. Alt. BGB an: Durch Auslegung der beiden verfahrensrechtlichen Erklärungen entnimmt man aus ihnen den Einigungswillen. Wenn beide Erklärungen beim Grundbuchamt eingegangen sind, soll die Einigung – die ja hier keiner Form bedarf! – nachgewiesen und beim Grundbuchamt eingereicht sein (so *Rademacher*, MittRhNotK 1983, 81, 88). Diese weitgehende Auffassung erscheint nicht unbedenklich; sie verwischt die klare Unterscheidung, die gerade auch in § 873 Abs. 2 BGB zwischen der dinglichen Einigung (Alt. 1–3) und der Bewilligung (Alt. 4) gemacht wird. Letztlich läuft sie darauf hinaus, dass – zusammen mit einem gem. § 15 GBO gestellten Antrag – auch die bloße Einreichung der Bewilligung durch den Notar beim Grundbuchamt genügt, was aber durch § 873 Abs. 2, 4. Alt. BGB gerade ausgeschlossen werden soll (vgl. dazu *Fälle g–l*). § 873 Abs. 2 BGB lässt es eben nicht dabei genügen, dass überhaupt eine Einigung nachgewiesen ist, sondern er verlangt zur Herbeiführung der Bindung eine gewisse Formalisierung des Bindungswillens. Bindung setzt überdies stets voraus, das gegenüber dem gesetzlich Notwendigen ein **Mehr** zur Dokumentierung des Bindungswillens geschieht; auch das ist hier gerade nicht der Fall. Wie alle Vorschriften mit einem Formalgehalt kann § 873 Abs. 2 BGB – zumal auch als Ausnahmevorschrift – bei aller Anerkennung der Bedürfnisse des Rechtsverkehrs wohl nicht so ausdehnend interpretiert werden. Bindung ist in diesem Fall nicht nachgewiesen (*Staudinger/C. Heinze*, 2018, § 873 Rdn. 163; *Meikel/Böttcher*, GBO Anhang zu §§ 19, 20 Rdn. 92).

Im *Falle g)* scheidet § 873 Abs. 2, 1. Alt. BGB ersichtlich aus. Die Alt. 3 könnte nach der oben bei Fall f) dargestellten Auffassung wiederum vorliegen; sie ist jedoch auch hier abzulehnen. Infrage kommen kann wohl nur § 873 Abs. 2, 4. Alt. BGB: Bindung tritt hier ein, wenn eine formgerechte Bewilligung von A an B ausgehändigt worden ist. Legt B die Bewilligung vor, so muss nach einem normalen Geschehensablauf davon ausgegangen werden, dass er sie von A (oder von dem durch A dazu ermächtigten Notar) erhalten hat (*Meikel/Böttcher*, GBO Anhang zu §§ 19, 20 Rdn. 93). Die Tatsache der Aushändigung als solche bedarf also in diesem Falle keines weiteren Nachweises. Liegt der Zeitpunkt der Antragstellung noch vor der Verfügungsbeschränkung, so kommt es auf den genauen Zeitpunkt der Aushändigung nicht an, weil er ja dann auf jeden Fall auch vor der Verfügungsbeschränkung liegen muss.

Im *Falle h)* scheiden die Alternativen 1–3 ersichtlich aus. Liegt § 873 Abs. 2, 4. Alt. BGB vor? Dies wäre nur dann der Fall, wenn die von A dem Notar gegebene Anweisung die im Gesetz geforderte Aushändigung ersetzen könnte. Dies ist jedoch nach h.M. richtigerweise nicht anzunehmen (BGH, Rpfleger 1967, 142; OLG Frankfurt/M., DNotZ 1970, 162; *Meikel/Böttcher*, GBO Anhang zu §§ 19, 20 Rdn. 83).

Im *Falle i)* ist der Voraussetzung des § 873 Abs. 2, 4. Alt. BGB dann Genüge getan, wenn der Notar von B zur Entgegennahme der Bewilligung bevollmächtigt war. Die Bevollmächtigung muss regelmäßig ausdrücklich erklärt werden (*Meikel/Böttcher*, GBO Anhang zu §§ 19, 20 Rdn. 83); in einem Sonderfall, der nicht verallgemeinerungsfähig ist, hat der BGH eine stillschweigende Bevollmächtigung deshalb angenommen, weil der Gläubiger bei der Beurkundung zugegen war (BGH, NJW 1963, 36, 37; vgl. dazu *Meikel/Böttcher*, GBO Anhang zu §§ 19, 20 Rdn. 93).

In *Fall k)* ist den Erfordernissen des § 873 Abs. 2, 4. Alt. BGB Genüge getan: Wenn der Notar von B zur Empfangnahme ausdrücklich ermächtigt ist, tritt Bindung im Augenblick des Abschlusses der Beurkundung oder Beglaubigung ein, weil dann der Notar die abgeschlossene Urkunde für B an sich nimmt (*Meikel/Böttcher*, GBO Anhang zu §§ 19, 20 Rdn. 83). Dieser Zeitpunkt wird zweckmäßigerweise auf der Urkunde vermerkt. Wegen der Frage, ob die dem Notar von B erteilte und dem Grundbuchamt nachzuweisende Vollmacht der Form des § 29 GBO bedarf, vgl. unten → Rdn. 193.

Im *Falle l)* hat der Notar nur vom A Vollmacht erhalten, er muss also, um § 873 Abs. 2, 4. Alt. BGB zu erfüllen, die Bewilligung dem B aushändigen (= übergeben). Ausgehändigt werden muss dabei nach h.M. die Urschrift oder eine Ausfertigung der Bewilligung; die Aushändigung einer beglaubigten Abschrift genügt für die Herbeiführung der Bindung nicht (*Meikel/Böttcher*, GBO Anhang zu §§ 19, 20 Rdn. 83). Davon gut zu unterscheiden ist die Frage, ob eine beglaubigte Abschrift der Bewilligung – unabhängig von der Frage der Bindung gem. § 873 Abs. 2 BGB – eine geeignete Eintragungsgrundlage darstellt. Das wird allgemein bejaht.

d) Einzelfragen

aa) → **Beispiel 26 (Stichwort: Schutz bei Genehmigungsbedürftigkeit)**

A hat sein Grundstück an B zu notarieller Urkunde aufgelassen. Am 1.2. legt der Notar die Urkunde dem Grundbuchamt gem. § 15 GBO zum Vollzug vor. Er bemerkt in seiner Vorlage, die erforderliche Genehmigung nach § 2 GrStVG sei bereits beantragt und werde nach Erteilung vorgelegt. Am 2. 2. wird über das Vermögen des A das Insolvenzverfahren eröffnet. Am 5.2. legt der Notar die Genehmigung vor. Kann das Grundbuchamt B eintragen?

Da die Verfügungsbefugnis des Veräußerers bis zur Vollendung des Rechtserwerbs vorliegen muss, darf das Grundbuchamt den Erwerber B nur eintragen, wenn zu seinen Gunsten § 878 BGB eingreift, (oder u.U. auch § 892 BGB, vgl. dazu unten 3.4). Die erforderliche Bindung ist gem. § 873 Abs. 2, 1. Alt. BGB am 1.2. eingetreten, an diesem Tag wurde auch der Eintragungsantrag gestellt. Die Voraussetzungen des § 878 BGB sind also dem Wortlaut nach erfüllt. Fraglich ist jedoch, ob die Vorschrift eingreift, nachdem die notwendige Genehmigung (vgl. dazu unten → Rdn. 258 ff.) fehlt.

Nach überwiegender Auffassung müssen im Zeitpunkt der Antragstellung alle evtl. erforderlichen behördlichen und gerichtlichen Genehmigungen vorliegen, soll § 878 BGB eingreifen (OLG Frankfurt/M., NotBZ 2007, 26; *Staudinger/C. Heinze*, 2018, § 878 Rdn. 39 m.w.N.).

Diese Auffassung stützt sich auf die Ratio des § 878 BGB, der die Beteiligten vor den Schäden bewahren soll, die durch die Dauer des Eintragungsverfahrens entstehen können, weil die Beteiligten darauf keinen Einfluss haben. Er schützt also nur den, der seinerseits alles ihm Obliegende getan hat, um die Eintragung herbeizuführen; auszugehen sei dabei von dem Gedanken, dass der Antrag im Augenblick seines Einganges vollzugsreif sein müsse.

Diese Auffassung erscheint jedoch zu eng: Man muss vielmehr sagen, dass die Beteiligten auch auf die Dauer eines behördlichen oder gerichtlichen Genehmigungsverfahrens keinen Einfluss haben; wenn sie den Antrag bei der Verwaltungsbehörde gestellt haben, so haben sie gleichfalls alles ihnen Obliegende getan. Wird die Genehmigung dann erteilt, so wirkt sie auf den Zeitpunkt der Vornahme des zu genehmigenden Geschäftes zurück. Weiter ist folgendes zu bedenken: Im vorliegenden Fall muss das Grundbuchamt nach Eingang des Antrages eine Zwischenverfügung erlassen, in der die Nachreichung der Genehmigung aufgegeben wird. Wenn nun die Genehmigung nachgereicht wird und das Grundbuchamt hat zwischenzeitlich von der Insolvenzeröffnung erfahren, so muss es nach der h.M. den Eintragungsantrag zurückweisen. Damit ist der Sinn der Zwischenverfügung geradezu in sein Gegenteil verkehrt: Erfüllung der Zwischenverfügung führt zur Ablehnung des Antrages! Das widerspricht aber wiederum der ganz unbestrittenen Meinung, dass die Wirkungen einer Zwischenverfügung die Rechte aus § 878 BGB erhalten (MünchKomm/ *Kohler*, § 878 Rdn. 16). Warum dies gerade nicht gelten soll bei einer Zwischenverfügung, welche die Nachreichung einer erforderlichen Genehmigung verlangt, kann m.E. nicht einleuchten.

Nach richtiger Auffassung muss das Grundbuchamt eintragen, wenn die Genehmigung **nachgewiesen** wird **und** sich ergibt, dass die Genehmigung zumindest **vor** Eintritt der Verfügungsentziehung **beantragt** worden ist (OLG Köln NJW 1955, 80; *Meikel/Böttcher*, GBO Anhang zu §§ 19, 20 Rdn. 87; *Soergel/Stürner*, § 878 Rdn. 5; *Knöchlein*, DNotZ 1959, 3, 17).

bb) → **Beispiel 27 (Stichwort: § 878 BGB trotz eingetragener Beeinträchtigung?)**

A hat sich mit B privatschriftlich über die Bestellung einer Hypothek zugunsten des B geeinigt. Am 1.2. händigt A dem B eine formgerechte Eintragungsbewilligung aus.

B stellt am gleichen Tag den Eintragungsantrag beim Grundbuchamt. Am 2.2. wird über das Vermögen des A das Insolvenzverfahren eröffnet; diese Tatsache wird am 3.2. in das Grundbuch eingetragen. Darf das GBA am 4.2. die Hypothek noch eintragen?

Die Voraussetzungen des § 878 BGB liegen vor. Hindert der eingetragene Insolvenzvermerk die Eintragung?

Das ist deshalb nicht der Fall, weil der Vermerk lediglich die Aufgabe hat, die Richtigkeitsvermutung in Bezug auf das Nichtbestehen einer Verfügungsbeschränkung zu zerstören (§ 892 Abs. 1 S. 2 BGB), Im Falle des § 878 BGB kommt es jedoch auf den guten Glauben des Erwerbers nicht an. § 878 ist keine Gutglaubensschutzvorschrift, sondern eine objektive Schutzvorschrift; auch die Kenntnis der Insolvenzeröffnung schadet B nicht (vgl. *Meikel/Böttcher*, GBO Anhang zu §§ 19, 20 Rdn. 101). Wenn dem Erwerber die Kenntnis der Insolvenzeröffnung nicht schadet, kann ihm auch die Eintragung dieser Tatsache im Grundbuch nicht schaden; er bedarf der Richtigkeitsvermutung nicht.

Literatur und Praxis bedienen sich häufig des Schlagwortes von der durch den Insolvenzvermerk angeblich bewirkten „**Grundbuchsperre**" (vgl. *Spieker*, notar 2019, 196, 200; *Becker*, ZfIR 2019, 253, 255). Es gibt kaum einen unpräziseren und verwirrenderen Begriff als diesen. Er ist in dieser pauschalen Form zu ungenau, weil auch nach der Auffassung derer, die ihn verwenden und nach allgemeiner Auffassung der Insolvenzvermerk z. B. im Falle des § 878 BGB ohne Bedeutung ist. Wenn überhaupt, dann dürfte das Schlagwort nur lauten: „Grundbuchsperre im Falle des § 892"; aber auch das ist letztlich falsch, denn nicht der Vermerk verhindert im Falle des § 892 BGB weitere Eintragungen, sondern das Legalitätsprinzip, das dem GBA verbietet, das Grundbuch wissentlich unrichtig werden zu lassen. Der Insolvenzvermerk ist keine auf das Grundbuchverfahren einwirkende Eintragung, sondern ein bloßer Hinweis mit Wirkung gegen potenzielle Erwerber, er ist ein typischer **Vermerk mit reiner Außenwirkung**. Er bekundet eine Situation, die dazu führen kann, dass eine Verfahrensvoraussetzung fehlt. Das ist dann die Ursache für die Verweigerung der Eintragung. Es gibt keine „Grundbuchsperre"!

cc) → **Beispiel 28 (Stichwort: § 878 BGB bei Vormerkung)**

A ist Eigentümer eines Grundstückes, das er an B aufgelassen hat. A bewilligt dem B die Eintragung einer Auflassungsvormerkung und stellt am 1.2. den Eintragungsantrag. Am 3.2. wird über das Vermögen des A das Insolvenzverfahren eröffnet. Die Vormerkung wird am 5.2. eingetragen.

B kann die Vormerkung nur erworben haben, wenn auch auf sie § 878 BGB anwendbar ist. Eine rein verbale Interpretation der Vorschrift scheint das zunächst auszuschließen, denn zur Entstehung der Vormerkung ist ja nicht „eine in Gemäßheit der §§ 873, 875, 877 BGB abgegebene Erklärung" Voraussetzung, sondern die materiell-rechtliche (!) Bewilligung des § 885 BGB (oder eine einstweilige Verfügung). Trotzdem ist es – wegen der der Vormerkung eigentümlichen Verdinglichungswirkung – heute h.M., dass § 878 BGB auch auf sie Anwendung findet (BGHZ 28, 182; BayObLGZ 2003, 226; *Staudinger/C. Heinze*, 2018, § 878 Rdn. 9; *Meikel/Böttcher*, GBO Anhang zu §§ 19, 20 Rdn. 85).

Freilich kann hier eine Bindung an die Einigung nicht vorliegen, weil die Vormerkung nicht durch Einigung zustande kommt; auch sieht das Gesetz für die einseitige Bewilligung des § 885 BGB keine gesonderte Regelung darüber vor, wann sie bindend wird. Nach richtiger Auffassung ist § 875 Abs. 2 BGB analog anzuwenden (OLG Köln, Rpfleger, 1973, 299; *Staudinger/C. Heinze*, 2018, § 878 Rdn. 35; *Meikel/Böttcher*, GBO Anhang zu §§ 19, 20 Rdn. 85).

dd) → **Beispiel 29 (Stichwort: § 878 BGB bei Verfügung eines Nichtberechtigten?)**

154   A ist Eigentümer eines Grundstückes, das er an B verkauft und aufgelassen hat.

a) Vor seiner Eintragung als Eigentümer bestellt B, der den Kaufpreis noch nicht bezahlt hat, zugunsten des C eine Hypothek. Am 1.2. wird über das Vermögen des B das Insolvenzverfahren eröffnet.

b) Wie *a)*, jedoch hatte A ausdrücklich in die Bestellung der Hypothek eingewilligt;

c) Wie *a)*, jedoch genehmigt A ausdrücklich die Bestellung der Hypothek;

d) B, der den Kaufpreis noch nicht bezahlt hat, bestellt für C eine Hypothek Am 1.2. wird über das Vermögen des A (!) das Insolvenzverfahren eröffnet; am 2.2. genehmigt A die Bestellung des Rechts.

In allen Fällen handelt B, der noch nicht Eigentümer geworden ist, bei der Bestellung des Rechts als **Nichtberechtigter.** Seine Verfügungen werden unter Umständen geheilt im *Falle a)* durch Erwerb (§ 185 Abs. 2, 2. Alt. BGB), im *Falle b)* durch Einwilligung (§ 185 Abs. 1 BGB), in den *Fällen c)* und *d)* durch Genehmigung (§ 185 Abs. 2, 1. Alt. BGB). Da jedoch jeweils vor Eintragung der Hypothek das Insolvenzverfahren eröffnet wird, kann in den *Fällen a)-c)* sich der Rechtserwerb des C nur vollenden, wenn § 878 BGB eingreift. *Fall d)* unterscheidet sich von den anderen dadurch, dass hier der genehmigende A in der Verfügung beschränkt wird. In diesem Fall kann die Genehmigung, die ja auch ein Rechtsgeschäft ist, wegen § 81 InsO nicht mehr wirksam werden; eine Rückwirkung verbietet § 184 Abs. 2 BGB (vgl. *Staudinger/C. Heinze*, 2018, § 878 Rdn. 64; *Schönfeld*, JZ 1959, 143). Auf die Anwendbarkeit von § 878 BGB kommt es hier also gar nicht mehr an. In den *Fällen a)-c)* ist die Anwendung des § 878 BGB deshalb fraglich, weil hier ja nicht – wie § 878 BGB bei verbaler Auslegung verlangt – der Berechtigte, sondern der **Nichtberechtigte** in der Verfügung beschränkt wird. Trotzdem versuchen Rechtsprechung und Rechtslehre auch hier mit unterschiedlichen Ergebnissen zu helfen:

Im *Falle a)* allerdings kann dem C nicht geholfen werden, weil beim Erwerb des Gegenstandes die Wirksamkeit der Verfügung erst ex nunc eintritt. Liegt dieser Zeitpunkt nach der Verfügungsentziehung, so kann der Rechtserwerb sich nicht mehr vollenden (*Staudinger/C. Heinze*, 2018, § 878 Rdn. 65).

Im *Falle b)* liegt eine Einwilligung vor; sie wirkt ex tunc. In diesem Falle muss § 878 BGB seinem Schutzzweck entsprechend gleichfalls anwendbar sein (so: *Staudinger/C. Heinze*, 2018, § 878 Rdn. 62, 63; *Soergel/Stürner*, § 878 Rdn. 7; *Meikel/Böttcher*, GBO Anhang zu §§ 19, 20 Rdn. 71; OLG Köln, NJW 1972, 2152; *Hoche*, NJW 1955, 653; *Däubler*, JZ 1963, 588; a.A. RGZ 135, 382; BayObLGZ 1960, 462).

Die entsprechende Anwendung ist deshalb geboten, weil B mit Einwilligung von Anfang an legitimiert verfügt; der Unterschied zwischen ihm und einem zur Verfügung Bevollmächtigten liegt nur darin, dass der eine im eigenen, der andere im fremden Namen verfügt. Dieser – aus der Interessenlage des Erwerbers – rein formale Unterschied kann die grundsätzliche Gleichstellung der Interessenlage nicht erschüttern.

Im *Falle c)* gilt: Der unermächtigt als Nichtberechtigter Verfügende B hat seine Verfügungsbefugnis vor der Genehmigung des Berechtigten A verloren. In diesem Fall bleibt die Verfügung trotz § 878 BGB grundsätzlich unwirksam, da der Verfügende B noch nicht alle ihm obliegenden privatrechtlichen Erwerbsvoraussetzungen erfüllt hatte (OLG Nürnberg, NJW 2015, 562; *Staudinger/C. Heinze*, 2018, § 878 Rdn. 64; MünchKomm/*Kohler*, § 878 Rdn 14; *Weber/Serr*, MittBayNot 2015, 114, 115). Dies gilt allerdings nur, soweit der Schutzzweck der Verfügungsentziehung in Bezug auf die Verfügung wirken soll (MünchKomm/*Kohler*, § 878 Rdn. 14). Bei §§ 80, 81 InsO ist dies nicht der Fall, wenn das Grundstück schon vor dem Wirksamwerden der Verfügungsentziehung ohnehin, da nicht zum Vermögen des Insolvenzschuldners B gehörend, nicht zur Insolvenzmasse zu rechnen ist; eine solche Verfügung des als Nichtberechtigten verfügenden Insolvenzschuldners B ist daher bei Genehmigung der Verfügung durch den Berechtigten B nach Eintritt der Verfügungsentziehung unabhängig von § 878 BGB wirksam (*Weber/Serr*, MittBayNot 2015, 114; MünchKomm/*Kohler*, § 878 Rdn. 14; a.A OLG Nürnberg, NJW 2015, 562).

3.4. Gutglaubensschutz gem. § 892 BGB

a) Anwendung von § 892 BGB im Grundbuchverfahren?

Ist § 878 BGB nicht anwendbar, weil die Bindung zu spät eintrat oder der Antrag zu spät gestellt ist, so ermöglicht das materielle Recht den Erwerb noch unter den Voraussetzungen der §§ 892, 893 BGB.

Nach einer Auffassung darf das Grundbuchamt einem Beteiligten nicht zu einem sich alleine über § 892 BGB vollziehenden Rechtserwerb verhelfen (OLG Hamburg, MittBayNot 2018, 163; OLG Rostock, FGPrax 2014, 205; OLG München, FGPrax 2014, 51; OLG Schleswig, NotBZ 2004, 320; OLG Karlsruhe, Rpfleger 1998, 68; BayObLG, Rpfleger 1994, 453; OLG Düsseldorf, MittBayNot 1975, 224; KG, NJW 1973, 56; *Becker*, ZfIR 2019, 253; *Schneider*, ZMR 2017, 521). Nach dieser Auffassung muss das Grundbuchamt einen Antrag zurückweisen, wenn § 878 BGB erkennbar nicht eingreift, mithin der Rechtserwerb sich nur über § 892 BGB vollenden könnte.

Die hier vertretene **Gegenmeinung** geht zurück auf Ausführungen von *Eickmann* (Rpfleger 1972, 77), sie ist von *Ertl* zusammengefasst und ausführlich begründet worden (MittBayNotV 1975, 204) und beherrscht das moderne Schrifttum (*Kayser* in HK-InsO § 81 Rdn. 41; *Lieder* in Bauer/Schaub, GBO, AT H Rdn. 23; *Meikel/Böttcher*, GBO Einl. D Rdn. 74 ff; *K. Schmidt/Keller*, § 32 InsO Rdn. 39; *K. Schmidt/Sternal*, § 81 InsO Rdn. 20; *Staudinger/Gursky*, 2013, § 892 Rdn. 218, 253; MünchKomm/*Kohler*, § 892 Rdn. 67 f; NK-BGB/*Krause*, § 892 Rdn. 74; *Palandt/Herrler*, § 892 Rdn. 1; *Hügel*, GBO, Verfügungsbeeinträchtigungen, Rdn. 14; *Lemke/Zimmer*, Immobilienrecht, § 13 GBO Rdn. 39; *Braun*, MittBayNot 2018, 165; *Kesseler*, ZNotP 2004, 338 und RNotZ 2011, 470; *Rieger*, BWNotZ 2001, 86; *Lenenbach*, NJW 1999, 923; LG Koblenz, Rpfleger 1997, 158).

156 Diskutiert werden in diesem Zusammenhang im Wesentlichen folgende Fragestellungen:

– Hat der Erwerber einen Rechtsanspruch darauf, dass ihm das GBA zu einem gutgläubigen Erwerb verhelfe?
– Hat das Grundbuchamt das Recht, einen „sachlich unberechtigten Erwerb" herbeizuführen?
– Schützt § 892 BGB nur den „vollendeten", nicht aber den „werdenden" Erwerb?

Dazu ist zu bemerken:

Die erste Frage ist schon im Ansatzpunkt schief: Ein Rechtsanspruch auf materiellen Rechtserwerb besteht gegen das Grundbuchamt nie; er besteht gegen den Veräußerer aufgrund des wirksamen Verpflichtungsgeschäftes. Gegen das Grundbuchamt besteht aber der allgemeine verfahrensrechtliche Anspruch auf Rechtsschutzgewährung, der sich im Grundbuchverfahren auf die Vornahme der Eintragung konkretisiert, wenn alle verfahrensrechtlichen Voraussetzungen vorliegen und das Grundbuch durch die begehrte Eintragung nicht unrichtig wird. Diesem Recht des Beteiligten steht die Pflicht des Grundbuchamtes gegenüber, den beantragten Rechtsschutz zu gewähren, wenn alle verfahrensrechtlichen Voraussetzungen gegeben sind. Wenn der Gesetzgeber in § 892 BGB den Rechtserwerb unter den dort beschriebenen Voraussetzungen zulässt und ihn von der Eintragung abhängig macht, so muss er wohl davon ausgegangen sein, dass eine solche Eintragung zulässig ist. Es kann nicht angenommen werden, dass der Gesetzgeber nur eine unbewusste, nicht aber auch eine bewusste Mitwirkung des Grundbuchamtes beim Rechtserwerb nach § 892 BGB im Auge gehabt hätte; die Motive geben dafür nicht den geringsten Anhaltspunkt. Die typische Aufgabe der Grundbuchämter besteht jedoch gerade darin, dass sie nicht wie die Prozessgerichte rückblickend über einen eingetretenen Rechtszustand entscheiden, sondern in die Zukunft schauend durch den staatlichen Hoheitsakt der Grundbucheintragung dingliche Rechte schaffen oder verändern.

Die Darstellung des gutgläubigen Erwerbs als „sachlich unberechtigt" ist unzutreffend. Das BGB behandelt den gutgläubig erlangten Erwerb stets als vollgültigen und vollwertigen Erwerb. Es gibt auch nicht eine einzige Gesetzesstelle, die den gutgläubigen Erwerber schlechter stellen würde als den, der vom Berechtigten erworben hat.

Dem Argument, dass der „werdende Erwerb" verfahrensrechtlich nicht schutzbedürftig sei, ist entgegenzuhalten, dass auch § 878 BGB – den ja die h.M. uneingeschränkt im Grundbuchverfahren anwendet – nur einen „werdenden Erwerb" schützt (BGH, DNotZ 1970, 412; BayObLG, DNotZ 1961, 200). Wenn argumentiert wird, § 892 BGB äußere nur für den Erwerber Rechtswirkung, nicht aber gegenüber Dritten, also auch nicht gegenüber dem Grundbuchamt, so ist dem – worauf *Ertl* (a.a.O.) zu Recht hinweist – entgegenzuhalten, dass ja das Grundbuchamt als Rechtsprechungsorgan über eben diese Rechte des Erwerbers entscheidet, sie also gerade zu wahren hat, wenn sie bestehen.

Die von der ablehnenden Auffassung angebotene Begründung vermag somit **nicht zu überzeugen.**

An ihr befremdet zunächst ganz allgemein, dass das Verfahren in der Lage sein soll, ein vom materiellen Recht gewolltes Ergebnis zu verhindern. Die Verfahrensrechtslehre ist beherrscht vom Grundsatz, dass das Verfahrensrecht dienenden Charakter habe: Seine Aufgabe ist es, das materielle Recht durchzusetzen und zu bestätigen; es hat die Aufgabe, dem materiellen Recht zur Bewährung zu verhelfen; nicht aber dieses zu verhindern. Das Verfahren erlangt hier nach der h.M. jedoch eine Funktion, die ihm vom Gesetzgeber niemals zugedacht worden ist; es wird de facto zu einem Instrument ausgestaltet, das die gesetzliche Güterzuordnung entgegen dem Willen des materiellen Gesetzgebers zu verhindern und zu verändern in der Lage ist. Deshalb kann dem VRiBGH *Kayser* (in HK-InsO § 81 Rdn. 41) nur zugestimmt werden, wenn er ausführt: *„Es ist keine Aufgabe des Grundbuchamts, gutgläubigen Erwerb zu verhindern. Damit würde es sich zum Richter über die Beteiligten aufwerfen und den Verkehrsschutz des materiellen Rechts unterlaufen."*

Insbesondere aber leugnet diese Auffassung den Sinnzusammenhang zwischen § 878 und § 892 BGB.

§ 878 und § 892 BGB verfolgen **beide** den Zweck, den Erwerber vor den Zufälligkeiten der Dauer des Eintragungsverfahrens zu schützen und sollen ihm die Möglichkeit erhalten, schon nach Antragstellung ohne Gefahr an den anderen Vertragsteil zahlen zu können *(Lenzen,* NJW 1967, 555; *Reinicke,* NJW 1967, 1249/1253).* Der BGH hat diese Auffassung ausdrücklich bestätigt und unterstrichen (BGH, Rpfleger 1986, 215, 216). **Beide** Vorschriften schützen den Rechtsverkehr, sie sind Voraussetzungen eines ungehinderten Grundstücksverkehrs und damit von erheblicher volkswirtschaftlicher Bedeutung. Eine innere Rechtfertigung für ihre unterschiedliche Behandlung im Grundbuchverfahren ist nicht ersichtlich.

Gerade der Schutzgedanke im Immobilienverkehr ist vom BGH mehrmals eindrucksvoll betont worden. Er führt aus (so BGHZ 55, 105), dass es eine „unerträgliche Belastung" für den Grundstücksverkehr darstellen müsste, könnte sich der Erwerber nicht darauf verlassen, dass er nach Antragstellung beim Grundbuchamt gegen Verfügungsbeeinträchtigungen aufseiten des Veräußerers geschützt ist. Der BGH führt wörtlich aus: „... wenn der gewöhnliche Grundstücksverkehr nicht unnötig gefährdet oder erschwert werden soll, muss der Käufer auch ohne Gefahr ... den Kaufpreis zu diesem Zeitpunkt entrichten können".

157 Es ist deshalb festzustellen:

- **wenn** alle verfahrensrechtlichen Voraussetzungen für die Eintragung vorliegen und kein früher gestellter Antrag entgegensteht,
- **wenn** die in dem nach § 892 Abs. 2 BGB maßgeblichen Zeitpunkt erforderliche Gutgläubigkeit des Erwerbers nicht durch einen Gegenbeweis oder andere konkrete Anhaltspunkte entkräftet ist,
- **und** wenn alle sonstigen materiellrechtlichen Voraussetzungen für den Erwerb nach § 892 BGB vorliegen, **muss das Grundbuchamt eintragen.**

b) Verweigerung der Eintragung

Das Grundbuchamt darf somit die **Eintragung nur ablehnen,** wenn die folgenden Fälle vorliegen.

aa) Fehlen einer Verfahrensvoraussetzung

158 Voraussetzung des Eintragungsverfahrens ist, dass alle von der GBO vorgeschriebenen Verfahrensvoraussetzungen vorliegen, also der Eintragung nur der die Anwendung des § 892 BGB notwendig machende Mangel (= fehlende Verfügungsmacht oder -befugnis) entgegensteht. Da nach dem Willen des materiellen Rechts das Fehlen der Verfügungsmacht oder -befugnis nach durchgeführter Eintragung geheilt wird, kann das Eintragungsverfahren nicht daran scheitern, dass die gleichfalls auf diese materiell-rechtlichen Voraussetzungen fußenden Erfordernisse des Eintragungsantrages und der Bewilligung natürlich gleichfalls fehlen. Grund für eine Beanstandung oder Zurückweisung des Antrages kann somit nur sein, dass es – abgesehen von Verfügungsmacht oder -befugnis – an einem der **übrigen** formellen Erfordernisse mangelt.

bb) Eintragung eines Widerspruchs

159 Wenn vor der Eintragung der infrage stehenden Rechtsänderung ein Widerspruch (oder ein anderer schädlicher Vermerk, z. B. der Insolvenzvermerk) eingetragen wird, so hindert er die Eintragung dieser Rechtsänderung endgültig,

III. Die Bewilligungsberechtigung

weil sie sich dann nicht mehr vollenden kann. Der Rechtsschein des Buches wirkt von der Eintragung des Widerspruchs an nicht mehr; die zeitliche Vorverlegung des § 892 Abs. 2 BGB greift nicht ein, weil sie nur dann anwendbar ist, wenn der Erwerber durch Kenntniserlangung bösgläubig wird. Sobald durch die Eintragung des Widerspruches (oder anderer Vermerke) die Rechtsscheinwirkung weggefallen ist, darf das GBA nicht mehr eintragen, weil es sonst das Grundbuch unrichtig machen würde (Legalitätsprinzip, vgl. unten → Rdn. 270).

Zweifelhaft erscheinen folgende Fälle:

→ **Beispiel 30:**
a) Dem GBA liegen vor: Eintragung auf Vollzug der Auflassung, eingegangen am **160** 1.2.; Ersuchen des Insolvenzgerichts auf Eintragung des Insolvenzvermerkes, eingegangen am 3.2. Das GBA trägt zunächst den Insolvenzvermerk am 4.2. ein und weist sodann den Antrag auf Vollzug der Auflassung zurück.
b) Dem GBA liegt ein Antrag auf Vollzug der Auflassung A/B vor. Bei Durchsicht der Unterlagen stellt das GBA fest, dass A nicht Eigentümer geworden ist und seinerzeit unter Verletzung gesetzlicher Vorschriften eingetragen wurde. Das GBA trägt sodann einen Amtswiderspruch gegen das Eigentum des A ein und weist den Antrag auf Eintragung des B zurück.

Im *Falle a)* hat das GBA unter Verstoß gegen §§ 17, 45 GBO dem später eingegangenen Ersuchen des Insolvenzgerichts vor dem früher eingegangenen Antrag entsprochen (vgl. dazu unten → Rdn. 339 ff.). Trotzdem ist durch diese Eintragung die Rechtsscheinwirkung weggefallen und die früher beantragte Eintragung muss abgelehnt werden (RG, HRR 31, Nr. 1313).

Im *Falle b)* sieht sich das GBA einem unerfreulichen Interessenwiderspruch gegenüber: Trägt es den Erwerber ein, muss es unter Umständen damit rechnen, vom bisherigen tatsächlichen Eigentümer mit Schadensersatzansprüchen überzogen zu werden, weil dieser nunmehr sein Eigentum dadurch verloren hat, dass durch einen Gesetzesverstoß des GBA das Grundbuch unrichtig wurde. Trägt das GBA zuerst den Amtswiderspruch ein, so verhindert es damit den gutgläubigen Erwerb des Dritten. Ob das GBA in einem solchen Fall vor der Erledigung des vorliegenden Eintragungsantrages einen Amtswiderspruch eintragen darf, ist problematisch. Im Falle des Amtswiderspruches liegt ja nicht nur eine bloße Grundbuchunrichtigkeit vor, sondern stets auch ein Gesetzesverstoß des Grundbuchamtes. Die Buchrechtslage, die in einem solchen Falle entsteht, unterliegt zwar, solange kein Widerspruch eingetragen ist, auch dem öffentlichen Glauben. Diese Buchrechtslage ist jedoch unsicher, weil sie wegen ihrer verfahrensrechtlichen Gesetzeswidrigkeit jederzeit zur Disposition des GBA steht. Liegt ein Fall des § 53 GBO nicht vor, so stützt sich der Erwerber auf eine Buchposition, gegen die der wahre Berechtigte gem. §§ 894, 899 BGB vorgehen könnte. Tut er dies nicht, so erscheint er weniger schutzbedürftig wie der Erwerber. Liegt ein Fall des § 53 GBO vor, so ist der Schutz des wahren Berechtigten hingegen gerade dem GBA zugewiesen und es muss handeln, sobald das Grundbuch unrichtig geworden ist. Da der Anspruch auf Eintragung des Amtswiderspruches somit vom Augenblick der Grundbuchunrichtigkeit an besteht, kann in der Eintragung des Amtswiderspruches weder ein Verstoß gegen die Grundprinzipien der §§ 17, 45 GBO noch gegen die des § 892 Abs. 2 BGB gesehen werden. Diese Prinzipien erscheinen vielmehr gerade dann gewahrt, wenn so verfahren wird, wie *Fall b)* es darstellt.

cc) Vorherige Berichtigung des Grundbuches

161 Wird vor der Eintragung des Erwerbers das Grundbuch berichtigt, so fehlte – würde die Eintragung des Erwerbers noch vorgenommen – im Augenblick seiner Eintragung das wesentlichste Erfordernis des gutgläubigen Erwerbs, nämlich die den Erwerb rechtfertigende unrichtige Grundbucheintragung. Der Erwerb könnte sich in diesem Fall nicht mehr vollenden; das GBA muss deshalb die Eintragung des gutgläubigen Erwerbers nach Berichtigung des Grundbuches verweigern (vgl. BGHZ 60, 46/54).

dd) Fehlendes Verkehrsgeschäft

162 Der Schutz des § 892 BGB wird nur einem neu hinzutretenden Erwerber gewährt. Besteht zwischen Veräußerer und Erwerber **persönliche oder wirtschaftliche Identität,** so greift dieser Schutz **nicht** ein, weil nach dem Zweck des § 892 BGB (= Verkehrssicherheit, Erleichterung des Rechtsverkehrs) hier kein schützenswerter Tatbestand vorliegt.

→ **Beispiel 31:**
  a) A ist zu Unrecht als Eigentümer eines Grundstückes eingetragen; er ist gutgläubig in Bezug auf sein Eigentum. Er bestellt sich eine Eigentümergrundschuld, die auch eingetragen wird;
  b) A ist zu Unrecht als Eigentümer eines Grundstückes eingetragen. Er verstirbt und setzt B und C zu seinen Erben ein. Diese bringen das Grundstück in eine OHG ein, deren Gesellschafter sie sind;
  c) A ist zu Unrecht als Eigentümer eingetragen, er bringt das Grundstück in eine GmbH ein, die er zusammen mit B gegründet hat.

Im *Falle a)* liegt Personenidentität vor (= sog. Eigengeschäft); A konnte die Grundschuld nicht gutgläubig erwerben. Wenn das Grundbuchamt von dieser Sachlage Kenntnis erhält, darf es das Recht für A nicht eintragen.

Im *Falle b)* konnten B und C das Eigentum nicht erlangen, weil es ihnen Nichteigentümer A nicht vererben konnte und sie es auch nicht im Vertrauen auf den Buchstand erwarben, nachdem es sich nicht um rechtsgeschäftlichen Erwerb handelt (vgl. dazu unten ee)). Die OHG konnte jedoch von den eingetragenen B und C gleichfalls nicht erwerben, weil wirtschaftliche Identität vorliegt.

Auf die Rechtsform kommt es nicht an (vgl. *Eickmann* in Westermann/Gursky/ Eickmann, Sachenrecht, § 83 III 2). Hierher gehört also jedes Rechtsgeschäft mit einer juristischen Person im Falle der Personengleichheit auf beiden Seiten. Im *Falle c)* treten auf der Erwerberseite weitere Personen hinzu, die bisher als Veräußerer nicht beteiligt waren. In diesem Fall ist gutgläubiger Erwerb möglich, das Grundbuchamt hat einzutragen.

ee) Fehlen eines Rechtsgeschäfts

§ 892 BGB schützt nur den, der durch **Rechtsgeschäft** erwirbt. Beruht der Erwerb auf **anderen** Grundlagen, so unterliegt er nicht dem Schutz der Vorschrift; in einem solchen Falle muss das Grundbuchamt die Eintragung ablehnen, um nicht das Grundbuch unrichtig zu machen. Hierher gehört der Erwerb: 163

- durch Staatsakt;
- durch Zwangsvollstreckung (Beachte: Erwerb gem. § 894 ZPO gilt **nicht** als Zwangsvollstreckungserwerb, sondern als rechtsgeschäftlicher Erwerb, vgl. § 898 ZPO!);
- kraft Gesetzes (also durch Rechtsänderungen, die sich außerhalb des Grundbuches vollziehen, insbesondere bei Fällen von Gesamtrechtsnachfolge).

ff) Absolute Verfügungsbeeinträchtigungen

Wir unterscheiden Verfügungsbeeinträchtigungen mit absoluter und relativer Wirkung. Die ersteren sind dadurch charakterisiert, dass sie gegenüber jedermann wirken und eine gegen sie verstoßende Verfügung deshalb nichtig ist (§ 134 BGB). 164

Hierher gehören die Beschränkungen des öffentlichen Rechts, also z. B. die in den Umlegungs-, Sanierungs-, Entwicklungs-, Entschuldungs- und Rückerstattungsverfahren vorgesehenen Beschränkungen, sowie Beschränkungen, die sich aus dem Güterrecht ergeben (z. B. § 1365 BGB). Da die Folge eines Verstoßes die Nichtigkeit der Verfügung ist, darf das Grundbuchamt hier **nicht** eintragen; § 892 BGB ist in diesem Falle nicht anwendbar.

Deshalb gehören **nicht** in diesen Zusammenhang diejenigen Verfügungsbeeinträchtigungen, die zwar gegenüber jedermann wirken, auf die jedoch **trotzdem § 892 BGB anwendbar** ist, also die Beschränkungen im Insolvenzverfahren (§§ 81, 91 InsO), Nachlassverwaltung (§ 1984 Abs. 1 S. 2 BGB i.V.m. §§ 81, 91 InsO), Testamentsvollstreckung (§ 2211 Abs. 2 BGB), Vorerbschaft (§ 2113 Abs. 3, § 2129 Abs. 2 BGB).

gg) Bösgläubigkeit

165 Eine Zurückweisung des Eintragungsantrages aus diesem Grunde wird selten infrage kommen. Das Gesetz geht von der Gutgläubigkeit des Erwerbers als Regel aus; nur begründete, durch Tatsachen untermauerte Zweifel an der Gutgläubigkeit des Erwerbers können zu einer Aufklärung durch Zwischenverfügung Anlass geben.

IV. Der Einfluss von Verfügungs- und Erwerbsverboten

1. Die Verfügungsverbote

1.1. Rechtsnatur

166 Besteht ein sog. absolutes Verfügungsverbot, so darf das Grundbuchamt nicht eintragen. Auf ein solches Verbot wird § 134 BGB angewendet (RGZ 105, 75); aufgrund dieser nichtigen Verfügung darf das Grundbuchamt keine Eintragung vornehmen, weil das Grundbuch dadurch unvermeidbar unrichtig würde, nachdem gutgläubiger Erwerb in diesem Falle nicht zugelassen ist. Von diesen absoluten Veräußerungsverboten, die dadurch gekennzeichnet sind, dass sie im Interesse der Allgemeinheit bestehen, sind die sog. **relativen Veräußerungsverbote** zu unterscheiden, die im Interesse einzelner bestimmter Personen oder im Interesse einer bestimmten Personengruppe ergehen.

Hier sind beispielhaft zu nennen:

- Verbot aufgrund Beschlagnahme in der Zwangsversteigerung (§ 23 ZVG);
- Verbote aufgrund einstweiliger Verfügung (§§ 935, 938 ZPO);
- Verbote aufgrund gerichtlicher Pfändung (§ 829 Abs. 1 S. 2 ZPO).

Alle diese Veräußerungsverbote fallen unter § 136 BGB; Folge von Verstößen gegen sie ist, dass diese Verfügungen den geschützten Personen gegenüber unwirksam sind; ein Ergebnis, das man als „relative Unwirksamkeit" zu bezeichnen pflegt. Nach überwiegender Auffassung bedeutet dies, dass die „verbotene" Wirkung zunächst in vollem Umfang eintritt und solange bestehen bleibt, bis der Verbotsgeschützte die Unwirksamkeit geltend macht (*Meikel/Böttcher*, GBO Anhang zu §§ 19, 20 Rdn. 166).

In der Literatur und Judikatur herrscht Uneinigkeit über die Rechtsnatur eines Verfügungsverbots. Eine Meinung vertritt den Standpunkt, dass ein VV den Verlust der Verfügungsbefugnis zur Folge habe (OLG Köln, KTS 1971, 51, 52). Die Gegenansicht kommt genau zum entgegen gesetzten Ergebnis, nämlich dass das Verfügungsverbot keinen Einfluss auf die Verfügungsbefugnis habe, d.h. der bisherige Eigentümer oder Rechtsinhaber behält die Verfügungsbefugnis über das Rechtsobjekt (BGH, Rpfleger 1980, 426; BayObLG, DNotZ 1997,

391, 393). Geht man von den möglichen Arten der Verfügungsbeeinträchtigungen aus, so ist festzuhalten, dass die Verfügungsbefugnis entweder entzogen (= Verfügungsentziehungen) bzw. beschränkt (= Verfügungsbeschränkungen) wird oder unberührt bleibt. Bei einer Verfügungsentziehung, die den völligen Verlust der Verfügungsbefugnis bewirkt, tritt an die Stelle des gehinderten Rechtsträgers ein Dritter, z.B. der Insolvenzverwalter oder Testamentsvollstrecker. Da bei den Verfügungsverboten die Verfügungsbefugnis auf kein anderes Rechtssubjekt übergeht, kann der ersten Meinung, die den Verlust der Verfügungsbefugnis annimmt, nicht gefolgt werden, da die betroffenen Gegenstände sonst res extra commercium darstellen würden – dies würde dem erklärten Willen des Gesetzgebers zuwiderlaufen, der die Gegenstände nicht dem Rechtsverkehr entziehen wollte. Auch dem Zwangsverwalter steht anders als dem Insolvenzverwalter kein Verfügungsrecht über das Schuldnervermögen zu (*Böttcher/Keller*, § 152 ZVG Rdn. 21). Aber auch von einer Verfügungsbeschränkung kann nicht die Rede sein, denn der Gesetzgeber hat die Wirksamkeit einer gegen ein Verfügungsverbot verstoßenden Verfügung nicht von der Zustimmung des Verbotsgeschützten abhängig gemacht, was für eine Verfügungsbeschränkung aber gerade charakteristisch ist. Ein Verfügungsverbot hat somit keinen Verlust der Verfügungsbefugnis zur Folge, sondern belässt dem davon Betroffenen diese in vollem Umfang; seine dingliche Rechtsstellung bleibt unberührt. Das Verfügungsverbot ist also die schwächste Form einer Verfügungsbeeinträchtigung. Am schwerwiegendsten wirkt sich eine Verfügungsentziehung aus, die den Verlust der Verfügungsbefugnis nach sich zieht; auf der nächst tieferen Stufe folgt die Verfügungsbeschränkung, die die Verfügungsbefugnis nur insoweit einschränkt, als für bestimmte Verfügungen die Zustimmung eines Dritten erforderlich ist; das Verfügungsverbot ist schließlich die mildeste Ausprägung einer Verfügungsbeeinträchtigung, da es die Verfügungsbefugnis rechtlich nicht schmälert, nur deren Ausübung verbietet (BGH, NJW 1988, 1912, 1914). Ein Verfügungsverbot bewirkt keine Beschränkung im Recht des davon Betroffenen, d.h. seine Verfügungsbefugnis als solche bleibt unberührt, nur deren Ausübung ist verboten (*Meikel/Böttcher*, GBO Anhang zu §§ 19, 20 Rdn. 159).

Bereits die verbale Betrachtung des Begriffs „relative Unwirksamkeit" führt zu Missverständnissen, denn man könnte geneigt sein zu sagen, dass eine gegen ein VV verstoßende Verfügung grundsätzlich unwirksam ist. Genau das Gegenteil ist jedoch der Fall: Eine Verfügung, die gegen ein VV verstößt, ist zunächst wirksam (BGHZ 19, 355, 359; *Meikel/Böttcher*, GBO Anhang zu §§ 19, 20 Rdn. 166 m.w.N.)! Dies bedeutet, dass der bisherige Rechtsinhaber den Gegenstand wirksam übertragen kann und dass der Erwerber Eigentümer oder Rechtsinhaber wird. Da ein VV nach richtiger Meinung keinen Einfluss auf die Verfügungsbefugnis hat, so ist es nur verständlich, dass zunächst die Wirksamkeit der verbotenen Verfügung eintritt. Diese Wirksamkeit ist jedoch als **„schwebende Wirksamkeit"** zu bezeichnen, weil der Erwerber seine Rechtsstellung aufgrund der Geltendmachung der relativen Unwirksamkeit durch den Verbotsgeschützten ohne Weiteres wieder verlieren kann; erst mit Beendigung des Schwebezustandes steht fest, ob der Erwerber endgültig oder nie Eigentümer bzw. Rechtsinhaber wird.

Muss also bei einer gegen ein VV verstoßenden Verfügung im Grundsatz immer von der „schwebenden Wirksamkeit" ausgegangen werden, so gibt es doch einige Ausnahmefälle, bei denen sogar von Anfang an „**volle Wirksamkeit**" eintritt, d.h. die Wirksamkeit kann auch durch Geltendmachung des Verbotsgeschützten nicht mehr beseitigt werden.

Der Rechtsinhaber, der einem VV unterliegt, gilt als Nichtberechtigter i.S.v. § 185 BGB. Daher kann der Verbotsgeschützte als der dazugehörige Berechtigte im Wege der Einwilligung auf die Geltendmachung der relativen Unwirksamkeit verzichten (§ 185 Abs. 1 BGB). Liegt eine solche Einwilligung des Verbotsgeschützten vor, so führt dies von Anfang an zur „vollen Wirksamkeit" der Verfügung trotz bestehendem VV, d.h. es kommt überhaupt nicht zur „schwebenden Wirksamkeit" (*Meikel/Böttcher*, GBO Anhang zu §§ 19, 20 Rdn. 168).

Wird ein Berechtigter in seiner Verfügungsbefugnis beeinträchtigt, so kann unter den Voraussetzungen des § 878 BGB trotzdem von der Wirksamkeit der davor abgegebenen Erklärung ausgegangen werden. Vergleicht man den Wortlaut des § 878 BGB, so könnte man sagen, dass § 878 BGB für die VVe keine Anwendung findet, weil sie keine Beschränkung der Verfügungsbefugnis zur Folge haben und eine dagegen verstoßende Verfügung ja sowieso zunächst wirksam bleibt. Trotzdem muss § 878 BGB auch für die VVe gelten (BGH, Rpfleger 1988, 543; RGZ 113, 409). Sind seine Voraussetzungen gegeben, so tritt von Anfang an „volle Wirksamkeit" ein, die auch durch Geltendmachung eines VVs nicht beseitigt werden kann. Obwohl der durch das VV Betroffene die Verfügungsbefugnis nicht verliert, so ist er doch i.S.d. § 878 BGB in seiner Verfügungsbefugnis beeinträchtigt, da er grundsätzlich nur mit „schwebender Wirksamkeit" (= Möglichkeit der relativen Unwirksamkeit) verfügen kann. Liegen daher die Bindung der Einigung bzw. Aufhebungserklärung (§ 873 Abs. 2, § 875 Abs. 2 BGB) und die Antragstellung beim Grundbuchamt (§ 13 GBO) zeitlich vor dem Wirksamwerden des VVs, so tritt mit der Eintragung im Grundbuch die „volle Wirksamkeit" ein. Zu beachten ist hierbei vor allem, dass das Eingetragensein des VVs im Grundbuch keinen Einfluss auf den Rechtserwerb gemäß § 878 BGB hat, da die Aufgabe dieses Vermerks lediglich darin besteht, einen gutgläubigen Erwerb nach § 135 Abs. 2, § 892 Abs. 1 S. 2 BGB zu verhindern – ein Sachverhalt, der mit § 878 BGB nichts zu tun hat (*Meikel/ Böttcher*, GBO Anhang zu §§ 19, 20 Rdn. 169).

Soweit der Erwerber nichts vom VV weiß, d.h. er gutgläubig ist, muss er genauso geschützt werden, als wenn er vom Nichtinhaber die Verfügungsmacht erwirbt; daher sind nach § 135 Abs. 2 BGB die Vorschriften über den gutgläubigen Erwerb entsprechend anwendbar, beim Erwerb von Grundstücken und Rechten daran insbesondere die §§ 892, 893, 1138, 1155 BGB. Das bedeutet: Ist

IV. Der Einfluss von Verfügungs- und Erwerbsverboten

der Erwerber in Bezug auf das Nichtbestehen des VVs gutgläubig, erwirbt er den Gegenstand der Verfügung auch mit Wirkung gegenüber dem durch das VV Geschützten, d. h. es tritt „volle Wirksamkeit" ein, die auch nicht durch Geltendmachung des VVs durch den Geschützten beseitigt werden kann (*Meikel/Böttcher*, GBO Anhang zu §§ 19, 20 Rdn. 170). Voraussetzung für die entsprechende Anwendung der Gutglaubensvorschriften ist, dass sich der gute Glaube auf das Nichtbestehen des VVs bezieht; bei Grundstücken steht es der Kenntnis des Erwerbers gleich, wenn das VV aus dem Grundbuch ersichtlich ist (§ 892 Abs. 1 S. 2 BGB). Die für einen gutgläubigen Erwerb notwendige Grundbuchunrichtigkeit liegt vor, wenn ein bestehendes VV noch nicht im GB eingetragen ist.

Liegt keine Einwilligung (§ 185 Abs. 1 BGB) und kein gutgläubiger Erwerb (§ 892 BGB) vor, findet § 878 BGB auch keine Anwendung, so erwächst eine gegen ein VV verstoßende Verfügung in „schwebende Wirksamkeit". In einigen Ausnahmefällen kann sich diese **„schwebende Wirksamkeit"** in **„volle Wirksamkeit"** umwandeln.

Da die Geltendmachung der relativen Unwirksamkeit durch den Verbotsgeschützten allein in seinen privaten Interessen liegt, kann er nach erfolgter Verfügung diese genehmigen und damit die „schwebende Wirksamkeit" in „volle Wirksamkeit" umwandeln (§ 185 Abs. 2 S. 1, 1. Alt. BGB); die Wirkung tritt ex tunc, d. h. mit Rückwirkung, ein (*Meikel/Böttcher*, GBO Anhang zu §§ 19, 10 Rdn. 72).

Das VV wirkt nicht nur subjektiv, d. h. personenbezogen, relativ, sondern ist auch objektiv begrenzt; es reicht nämlich nur soweit wie das mit ihm geschützte Interesse des Begünstigten. Dies zeigt sich vor allem darin, dass mit dem Wegfall des VVs der Betroffene wieder mit „voller Wirksamkeit" verfügen kann. Bereits getätigte verbotswidrige Verfügungen werden ex nunc voll wirksam (§ 185 Abs. 2 S. 1, 2. Alt. BGB entsprechend). Ein Wegfall des VVs kommt in Betracht, wenn z. B. der Antrag auf Zwangsversteigerung zurückgenommen oder allgemein die geschützten Interessen nicht mehr existieren (*Meikel/Böttcher*, GBO Anhang zu §§ 19, 20 Rdn. 173).

Beruft sich ein Verbotsgeschützter auf seine Rechte aus dem VV, so zeigt sich, dass das Verfügungsgeschäft nicht mit „voller Wirksamkeit" abgeschlossen wurde: Es ist dem Verbotsgeschützten gegenüber insoweit **„relativ unwirksam"** (§ 135 Abs. 1 BGB).

Regel: Bei bestehendem Verfügungsverbot führen Verfügungen des davon Betroffenen zunächst grundsätzlich zur „schwebenden Wirksamkeit" (= Beschränkung im Recht des Erwerbers).

Ausnahmsweise erwachsen solche Verfügungen sogleich in „volle Wirksamkeit" im Falle:

- der Einwilligung des Verbotsgeschützten,
- des § 878 BGB,
- des gutgläubigen Erwerbs.

Die „schwebende Wirksamkeit" verwandelt sich in:

- „volle Wirksamkeit" durch
  - Genehmigung des Verbotsgeschützten,
  - Wegfall des Verfügungsverbots,
- „relative Unwirksamkeit" durch Geltendmachung des Verbotsgeschützten.

→ **Beispiel 31a:**
Das Grundstück des Eigentümers E ist mit einer Grundschuld für G belastet. Am 28.10.2017 wird die Zwangsversteigerung des Grundstücks auf Antrag des Gläubigers G angeordnet. Der Zwangsversteigerungsvermerk wird am 31.10.2017 im Grundbuch eingetragen. Der Verkehrswert des Grundstücks wird am 12.08.2018 auf 830.000,- € festgesetzt. Am 04.05.2019 wird die Aufteilung des Grundstücks durch E in 8 Eigentumswohnungen im Grundbuch eingetragen (unter Übernahme der Grundschuld in alle Wohnungsgrundbücher); das Grundstücksgrundbuch wird geschlossen. Danach wird K als neuer Eigentümer der Wohnung 1 im Grundbuch eingetragen. Der Grundschuldgläubiger G teilt am 10.09.2019 dem Versteigerungsgericht mit, dass er den Verfügungen über das Grundstück nicht zustimme.

Das Versteigerungsgericht ordnet das Verfahren auf Antrag eines Gläubigers durch Beschluss an (§ 15 ZVG). Der Anordnungsbeschluss gilt zu Gunsten des antragstellenden Gläubigers als Beschlagnahme des Grundstücks (§ 20 Abs. 1 ZVG). Die Beschlagnahme hat die Wirkung eines Veräußerungsverbots (§ 23 Abs. 1 S. 1 ZVG). Dieses ändert nichts an der Eigentümerstellung des Vollstreckungsschuldners, das heißt er hat weiterhin die Verfügungsmacht über sein Grundstück. Auch seine Verfügungsbefugnis geht nicht verloren, da sonst res extra commercium vorliegen würden. Dem Vollstreckungsschuldner ist es lediglich verboten, die ihm weiterhin zustehende Verfügungsbefugnis auszuüben. Verfügt der trotzdem über sein Grundstück, dann ist diese Verfügung nicht absolut, das heißt gegenüber jedermann unwirksam, sondern nur gegenüber dem Verbotsgeschützten, das heißt dem betreibenden Gläubiger, relativ unwirksam (§§ 136, 135 Abs. 1 BGB).

Diese relative Unwirksamkeit von Verfügungen des Vollstreckungsschuldners über sein Grundstück führt nicht dazu, dass das Veräußerungsverbot eine Sperre des Grundbuchs nach sich zieht. Dies ist unbestritten, wenn das Veräußerungsverbot bereits im Grundbuch eingetragen ist (= Zwangsversteigerungsvermerk). Die relative Unwirksamkeit einer Verfügung stellt grundsätzlich kein Eintragungshindernis im Grundbuchverfahren dar (*Meikel/Böttcher* §§ 19, 20 GBO Anhang Rdn. 182).

Bei § 23 ZVG ist nicht auf den strengen Verfügungsbegriff abzustellen. Nach dem erkennbaren Willen des Gesetzgebers sind vielmehr alle Maßnahmen des

Schuldners zu verhindern, die sich ungünstig für den Vollstreckungsgläubiger auswirken können; richtiger ist es deshalb, statt „Verfügung" hier von „Rechtshandlungen" zu sprechen. Daher fällt auch die Aufteilung des Grundstücks in Wohnungseigentum gem. § 8 WEG unter das Verfügungsverbot des § 23 ZVG (BGH, ZWE 2012, 270). Die Geltendmachung der relativen Unwirksamkeit durch den betreibenden Gläubiger kann in diesem Fall nicht bereits in seinem Versteigerungsantrag gesehen werden, da er evtl. gar nichts dagegen hat, sondern sich dadurch vielleicht einen höheren Erlös erhofft. Das Vollstreckungsgericht hat daher gem. § 139 ZPO zunächst aufzuklären, ob sich der betreibende Gläubiger auf die relative Unwirksamkeit beruft. Beruft sich der betreibende Gläubiger auf seine Rechte aus dem Verfügungsverbot (= Mitteilung vom 10.09.2019), dann ist die Aufteilung gem. § 8 WEG ihm gegenüber relativ unwirksam und das ursprüngliche Grundstück wird versteigert. Ein Ersteher erwirbt dann ungeteiltes Alleineigentum an dem Grundstück. Das bereits gebuchte Wohnungseigentum erlischt. Für das Grundstück ist ein neues Grundbuchblatt anzulegen. Die Wohnungsgrundbücher sind zu schließen.

Das Verfügungsverbot (§ 23 ZVG) aufgrund der Beschlagnahme (§ 20 ZVG) steht somit nicht nur der Veräußerung der Immobilie entgegen, sondern auch der Aufteilung in Wohnungseigentum. Der Notar sollte deshalb bei Eintragung eines Versteigerungsvermerks die Beurkundung einer Aufteilung nach § 8 WEG ohne Zustimmung aller betreibender Gläubiger ablehnen (*Schmidt-Räntsch*, ZNotP 2012, 362, 369). Das Grundbuchamt kann dagegen die Eintragung nicht ablehnen, da die Verfügung nur relativ unwirksam ist.

1.2. Folgerungen für das Grundbuchverfahren

→ **Beispiel 32:**

2.2. Es wird die Zwangsversteigerung angeordnet hinsichtlich des Grundstücks des Grahammer aus einem Urteil über 100.000 EUR für Helmer **168**

3.2. Zustellung des Anordnungsbeschlusses an Grahammer

4.2. Zwangsversteigerungsvermerk wird im Grundbuch eingetragen (§ 19 ZVG)

1.6. Grahammer bewilligt Thon in öffentlich-beglaubigter Form eine Grundschuld (§§ 19, 29 GBO)

3.6. Grahammer stellt Antrag auf Eintragung der Grundschuld für Thon (§ 13 GBO) unter Vorlage der Bewilligung

Kann das GBA eintragen?

Für die Eintragung der Grundschuld zugunsten Thon liegen dem GBA vor:

- Antrag des Betroffenen (§ 13 GBO),
- Bewilligung des Betroffenen in notariell-beglaubigter Form (§§ 19, 29 GBO).

Jedoch unterliegt der Grundstückseigentümer Grahammer einem Verfügungsverbot (§ 23 ZVG), welches zwar seine Verfügungsbefugnis unberührt lässt, aber seine Ausübung verbietet. In diesem Fall ist es unbestrittene Ansicht, dass das GBA eine vom im GB eingetragenes VV betroffene Verfügung trotzdem ohne Weiteres vollziehen muss (BGH, ZfIR 2007, 811, 813; OLG Stuttgart, BWNotZ 1985, 127; *Meikel/Böttcher,* GBO Anhang zu §§ 19, 20 Rdn. 182 m.w.N.). Nur die Begründung dafür ist unterschiedlich. Zum Teil wird als Grund dafür angegeben, dass nach Eintragung des VV kein gutgläubiger Erwerb mehr möglich ist (§ 892 Abs. 1 S. 2 BGB). Es ist jedoch nicht verständlich, wieso im formellen Grundbuchverfahren ein materiell zulässiger gutgläubiger Erwerb verhindert werden soll. Der Grund für die Zulässigkeit der Eintragungen nach einem VV ist richtigerweise darin zu sehen, dass durch das VV die Verfügungs- und Bewilligungsbefugnis nicht berührt werden und eine dagegen verstoßende Verfügung nur in „relative Unwirksamkeit" erwächst (§§ 136, 135 Abs. 1 BGB). Dieser Begriff ist jedoch missverständlich. Relative Unwirksamkeit bedeutet nur Unwirksamkeit gegenüber dem Verbotsgeschützten (= betreibender Gläubiger Helmer), aber Wirksamkeit gegenüber allen anderen Personen. Das GBA muss deshalb die Grundschuld für Thon eintragen.

Ist ein Verfügungsverbot im Grundbuch eingetragen, so kann trotzdem grundsätzlich jede dagegen verstoßende Verfügung im Grundbuch vollzogen werden.

→ **Beispiel 33:**

169

2.6. Der Grundstückseigentümer bewilligt eine Buchgrundschuld für die Sparkasse (in notariell-beglaubigter Form)

3.6. Beschlagnahme des Grundstücks in der Zwangsversteigerung (§§ 20, 23 ZVG)

4.6. Antrag des Eigentümers auf Eintragung der Buchgrundschuld unter Vorlage der Bewilligung

5.6. Ersuchen auf Eintragung des Verfügungsverbots (§ 19 ZVG)

Kann das GBA die Buchgrundschuld eintragen?

Für die Eintragung der Grundschuld liegen dem GBA vor:

- Antrag des Eigentümers (§ 13 GBO);
- Bewilligung des Eigentümers in notariell-beglaubigter Form (§§ 19, 29 GBO).

Dem GBA ist jedoch durch das nachfolgende Ersuchen bekannt, dass gegen den Eigentümer ein Verfügungsverbot besteht (§ 23 ZVG); im Grundbuch eingetragen ist es aber noch nicht. Wie das GBA in diesem Fall zu erfahren hat, ist umstritten. Eine Meinung besagt, dass die vom VV betroffene Verfügung zur Verhinderung eines gutgläubigen Erwerbs (§ 892 BGB) nur dann vollzogen werden kann, wenn ein Fall des § 878 BGB oder die Zustimmung des Verbotsgeschützten gemäß § 185 BGB vorliegen (BayObLG, ZfIR 2003, 776; KG, NJW 1973, 56; OLG Düsseldorf, MittBayNot 1975, 224; *Becker*, ZfIR 2019, 253, 256 f). Ein Fall des § 878 BGB liegt offensichtlich nicht vor, da der Antrag auf Eintragung der Grundschuld am 4.6. gestellt wurde; somit nach dem VV am 3.6. Diese Ansicht würde daher eine Zwischenverfügung erlassen (§ 18 GBO) und die Zustimmung des Verbotsgeschützten verlangen.

Damit verstößt diese Ansicht eindeutig gegen § 17 GBO, der für alle Verfügungsbeeinträchtigungen uneingeschränkt gilt. Durch die Verletzung des formellen Rechts verhindert sie womöglich einen materiellen Rechtserwerb, da ein gutgläubiger Erwerb sodann nicht mehr möglich ist (§ 892 Abs. 1 S. 2 BGB). Diese Meinung ergreift somit Partei für den Verbotsgeschützten und lässt die Interessen des Erwerbenden außer Acht. Die Frage, woher sie dieses Recht nimmt, bleibt allerdings ohne Antwort. Aufgabe des Grundbuchverfahrensrechts ist die Durchsetzung des materiellen Grundstücksrechts und nicht dessen Vereitlung. Diese Ansicht ist daher abzulehnen. Die überwiegende Meinung geht deshalb zu Recht davon aus, dass das GBA den vom VV betroffenen Antrag ohne Weiteres zu vollziehen hat (*Meikel/Böttcher*, GBO Anhang zu §§ 19, 20 Rdn. 181; *Hügel* in Hügel, GBO, Verfügungsbeeinträchtigungen Rdn. 24; *Lieder* in Bauer/Schaub, GBO, AT H Rdn. 53, 54; *Staudinger/Gursky*, 2013, § 888 Rdn. 98; *von Schweinitz*, DNotZ 1990, 749, 750; *Schmitz*, JuS 1995, 245, 247). Die Verfügungs- und Bewilligungsbefugnis werden durch ein VV nicht beeinträchtigt und eine dagegen verstoßende Verfügung erwächst nur in „relative Unwirksamkeit" (§§ 136, 135 Abs. 1 BGB). Es ist nicht Aufgabe des GBA, in seinem formellen Verfahren einen materiell zugelassenen Rechtserwerb (§ 135 Abs. 2, § 892 BGB) zu verhindern. Nach Grundbucheintragung der Grundschuld kann der Verbotsgeschützte die Löschung wieder verlangen, da die Eintragung ihm gegenüber unwirksam ist (§ 888 Abs. 2 i.V.m. Abs. 1 BGB).

> Ist dem GBA ein noch nicht im Grundbuch eingetragenes VV bekannt geworden, so kann es nach überwiegender, wenn auch nicht unbestrittener Ansicht, jede dagegen verstoßende Verfügung im Grundbuch vollziehen.

➔ **Beispiel 34:**

E ist Eigentümer eines Grundstücks, das in Abt. III mit einer Buchgrundschuld zu 100.000 € für S belastet ist. In der Veränderungsspalte ist ein Verfügungsverbot gegen S für Z vermerkt. S stellt den Antrag auf Löschung der Grundschuld (§ 13 GBO) und legt seine öffentlich-beglaubigte Löschungsbewilligung vor (§§ 19, 29 GBO); eine formgerechte Mitbewilligung von E liegt bei (§§ 27, 29 GBO). Darf der Grundbuchrechtspfleger löschen?

Zur Löschung der Grundschuld liegen dem GBA vor:

- Antrag des Betroffenen nach § 13 GBO (= Grundschuldgläubiger S)
- Löschungsbewilligung vom Betroffenen in notariell-beglaubigter Form gemäß §§ 19, 29 GBO (= Grundschuldgläubiger S)
- Mitbewilligung des Grundstückseigentümers E nach § 27 GBO.

Gegen den Grundschuldgläubiger besteht allerdings ein VV, das auch im Grundbuch eingetragen ist. **Löschungen** dürfen grundsätzlich nur vorgenommen werden, wenn sie „voll wirksam" sind, d.h. auch vom Verbotsgeschützten nicht gemäß § 888 Abs. 2 BGB rückgängig gemacht werden können (*Meikel/Böttcher*, GBO Anhang zu §§ 19, 20 Rdn. 183).

Durch das eingetragene VV könnte ein gutgläubiger Erwerb der Rangstelle oder des lastenfreien Grundstücks ausgeschlossen sein (§ 892 Abs. 1 S. 2 BGB), sodass eine „relative unwirksame" Löschung vorgenommen werden könnte. Aufgrund der Löschung des von dem VV betroffenen Rechts wird aber auch das VV selbst mitgelöscht (§ 17 Abs. 2 GBV), sodass ein gutgläubiger Erwerb wiederum möglich ist. In diesem Fall, d.h. wenn das VV bereits im Grundbuch eingetragen ist, kann die Löschung eines vom VV betroffenen Rechts nur erfolgen, wenn „volle Wirksamkeit" vorliegt (*Meikel/Böttcher*, GBO Anhang zu §§ 19, 20 Rdn. 185):

- Zustimmung des Verbotsgeschützten (§ 185 BGB);
- § 878 BGB.

Da § 878 BGB offensichtlich nicht vorliegt (Antrag wurde nach dem VV gestellt), kann die Löschung nur mit Zustimmung des Verbotsgeschützten (= Z) vorgenommen werden, die mittels Zwischenverfügung (§ 18 Abs. 1 GBO) angefordert werden muss.

1.3. Verfügungsverbot und Erbbaurecht

171 Eine besondere Wirkung hat ein relatives Verfügungsverbot bei Bestellung eines Erbbaurechtes:

→ **Beispiel 35:**
A bestellt für B ein Erbbaurecht. Auf dem Grundstück des A ist ein relatives Verfügungsverbot eingetragen. Wird die Eintragung des Erbbaurechts gehindert?

Zunächst einmal steht das Verfügungsverbot der Eintragung weder im Hinblick auf § 10 Abs. 1 ErbbauRG entgegen, weil zwischen ihm und dem Erbbaurecht kein materielles Rangverhältnis besteht, noch hindert es als solches die Eintragung, weil ja auch nach der h.M. Folgeeintragungen zulässig sind, sobald das Veräußerungsverbot im Grundbuch steht (s. oben → Rdn. 168). Das Verfügungsverbot steht jedoch der Eintragung im Hinblick auf § 1 Abs. 4 ErbbauRG entgegen: Die Vorschrift will verhindern, dass das Erbbaurecht vor Ablauf seiner Laufzeit unvorhersehbar wegfällt. Dies wäre jedoch der Fall, würde es im vorliegenden Fall eingetragen werden, damit zwar zunächst entstehen, aber nach Geltendmachung der Rechte des Verbotsgeschützten als unwirksam zu beseitigen sein (vgl. dazu BGHZ 52, 271 = Rpfleger 1969, 346 für den vergleichbaren Fall der Eintragung eines Nacherbschaftsvermerkes). Das Recht kann hier nur mit Zustimmung des Verbotsgeschützten eingetragen werden (*Meikel/Böttcher*, GBO Anhang zu §§ 19, 20 Rdn. 189, 190).

2. Die Erwerbsverbote

Literatur: Böttcher, Schutz vor ungerechtfertigten Verfügungsgeschäften im Grundstücksrecht – durch ein gerichtliches Erwerbsverbot?, BWNotZ 1993, 25

Ist das Verpflichtungsgeschäft (z. B. Kaufvertrag) für eine Verfügung (z. B. **172** Eigentumswechsel) unwirksam (z. B. wegen Formnichtigkeit, §§ 311b Abs. 1, 125 BGB), so stellt sich die Frage, wie der Veräußerer vor dem ungerechtfertigten Verfügungsgeschäft geschützt werden kann. Zur Sicherung des Kondiktionsanspruchs des Veräußerers gemäß § 812 Abs. 1 S. 1, 1. Alt. BGB käme ein Erwerbsverbot gegen den Auflassungsempfänger in Betracht, das seinen Eigentumserwerb, die Heilung des Kaufvertrags (§ 311b Abs. 1 S. 2 BGB) und damit das Erlöschen des Bereicherungsanspruchs verhindern würde. Dadurch hätte der Veräußerer genügend Zeit gewonnen, um im ordentlichen Zivilprozess auf Rückgabe seiner Auflassungserklärung (§ 20 GBO; §§ 873 Abs. 1, 925 BGB) und Eintragungsbewilligung (§ 19 GBO) zu klagen. Ein Verfügungsgrund dürfte stets vorliegen, denn es droht ja die Grundbucheintragung des Auflassungsempfängers und somit die Konvaleszenz des Kaufvertrages nach § 311b Abs. 1 S. 2 BGB, wodurch der Kondiktionsanspruch des Veräußerers entfallen würde. Vor der Grundbucheintragung des Käufers besteht gegen ihn ein Kondiktionsanspruch des Verkäufers auf Herausgabe „der Rechte aus der Auflassung" gemäß § 812 Abs. 1 S. 1, 1. Alt. BGB wegen Formnichtigkeit des Kaufvertrages (§§ 311b Abs. 1 S. 1, 125 BGB). Genauer gesagt, ist der Auflassungsempfänger ungerechtfertigt bereichert um eine Rechtsstellung, die es ihm ermöglicht, die Grundbucheintragung seines Eigentumserwerbs zu beantragen. Der ursprünglich unwirksame Kaufvertrag (§§ 311b Abs. 1 S. 1, 125 BGB) wird mit der Eintragung des Eigentumsübergangs auf den Erwerber wirksam gemäß § 311b Abs. 1 S. 2 BGB. Das Bestehen des Kondiktionsanspruchs vor der Grundbucheintragung hindert diese Konvaleszenz des Grundgeschäfts nicht. Dadurch ist eine Leistungskondiktion des Veräußerers gegen den Erwerber, die auf die Unwirksamkeit des Verpflichtungsgeschäfts gestützt ist (§ 812 Abs. 1 S. 1, 1. Alt. BGB), ausgeschlossen. Vor der Grundbucheintragung des Erwerbers können die Rechte aus der Auflassung also kondiziert werden, nach dessen Grundbucheintragung aber nicht das anstelle dieser Vermögensposition getretene Eigentum des Erwerbers. Daraus folgert die h.M. zu Recht die Notwendigkeit eines gerichtlichen Erwerbsverbots im Wege der einstweiligen Verfügung bei einem ungerechtfertigten Eigentumserwerb, der eine Konvaleszenz nach § 311b Abs. 1 S. 2 BGB zur Folge hätte (RGZ 117, 287; BGH, NJW 1983, 565; KG, MDR 1977, 500; BayObLG, FGPrax 1997, 235; OLG Stuttgart, BWNotZ 1982, 90; *Meikel/Böttcher*, § 18 GBO Rdn. 99 m.w.N.; **a.A.** *Flume,* BGB-AT II, § 17 Abschn. 6e).

Gemäß § 938 Abs. 2 ZPO soll dem Erwerber (Verfügungsgegner) eine „Handlung geboten oder verboten" werden. Daraus wird gefolgert, dass der Inhalt der einstweiligen Verfügung dahin gehend zu lauten hat, dass dem Erwerber geboten wird, den Eintragungsantrag zurückzunehmen, oder verboten wird, den Eintragungsantrag zu stellen (BGH, NJW 1983, 565; OLG München, OLGZ 1969, 196, 198). Zuweilen finden sich auch Formulierungen wie (BayObLG, FGPrax 1997, 89; OLG München, FamRZ 1969, 151, 152): *„Der Antragsgegnerin wird zugunsten der Antragstellerin verboten, das Grundstück ... zu erwerben".* Wird der Erwerber entgegen einem Erwerbsverbot mit Verbotswirkung in das Grundbuch eingetragen, so ist sein Erwerb analog §§ 136, 135 Abs. 1 BGB dem Verfügenden gegenüber relativ unwirksam (RGZ 117, 287, 291; OLG Hamm, OLGZ 1970, 441). Die Eintragungsfähigkeit wird zum Teil generell verneint (KG, Rpfleger 1962, 178; OLG München, FamRZ 1969, 151, 152). Im Grundsatz ist dies auch richtig, weil es für die Eintragung des Erwerbsverbots an der notwendigen Voreintragung des Erwerbers als Betroffenen fehlt (§ 39 Abs. 1 GBO). Dieses grundbuchrechtliche Hindernis ist jedoch dann beseitigt, wenn für den Erwerber eine Eigentumsvormerkung eingetragen ist; dann kann das Erwerbsverbot eingetragen werden (LG Tübingen, BWNotZ 1984, 39). Dafür besteht auch ein Bedürfnis, wenn man einen gutgläubigen Erwerb durch den vom Erwerbsverbot Betroffenen analog §§ 136, 135 Abs. 2, 892 BGB für möglich hält. Wird der Erwerber entgegen dem Verbot im Grundbuch eingetragen, so liegt relative Unwirksamkeit vor (§ 136, 135 Abs. 1 BGB analog) und das Grundbuch ist unrichtig i.S.d. § 888 Abs. 2 BGB analog. Zur Vermeidung eines gutgläubigen Dritterwerbs gemäß § 892 BGB ist daher die Eintragung des Erwerbsverbots nach Voreintragung des Erwerbers zulässig (RGZ 117, 287, 294). Nach h.M. bildet ein Erwerbsverbot, das dem Grundbuchamt bekannt wird (ohne dass es eingetragen sein muss), ein Eintragungshindernis, und zwar auch dann, wenn es nach der Antragstellung für die Eintragung des Erwerbers erlassen wurde; das Hindernis soll demnächst nicht zu beseitigen sein, sodass nur eine Zurückweisung in Betracht kommen soll gemäß § 18 Abs. 1 GBO (RGZ 120, 118, 120; KG, MDR 1977, 500; OLG Hamm, Rpfleger 1970, 343). Beim Erwerbsverbot ist aber eine Zurückweisung nicht gerechtfertigt. Durch die einstweilige

IV. Der Einfluss von Verfügungs- und Erwerbsverboten

Verfügung würden sonst endgültige Tatsachen geschaffen. Der Erledigungsrang gemäß § 17 GBO ginge verloren. Dadurch könnte, wenn die einstweilige Verfügung später wieder aufgehoben wird, ein irreparabler Schaden entstehen. Vernünftiger ist deshalb die Auffassung, die bei einem Erwerbsverbot eine Zwischenverfügung gemäß § 18 Abs. 1 GBO erlässt und damit den Nachweis verlangt, dass das Erwerbsverbot wieder aufgehoben wurde; bei Folgeanträgen sei eine Amtsvormerkung nach § 18 Abs. 2 GBO einzutragen (BayObLG, FGPrax 1997, 89). Das Erwerbsverbot stellt vielmehr kein Eintragungshindernis dar und der Erwerber kann ohne Weiteres im Grundbuch eingetragen werden(*Meikel/Böttcher*, § 18 GBO Rdn. 102)! Wenn ein Erwerbsverbot eben nur die Antragstellung oder den Rechtserwerb „verbietet", werden dadurch gerade keine Eintragungsvoraussetzungen beseitigt. Der trotz des Erwerbsverbots eingetragene Rechtserwerb ist analog §§ 136, 135 Abs. 1 BGB relativ unwirksam. Erwächst aber eine Verfügung in relative Unwirksamkeit, dann ist es ein Grundsatz unseres Grundbuchverfahrensrechts, dass trotzdem eine Grundbucheintragung zu erfolgen hat. Wird durch ein Erwerbsverbot lediglich die Antragstellung oder der Rechtserwerb „verboten", dann ändert sich dadurch nichts an der materiellen Rechtsfähigkeit und materiellen Geschäftsfähigkeit bzw. formellen Beteiligtenfähigkeit und formellen Verfahrensfähigkeit des Rechtserwerbers. Ein solches Erwerbsverbot kann daher die Grundbucheintragung des Erwerbers nicht verhindern.

Das Verbot ein Grundstück zu erwerben, soll offensichtlich die materiellrechtliche Seite der Verfügung beeinflussen. Das Erwerbsverbot soll die „Erwerbsfähigkeit" des Verfügungsempfängers einschränken. Was hat es mit dieser sog Erwerbstätigkeit auf sich? Das Gesetz kennt diesen Begriff nicht. Diese Konstruktion ist abzulehnen! Wenn aufseiten des Erwerbers eine Erwerbstätigkeit nötig wäre, so müsste dies vom Gesetz angeordnet werden. Das Gesetz gibt aber keinen Anhalt, dass es eine Erwerbsfähigkeit voraussetzt. Der Begriff ist dem Sachenrecht fremd. Es fehlt jeder gesetzliche Bezugspunkt, dass eine Erwerbsfähigkeit eine materiell-rechtliche Voraussetzung für eine Rechtsänderung sei. Es bleibt also dabei, was die Kritiker eines gerichtlichen Erwerbsverbots schon immer eingewandt haben: Eine „Erwerbsfähigkeit" ist unserer Rechtsordnung unbekannt und daher abzulehnen (*Flume*, BGB-AT II, § 17 Abschn. 6c; *Eickmann* in Westermann/Gursky/Eickmann, Sachenrecht, § 82 VI 4; *Meikel/Böttcher*, § 18 Rdn. 100). Bei einem Erwerber müssen materiell-rechtlich Rechtsfähigkeit (§ 1 BGB) und Geschäftsfähigkeit (§§ 104 ff. BGB) und formellrechtlich im Grundbuchverfahren Beteiligtenfähigkeit und Verfahrensfähigkeit vorliegen. Mit diesen Begriffen kommt man aus. Eine sog Erwerbsfähigkeit ist nicht nötig. Der Schutz des Verfügenden bei fehlendem oder nichtigem Verpflichtungsgeschäft verlangt für ein Grundbuchverfahren, das zur Eintragung des Erwerbers führt, ein materielles Eintragungshindernis. Vielmehr ist die „Suspendierung, d. h. vorläufige Aussetzung der Wirksamkeit der dinglichen Einigung und der Eintragungsbewilligung" mittels einstweiliger Verfügung anzuordnen (*Meikel/Böttcher*, § 18 Rdn. 101). Dadurch wird die Rechtsfolge des Urteils in der Hauptsache nicht vorweggenommen und der Kondiktionsanspruch des Verfügenden ist gesichert. Ein Erwerbsverbot ist somit nicht das Gegenstück zum Verfügungsverbot (§§ 135, 136 BGB), sondern ein selbstständiges Institut, das sich auf § 938 ZPO gründet und die Erklärungen, die das Verfügungsgeschäft konstituieren und die Eintragung des Erwerbers rechtfertigen, vorläufig aussetzt. Diese Suspendierung in der einstweiligen Verfügung könnte etwa folgenden Wortlaut haben:

„*Die Wirksamkeit der in der Urkunde Nr. ... des Notars ... am ... von den Parteien erklärte Auflassung und vom Antragsteller erklärten Eintragungsbewilligung hinsichtlich dem Grundstück FlNr. ... Gemarkung ... Band ... Blatt ... (Amtsgericht ...) wird vorläufig ausgesetzt, bis über den Anspruch des Antragstellers auf Rückgewähr dieser Erklärungen rechtskräftig entschieden ist.*"

Wird der Erwerber entgegen einem Erwerbsverbot mit Suspendierungswirkung in das Grundbuch eingetragen, so ist dieser Rechtserwerb sicherlich unwirksam; es fehlt ja die vorläufig ausgesetzte dingliche Einigung gemäß § 873 Abs. 1 BGB. Beim völligen Fehlen dieses Willenselements liegt i.d.R. eine absolute Unwirksamkeit vor. Durch die Suspendierung der Wirksamkeit der dinglichen Einigung mit dem Erwerbsverbot aufgrund einer einstweiligen Verfügung wird jedoch ein Schwebezustand geschaffen, der die Verfügung oder m.a.W. den Erwerb zwar während der Schwebezeit unwirksam macht, aber mit Beendigung des Schwebezustandes durch eine Entscheidung in der Hauptsache sich diese Unwirksamkeit oder in volle Wirksamkeit wandelt. Es liegt der Sonderfall vor, dass zwar eine dingliche Einigung erfolgt ist, deren Wirksamkeit aber vorläufig ausgesetzt wird mittels des Erwerbsverbots. Daher ist es gerechtfertigt, bei einer suspensionswidrigen Grundbucheintragung des Erwerbers von der schwebenden Unwirksamkeit auszugehen (*Meikel/Böttcher*, § 18 Rdn. 103). Eine Grundbucheintragung des Erwerbers entgegen einem Erwerbsverbot mit Suspendierungswirkung macht das Grundbuch unrichtig. Der Verfügende hat einen Berichtigungsanspruch gemäß § 894 BGB gegen den Erwerber. Da ersterem aber Rechtsverluste drohen durch gutgläubigen Dritterwerb aufgrund des unrichtigen Grundbuchs, wird er einen Widerspruch gemäß § 899 BGB eintragen lassen wollen, was auch zulässig ist. Ein Erwerbsverbot mit Suspendierungswirkung kann nicht im Grundbuch eingetragen werden. Das Gesetz lässt dies nicht zu und zur Vermeidung des gutgläubigen Dritterwerbs kann in diesem Fall ein Widerspruch gemäß § 899 BGB eingetragen werden. Werden durch das Erwerbsverbot die dingliche Einigung (§ 873 Abs. 1 BGB) und die Eintragungsbewilligung (§ 19 GBO) vorläufig außer Kraft gesetzt, so kann das Grundbuchamt, nachdem es davon Kenntnis erlangt hat, natürlich keine Eintragung mehr vornehmen. Es liegt somit ein Eintragungshindernis gemäß § 18 Abs. 1 GBO vor (*Meikel/Böttcher*, § 18 Rdn. 103). Die das Erwerbsverbot aussprechende einstweilige Verfügung hat jedoch nur vorläufigen Charakter. Sie kann jederzeit wieder aufgehoben werden, insbesondere dann, wenn im

Hauptverfahren festgestellt wird, dass der Verfügungsanspruch nicht besteht. Das Eintragungshindernis ist daher behebbar, sodass eine Zurückweisung ausscheidet. Das Grundbuchamt hat vielmehr eine Zwischenverfügung zu erlassen und damit eine angemessene Frist für den Nachweis zu setzen, dass das Erwerbsverbot wieder aufgehoben wird. Geht hinsichtlich des zu erwerbenden Rechts ein weiterer Eintragungsantrag ein, so ist gemäß § 18 Abs. 2 GBO für den Erwerber eine Amtsvormerkung einzutragen und danach der Zweitantrag zu vollziehen. Wird im Hauptsacheverfahren die das Erwerbsverbot aussprechende einstweilige Verfügung aufgehoben, so ist die Amtsvormerkung in das endgültige Recht umzuschreiben und dann zu röten. Wird dagegen die einstweilige Verfügung durch ein rechtskräftiges Urteil in der Hauptsache insoweit bestätigt, als der Erwerber zur Aufhebung der dinglichen Einigung und zum Verzicht auf die Rechte aus der Eintragungsbewilligung verurteilt wird (§ 894 ZPO), so ist der Antrag auf Eintragung des Rechtserwerbs zurückzuweisen und die Amtsvormerkung von Amts wegen zu löschen und zu röten.

V. Der Inhalt der Bewilligung

1. Die notwendige Verfahrenserklärung

Die Bewilligung ist die Ermächtigung an das Grundbuchamt, eine bestimmte, inhaltlich genau bezeichnete Eintragung vorzunehmen. Diese Ermächtigung muss klar und eindeutig zum Ausdruck gebracht werden, ohne dass dafür allerdings der Ausdruck „Bewilligung" unbedingt verwendet werden müsste (vgl. OLG Köln, NJW 1960, 1108).

173

Damit der Wille, die Eintragung zu gestatten, nicht zweifelhaft ist, darf die Bewilligung grundsätzlich nicht unter einer Bedingung oder Zeitbestimmung abgegeben werden (OLG Hamm, NotBZ 2010, 415).

Ausnahmen sind zugelassen, sofern es sich um eine Bedingung oder Zeitbestimmung handelt, deren Erfüllung dem Grundbuchamt in der Form des § 29 GBO nachgewiesen werden kann, sofern es sich um eine sog. Rechtsbedingung handelt oder um einen Vorbehalt i.S.d. § 16 Abs. 2 GBO. Nicht zu verwechseln mit dem Bedingungs- oder Befristungsverbot ist die unbedingte Bewilligung eines dinglichen Rechts, das in seinem Bestand bedingt oder befristet sein soll. Ob dies zulässig ist, richtet sich nach dem jeweiligen materiellen Recht.

Die Bewilligung muss die Person des Erklärenden eindeutig feststellen, damit das Grundbuchamt seine Bewilligungsberechtigung (s. oben → Rdn. 128 ff.) prüfen kann. Ferner muss die Bewilligung das Grundstück, an dem eine Eintragung gestattet wird, gem. § 28 GBO bezeichnen. Die häufig übertriebenen bürokratischen Anforderungen, die die Praxis an die Erfüllung des § 28 GBO stellt, sind freilich nur selten gerechtfertigt. Wesentlich ist, dass das GBA – wie auch immer – das betroffene Grundstück eindeutig identifizieren kann.

Schließlich muss das einzutragende Recht nach seinem Gegenstand und Inhalt genau bezeichnet sein. Daraus muss sich ergeben, dass es sich überhaupt um ein eintragungsfähiges Recht handelt (s. unten → Rdn. 174), und dass es den vom Gesetz geforderten aber auch nur den vom Gesetz zugelassenen, also einen zulässigen Inhalt hat (s. dazu unten → Rdn. 175).

2. Eintragungsfähiges Recht

174 Eintragungsfähig sind alle dinglichen Rechte, dinglich wirkenden Sicherungsmittel und sonstigen Vermerke, deren Eintragung entweder im Gesetz ausdrücklich vorgeschrieben oder zugelassen ist oder deren Eintragungsfähigkeit sich auch ohne ausdrückliche Bestimmung daraus ergibt, dass das Gesetz an die Eintragung oder Nichteintragung eine Rechtswirkung knüpft.

Nicht eintragungsfähig sind also insbesondere alle nichtdinglichen Rechte, so z. B. Ansprüche oder Vertragsverhältnisse schuld-, familien- oder erbrechtlicher Art. Auch die gesetzlichen Eigentumsbeschränkungen, die zum Inhalt des Eigentums gehören, sind nicht eintragbar.

Als Beispiele sind also insbes. zu nennen: Miete und Pacht (OLG Hamm, DNotZ 1957, 314); Wiederkaufsrecht BGB (BGH, NJW 1963, 709; BayObLG, 1961, 63); Ankaufsrecht (BayObLG, 1967, 275 = Rpfleger 1968, 52); Besitz (RGZ 61, 378); Übertragung, Verpfändung und Pfändung der Ausübung eines Nießbrauches oder einer beschränkten persönlichen Dienstbarkeit (BGHZ 55, 115; OLG Frankfurt/M., NJW 1961, 1928; *Strutz*, Rpfleger 1968, 145).

3. Eintragungsfähiger Inhalt

175 Besonders bedeutsam ist die Prüfung des Inhalts der zur Eintragung begehrten Rechte. Im Gegensatz zum Schuldrecht, in dessen Bereich – sieht man einmal von den Grenzen der §§ 134, 138 BGB ab – die Beteiligten ihre Rechtsbeziehungen inhaltlich frei und nach den Bedürfnissen des Einzelfalles gestalten können, gestattet das Sachenrecht nur den Gebrauch der vom Gesetz angebotenen Rechtstypen mit ihrem unabänderbaren gesetzlichen Inhalt (**Typenzwang**). Diesem oft lästigen Zwang versuchen die Beteiligten häufig auszuweichen. Sie vereinbaren Klauseln, die von den gesetzlichen Regeln abweichen und beantragen deren Eintragung als Inhalt des Rechts. Solche Klauseln sind wegen Gesetzesverstoßes unwirksam; sie können deshalb auch nicht als Inhalt des dinglichen Rechtes eingetragen werden, sondern müssen zur Vermeidung einer Zurückweisung aus der Bewilligung herausgenommen und können allenfalls schuldrechtlich vereinbart werden.

Häufig wird versucht, Klauseln, die dinglich nicht gesichert werden können, durch umfassende Bezugnahme (§ 874 BGB, vgl. dazu unten → Rdn. 336f.) zum Inhalt des Rechts zu machen. Die dinglichen müssen jedoch von den schuldrechtlichen Bestimmungen deutlich getrennt sein, sonst ist die Eintragungsbewilligung nicht eindeutig und kann nicht vollzogen werden. Diese Abgrenzung dadurch vorzunehmen, dass die Eintragung mit dem Zusatz „soweit eintragungsfähig" beantragt wird, ist gleichfalls nicht zulässig: Das Grundbuchverfahren kennt keinen sozusagen „in das Ermessen des Gerichts" gestellten Umfang des Antrages. Es ist Aufgabe des Antragstellers, den Umfang des Antrages genau zu bezeichnen; dann entscheidet das Gericht über diesen Antrag.

Zu Einzelfällen unzulässiger Klauseln und zum Umfang der Prüfungspflicht des Grundbuchamtes vgl. unten → Rdn. 268 ff.

4. Zulässiges Anteilsverhältnis mehrerer Berechtigter

Literatur: Böttcher, Grundstücksrechte für mehrere Berechtigte (§ 47 Abs. 1 GBO), RpflStud 2010, 162; *Böttcher*, Grundstücksrechte für Gesamtgläubiger nach § 428 BGB, ZfIR 2018, 547

4.1. Grundsätze

Wenn ein eintragungsfähiges Recht mehreren gemeinschaftlich zusteht, erfordert es der Bestimmtheitsgrundsatz (vgl. unten → Rdn. 327 f.), dass die Art und der Inhalt dieser Gemeinschaft eingetragen werden, da die Verfügungsbefugnis des einzelnen Beteiligten bei den verschiedenen Arten der Gemeinschaften verschieden ist. 176

Die Eintragungsunterlagen müssen deshalb das Gemeinschaftsverhältnis, wenn auch nicht mit der gesetzlichen Bezeichnung, so doch dem gesetzlichen Inhalt nach bezeichnen (BayObLG, Rpfleger 1958, 88). Die Angaben über das Gemeinschaftsverhältnis gehören zum Inhalt der dinglichen Einigung; ist diese – wie im Regelfall – dem Grundbuchamt nicht vorzulegen, so muss die Bewilligung die notwendigen Angaben enthalten.

Problematisch ist der Fall, wenn für die Eintragung einer **Zwangshypothek** die Angabe des Gemeinschaftsverhältnisses im Titel fehlt, was in der zivilprozessualen Praxis leider häufiger vorkommt. Die Lösung dieses Problems ist sehr umstritten. Eine Ansicht besagt, dass die Gläubiger ihr Gemeinschaftsverhältnis einseitig in Schriftform ergänzen können (KG, Rpfleger 2018, 323; OLG Köln, Rpfleger 1986, 91). Für den Schuldner sei das Gemeinschaftsverhältnis ohne Belang. Dies kann wohl nicht richtig sein, denn die Angabe des Gemeinschaftsverhältnisses nach § 47 Abs. 1 GBO ist eine grundbuchrechtliche und keine vollstreckungsrechtliche Voraussetzung, die in der Form des § 29 GBO nachzuweisen ist (*Meikel/Böhringer*, § 47 Rdn. 289). Zum Teil wird deshalb insoweit richtigerweise für die Ergänzung durch die Gläubiger auch die öffentlich beglaubigte Form des § 29 Abs. 1 S. 1 GBO verlangt (OLG Frankfurt, MDR 1989, 365). Es liegt dann nämlich ein gemischter Antrag vor, der gemäß § 30 GBO formbedürftig ist. Eine dritte Meinung besagt allerdings zu Recht, dass ein solcher Vollstreckungstitel für die Zwangsvollstreckung ungeeignet 177 sei, da das Gemeinschaftsverhältnis der Gläubiger auch deren Befugnis zur befreienden Leistungsannahme klarstellt (z. B. § 428 BGB); Titelergänzung kann nur durch das Erkenntnisgericht erfolgen (MünchKomm/*Lieder*, § 1115 BGB Rdn. 8; *Demharter*, § 47 Rdn. 14; KEHE/*Keller*, § 47 Rdn. 32; *Böttcher* in Lemke, Immobilienrecht, § 47 GBO Rdn. 32). So wie eine Eintragungsbewilligung (§ 19 GBO) insoweit nur vom Grundstückseigentümer und nicht vom Gläubiger ergänzt werden kann, gilt dies auch für den Vollstreckungstitel des Erkenntnisgerichts. Ist das Anteilsverhältnis nicht expressis verbis im Titel festgelegt, so kann es unter Umständen aus dem Titel einschließlich seiner Gründe im Wege der Auslegung ermittelt werden (OLG Düsseldorf, Rpfleger 2019, 80 und 260). Diese Möglichkeit wird unstrittig bejaht, wenn ein Titel für eine Gebührenforderung einer Anwaltssozietät (ebenso bei Ärzten, Steuerberatern, Architekten) vorliegt oder eine Streitgenossenschaft gegeben ist. Sind bei Streitgenossen die Zahlungsbeträge ohne Differenzierung im Titel ausgewiesen, ist von einer Gesamtgläubigerschaft nach § 428 BGB auszugehen (OLG Düsseldorf, Rpfleger 2019, 80). Bei Sozietäten von Ärzten, Steuerberatern und Architekten kann von einer Gesellschaft bürgerlichen Rechts ausgegangen werden (*Meikel/Böhringer*, § 47 GBO Rdn. 292). Honorarforderungen aus einem Vertrag mit einer Anwaltssozietät stehen den Sozietätsanwälten als GbR zu (BGH, Rpfleger 1996, 525) und nicht als Gesamtgläubiger nach § 428 BGB (so aber OLG Saarbrücken, Rpfleger 1978, 227). Eine Auslegung kommt aber nur dann in Betracht, wenn die mehreren Gläubiger zumindest namentlich aufgeführt sind; unzureichend dafür ist eine Formulierung im Rubrum des Titels „Rechtsanwalt X und Partner" (LG Bonn, Rpfleger 1984, 28); in diesem Fall scheidet eine Auslegung aus.

4.2. Mögliche Anteilsverhältnisse

a) Bruchteilsgemeinschaft (§§ 741 ff. BGB)

178 Bei ihr steht das nach ideellen (nicht realen) Anteilen gemeinsame Recht mehreren derart zu, dass es als Teilrecht jedes einzelnen eine weitreichende selbstständige Ausübung von Befugnissen (Fruchtziehung, Veräußerung, Belastung) in Bezug auf den einzelnen Anteil gestattet (vgl. z. B. §§ 743, 747 S. 1 BGB), während gewisse Befugnisse, die Auswirkung auf den ganzen Gegenstand haben, regelmäßig nur gemeinsam ausgeübt werden können (vgl. z. B. §§ 744, 747 S. 2 BGB).

Die Eintragung der Bruchteilsgemeinschaft geschieht durch genaue Angabe der einzelnen Bruchteile („Je zu 1/2, Je zur Hälfte", auch „Zu gleichen Anteilen").

V. Der Inhalt der Bewilligung

b) Gesamthandsgemeinschaft

Bei ihr steht das Recht den mehreren Berechtigten zur gesamten Hand zu; der einzelne Gesamthänder kann weder ganz noch teilweise allein darüber verfügen. Fälle: Erbengemeinschaft am ungeteilten Nachlass (§§ 2032 ff. BGB); eheliche Gütergemeinschaft (§§ 1416 ff. BGB); fortgesetzte Gütergemeinschaft (§§ 1485 ff. BGB). **179**

Fälle einer Gesamthandsgemeinschaft sind an sich auch die OHG und die KG (§§ 105 Abs. 2; 161 Abs. 2 HGB). Auf sie ist § 47 GBO jedoch nicht anzuwenden, da das Recht nicht für die einzelnen Gesellschafter, sondern für die Gesellschaft unter deren Firma eingetragen wird.

Der Erwerb eines Rechts in Gesamthandsgemeinschaft kann wohl nicht frei vereinbart werden, sondern nur dann geschehen, wenn zwischen den Beteiligten, die das Recht erwerben wollen, eine Gesamthandsgemeinschaft der vorbezeichneten Art bereits besteht: dann erwerben sie das Recht in eben dieser Gemeinschaft.

Die Eintragung geschieht dergestalt, dass das **konkrete** Gesamthandsverhältnis angegeben wird; also nicht „Gemeinschaft zur gesamten Hand", sondern z. B. „in Erbengemeinschaft". Die Angabe des konkreten Gesamthandsverhältnisses ist notwendig, damit die – bei den verschiedenen Arten unterschiedliche – Verfügungsbefugnis geprüft werden kann.

c) Gesamtberechtigung (Gesamtgläubigerschaft) nach § 428 BGB

Das Recht steht auch hier den Berechtigten gemeinsam und in ihrer gesamthänderischen Verbundenheit zu; wesentlich ist jedoch, dass im Gegensatz zur Gesamthand der Schuldner wahlweise an einen der mehreren Berechtigten leisten kann und durch diese Leistung auch gegenüber den anderen Mitberechtigten befreit wird. **180**

Die Gesamtberechtigung ist, wenn auch zögernd, von Literatur und Rechtsprechung auch für das Sachenrecht anerkannt worden (vgl. *Woelki*, Rpfleger 1968, 208); sie muss allerdings stets dann versagen, wenn mehrere Berechtigte ein gemeinschaftliches Recht gleichzeitig **und** nebeneinander ausüben wollen, weil ja der Eigentümer nach § 428 BGB immer nur die Ausübung durch einen einzelnen Berechtigten zu dulden bräuchte.

Die Gesamtberechtigung wird im Grundbuch durch die Angabe „als Gesamtgläubiger" oder „als Gesamtberechtigte gem. § 428 BGB" gekennzeichnet.

d) Mitberechtigung nach § 432 BGB

Sie liegt vor, wenn eine im Rechtssinne unteilbare Leistung mehreren dergestalt zusteht, dass sie zwar von jedem der Gläubiger verlangt, vom Schuldner **181** aber nur gegenüber der Gemeinschaft erbracht werden kann. Der Unterschied zur Bruchteilsgemeinschaft besteht in der Unteilbarkeit der Leistung, von der Gesamtgläubigerschaft unterscheidet sie sich darin, dass die Leistung nur an alle möglich ist. Die Gesamthand ist zwar insoweit der Mitberechtigung verwandt; wegen der rechtlichen Gebundenheit der Ansprüche an die Gemeinschaft fallen sie an sich unter § 432 BGB (BGHZ 39, 15). Die bei den einzelnen Gesamthandsverhältnissen getroffenen gesetzlichen Verwaltungsregeln verdrängen jedoch § 432 BGB.

Einzutragen ist als Mitberechtigte nach § 432 BGB oder als Gesamtberechtigte nach § 432 BGB.

4.3. Ausnahmen von § 47 GBO

182 Die Angabe des Gemeinschaftsverhältnisses im **Grundbuch** ist entbehrlich:

a) wenn das gemeinsame Recht ein **Altenteil** ist, das nach § 49 GBO eingetragen wird. Streitig ist deshalb, ob die Angabe auch in der Bewilligung fehlen darf (Bejahend: KG, OLG 29 140; HRR 1930 Nr. 739. Verneinend: BGHZ 73, 211 = Rpfleger 1979, 56). Da § 49 GBO nur eine Buchungserleichterung bezweckt, wird man auf der Angabe des Gemeinschaftsverhältnisses in der Bewilligung bestehen müssen;

b) bei gemeinschaftlichem **Vorkaufsrecht**. Hier stehen die Berechtigten gem. § 472 BGB in einem eigenen, zwingenden Gesamtverhältnis. In diesem Fall ist deshalb auch in der Bewilligung **keine** Angabe erforderlich (BGH, NJW 2017, 1811 = ZfIR 2017, 496).

4.4. Einzelfälle

a) Eigentum

182a Mehreren Eigentümern kann eine Immobilie zustehen in Bruchteilsgemeinschaft (§§ 741 ff. BGB) und als Gesamthandsgemeinschaft (z. B. Erbengemeinschaft, Gütergemeinschaft). Eigentum für mehrere nach § 428 BGB oder § 432 BGB ist nicht möglich.

b) Erbbaurecht

182b Es handelt sich insoweit um ein grundstücksgleiches Recht (vgl. § 11 ErbbauRG). Das Erbbaurecht kann für mehrere Berechtigte bestellt werden in der Form der Bruchteilsberechtigung oder für eine Gesamthandsgemeinschaft (z. B. Erbengemeinschaft, Gütergemeinschaft).

Bestritten ist die Zulässigkeit einer Gesamtgläubigerschaft nach § 428 BGB beim Erbbaurecht. Soweit dies bejaht wird (KG, JW 1932, 1564; *Heller* in NK-

V. Der Inhalt der Bewilligung

BGB, § 1 ErbbauRG Rdn. 6), kann dem nicht gefolgt werden. Bei § 428 BGB kann jeder von mehreren Gläubigern die ganze Leistung fordern, die der Schuldner aber nur einmal an einen Gläubiger seiner Wahl erbringen muss. Das Erbbaurecht ist aber kein Leistungsrecht, sondern ein Nutzungsrecht. Nach der Grundbucheintragung des Erbbaurechts hat der Grundstückseigentümer keine Leistung mehr zu erbringen. Außerdem ist das Bauwerk gemäß § 12 ErbbauRG Bestandteil des Erbbaurechts, d.h. das Erbbaurecht und das Gebäudeeigentum müssen derselben Berechtigungsform unterliegen. Beim Eigentum, auch beim Gebäudeeigentum, gibt es die Gesamtgläubigerschaft nach § 428 BGB nicht. Deshalb kann sie auch beim Erbbaurecht keine Anwendung finden (*Staudinger/Rapp*, 2017, § 1 ErbbauRG Rdn. 4; *Meikel/Böhringer*, § 47 Rdn. 148; *Böttcher*, Praktische Fragen des Erbbaurechts, Rdn.88, 89; *Von Oefele/Winkler/Schlögel*, Handbuch Erbbaurecht, § 2 Rdn. 124-129).

c) Grundpfandrechte

182c Hypotheken und Grundschulden können mehreren Berechtigten in Bruchteilsberechtigung oder als Gesamthandsgemeinschaften oder als Gesamtgläubigern nach § 428 BGB (BGHZ 29, 363; KG, Rpfleger 1965, 366) zustehen. Auch eine Mitgläubigerschaft nach § 432 BGB wird für zulässig erachtet (*Amann*, DNotZ 2008, 234).

d) Reallast

182d Eine subjektiv-persönliche Reallast ist für mehrere Berechtigte als Gesamtgläubiger nach § 428 BGB (BGHZ 46, 253, 255; BayObLG, DNotZ 1975, 19) und als Mitgläubiger nach § 432 BGB (BGH, DNotZ 1979, 499) und als Gesamthänder (BayObLG, DNotZ 1968, 493), insbesondere zum Gesamtgut der Gütergemeinschaft, möglich. In Bruchteilsgemeinschaft kann die Reallast bestellt werden, wenn sie übertragbar ist und die Einzelleistungen teilbar sind (*Meikel/Böhringer*, § 47 Rdn. 47). Eine subjektiv-dingliche Reallast kann auch zugunsten der jeweiligen Eigentümer mehrerer Grundstücke bestellt werden (*Staudinger/Reymann*, 2017, § 1105 Rdn. 11). Eine Gesamtgläubigerschaft nach § 428 BGB oder Mitgläubigerschaft nach § 432 BGB ist möglich (*Meikel/Böhringer*, § 47 Rdn. 165). Eine Gemeinschaft zur gesamten Hand für mehrere Grundstücke unter sich gibt es nicht (*Meikel/Böhringer*, § 47 Rdn. 119); Gleiches gilt für eine Bruchteilsgemeinschaft.

e) Vorkaufsrecht

→ **Beispiel 35a:**

182e Ein dingliches Vorkaufsrecht für den ersten Verkaufsfall (§ 1094 BGB) war für A, B und C nach § 428 BGB im Grundbuch eingetragen. A bewilligte mit öffentlich beglaubigter Urkunde (§§ 19, 29 GBO) für alle Gesamtberechtigte die Löschung im Grundbuch. Den Löschungsantrag (§ 13 GBO) hat das Grundbuchamt mit Zwischenverfügung beanstandet (§ 18 GBO) und dafür auch die Löschungsbewilligung von den Berechtigten B und C verlangt.

Die dagegen eingelegte Beschwerde hat das OLG Brandenburg (NotBZ 2015, 351) zurückgewiesen. Aufgrund der Rechtsbeschwerde hat der BGH (NJW 2017, 1811 = ZfIR 2017, 496) die Beschlüsse des OLG Brandenburg und des Grundbuchamts aus formalen Gründen zu Recht aufgehoben. Fehlt nämlich die Eintragungs- oder Löschungsbewilligung eines unmittelbar von der Eintragung oder Löschung Betroffenen, darf keine rangwahrende Zwischenverfügung ergehen, sondern der Antrag ist nach § 18 GBO zurückzuweisen (BGH, FGPrax 2014, 192). Eine Entscheidung in der Sache war dem BGH nicht möglich, weil Gegenstand des Rechtsbeschwerdeverfahrens nur die Zwischenverfügung und nicht der Eintragungsantrag war. Erfreulicherweise hat der BGH für das weitere Verfahren wertvolle Hinweise gegeben.

Da einem Gesamtgläubiger nach § 428 BGB grundsätzlich nicht das Recht zusteht, über die Forderung zulasten der anderen Gesamtgläubiger zu verfügen, bedarf es zur Aufhebung eines dinglichen Rechts, für das eine Gesamtberechtigung i. S. d. § 428 BGB besteht, entgegen einer Meinung (OLG Zweibrücken, FGPrax 2014, 59, 60) der Aufgabeerklärung (§ 875 BGB) aller Gesamtgläubiger, und zur Löschung der Löschungsbewilligung aller (§ 19 GBO), sofern sich aus dem zugrunde liegenden Schuldverhältnis nicht etwas anderes ergibt (BGH, NJW 2017, 1811 = ZfIR 2017, 496; *Stavorinus,* NotBZ 2017, 249, 2529.

Ob ein dingliches Vorkaufsrecht überhaupt für mehrere Berechtigte als Gesamtgläubiger i.S.v. § 428 BGB bestellt werden kann, ist umstritten. Dies wird bejaht (*Lieder* in Bauer/Schaub, GBO, AT C Rdn. 134; *Wegmann* in Bauer/Schaub, § 47 Rdn. 108) mit der Folge, dass entweder nur ein Kaufvertrag entsteht zwischen dem Vorkaufsverpflichteten und dem Gesamtberechtigten, der zuerst das Vorkaufsrecht ausübt (OLG Stuttgart, NJW-RR 2009, 952) oder mehrere Kaufverträge entstehen und der Eigentümer es sich aussuchen kann, welchen er erfüllt (*Schöner/Stöber,* Grundbuchrecht, Rdn. 1406). Nach anderer Ansicht ist die Bestellung eines dinglichen Vorkaufsrechts für mehrere Berechtigte mit einer Gesamtberechtigung gemäß § 428 GB nicht zulässig (*Böttcher* in Lemke, Immobilienrecht, § 1094 BGB Rdn. 13, § 47 GBO Rdn. 19); mit § 472 BGB ist es nämlich nicht vereinbar, wenn der Grundstückseigentümer als Vorkaufsverpflichteter nach § 428 BGB auswählen kann, an welchen Vorkaufsberechtigten er leistet. Der BGH (NJW 2017, 1811 = ZfIR 2017, 496) hat sich der letztgenannten Auffassung angeschlossen. Nach § 472 BGB, der gemäß § 1098 Abs. 1 BGB auch für das dingliche Vorkaufsrecht gilt, haben die Vorkaufsberechtigten das Vorkaufsrecht nicht nur im Ganzen, sondern auch gemeinschaftlich auszuüben. Eine Gesamtberechtigung nach § 428 BGB mit der Möglichkeit, dass jeder Vorkaufsberechtigte ohne Rücksicht auf die anderen Berechtigten das

Vorkaufsrecht im Ganzen für sich allein ausüben könnte, widerspricht § 472 BGB und ist damit unwirksam. Die Anwendung von § 428 BGB in Reinform ist nahezu ausnahmslos evident interessenwidrig (*Herrler*, ZfIR 2017, 499). Es entspricht gerade nicht der Vorstellung der Berechtigten, dass sich der Schuldner nach seinem freien Belieben denjenigen Gläubiger aussuchen kann, an den er mit Erfüllungswirkung gegenüber den anderen Berechtigten leistet. In gleicher Weise unerwünscht ist ein durch nur einen Berechtigten herbeigeführtes Erlöschen des Rechts, etwa durch Abtretung an den Eigentümer (so aber § 429 Abs. 2 BGB) oder durch Abschluss eines Erlassvertrags (so aber § 429 Abs. 3 i.V.m. § 423 BGB).

Wurde ein dingliches Vorkaufsrecht mit einer Gesamtberechtigung gemäß § 428 BGB in das Grundbuch eingetragen, ist i.d.R. davon auszugehen, dass das Recht mit dem zulässigen Inhalt (= Berechtigung nach § 472 BGB) gewollt war und damit entstanden ist (BGH, NJW 2017, 1811 = ZfIR 2017, 496). Zwar liegt eine partielle Inkongruenz zwischen Einigung (= § 428 BGB) und der tatsächlich entstandenen Berechtigung (= § 472 BGB) vor. Letztere bleibt hinter dem Gewollten zurück. Die Einigung erstreckt sich i.d.r. jedoch auch auf die hinter ihr zurückbleibende Berechtigung. Der Kern des Rechts besteht in der Möglichkeit, das Grundstück zu erwerben, wenn es an einem Dritten verkauft wird; er wird nicht dadurch verändert, dass die Vorkaufsberechtigten es gemeinschaftlich ausüben müssen. Bei der Grundbucheintragung ist nur der das Gemeinschaftsverhältnis bezeichnende Teil (= Berechtigung gemäß § 428 BGB) inhaltlich unzulässig. Die tatsächliche Berechtigung ergibt sich aus § 472 BGB und bedarf keiner Grundbucheintragung nach § 47 Abs. 1 GBO (*Böttcher* in Lemke, Immobilienrecht, § 47 Rdn. 19). Die Schuldnerschutzvorschrift des § 472 BGB steht nicht zur Disposition der Vorkaufsberechtigten. Darin erschöpft sich aber die Funktion dieser Norm, die lediglich die Ausübung des Vorkaufsrechts bei mehreren Berechtigten koordiniert. Dabei handelt es sich aber nicht um ein Berechtigungsverhältnis, sondern nur um eine Regelung zur Ausübungskoordination (*Kesseler*, NJW 2017, 1813).

Die Bestellung eines Vorkaufsrechts für mehrere Berechtigte nach § 428 BGB hatte nur einen Grund: Es sollten die Kosten für die Grundbucheintragung mehrerer Rechte gespart werden. Als alternative Gestaltung zu § 428 BGB kommen mehrere selbständige, gleichrangige Vorkaufsrechte in Betracht (*Stavorinus*, NotBZ 2017, 249; *Kesseler*, NJW 2017, 1813; *Herrler*, ZfIR 2017, 499). **Zu Bruchteilen** kann ein Vorkaufsrecht für mehrere Berechtigte nicht bestellt werden, da das Vorkaufsrecht unteilbar ist und damit das wesentliche Kennzeichen der Bruchteilsgemeinschaft, nämlich das selbstständige Verfügungsrecht der einzelnen Berechtigten, fehlt (RGZ 35, 308; BayObLGZ 1967, 275). Die Zulässigkeit eines Vorkaufsrechts für mehrere Berechtigte als Gesamtgläubiger nach **§ 428 BGB** ist auch nicht zulässig. da es mit § 472 BGB nicht vereinbar ist, wenn der Grundstückseigentümer als Vorkaufsverpflichteter selbst auswählen könnte, an welchen der Vorkaufsberechtigten er leistet (BGH, NJW 2017, 1811). Die

Bestellung zugunsten mehrerer Mitgläubiger nach § 432 BGB ist nicht möglich (*Wegmann* in Bauer/Schaub, § 47 Rdn. 38-41). Ein dingliches Vorkaufsrecht für mehrere Berechtigte kann somit nur im Berechtigungsverhältnis des § 472 BGB bestellt werden; andere Berechtigungsverhältnisse sind unzulässig (*Stavorinus*, NotBZ 2017, 249).

f) Grunddienstbarkeit

182f Sie kann zugunsten der jeweiligen Eigentümer mehrerer rechtlich selbstständiger Grundstücke bestellt werden (BayObLG, ZfIR 2002, 288). Dann muss die Eintragungsbewilligung die Angaben des § 47 Abs. 1 GBO enthalten. Da es eine Gemeinschaft zur gesamten Hand für mehrere Grundstücke unter sich nicht gibt, scheidet auch eine Grunddienstbarkeit für mehrere Grundstücke in Gesamthandsgemeinschaft aus (*Meikel/Böhringer*, § 47 Rdn. 110). Eine Bruchteilsberechtigung (§§ 741 ff. BGB) ist nur möglich, wenn das Recht teilbar ist (BayObLG, DNotZ 2002, 950; 1966, 174). Die berechtigten Grundstücke können nach h.M. als Gesamtgläubiger nach § 428 BGB (BayObLGZ 2002, 263, 266) oder als Mitgläubiger entsprechend § 432 BGB (*Amann*, DNotZ 2008, 324, 329) eingetragen werden. Da aber der belastete Grundstückseigentümer nur „Passivität" und keine „Leistung" schuldet, führt weder § 428 BGB noch § 432 BGB zu einer sachgerechten Lösung (*Staudinger/Weber*, 2017, § 1018 Rdn. 51a; NK-BGB/*Otto*, § 1018 Rdn. 36; *J. Mayer*, MittBayNot 2002, 289). Deshalb wird zu Recht eine modifizierte Gesamtberechtigung analog §§ 428, 432 BGB zugelassen (*Amann*, DNotZ 2008, 324, 331; *Staudinger/Weber*, 2017, § 1018 Rdn. 51a; LG Traunstein, Rpfleger 1987, 242). Die Modifizierung besteht darin, dass der Eigentümer des belasteten Grundstücks nicht schuldbefreiend an nur einen Berechtigten leisten kann (Abweichung von § 428 BGB) und jeder Berechtigte allein die Leistung geltend machen kann (Abweichung von § 432 BGB). Zugelassen wird auch, dass die herrschenden Grundstücke Berechtigte analog §§ 1024, 1025 BGB sind (*Stavorinus*, NotBZ 2017, 249, 256; *Kesseler*, NJW 2017, 1813, 1814; LG Kassel, Rpfleger 2009, 502). Dem kann nicht zugestimmt werden (*Staudinger/Weber*, 2017, § 1018 Rdn. 51a), da § 1024 BGB gerade mehrere selbstständige Dienstbarkeiten voraussetzt und § 1025 BGB nur besagt, dass bei einer Teilung des herrschenden Grundstücks nicht mehrere Dienstbarkeiten entstehen. Gehören die mehreren Grundstücke, für die eine Grunddienstbarkeit bestellt werden soll, demselben Eigentümer, so soll die Angabe des Gemeinschaftsverhältnisses nach § 47 Abs. 1 GBO nicht nötig sein (BayObLG, ZfIR 2002, 288). Dem kann nicht zugestimmt werden, denn die Grunddienstbarkeit wird für mehrere Grundstücke und nicht für einen Berechtigten bestellt, d.h. auch in diesem Fall sind die Angaben nach § 47 Abs. 1 GBO erforderlich (KG, RNotZ 2018, 248; *Staudinger/Weber*, 2017, § 1018 Rdn. 52; *Meikel/Böhringer*, § 47 Rdn. 145).

g) Beschränkte persönliche Dienstbarkeit

Die Bestellung zugunsten mehrerer als Gemeinschafter zur gesamten Hand (z.B. Gütergemeinschaft) ist zulässig (BGH, NJW 1982, 170; BayObLG, NJW 1966, 56). Eine Bruchteilsgemeinschaft als Berechtigte kommt in Betracht, wenn das Recht aus der Dienstbarkeit teilbar ist (OLG Köln, DNotZ 1965, 686). Die berechtigten Grundstücke können nach h.M. als Gesamtgläubiger nach § 428 BGB (BGH, DNotZ 1981, 176; 1967, 187; BayObLG, DNotZ 1975, 619) eingetragen werden. Dies passt aber nicht, denn dann könnte der Eigentümer nach seinem Belieben an nur einen Berechtigten mit einheitlicher Tilgungswirkung leisten (*Herrler*, ZfIR 2017, 499, 501; *Kesseler*, NJW 2017, 1813, 1814; *Staudinger/ Reymann*, 2017, § 1090 Rdn. 6). Zugelassen wird auch die Eintragung als Mitgläubiger entsprechend § 432 BGB (*Amann*, DNotZ 2008, 324, 338). Da aber der belastete Grundstückseigentümer nur „Passivität" und keine „Leistung" schuldet, führt weder § 428 BGB noch § 432 BGB zu einer sachgerechten Lösung (*Staudinger/Reymann*, 2017, § 1090 Rdn. 6, § 1093 Rdn. 23). Deshalb wird zu Recht eine modifizierte Gesamtberechtigung analog §§ 428, 432 BGB zugelassen (LG Traunstein, Rpfleger 1987, 242; *Staudinger/Reymann*, 2017, § 1090 Rdn. 6, § 1093 Rdn. 23; *Amann*, DNotZ 2008, 324, 331; *Böttcher*, RpflStud 2010, 162, 165).

182g

h) Wohnungsrecht nach BGB

Wegen der Unteilbarkeit der geschuldeten Leistung ist eine Bestellung für mehrere Berechtigte in Bruchteilsgemeinschaft nicht möglich (OLG Hamm, MDR 1966, 326; OLG Köln, DNotZ 1965, 686; *Staudinger/Reymann*, 2017, § 1090 Rdn. 7). Selten aber zulässig ist der Erwerb eines Wohnungsrechts durch eine Erbengemeinschaft gemäß § 2041 BGB (*Meikel/Böhringer*, § 47 Rdn. 125). Wird ein Wohnungsrecht für Ehegatten in Gütergemeinschaft bestellt, fällt es in das Gesamtgut (§ 1416 BGB, Berechtigte in Gütergemeinschaft; *Meikel/Böhringer*, § 47 Rdn. 123, 124). Eine Bestellung als Gesamtgläubiger nach § 428 BGB ist in diesem Fall ausgeschlossen, da sich beide Berechtigungsformen gegenseitig ausschließen (BayObLG, DNotZ 1968, 493; OLG Oldenburg, DNotZ 1957, 319). Wird ein Wohnungsrecht nur einem Ehegatten eingeräumt, fällt es in sein Sondergut nach § 1417 Abs. 2 BGB (BGH, DNotZ 1967, 183); Gleiches gilt, wenn jedem Ehegatten ein selbstständiges Wohnungsrecht eingeräumt wird. Die Berechtigten können nach h.M. als Gesamtgläubiger nach § 428 BGB eingetragen werden (BGH, DNotZ 1997, 401; 1981, 121; 1967, 183). Dies passt aber nicht, denn dann könnte der Eigentümer nach seinem Belieben an nur einen Berechtigten mit einheitlicher Tilgungswirkung leisten (*Amann*, DNotZ 2008, 324, 337; *Böttcher*, RpflStud 2010, 162, 165). Zugelassen wird auch die Eintragung als Mitgläubiger entsprechend § 432 BGB (*Amann*, DNotZ 2008, 324, 338). Da aber der belastete Grundstückseigentümer nur „Passivität" und keine „Leistung" schuldet,

182h

führt weder § 428 BGB noch § 432 BGB zu einer sachgerechten Lösung (*Staudinger/Reymann*, 2017, § 1093 Rdn. 23). Deshalb wird zu Recht eine modifizierte Gesamtberechtigung analog §§ 428, 432 BGB zugelassen (*Amann*, DNotZ 2008, 324, 331; *Böttcher*, RpflStud 2010, 162, 165; LG Traunstein, Rpfleger 1987, 242).

i) Dauerwohnrecht nach WEG

182i Für die Berechtigung nach § 428 BGB oder § 432 BGB gilt das für das Wohnungsrecht nach § 1093 BGB Ausgeführte. Das Dauerwohnrecht kann für mehrere Berechtigte in Bruchteilsgemeinschaft (BGH, DNotZ 1966, 88) oder Gesamthandsgemeinschaft (*Mayer*, ZNotP 2000, 354) bestellt werden.

j) Nießbrauch

182j Ein Nießbrauch kann nach überwiegender Meinung auch für mehrere als Gesamtberechtigte nach § 428 BGB bestellt und als solches im Grundbuch eingetragen werden (BGH, NJW 1981, 176; OLG Frankfurt/M., MittBayNot 2012, 386; *Staudinger/Heinze*, 2017, § 1030 Rdn. 42). Dem wird zu Recht widersprochen, da der Grundstückseigentümer keine Leistung erbringt und mit der Erfüllung seiner Verpflichtung gegenüber nur einem Berechtigten frei würde (MünchKomm/*Pohlmann*, § 1030 Rdn. 69-71; *Frank*, MittBayNot 2012, 387, 388; *Böttcher* in Lemke, Immobilienrecht, § 47 GBO Rdn.24). Der Grundstückseigentümer könnte sich aussuchen, wessen Nutzung er duldet. Dem Eigentümer steht nach dem regelmäßigen Willen der Beteiligten aber nicht das in § 428 S. 1 BGB enthaltene Recht zu, nach seinem Belieben an den einen oder anderen Nießbrauchsberechtigten zu leisten, also die Nutzung wahlweise nur durch den einen oder den anderen zu dulden. Vielmehr soll der Grundstückseigentümer die Nutzung durch alle gesamtberechtigten Nießbraucher nebeneinander (nicht notwendig gemeinsam) dulden und umgekehrt soll jeder Berechtigte nicht nur die Duldung der Nutzung durch sich, sondern auch die gleichzeitige und nebeneinander erfolgende Nutzung durch die übrigen Berechtigten verlangen können (OLG Frankfurt/M., MittBayNot 2012, 386). Zulässig ist eine Vereinbarung dahingehend, dass das zunächst gemeinschaftliche Recht nach § 428 BGB dem Überlebenden allein und ungeschmälert zusteht, d. h. der Eigentümer von der Nutzung ausgeschlossen bleibt (OLG Frankfurt/M., MittBayNot 2012, 386); ebenso eine Regelung, dass eine Verfügung über das Recht nur durch alle Gläubiger gemeinsam möglich ist (*Frank*, MittBayNot 2012, 387, 389).

Formulierungsvorschlag (nach *Pöppel*, MittBayNot 2007, 85, 86; *Schippers*, MittRhNotK 1996, 197, 208):

»Die Beteiligten bewilligen und beantragen den Nießbrauch für die Eheleute... als Gesamtberechtigte gemäß 428 BGB am Vertragsgegenstand im Grundbuch

an nächstoffener Rangstelle einzutragen mit der Maßgabe, dass der überlebende Ehegatte alleiniger Berechtigter wird.
Die Nießbrauchsberechtigten vereinbaren, dass im Verhältnis zwischen ihnen die Rechte und Pflichten aus diesem Nießbrauch zu gleichen Teilen verteilt sind und nach dem Tod eines Berechtigten dem überlebenden Berechtigten allein zustehen.
Der Eigentümer hat die Nutzung durch beide Berechtigte, auch wenn sie gleichzeitig und nebeneinander erfolgt, und durch den Längerlebenden von ihnen allein und in vollem Umfang bis zu dessen Tod zu dulden. Keiner der Berechtigten kann den Nießbrauch mit Wirkung gegen den anderen aufheben, inhaltlich abändern, im Rang zurücktreten lassen oder sonst über ihn verfügen.
Im Grundbuch ist zu vermerken, dass zur Löschung der Nachweis des Todes des/der betreffenden Berechtigten genügt.«

Im Ergebnis wird damit der Inhalt des § 432 BGB unter die Tarnkappe des § 428 BGB verpackt (*Amann*, NotBZ 2009, 441, 445). Eine Nießbrauchsbestellung zu Gunsten mehrerer Personen als Berechtigte nach § 432 BGB soll aber nicht möglich sein, weil der Nießbrauch eine teilbare Leistung darstelle (OLG München, Rpfleger 2009, 616; *Staudinger/Heinze*, 2017, § 1030 Rdn. 43). Eine neuere Ansicht hält eine Mitberechtigung nach § 432 BGB jedoch zu Recht für möglich (*Frank*, MittBayNot 2012, 387, 389; *Amann*, DNotZ 2009, 441; *Kesseler*, DNotZ 2010, 123, 126; MünchKomm/*Pohlmann*, § 1030 Rdn. 69-71). Ein Nießbrauch kann zwar teilbar sein, aber eine unteilbare Leistung im Sinne von § 432 BGB kann jedoch auch bei rechtlicher, d.h. vereinbarter Unteilbarkeit vorliegen, was vor allem bei einem gemeinschaftlichen Verwendungszweck der Leistung der Fall ist (*Frank*, MittBayNot 2012, 387, 389). Nicht gefolgt werden kann deshalb dem OLG Frankfurt/M. (MittBayNot 2012, 386), wonach die Gesamtgläubigerschaft gemäß § 428 BGB dahingehend modifiziert werden kann, dass die Leistung an einen Berechtigten allein keine Erfüllungswirkung gegenüber dem anderen hat. Dies würde nämlich bedeuten, dass der Schuldner nur an beide Gläubiger gemeinsam leisten kann. Dies ist aber ein Fall der rechtlichen Unteilbarkeit der Leistung und damit nichts anderes als eine Mitberechtigung nach § 432 BGB.

Wie sich aus § 1060 BGB ergibt, können an einem Grundstück mehrere Nießbrauchsrechte nebeneinander im Gleichrang bestellt werden (BayObLG, NJW 1998, 3575). Dies ist von Vorteil gegenüber einem Nießbrauch für mehrere in Bruchteilsberechtigung, um beim Wegfall einzelner Berechtigter dem verbleibenden Berechtigten die gesamte Nutzung zu sichern. Haben die gleichrangigen Nießbrauchsrechte gleichen Inhalt, so kann jeder die Hälfte der Nutzungen verlangen. Jeder Berechtigte kann eine den Interessen aller Berechtigten nach billigem Ermessen entsprechende Regelung der Ausübung verlangen (§§ 1060, 1024 BGB). Soll der Nießbrauch dem Längerlebenden von zwei Berechtigten allein und in vollem Umfang verbleiben, so ist das Nebeneinander selbstständiger Nießbrauchsrechte im Gleichrang wohl die sicherste und dem wirtschaftlichen Zweck am einfachsten entsprechende Lösung (Staudinger/Heinze, 2017, § 1060 Rdn. 4). Die Eintragungsgebühr beim Grundbuchamt fällt jedoch zweimal an.

Ein Nießbrauch kann für mehrere gemeinschaftlich zu Bruchteilen begründet werden (Bruchteilsgemeinschaft). In diesem Fall finden die §§ 741 ff BGB Anwendung. Da der Nießbrauch nicht übertragen werden kann (§ 1059 BGB) und nicht vererblich ist (§ 1061 BGB), dürfen die Teilhaber aber entgegen § 747 BGB nicht über ihren Anteil an dem Recht verfügen. Erlischt der einem Teilhaber eingeräumte Nießbrauch, lebt das unbeschränkte Nutzungsrecht des Eigentümers in Höhe der Nutzungsquote des Teilhabers wieder auf; die Gemeinschaft besteht und zwischen ihm und im übrigen Nießbrauchern; allen gemeinsam steht der Besitz und Nutzungen des Grundstücks zu (BayObLG, DNotZ 1956, 209). Soll hingegen dem Längerlebenden der volle Nießbrauch zustehen, so kann zusätzlich für jeden Berechtigten noch ein weiterer, auf den Fall des Längerlebens aufschiebend bedingter Quotennießbrauch bestellt werden; insoweit wären drei Nießbrauchsrechte einzutragen.

Ein Nießbrauch kann auch einer Gesamthandsgemeinschaft zustehen; dies gilt für die OHG, KG, Partnerschaft und Gesellschaft bürgerlichen Rechts, aber auch für die Gütergemeinschaft; konsequent ergibt sich aus der letzteren Möglichkeit auch die zwingende Zugehörigkeit zum Gesamtgut. Wie sich dann der Tod eines Ehegatten auf den im Gesamtgut befindlichen Nießbrauch auswirkt, ist unklar. Denkbare Möglichkeiten sind, dass der Nießbrauch bei Tod eines Ehegatten wegen seiner Unvererblichkeit (§ 1061 BGB) teilweise erlischt oder dass er allein und in vollem Umfang dem längerlebenden Ehegatten verbleibt; zumeist wird die letzte Möglichkeit dem Willen der Beteiligten entsprechen. Neben der Gütergemeinschaft kann nämlich eine Gesamtberechtigung nach § 428 BGB in der Weise vereinbart werden, dass sie zunächst von der Gütergemeinschaft überlagert wird und erst auflösend bedingt durch das Vorversterben eines Ehegatten wirksam wird. Als einfacher und sicherer Weg empfiehlt sich, für jeden Ehegatten einzeln ein selbstständiges, inhalts- und ranggleiches Nießbrauchsrecht zu bestellen, wobei dann beide voneinander unabhängigen Rechte Bestandteil des jeweiligen Sonderguts werden.

k) Vormerkung

182k § 47 Abs. 1 GBO gilt auch für Vormerkungen, auch wenn es sich insoweit um kein Grundstücksrecht handelt (BGHZ 136, 327). Steht der schuldrechtliche Anspruch und damit auch die ihn sichernde Vormerkung mehreren Personen zu, so bedarf es der Angabe ihres Verhältnisses untereinander (§ 47 Abs. 1 GBO). Möglich ist eine Bruchteilsgemeinschaft (z. B. je zur Hälfte) oder eine Gesamthandsgemeinschaft (z. B. Erbengemeinschaft, Gütergemeinschaft). Lebt ein erwerbender Ehegatte in Güterstand der Gütergemeinschaft, so soll nach überwiegender Ansicht trotzdem für ihn allein eine Eigentumsvormerkung eingetragen werden können, obwohl das Grundstück mit der Übereignung an ihn automatisch in das Gesamtgut beider Ehegatten fällt nach § 1416 BGB (BayObLG, MittBayNot 1986, 74, 76). Dies ist abzulehnen, da bereits der schuldrechtliche Übereignungsanspruch zum Gesamtgut gehört (§ 1416 Abs. 1 S. 2 BGB) und die Eintragung der Vormerkung für einen Ehegatten allein das Grundbuch unrichtig machen würde). Durch Vormerkung sicherbar sind auch Ansprüche von Gesamtgläubigern (§ 428 BGB), und zwar einzeln (vgl. § 429 Abs. 3 S. 2 BGB) oder gemeinsam (OLG Zweibrücken, Rpfleger 1985, 28; LG Bayreuth, MittBayNot 2006, 147). Dies gilt auch dann, wenn zwar der gesicherte Anspruch mehreren als Gesamtgläubigern zustehen kann, z. B. der Übereignungsanspruch, nicht aber das vorgemerkte Recht selbst, z. B. das Eigentum (BayObLG, DNotZ 1979, 502, 504). Auch eine Mitgläubigerschaft nach § 432 BGB ist bei der Vormerkung möglich (OLG München, DNotZ 2008, 380).

4.5. Gesellschaft bürgerlichen Rechts

Literatur: Böttcher, Die GbR ist aus dem künstlichen Koma erwacht, ZfIR 2011, 461; *Böttcher*, Die Gesellschaft bürgerlichen Rechts nach der Reform, AnwBl 2011, 1

Mit seiner Entscheidung vom 29.1.2001 hat der *BGH* (NJW 2001, 1056) der Außengesellschaft bürgerlichen Rechts die Rechtsfähigkeit zuerkannt, soweit sie durch Teilnahme am Rechtsverkehr eigene Rechte und Pflichten begründet; in diesem Rahmen ist sie zugleich im Zivilprozess aktiv und passiv parteifähig. Aufgrund der Bejahung der Rechtsfähigkeit der GbR musste ihr konsequenterweise auch die Fähigkeit zugestanden werden, Eigentümerin eines zum Gesellschaftsvermögen gehörenden Grundstücks bzw. Inhaberin eines Grundstücksrechts (z. B. Zwangshypothek) zu sein (BGH, NJW 2008, 1378; 2006, 3716; 2006, 2191). Die GbR kann jede dingliche Rechtsposition einnehmen. Im Grundstücksverkehr kann die GbR als solche demnach Partei eines Rechtsgeschäfts und Urkundsbeteiligte sein. Nach § 47 Abs. 2 S. 1 GBO sind auch (!) die Gesellschafter einer GbR im Grundbuch einzutragen, wenn für sie ein Recht eingetragen werden soll. Berechtigter ist aber nach wie vor die rechtsfähige GbR allein und diese ist primär einzutragen. Die zusätzliche Eintragung der Gesellschafter erfüllt daneben eine doppelte Funktion: Zum einen gewährleistet sie die Identifizierung der berechtigten Gesellschafter; zum anderen ist die Eintragung der Gesellschafter Grundbuchinhalt mit materiell-rechtlichen und verfahrensrechtlichen Konsequenzen.

1821

→ **Beispiel:**
„Gesellschaft bürgerlichen Rechts bestehend aus den Gesellschaftern
Gerd Grund, geb. am 26.7.1956,
Emma Meier, geb. am 12.2.1963,

Frieda Müller, geb. am 15.5.1967."

Da § 47 Abs. 2 S. 1 GBO die Eintragung aller (!) Gesellschafter vorschreibt, schließt er zugleich aus, nur diejenigen Gesellschafter im Grundbuch einzutragen, die nach dem Gesellschaftsvertrag zur Vertretung der GbR berechtigt sind. Vielmehr sind stets alle Gesellschafter einzutragen. Zur Bezeichnung der Gesellschafter im Grundbuch sind nach § 15 Abs. 1 Nr. c 1. Hs. GBV die Merkmale gemäß § 15 Abs. 1 Nr. a oder b GBV anzugeben. Bei natürlichen Personen sind zu nennen der Name (Vorname und Familienname), der Beruf und Wohnort; das Geburtsdatum ist stets anzugeben, wenn es sich aus den Eintragungsunterlagen ergibt; wird das Geburtsdatum angegeben, so bedarf es nicht der Angabe des Berufs und des Wohnorts (§ 15 Abs. 1 Nr. a GBV). Bei juristischen Personen, Handels- und Partnerschaftsgesellschaften sind der Name oder die Firma und der Sitz anzugeben (§ 15 Abs. 1 Nr. c GBV). Die Eintragung eines Vertreters der GbR ist nicht zulässig. Zur Bezeichnung der Gesellschaft können zusätzlich deren Namen und Sitz im Grundbuch angegeben werden (§ 15 Abs. 1 Nr. c 2. Hs. GBV).

→ **Beispiel:**

"Gesellschaft bürgerlichen Rechts Uhlandstraße 22, Berlin", bestehend aus den Gesellschaftern

Gerd Grund, geb. am 26.7.1956,

Emma Meier, geb. am 12.2.1963,

Frieda Müller, geb. am 15.5.1967,

Sitz Berlin.

Folge von § 47 Abs. 2 S. 1 GBO ist es, dass die Eintragung einer GbR alleine unter ihrem Namen, also ohne Eintragung der Gesellschafter, unzulässig ist. Eine Eintragung der GbR nur unter ihrem Namen und Sitz ohne Angabe der Gesellschafter nach § 47 Abs. 2 S. 1 GBO führt zu einer inhaltlich unzulässigen Eintragung, die gemäß § 53 GBO von Amts wegen gelöscht werden muss (KG, Rpfleger 2017, 143; *Lautner*, DNotZ 2009, 650, 654; **a.A.** *Demharter*, § 47 Rdn. 38; *Waldner*, NotBZ 2016, 384, 385).

182m Für die Eintragung eines **rechtsgeschäftlich bestellten Grundstücksrechtes** (z. B. Grundschuld, beschränkte persönliche Dienstbarkeit, Eigentumsvormerkung) **für eine GbR** unter Angabe aller Gesellschafter (§ 47 Abs. 2 S. 1 GBO) mittels Eintragungsbewilligung des Grundstückseigentümers (§ 19 GBO) ist die Vorlage des Gesellschaftsvertrags sowie ggf. weiterer Urkunden, z. B. über Anteilsabtretungen, in der Form des § 29 Abs. 1 S. 1 GBO zum Nachweis für die Existenz, Identität und Vertretungsberechtigung der GbR nicht notwendig (OLG Schleswig, DNotZ 2010, 296). Durch das formelle Konsensprinzip hat das Grundbuchamt bei der Eintragung einer GbR als Inhaberin eines beschränkten dinglichen Rechts an einem Grundstück nicht zu prüfen, ob diese wirklich

V. Der Inhalt der Bewilligung

existent ist. Die Eintragung geschieht aufgrund einer formellen Bewilligung des Grundstückseigentümers nach § 19 GBO ohne Beteiligung der GbR als Berechtigte. Zur Kontrolle der Richtigkeit der in der Eintragungsbewilligung enthaltenen Angaben über die GbR ist das Grundbuchamt grundsätzlich nicht berechtigt. Zu prüfen hat das Grundbuchamt nur, ob die Möglichkeit der Existenz der GbR gegeben ist.

Aufgrund § 47 Abs. 2 S. 1 GBO kann eine **Zwangshypothek für eine GbR** nur eingetragen werden unter Nennung aller Gesellschafter. Eine entsprechende Vorschrift kennt das Zivilprozessrecht allerdings nicht. Deshalb scheidet die Eintragung einer Zwangshypothek für eine GbR aus, wenn sie nur unter ihrem Namen – ohne Bezeichnung der Gesellschafter – einen Vollstreckungstitel erlangt hat (OLG Naumburg, Rpfleger 2014, 586). Diese Konsequenz hat die GbR selbst verursacht, wenn sie es versäumt, einen grundbuchtauglichen Vollstreckungstitel zu schaffen und muss dies nach Ansicht des Gesetzgebers deshalb hinnehmen.

182n

Soll eine **GbR** unter Auflistung aller Gesellschafter (§ 47 Abs. 2 S. 1 GBO) **ein Grundstück, Wohnungs- oder Teileigentum oder ein Erbbaurecht erwerben**, so ist die diesbezügliche Einigung (§ 873 BGB) dem Grundbuchamt in notariell-beurkundeter Form (§ 29 Abs. 1 S. 2 GBO) vorzulegen (§ 20 GBO). Eine Auflassung an eine GbR ohne Angabe der Gesellschafter ist zwar materiell wirksam, muss aber gemäß § 47 Abs. 2 S. 1 GBO um die Gesellschafter ergänzt werden. In der Auflassungsurkunde muss eine erwerbende GbR so genau bezeichnet sein, dass sie als unverwechselbares Rechtssubjekt identifizierbar ist (KG, NotBZ 2011, 54; 2010, 316; OLG München, DNotZ 2010, 299). Zur Identifizierung der GbR empfiehlt es sich, Angaben zum Gründungsort und Gründungszeitpunkt zu machen; ebenso sollte der Sitz und – wenn vorhanden – der Name angegeben werden (§ 15 Abs. 1 Nr. c GBV). Entgegen einer Meinung (OLG München, NotBZ 2010, 191; KG, NotBZ 2010, 316), folgte der *BGH* (ZfIR 2011, 487) der Ansicht von *Böttcher* (AnwBl 2011, 1, 3), dass die Angaben des § 47 Abs. 2 S. 1 GBO für die Identität der GbR grundsätzlich ausreichen. Zur Bezeichnung der Gesellschaft können (nicht müssen!) zusätzlich deren Namen und Sitz im Grundbuch angegeben werden (§ 15 Abs. 1 Nr. c 2. Hs. GBV). Die Eintragung der Gesellschafter zur Identifizierung der GbR ist grundbuchverfahrensrechtlich ausreichend. Eine Notwendigkeit für die Eintragung von Namen und Sitz der GbR besteht grundsätzlich nicht. Weitergehende Anforderungen an die Identifizierung einer GbR als die in § 47 Abs. 2 S. 1 GBO genannten Angaben kann das Grundbuchamt nur ausnahmsweise verlangen, wenn konkrete Anhaltspunkte für das Vorhandensein einer anderen GbR mit identischen Gesellschaftern bestehen. Ist dies nicht der Fall und gibt eine GbR eine Grundbucherklärung ab, in der sie in Übereinstimmung mit der Regelung des § 47 Abs. 2 S. 1 GBO bezeichnet ist, kann und muss das Grundbuchamt den Antrag grundsätzlich ohne weitere Identitätsnachweise vollziehen. Wird die GbR erst aus Anlass des Immobilienerwerbs gegründet, so ist es ausreichend,

182o

wenn die Gesellschafter in der Erwerbsurkunde erklären, dass sie hiermit auch eine GbR gründen, mit oder ohne Name, mit welchen Gesellschaftern, wo sich der Sitz befindet und wer die Vertreter sind. Für den Nachweis der Existenz der GbR und deren Vertretung ist dies ausreichend (OLG Köln, RNotZ 2011, 160; OLG Hamm, NotBZ 2011, 44). Die Form des § 29 GBO ist mit der notariellen Beurkundung auch gewahrt. Der Nachweis der Existenz und der Vertretungsverhältnisse einer Grundeigentum erwerbenden GbR kann auch durch einen unterschriftsbeglaubigten Gesellschaftsvertrag geführt werden, den die Gesellschafter in unmittelbarem zeitlichen Zusammenhang mit dem Kaufvertrag über die Immobilie geschlossen haben (OLG Hamm, NotBZ 2011, 134).

Hinsichtlich der Frage, ob und wie der Nachweis der Existenz und der Vertretung einer bestehenden GbR gegenüber dem Grundbuchamt zu führen ist, war Deutschland gespalten. Im Wesentlichen gab es zwei große Strömungen. Nach einer Ansicht (OLG München, ZfIR 2010, 721 und 724; KG, NotBZ 2011, 54; OLG Hamm, NotBZ 2011, 44; OLG Köln RNotZ 2011, 160) war der Nachweis der Existenz, Identität und Vertretungsregelung der erwerbenden GbR in der Form des § 29 GBO nicht möglich, so dass entsprechende Anträge zurückzuweisen waren. Diese Meinung legte den Rechtsverkehr zugunsten einer GbR lahm. Aus formellen Gründen verweigerte diese Ansicht den Immobilienerwerb einer bestehenden GbR obwohl es unbestritten ist, dass eine GbR materiell Grundstückseigentümer sein kann. Nach der zweiten Meinung konnte bei der Bezeichnung einer GbR im Urkundseingang eines notariellen Erwerbsvertrags unter Angabe ihrer Gesellschafter davon ausgegangen werden, dass es die genannte GbR tatsächlich gibt und dass diese gegenwärtig aus den namentlich genannten Gesellschaftern besteht (OLG Saarbrücken, DNotZ 2010, 301; OLG Brandenburg, NotBZ 2010, 459; OLG Dresden, NotBZ 2010, 463; *Ruhwinkel*, MittBayNot 2009, 177 und 421; *Böttcher*, ZfIR 2009, 613, 618). Weitere Nachweise waren dem Notar und Grundbuchamt nicht vorzulegen. Insoweit waren die Erklärungen der Gesellschafter nicht zu überprüfen; der Notar und das Grundbuchamt konnten sich darauf verlassen. Der *BGH* (Rpfleger 2011, 483 = DNotZ 2011, 711 = ZfIR 2011, 487) hat sich der zweiten Ansicht angeschlossen. Ein wichtiges und überzeugendes Argument, mit dem der *BGH* seine Entscheidung begründet hat, beruht auf einer ausführlichen Untersuchung von *Reymann* (ZNotP 2011, 84). Danach ist in Anlehnung an § 47 Abs. 1 GBO den Vorgaben des § 47 Abs. 2 S. 1 GBO zu entnehmen, dass bei der Eintragung einer erwerbenden GbR im Grundbuch als Grundstückseigentümerin weder über die Existenz noch hinsichtlich der Vertretung der GbR ein Richtigkeitsnachweis in der Form des § 29 Abs. 1 GBO zu erbringen ist. Notwendig und ausreichend sind vielmehr beurkundete Erklärungen aller Gesellschafter in der Auflassung, aus denen Existenz und Vertretung der GbR hervorgehen. Das bei einer Auflassung an mehrere Personen nach § 47 Abs. 1 GBO anzugebende Anteils- bzw. Gemeinschaftsverhältnis wird vom Grundbuchamt nicht auf seine materielle Richtigkeit überprüft; ein entsprechender Nachweis in der Form des

§ 29 Abs. 1 GBO ist nicht zu erbringen. Nur wenn Anhaltspunkte bestehen, dass das Grundbuch durch die Angaben der Beteiligten unrichtig würde, darf das Grundbuchamt in eine sachliche Prüfung des Gemeinschaftsverhältnisses vornehmen. Die Tatsachen, die zur Grundbuchunrichtigkeit führen, müssen zur Überzeugung des Grundbuchamtes feststehen. Der enge systematische Zusammenhang von § 47 Abs. 2 S. 1 GBO zu § 47 Abs. 1 GBO spricht gegen einen Richtigkeitsnachweis bei der erwerbenden GbR. Ansonsten hätte die Neuregelung des § 47 Abs. 2 GBO in die §§ 19–27 GBO eingegliedert werden müssen. Die §§ 19–27 GBO betreffen eintragungsbegründende Erklärungen, die in der Form des § 29 nachzuweisen sind, die §§ 30–37 GBO enthalten Sonderregelungen zur Nachweisform und die §§ 44 ff. GBO (insbesondere § 47 GBO) regeln, mit welchem Inhalt Grundbucheintragungen vorzunehmen sind. Die Neuregelung der GbR in § 47 Abs. 2 GBO lässt darauf schließen, dass (wie bei § 47 Abs. 1 GBO) kein positiver Wahrheitsbeweis über die Existenz und die Vertretung einer erwerbenden GbR zu erbringen ist. Nur ausnahmsweise kann das Grundbuchamt einen Nachweis für die Richtigkeit der Erklärungen verlangen, nämlich dann, wenn es feststehende Anhaltspunkte hat, die zur Grundbuchunrichtigkeit führen würden. Nicht ausreichend ist dafür die abstrakte Möglichkeit, dass sich bei einer GbR jederzeit mündlich Veränderungen ergeben können. Ein weiteres Argument gegen die Verweigerung des Rechtserwerbs durch eine bestehende GbR besteht darin, dass die Bezeichnung einer GbR im Urkundseingang eines notariellen Erwerbsvertrags unter Angabe ihrer Gesellschafter enthält inzidenter die bestätigende Erklärung der Gesellschafter, dass es die genannte GbR tatsächlich gibt und dass diese gegenwärtig aus den namentlich genannten Gesellschaftern besteht (OLG Saarbrücken, DNotZ 2010, 301; *Böttcher*, ZfIR 2009, 613, 618; *Ruhwinkel*, DNotZ 2010, 304). Weitere Nachweise sind dem Notar und Grundbuchamt nicht vorzulegen, sofern keine konkreten Anhaltspunkte vorliegen, dass sich seit der Gründung der GbR Veränderungen beim Namen, den Gesellschaftern oder der Vertretungsberechtigung ergeben haben. Insoweit sind die Erklärungen der Gesellschafter nicht zu überprüfen; der Notar und das Grundbuchamt können sich darauf verlassen. Eine zusätzliche eidesstattliche Versicherung, die dem Grundbuchverfahren mit Ausnahme von § 35 Abs. 3 GBO auch fremd ist, kann von den Gesellschaftern nicht verlangt werden.

Regelmäßig erteilt der Verkäufer der erwerbenden GbR eine Vollmacht zur Bestellung einer **Finanzierungsgrundschuld**. Existiert die GbR nicht oder sind die erklärenden Personen nicht Gesellschafter, so hilft auch § 899a BGB nicht. Die nicht existente oder nicht ordnungsgemäß vertretene GbR kann dann auch keine wirksamen Erklärungen abgeben (z.B. Grundschuldeinigung nach § 873 BGB, Eintragungsbewilligung gemäß § 19 GBO, Vollstreckungsunterwerfung nach §§ 794 Abs. 1 Nr. 5, 800 ZPO). Der *BGH* (Rpfleger 2011, 483 = DNotZ 2011, 711) löst das Problem mit einer großzügigen Auslegung der Vollmacht dahingehend, dass nicht nur die GbR, sondern auch die Gesellschafter persönlich gemeinsam bevollmächtigt sind. Die Praxis sollte die Belastungsvollmacht ausdrücklich auf die handelnden Gesellschafter erstrecken.

182p Gibt die GbR eine zur Grundbucheintragung nötige Erklärung ab, z. B. Auflassungserklärung, Eintragungsbewilligung, Abtretungserklärung, Löschungsbewilligung, Berichtigungsbewilligung usw., so muss sie ihre Verfügungs- und Vertretungsberechtigung nachweisen. Da es kein GbR-Register gibt, können der nachzuweisende Bestand der Gesellschafter und die Vertretungsverhältnisse nicht durch einen mit öffentlichem Glauben versehenen Auszug aus einem öffentlichen Register erbracht werden. Nach § 899a S. 1 BGB wird aber bei einem für die GbR im Grundbuch eingetragenen Recht vermutet, dass diejenigen Personen Gesellschafter sind, die nach § 47 Abs. 2 S. 1 BGB im Grundbuch eingetragen sind, und darüber hinaus keine weiteren Gesellschafter vorhanden sind. Die Vermutung des § 899a S. 1 BGB gilt, wie diejenige des § 891 BGB, gegenüber jedermann und damit auch gegenüber dem Grundbuchamt; weitere Nachweise zu Existenz, ordnungsgemäßer Vertretung und Identität der eingetragenen GbR sind damit regelmäßig entbehrlich. Gibt eine GbR somit eine Grundbucherklärung ab oder liegt ein Titel gegen eine GbR vor und ist diese GbR dabei jeweils in Übereinstimmung mit den im Grundbuch eingetragenen Gesellschaftern bezeichnet, so kann und muss das Grundbuchamt den Antrag grundsätzlich ohne weitere Identitätsnachweise vollziehen. Ist eine GbR in der Weise im Grundbuch als Eigentümerin eingetragen, dass als eine ihrer Gesellschafter eine weitere (Unter-) GbR und deren Gesellschafter eingetragen sind, erstreckt sich die Vermutung des § 899a S. 1 BGB über den Wortlaut der gesetzlichen Vorschrift hinausgehend auch auf die Unter-GbR; bei einer Verfügung der Hauptgesellschaft über das im Grundbuch eingetragene Eigentum bedarf es deshalb nicht des Nachweises der Existenz und der Vertretungsbefugnisse der Unter-GbR in grundbuchverfahrensrechtlicher Form (OLG Hamm, RNotZ 2011, 541).

§ 47 Abs. 2 S. 2 GBO bestimmt, dass im Eintragungsverfahren diejenigen Vorschriften, die sich auf die Eintragung der Berechtigten beziehen, entsprechend für die Eintragung der Gesellschafter gelten. Die Regelung führt dazu, dass die GbR grundbuchverfahrensrechtlich im Wesentlichen weiterhin so behandelt werden kann wie vor der Anerkennung ihrer Rechtsfähigkeit durch die Rechtsprechung. Die im Grundbuch eingetragenen Gesellschafter sind nicht die Berechtigten, da immer die GbR selbst Eigentümerin eines Grundstücks oder Inhaberin eines Grundstücksrechts ist. **Die Gesellschafter werden aber grundbuchverfahrensrechtlich wie Berechtigte behandelt (§ 47 Abs. 2 S. 2 GBO).** Bei Verfügungen über ein Recht der GbR ist über § 47 Abs. 2 S. 2 GBO deshalb auch der Voreintragungsgrundsatz des § 39 Abs. 1 GBO hinsichtlich der Gesellschafter zu beachten. Ist also beispielsweise eine GbR als Grundstückseigentümerin im Grundbuch eingetragen und hat ein eingetragener Gesellschafter seinen Anteil außerhalb des Grundbuchs an einen Dritten abgetreten, so sollte gemäß § 47 Abs. 2 S. 2 GBO, § 39 Abs. 1 GBO zunächst der Dritte als betroffener

Gesellschafter eingetragen werden, bevor eine Verfügung der GbR über ihr Eigentum, etwa eine Auflassung oder eine Belastung, im Grundbuch eingetragen werden kann. Die GbR als Betroffene muss in direkter Anwendung des § 39 Abs. 1 GBO voreingetragen sein. Bei einer Abtretungskette müssen aber nicht die Zwischenberechtigten eingetragen werden; es genügt die Voreintragung des zuletzt Berechtigten (*Meikel/Böttcher*, § 39 Rdn. 9 m.w.N.; a.A. OLG München Rpfleger 2006, 538 = MittBayNot 2006, 496 m. abl. Anm. *Lautner*).

Ist eine GbR im Grundbuch eingetragen, so wird nach § 899a S. 1 BGB in Ansehung des eingetragenen Rechts vermutet, dass diejenigen Personen Gesellschafter sind, die nach § 47 Abs. 2 S. 1 GBO im Grundbuch eingetragen sind, und dass darüber hinaus keine weiteren Gesellschafter vorhanden sind. In Kombination führt dieser positive und negative Aspekt insbesondere zu der Vermutung, dass die GbR ordnungsgemäß vertreten ist, wenn diejenigen Personen in ihrem Namen handeln, die als ihre Gesellschafter im Grundbuch verlautbart sind. § 899a S. 1 BGB begründet eine dem § 891 BGB entsprechende Vermutung im Hinblick auf die Eintragung als Gesellschafter. § 899a S. 2 BGB erklärt in Ansehung des eingetragenen Rechts die §§ 892 bis 899 BGB bezüglich der Eintragung als Gesellschafter für entsprechend anwendbar. § 899a S. 2 BGB i.V.m. § 892 BGB führt dazu, dass gegenüber einem gutgläubigen Erwerber diejenigen Personen als Gesellschafter gelten, die als solche im Grundbuch eingetragen sind. § 892 BGB ermöglicht in seinem unmittelbaren Anwendungsbereich einen gutgläubigen Erwerb vom Nichtberechtigten, d.h. von einer GbR, die gar nicht Grundstückseigentümerin ist, obwohl sie im Grundbuch steht. § 899a S. 2 BGB i.V.m. § 892 BGB ermöglicht dagegen einen gutgläubigen Erwerb von einer im Grundbuch eingetragenen GbR, die zwar die wahre Grundstückseigentümerin ist, aber noch von einem eingetragenen Gesellschafter vertreten wurde, obwohl er gar nicht mehr Gesellschafter war. Auch eine kombinierte Anwendung von § 892 BGB und § 899a S. 2 BGB i.V.m. § 892 BGB ist möglich. Hat z.B. ein unerkannt Geisteskranker sein Grundstück an eine GbR (bestehend aus A und B) aufgelassen und haben A und B ihre Anteile nach Grundbucheintragung der GbR außerhalb des Grundbuchs auf C und D übertragen, ermöglichen § 892 BGB in direkter Anwendung (hinsichtlich der Nichtberechtigung der GbR) und § 899a S. 2 BGB i.V.m. § 892 BGB (hinsichtlich der fehlenden Gesellschafterstellung von A und B) einen gutgläubigen Erwerb des Grundstücks durch einen Dritten.

Nun gibt es, nicht zuletzt aufgrund der Rechtsprechung des *BGH* (DNotZ 2009, 115), im Grundbuch **Gesellschaften bürgerlichen Rechts** geben, **die nur mit ihrem Namen ohne Nennung der Gesellschafter eingetragen sind.** Die in Art. 229 § 20 EGBGB angeordnete Rückwirkung bezieht sich nicht auf § 47 Abs. 2 S. 1 GBO, wonach bei einer GbR stets die Gesellschafter im Grundbuch einzutragen sind. Auf eine GbR, die im Zeitpunkt des Inkrafttretens der Neuregelungen alleine unter Angabe ihres Namens und ohne Angabe ihrer Gesellschafter im Grundbuch eingetragen ist, findet § 47 Abs. 2 S. 1 GBO keine

182q

Anwendung. In solchen Fällen besteht kein Zwang zur nachträglichen Eintragung der Gesellschafter (OLG Köln, RNotZ 2011, 166). Damit ist dies aber nicht automatisch ausgeschlossen. Da sich an die Eintragung der Gesellschafter ein gutgläubiger Erwerb eines Dritten anschließen kann (§ 899a Satz 2, § 892 BGB), muss von der nachträglichen Eintragungsfähigkeit der Gesellschafter ausgegangen werden (OLG Schleswig, NotBZ 2011, 143). § 47 Abs. 2 S. 2 GBO bestimmt, dass im Eintragungsverfahren diejenigen Vorschriften, die sich auf die Eintragung des Berechtigten beziehen, entsprechend für die Eintragung der Gesellschafter gelten. Die Regelung führt dazu, dass die GbR grundbuchverfahrensrechtlich im Wesentlichen weiterhin so behandelt werden kann wie vor der Anerkennung ihrer Rechtsfähigkeit durch die Rechtsprechung. Die Gesellschafter sind nicht die Berechtigten, da immer die GbR selbst Eigentümerin eines Grundstücks oder Inhaberin eines Grundstücksrechts ist. Die Gesellschafter werden aber grundbuchverfahrensrechtlich wie Berechtigte behandelt (§ 47 Abs. 2 S. 2 GBO). Bei Verfügungen über ein Recht der GbR ist über § 47 Abs. 2 S. 2 GBO deshalb auch der Voreintragungsgrundsatz des § 39 Abs. 1 GBO hinsichtlich der Gesellschafter zu beachten. Die GbR als Betroffene muss in direkter Anwendung des § 39 Abs. 1 GBO voreingetragen sein. Das OLG Köln (RNotZ 2011, 166) geht davon aus, dass das Grundbuch unrichtig sei im Sinne von § 894 BGB, § 22 GBO, wenn eine GbR nur unter ihrem Namen ohne Nennung der Gesellschafter eingetragen ist. Für eine nachträgliche Eintragung der Gesellschafter im Wege der Grundbuchberichtigung verlangt es Berichtigungsbewilligungen in öffentlich-beglaubigter Form (§§ 19, 29 GBO) von den Gesellschaftern, aus welchen die GbR im Zeitpunkt der Berichtigung besteht; welche dies sind, müsse in der Form des § 29 GBO nachgewiesen werden. Dieser Nachweis sei aber nicht möglich, so dass die nachträgliche Eintragung der Gesellschafter nicht möglich sei. Bis zur Klärung durch den Gesetzgeber handele es sich bei den Immobilien der GbR um res extra commercium. Diesen Ausführungen kann im Ergebnis nicht zugestimmt werden (OLG Schleswig, NotBZ 2011, 143). Bei der nachträglichen Eintragung der Gesellschafter handelt es sich um keine Grundbuchberichtigung im Sinne von § 22 GBO, da das Grundbuch nicht unrichtig ist gemäß § 894 BGB. Grundstückseigentümer oder Berechtigte eines Grundstücksrechtes ist die rechtsfähige GbR und diese steht im Grundbuch, das damit richtig ist. Es liegt auch keine Richtigstellung des Berechtigten vor, da dieser richtig bezeichnet ist durch seinen Namen. Die Bezeichnung der GbR wird lediglich dadurch vervollständigt, dass neben ihrem Namen auch deren Gesellschafter eingetragen werden. Ein Eintragungsantrag ist insoweit als Anregung zur Vervollständigung des Grundbuchs anzusehen. Fraglich ist nur, welchen Nachweis das Grundbuchamt dafür braucht. Der Gesetzgeber hat das Problem zwar erkannt, ist jedoch der Meinung, dass es Sache der Grundbuchpraxis und Rechtsprechung sei, im Einzelfall billige Lösungen zu entwickeln (Beschlussempfehlung und Bericht des Rechtsausschusses vom 17.6.2009, BT-Drucks. 16/13437, S. 30). Dies ist inzwischen erfreulicherweise geschehen. Damit es nicht zu einer faktischen Grundbuchsperre kommt, hat das Grundbuchamt in freier Beweiswürdigung aller ihm bekannten Tatsachen das Vorliegen der Eintragungsvoraussetzungen zu prüfen, insbesondere kann es auch nichturkundliche Beweise und Erfahrungssätze heranziehen (OLG Schleswig, NotBZ 2011, 143). Wurde die GbR z. B. als Eigentümerin eines Grundstücks oder Erbbauberechtigte im Rahmen des § 20 GBO eingetragen, so können nach einer begrüßenswerten Entscheidung des *OLG München* (DNotZ 2010, 691) die damaligen aus der Erwerbsurkunde ja ersichtlichen Gesellschafter nachträglich im Grundbuch eingetragen werden, wenn die Gesellschaft in der Erwerbsurkunde ad hoc gegründet worden war. Dies muss nach dem *OLG Schleswig* (NotBZ 2011, 143) und *Heinze* (DNotZ 2011, 695, 697) auch dann gelten, wenn die GbR bereits vor Abschluss der Erwerbsurkunde entstanden ist. Es kommt für die Vervollständigung des Grundbuchs nicht darauf an, ob zu diesem Zeitpunkt der aktuelle Gesellschafterbestand in der Form des § 29 GBO nachgewiesen werden kann. Da die GbR ansonsten nicht mehr am Rechtsverkehr teilnehmen könnte, genügt für die Vervollständigung des Grundbuchs die ursprüngliche Gründungsurkunde, wenn keine tatsächlichen Anhaltspunkte für eine zwischenzeitliche Änderung des Gesellschafterbestandes bestehen. Problematisch sind die Fälle, in denen eine GbR als Berechtigte eines Grundstücksrechtes aufgrund einer Bewilligung des Grundstückseigentümers (§ 19 GBO) eingetragen wurde ohne selbst beteiligt gewesen zu sein. Dabei ist große Vorsicht geboten, da jeder behaupten kann, Gesellschafter der GbR zu sein. Nach der Eintragung könnten die nichtberechtigten Gesellschafter das Grundstücksrecht abtreten und ein Dritter das Grundstücksrecht gutgläubig erwerben (§ 899a Satz 2, § 892 BGB); die GbR hätte damit ihr Grundstücksrecht verloren. Nach der Löschung eines Grundstücksrechtes für eine GbR durch nichtberechtigte Gesellschafter könnte ein gutgläubiger lastenfreier Erwerb des Grundstücks durch einen Dritten das Recht der GbR materiell zum Erlöschen bringen. Nach h.M. (*Böhringer*, Rpfleger 2009, 537, 542) kann die Richtigstellung von Amts wegen geschehen, so dass der Antrag eines Beteiligten nur die Bedeutung einer Anregung eines Amtsverfahrens hat. Das Grundbuchamt kann auf jede ihm genügend erscheinende Art gemäß § 26 FamFG seine Überzeugung gewinnen (= Freibeweis); dies kann auch ohne Beachtung von § 29 GBO erfolgen (OLG Schleswig, NotBZ 2011, 143). *Heinze* (DNotZ 2011, 695, 698; a.A. OLG Köln, RNotZ 2011, 166) schlägt vor, den ursprünglich Bewilligenden anzuhören; gibt dieser die damaligen Gesellschafter der GbR an und regen genau diese ihre Eintragung an, so könne sie das Grundbuchamt mangels gegenteiliger Anhaltspunkte als Gesellschafter eintragen. Um Falschbezeichnungen zu vermeiden und zur Identitätsfeststellung der Erklärenden ist es vertretbar, dafür öffentlich-beglaubigte Form nach § 29 Abs. 1 S. 1 GBO zu verlangen (notarielle Beurkundung reicht natürlich erst recht).

→ **Beispiel 35b:**
Eine GbR erlangte ein rechtskräftiges Urteil vom KG in Berlin am 28.4.2008. Darin wurde die GbR mit einem Namen bezeichnet (z. B. „GbR Uhlandstraße 29, Berlin") und ihr rechtsgeschäftlicher Vertreter (z. B. X) wurde angegeben. Die Namen der Gesellschafter und die Angabe der gesetzlichen Vertreter fehlten. Aufgrund des Titels wurde für die GbR eine Zwangshypothek unter ihrem Namen am Grundstück des Beklagten eingetragen. Am 15.12.2009 gab X eine notariell beglaubigte Löschungsbewilligung für die GbR hinsichtlich der Zwangshypothek ab (§§ 19, 29 GBO). Aufgrund des Löschungsantrags des Notars verlangte das Grundbuchamt den Nachweis der Bevollmächtigung von X durch die GbR im Zeitpunkt der Abgabe der Löschungsbewilligung. Daraufhin wurde die notariell beglaubigte Abschrift einer Vollmachtsurkunde zugunsten des X aus dem Jahr 2005 nachträglich vorgelegt. Das Grundbuchamt hat dies als nicht ausreichend angesehen und lehnte die Löschung der Zwangshypothek ab.

Der *BGH* (NotBZ 2012, 30) meinte zu Unrecht. Zunächst führt der *BGH* aus (Rn. 5): *„Die zu löschende Zwangssicherungshypothek ist spätestens mit der Erteilung der Löschungsbewilligung am 15.12.2009 nach § 1163 Abs. 1 S. 2 BGB zur Eigentümergrundschuld geworden und steht seitdem demjenigen zu, der zu diesem Zeitpunkt Eigentümer war."* Dies ist nicht richtig. Die Abgabe einer formellen Verfahrenserklärung hat keine Auswirkungen auf die materielle Rechtslage und lässt keine Eigentümergrundschuld entstehen. Dies besagt auch § 1163 Abs. 1 S. 2 BGB nicht. Eine Eigentümergrundschuld entsteht aus einer Fremdhypothek durch die Tilgung der gesicherten Forderung, d. h. durch die Tatsache der Zahlung. Dies mag eventuell der Abgabe einer abstrakten Löschungsbewilligung voraus gegangen sein, muss es aber nicht. Sodann führt der *BGH* aus (Rn. 7): *„Die Bewilligung der Löschung durch den Buchberechtigten ist eine in der Rechtsprechung anerkannte Form der Berichtigung des Grundbuchs nach Umwandlung einer (Sicherungs-)Hypothek in eine Eigentümergrundschuld".* Auch das stimmt nicht. Auf Grund des formellen Konsensprinzips (§ 19 GBO) muss derjenige die Bewilligung zur Löschung abgeben, dessen Recht davon betroffen wird. Der Grundbuchrechtspfleger muss sich grundsätzlich an die Buchposition des eingetragenen Gläubigers halten, da dessen grundbuchmäßiges Recht durch die Löschung verloren geht. Ist dem Grundbuchrechtspfleger bekannt, dass der eingetragene Gläubiger nicht der wahre Gläubiger ist, so muss letzterer die Löschung bewilligen (*Meikel/Böttcher*, § 27 Rdn. 27 m.w.N.). Dies gilt z. B. in dem Fall, in dem die Hypothek kraft Gesetzes auf einen anderen übergegangen ist. Wenn aus der vorgelegten Erklärung des Gläubigers zu ersehen ist, dass ihm die Hypothek nicht mehr zusteht (z. B. wegen Befriedigung nach § 1163 Abs. 1 S. 2 BGB), so ist die **Löschungsbewilligung des wahren nicht eingetragenen Gläubigers** erforderlich (z. B. des Grundstückseigentümers bei einer Eigentümergrundschuld).

Die Vollmacht für den die Löschungsbewilligung Abgebenden wurde im vorliegenden Fall nachträglich aufgrund der Anforderung des Grundbuchamts in beglaubigter Abschrift der notariellen Urkunde von 2005 vorgelegt. Bei einer beurkundeten Vollmacht wird dem Vertreter eine Ausfertigung der

Vollmachtsurkunde zum Vollmachtsnachweis ausgehändigt. Die Ausfertigung der Urkunde vertritt im Rechtsverkehr die Urschrift (§ 47 BeurkG). Die Vorlage einer beglaubigten oder einfachen Abschrift der Vollmachtsurkunde gegenüber dem Grundbuchamt genügt grundsätzlich nicht, weil zum Nachweis der Vertretungsmacht der Besitz der Vollmachtsurkunde erforderlich ist (vgl. § 172 BGB). Ausnahmsweise genügt die Vorlage einer beglaubigten Abschrift der Vollmachtsurkunde gegenüber dem Grundbuchamt, wenn zusätzlich eine Bescheinigung des Notars (vgl. § 39 BeurkG) mit eingereicht wird, in der er bestätigt, dass der Bevollmächtigte ihm die Vollmachtsurkunde in Urschrift oder Ausfertigung vorgelegt hatte. Im vorliegenden Fall enthielt der Beglaubigungsvermerk bei der Löschungsbewilligung keinen Hinweis darauf, dass dem Notar eine Urkunde über die Bevollmächtigung des Erklärenden vorgelegen hatte. Die nachträgliche Vorlage der beglaubigten Abschrift der notariell beurkundeten Vollmacht aus dem Jahr 2005 löste nach Ansicht des *BGH* (NotBZ 2012, 30) die Wirkungen des § 172 Abs. 2 BGB zu Recht nicht aus.

Im vorliegenden Fall hatte offensichtlich der im Urteil aufgeführte Bevollmächtigte der GbR eine abstrakte Löschungsbewilligung abgegeben. Nach Ansicht des *BGH* (NotBZ 2012, 30) können die Vertretungsverhältnisse einer GbR auch bei der Löschung einer von ihr erwirkten Zwangssicherungshypothek mit der vollstreckbaren Ausfertigung des Urteils nachgewiesen werden, aufgrund dessen die Eintragung der Hypothek erfolgte. Als Begründung wird im Wesentlichen angeführt, dass für die Löschung der Zwangshypothek keine strengeren Anforderungen gelten können als für die Eintragung und dafür reichte auch die Angabe des Bevollmächtigten im Urteil aus. Dem kann weder im Ergebnis noch in der Begründung zugestimmt werden (*Schneider*, ZfIR 2012, 60). Richtig und unstrittig ist zunächst, dass die Eintragung einer Zwangshypothek eine Vollstreckungsmaßnahme darstellt (§ 866 ZPO) und das Grundbuchamt insoweit als Vollstreckungsorgan handelt. Beantragt der im Titel aufgeführte Vertreter der GbR die Eintragung einer Zwangshypothek, kann und muss das Grundbuchamt von seiner Bevollmächtigung ausgehen (vgl. § 81 ZPO); weitere Nachweise kann es nicht verlangen. Mit der Grundbucheintragung der Zwangshypothek ist jedoch die Vollstreckungsmaßnahme zunächst abgeschlossen. Die spätere Löschung der Zwangshypothek ist eine Grundbuchmaßnahme und bedarf materiell der Aufgabeerklärung (§ 875 BGB) und formell der Löschungsbewilligung (§ 19 GBO) des Gläubigers. Mit einem Vollstreckungsverfahren hat dies nichts zu tun.

Die rechtsgeschäftliche Bevollmächtigung des die Löschungsbewilligung am 15.12.2009 Abgebenden war im vorliegenden Fall zunächst nur aus dem der Eintragung zugrunde liegenden Urteil vom 28.4.2008 ersichtlich; die Angabe der gesetzlichen Vertreter der GbR nach § 313 Abs. 1 Nr. 1 ZPO fehlten im Urteil. Die Vertretungsmacht muss in dem Zeitpunkt bestehen, zu dem die von dem Vertreter abgegebene Erklärung (z. B. Auflassung, Bewilligung) wirksam wird. Ob dies der Fall ist, hat das Grundbuchamt stets von Amts wegen zu prüfen. Die rechtsgeschäftliche Vertretung der GbR im Zivilprozess wurde vom Prozessgericht geprüft und im Rubrum ausgewiesen (§ 253 Abs. 2 Nr. 1 und Abs. 4, § 130 Nr. 1 ZPO). Bei der nachfolgenden Vollstreckung durch Eintragung einer Zwangshypothek konnte das Grundbuchamt als Vollstreckungsorgan weiterhin von der Bevollmächtigung ausgehen (§ 81 ZPO). Diese Grundsätze können jedoch nicht für das zukünftige Grundbuchverfahren gelten Nach dem BGH (NotBZ 2012, 30) wird eine rechtsgeschäftliche Bevollmächtigung zur Eintragung einer Zwangshypothek auch als Bevollmächtigung zu ihrer Löschung angesehen. Dem kann nicht zugestimmt werden. Dies würde nämlich bedeuten, dass die Löschung von Zwangshypotheken durch die Vollstreckungstitel aufgeführten rechtsgeschäftlichen Vertreter immer erfolgen könnte, auch wenn dies erst viele Jahre später erfolgt, und zwar ohne weitere Legitimation. *Schneider* (ZfIR 2012, 60, 63) ist darin zuzustimmen, dass dies geradezu eine Aufforderung an ehemals bevollmächtigte, aber zwischenzeitlich geschasste Mitarbeiter des Vertretenen zum kollusiven Zusammenwirken mit dem Grundstückseigentümer (§ 27 GBO) darstellt. Für die Löschung einer Zwangshypothek durch einen rechtsgeschäftlichen Vertreter des Gläubigers muss es deshalb dabei bleiben, dass er seine Bevollmächtigung dem Grundbuchamt nach den anerkannten Grundsätzen nachweisen muss, d.h. durch die Vorlage der Urschrift einer öffentlich beglaubigten bzw. der Ausfertigung einer notariell beurkundeten Vollmacht.

VI. Wirksamkeit der Bewilligung

Literatur: Böttcher, Rechtsnatur und Wirksamkeit der Bewilligung nach § 19 GBO, RpflStud 2003, 97

1. Wirksamwerden und Widerruf im Meinungsstreit

183 Wann eine Eintragungsbewilligung wirksam wird und unter welchen Voraussetzungen sie widerrufen werden kann bzw. unwiderruflich wird, ist im Gesetz nicht geregelt. Die damit zusammenhängenden Fragen müssen sich aus der der Bewilligung beigelegten Rechtsnatur beantworten; die Antworten wiederum müssen darauf Rücksicht nehmen, das es nicht zuletzt Aufgabe der Bewilligung ist, Grundbuchverfahren und Grundbucheintragung auf eine sichere verfahrensrechtliche Grundlage zu stellen.

Wer sich mit den Fragen um Wirksamwerden und Widerruf der Bewilligung befasst, muss sich ferner der davon berührten unterschiedlichen Interessenlagen bewusst sein:

Der Bewilligende kann auch nach Abgabe seiner Bewilligung ein Interesse daran haben, die bewilligte Eintragung zu verhindern: Wenn etwa der Vertragspartner die ihm obliegenden Verpflichtungen nicht erfüllt, so muss der

VI. Wirksamkeit der Bewilligung

Bewilligende neben dem Rücktritt vom Grundgeschäft, dem Widerruf der Einigung und der Rücknahme des Eintragungsantrages auch noch die Bewilligung widerrufen, soll sein Schutz vollkommen sein. Ist ihm dies nämlich nicht mehr möglich, so kann der andere Teil durch eigene Antragstellung die Eintragung herbeiführen. Zwar ist dann nach § 873 BGB das dingliche Recht nicht entstanden, es besteht jedoch die Gefahr gutgläubigen Erwerbs. Demgegenüber steht das Interesse des Begünstigten, gerade gegen einen möglichen grundlosen Widerruf der Bewilligung und die dadurch bewirkte Verhinderung der Eintragung geschützt zu werden. Dieser Schutz ist nur möglich, wenn die Eintragungsbewilligung möglichst frühzeitig unwiderruflich werden kann.

Es kann nach der Gestaltung des Grundbuchverfahrens nicht Gegenstand des Eintragungsverfahrens sein, im Einzelfall die Interessen der Beteiligten gegeneinander abzuwägen und über die Berechtigung von Widerruf und Eintragungsbegehren nach materiell-rechtlichen Regelungen zu entscheiden. Das Eintragungsverfahren muss auf sicheren und klaren Grundlagen stehen und muss nach eindeutigen Kriterien objektiv betrieben werden können.

Die als h.M. anerkannte *Ertlsche* Lehre (DNotZ 1964, 260; 1967, 339 und 406) von der verfahrensrechtlichen Natur der Bewilligung erfordert folgende Überlegungen und Antworten: **184**

- Die Bewilligung ist eine reine **Verfahrenshandlung**, sie gehört zu den sog. Bewirkungshandlungen (s. oben → Rdn. 121 ff.). Die Frage ihres Wirksamwerdens und ihrer Widerruflichkeit muss sich deshalb allein an den Kriterien orientieren, die im Verfahrensrecht allgemein für das Wirksamwerden und den Widerruf von Verfahrenshandlungen entwickelt worden sind (BayObLG, DNotZ 1994, 182; OLG Frankfurt/M., NJW-RR 1995, 785; *Meikel/Böttcher*, § 19 Rdn. 131 m.w.N.).
- Nach der allgemeinen Verfahrensrechtslehre werden zwar Verfahrenshandlungen regelmäßig im Verfahren vorgenommen, können aber auch außerhalb des Verfahrens abgegeben werden. Nicht immer sind sie ausschließlich an das Gericht zu richten, sondern sie können auch an andere Beteiligte zugehen. Ungeachtet der grundsätzlichen freien Widerruflichkeit bis zur gerichtlichen Entscheidung, können Verfahrenshandlungen unwiderruflich werden, wenn das Gesetz dies ausdrücklich vorschreibt, wenn der Verfahrenszweck es verlangt oder wenn ein Beteiligter aus ihnen eine vorteilhafte Rechtsstellung erlangt hat.
- Da die Bewilligung keine rechtsgeschäftliche Erklärung ist, geschieht ihr Widerruf nicht durch eine rechtsgeschäftliche Widerrufserklärung (§ 130 Abs. 1 S. 2 BGB), sondern durch verfahrensrechtliche Zurücknahme dieser Verfahrenshandlung. Das ist nur möglich, wenn der Bewilligende alle die Wirksamkeit herbeiführenden Voraussetzungen eigenmächtig beseitigen kann.
- Daraus ergibt sich auch, dass Wirksamwerden und Unwiderruflichkeit

keineswegs notwendig zusammenfallen müssen, sondern dass auch die wirksam gewordene Bewilligung noch widerruflich sein kann.
- „Widerruf" ist im Verfahrensrecht etwas anderes wie im materiellen Recht: Während im materiellen Recht eine widerrufene Willenserklärung unwirksam geworden und für immer beseitigt ist, bedeutet die Zurücknahme der Bewilligung nur, dass sie in diesem gerade anhängigen Eintragungsverfahren nicht mehr als Eintragungsgrundlage dienen kann. Sie kann jedoch durchaus in einem neuen Verfahren die Eintragung rechtfertigen.
- Die Bewilligung kann ihre Wirksamkeit in dem jeweiligen Verfahren nicht nur durch einen Widerruf (= Zurücknahme) verlieren, sondern auch durch Maßnahmen des Gerichts, etwa durch die Zurückweisung des Eintragungsantrages.

Diese Grundsätze ergeben sich zwingend aus der Einordnung der Bewilligung in die Gruppe der Verfahrenshandlungen; sie entsprechen den Grundsätzen, die die prozessrechtliche Literatur und die Rechtsprechung für das allgemeine Verfahrensrecht und für den Bereich des Zivilprozesses entwickelt haben. Die Anwendung dieser Grundsätze auch im Grundbuchverfahren gebietet die notwendige Gleichbehandlung der Verfahrenshandlungen in den verschiedenen Verfahrensarten, soweit dies nicht der Eigenart des einzelnen Verfahrens widerspricht; sie führt regelmäßig zu zweckmäßigen Ergebnissen und stellt das Eintragungsverfahren auf eine sichere Grundlage.

2. Die Voraussetzungen des Wirksamwerdens der Bewilligung

185 Nach der verfahrensrechtlichen Lehre tritt die Wirksamkeit der mit gehörigem Inhalt und in gehöriger Form abgegebenen Bewilligung ein (*Meikel/Böttcher*, § 19 Rdn. 132):

a) durch **Grundbuchvorlage** mit dem Willen des Bewilligenden, oder
b) durch **Aushändigung** der Bewilligung an den Begünstigten oder einen Dritten, oder
c) durch das **Vorliegen** von Voraussetzungen, die einer solchen Aushändigung **gleichstehen**.

Zu a) Dass die **Vorlage** beim Grundbuchamt die Bewilligung wirksam werden lässt, ist allgemein anerkannt.

Wesentlich ist jedoch, dass die Vorlage dem Willen derjenigen entsprechen muss, die die Bewilligung abgegeben haben (OLG Naumburg, FGPrax 1998, 1; *Meikel/Böttcher*, § 19 Rdn. 133). Das ist unproblematisch, sofern die Bewilligung vom **Bewilligenden** selbst oder vom Notar eingereicht worden ist. In diesem Fall bedarf der Vorlagewille keines Beweises; es macht auch keinen Unterschied, ob die Bewilligung in Urschrift, Ausfertigung oder in beglaubigter Abschrift vorliegt (*Meikel/Böttcher*, § 19 Rdn. 134).

Wird die Bewilligung dem Grundbuchamt vom **Begünstigten** oder von einem Dritten vorgelegt, so ist das Einverständnis des Bewilligenden mit der Urkundenvorlage nur zu unterstellen, wenn die Urschrift oder eine Ausfertigung vorgelegt werden. Eine beglaubigte Abschrift der Bewilligung kann das Einverständnis des Bewilligenden mit der Urkundenvorlage nicht nachweisen, weil die Erteilung einer beglaubigten Abschrift der Bewilligungsurkunde an jedermann geschehen muss, der ein berechtigtes Interesse glaubhaft macht (BayObLGZ 1954, 310 = DNotZ 1955, 433; *Meikel/Böttcher*, § 19 Rdn. 135); auf das Einverständnis des Bewilligenden kommt es dabei nicht an, die Erteilung muss selbst gegen seinen Widerspruch geschehen.

Zu b) Wirksam wird die Bewilligung auch (also neben einem Eingang beim Grundbuchamt), wenn sie vom Bewilligenden oder seinem Vertreter dem Begünstigten ausgehändigt wird (OLG Naumburg, FGPrax 1998, 1; *Meikel/Böttcher*, § 19 Rdn. 136). Die **Aushändigung** setzt voraus, dass der Bewilligende einem anderen den unmittelbaren Besitz an der Urkunde überträgt (§ 854 BGB). Bestritten ist die Frage, ob auch eine Aushändigung an einen sonstigen Dritten für das Wirksamwerden genügt. Verneint wird dies von *Demharter* (§ 19 Rdn. 26b). Die h.M. lässt dies jedoch zu Recht genügen (*Ertl*, DNotZ 1967, 339, 353 f.; *Kössinger* in Bauer/Schaub, § 19 Rdn. 111). Da der Bewilligende mit jeder Aushändigung der Bewilligung erklärt und dokumentiert, dass er mit dem Gebrauchmachen seiner Verfahrenshandlung einverstanden ist, ist es gleichgültig, wem er die Verfahrensunterlage ausgehändigt, wenn er es nur willentlich tut. Die Aushändigung dient allein dem verfahrensrechtlichen Zweck, dem neuen Besitzer der Urkunde die Vorlage in seinem Eintragungsverfahren zu ermöglichen. Da dieser Zweck ebenso erreicht wird, wenn die Urkunde nicht dem Begünstigten, sondern einer anderen Person ausgehändigt wird, ist der Kreis der Empfangsberechtigten nicht vorbestimmt; vielmehr bestimmt der Bewilligende den Empfangsberechtigten. Bei der Veräußerung eines Grundstücks könnte der Gläubiger einer nicht zu übernehmenden Grundschuld vor der Grundbucheintragung des Käufers die Löschungsbewilligung nach der Auffassung von *Demharter* nur an den Veräußerer als Begünstigten ausgehändigt werden; der Käufer wäre bis zur Durchführung der Löschung der Gefahr eines Widerrufs ausgesetzt. Die h.M. kommt zu dem richtigen Ergebnis, dass der Grundschuldgläubiger seine Löschungsbewilligung nicht nur dem begünstigten Verkäufer, sondern auch dem Grundstückskäufer vor seiner Grundbucheintragung ausgehändigt werden kann; dadurch ist Letzterer gegen einen Widerruf gesichert und kann nach seiner Grundbucheintragung als neuer Eigentümer die Löschung der Grundschuld unter Vorlage der Löschungsbewilligung des Gläubigers beantragen.

Damit die Bewilligung durch Aushändigung an den Begünstigten oder einen Dritten wirksam wird, ist es notwendig, dass der Bewilligende die **Urschrift** oder **Ausfertigung** der notariell-beurkundeten Erklärung (§§ 8, 47 BeurkG) oder die Urschrift der notariell-beglaubigten Bewilligung (§ 39 BeurkG) aushändigt (BGHZ 46, 398; *Ertl*, DNotZ 1967, 339, 353 f.; *Meikel/Böttcher*, § 19 Rdn. 138 m.w.N.). Wer im Besitz einer Ausfertigung oder der Urschrift der Bewilligung ist, ist verfahrensmäßig legitimiert, das Grundbuchverfahren zu gestatten, ebenso wie der Bevollmächtigte, der im Besitz der Urschrift oder Ausfertigung der Vollmacht ist, zum Gebrauchmachen von der Vollmacht legitimiert ist. Bestritten ist, ob die Aushändigung einer beglaubigten Abschrift genügt. Bejaht wird dies von *Demharter* (§ 19 Rdn. 26c). Die h.M. lehnt dies jedoch zu Recht ab (BayObLG, DNotZ 1994, 182; *Ertl*, DNotZ 1967, 339, 353 f.; *Kössinger* in Bauer/Schaub, § 19 Rdn. 111). Hat der Begünstigte nämlich nur eine beglaubigte Abschrift der Bewilligungsurkunde, dann kann er ohne Mitwirkung des Bewilligenden keine Grundbucheintragung herbeiführen. Dafür braucht er die Urschrift oder Ausfertigung der Bewilligung, weshalb er auf deren Aushändigung bestehen muss. Mit der Aushändigung der Bewilligung gibt der Bewilligende dem Empfänger gegenüber zu erkennen, dass dieser berechtigt sein soll, die Urkunde dem Grundbuchamt zur Eintragung vorzulegen. Dieses verfahrensrechtliche Einverständnis verkörpert jedoch nur die Urschrift eine Ausfertigung der Bewilligung; eine beglaubigte Abschrift genügt nicht.

Bei der Aushändigung der Bewilligung kann **Stellvertretung** stattfinden. Das Gleiche gilt für die Empfangnahme der Bewilligung. Bevollmächtigter kann ein und dieselbe Person auf beiden Seiten sein, ohne dass dabei § 181 BGB zu beachten ist, weil in der Bevollmächtigung ein und derselben Person die Befreiung vom Verbot des § 181 BGB liegt. Bevollmächtigter, auch für beide Seiten, kann der Notar sein, der die Bewilligung beurkundet oder die Unterschriften beglaubigt hat, aber auch jeder andere Notar. Ebenso wenig wie die Bewilligungsvollmacht in § 15 GBO enthalten ist, ist auch diese Vollmacht sowohl auf der abgebenden als auch auf der empfangenden Seite von § 15 GBO nicht umfasst. Es ist daher auf beiden Seiten eine spezielle Vollmacht nötig (BGH, DNotZ 1963, 433, 435; OLG München, DNotZ 1966, 283, 285; *Meikel/Böttcher*, § 19 Rdn. 140).

187 *Zu c)* Für das Grundbuchamt ist es nicht erkennbar, ob derjenige, der die Bewilligung eingereicht hat, sie vom Bewilligenden ausgehändigt erhalten hat oder auf andere Weise in den Besitz der Urkunde gelangt ist. Deshalb müssen **bestimmte Tatbestände der Aushändigung** der Bewilligung vom Bewilligenden an den Begünstigten oder einen Dritten **gleichgestellt werden** (*Ertl*, DNotZ 1967, 339, 357 f.; *Meikel/Böttcher*, § 19 Rdn. 141). Es geht dabei um die Fälle, in denen der Notar die Urschrift oder Ausfertigung der Bewilligung dem Begünstigten oder einem Dritten nach den Vorschriften des Beurkundungsrechts entweder bereits erteilt hat oder erteilen muss, ohne dass der Bewilligende dies verhindern kann, d.h. um Tatbestände mit einem unwiderruflichen, originären gesetzlichen Anspruch des Begünstigten oder eines Dritten auf die Urschrift oder Ausfertigung einer Urkunde (BGH, DNotZ 1963, 433; 1967, 370; OLG Naumburg, FGPrax 1998, 1). Alle Personen, die in einer notariell-beurkundeten Niederschrift eine Erklärung im eigenen Namen abgegeben haben oder in dessen Namen eine Erklärung abgegeben worden ist, haben nach § 51 Abs. 1 BeurkG einen unwiderruflichen, gesetzlichen und damit vom Bewilligenden nicht einseitig entziehbaren Anspruch auch eine Ausfertigung dieser notariell-beurkundeten Niederschrift, sofern sie nicht – was nach § 51 Abs. 2 BeurkG möglich ist – auf eine Ausfertigung ganz oder teilweise, ständig oder zeitweise verzichten. Voraussetzung ist also, dass auch der Begünstigte der Bewilligung oder ein Dritter an der **Beurkundung** der Bewilligung selbst oder durch einen Vertreter beteiligt war. Der gesetzliche und nicht einseitig entziehbare Anspruch des am Beurkundungsvorgang beteiligten Begünstigten oder Dritten auf eine Ausfertigung ist der Aushändigung der Bewilligung gleichzustellen. Dies bedeutet, dass die Bewilligung mit dem Entstehen des Ausfertigungsanspruchs, d. h. regelmäßig mit dem Abschluss der Beurkundung, wirksam wird; die vorherige Herstellung und Erteilung der Ausfertigung ist dazu nicht erforderlich (BayObLG, DNotZ 1994, 182; OLG Hamm, Rpfleger 1989, 148; OLG Frankfurt/M., DNotZ 1970, 163). Bewilligt also der Verkäufer in einem nach § 311b Abs. 1 BGB beurkundeten Kaufvertrag für den Käufer eine Eigentumsvormerkung, so ist diese Bewilligung, auch wenn der Käufer die Annahme der Bewilligung nicht ausdrücklich erklärt, mit dem Abschluss der Beurkundung wirksam (OLG Naumburg, FGPrax 1998, 1). Der Käufer hat als Beteiligter an der Beurkundung einen originären, gesetzlichen, unentziehbaren, unwiderruflichen Anspruch auf eine Ausfertigung der notariellen Urkunde, in der die Bewilligung enthalten ist. Das Gleiche gilt, wenn die Beurkundung durch Angebot und Annahme geschieht, mit Abschluss der Beurkundung der Annahme.

Ist die Bewilligung in einer nur hinsichtlich der Unterschriften **notariell-beglaubigten Erklärung** enthalten, dann ist von einem der Aushändigung gleichstehenden Tatbestand nur auszugehen, wenn die Urschrift der Bewilligung, von der es ja keine Ausfertigung gibt, kraft Gesetzes ausgehändigt werden muss, und zwar zugunsten desjenigen, an den danach diese Aushändigung geschehen muss (§ 45 Abs. 2, § 39 BeurkG), was sich nach dem Eigentum richtet (*Meikel/Böttcher,* § 19 Rdn. 145). In diesen Fällen genügt es für die Verwirklichung des Tatbestandes, der der Aushändigung gleichsteht, dass die Erklärung sich bei dem Notar befindet, vor dem die Unterschriften vollzogen oder anerkannt worden sind, ohne dass es auf den Beglaubigungsvermerk ankommt.

Auf den Anspruch auf Erteilung der Urschrift oder einer Ausfertigung kann der Begünstigte oder einen sonstiger Urkundsbeteiligter verzichten, und zwar ganz oder teilweise, ständig oder zeitweise, bei der Beurkundung oder nachträglich (*Meikel/Böttcher,* § 19 Rdn. 146). Liegt ein solcher **Verzicht** vor, so verhindert er das Wirksamwerden der Bewilligung. Von einem Verzicht kann allerdings nicht schon dann ausgegangen werden, wenn in der notariellen Urkunde im Verteilungsschlüssel der Anspruchsberechtigte nicht enthalten ist. Es ist vielmehr ein eindeutiger Verzicht nötig. Das Grundbuchamt darf von einem solchen Verzicht nur ausgehen, wenn es davon weiß.

Soweit die vorgenannten Tatbestände der Aushändigung der Bewilligung gleichstehen, genügt in diesen Fällen auch die Vorlage einer **beglaubigten Abschrift** an das Grundbuchamt (BayObLG, DNotZ 1994, 182; *Meikel/Böttcher*, § 19 Rdn. 149).

188 Der Aushändigung steht gleich der Erwerb eines originären Anspruches auf:

- Ausfertigung einer Niederschrift (§§ 51 Abs. 1, 8 BeurkG; Ausnahme: § 51 Abs. 2 BeurkG!);
- Urschrift einer Niederschrift (§§ 45 Abs. 1, 8 BeurkG);
- Urschrift einer Vermerkurkunde (§§ 45 Abs. 2, 39, BeurkG, § 17 KonsularG);
- Urschrift oder Ausfertigung konsularischer Urkunden (§ 16 Abs. 2c, d KonsularG);
- Ausfertigung oder vollstreckbare Ausfertigung eines gerichtlichen Vergleiches (§ 794 Abs. 1 Nr. 1, § 795, §§ 724 ff., § 299 ZPO).

In diesen Fällen ist die Bewilligung mit dem Entstehen des jeweiligen Anspruches, also regelmäßig mit dem Abschluss des Beurkundungsvorganges wirksam geworden.

3. Die Zurücknahme der Bewilligung

3.1. Die Rechtslage

189 Materielle Willenserklärungen können widerrufen werden; sie werden dadurch unwirksam und für immer beseitigt (vgl. § 130 Abs. 1 S. 2 BGB). Bei der formellen Bewilligung des § 19 GBO handelt es sich jedoch nicht um eine materielle Willenserklärung, sondern um eine reine Verfahrenserklärung, auf die die allgemeinen Regeln in Bezug auf den Widerruf nicht anwendbar sind (*Meikel/Böttcher*, § 19 Rdn. 151). Bei der verfahrensrechtlichen Bewilligung stellt sich die Frage ihrer Rücknahme, was aber etwas völlig anderes ist als der Widerruf einer materiellen Willenserklärung und deshalb streng davon zu trennen. Die Rücknahme einer Bewilligung bedeutet nur, dass sie zunächst unwirksam wird und nicht mehr Grundlage eines Eintragungsverfahrens sein kann.

Ist die Bewilligung des Betroffenen wirksam geworden durch ihre **Aushändigung** an den Begünstigten oder einen Dritten, so kann sie der Bewilligende nicht mehr einseitig zurücknehmen (*Meikel/Böttcher*, § 19 Rdn. 155 m.w.N.). Mit der Bewilligung hat der Betroffene sein Einverständnis für eine Grundbucheintragung erklärt, und wer die Urschrift oder Ausfertigung dieser Erklärung besitzt, kann sie dem Grundbuchamt zum Vollzug vorlegen. Ist die Bewilligung in Urschrift oder Ausfertigung im Besitz des Begünstigten oder eines Dritten, kann sie deshalb nicht einseitig vom Bewilligenden zurückgenommen werden. Nur durch die freiwillige oder gerichtlich erzwungene Rückgabe der

VI. Wirksamkeit der Bewilligung

Bewilligungsurkunde vom Begünstigten an den Bewilligenden oder seinen Vertreter verliert die Bewilligungserklärung ihre Wirksamkeit, sofern sie nicht aufgrund der Vorlage beim Grundbuchamt oder wegen des Bestehens eines gesetzlichen Ausfertigungsanspruchs wirksam bleibt.

Ist die Bewilligung wirksam geworden mit dem Entstehen eines **Anspruchs** des Begünstigten **auf Erteilung einer Urschrift oder Ausfertigung** der Bewilligungsurkunde, so kann sie der Bewilligende nicht einseitig zurücknehmen, solange dieser Anspruch besteht (BayObLG, DNotZ 1994, 182; *Meikel/Böttcher*, § 19 Rdn. 156). Eine Grundbucheintragung kann der Bewilligende nur dadurch verhindern, dass er – sofern ihm ein darauf gerichteter Anspruch zusteht – auf Unterlassung der Erteilung einer Urschrift oder Ausfertigung der Urkunde bzw. auf Herausgabe einer bereits erteilten Urschrift oder Ausfertigung klagt.

Ist die Bewilligung durch **Vorlage beim Grundbuchamt** wirksam geworden, so kann sie während der Dauer des Eintragungsverfahrens nicht zurückgenommen werden (OLG Jena, Rpfleger 2001, 298; *Meikel/Böttcher*, § 19 Rdn. 157). Der Einreicher hat in dieser Zeitspanne keinen Anspruch auf Rückgabe der Bewilligung. Die Bewilligung kann nur zurückgenommen werden, d.h. vom Grundbuchamt zurückverlangt werden, wenn das Eintragungsverfahren beendet ist (*Meikel/Böttcher*, § 19 Rdn. 158 m.w.N.). Letzteres ist dann der Fall, wenn alle Anträge zurückgenommen oder zurückgewiesen wurden. Hat nur der Bewilligende selbst den Eintragungsantrag gestellt, so muss er auch nur diesen zurücknehmen und kann dann auch die Bewilligung zurücknehmen, da das Eintragungsverfahren beendet ist; Gleiches gilt, wenn nur der von ihm gestellte Antrag zurückgewiesen wird. Haben außer dem Bewilligenden noch andere Beteiligte einen Eintragungsantrag gestellt, so müssen außer ihm auch die anderen ihre Anträge zurücknehmen um das Eintragungsverfahren insgesamt zu beenden; Letzteres ist auch dann der Fall, wenn alle Eintragungsanträge zurückgewiesen werden. Dann ist das Eintragungsverfahren wieder vollständig beendet und die Bewilligung kann zurückgenommen werden. Endet das Eintragungsverfahren somit ohne Grundbucheintragung, weil sämtliche Anträge zurückgenommen oder zurückgewiesen werden, so wird die Bewilligung damit unwirksam und ist dem Einreicher zurückzugeben; die Unwirksamkeit der Bewilligung tritt aber unabhängig davon ein, ob und wann die Rückgabe erfolgt (BGH, Rpfleger 1982, 414; OLG Hamm, Rpfleger 1989, 148). Hat nicht nur der Bewilligende einen Antrag gestellt, sondern auch noch andere Antragsberechtigte, so bewirkt die Rücknahme des Antrags seitens des Bewilligenden nicht das Ende des Grundbucheintragungsverfahrens, weil ja noch die anderen Anträge vorliegen. In diesem Fall, d.h. wenn nach der Antragsrücknahme seitens des Bewilligenden noch andere Anträge vorhanden sind, kann der Bewilligende seine Bewilligung nicht zurücknehmen, weil sie vorgelegt wurde und dass Eintragungsverfahren noch nicht beendet ist (OLG Jena, Rpfleger 2001, 298; *Meikel/Böttcher*, § 19 Rdn. 159). Dadurch kann der Begünstigte (z.B. der Gläubiger einer einzutragenden Grundschuld) durch die Stellung eines eigenen

Antrags (selbst oder vertreten durch den Notar) das Eintragungsverfahren in der Hand halten, weil der betroffene Bewilligende (z. B. der Grundstückseigentümer) nur seinen eigenen Antrag zurücknehmen kann, aber damit das Eintragungsverfahren noch nicht beendet ist und die Bewilligung des Betroffenen nicht zurückgenommen werden kann.

Die Bewilligung kann ihre Wirksamkeit nicht nur durch ihre Rücknahme verlieren, sondern auch durch Maßnahmen des Grundbuchamtes, etwa durch die Zurückweisung des Eintragungsantrags (*Meikel/Böttcher*, § 19 Rdn. 151). Ist eine **Bewilligung unwirksam geworden**, weil alle Eintragungsanträge zurückgenommen oder zurückgewiesen wurden, so kann sie grundsätzlich nicht mehr für ein späteres Eintragungsverfahren verwendet werden, und zwar selbst dann nicht, wenn sie beim Grundbuchamt verblieben ist (BGH, DNotZ 1983, 309; *Meikel/Böttcher*, § 19 Rdn. 160). Eine aufgrund Zurücknahme oder Zurückweisung aller Eintragungsanträge unwirksame Bewilligung kann jedoch wieder wirksam und damit Grundlage eines neuen Verfahrens werden, wenn die Tatbestände für das Wirksamwerden einer Bewilligung wieder eintreten (OLG Frankfurt/M., NJW-RR 1995, 785; *Meikel/Böttcher*, § 19 Rdn. 161 m.w.N.). Es kommt nicht darauf an, ob das Grundbuchamt in diesem Fall dem Bewilligenden die Bewilligung zurückgibt oder nicht und ob das Grundbuchamt eine beglaubigte Abschrift zurückbehält oder nicht. In einem neuerlichen Eintragungsverfahren darf die Bewilligung nur dann zur Eintragungsgrundlage gemacht werden, wenn ein Tatbestand für ihr Wirksamwerden neuerlich eingetreten ist, also nicht allein deshalb, weil die Bewilligung nicht zurückgegeben worden und eine beglaubigte Abschrift davon beim Grundbuchamt zurückgehalten worden ist. Reicht der betroffene Bewilligende eine früher unwirksam gewordene Bewilligung erneut beim Grundbuchamt ein (ob in Ausfertigung oder beglaubigter Abschrift ist unerheblich), so ist diese Vorlage damit von seinem Willen umfasst, die Bewilligung wird wieder wirksam und kann damit eine Grundbucheintragung rechtfertigen. Will der Begünstigte nach Rücknahme des allein vom betroffenen Bewilligenden ausgehenden einzigen Antrags die Bewilligung zur erneuten Eintragungsgrundlage machen, so muss er sie in Ausfertigung oder Urschrift vorliegen oder muss sich auf einen Tatbestand stützen (nachgewiesen nach den Verfahrensgrundsätzen des Grundbuchverfahrens), der der Aushändigung gleichsteht (*Meikel/Böttcher*, § 19 Rdn. 161). Der Bewilligende kann also, wenn er der einzige Antragsteller ist, die Bewilligung als Verfahrensgrundlage für dieses Eintragungsverfahren aufgrund seines Antrags beseitigen, er kann aber nicht verhindern, dass andere, die im Besitz der Urschrift oder einer Ausfertigung der Bewilligung sind oder einen Tatbestand zur Seite haben, der die Aushändigung ersetzt, die Bewilligung aufgrund eigenen Antrags zur Verfahrensgrundlage bereits gemacht haben (dann bewirkt die Rücknahme des Antrags durch den Bewilligenden nichts) oder erneut machen.

Wurde aufgrund der Bewilligung eine **Grundbucheintragung vorgenom-**

men, so hat sie ihren Zweck erfüllt und ist damit verbraucht; eine Rücknahme kommt dann nicht mehr in Betracht (BayObLG, NJW-RR 1997, 1511; *Meikel/ Böttcher*, § 19 Rdn. 162). Die Bewilligung kann nicht mehr Grundlage für eine erneute Eintragung sein, selbst dann nicht, wenn die ursprüngliche Grundbucheintragung zu Recht oder zu Unrecht gelöscht wird (OLG Frankfurt/M., RNotZ 2008, 494). Zur Wiederherstellung der gelöschten Eintragung bedarf es einer neuen Bewilligung (§ 19 GBO; vgl. BayObLG, MittBayNot 1995, 42).

3.2. Praktische Beispiele zur Rücknahme der Bewilligung

Die Auswirkungen der hier vertretenen Auffassung sollen an den nachfolgenden praktischen Fällen verdeutlicht werden (nach *Ertl*, DNotZ 1967, 406):

→ **Beispiel 36:**
a) A bewilligt für B eine Hypothek und beantragt deren Eintragung. A legt Bewilligung und Antrag dem Grundbuchamt vor, B stellt keinen Antrag. A nimmt seinen Antrag zurück.

b) Wie *Fall a)*, jedoch stellt B Eintragungsantrag als er von der Antragsrücknahme durch A erfährt. Bei Eingang des Antrages von B hat das Grundbuchamt die Bewilligung noch nicht an A zurückgegeben.

c) Wie im *Fall b)*, jedoch befindet sich die Bewilligung bereits im Postauslauf zur Rücksendung an A. Das Grundbuchamt fertigt von ihr eine beglaubigte Abschrift.

d) Wie im *Fall c)*, jedoch forscht das Grundbuchamt nicht mehr bei der Auslaufstelle nach.

e) Wie *Fall a)*, jedoch hat auch B einen Eintragungsantrag gestellt. A nimmt seinen Antrag zurück, B hält seinen Antrag aufrecht.

f) A bewilligt für B eine Hypothek und händigt ihm eine Ausfertigung dieser Urkunde aus. B stellt unter Vorlage der Bewilligung Eintragungsantrag. Vorher geht beim Grundbuchamt eine Erklärung des A in der Form des § 29 GBO ein, in der er seine Bewilligung widerruft und versichert, dass er diese Widerrufserklärung dem B bereits zu einem Zeitpunkt mitgeteilt habe, als B noch nicht im Besitz der Ausfertigung gewesen sei. B widerspricht dieser Darstellung.

g) Der Notar hat bei gleichzeitiger Anwesenheit von A und B die Einigung über die Hypothekenbestellung und die Bewilligung des A beurkundet. Die Beteiligten haben vereinbart, dass B zwar sofort eine beglaubigte Abschrift der Urkunde erhält, aber bis zur Auszahlung des Darlehens auf die Erteilung einer Ausfertigung und auf die Stellung eines Eintragungsantrages verzichtet. A hat zunächst Eintragungsantrag gestellt, diesen aber, als B nicht auszahlt, wieder zurückgenommen und seine Bewilligung zurückerhalten. B legt daraufhin seine beglaubigte Abschrift der Bewilligung vor und beantragt die Eintragung.

h) Auf dem Grundstück des A ist für C eine Hypothek eingetragen. C bewilligt die Löschung und händigt die Bewilligung dem B aus, zu dessen Gunsten ein neues Grundpfandrecht eingetragen werden soll. Bevor B die Erklärung dem Grundbuchamt vorlegen kann, widerruft C die Löschungsbewilligung und teilt den Widerruf auch dem Grundbuchamt mit. B legt Bewilligung nebst Zustimmung des A mit Löschungsantrag vor.

Fall a) Nach der verfahrensrechtlichen Lehre ist die Bewilligung in diesem Fall **nicht** unwiderruflich, weil sie nach Verfahrensbeendigung (= Antragsrücknahme) an den Einreicher zurückzugeben ist (*Meikel/Böttcher*, § 19 Rdn. 158).

Fall b) Nach der verfahrensrechtlichen Lehre hat die Bewilligung durch die Erklärung des A ihre Wirksamkeit verloren Die Eintragung kann nicht erfolgen (*Meikel/Böttcher*, § 19 Rdn. 160).

Fälle c und d) Auch in diesen Fällen führt die verfahrensrechtliche Lösung, wie in den beiden anderen Fällen, zur Zurückweisung des Antrages, weil die Bewilligung ihre Wirksamkeit verloren hat.

Fall e) Nach der verfahrensrechtlichen Lehre ist die Bewilligung wirksam und unwiderruflich, weil das Eintragungsverfahren infolge des weiter bestehenden Antrages von B noch nicht beendet ist. B hat durch die Vorlage der Bewilligung eine vorteilhafte Rechtsstellung erlangt, die ihm A nicht mehr entziehen kann; sein Rücknahmerecht hat sich den öffentlichen Interessen an einer ordnungsgemäßen Verfahrenserledigung unterzuordnen. Nur die verfahrensrechtliche Lehre schützt hier den Begünstigten, der auf die Unwiderruflichkeit vertraut; zumal dann, wenn er selbst auch noch einen Eintragungsantrag gestellt hat (*Meikel/Böttcher*, § 19 Rdn. 159).

Fall f) Nach der verfahrensrechtlichen Lehre genügt die Widerrufserklärung des A nicht, weil es auf den Besitz der Ausfertigung ankommt. Solange A die Rückgabe der Bewilligung nicht erreicht, ist diese wirksam und muss vollzogen werden (*Meikel/Böttcher*, § 19 Rdn. 155).

Fall g) Die Vereinbarung, vor Darlehensauszahlung keinen Eintragungsantrag zu stellen, wirkt nur schuldrechtlich und ist für das Grundbuchamt nach allgemeiner Auffassung unbeachtlich (BGH, DNotZ 1955, 305 und NJW 1967, 771/772). Nach der verfahrensrechtlichen Lehre hat die Bewilligung ihre Wirksamkeit durch die Rückgabe der Ausfertigung verloren. Die Aushändigung einer beglaubigten Abschrift an B macht die Bewilligung nicht wirksam; ein gesetzliches Recht auf Erteilung einer Ausfertigung hatte B noch nicht erlangt. Das Grundbuchamt muss also den Antrag des B zurückweisen.

Fall h) Nach der verfahrensrechtlichen Lehre ist die Wirksamkeit durch die Aushändigung an B eingetreten. Solange C die Bewilligung von B nicht zurückerlangt, ist sie unwiderruflich. Allerdings kann B als nur mittelbarer Begünstigter keinen wirksamen Löschungsantrag stellen. Sein Antrag ist deshalb aus diesem Grunde zurückzuweisen. Erweitert man den Fall jedoch dahin, dass A den Antrag gestellt hat, muss ihm entsprochen werden.

4. Anfechtung der Bewilligung?

Für die verfahrensrechtliche Natur der Bewilligung scheidet eine Anfechtung aus; auf Verfahrenshandlungen können die Anfechtungs- und Nichtigkeitsvorschriften des BGB weder unmittelbar noch analog angewendet werden

(OLG Jena, Rpfleger 2001, 298). Liegen Willensmängel vor, so muss die Bewilligung nach den oben (1-3) dargestellten Grundsätzen widerrufen oder ergänzt (berichtigt) werden. Ist das nicht mehr möglich, so bleibt dem Bewilligenden nur der Prozessweg bzw. die Erwirkung einer einstweiligen Verfügung (*Meikel/ Böttcher*, § 19 Rdn. 163).

VII. Abgabe der Bewilligung/dinglichen Einigung durch Vertreter

Literatur: Böttcher, Transmortale Vollmachten im Grundbuchverfahren, RpflStud 2018, 6; *Dressler-Berlin,* Das Handeln des Betreuers und des Betreuten im Grundbuchverfahren bei Veräußerung eines Grundstücks, Rpfleger 2019, 297.

1. Grundsätze

Der Beteiligten können sich bei der Abgabe der Bewilligung/dinglichen Einigung (§§ 19, 20 GBO) vertreten lassen, da Vertretung im Verfahrensrecht allgemein zulässig ist. **192**

Da im Grundbuchverfahren kein Anwaltszwang besteht, können die Beteiligten das Verfahren selbst betreiben (§ 10 Abs. 1 FamFG). Gemäß § 10 Abs. 2 FamFG können sich die Beteiligten im Verfahren auch durch einen Rechtsanwalt vertreten lassen. Darüber hinaus sind als Bevollmächtigte vertretungsbefugt nur:

- Nr. 1 Beschäftigte des Beteiligten ...,
- Nr. 2 volljährige Familienangehörige, Personen mit Befähigung zum Richteramt und die Beteiligten ...,
- Nr. 3 Notare.

Aufgrund des Wortlautes dieser Regelungen könnte es fraglich sein, ob z. B. die Grundbucheintragung einer vom Käufer (oder Notarmitarbeiter) in Vertretung des Verkäufers aufgrund einer Finanzierungsvollmacht bestellten Finanzierungsgrundschuld möglich ist. Inzwischen hat sich zu Recht die Meinung durchgesetzt, dass § 10 FamFG an der gewohnten Praxis nichts geändert hat. Die Vorschrift gilt nur für das gerichtliche Erkenntnisverfahren (LG Bielefeld, Rpfleger 2008, 636; LG Münster, RNotZ 2009, 169), aber z. B. nicht für die formelle Eintragungsbewilligung; Letzteres stellt § 15 Abs. 1 S. 1 GBO ausdrücklich klar. Auf materielle Erklärungen, z. B. die materielle Einigung zwischen Verkäufer und Käufer nach §§ 873, 925 BGB, § 20 GBO finden sowieso die §§ 164 ff. BGB Anwendung und nicht § 10 FamFG. Für die Eintragungsbewilligung und die sonstigen Erklärungen, die zu einer Grundbucheintragung erforderlich sind, und in beurkundeter oder beglaubigter Form abgegeben werden, können sich die Beteiligten auch durch Personen vertreten lassen, die nicht nach § 10 Abs. 2 FamFG vertretungsbefugt sind (§ 15 Abs. 1 S. 1 GBO).

Ganz entscheidend für das Verständnis dieser Norm ist, dass der Gesetzgeber damit nur etwas klarstellen wollte, was vernünftigen Lesern des § 10 FamFG sowieso klar war, nämlich das diese Vorschrift für die öffentlich oder öffentlich-beglaubigten eintragungsbegründenden Erklärungen, insbesondere die Eintragungsbewilligung des § 19 GBO, keine Anwendung findet. § 15 Abs. 1 GBO hat also nur klarstellenden Charakter und will keine neue rechtsgestaltende Wirkung haben. Im Grundbuchverfahren ist sowohl Vertretung durch Bevollmächtigte außerhalb des Anwendungsbereichs von § 10 Abs. 2 FamFG als auch vollmachtlose Vertretung zulässig.

Tritt ein Vertreter auf, so hat das Grundbuchamt zu prüfen:

- Ist die Vertretungsmacht formgerecht nachgewiesen?
- Liegt die Bewilligung/dingliche Einigung innerhalb der Grenzen dieser Vertretungsmacht?
- Hat die Vertretungsmacht im Zeitpunkt des Wirksamwerdens der Bewilligung/dinglichen Einigung noch bestanden?

192a Mit dem Tod des Vollmachtgebers erlischt weder dass der Vollmachtserteilung zugrundeliegende Rechtsverhältnis (§§ 672, 675 BGB) noch die Vollmacht selbst (= **transmortale Vollmacht**); vgl. BGH, NJW 1983, 1487; OLG München, DNotZ 2012, 303. Eine Vorsorgevollmacht erlischt allerdings mit dem Tod des Vollmachtgebers (OLG München, NotBZ 2015, 62; OLG Hamm, DNotZ 2003, 120), es sei denn er hat – wie üblich – Gegenteiliges bestimmt. Die Vollmachtserteilung durch den Erblasser muss in öffentlicher oder öffentlich-beglaubigter Form nachgewiesen werden; der Bevollmächtigte kann dann grundsätzlich auch noch handeln, wenn die Erben bereits im Grundbuch eingetragen sind. Ist die vom Erblasser erteilte Vollmacht widerruflich, sind die Erben zum Widerruf berechtigt. Erfolgt letzterer nicht von allen Erben, bleibt die Vollmacht bezüglich der nicht widerrufenden Erben in Kraft (BGH, NJW 1975, 382); ein Anspruch auf Rückgabe der Vollmacht besteht daher nicht, sondern nur ein Anspruch auf Anbringung eines entsprechenden Vermerks (BGH, MittBayNot 1990, 20). Während der Dauer der Vollmacht ist der Bevollmächtigte nach h. M. nach dem Tod des Vollmachtgebers berechtigt im Namen der Erben (ohne diese zu nennen) eine Übertragung oder die Aufhebung eines zum Nachlass gehörenden Rechts vorzunehmen; die Voreintragung der Erben ist entbehrlich (§ 40 GBO) und der Nachweis des Erbrechts nach § 35 GBO ist nicht nötig (OLG Frankfurt, NotBZ 2015, 268; OLG München, DNotZ 2012, 303). Für die Grundbuchberichtigung durch Eintragung der Erben genügt ausnahmsweise die Berichtigungsbewilligung des transmortal Bevollmächtigten nicht, es bedarf vielmehr des Erbnachweises nach § 35 GBO; dies hätte der Erblasser zu Lebzeiten auch nicht veranlassen können (OLG Stuttgart, DNotZ 2012, 371).

→ **Beispiel 36a:**
Eigentümer einer Immobilie waren die Eheleute je zu ½. Mit notariell beglaubigten Erklärungen vom 8.12.2010 erteilten sie sich gegenseitig Generalvollmacht unter Befreiung von § 181 BGB, und zwar über den Tod hinaus. Im gemeinschaftlichen eigenhändigen Testament vom 3.8.2014 setzen sie sich gegenseitig zu Alleinerben ein. Der Ehemann ist am 1.10.2014 verstorben. Zu notarieller Urkunde vom 30.3.2015 überließ die Ehefrau aufgrund der Vollmacht als Vertreterin der Erben den Miteigentumsanteil des Ehemannes an sich selbst. Den Vollzugsantrag vom 17.6.2015 hat das GBA nach Einsicht des Testaments der Eheleute in den beim selben Gericht geführten Nachlassakten am 1.10.2015 zurückgewiesen.

Das OLG München (Rpfleger 2017, 140) hat die Zurückweisung zu Recht aufgehoben und das GBA angewiesen, den Eigentumswechsel zu vollziehen. Nach Auffassung des Grundbuchamts sei durch den Tod des Ehemannes Universalsukzession eingetreten, das Eigentum von selbst auf die Ehefrau als Alleinerbin übergegangen. Für eine rechtsgeschäftliche Übertragung sei kein Raum. Zur Eintragung der Ehefrau sollte ein Erbschein vorgelegt und Grundbuchberichtigung beantragt werden. Die Eintragung der Auflassung nach § 20 GBO durch Eigentumsumschreibung kann jedoch nicht deswegen versagt werden, weil die Ehefrau als potentielle Alleinerbin und Eigentümerin nicht die Erbfolge nachgewiesen und Grundbuchberichtigung beantragt hat.

Die Ehefrau hat sich durch die im Original vorgelegte Vollmachtsurkunde legitimiert (vgl. § 172 BGB). Die Vorlage schafft den Rechtsschein, dass die Vertretungsmacht fortbesteht. Die nach § 167 BGB wechselseitig erteilte Vollmacht legt ausdrücklich fest, dass sie über den Tod hinaus gelten solle. Dies entspricht einer sog. transmortalen Vollmacht. In diesem Fall legitimiert sie dazu, die Erben auch im Grundbuchverkehr hinsichtlich des Nachlasses zu vertreten. Die Rechte des Bevollmächtigten leiten sich in diesem Fall vom Erblasser ab, nicht von den Erben. Die von der Vollmachtsurkunde ausgehende Legitimationswirkung gem. § 172 BGB verschafft in deren Rahmen die Rechtsmacht, Verfügungen zu treffen, etwa Grundstücksübertragungen vorzunehmen.

Die Wirksamkeit der Auflassung aufgrund transmortaler Vollmacht wird nicht dadurch in Frage gestellt, dass mit dem Erbfall der Nachlass mit dem Eigenvermögen der Ehefrau als potentieller Erbin zu einer rechtlichen Einheit verschmolzen sein kann, wodurch die Annahme eines Fortbestehens der Vollmacht für den Alleinerben auf eine gesetzlich nicht vorgesehene Fiktion hinausliefe. Wird der vollmachtgebende Erblasser vom Bevollmächtigten als Alleinerbe beerbt, so erlischt nach überwiegender Meinung die vom Erblasser erteilte und grundsätzlich für die Erben fortbestehende Vollmacht, da niemand sich selbst vertreten kann (OLG Hamm, DNotZ 2013, 689; **a.A.** mit beachtlichen Gründen: *Keim*, MittBayNot 2017, 111; *Herrler*, DNotZ 2017, 508; *Weidlich*, MittBayNot 2013, 196, 199).

Aus den in der notariellen Niederschrift enthaltenen Erklärungen der Beteiligten ergibt sich im vorliegenden Fall, dass der Ehemann im Beurkundungszeitpunkt verstorben war. Das Grundbuchamt konnte sich dieses Umstands nicht verschließen. Regelmäßig ist aber selbst bei vor mehreren Jahren erteilten Vollmachten ein gesonderter Nachweis über ihren aktuellen Fortbestand nicht notwendig (OLG Hamm, FGPrax 2005, 196, 198). Selbstredend steht bei einer transmortalen Vollmacht das Ableben des Vollmachtgebers der Annahme einer fortdauernden Vertretungsberechtigung des Bevollmächtigten nicht entgegen.

Die aus den Nachlassakten desselben Amtsgerichts gewonnenen Erkenntnisse bezeugen keine Erbenstellung der Ehefrau. Eine derartige Überzeugung kann sich das Grundbuchamt aus dem dort eingesehenen eigenhändigen Testament der Eheleute nämlich nicht bilden. Dies würde dem Grundsatz der strikten Nachweisbeschränkung widersprechen. Ausgeblendet wären z. B. die vielfältigen Möglichkeiten wie etwa Errichtungsmängel, Anfechtung oder Ausschlagung, die das mutmaßliche Erbe der Ehefrau ausschließen könnten. Eine derartige Prüfung ist aber dem Erbscheinsverfahren vorbehalten. Lediglich die Kenntnis des eigenhändigen Testaments durchbricht nicht bereits die von der Vollmachtsurkunde ausgehende Legitimationswirkung (OLG München, Rpfleger 2017, 140). Im Grundbuchverkehr ist die materielle Erbenstellung grundsätzlich unerheblich, solange nicht der Nachweis in Form der in § 35 Abs. 1 GBO bezeichneten Urkunden erbracht ist. Denn insoweit besteht ein Nachweistypenzwang, der andere Beweismittel ausschließt.

Aus dem Legalitätsprinzip (= Pflicht des Grundbuchamts zu verhindern, dass das Grundbuch unrichtig wird) folgt nichts Gegenteiliges. Ist die Ehefrau nach dem bekannt gewordenen eigenhändigen Testament tatsächlich Alleinerbin des Mannes geworden, führt ihre Eintragung als Eigentümerin zur Richtigkeit des Grundbuchs; ist die Ehefrau dagegen nicht Alleinerbin, wird sie dies durch die Auflassung in Verbindung mit der beantragten Eintragung im Grundbuch (Keim, DNotZ 2013, 692, 694). Deshalb erscheint es bereits zweifelhaft, ob einem Erschein mangels Erheblichkeit für den Nachweis der Verfügungsberechtigung noch eine Bedeutung zukommt (OLG München, Rpfleger 2017, 140).

→ **Beispiel 36b:**

Die Ehefrau F ist Alleineigentümerin eines Grundstücks. Sie hat ihrem Ehemann M eine transmortale Generalvollmacht erteilt Die Ehefrau F verstarb und wurde von ihrem Ehemann M und ihrer Tochter T beerbt. Aufgrund der transmortalen Vollmacht hat der Ehemann M das Grundstück veräußert. Das GBA lehnte die Eintragung des Eigentumswechsels ab und verlangte einen Erbschein, weil der Ehemann M nicht gleichzeitig Bevollmächtigter und Miterbe sein könne.

Böttcher

Das OLG Schleswig (Rpfleger 2015, 9) hat die Zwischenverfügung des Grundbuchamtes aufgehoben und die Eintragung des Eigentumswechsels angewiesen. Während der Dauer der Vollmacht ist der Bevollmächtigte nach h. M. nach dem Tod des Vollmachtgebers berechtigt im Namen der Erben (ohne diese zu nennen) eine Übertragung eines zum Nachlass gehörenden Grundstücks vorzunehmen; die Voreintragung der Erben ist entbehrlich (§ 40 GBO) und der Nachweis des Erbrechts nach § 35 GBO ist nicht nötig. Wird der vollmachtgebende Erblasser aber vom Bevollmächtigten als Alleinerbe beerbt, so erlischt nach überwiegender Meinung die vom Erblasser erteilte und grundsätzlich für die Erben fortbestehende Vollmacht, da niemand sich selbst vertreten kann (OLG Hamm, DNotZ 2013, 689). Nach dem OLG Schleswig (Rpfleger 2015, 9) erlischt die transmortale Vollmacht aber nicht partiell in der Person des Bevollmächtigten, falls dieser zugleich Miterbe ist. Der Bevollmächtigte handelt in diesem Fall für alle Erben in ihrer gesamthänderischen Verbundenheit. Ist der Bevollmächtigte somit Miterbe geworden, kann er Grundbesitz aufgrund einer transmortalen Vollmacht ohne Voreintragung der Erben (§ 40 GBO) und ohne Vorlage eines Erbscheins veräußern.

→ **Beispiel 36c:**
   Im GB ist als Eigentümerin die Erblasserin E eingetragen. Sie ist am 18.3.2016 verstorben. Dem Ehemann M wurde 5.3.2009 eine notariell beurkundete Generalvollmacht erteilt, die über den Tod der Vollmachtgeberin hinaus gilt. Zu notarieller Urkunde vom 27.6.2016 überträgt der Ehemann M die Immobilie an die volljährige Tochter T und erklärt dabei, dass er als Bevollmächtigter und aufgrund eines gemeinschaftlichen Testaments vom 5.3.2009 als Alleinerbe nach der Ehefrau E handele. Den Vollzugsantrag vom 1.7.2016 hat das GBA am 12.7.2016 zurückgewiesen. Dagegen wurde Beschwerde eingelegt.

Das OLG München (ZfIR 2017, 70) hat die Entscheidung des Grundbuchamts bestätigt. Wird der vollmachtgebende Erblasser vom Bevollmächtigten als Alleinerbe beerbt, so erlischt nach überwiegender Meinung die vom Erblasser erteilte und grundsätzlich für die Erben fortbestehende Vollmacht, da niemand sich selbst vertreten kann (OLG Hamm, DNotZ 2013, 689). Nach der Rechtsprechung (OLG München, ZfIR 2017, 70) entfalle die Legitimationswirkung der Vollmacht, wenn der Urkundsbeteiligte sie dadurch aufhebt, dass er ausdrücklich erklärt, als Alleinerbe berufen zu sein. Dann laufe seine Erklärung nämlich darauf hinaus, dass er eine rechtsgeschäftliche Willenserklärung als Vertreter abgegeben habe, obwohl deren Wirkungen nur ihn selbst als den vertretenen Alleinerben treffen können; für eine Fiktion des Fortbestands der Vollmacht sei in diesem Fall kein Raum. Es könne auch nicht offen gelassen werden, ob der Verfügende als Bevollmächtigter oder als Erbe handele. Für die Alleinerbenstellung fehlen die grundbuchrechtlichen Nachweise. Für die Praxis kann daher ein Handeln des Bevollmächtigten im Namen des Alleinerben des eingetragenen Berechtigten (ohne diesen zu nennen) und zugleich vorsorglich im eigenen Namen nicht empfohlen werden.

Dieser Ansicht kann nicht zugestimmt werden. Hat das Grundbuchamt vom Tod des Vollmachtgebers Kenntnis erlangt (z. B. durch Angabe des Bevollmächtigten), dann hat es auch keinen Erbnachweis nach § 35 GBO zu verlangen, um prüfen zu können, ob ein Eigenhandeln des Alleinerben vorliegt. Denn die vom Alleinerben (= Bevollmächtigten) abgeschlossenen Rechtsgeschäfte sind auf jeden Fall wirksam, und zwar entweder als Willenserklärungen im eigenen Namen oder in Vertretung des Erben (OLG München, ZfIR 2017, 70). Deshalb besteht keine Entscheidungserheblichkeit, ob der Verfügende als Bevollmächtigter oder Alleinerbe handelt (*Herrler,* DNotZ 2017, 508; *Keim,* MittBayNot 2017, 111; *Zimmer,* NJW 2016, 3341; *Amann,* MittBayNot 2013, 367, 371; *Weidlich,* MittBayNot 2013, 196, 199).

→ **Fortsetzung von Beispiel 36c:**
Am 14.9.2016 hat der beurkundende Notar in beglaubigter Form vorgelegt:
- Notarielles Ehegattentestament vom 5.3.2009, wonach sich die Eheleute gegenseitig zum alleinigen Vollerben einsetzen,
- Eröffnungsniederschrift des Nachlassgerichts vom 30.3.2016,
- und erneut Vollzugsantrag gestellt.

Das OLG München (MittBayNot 2017, 142) hält den Vollzugsantrag nunmehr zu Recht für eintragungsfähig. Es geht davon aus, dass spätestens mit der Vorlage der die Erbfolge nachweisenden letztwilligen Verfügung samt der Niederschrift über die Eröffnung (vgl. § 35 Abs. 1 S. 2 GBO) die ebenfalls vorgelegte Vollmachtsurkunde vom 5.3.2009 ihre Wirkung als Rechtsscheinträger verloren hat. Das notarielle gemeinschaftliche Testament weist zweifelsfrei die Erbfolge nach. Daraus folge, dass die Verfügungsberechtigung gegenüber dem Grundbuchamt positiv belegt ist und ausschließlich auf der Erbenstellung beruht. Der Voreintragung des Alleinerben nach § 39 Abs. 1 GBO bedarf es wegen § 40 Abs. 1 GBO nicht.

Bei einer notariellen Beurkundung aufgrund einer transmortalen Vollmacht wird es dem Notar i.d.R. nicht verborgen bleiben, dass der Vollmachtgeber verstorben ist; eine Verpflichtung sich danach zu erkundigen, besteht jedoch nicht. Einen Erbnachweis gemäß § 35 GBO kann das Grundbuchamt aber für das Fehlen der Alleinerbenstellung des Bevollmächtigten natürlich nicht verlangen, wenn ihm gar nicht bekannt ist, dass der Vollmachtgeber verstorben ist. Handelt der Bevollmächtigte aufgrund einer transmortalen Vollmacht, muss das Grundbuchamt grundsätzlich vom Fortbestehen der Vollmacht ausgehen. Unnötige Erklärungen über die Erbfolge können daher eher schaden als nützen, wie *Amann* (MittBayNot 2013, 367, 371) feststellt. Deshalb sollte nach *Zimmer* (NJW 2016, 3341) und *Keim* (MittBayNot 2017, 111) ein Hinweis auf die Alleinerbenstellung gegenüber dem Grundbuchamt vermieden werden. Nach *Herrler* (DNotZ 2017, 508) sollte zur Vermeidung von Schwierigkeiten beim Grundbuchvollzug stets ausdrücklich ein Hierarchieverhältnis angegeben werden, wonach der Bevollmächtigte primär in dieser Funktion und nur subsidiär (vorsorglich) für den Fall, dass er Alleinerbe ist, zugleich im eigenen Namen handelt.

1.1. Nachweis der Vertretungsmacht

Wird eine grundbuchrechtliche Erklärung (z. B. Bewilligung nach § 19 GBO, Auflassung nach § 20 GBO) von einem Vertreter abgegeben, so hat das Grundbuchamt selbständig die Wirksamkeit der Vollmacht zu prüfen, uns zwar auch dann, wenn der Urkundsnotar die Vollmacht für ausreichend angesehen hat (OLG Bremen, ZfIR 2014, 564; OLG München, NotBZ 2012, 472). 193

Zum Nachweis der Vertretungsmacht ist der Besitz der Vollmachtsurkunde erforderlich (vgl. § 172 BGB). Dafür kann dem Grundbuchamt die **Urschrift einer notariell beglaubigten oder die Ausfertigung einer notariell beurkundeten Vollmachtsurkunde** vorgelegt werden (BayObLG, Rpfleger 2002, 194). Bei einer beurkundeten Vollmacht wird dem Vertreter eine Ausfertigung der Vollmachtsurkunde zum Vollmachtsnachweis ausgehändigt. Die Ausfertigung der Urkunde vertritt im Rechtsverkehr die Urschrift (§ 47 BeurkG). Die Urschrift der notariellen Urkunde wird in die notarielle Verwahrung genommen und verbleibt dort auf Dauer. Die bloße Berufung des Vertreters gegenüber dem Grundbuchamt auf eine in der Urkundensammlung des Notars verwahrte Urschrift genügt zum Nachweis der Vollmacht nicht (OLG Köln, MittRhNotK 1984, 80, 81).

Die **Vorlage einer beglaubigten oder einfachen Abschrift** der Vollmachtsurkunde gegenüber dem Grundbuchamt **genügt grundsätzlich nicht**, weil zum Nachweis der Vertretungsmacht der Besitz der Vollmachtsurkunde erforderlich ist, vgl. § 172 BGB (BGH, DNotZ 1988, 551). Bei einer notariell beurkundeten Vollmacht ersetzt nur die Ausfertigung die Vollmacht im Rechtsverkehr (§ 47 BeurkG). Ist die Vollmacht notariell beglaubigt, so beweist nur der Besitz der Urschrift der Vollmachtsurkunde die Vertretungsmacht.

Ausnahmsweise genügt die Vorlage einer beglaubigten Abschrift der Vollmachtsurkunde gegenüber dem Grundbuchamt, wenn zusätzlich eine **Bescheinigung des Notars** (vgl. § 39 BeurkG) mit eingereicht wird, in der er bestätigt, **dass der Bevollmächtigte die Vollmachtsurkunde in Urschrift oder Ausfertigung ihm vorgelegt hatte** (BGH, DNotZ 1988, 551). Gemäß § 12 BeurkG hat sich der Notar eine notariell beglaubigte Vollmacht in Urschrift oder eine notariell beurkundete Vollmacht in Ausfertigung vorlegen zu lassen. Wird das Vertretergeschäft (z. B. Auflassung) notariell beurkundet, so kann der Notar die Tatsache des Besitzes der Vollmachtsurkunde durch den

Bevollmächtigten mitbeurkunden. Diese Feststellung des Notars über die von ihm wahrgenommene Tatsache genießt öffentlichen Glauben. Es genügen dann die Vorlage einer beglaubigten Abschrift der Vollmachtsurkunde und der Bescheinigung des Notars beim Grundbuchamt zum Nachweis der Vertretungsbefugnis. Beglaubigt der Notar bei dem Vertretergeschäft nur die Unterschrift des Bevollmächtigten (z. B. Bewilligung nach § 19 GBO) und bescheinigt er im Beglaubigungsvermerk, dass der Bevollmächtigte bei Leistung der Unterschrift die Vollmachtsurkunde in Urschrift oder Ausfertigung vorgelegt hat, so ist durch diese Bestätigung, die öffentlichen Glauben genießt, der erforderliche Vertretungsnachweis erbracht (BayObLG, Rpfleger 2002, 194). Die Vollmachtsurkunde braucht dann lediglich in beglaubigter Abschrift dem Grundbuchamt eingereicht zu werden.

In **§ 34 GBO** ist die Möglichkeit geschaffen worden, auch Vollmachten durch eine notarielle Bescheinigung gemäß **§ 21 Abs. 3 BNotO** nachzuweisen (vgl. dazu Rdn. 256a).

→ **Beispiel 36d:**

Im Grundbuch des Eigentümers E ist eine Grundschuld für den Gläubiger G eingetragen. Am 31.1.2007 erteilte der Gläubiger G dem H eine notariell beurkundete Vollmacht zur Abgabe einer Löschungsbewilligung (Erteilung einer Untervollmacht ist zulässig). Am 28.11.2012 erteilte der H dem K eine notariell beurkundet Untervollmacht „im Umfang der Hauptvollmacht", wobei letztere bei der Beurkundung dem Notar in Ausfertigung vorlag. Der K gab am 29.8.2013 eine öffentlich beglaubigte Löschungsbewilligung für die Grundschuld ab. Dabei lagen dem Notar vor: Eine Ausfertigung der Untervollmacht und eine beglaubigte Abschrift der Hauptvollmacht mit der notariellen Bescheinigung, dass bei Erteilung der Untervollmacht die Hauptvollmacht in Ausfertigung vorlag. Die beantragte Löschung der Grundschuld hat das Grundbuchamt abgelehnt und verlangte dafür die Vorlage der Ausfertigung der Hauptvollmacht.

Das KG (Rpfleger 2016, 20) hat die Zwischenverfügung zu Recht aufgehoben und das Grundbuchamt angewiesen, die Grundschuld zu löschen. Die **Untervollmacht** ist im Gesetz nicht ausdrücklich geregelt. Trotzdem ist sie seit langem unstreitig **anerkannt** (OLG Hamm, NotBZ 2013, 142). Sie wird nicht vom Vertretenen erteilt, sondern vom Hauptbevollmächtigten. Der Unterbevollmächtigte kann im Namen des Vertretenen handeln, d. h. nur der Geschäftsherr wird vom Unterbevollmächtigten vertreten und nicht der Hauptbevollmächtigte. Untervollmacht kann aber auch so erteilt werden, dass der Hauptbevollmächtigte den Unterbevollmächtigten zu seinen eigenen Vertreter bestellt und ihn so zum Vertreter des Vertreters macht (BGH, NJW 1960, 1565). Auch im letzteren Fall wirkt die vom Unterbevollmächtigten abgegebene Erklärung nur für den Vollmachtgeber des Hauptvertreters; die Wirkungen gehen gleichsam gemäß den beiden Vollmachtsverhältnisses durch den Hauptvertreter hindurch. Im vorliegenden Fall war die Untervollmacht erteilt worden, den Grundschuldgläubiger „im Umfang der Hauptvollmacht zu vertreten". Als „Vertreter des

Vertreters" konnte der Unterbevollmächtigte danach gerade nicht auftreten, sondern als Vertreter des Grundschuldgläubigers.

Für die wirksame Erteilung einer Untervollmacht ist es nötig, dass im Zeitpunkt ihrer Erteilung die **Hauptvollmacht** wirksam gewesen ist. Nach dem Wirksamwerden der Untervollmacht ist ihr Wirksambleiben nicht mehr vom weiteren Fortbestand der Hauptvollmacht **abhängig**. Dies folgt daraus, dass der Untervertreter seine Vertretungsbefugnis für den Geschäftsherren nicht aus der Person des Hauptbevollmächtigten, sondern vom Geschäftsherren selbst ableitet. Bei der Erteilung der Untervollmacht ist daher zwar die Hauptvollmacht vorzulegen, aber nicht beim Handeln des Unterbevollmächtigten.

Gegenüber dem Grundbuchamt ist zunächst der Bestand der Untervollmacht bei Wirksamwerden der Bewilligung nachzuweisen. Zum Nachweis ist die Untervollmacht in Urschrift oder Ausfertigung vorzulegen. Denn die Vorlage begründet dann gemäß § 172 Abs. 1 BGB die Vermutung, dass die Vollmacht fortbesteht. Alternativ genügt hierfür die Vorlage einer beglaubigten Abschrift der Untervollmacht mit Bescheinigung des Notars, dass die Untervollmacht bei Abgabe der Bewilligung in Urschrift oder Ausfertigung vorlag (OLG München, DNotZ 2008, 844). Im vorliegenden Fall wurde der erforderliche Nachweis durch die Vorlage der Ausfertigung der Untervollmacht geführt.

Allerdings ist dem GBA bei Handlungen eines Unterbevollmächtigten die gesamte Vertretungskette in öffentlicher Form nachzuweisen. Es ist also nicht allein die Untervollmacht, sondern auch nachzuweisen, dass der Hauptbevollmächtigte zu ihrer Erteilung seinerseits berechtigt war. Die Prüfung des Grundbuchamtes hat sich daher darauf zu beschränken, ob der **Bestand der Hauptvollmacht im Zeitpunkt der Erteilung der Untervollmacht** nachgewiesen werden kann (KG, Rpfleger 2016, 20). Dieser Nachweis kann dadurch geschehen, dass der Hauptvertreter bei Erteilung der Untervollmacht dem Notar seine Vollmachtsurkunde in Urschrift oder Ausfertigung vorlegt und der Notar unter Hinweis hierauf gemäß § 12 BeurkG eine beglaubigte Abschrift dieser Urkunde beifügt. Dies war im vorliegenden Fall geschehen. Die Hauptvollmacht musste deshalb nicht in Ausfertigung vorgelegt werden.

1.2. Umfang der Vertretungsmacht

a) Der Umfang der Vertretungsmacht ergibt sich aus der Vollmachtsurkunde oder – insbesondere bei gesetzlicher Vertretung – aus dem Gesetz. **194**
Die Vertretungsmacht kann beschränkt sein:

- durch das Erfordernis der **gerichtlichen Genehmigung** bei gesetzlichen Vertretern nicht voll Geschäftsfähiger (vgl. dazu unten → Rdn. 201),

195 b) Fraglich ist, ob sich auch aus § 181 BGB Einschränkungen für den Vertreter des Bewilligenden ergeben können. Da die Bewilligung eine einseitige Erklärung ist, trifft § 181 BGB zumindest seinem Wortlaut nach die Bewilligung durch einen Vertreter nicht.

Selbstverständlich ist § 181 BGB voll anwendbar in den Fällen der Vertretung bei der Auflassung, weil hier ja die Wirksamkeit des dinglichen Vertrages vom Grundbuchamt zu überprüfen ist (§ 20 GBO).

- durch das Erfordernis der Mitwirkung oder Zustimmung bestimmter Organe bei Körperschaften des öffentlichen Rechts (vgl. dazu unten → Rdn. 198).

→ **Beispiel 37:**
A ist Eigentümer eines Grundstückes, er will für B eine Hypothek bestellen. Zu diesem Zweck bevollmächtigt er B zur Abgabe aller notwendigen Erklärungen. B einigt sich mit sich selbst namens des A und gibt die Eintragungsbewilligung ab.

Dass im vorhergehenden Fall die Einigung des § 873 BGB wegen § 181 BGB unwirksam ist, unterliegt keinem Zweifel. Das GBA wird jedoch wegen der Formlosigkeit der Einigung und im Hinblick auf § 19 GBO davon kaum Kenntnis erlangen. Es hat jedoch die Wirksamkeit der Bewilligung zu prüfen. Unbedeutend ist, dass es sich um eine einseitige Erklärung handelt; auch für sie gilt nach ganz allg. Meinung § 181 BGB (BGH, NJW-RR 1991, 1441; *Meikel/Böttcher*, GBO Einl. E Rdn. 298 m.w.N.). Fraglich ist jedoch die Anwendung von § 181 BGB aus anderem Grunde: Sie geht – ihrem Wortlaut nach – von einer äußerlich sichtbaren Ausgestaltung des zu beurteilenden Vorganges aus; charakteristisch dafür ist das Auftreten des Vertreters auf beiden Seiten des Geschehens. So bei der Einigung: B tritt auf beiden „Vertragsseiten" auf, einmal als Partei, einmal als Vertreter der anderen Partei – er einigt sich praktisch mit sich selbst. Genauso wäre die Situation, wenn die Bewilligung eine empfangsbedürftige Willenserklärung wäre und er sie demgemäß als Vertreter des A gegenüber sich selbst abgeben und sie selbst in Empfang nehmen würde. Das ist jedoch nicht der Fall, weil die Bewilligung gegenüber dem GBA abgegeben wird. § 181 BGB ist von der Ratio der Norm her trotzdem anwendbar. Eine vom GBA erkannte Unwirksamkeit der Einigung aufgrund des § 181 BGB muss auch für die Bewilligung wirken und ist vom GBA zu beachten (*Meikel/Böttcher*, GBO Einl. E Rdn. 304).

196 Häufig sind auch folgende Fälle:

→ **Beispiel 38:**
a) Hypothekengläubiger B gibt gegenüber dem Grundbuchamt die Bewilligung zur Löschung einer für ihn eingetragenen Hypothek ab, zugleich stimmt er namens des Eigentümers A aufgrund einer ihm von diesem erteilten Vollmacht zu.

b) Eigentümer A bewilligt namens und in Vollmacht des B (Hypothekengläubiger) den Rangrücktritt einer für B eingetragenen Hypothek und stimmt als Eigentümer gleichzeitig zu.

Auch auf diese Vorgänge ist § 181 BGB nach einer Meinung nicht anwendbar, weil es auch hier am Erfordernis der Stellung auf beiden Seiten eines Rechtsgeschäftes fehlt: B und A geben nicht Erklärungen ab und nehmen sie gleichzeitig in anderer Eigenschaft entgegen, sondern sie geben mehrere gleichgerichtete Erklärungen ab, die vom Grundbuchamt entgegengenommen werden (vgl. RGZ 157, 27; BayObLG, DNotZ 1952, 163). Auch in diesen Fällen sind von der Ratio des § 181 BGB her Zweifel angebracht, ob die formale Betrachtung der Rspr. gerechtfertigt ist (BGH, Rpfleger 1980, 336; BayObLG, Rpfleger 1987, 156; *Meikel/Böttcher,* GBO Einl. E Rdn. 304).

1.3. Fortbestehen der Vertretungsmacht

Die Vertretungsmacht muss in dem Zeitpunkt bestehen, zu dem die **von dem Vertreter abgegebene Erklärung** (z. B. Auflassung, Bewilligung) **wirksam wird** (KG, Rpfleger 2013, 140). Ob dies der Fall ist, hat das Grundbuchamt stets von Amts wegen zu prüfen. Unschädlich ist es, wenn die Vertretungsmacht nach diesem Zeitpunkt wegfällt. Gibt ein Vertreter die materiellrechtliche Einigungserklärung nach § 20 GBO (= Auflassung eines Grundstücks; Begründung, Inhaltsänderung und Übertragung eines Erbbaurechts) vor dem Notar, so wird sie damit wirksam. Der Nachweis des Bestehens der Vollmacht ist auf diesen Zeitpunkt zu führen. Die verfahrensrechtliche Bewilligung nach § 19 GBO wird wirksam mit Aushändigung der Urschrift oder Ausfertigung an den Begünstigten oder mit Eingang beim Grundbuchamt. Das Wirksamwerden der Bewilligung durch Aushändigung beim Begünstigten lässt sich i.d.R. nicht grundbuchmäßig nachweisen. Wird dem Grundbuchamt mit der Eintragungsbewilligung die Vollmacht in Urschrift oder Ausfertigung eingereicht, so sind für das Grundbuchamt, bezogen auf den Zeitpunkt des Eingangs, die Voraussetzungen des Erfahrungssatzes, der dem § 172 Abs. 2 BGB zugrunde liegt, nachgewiesen (KG, Rpfleger 2013, 140).

Neben der Erteilung der Vollmacht ist dem Grundbuchamt auch der **Fortbestand der Vollmacht** im Zeitpunkt des Wirksamwerdens der Erklärung des Vertreters nachzuweisen. Der Umstand, dass eine einmal erteilte Vollmacht noch besteht, d. h. nicht erloschen ist (z. B. ein Widerruf nicht erfolgt ist), kann nicht in der Form des § 29 GBO geführt werden. Das Grundbuchamt muss diese Frage vielmehr **im Wege der freien Beweiswürdigung unter Verwendung von Erfahrungssätze** beurteilen (BayObLG, Rpfleger 1986, 90). Liegen die Rechtsscheintatbestände der §§ 170–172 BGB vor, bestehen positive Anhaltspunkte für das Fortbestehen einer Vollmacht, zumindest solange dem Grundbuchamt keine konkreten Anhaltspunkte für die Bösgläubigkeit des Geschäftsgegners (§ 173 BGB), einen Vollmachtswiderruf (§ 171 Abs. 2 BGB) oder die Kraftloserklärung der Vollmachtsurkunde (§ 176 BGB) bekannt werden (OLG München, RNotZ 2013, 169). Ist der Bevollmächtigte im Besitz der Urschrift der notariell beglaubigte Vollmacht oder der Ausfertigung der notariell beurkundeten Vollmacht, so hat das Grundbuchamt in der Regel vom Fortbestand der Vollmacht auszugehen, weil der Vollmachtgeber bei Widerruf die Rückgabe der Urkunde und bei Widerruf durch einen von mehreren Vollmachtgeber die Anbringung eines entsprechenden Vermerks verlangen kann (BGH, NJW 1990, 507). Zum Nachweis des Fortbestandes einer Vollmacht gegenüber dem Grundbuchamt genügt auch die Bescheinigung des Notars, dass die Urschrift oder die Ausfertigung der Vollmachtsurkunde vorlag und die Vollmacht dem Notar gegenüber nicht widerrufen ist (OLG Köln, DNotZ 1984, 569). Ein Nachweis des Fortbestandes der Vollmacht kann danach grundsätzlich nicht mehr verlangt werden. Das Grundbuchamt hat solange vom Fortbestand der Vollmacht auszugehen, als ihm nicht Umstände bekannt werden, die hieran begründete Zweifel wecken (OLG Hamm, ZfIR 2005, 822).

Nur wo es durch Tatsachen gestützte Zweifel am Fortbestand einer Vollmacht hat (z. B. Mitteilung der Anfechtung einer Vollmacht, des Widerruf einer Vollmacht gegenüber dem Bevollmächtigten, der Anweisung an den Notar, keine Ausfertigungen zu erteilen), ist es berechtigt, weitere Nachweise zu verlangen (OLG München, NotBZ 2009, 491). Das Grundbuchamt darf die Eintragung eines Eigentumswechsels an einem Grundstück vom Nachweis des Fortbestehens der Auflassungsvollmacht abhängig machen, wenn zwischen der Vollmachtserteilung und der Auflassungserklärung fünfzig Jahre liegen und die am Grundstücksübertragungsvertrag beteiligten Personen allesamt nicht mehr am Leben sind (OLG Naumburg, FGPrax 2002, 241). Voraussetzung dafür, dass das Grundbuchamt vom Fortbestand einer einmal erteilte und widerruflichen Vollmacht ausgehen kann, ist, dass die Vollmacht bis zum Zugang der grundbuchrechtlichen Erklärung beim Grundbuchamt nicht widerrufen worden und der Widerruf dem Grundbuchamt bekannt geworden sein darf. Der **Widerruf der Vollmacht** braucht **nicht in der Form des § 29 GBO** nachgewiesen zu werden, da es sich insoweit um eine eintragungshindernde Erklärung handelt, für die die genannte Vorschrift keine Anwendung findet (OLG München, RNotZ 2013, 169).

2. Erklärungen durch Behörden

198 Bei der Teilnahme von Behörden am Grundbuchverkehr ist stets deutlich zu unterscheiden, in welcher Eigenschaft dies geschieht:

→ **Beispiel 39:**
  a) Die Verwaltungsbehörde beantragt die Eintragung eines Widerspruches gegen das Eigentum des A, der ohne die erforderliche Genehmigung nach dem GrStVG als Eigentümer eingetragen wurde.
  b) Die Stadt München, Liegenschaftsamt, bewilligt die Löschung einer für Zwecke der Wasserversorgung eingetragenen Dienstbarkeit auf dem Grundstück des A.

Im *Falle a)* nimmt die Behörde in öffentlich-rechtlicher Eigenschaft am Grundbuchverkehr teil: Gem. § 7 Abs. 3 GrStVG kann die Stadt als Genehmigungsbehörde um die Eintragung des Widerspruches ersuchen; dieses Ersuchen ist im Verfahren nach § 38 GBO (→ Rdn. 211) zu behandeln.

Im *Falle b)* nimmt die Stadt in privatrechtlicher Eigenschaft am Grundbuchverkehr teil. Sie bewilligt die Löschung eines dinglichen Rechts, ein Vorgang, der sich außer in der Person des Berechtigten in nichts von einem gleichartigen Vorgang bei einem privaten Beteiligten unterscheidet. Ein solches Verfahren ist ein gewöhnliches Grundbuchverfahren, für das die Vorschriften der §§ 13, 19 GBO usw. gelten.

Jede Behörde ist befugt, innerhalb der Grenzen ihrer Amtsbefugnisse in einer sog. bewirkenden Eigenurkunde Eintragungsbewilligungen in ihren eigenen privatrechtlichen Angelegenheiten abzugeben (BayObLGZ 1954, 322/330; BGHZ 45, 342/366).

Das Grundbuchamt hat dabei zu prüfen, ob die Form des § 29 Abs. 3 GBO gewahrt ist, ob sich die Behörde innerhalb der Grenzen ihrer Amtsbefugnis hält und ob nicht die Zustimmung anderer Organe (z. B. Gemeinderat, Aufsichtsbehörde etc.) erforderlich ist.

3. Erklärungen durch gesetzliche Vertreter juristischer Personen und Personengesellschaften

Wer zur Vertretung einer juristischen Person oder Personengesellschaft berechtigt ist, ergibt sich aus dem Gesetz, der Satzung oder dem Gesellschaftsvertrag. Zum Nachweis vgl. **Rdn. 253, 255, 256**!

199

Der Umfang der Vertretungsmacht ist gesetzlich geregelt. Beschränkungen, die über die gesetzlichen Regelungen hinausgehen, sind grundsätzlich unwirksam (vgl. § 125 HGB; § 26 Abs. 2 BGB; § 27 Abs. 2 GenG; § 37 Abs. 2 GmbHG; § 82 Abs. 1 AktG).

4. Formelle Bewilligung/materielle Erklärung durch gesetzliche Vertreter natürlicher Personen

4.1. Grundsätze

Unter welchen Voraussetzungen und durch wen natürliche Personen gesetzlich vertreten werden, ergibt sich aus den einschlägigen Vorschriften des BGB. Der Nachweis der Vertretungsmacht ist bei Vormündern, Betreuern und Pflegern, sowie in den Ausnahmefällen, in denen nur ein Elternteil vertretungsberechtigt durch Vorlage der gerichtlichen Bestallung oder der entsprechenden gerichtlichen Entscheidung zu führen; ein Betreuer legitimiert sich durch die Bestellungsurkunde. Von Eltern kann regelmäßig ein Nachweis der Vertretungsbefugnis nicht verlangt werden.

200

Handelt ein (legitimierter) gesetzlicher Vertreter, so ist zunächst zu prüfen, ob nicht ein **Vertretungsausschluss nach § 181 BGB, §§ 1629 Abs. 2, 1795 BGB (§§ 1908i, 1915 BGB)** vorliegt und damit die Bestellung eines Ergänzungspflegers nach § 1909 BGB bzw. Ergänzungsbetreuers nach § 1899 Abs. 4 BGB erforderlich wird.

Sodann ist zu überlegen, ob eine **gerichtliche Genehmigung** erforderlich ist, die im Grundbuchverfahren geprüft werden muss, weil das Erfordernis der Genehmigungsbedürftigkeit eine Einschränkung in der Vertretungsmacht der gesetzlichen Vertreter darstellt (s. dazu unten → Rdn. 202 f.).

→ **Beispiel 39a:**
Der Großvater erklärte zu notarieller Urkunde die Schenkung und Auflassung seines Grundstücks an seine minderjährige Enkeltochter, die dabei von ihren Eltern vertreten wurde. In der Urkunde bestellte die minderjährige Übernehmerin (vertreten durch ihre Eltern) einen Nießbrauch für ihre Eltern. Das GBA verlangte für den Vollzug der Eintragungen eine Genehmigung durch einen Ergänzungspfleger für die Minderjährige. Zu Recht?

Bei der schenkungsweisen Übereignung des Grundstücks vom Großvater an die minderjährige Enkeltochter, sind die Eltern von der Vertretung ihrer minderjährigen Tochter grundsätzlich ausgeschlossen nach § 1629 Abs. 2 S. 1 i.V.m. § 1795 Abs. 1 Nr. 1 BGB (Rechtsgeschäft mit einem Verwandten in gerader Linie). Bei der schenkungsweisen Übereignung einer Immobilie hatte der BGH (BGHZ 15, 168) zunächst den Abschluss des Schenkungsvertrags als lediglich rechtlich vorteilhaft (es entsteht ja nur der Übereignungsanspruch) und die Auflassung dann als Erfüllung einer Verbindlichkeit (des Schenkungsvertrages) angesehen, kam also zu keiner Verletzung des § 1795 BGB oder § 181 BGB. Damit blieben aber etwaige, sich aus dem Eigentumswechsel ergebende Nachteile für den Vertretenen unberücksichtigt. Unter Durchbrechung des Abstraktionsprinzips wurde dann die getrennte Betrachtung von schuldrechtlichem und dinglichem Rechtsgeschäft abgelehnt und eine Gesamtbetrachtung vorgenommen, bei der die Mängel des dinglichen Geschäfts (Übereignung) bereits bei dem schuldrechtlichen Teil (Schenkung) berücksichtigt wurden (BGHZ 78, 28). Inzwischen hat der BGH (DNotZ 2005, 625) zu Recht die Gesamtbetrachtung aufgegeben und § 1795 Abs. 1 Nr. 1 BGB bzw. § 181 letzter Hs. BGB insoweit einer teleologischen Reduktion unterworfen, dass nur eine „lediglich rechtlich vorteilhafte Erfüllung einer Verbindlichkeit" diese Ausnahme rechtfertige.

Ist eine dingliche Belastung als lediglich rechtlich vorteilhaft anzusehen, dann ist der Erwerb eines Grundstücks nach h. M. für den Vertretenen auch dann lediglich rechtlich vorteilhaft, wenn die Belastung erst neu begründet wird, aber zeitgleich mit dem Eigentumserwerb; wird die Verpflichtung zur Neubelastung jedoch erst nach dem Eigentumserwerb des Vertretenen erfüllt, so soll dies rechtlich nachteilig sein (RGZ 148, 321, 324; BayObLG, DNotZ

1999, 589; 1979, 543; 1968, 98). Dem kann zugestimmt werden, soweit die erst zu bestellende Belastung zeitgleich mit dem Eigentumserwerb des Vertretenen erfolgt. Rechtlich und wirtschaftlich macht es nämlich keinen Unterschied, ob ein bereits belastetes Grundstück erworben wird, oder ein noch unbelastetes Grundstück mit der Verpflichtung, sofort beim Erwerb die Belastung zu begründen. Der Vertretene gibt in keinem Falle etwas von seinem vor dem Erwerb vorhandenen Vermögen auf und belastet es auch nicht. Nicht lediglich rechtlich vorteilhaft ist der Grundstückserwerb für den Vertretenen natürlich dann, wenn er nicht nur verpflichtet ist das erworbene Grundstück zu belasten, sondern auch die persönliche Haftung für die der dinglichen Belastung zugrunde liegende Forderung übernimmt.

Bei der Bestellung eines Nießbrauchs durch einen beschränkt geschäftsfähigen Minderjährigen ist fraglich, ob dies für ihn lediglich rechtlich vorteilhaft ist (§ 107 BGB). Davon kann grundsätzlich keine Rede sein, denn dies führt zu einer dinglichen Belastung des Grundstücks und zu Duldungspflichten des Eigentümers. Der Erwerb eines Grundstücks durch den Minderjährigen (z. B. von seinen Eltern) belastet mit einem Nießbrauch stellt für den Minderjährigen aber in der Regel einen lediglich rechtlichen Vorteil dar (RGZ 148, 321, 323; BayObLG, DNotZ 1999, 589). Nach Ansicht des *BGH* (DNotZ 2005, 549) soll dies jedenfalls dann gelten, wenn der Nießbraucher (z. B. Eltern) über §§ 1041 S. 2, 1047 BGB auch die Kosten außergewöhnlicher Ausbesserungen und Erneuerungen (z. B. neues Dach; Abweichung von § 1041 S. 2 BGB) sowie die außerordentlichen Grundstückslasten (z. B. Erschließungskosten; Abweichung von § 1047 BGB) zu tragen hat und der Eigentümer auch nicht zum Aufwendungs- oder Verwendungsersatz gemäß §§ 1049, 677 ff. BGB verpflichtet ist. Dies gilt alles unabhängig davon, ob der Nießbrauch bei Übertragung des Grundbesitzes bereits besteht oder gleichzeitig bestellt wird (Vorbehaltsnießbrauch). Im vorliegenden Fall haben die Vertragsbeteiligten aber gerade keine derartige Abrede getroffen, dass die Nießbrauchsberechtigten sämtliche Kosten zu tragen haben. Deshalb ist der Erwerb des Grundstücks durch die Minderjährige mit der Nießbrauchsbestellung für die Eltern nicht lediglich rechtlich vorteilhaft für die Minderjährige und bedarf deshalb einer Genehmigung durch einen Ergänzungspfleger (OLG Celle, NotBZ 2014, 46).

Der unentgeltliche Erwerb eines Grundstücks durch einen Minderjährigen bedarf keiner gerichtlichen Genehmigung (vgl. § 1821 Abs. 1 Nr. 5 BGB). Die Belastung eines im Eigentum eines minderjährigen Kindes stehenden Grundstücks mit einem Nießbrauch bedarf der gerichtlichen Genehmigung nach § 1821 Abs. 1 Nr. 4 (schuldrechtlich) und Nr. 1 Alt. 1 (sachenrechtlich) BGB (mit § 1643 BGB). Erfolgt die Belastung des Grundstücks gleichzeitig mit dem Erwerb des Grundstücks durch den Schutzbefohlenen, so handelt es sich um eine genehmigungsfreie Erwerbsmodalität (LG München II, MittBayNot 2005, 234; *Meikel/Böttcher*, GBO, Einl. E Rn. 154).

→ **Beispiel 39b:**

Die Mutter war Alleineigentümerin eines (unbelasteten und unvermieteten) Hausgrundstückes. Zu notarieller Urkunde erklärte sie die Schenkung und Auflassung des Grundstücks an ihren minderjährigen Sohn, der dabei von ihr vertreten wurden (der Vater war bereits verstorben). Der Schenkungsvertrag sah ein Rücktrittsrecht der Mutter vor, falls das Grundstück später ohne Zustimmung der Mutter veräußerte oder belastet oder wenn der Sohn vor der Mutter versterben würde. Das Grundbuchamt lehnte die Eintragung des minderjährigen Sohnes als Eigentümer im Grundbuch ab und verlangte die Bestellung eines Ergänzungspflegers und dessen Genehmigung. Zu Recht?

Der *BGH* (DNotZ 2005,549) hob die Zwischenverfügung des Grundbuchamtes zu Recht auf und wies das Grundbuchamt an, den minderjährigen Sohn als Eigentümer einzutragen. Problematisch ist, ob die Mutter an der Vertretung des Sohnes gemäß § 181 BGB gehindert war. Normalerweise ist der Schenkungsvertrag zugunsten eines Minderjährigen lediglich rechtlich vorteilhaft, weil er nur einen Übereignungsanspruch für den Minderjährigen entstehen lässt. Im zu entscheidenden Fall führt der Rücktrittsvorbehalt der Mutter jedoch zur Nachteilhaftigkeit des Schenkungsvertrags. Er könnte eine Belastung des Minderjährigen nach sich ziehen, weil er im Fall der Ausübung des Rücktrittsrechts nach Übereignung des Grundstücks nicht nur dieses zurückzugewähren hätte (§ 346 Abs. 1 BGB), sondern darüber hinaus auch zum Wertersatz oder Schadensersatz, insbesondere wegen einer zwischenzeitlichen Verschlechterung des Grundstücks, verpflichtet sein könnte (§ 346 Abs. 2 bis 4 BGB). Der unter dem Rücktrittsvorbehalt stehende Schenkungsvertrag ist somit schwebend unwirksam (§§ 107, 108 Abs. 1 BGB). Die Mutter konnte ihren Sohn dabei nicht wirksam vertreten. Zur Wirksamkeit des Schenkungsvertrags bedarf es der Genehmigung eines Ergänzungspflegers (§ 1909 BGB). Der Rechtsnachteil betrifft nach zutreffender Ansicht des *BGH* jedoch nur den schuldrechtlichen Schenkungsvertrag und auf Grund des Abstraktionsprinzips nicht die sachenrechtliche Auflassung.

Die Auflassung ist wirksam, weil sie dem Minderjährigen nur zum Eigentum am Grundstück verhilft, somit dieser einen lediglich rechtlichen Vorteil erlangt (§ 107 BGB). Das Grundbuchamt durfte daher gemäß § 20 GBO die beantragte Eigentumsumschreibung nicht von der vorherigen Genehmigung des Überlassungsvertrags durch einen Ergänzungspfleger abhängig machen. Die Mutter konnte bei der Annahme ihrer eigenen Auflassungserklärung den Sohn vertreten.

Die Unwirksamkeit der Auflassung lässt sich nicht daraus herleiten, dass man den Überlassungsvertrag als Gesamtheit betrachtet, also zwischen den mit seinem schuldrechtlichen Teil und seinem dinglichen Teil jeweils verbundenen Rechtsfolgen nicht differenziert. Eine Gesamtbetrachtung ist nicht veranlasst, wenn das Grundgeschäft bereits bei isolierter Betrachtung mit Rechtsnachteilen für den Minderjährigen verbunden und deshalb gem. §§ 107, 108 Abs. 1

BGB schwebend unwirksam ist. In diesem Fall fehlt es von vornherein an einer Verpflichtung, die der gesetzliche Vertreter im Wege des In-sich-Geschäfts gemäß § 181 letzter Halbsatz BGB erfüllen könnte, so dass eine Umgehung des von § 107 BGB intendierten Schutzes nicht möglich ist. Es bleibt damit bei dem geltenden Grundsatz, dass Verfügungen als abstrakte Rechtsgeschäfte unabhängig von den ihnen zu Grunde liegenden Kausalgeschäften zu beurteilen sind. Bei isolierter Betrachtung war die Auflassung nicht mit Rechtsnachteilen für die minderjährigen Kinder verbunden, die gem. §§ 107, 108 Abs. 1 BGB eine Genehmigung des dinglichen Vertrags durch den gesetzlichen Vertreter oder durch einen Ergänzungspfleger erforderlich machen würden. Fazit ist, dass das Eigentum auf einen Minderjährigen umzuschreiben ist, und zwar auch dann, wenn der Grundbuchrechtspfleger die schwebende Unwirksamkeit des schuldrechtlichen Vertrags erkennt. Rechtliche Nachteile des Verpflichtungsgeschäfts haben keine Auswirkungen auf die Wirksamkeit eines rechtlich vorteilhaften Erfüllungsgeschäfts.

Die mit jeder Art von Grunderwerb verbundene Verpflichtung zur Tragung öffentlicher Lasten stellt nach Auffassung des *BGH* (DNotZ 2005, 549) jedenfalls insoweit keinen Rechtsnachteil dar, als es sich um laufende Aufwendungen, insbesondere die Pflicht zur Entrichtung der Grundsteuer, handelt. Der Grundstückseigentümer haftet zwar für die Erfüllung seiner auf öffentlichem Recht beruhenden Abgabenverpflichtungen nicht nur dinglich, sondern auch persönlich. Dieser Umstand zwingt jedoch nicht in jedem Fall zu der Annahme der rechtlichen Nachteilhaftigkeit, sondern nur bei einer Gefährdung des Vermögens des Minderjährigen. Letzteres treffe bei solchen persönlichen Verpflichtungen nicht zu, die ihrem Umfang nach begrenzt und wirtschaftlich derart unbedeutend sind, dass sie unabhängig von den Umständen des Einzelfalles eine Verweigerung der Genehmigung durch den gesetzlichen Vertreter oder durch einen Ergänzungspfleger nicht rechtfertigen könnten. Dies ist insbesondere bei den laufenden öffentlichen Grundstückslasten der Fall, da sie keine Gefährdung des Vermögens des Minderjährigen mit sich bringen, sondern in der Regel aus den laufenden Erträgen des Grundstückes gedeckt werden können. Dies rechtfertigt es, sie als rechtlich nicht nachteilig zu behandeln. Die Nachteilhaftigkeit des Eigentumswechsels und damit der Unwirksamkeit der Auflassung auf Grund von außerordentlichen öffentlich-rechtlichen Grundstückslasten, insbesondere die Verpflichtung zur Entrichtung von Erschließungs- oder Anliegerbeiträgen, war nicht ersichtlich. Die bloß theoretische Möglichkeit, dass die Minderjährigen in Zukunft zu Anliegerbeiträgen oder ähnlichen außerordentlichen Lasten herangezogen werden können, stellt als solche keinen Rechtsnachteil dar.

→ **Beispiel 39c:**
Der Vater ist Alleineigentümer einer Immobilie und will sie einem 15-jährigen Kind schenkungsweise übereignen. Wer vertritt dabei das minderjährige Kind? Es handelt sich um

1. ein unbelastetes und unvermietetes Grundstück;
2. ein unvermietetes, aber mit einer Zwangshypothek belastetes Grundstück;
3. ein unbelastetes, aber vermietetes Grundstück;
4. eine unbelastete und unvermietete Eigentumswohnung.

Der Elternteil, der gesetzlicher Vertreter des Kindes sein will, aber auch auf der Veräußererseite steht, ist von der Vertretung des Kindes nach §§ 1629 Abs. 2 S. 1, 1795 Abs. 2, 181 BGB ausgeschlossen, falls nicht das Rechtsgeschäft ausschließlich in der Erfüllung einer Verbindlichkeit besteht (§ 181 letzter Halbsatz BGB) oder aber sich als lediglich rechtlich vorteilhaft dem teleologisch reduzierten Anwendungsbereich des § 181 BGB (BGH, DNotZ 1973,83) entzieht. Für den Elternteil, der an dem Rechtsgeschäft lediglich als gesetzlicher Vertreter des Kindes beteiligt ist, weil er nicht Eigentümer der Immobilie ist, besteht ein Vertretungshindernis nach §§ 1629 Abs. 2 S. 1, 1795 Abs. 1 Nr. 1 BGB, falls nicht das Rechtsgeschäft in der Erfüllung einer Verbindlichkeit besteht (§ 1795 Abs. 1 Nr. 1 letzter Halbsatz BGB) oder infolge der auch hier vorzunehmenden teleologischen Reduktion (BGH, NJW 1975, 1885) nicht mehr dem Geltungsbereich der Norm unterliegt, weil es lediglich rechtlich vorteilhaft für das Kind ist. Die Eltern sind also grundsätzlich von der Vertretung ihres minderjährigen Kindes ausgeschlossen, und zwar unabhängig davon, ob auf der Veräußererseite nur ein Elternteil oder beide Elternteile stehen.

Die Annahme des Schenkungsangebots begründete für den Minderjährigen nur den lediglich rechtlich vorteilhaften Eigentumsverschaffungsanspruch, so dass der Minderjährige – falls beschränkt geschäftsfähig – entweder selbst (§ 107 BGB), jedenfalls aber vertreten durch seine Eltern (§ 1629 Abs. 1 S. 2 BGB) das schuldrechtliche Rechtsgeschäft des Schenkungsvertrages abschließen kann, da Vertretungshindernisse nach § 1629 Abs. 2 Satz 1 BGB i.V.m. § 1795 Abs. 1 Nr. 1 und/oder i. V. m. §§ 1795 Abs. 2, 181 BGB in diesem Falle nicht bestanden haben.

1. Alternative

Die Annahme der Auflassung (§§ 873, 925 BGB) eines unvermieteten und unbelasteten Grundstücks ist zum einen die Erfüllung einer Verbindlichkeit und zum anderen lediglich rechtlich vorteilhaft für den Minderjährigen. Die mit jeder Art von Grunderwerb verbundene Verpflichtung zur Tragung öffentlicher Lasten stellt nach Auffassung des *BGH* (DNotZ 2005, 549) jedenfalls insoweit keinen Rechtsnachteil dar, als es sich um laufende Aufwendungen, insbesondere die Pflicht zur Entrichtung der Grundsteuer, handelt. Der Grundstückseigentümer haftet zwar für die Erfüllung seiner auf öffentlichem Recht beruhenden Abgabenverpflichtungen nicht nur dinglich, sondern auch persönlich. Dieser Umstand zwingt jedoch nicht in jedem Fall zu der Annahme der rechtlichen Nachteilhaftigkeit, sondern nur bei einer Gefährdung des

Vermögens des Minderjährigen. Letzteres treffe bei solchen persönlichen Verpflichtungen nicht zu, die ihrem Umfang nach begrenzt und wirtschaftlich derart unbedeutend sind, dass sie unabhängig von den Umständen des Einzelfalles eine Verweigerung der Genehmigung durch den gesetzlichen Vertreter oder durch einen Ergänzungspfleger nicht rechtfertigen könnten. Dies ist insbesondere bei den laufenden öffentlichen Grundstückslasten der Fall, da sie keine Gefährdung des Vermögens des Minderjährigen mit sich bringen, sondern in der Regel aus den laufenden Erträgen des Grundstückes gedeckt werden können. Dies rechtfertigt es, sie als rechtlich nicht nachteilig zu behandeln.

2. Alternative

Erwirbt der Minderjährige ein Grundstück belastet mit einem oder mehreren Grundpfandrechten ohne Übernahme der persönlichen Schuld, so ist dies nach Ansicht des *BGH* (BWNotZ 1955, 72; ebenso BayObLG, DNotZ 1979, 543; 1968, 98) für ihn trotzdem lediglich rechtlich vorteilhaft. Durch die Übernahme eines Grundpfandrechtes wird dem Vertretenen als künftigem Grundstückseigentümer keine eigenständige schuldrechtliche Zahlungsverpflichtung auferlegt. Er hat höchstens zu dulden, dass der Grundpfandrechtsgläubiger zur Befriedigung seines Rechts die Zwangsversteigerung in das Grundstück betreibt. Nach Zuschlagserteilung hätte er das Grundstück wieder verloren; sein sonstiges persönliches Vermögen wäre aber nicht geschmälert. Zum Teil wird die Meinung vertreten, dass bei einem überbelasteten Grundstück von einem rechtlichen Nachteil auszugehen sei (*Stutz*, MittRhNotK 1993, 205, 210); dies wird damit begründet, dass der Vertretene auf unabsehbare Zeit seine Kreditwürdigkeit einbüße. Dies muss jedoch abgelehnt werden, da es sich insoweit um keinen rechtlichen Nachteil handelt (BayObLG, DNotZ 1979, 543). Die Eltern können also auch bei der Auflassung ihr minderjähriges Kind vertreten.

3. Alternative

Ist eine Immobilie vermietet, so ist der Eigentumserwerb rechtlich nachteilig (BGH, DNotZ 2005, 625). Mit dem Erwerb ist eine persönliche Haftung verbunden. Gemäß §§ 566 Abs. 1, 581 Abs. 2, 593b BGB tritt der Erwerber mit dem Eigentumsübergang in sämtliche Rechte und Pflichten aus dem bestehenden Mitverhältnis ein. Er ist daher nicht nur zu der Überlassung des vermieteten Grundstücks verpflichtet (§§ 535 Abs. 1, 581 Abs. 1, 585 Abs. 2 BGB); vielmehr können ihn insbesondere auch Schadensersatz- und Aufwendungsersatzpflichten (§§ 536a, 581 Abs. 2, 586 Abs. 2 BGB) sowie die Pflicht zur Rückgewähr einer von dem Mieter geleisteten Sicherheit (§§ 566a, 581 Abs. 2, 593b BGB) treffen. Diese aus dem Eintritt in ein Mietverhältnis resultierenden Pflichten sind ihrem Umfang nach nicht begrenzt. Deshalb ist der Eigentumserwerb einer vermieteten Immobilie für einen Minderjährigen nicht lediglich rechtlich vorteilhaft.

Zwar ist der der Eigentumsübertragung zugrunde liegende Schenkungsvertrag (§ 516 Abs. 1 BGB) lediglich rechtlich vorteilhaft, so dass die Auflassung ausschließlich der Erfüllung einer durch das schuldrechtliche Grundgeschäft wirksam begründeten Verbindlichkeit dient. Gleichwohl sind die Eltern der Kinder daran gehindert, die Auflassung für diese entgegenzunehmen oder die von ihnen selbst erklärte Auflassungsannahme zu genehmigen, weil die in § 1795 Abs. 1 Nr. 1 letzter Halbsatz BGB normierte Ausnahme von dem Vertretungsverbot unter Berücksichtigung des Zweck der §§ 1629 Abs. 2 S. 1, 1795 Abs. 1 Nr. 1 erster Halbsatz BGB, Kollisionen zwischen den Interessen der Kinder und den Interessen der Eltern zu vermeiden, nicht gilt, wenn das in der Erfüllung einer Verbindlichkeit bestehende Rechtsgeschäft über den Erfüllungserfolg hinaus zu rechtlichen Nachteilen für die Vertretenen führt. Denn in diesem Fall trifft die § 1795 Abs. 1 Nr. 1 letzter Halbsatz BGB zugrunde liegende Annahme, dass es bei der bloßen Erfüllung einer bestehenden Verbindlichkeit zu keiner Interessenkollision kommen kann, nicht zu, so dass es bei dem grundsätzlichen Vertretungsverbot verbleiben muss. Insbesondere *Feller* (DNotZ 1989, 66) entwickelte zu Recht den Gedanken, dass die Ausnahme „Erfüllung einer Verbindlichkeit" aufgrund der Schutzbedürftigkeit des Vertretenen nur dann Anwendung findet, wenn es sich um eine *„lediglich rechtlich vorteilhafte Erfüllung einer Verbindlichkeit"* handelt. Der *BGH* (DNotZ 2005, 625) hat sich dieser Argumentation angeschlossen mit der lapidaren Begründung, dass es sonst zu einem Interessenkonflikt kommen könne. Für das minderjährige Kind muss daher ein Ergänzungspfleger (§ 1909 BGB) bestellt werden.

4. Alternative

Der Erwerb einer Eigentumswohnung führt dazu, dass der Vertretene zugleich in die Gemeinschaft der Wohnungseigentümer und in die vom Gesetz damit verknüpften vielfältigen Verpflichtungen (§§ 10 ff. WEG) eintritt sowie den gesetzlichen Bestimmungen über die Verwaltung des gemeinschaftlichen Eigentums (§§ 20 ff. WEG) unterworfen ist. Damit treffen den Erwerber auch Pflichten, für die er persönlich einzustehen hat. Wie die öffentlichen Lasten beim Erwerb eines Grundstücks stellen die gesetzlichen Pflichten des Wohnungseigentümers jedoch eher unbedeutende Belastungen dar im Vergleich mit dem Wert der Zuwendung. Nach dem BGH (DNotZ 2011, 346; ebenso bereits OLG Hamm, ZWE 2010, 370) ist der Erwerb einer Eigentumswohnung immer nachteilig, und zwar auch dann, wenn ein Verwalter nicht bestellt und eine Verschärfung der den Wohnungseigentümer kraft Gesetzes treffenden Verpflichtungen durch die Gemeinschaftsordnung nicht feststellbar ist; für das dingliche Rechtsgeschäft ist daher die Einwilligung des gesetzlichen Vertreters oder eines Ergänzungspflegers notwendig. Denn nach § 10 Abs. 8 WEG haftet ein Wohnungseigentümer persönlich mit seinem Privatvermögen, unbeschränkt mit seinem ganzen Privatvermögen, im Außenverhältnis unbeschränkbar, primär, akzessorisch und anteilig in Höhe seines Miteigentumsanteils. Es handelt sich bei dieser Haftung um eine Haftung für fremde Schuld, nämlich die des Verbands Wohnungseigentümergemeinschaft. Auch die Wirkung von § 10 Abs. 4 WEG macht die Mitwirkung des gesetzlichen Vertreters oder eines Ergänzungspflegers unerlässlich. Nach dieser Vorschrift wirken Beschlüsse der Wohnungseigentümer gegen Sonderrechtsnachfolger ohne dass sie im Grundbuch verlautbart sind. Es ist für das Grundbuchamt daher nicht feststellbar, ob Beschlüsse die gesetzliche Ausgestaltung des Wohnungseigentums abgeändert und die den einzelnen Wohnungseigentümer treffenden Verpflichtungen nicht unerheblich verschärft haben. Für das minderjährige Kind muss daher ein Ergänzungspfleger (§ 1909 BGB) bestellt werden.

4.2. Genehmigungspflichtige Rechtsvorgänge

Die einzelnen einer Genehmigungspflicht unterliegenden Rechtsvorgänge ergeben sich für Vormund aus §§ 1812, 1821, 1822 BGB, für Pfleger aus § 1915 Abs. 1 S. 1, für Eltern aus § 1643 BGB und für den Betreuer aus § 1908i Abs. 1 BGB.

201

Wenngleich die Darstellung der Einzelfälle von Genehmigungsbedürftigkeit eine Frage des Bürgerlichen Rechts und damit nicht Gegenstand dieses Buches ist, sollen doch nachstehend die häufigsten Fälle von Grundbuchrechtsvorgängen in Bezug auf das Genehmigungserfordernis kurz dargestellt werden. **Ausführlich dazu:** *Meikel/Böttcher*, GBO Einl. E Rdn. 138-190.

N.B.: Ja = genehmigungsbedürftig, Nein = nicht genehmigungsbedürftig

a) Eintragungen im Bestandsverzeichnis

a) *Vereinigung, Teilung:* **Nein,** weil keine Verfügung, die wirtschaftlich nachteilig sein kann.

b) *Zuschreibung:* **Ja** (nach § 1821 Abs. 1 Nr. 1 Alt. 1 BGB), wenn Hauptgrundstück belastet, weil dann die Wirkung des § 1131 BGB eintritt *(Meikel/Böttcher,* GBO Einl. E Rdn. 142)

→ **Beispiel 39d:**
Zu einer Wohnungseigentümergemeinschaft gehören der Minderjährige A und der Betreute B. Die Wohnungseigentümer vereinbarten eine **Änderung der Gemeinschaftsordnung** betreffend

- die Kostentragungspflicht für die Instandsetzung bestimmter Bauteile des gemeinschaftlichen Eigentums (z. B. Wohnungsabschlusstüren, Fenster, Garagentore) und

- die Festlegung einer qualifizierten 2/3-Stimmenmehrheit für die Änderung des Umlageschlüssels für die Bewirtschaftungs- und Verwaltungskosten.

Dabei wurde der Minderjährige A von seinen Eltern und der Betreute B von seinem Betreuer vertreten. Alle Wohnungseigentümer beantragten und bewilligten in öffentlich beglaubigter Form die Eintragung dieser Änderung in die Wohnungsgrundbücher. Das Grundbuchamt lehnte dies ab. Dagegen wurde Beschwerde eingelegt.

Das OLG Hamm (ZWE 2016, 131) hat die Beschwerde als unbegründet zurückgewiesen. Die Änderung des Umlageschlüssels hinsichtlich der Bewirtschaftungs- und Verwaltungskosten mit 2/3-Mehrheit ist nicht eintragungsfähig, da dies gegen die zwingende Norm von § 16 Abs. 3 und 5 WEG verstößt. Für die sonstige Änderung der Gemeinschaftsordnung bedürfen die Eltern des Minderjährigen A (§ 1643 Abs. 1 BGB) und der Betreuer des Betreuten B (§ 1908i Abs. 1 BGB) einer familien- bzw. betreuungsgerichtlichen Genehmigung nach § 1821 Abs. 1 Nr. 1 Alt. 1 BGB. Bei der Änderung der Gemeinschaftsordnung mittels einer Vereinbarung nach § 10 Abs. 2 und 3 WEG handelt es sich um eine Verfügung über das Eigentum am Grundstück im Sinne von § 1821 Abs. 1 Nr. 1 Alt. 1 BGB. Die Gemeinschaftsordnung ist nämlich ihrem Inhalt nach selbst eine Vereinbarung nach § 10 Abs. 2 und 3 WEG. Eine solche ist zunächst nur ein schuldrechtlicher Vertrag der Wohnungseigentümer. Werden dessen Wirkung durch Eintragung in das Grundbuch jedoch in der Form verdinglicht, dass diese Regelung dann auch gegen die Rechtsnachfolger eines Wohnungseigentümers gilt (§ 10 Abs. 3 WEG), wird der Inhalt der Regelung zum Inhalt des Sondereigentums (§ 5 Abs. 4 Satz 1 WEG). Eine Vereinbarung, die auf die Änderung der verdinglichten Gemeinschaftsordnung der Eigentümergemeinschaft abzielt, ist damit immer auch eine Verfügung über das Sondereigentum. Sie kann sich ebenso belastend auswirken, wie die dingliche Belastung eines im Alleineigentum stehenden Grundstücks. So kann es z. B. wirtschaftlich keinen wesentlichen Unterschied machen, ob etwa Teile des Gemeinschaftseigentums der gemeinschaftlichen Nutzung durch die Bestellung einer Dienstbarkeit zugunsten eines Nachbarn oder die Einräumung eines Sondernutzungsrechts zugunsten eines Miteigentümers entzogen werden.

§ 1821 BGB ist nur auf Vereinbarung der Wohnungseigentümer nach § 10 Abs. 2 und 3 WEG anwendbar, aber nicht auf Mehrheitsbeschlüsse. Im vorliegenden Fall hat dies jedoch keine Bedeutung. Denn jedenfalls die Neuregelung der Kostentragungspflicht für die Instandsetzung von Wohnungsabschlusstüren, Fenstern und Garagentoren über den Einzelfall hinaus ist einem Mehrheitsbeschluss nicht zugänglich, vgl. § 16 Abs. 4 WEG (OLG Hamm, ZWE 2016, 131).

b) Eintragungen in Abt. I

a) *Auflassung, Umwandlung von Gesamtbands- in Bruchteilseigentum:*
Ja (nach § 1821 Abs. 1 Nr. 1 Alt. 1 BGB), wenn Mündel (Kind) Veräußerer.
Nein, wenn Schutzbefohlener Erwerber. Zwar sieht § 1821 Abs 1 Nr. 5 BGB eine Genehmigungspflicht für den entgeltlichen Erwerb vor, doch erfasst die Norm nur den schuldrechtlichen Vertrag (OLG Düsseldorf, RNotZ 2017, 376; OLG Köln, Rpfleger 1996, 446; BayObLG, DNotZ 1990, 510).

→ **Beispiel 39e:**
Der Grundstückseigentümer Egon Eigen verkauft sein Grundstück zu notarieller Urkunde an den minderjährigen Erich Erwerb, der durch seine Eltern vertreten wird. In der Urkunde wird auch die Auflassung erklärt. Erich Erwerb wird als Eigentümer im GB eingetragen. Ist er auch tatsächlich Grundstückseigentümer geworden?

Die für den Eigentumserwerb erforderliche Auflassung und GB-Eintragung des Erich Erwerb liegen vor (§ 873 Abs. 1, § 925 Abs. 1 BGB). Da der Erwerber minderjährig ist, stellt sich die Frage nach dem Erfordernis einer familiengerichtlichen Genehmigung (§ 1643 Abs. 1 BGB). Als Genehmigungstatbestand kommt § 1821 Abs. 1 Nr. 2 BGB in Betracht, da mit dem Eigentumserwerb des Erich Erwerb dessen Übereignungsanspruch (§ 433 Abs. 1 Satz 1 BGB) erlischt (§ 362 BGB). Für die Annahme der Auflassungserklärung ist abweichend vom Gesetzeswortlaut keine Genehmigung des Familiengerichts erforderlich, denn es ist nicht Sinn und Zweck der Vorschrift, den Rechtserwerb des Kindes zu behindern; insoweit ist die Schutzvorschrift des § 1821 Abs. 1 Nr. 2 BGB teleologisch zu reduzieren (*Meikel/Böttcher*, GBO, Einl. E Rdn. 150). Auch eine Genehmigungspflicht nach § 1812 BGB scheidet aus, denn es greift § 1813 Abs. 1 Nr. 1 BGB, da der Gegenstand der Leistung nicht in Geld oder Wertpapieren besteht (außerdem würde § 1812 BGB für die Eltern nicht gelten, § 1643 Abs. 1 BGB). Der zugrunde liegende Kaufvertrag hätte der familiengerichtlichen Genehmigung bedurft nach § 1821 Abs. 1 Nr. 5 BGB (BayObLG, MittRhNotK 1989,253; *Meikel/Böttcher*, GBO, Einl. E Rdn. 150). Da diese fehlt, ist der Kaufvertrag nicht wirksam. Auf Grund des Abstraktionsprinzips hat dies jedoch keinen Einfluss auf den Eigentumserwerb des Erich Erwerb und ist auch vom GBA nicht zu prüfen (OLG Jena, NotBZ 2012, 429).

→ **Beispiel 39f:**
Das vermietete Grundstück des Eigentümers E ist belastet mit einem Nießbrauch für G. In notarieller Urkunde vom 18.7.2013 hat der Eigentümer E das Grundstück an einen Minderjährigen M verschenkt und aufgelassen. Der Minderjährige ist bei der Beurkundung durch seine Eltern vertreten worden. Im Vertrag heißt es u.a.: „Der Schenkungsempfänger wird darauf hingewiesen, dass er erst nach Beendigung des Nießbrauchs in die Mietverhältnisse eintrete. Die Vertragsparteien sind sich darüber einig, dass der Nießbraucher auch zukünftig Vermieter bleibt bzw. wird." Die beantragte Eintragung einer Eigentumsvormerkung für den minderjährigen Erwerber hat das GBA abgelehnt. Zu Recht?

Das OLG Hamm (MittBayNot 2014, 534) hat im Beschwerdeverfahren die Zwischenverfügung zu Recht aufgehoben. Für die Begründung des Übereignungsanspruchs des Minderjährigen ist keine familiengerichtliche Genehmigung erforderlich gewesen. §§ 1643 Abs. 1, 1821 Abs. 1 Nr. 5 BGB sind nicht einschlägig. Danach bedarf der Genehmigung ein Vertrag, der auf den entgeltlichen Erwerb eines Grundstücks gerichtet ist. Im vorliegenden Fall kann indessen nicht festgestellt werden, dass das schuldrechtliche Geschäft auf eine auch nur teilweise entgeltliche Eigentumsübertragung gerichtet ist. Die Frage der Entgeltlichkeit eines Rechtsgeschäfts ist gemäß § 516 Abs. 1 BGB nach dem Inhalt des von den Beteiligten geschlossenen Vertrags zu beurteilen. Es muss sich also um eine Zuwendung handeln, die sowohl objektiv als auch nach dem Willen der Vertragsparteien unabhängig von einer Gegenleistung erfolgt (BGH, NJW 2009, 2737). Zur Genehmigungspflicht nach § 1821 Abs. 1 Nr. 5 BGB führt jede Gegenleistung des Minderjährigen. Zu denken wäre hier an den übernommenen Nießbrauch am Grundstück. Maßgebend ist dabei, dass der Vertrag vom 18.7.2013 keine vertraglichen Regelungen zur Übernahme von Verbindlichkeiten des Veräußerers durch den minderjährigen Erwerber enthält, sich vielmehr auf den Hinweis beschränkt, dass der Beschenkte mit der Beendigung des Nießbrauchs in die bestehenden Mietverhältnisse eintritt. Die Vertragsparteien haben es also bei der gesetzlichen Regelung belassen wollen. Auf dieser Grundlage ist es aber ausgeschlossen, den künftigen Eintritt des Minderjährigen in die bestehenden Mietverhältnisse als Gegenleistung zu qualifizieren, weil die Beteiligten selbst dieses Ergebnis nicht als vertraglich zu erbringende Gegenleistung, sondern als gesetzliche Folge des Eigentumserwerbs des Minderjährigen verstanden haben (OLG Hamm, MittBayNot 2014, 534).

Das Erfordernis einer familiengerichtlichen Genehmigung ergibt sich auch nicht aus § 1643 Abs. 1, § 1822 Nr. 5 BGB. Genehmigungspflichtig ist danach ein Mietvertrag, durch den der Minderjährige zu wiederkehrenden Leistungen verpflichtet wird, wenn das Vertragsverhältnis länger als ein Jahr nach dem Eintritt der Volljährigkeit fortdauern wird. Diese Vorschrift ist im vorliegenden Fall schon deshalb nicht anwendbar, weil die Vertragsbeteiligten inhaltlich keine Vereinbarung über einen Eintritt des Minderjährigen in bestehende Mietverhältnisse getroffen haben. Vielmehr kommt ein Eintritt des Minderjährigen in bestehende Mietverhältnisse nur aufgrund der gesetzlichen Vorschriften der § 1056 Abs. 1, § 566 BGB in Betracht, wenn der Nießbrauch erlischt. Für diese gesetzliche Folge des Eigentumserwerbs gilt § 1822 Nr. 5 BGB nicht. Denn diese Vorschrift verlangt eine rechtsgeschäftliche Begründung eines Mietverhältnisses. Eine analoge Gesetzesanwendung auf Fälle des gesetzlichen Eintritts in ein Mietverhältnis scheidet aus Gründen der Rechtssicherheit aus (BGH, NJW 1983, 1780).

b) *Eintragung* des Schutzbefohlenen *aufgrund Rechtsübergangs außerhalb des Buches* (Erbfolge, Erbteilsübertragung):

Nein, Grundbuchberichtigung ist genehmigungsfrei

→ **Beispiel 39g:**

Eigentümer eines Grundstücks ist eine Erbengemeinschaft bestehend aus Mutter M, Vater V, einem minderjährigen Sohn S und der Tochter T, die unter Betreuung steht (Betreuer ist der Vater V). Zwischen den Beteiligten wurde zu notarieller Urkunde vereinbart, dass der minderjährige Sohn S und die betreute Tochter T gegen Zahlung einer Abfindung aus der Erbengemeinschaft ausscheiden. Dabei wurden der minderjährige Sohn S von den Eltern und die betreute Tochter T von ihrem als Vater V als Betreuer vertreten. Unter Vorlage der notariellen Urkunde wurde beim GBA beantragt, das Ausscheiden des Sohnes S und der Tochter T im GB einzutragen. Dies hat das GBA abgelehnt. Dagegen wurde Beschwerde eingelegt.

Die Beschwerde wurde vom OLG Hamm (Rpfleger 2018, 85) zu Recht als unbegründet zurückgewiesen. Nach h.M. können **Miterben formlos aus der Erbengemeinschaft ausscheiden** (BGH, NJW 2005, 284; Rpfleger 1998, 287). Der Erbanteil des ausscheidenden Miterben wächst den restlichen Erben analog § 738 BGB kraft Gesetzes an. Die dingliche Abschichtung führt außerhalb des Grundbuchs dazu, dass der Erbanteil des ausscheidenden Miterben den verbleibenden oder dem letzten Miterben anwächst, d.h. das Grundbuch unrichtig wird. Die Grundbucheintragung des Ausscheidens eines Miterben ist daher eine Grundbuchberichtigung. Formell ist für die Grundbuchberichtigung nur die Berichtigungsbewilligung des grundbuchmäßig Betroffenen (= Ausscheidender) erforderlich. Die übrigen (verbleibenden) Miterben sind die grundbuchmäßig Begünstigten und müssen keine Berichtigungsbewilligung abgeben nach § 19 GBO (OLG Zweibrücken, NotBZ 2012, 319; *Böttcher*, Rpfleger 2007, 437, 439). Im vorliegenden Fall sollte das Grundbuch mittels Unrichtigkeitsnachweises nach § 22 GBO berichtigt werden. Dazu wurde die notariell beurkundete (§ 29 GBO) Vereinbarung aller Miterben dem Grundbuchamt vorgelegt.

Die Voraussetzungen für die beantragte Berichtigung des Grundbuchs nach § 22 GBO sind jedoch nicht gegeben. Für die Wirksamkeit der Abschichtungsvereinbarung bedarf es für die betreute Tochter gemäß § 1899 Abs. 4 BGB der Bestellung eines Ergänzungsbetreuers sowie für den minderjährigen Sohn eines Ergänzungspflegers nach § 1909 BGB. Vater und Mutter waren nicht berechtigt, als Vertragspartner auf der einen Seite und zugleich als gesetzliche bzw. bestellte Vertreter ihres minderjährigen bzw. betreuten Kindes auf der anderen Seite aufzutreten. Dies ergibt sich aus dem aus den § 1629 Abs. 2 S. 1, § 1908i, § 1795 Abs. 2, § 181 BGB folgenden Verbot des Selbstkontrahierens. Danach scheidet die Vertretung des Kindes bzw. eines Betreuten durch den Elternteil bzw. Betreuer in einem Abschichtungsvertrag unter den Mitgliedern einer Erbengemeinschaft aus, an der auch der Vertreter als Miterbe beteiligt ist (OLG Hamm, Rpfleger 2018, 85). Die Abschichtungsvereinbarung führt zu einem Verzicht auf die Mitgliedschaft in der Erbengemeinschaft. Dies ist zweifellos nicht lediglich rechtlich vorteilhaft.

Die Erklärungen des noch zu bestellenden Ergänzungspflegers bzw. -betreuers bedürfen auch einer Genehmigung durch das Familien- bzw. Betreuungsgericht, § 1822 Nr. 2 BGB analog (OLG Hamm, Rpfleger 2018, 85; vgl. auch KG, Rpfleger 2019, 29 und *Zorn*, FamRZ 2018, 1651). Nach dieser Vorschrift bedürfen Erklärungen eines Vormundes zu einem Erbteilungsvertrag einer familiengerichtlichen Genehmigung. Diese Vorschrift gilt zwar nicht für Erklärungen der Eltern für das minderjährige Kind, weil § 1643 Abs. 1 BGB auf

Nr. 2 des § 1822 BGB gerade nicht verweist. Für den Ergänzungspfleger gilt gemäß § 1915 Abs. 1 BGB der § 1822 Nr. 2 BGB allerdings entsprechend. Gleiches gilt für den Ergänzungsbetreuer nach § 1908i Abs. 1 Satz 1 BGB. § 1822 Nr. 2 BGB ist analog anwendbar, weil die Aufgabe der Mitgliedschaft in einer Erbengemeinschaft eine der Erbauseinandersetzung unter Miterben vergleichbare vertragliche Regelung betrifft.

c) Eintragungen in Abt. II

A. Schutzbefohlener als Eigentümer:
 a) *Belastungen:* **Ja** (nach § 1821 Abs. 1 Nr. 1 Alt. 1 BGB), bei Rechten aller Art; auch bei Auflassungsvormerkung (OLG Celle, Rpfleger 1980, 187; OLG Frankfurt/M., MittRhNotK 1998, 15; *Meikel/Böttcher*, GBO Einl. E Rdn. 155).
 b) *Löschung* von Rechten: **Nein,** weil keine Verfügung über Grundstück.
B. Schutzbefohlener als Berechtigter:
 a) *Eintragung von Rechten:* **Nein.**
 b) *Löschung, Inhaltsänderung oder Übertragung von Rechten:* **Ja;** weil Verfügung über die Rechte (§§ 1821 Abs. 1 S. 1, 2. Alt., 1643 Abs. 1 BGB). Genehmigungspflichtig auch Übertragung der Vormerkung (wenngleich nur Grundbuchberichtigung!): RGZ 52, 11; 83, 438; *Meikel/ Böttcher*, GBO Einl. E Rdn. 159.

d) Eintragungen in Abt. III

A. Schutzbefohlener als Eigentümer:
 a) *Eintragung* von Grundpfandrechten: **Ja** (§§ 1821 Abs. 1 Nr. 1 Alt. 1, 1643 Abs. 1 BGB). Wohl auch für Eintragung von Eigentümerrechten: *Meikel/Böttcher*, GBO Einl. E Rdn. 166. Problem: Wirtschaftlich tritt keine Veränderung durch die Eintragung von Eigentümerrechten ein. Bei der Abtretung würde aber ein Vermögensnachteil entstehen. Die Abtretung wäre für Betreuer gem. § 1908i Abs. 1 S. 1 i.V.m. § 1812 BGB und für Vormünder bzw. Pfleger gem. § 1812 BGB genehmigungsbedürftig. Eine Genehmigung der Eintragung von Eigentümerrechten wäre in diesen Fällen letztlich entbehrlich. Auf die Vertretung durch die Eltern ist § 1812 gem. § 1643 BGB aber nicht anwendbar; § 1821 Abs. 1 Nr. 1 Alt. 2 BGB ist wegen Abs. 2 des § 1821 BGB auf die Abtretung nicht anwendbar. Sie könnten somit das Grundstück, würde keine Genehmigung bei der Eigentümerrechtsbestellung verlangt werden, im Endergebnis genehmigungsfrei belasten. Bei einer direkten Belastung, ohne den Umweg über eine Eigentümerrechtsbestellung, ist aber die Genehmigung nach § 1821 I Nr. 1 Alt. 1 i.V.m. § 1643 Abs. 1 BGB erforderlich.

Nein, wenn das Recht nur ganz oder zum Teil Gegenleistung für Grundstück darstellt (sog. „Erwerbsmodalität", *Meikel/Böttcher*, GBO, Einl. E Rdn. 161; BayObLG, FamRZ 1992, 604; BGHZ 24, 372; RGZ 108, 356). Hier keine Vermögensminderung für Schutzbefohlenen, vgl. BGH, Rpfleger 1998, 110; BGHZ 15, 168; 24, 372.
b) *Umwandlung* von Grundpfandrechten: **Ja** (nach § 1821 Abs. 1 Nr. 1 Alt. 1 BGB), sofern dadurch Haftungserweiterung bzw. -verschärfung möglich z. B. Hypothek in Grundschuld, nicht umgekehrt(vgl. *Meikel/ Böttcher*, GBO Einl. E Rdn. 171).
c) *Umwandlung* und *Abtretung* von *Eigentümerrecht* als Fremdrecht: **Ja** (nach § 1812 BGB).
d) *Zustimmung zum Rangrücktritt* (§ 880 Abs. 2 S. 2 BGB): Nach h.M. **nein** (OLG Schleswig, SchlHA 1963, 273; RGRK/*Dickescheid*, § 1821 Rdn. 6; *Soergel/Zimmermann*, § 1821 Rdn. 7).

Dagegen bestehen allerdings erhebliche Bedenken. Das Zustimmungserfordernis nach § 1812 BGB besteht wegen der mit der Rangänderung verbundenen Verschlechterung auch im Rang eines künftigen Eigentümerrechts. Das auf das Eigentümerrecht bestehende Anwartschaftsrecht ist kein „aliud", sondern ein „wesensgleiches Minus". Wenn die Rangänderung eines bereits entstandenen Eigentümerrechts genehmigungsbedürftig ist, sollte es auch die Rangänderung der Anwartschaft sein (*Meikel/Böttcher*, GBO, Einl. E Rdn. 169 und § 45 Rdn. 128).

e) *Inhaltsänderungen:* **Ja** (nach § 1821 Abs. 1 Nr. 1 Alt. 1 BGB), wenn Verschlechterung oder Haftungserweiterung (BGHZ 1, 294 = Rpfleger 1951, 453; *Meikel/Böttcher*, GBO Einl. E Rdn. 170).
f) *Zustimmung zur Löschung* (§ 1183 BGB): Nach einer Ansicht **nein** (OLG Schleswig, RpflJB 1965, 109; *Soergel/Zimmermann*, § 1812 Rdn. 12).

Auch hier bestehen Bedenken: Die Zustimmung zur Löschung bedeutet, wenn ein Eigentümerrecht bereits entstanden ist, den Verzicht auf dieses Recht; wenn ein solches noch nicht entstand, den Verzicht auf die Anwartschaft. In beiden Fällen werden Vermögenspositionen des Schutzbefohlenen aufgegeben. Überdies steckt jedenfalls bei bereits entstandenem Eigentümerrecht in der Zustimmung zur Löschung stets ein Verzicht auf Grundbuchberichtigung (= Umschreibung des Fremdrechts auf den Eigentümer). Ein solcher Verzicht, wird er expressis verbis erklärt, ist stets genehmigungspflichtig (RGZ 133, 259); steckt der Verzicht in einer anderen Erklärung, so kann nichts anderes gelten (§ 1812 BGB; vgl. OLG Hamm, MittBayNot 2011, 242; BayObLG, Rpfleger 1985, 24; *Meikel/Böttcher*, GBO, Einl. E Rdn. 172 und § 27 Rdn. 86).

B. Schutzbefohlener als Gläubiger

a) *Bestellung* von Rechten: **Nein**.
b) *Abtretung* von Rechten: **Ja** (nach § 1812 BGB) bei Vormund, Betreuer und Pfleger; **nein** bei Eltern (§ 1812 BGB in § 1643 BGB nicht erwähnt!).

c) *Verteilung* einer Hypothek: **ja** bei Vormund, Betreuer und Pfleger (§ 1822 Nr. 13 BGB); **nein** bei Eltern (Nr. 13 in § 1643 BGB nicht genannt!).

d) *Rangrücktritt:* **Ja** bei Vormund, Betreuer und Pfleger (§ 1822 Nr. 13 BGB bei Hypothek, § 1812 BGB bei Grundschuld); **nein** bei Eltern.

e) *Löschung* eines Rechts: Soll ein Fremdgrundpfandrecht gelöscht werden, ist wegen § 1821 Abs. 2 BGB keine Genehmigung nach § 1821 Abs. 1 Nr. 1 Alt. 2 BGB erforderlich. Bei der Löschung handelt es sich um eine Rechtsaufhebung nach § 875 BGB. Der Vormund, Betreuer und Pfleger bedarf bei einer Hypothek einer Genehmigung nach § 1822 Nr. 13 BGB; bei einer Grundschuld gilt der Genehmigungstatbestand des § 1812 BGB (die Eltern sind in jedem Fall genehmigungsfrei, § 1643 BGB; vgl. *Meikel/Böttcher*, GBO, Einl. E Rdn. 177).

f) *Löschung* eines *Eigentümerrechts:* Ist im Grundbuch eine **Eigentümergrundschuld** für den Schutzbefohlenen eingetragen oder ergibt sich aus einer löschungsfähigen Quittung, dass aus einem Fremdgrundpfandrecht außerhalb des Grundbuchs eine Eigentümergrundschuld für den Schutzbefohlenen entstanden ist (z. B. §§ 1163, 1177 BGB), und gehen diesem offenen oder verdeckten Eigentümerrecht dingliche Rechte im Rang nach, so bedarf der Vormund, Betreuer und Pfleger für die Löschung der Genehmigung nach 1812 BGB (BayObLG, Rpfleger 1985, 24; OLG Hamm Rpfleger 1976, 309). Die Eigentümergrundschuld ist ein Recht, kraft dessen eine Leistung verlangt werden kann. Dies zeigt sich insbesondere bei einer Zwangsversteigerung, wenn sie im geringsten Gebot steht oder ein etwaiger Erlös bei deren Erlöschen dem Eigentümer zufällt; während einer Zwangsverwaltung stehen dem Eigentümer die Zinsen aus einem Recht zu (§ 1197 Abs. 2 BGB). Die Eltern sind genehmigungsfrei (§ 1643 BGB). Bei der Löschung einer letztrangigen Eigentümergrundschuld wird zum Teil das Genehmigungserfordernis nach § 1812 BGB verneint, weil es sich dabei nur um eine formelle Rechtsposition handeln solle (LG Würzburg, MittBayNot 1972, 239; *Demharter*, § 27 Rdn. 16). Dem wird zu Recht widersprochen. Bei der letztrangigen Eigentümergrundschuld handelt es sich sehr wohl um eine materielle Rechtsposition, was sich vor allem in der Immobiliarvollstreckung zeigt. Kommt es zur Zwangsversteigerung, sichert die letztrangige Eigentümergrundschuld den Vorrang vor den Ansprüchen nach § 10 Abs. 1 Nr. 5–8 ZVG; fällt das Recht des Schutzbefohlenen nicht in das geringste Gebot, so gebührt ihm ein darauf entfallender Erlösanteil. Betreibt ein persönlicher Gläubiger die Zwangsversteigerung (§ 10 Abs. 1 Nr. 5 ZVG), so bleibt die Eigentümergrundschuld bestehen und sichert die Rangposition in § 10 Abs. 1 Nr. 4 ZVG. Eine materielle Rechtsposition kann der Eigentümergrundschuld daher nicht abgesprochen werden. Zur Löschung einer letztrangigen Eigentümergrundschuld bedürfen daher der Vormund, Betreuer und Pfleger eine Genehmigung nach § 1812 BGB (BayObLG, Rpfleger 1985, 24; *Böttcher,* Rpfleger 1987, 485, 487).

4.3. Der Nachweis der Genehmigung

Literatur: Böttcher, Nachweis der gerichtlichen Genehmigung im Grundbuchverfahren, RpflStud 1991, 73

Die gerichtliche Genehmigung ist im Grundbuchverfahren stets nachzuweisen, ohne dass es insoweit darauf ankäme, ob es sich um ein Verfahren nach § 19 GBO oder nach § 20 GBO handelt. Da das Genehmigungserfordernis eine Einschränkung der Vertretungsmacht bewirkt, ist die Art des Rechtsgeschäfts für diese generelle Frage ohne Belang; die Vertretungsmacht ist sowohl im Rahmen des § 20 GBO wie im Rahmen des § 19 GBO zu prüfen. 202

Das Gericht genehmigt nie die Eintragungsbewilligung, sondern stets das zugrunde liegende materiell-rechtliche Rechtsgeschäft *(Meikel/Böttcher,* GBO Einl. I Rdn. 191). Lediglich für die Frage des Nachweis**umfangs** (also nicht für das „ob", sondern für das „wie"!) ist es von Bedeutung, ob es sich um ein Verfahren nach § 19 GBO oder nach § 20 GBO handelt:

a) Verfahren nach § 20 GBO

Hier hat das Grundbuchamt die Wirksamkeit der dinglichen Einigung zu prüfen. Sie tritt erst ein, wenn die rechtskräftig (§§ 40 Abs. 2, 46 FamFG) erteilte und gem. § 1828 BGB wirksam gewordene Genehmigung durch den gesetzlichen Vertreter dem Vertragspartner mit dem Willen, die endgültigen Vertragswirkungen herbeizuführen, mitgeteilt worden ist, § 1829 BGB. 203

Im Verfahren nach § 20 GBO hat das Grundbuchamt deshalb zu prüfen:

- die **Erteilung** (§§ 1821, 1822, 1812 BGB) und Rechtskraftzeugnis der Genehmigung (§ 46 FamFG),
- deren **Zugang** an den Vormund, Betreuer, Eltern (§ 1828 BGB),
- die **Mitteilung** der Genehmigung durch den Vormund, Betreuer (die Eltern) an den Vertragspartner und dessen **Entgegennahme** dieser Mitteilung (§ 1829 BGB).

Die **Erteilung der Genehmigung** ist dem Grundbuchamt durch die Vorlage der Genehmigung in Urschrift, Ausfertigung oder beglaubigter Abschrift nachzuweisen. Gehört das die Genehmigung erteilende Gericht demselben Amtsgericht an wie das Grundbuchamt, so genügt statt der Vorlage die Verweisung auf die Familien- oder Betreuungsakten. Nach § 40 Abs. 2 FamFG wird der Genehmigungsbeschluss erst mit formeller Rechtskraft wirksam; dies ist mit der Entscheidung auszusprechen. Das Grundbuchamt muss deshalb die Eintragung von der Vorlage des Zeugnisses über die formelle Rechtskraft des Beschlusses abhängig machen (§ 46 Abs. 1 FamFG).

Vom **Zugang der Genehmigung an den gesetzlichen Vertreter** (§ 1828 BGB) kann ausgegangen werden, wenn ein Rechtskraftzeugnis (§ 46 Abs. 1 FamFG) hinsichtlich der gerichtlichen Genehmigung vorgelegt wird (KG, NotBZ 2018, 229).

Für die Wirksamkeit des vom Grundbuchamt zu überprüfenden und einzutragenden Rechtsgeschäfts sind die **Mitteilung der Genehmigung durch den gesetzlichen Vertreter an den Vertragspartner und deren Zugang bei diesem erforderlich** (§ 1829 BGB). Diese Tatbestände sind dem Grundbuchamt nachzuweisen. Die Mitteilung der Genehmigung zählt zu den sonstigen Erklärungen i.S.v. § 29 Abs. 1 S. 1 GBO, so dass sie zumindest der notariellen Beglaubigung bedarf; der Nachweis des Zugangs ist durch öffentliche Urkunde gem. § 29 Abs. 1 S. 2 GBO zu führen (= Zustellungsurkunde). Der Nachweis des § 1829 BGB ist auch dann als erbracht anzusehen, wenn der Vertragspartner die Genehmigung beim Grundbuchamt einreicht und dem GBA aufgrund aktenkundiger Tatsachen – z. B. aus der Betreuungsakte desselben Amtsgerichts – bekannt ist, dass es sich bei der ihm vom Erklärungsempfänger vorgelegten Ausfertigung der Genehmigung um diejenige handelt, die das Betreuungsgericht dem Betreuer übermittelt hat (OLG Jena, Rpfleger 2015, 400). In diesem Fall kann davon ausgegangen werden, dass er sie vom gesetzlichen Vertreter erhalten hat. Lag die Genehmigung bei Beurkundung der dinglichen Einigung bereits vor und macht der gesetzliche Vertreter davon Gebrauch, so genügt es für den Nachweis sowohl des § 1828 BGB als auch des § 1829 BGB, wenn in der Urkunde festgestellt wird: »*Der Vertreter des Kindes (Mündels, Betreuten, Pfleglings) teilt dem Vertragspartner mit, dass er zur vorliegenden dinglichen Einigung die Genehmigung bereits am .... erhalten hat*«. Um den Schwebezustand des § 1829 Abs. 1 BGB zu beenden, kann der andere Vertragsteil den gesetzlichen Vertreter zur Mitteilung darüber auffordern, ob die Genehmigung erteilt worden sei. Wird die Genehmigung dem anderen Vertragsteil nicht binnen zwei Wochen nach dem Empfang der Aufforderung durch den gesetzlichen Vertreter mitgeteilt, so gilt sie als verweigert (§ 1829 Abs. 2 BGB). Eine solche Aufforderung liegt nur dann vor, wenn der Erklärungsempfänger erkennen kann, dass es sich nicht um eine bloße Sachstandsanfrage, sondern um eine Erklärung von rechtserheblicher Bedeutung handelt; letzteres wird z. B. verneint, wenn die Anfrage nicht nur an den gesetzlichen Vertreter eines Verkäufers gerichtet wird, sondern auch an alle anderen Verkäufer (OLG Düsseldorf, DNotZ 2003, 863).

Wird die Genehmigung erst nach der Vertragsbeurkundung erteilt, so wird in nahezu allen Fällen von den Beteiligten ein gemeinsamer Bevollmächtigter ernannt (= **Doppelvollmacht**), und zwar i.d.R. der **Notar**. Dieser nimmt die Genehmigung für den gesetzlichen Vertreter entgegen (§ 1828 BGB), teilt sie dem anderen Vertragsteil mit und nimmt für diesen die Mitteilung in Empfang (§ 1829 BGB). Die Zulässigkeit einer solchen Doppelvollmacht ist überwiegend anerkannt (BGH, DNotZ 2016, 195; OLG Jena, NotBZ 2016, 115). Bedenken werden insoweit angemeldet, weil die Doppelvollmacht § 1828 faktisch aushebele; der gesetzliche Vertreter wisse nicht, wann die Genehmigung dem Vertragsgegner mitgeteilt wird und er verzichte damit letztendlich auf die Möglichkeit, von der Genehmigung nicht Gebrauch zu machen (*Soergel/Zimmermann*, § 1821 Rdn. 9). Um diesen Bedenken zu begegnen, kommt nur die Erteilung einer jederzeit widerruflichen Vollmacht in Betracht; damit behält der gesetzliche Vertreter die Entscheidungsfreiheit über das Wirksamwerden des Rechtsgeschäfts (MünchKomm/*Wagenitz*, § 1829 Rdn. 14). Die Doppelbevollmächtigung darf nicht zu dem Zwecke erfolgen, dem Schutzbefohlenen die Möglichkeit zu nehmen, die – mit der Mitteilung nach § 1829 Abs. 1 S. 2 BGB für das Gericht unwiderruflich gewordene – Genehmigung im Beschwerdeweg überprüfen zulassen. Durch das vom BVerfG (NJW 2000, 1709) aufgestellte Erfordernis eines Vorbescheids wird der rechtsmissbräuchlichen Erteilung von Doppelvollmachten begegnet.

→ **Beispiel 39h:**
Der Notar beurkundete einen Veräußerungsvertrag, bei dem der veräußernde Betreute durch den Betreuer vertreten wurde. Folgende Vollmacht dem Notar erteilt: „Die Beteiligten bevollmächtigen den Notar, unter Befreiung von den Beschränkungen des § 181 BGB, diese Urkunde zu ergänzen oder abzuändern". Mit Nachtragsurkunde bevollmächtigte sich der beurkundende Notar, die zwischenzeitlich erteilte und rechtskräftige betreuungsgerichtliche Genehmigung für den Betreuer in Empfang zu nehmen und sie dem anderen Vertragsteil bekanntgeben zu dürfen. Zugleich beurkundete er die entsprechenden Kenntnisnahmen. Das GBA beanstandete mittels Zwischenverfügung, dass die Vollzugsvollmacht für den Notar nicht die Erteilung einer Doppelvollmacht für den Notar mittels Eigenurkunde rechtfertige.

Das OLG Zweibrücken (Rpfleger 2016, 342) hat die Zwischenverfügung des Grundbuchamts aufgehoben und die Anweisung erteilt, den Eigentumswechsel zu vollziehen. Für die Veräußerung der Immobilie bedurfte es der betreuungsgerichtlichen Genehmigung nach § 1908i BGB, § 1821 Abs. 1 Nr. 1 Alt. 1 BGB. Wird die Genehmigung erst nach der Vertragsbeurkundung erteilt, so wird in nahezu allen Fällen von den Beteiligten ein gemeinsamer Bevollmächtigter ernannt (= **Doppelvollmacht**), und zwar i.d.R. der **Notar**. Dieser nimmt die Genehmigung für den gesetzlichen Vertreter entgegen (§ 1828 BGB), teilt sie dem anderen Vertragsteil mit und nimmt für diesen die Mitteilung in Empfang (§ 1829 BGB). Die Doppelbevollmächtigung muss dabei deutlich erteilt werden; die formularmäßig verwendete Bevollmächtigung zur Abgabe der mit der Durchführung eines notariellen Vertrags erforderlichen Erklärungen umfasst nach einer weitgehend vertretenen Auffassung noch keine Doppelbevollmächtigung des Notars (OLG Zweibrücken, Rpfleger 2016, 342). Im vorliegenden Fall genügen jedoch die in dem notariellen Kaufvertrag erteilte Bevollmächtigung des Notars und die unter ihrer Verwendung wiederum von ihm in einer Eigenurkunde an sich selbst erteilte Doppelvollmacht. Der Anwendungsbereich der notariellen Eigenurkunde ist nicht darauf beschränkt, verfahrensrechtliche Erklärungen der Beteiligten zu ändern, zu ergänzen oder zu berichtigen, soweit dies zum grundbuchlichen Vollzug dieser Urkunde erforderlich ist. Sie kann auch materiell – rechtliche Erklärungen zum Gegenstand haben (OLG Zweibrücken, Rpfleger 2016, 342). So liegt der Fall hier. Die Beteiligten haben den Notar ohne Einschränkung bevollmächtigt, den Kaufvertrag zu ändern oder zu ergänzen. Eine solche Bevollmächtigung umfasst mit Bezug auf das angestrebte Ziel der Vertragsdurchführung alle hierzu notwendigen Erklärungen, die von den Beteiligten oder von dem Notar abgegeben wurden.

→ **Beispiel 39i:**
Der Notar beurkundete einen Veräußerungsvertrag, bei dem der veräußernde Betreute durch den Betreuer vertreten wurde. Folgende Vollmacht dem Notar erteilt: „Die Vertragsparteien beauftragen und ermächtigen den Notar zur Einholung aller nach diesem Vertrag erforderlichen Genehmigungen, Bestätigungen und Negativbescheinigungen. Der Notar wird weiter beauftragt und bevollmächtigt, Erklärungen zur Durchführung des Rechtsgeschäfts abzugeben und entgegenzunehmen." Das Betreuungsgericht erteilte zu dem Veräußerungsvertrag die Genehmigung. Auf der beglaubigten Abschrift des Beschlusses hat der Notar vermerkt, er habe die Genehmigung als Bevollmächtigter des Betreuers entgegengenommen, sie dem anderen Vertragsteil mitgeteilt und sie für diesen in Empfang genommen. Der Notar beantragte die Eintragung der Eigentumsvormerkung für den Käufer. Das GBA beanstandete mittels Zwischenverfügung das Fehlen einer Doppelvollmacht.

Das OLG Jena (NotBZ 2016, 115) hat die Zwischenverfügung aufgehoben und das Grundbuchamt angewiesen, die Eigentumsvormerkung einzutragen. Für die Bestellung der Eigentumsvormerkung bedarf es der betreuungsgerichtlichen Genehmigung nach § 1908i BGB, § 1821 Abs. 1 Nr. 1 Alt. 1 BGB. Wird die Genehmigung erst nach der Vertragsbeurkundung erteilt, so wird in nahezu allen Fällen von den Beteiligten ein gemeinsamer Bevollmächtigter ernannt (= **Doppelvollmacht**), und zwar i.d.R. der **Notar**. Dieser nimmt die Genehmigung für den gesetzlichen Vertreter entgegen (§ 1828 BGB), teilt sie dem anderen Vertragsteil mit und nimmt für diesen die Mitteilung in Empfang (§ 1829 BGB). Ob eine Doppelvollmacht vorliegt und wie weit sie reicht, ist durch Auslegung zu ermitteln. Eine Doppelvollmacht für die Mitteilung und Entgegennahme der betreuungsgerichtlichen Genehmigung muss nicht ausdrücklich formuliert werden; der Umstand, dass der Notar in der Urkunde nicht die in der Literatur vorgeschlagenen Formulierungsvorschläge verwendet hat, entbebt das Grundbuchamt nicht von der Pflicht, die tatsächlich verwendeten Formulierungen auszulegen. Die dem Notar im vorliegenden Fall erteilte Vollmacht kann als Doppelvollmacht ausgelegt werden. Danach wurde der Notar zunächst bevollmächtigt, für die Beteiligten sämtlich erforderliche Genehmigungen einzuholen; dies schließt die betreuungsgerichtliche Genehmigung ein. Weiter wurde der Notar bevollmächtigt, Erklärungen zur Durchführung des Rechtsgeschäfts abzugeben und entgegenzunehmen. Dies umfasst die Mitteilung und Entgegennahme der betreuungsgerichtlichen Genehmigung nach den §§ 1828, 1829 BGB. Der Notar hat die Ausübung der Doppelvollmacht auch nach außen durch seinen Vermerk auf der Genehmigungsentscheidung zu erkennen gegeben.

Die mittels Doppelvollmacht vorgenommenen Rechtshandlungen können nicht als rein innerer Akt Wirksamkeit erlangen; vielmehr muss die **Ausübung der Doppelvollmacht** materiell nach außen zum Ausdruck kommen (BGH, DNotZ 2016, 195) und formell dem Grundbuchamt nachgewiesen werden. **Materiell** genügt ein bloßer Vermerk des Notars über die Kenntnisnahme der Genehmigung nicht, wohl aber ein Vermerk über das Gebrauchmachen der Genehmigung oder die bloße Einreichung beim Grundbuchamt durch den bevollmächtigten Notar (BGH, DNotZ 2016, 195). Über den **formellen Nachweis** gegenüber dem Grundbuchamt hinsichtlich der Ausübung der Doppelvollmacht herrscht Streit. Es wird die Meinung vertreten, dass es ausreichend sei, wenn der Notar formlos die Vollmacht in der Weise ausübt, dass er die entsprechende Urkunde nach § 15 GBO dem Grundbuchamt vorlegt (*Neuhausen*, RNotZ 2003, 157, 173). Der Nachweis der Ausübung der Doppelvollmacht erfolgt demnach durch konkludentes Verhalten. Dieser Ansicht ist nicht zu folgen. Richtig ist, dass die Ausübung der Vollmacht materiell keiner Form bedarf, also auch mündlich oder durch konkludentes Verhalten erfolgen kann, da auch für die Mitteilung des gesetzlichen Vertreters an den anderen Vertragsteil nichts anderes gilt. Das Grundbuchamt muss jedoch mit der für das Grundbuchverfahren notwendigen Bestimmtheit feststellen, ob das Rechtsgeschäft wirksam ist. Diese Prüfung wird dem Notar überlassen, wenn allein aus der Antragstellung nach § 15 GBO die Wirksamkeit der Vorgänge nach §§ 1828, 1829 BGB gefolgert wird. Es ist daher eine ausdrückliche Erklärung über die Ausübung der Doppelbevollmächtigung zu verlangen. Dabei ist die Form des § 29 Abs. 1 GBO einzuhalten, da es sich insoweit um eine Erklärung i.S.v. § 29 Abs. 1 GBO handelt, die in keinem Fall durch konkludentes Verhalten (= Antragstellung des Notars auf Vollzug der Urkunde) ersetzt werden kann. Der bevollmächtigte Notar muss für die Vollmachtgeber die erforderlichen Erklärungen formgerecht abgeben, indem er einen besonderen Vermerk auf der Urkunde anbringt, der etwa folgenden Wortlaut haben kann:

»Diese mir als Bevollmächtigtem des gesetzlichen Vertreters zugegangene Genehmigung habe ich heute mir selbst als gleichzeitig Bevollmächtigtem des anderen Vertragsteils mitgeteilt und für diesen in Empfang genommen.«

Dieser Vermerk ist eine notarielle Eigenurkunde, die die Qualität einer öffentlichen Urkunde i.S.v. § 29 GBO hat, so dass es der Beglaubigung der

Unterschrift des bevollmächtigten Notars durch einen anderen Notar nicht bedarf.

b) Verfahren nach § 19 GBO

205 Hier ist im Unterschied zu a) die Genehmigung nicht in ihrer Eigenschaft als Wirksamkeitsvoraussetzung der dinglichen Einigung zu prüfen, sondern nur insoweit, als sie die durch das gesetzliche Genehmigungserfordernis bewirkte Einschränkung der Vertretungsmacht des gesetzlichen Vertreters ausräumt. In diesem Zusammenhang ist somit von vornherein der Teil des Genehmigungsvorganges ohne Bedeutung, der nach Rechtskraft der nur noch für das endgültige Wirksamwerden des Vertrages notwendig ist, d.i. der Mitteilungsvorgang der § 1829 BGB. Ob diese Vorschrift erfüllt wurde, ist im Verfahren nach § 19 GBO deshalb nie zu prüfen (*Meikel/Böttcher*, GBO Einl. E Rdn. 199).

Liegt einem Eintragungsantrag die gerichtliche Genehmigung nicht bei, so stellt sich die Frage, ob und mit welchem Inhalt diesbezüglich eine Zwischenverfügung ergehen kann. Diese Frage ist problemlos in einem Verfahren nach § 20 GBO, weil es sich ja dort stets um einen Vertrag handelt, bei dem auch Nachgenehmigung zulässig ist, sodass die Zwischenverfügung lediglich die Vorlage der (vorher oder auf die Zwischenverfügung hin erteilten) Genehmigung verlangt.

206 Im Verfahren nach § 19 GBO muss jedoch unterschieden werden zwischen Vorgängen, bei denen materiell-rechtlich ein Vertrag vorliegt, also Nachgenehmigung möglich ist, und Vorgängen, bei denen auch materiell-rechtlich nur eine einseitige Erklärung vorliegt. Hier greift nämlich u.U. § 1831 BGB ein.

→ **Beispiel 40:**
a) Der Vormund des minderjährigen A bestellt zugunsten des B eine Hypothek.
b) Der Vormund des A bewilligt die Löschung einer für A auf dem Grundstück des B eingetragenen Hypothek.
c) Der Vormund des A bestellt zugunsten des A auf dessen Grundstück eine Eigentümergrundschuld.
d) Zugunsten des B ist auf dem Grundstück des E eine Hypothek eingetragen. B ist Vorerbe des seinerzeitigen Hypothekengläubigers, A ist Nacherbe. B will die Hypothek aufheben.

Im *Falle a)* ist materiell-rechtlich ein **Vertrag** (= Einigung) erforderlich (§ 873 BGB). Hier ist somit dem Grundbuchamt die Genehmigung (§ 1821 Abs. 1 Nr. 1 BGB) **und** das Rechtskraftzeugnis (§ 46 FamFG, § 1828 BGB) nachzuweisen (KG, NotBZ 2018, 229). Liegt die Genehmigung dem Antrag nicht bei, so kann Zwischenverfügung ergehen; sie wird erfüllt durch Vorlage einer **Vor**genehmigung, aber auch einer Genehmigung, die erst auf die Zwischenverfügung hin als sog. **Nach**genehmigung erteilt wird. Die Voraussetzungen des § 1829 BGB sind nicht zu prüfen (allgemeine Meinung, vgl. *Meikel/ Böttcher,* GBO, Einl. E Rdn. 199; OLG Schleswig, DNotZ 1959, 606; LG Flensburg, Rpfleger, 1966, 267).

In den *Fällen b) bis d)* liegen der formellen Bewilligung (§ 19 GBO) materiell jeweils **einseitige Rechtsgeschäfte** zugrunde. Im Fall b) ist die Aufhebung der Hypothek (§ 875 BGB) genehmigungspflichtig nach § 1822 Nr. 13 BGB, im Fall c) die Bestellung der Eigentümergrundschuld (§ 1196 BGB) nach § 1821 Abs. 1 Nr. 1 Alt. 1 BGB und im Fall d) die Zustimmung des Nacherben (§ 2113 BGB; vgl. *Meikel/Böttcher,* GBO Einl. E Rdn. 185). Auch wenn der formellen Eintragungsbewilligung nach § 19 GBO materiell-rechtlich ein einseitiges Rechtsgeschäft zugrunde liegt, hat das Grundbuchamt die Erteilung der Genehmigung nach den §§ 1812, 1821, 1822 BGB und deren Rechtskraft durch ein Zeugnis zu prüfen, § 46 FamFG, § 1828 BGB (KG, NotBZ 2018, 229). Materiell bestimmt § 1831 BGB darüber hinaus, dass eine Genehmigung des Gerichts nur bis zur Vollendung des einseitigen Rechtsgeschäfts möglich ist, danach nicht mehr. Formell ist diese materielle Vorschrift im Grundbuchverfahren nach § 19 GBO grundsätzlich nicht zu prüfen (*Meikel/Böttcher,* GBO Einl. E Rdn. 200). Ansonsten würden dem Grundbuchamt materiell-rechtliche Prüfungen auferlegt, was grundsätzlich nicht geschehen soll. Der Grundsatz der Nichtbeachtung des § 1831 BGB im Grundbuchverfahren muss jedoch dort seine Grenze finden, wo das Grundbuchamt sichere Kenntnis von der Missachtung oder durch Tatsachen bzw. Tatsachenbehauptungen begründete Zweifel an der Einhaltung des § 1831 BGB hat, was zu einer Grundbuchunrichtigkeit führen würde.

Besteht das zu genehmigende einseitige Rechtsgeschäft aus einer einseitigen materiellen Willenserklärung und der Grundbucheintragung (z. B. § 875 BGB, § 1196 BGB, § 885 BGB, § 8 WEG), dann kann eine Genehmigung des Gerichts auch unter Beachtung des § 1831 BGB bis zur Grundbucheintragung erfolgen (*Meikel/Böttcher,* GBO Einl. E Rdn. 203). Für das Grundbuchverfahren bedeutet dies, dass selbst unter Anwendung des § 1831 BGB mittels Zwischenverfügung die Genehmigung bis zur Grundbucheintragung verlangt werden kann (Alternative b und c).

Besteht das zu genehmigende einseitige Rechtsgeschäft nur aus einer einseitigen materiellen Willenserklärung, die nicht gegenüber dem Grundbuchamt abgegeben werden kann (z. B. Alternative d: Zustimmung des gesetzlichen Vertreters des Nacherben zu einer Verfügung des Vorerben nach § 2113 BGB; Zustimmung des gesetzlichen Vertreters des Grundstückseigentümers zur Belastung eines Erbbaurechts mit Grundpfandrechten oder Reallasten nach § 5 Abs. 2 ErbbauRG), muss die Genehmigung des Gerichts vor dem Zugang der Zustimmungserklärung vorliegen (§ 1831 BGB). Ob, wann und gegenüber dem die zu genehmigende Zustimmungserklärung des gesetzlichen Vertreters abgegeben wurde oder wird, kann und darf das Grundbuchamt in seinem formellen Verfahren nicht prüfen. Die Anwendbarkeit des § 1831 BGB ist daher in diesem

Fall zu verneinen, was zur Folge hat, dass mittels Zwischenverfügung sowohl eine Vorgenehmigung als auch eine Nachgenehmigung verlangt werden kann (*Meikel/Böttcher*, GBO Einl. E Rdn. 201).

Besteht das zu genehmigende einseitige Rechtsgeschäfte nur aus einer einseitigen materiellen Willenserklärung, die auch gegenüber dem Grundbuchamt abgegeben werden kann (z. B. Zustimmung des gesetzlichen Vertreters des Grundstückseigentümers zur Löschung eines Fremdgrundpfandrechtes nach § 1183 BGB), so liegt diese in der formellen Bewilligung des gesetzlichen Vertreters des Schutzbefohlenen gegenüber dem Grundbuchamt (= Grundstückseigentümer nach § 27 GBO), soweit sie nicht bereits vorher erklärt wurde. Dies bedeutet, dass spätestens mit dem Zugang der formellen Erklärung des gesetzlichen Vertreters beim Grundbuchamt auch seine materielle Erklärung wirksam geworden ist. Eine Genehmigung des Familien- oder Vormundschaftsgerichts danach wäre nach dem Wortlaut des § 1831 BGB nicht mehr möglich. Die Vorschrift muss jedoch in diesem Fall im Grundbuchverfahren teleologisch reduziert werden. Der Schutzzweck der Norm, einen Dritten vor unabsehbarer rechtlicher Unsicherheit auf Dauer zu schützen, wird auch durch die Fristsetzung mittels Zwischenverfügung nach § 18 GBO erreicht; mit ihr kann daher sowohl eine Vorgenehmigung als auch eine Nachgenehmigung verlangt werden (*Meikel/Böttcher*, GBO Einl. E Rdn. 202 m.w.N.).

c) Diese auf den ersten Blick etwas unübersichtlichen Regelungen mag folgende **Übersicht** verdeutlichen.

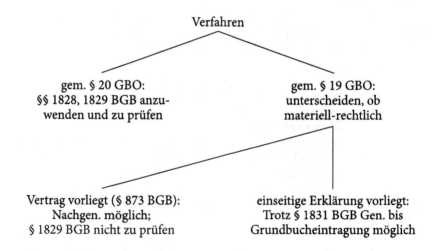

Nach § 40 Abs. 2 FamFG wird ein Beschluss, der die Genehmigung eines Rechtsgeschäfts zum Gegenstand hat, erst mit **Rechtskraft** wirksam; dies ist mit der Entscheidung auszusprechen. Fehlt der letztgenannte Ausspruch wird der Beschluss trotzdem mit Rechtskraft wirksam. Der Nachweis der Rechtskraft eines Genehmigungsbeschlusses ist aufgrund eines **Rechtskraftzeugnisses** zu führen (§ 46 FamFG). Damit wird jedoch lediglich der Eintritt der formellen Rechtskraft bestätigt, und zwar mit der Beweiskraft einer öffentlichen Urkunde im Sinne von § 418 ZPO. Das Rechtskraftzeugnis sagt aber nichts über die materielle Richtigkeit oder den Bestand des Beschlusses aus. Mit der Erteilung des Rechtskraftzeugnisses ist kein „guter Glaube" an die wirksame Genehmigung des Rechtsgeschäfts durch das Gericht verbunden. Das Rechtskraftzeugnis wirkt weder konstitutiv noch knüpft sich an dessen Existenz der unwiderlegliche Beweis der Rechtswirksamkeit. Sollte das Zeugnis falsch und die Beschwerdefrist für einen oder mehrere Beteiligte noch nicht abgelaufen sein, so ist das zu genehmigende Rechtsgeschäft weiterhin schwebend unwirksam und die Grundbucheintragung unrichtig. Notar und Grundbuchamt dürfen jedoch darauf vertrauen, dass die im Rechtskraftzeugnis wiedergegebenen Tatsachen richtig sind und die Genehmigungsentscheidung nach § 40 Abs. 2 FamFG wirksam geworden ist (vgl. § 418 Abs. 1 ZPO); die Prüfung des Eintritts der Rechtskraft ist Aufgabe des Familien- oder Betreuungsgerichts und nicht des Grundbuchamtes oder Notars (KG, NotBZ 2012, 132; *Kölmel*, NotBZ 2010, 2, 11). Die bei Verträgen notwendige Mitteilung der Genehmigung nach § 1829 BGB vom gesetzlichen Vertreter an den anderen Vertragspartner kann erst nach Rechtskraft erfolgen, weil die gerichtliche Genehmigung erst dann wirksam ist (KG, FamRZ 2016, 324); dies hat der einen Kaufvertrag beurkundende Notar zu beachten. Die Mitteilung vor Wirksamwerden der Genehmigung hat keine Wirkung; die später eintretende Rechtskraft des Genehmigungsbeschlusses führt nicht zur Wirksamkeit des Vertrags, vielmehr muss die Mitteilung nach Rechtskraft wiederholt werden (*Schaal*, notar 2010, 268, 276).

Das Gericht entscheidet über die Erteilung der Genehmigung durch Beschluss (§ 38 Abs. 1 FamFG). Dieser ist den Beteiligten (§ 41 Abs. 1 S. 1 FamFG) und demjenigen, für den das Rechtsgeschäft genehmigt wird (= Kind, Mündel, Betreuter, § 41 Abs. 3 FamFG), bekannt zu geben. Rechtskräftig wird der Beschluss frühestens dann, wenn die **Frist** für die Einlegung des zulässigen Rechtsmittels **abgelaufen** ist (§ 45 S. 1 FamFG). Wird gegen den Beschluss jedoch fristgerecht ein Rechtsmittel eingelegt, so wird der Eintritt der Rechtskraft gehemmt (§ 45 S. 2 FamFG). Zulässiges Rechtsmittel gegen die Entscheidung des Gerichts ist die Beschwerde (§ 58 Abs. 1 FamFG). Beschwerdeberechtigt ist jeder, der durch den Beschluss in seinen Rechten beeinträchtigt wird (§ 59 Abs. 1 FamFG). Die Beschwerdefrist beträgt zwei Wochen (§ 63 Abs. 2 Nr. 2 FamFG). Die Beschwerde ist nur zulässig, wenn der Wert des Beschwerdegegenstandes 600 € übersteigt oder das Gericht des ersten Rechtszugs die Beschwerde zugelassen hat (§ 61 Abs. 1 und 2 FamFG). Ist der Beschwerdewert überschritten, ist auch unter Umgehung des OLG/KG die Sprungrechtsbeschwerde zum BGH nach § 75 Abs. 1 FamFG statthaft, wenn die Beteiligten einwilligen und der

BGH dies zulässt. Der Antrag auf Zulassung der Sprungrechtsbeschwerde und die Erklärung der Einwilligung gelten als Verzicht auf die Beschwerde (§ 75 Abs. 2 FamFG). Die Beschwerde ist selbst dann nicht mehr möglich, wenn das Rechtsbeschwerdegericht die Sprungrechtsbeschwerde nicht zulässt. Durch den Hinweis auf § 63 FamFG in § 75 Abs. 2 S. 1 FamFG ist klargestellt, dass auch die Sprungrechtsbeschwerde gegen den Genehmigungsbeschluss nur innerhalb zwei Wochen zulässig ist (§ 63 Abs. 2 S. 2 FamFG), sodass auch die Frist zur Einlegung der Sprungrechtsbeschwerde nicht länger ist, als die gegen die Genehmigungsentscheidung gegebene Beschwerdefrist.

Die Frist beginnt mit der schriftlichen **Bekanntgabe** des Beschlusses an die **Beteiligten** (§ 63 Abs. 3 S. 1 FamFG). Kann die schriftliche Bekanntgabe an einen Beteiligten nicht bewirkt werden, beginnt die Frist spätestens mit Ablauf von fünf Monaten nach Erlass des Beschlusses (§ 63 Abs. 3 S. 2 FamFG). Das Verfahren zur Erteilung einer familiengerichtlichen Genehmigung bedarf keines Antrags, sodass es keinen Antragsteller als Beteiligten nach § 7 Abs. 1 FamFG gibt. Einen Beteiligten kraft Gesetzes gibt es im Genehmigungsverfahren daher nicht, sondern ausschließlich Beteiligte kraft Hinzuziehung (§ 7 Abs. 2 und 3 FamFG); in der Regel sind das der Vertretene und seine gesetzlichen Vertreter (§ 7 Abs. 2 Nr. 1 FamFG). Wurde die Hinzuziehung allerdings vom Gericht vergessen, gibt es keine Beteiligte. Die Beschwerdeberechtigung steht jedoch demjenigen zu, der durch den Beschluss in seinen Rechten beeinträchtigt ist (§ 59 Abs. 1 FamFG). Die Beschwerdeberechtigung setzt somit keine Beteiligtenstellung voraus, sondern nur eine materielle Beschwer. Beschwerdeberechtigt sind nur der Vertretene und ein eventuell für das Genehmigungsverfahren bestellter Vertreter (z.B. Ergänzungspfleger, Verfahrensbeistand, Verfahrenspfleger). Nicht beschwerdeberechtigt gegen die Erteilung einer Genehmigung ist der gesetzliche Vertreter, dem diese nach § 1828 BGB mitzuteilen ist und in dessen Ermessen es liegt, von der Genehmigung Gebrauch zu machen (*Sonnenfeld*, NotBZ 2009, 295, 298). Ebenso wenig beschwerdeberechtigt ist der Vertragspartner, der erst nach Zugang der Genehmigung nebst Rechtskraftzeugnis nach § 1829 BGB davon berührt wird (*Litzenburger*, RNotZ 2010, 32, 33).

Es kann sich nun die Frage stellen, wann für einen Beschwerten, der nicht Beteiligter ist (weil er vergessen wurde vom Gericht sowohl bei der Hinzuziehung nach § 7 Abs. 2 FamFG als auch der Bekanntmachung gemäß § 41 Abs. 3 FamFG), die Beschwerdefrist des § 63 Abs. 3 FamFG zu laufen beginnt, die auf die Bekanntgabe an den Beteiligten abstellt. Zu dem Problem des „vergessenen Beteiligten" werden folgende Ansichten vertreten. Nach einer Meinung kann der vergessene Beteiligte unter Beachtung von § 63 Abs. 3 S. 1 FamFG nur solange fristgemäß Beschwerde einlegen, bis die 2-Wochen-Frist für den letzten Beteiligten abgelaufen ist (OLG Hamm, ZNotP 2011, 70). Eine zweite Ansicht wendet auf den Sachverhalt § 63 Abs. 3 S. 2 FamFG (*Keidel/Meyer-Holz*, § 41 FamFG Rdn. 23) oder zumindest den darin zum Ausdruck gekommenen Rechtsgedanken (*Litzenburger*, RNotZ 2010, 32, 35) an, was bedeutet, dass die

Frist spätestens mit Ablauf von fünf Monaten nach Erlass des Beschlusses beginnt. Diese Auffassungen führen dazu, dass Personen ihr Beschwerderecht verlieren, obwohl sie mangels Kenntnis tatsächlich nie die Möglichkeit hatten, den sie in ihren Rechten treffenden Beschluss überprüfen zu lassen. Deshalb besagt eine dritte Meinung zu Recht, dass für einen am Verfahren nicht Beteiligten (§ 7 Abs. 2 FamFG), aber nach § 59 Abs. 1 FamFG Betroffenen, die Rechtsmittelfrist gar nicht zu laufen beginnt (*Heggen*, NotBZ 2011, 47; *Abicht*, RNotZ 2010, 493, 505; *Sorg*, BWNotZ 2010, 107, 117; *Bolkart*, MittBayNot 2009, 268, 272); der Beschluss erwächst für den vergessenen Beteiligten niemals in Rechtskraft.

Grundsätzlich sind das vertretene **Kind,** der **Mündel** und **Betreute** als Beteiligte im Genehmigungsverfahren nach § 7 Abs. 2 Nr. 1 FamFG hinzuzuziehen. Verfahrensfähig sind aber grundsätzlich nur voll geschäftsfähig (§ 9 Abs. 1 Nr. 1 FamFG); ansonsten werden die nicht verfahrensfähigen Personen von den nach bürgerlichen Recht hierzu berufenen Personen vertreten, § 9 Abs. 2 FamFG (z. B. Eltern, Vormund, Betreuer). In Ausnahme davon ist der Genehmigungsbeschluss auch demjenigen bekannt zu geben, für den das Rechtsgeschäft genehmigt wird, § 41 Abs. 3 FamFG (z. B. Kind, Mündel, Betreuten). Zweck der Vorschrift ist es, dem Rechtsinhaber unmittelbar rechtliches Gehör zu gewähren, das nicht über den Vertreter wahrgenommen werden kann (BVerfGE 101, 397). Bei der Frage, in welcher Weise das rechtliche Gehör und die Möglichkeit zur Einlegung eines Rechtsmittels durch den Vertretenen selbst sichergestellt werden kann, ist zu unterscheiden:

Minderjährige, die das 14. Lebensjahr noch nicht vollendet haben, sind verfahrensunfähig (§ 9 Abs. 1 Nr. 3 FamFG) und können auch keine Beschwerde selbst einlegen (§ 60 S. 3 FamFG). Deshalb kann ihnen der Genehmigungsbeschluss auch nicht bekannt gemacht werden (OLG Köln, DNotZ 2013, 219; KG, Rpfleger 2010, 422). Die Bekanntgabe an die Eltern oder einen Vormund scheidet nach Ansicht des BVerfG (NJW 2000, 1709) aus, weil das rechtliche Gehör nicht durch denjenigen vermittelt werden kann, dessen Handeln im Genehmigungsverfahren überprüft werden soll (ebenso KG, Rpfleger 2010, 422 a.A. OLG Brandenburg, MittBayNot 2011, 240). Die Zweifel, die der BGH (FamRZ 2014, 614 m. abl. Anm. *Zorn*) daran gestreut haben könnte, wurden mit überzeugender Begründung ausgeräumt (vgl. *Zorn*, Das Recht der elterlichen Sorge, Rdn. 541). Streit herrscht darüber, an wen stattdessen für den Minderjährigen bekannt gemacht werden soll. Eine Ansicht möchte hierzu nach § 158 Abs. 1 FamFG einen Verfahrensbeistand bestellen (OLG Stuttgart, FamRZ 2010, 1166). Dem kann nicht gefolgt werden. Nach § 158 Abs. 1 FamFG kommt die Bestellung eines Verfahrensbeistandes nur in Angelegenheiten in Betracht, die die Person des Kindes betreffen; bei dem Genehmigungsverfahren handelt es sich aber um eine vermögensrechtliche Angelegenheit. Außerdem ist der Verfahrensbeistand kein gesetzlicher Vertreter des Kindes, für das er tätig wird (§ 158 Abs. 4 S. 6 FamFG); er handelt vielmehr in eigenem Namen und hat nicht die Funktion, rechtliche Erklärungen für das Kind abzugeben oder entgegenzunehmen. Der Zweck des § 41 Abs. 3 FamFG, dem vertretenen Kind die Möglichkeit einzuräumen, bei einer Entscheidung, die seine Rechte betrifft, zu Wort zu kommen, ist vielmehr nur gewährleistet, wenn dem betroffenen Kind ein Ergänzungspfleger nach § 1909 BGB bestellt wird (KG, Rpfleger 2010, 422; *Sonnenfeld*, NotBZ 2009, 295, 299; *Zorn*, Rpfleger 2009, 421, 431).

Mit Vollendung des 14. Lebensjahres erlangt ein Minderjähriger die „beschränkte Verfahrensfähigkeit" (§ 9 Abs. 1 Nr. 4 FamFG). Deshalb sieht § 164 FamFG vor, dass die Entscheidung dem Kind selbst bekannt zu machen ist, wenn es das 14. Lebensjahr vollendet hat, nicht geschäftsunfähig ist und selbst das Beschwerderecht ausüben kann. Nach § 60 S. 2 FamFG kann das Kind, für das elterliche Sorge besteht, in Angelegenheiten, in denen das Kind oder der Mündel vor einer Entscheidung des Gerichts gehört werden soll, ohne Mitwirkung seines gesetzlichen Vertreters das Beschwerderecht ausüben. Nach § 159 FamFG hat das Gericht das Kind grundsätzlich persönlich anzuhören, wenn es das 14. Lebensjahr vollendet hat. In Verfahren, die ausschließlich das Vermögen des Kindes betreffen, kann von einer persönlichen (= mündlichen) Anhörung aber abgesehen werden, wenn eine solche nach Art der Angelegenheit nicht angezeigt ist. Dabei kommt es entscheidend darauf an, ob das Kind geistig in der Lage ist, die Folgen des zu genehmigenden Rechtsgeschäfts zu übersehen. Die Regelung lässt aber nur das Absehen von einer mündlichen Anhörung zu, nicht von einer Anhörung selbst. D.h. in den Fällen, in denen nicht persönlich angehört werden muss, muss das mindestens 14 Jahre alte Kind zumindest schriftlich angehört werden (*Zorn* in Bork/Jacoby/Schwab, § 159 FamFG Rdn. 9). Im Ergebnis reicht diese Anhörungspflicht deshalb aus, um dem Minderjährigen ein Anhörungsrecht und ein eigenständiges Beschwerderecht nach § 60 S. 2 FamFG zu verleihen; hieraus folgt, dass dem nicht geschäftsunfähigen Kind, welches das 14. Lebensjahr vollendet hat, der Genehmigungsbeschluss stets bekannt zu machen ist. Bestellt das Familiengericht trotzdem einen Ergänzungspfleger, so ist auch an ihn bekannt zu machen.

Ist ein **Betreuter** an einem Rechtsgeschäft beteiligt, so ist er unabhängig von seiner Geschäftsfähigkeit verfahrensfähig (§ 9 Abs. 1 Nr. 4, § 275 FamFG), sodass ihm die Entscheidung stets selbst bekannt gegeben werden muss, § 41 Abs. 3 FamFG (vgl. BGH, FamRZ 2016, 296). Ist der Betreute zur Wahrnehmung seiner Rechte tatsächlich nicht mehr in der Lage, weil er z.B. geschäftsunfähig ist, nützt die Bekanntmachung an ihn nicht viel. Aber auch der Betreuer ist an der Entgegennahme des Beschlusses gehindert, weil sein Handeln zu überprüfen ist (BVerfG, NJW 2000, 1709). Deshalb ist dann ein Verfahrenspfleger zu bestellen (§ 276 FamFG). Diesem ist der Genehmigungsbeschluss dann zusätzlich bekannt zu geben. Er vertritt den Betreuten im Genehmigungsverfahren, auch bei der Ausübung des Beschwerderechts, sodass die Einsetzung eines weiteren Betreuers nicht erforderlich ist (*Sonnenfeld*, NotBZ 2009, 295, 299).

5. Erklärungen durch gewillkürte Vertreter

Die Wirksamkeit der formellen Bewilligung oder materiellen Erklärung (z. B. Auflassung) richtet sich nach dem Umfang der wirksam erteilten und im maßgeblichen Zeitpunkt (→ Rdn. 193) noch wirksamen Vollmacht. Wenngleich die Vollmacht materiell-rechtlich regelmäßig keiner Form bedarf (§ 164 Abs. 2 BGB), so ist sie doch eine „zur Eintragung erforderliche Erklärung" und deshalb dem Grundbuchamt in der Form des § 29 GBO nachzuweisen. 208

6. Erklärungen durch Vertreter ohne Vertretungsmacht

Für die verfahrensrechtliche Auffassung ergibt sich die Zulässigkeit einer Vertretung ohne Vertretungsmacht bei der Bewilligung unmittelbar aus § 89 ZPO; die Genehmigung kann bis zur Entscheidung des Gerichts nachgebracht werden; § 180 BGB gilt nicht (*Meikel/Böttcher,* GBO Einl. E Rdn. 73). Bei materiellen Verträgen (z. B. Auflassung) ist die Vertretung ohne Vertretungsmacht selbstverständlich möglich (vgl. § 177 BGB). 209

Als Entscheidung ist dabei erst die endgültige Entscheidung über den Eintragungsantrag anzusehen, sodass insoweit Zwischenverfügung ergehen kann.

Bei **einseitigen nicht empfangsbedürftigen und amtsempfangsbedürftigen Rechtsgeschäften** (z. B. Vereinigung und Bestandteilszuschreibung nach § 890 BGB, Bestellung einer Eigentümergrundschuld nach § 1196 BGB) ist Vertretung ohne Vertretungsmacht unzulässig (§ 180 S. 1 BGB). Eine nachträgliche Genehmigung ist nicht möglich, sie sind **unheilbar nichtig** und müssen neu vorgenommen werden. Eine einseitige amtsempfangsbedürftige Willenserklärung ist auch die Teilungserklärung nach § 8 WEG, so dass sie gem. § 180 S. 1 BGB nicht von einem Vertreter ohne Vertretungsmacht erklärt werden kann; ansonsten ist sie nichtig und nicht genehmigungsfähig. 209a

Bei **einseitigen empfangsbedürftigen Rechtsgeschäften** (z. B. Aufhebung eines Grundstücksrechts nach § 875 BGB, Bewilligung einer Vormerkung gem § 885 BGB) ist unter den Voraussetzungen des § 180 S. 2 BGB eine **Heilung möglich**. Auch bei der Erteilung einer Vollmacht handelt es sich um ein einseitiges empfangsbedürftiges Rechtsgeschäft, das gegenüber dem Vertreter oder einem Dritten erklärt werden muss (§ 167 Abs. 1 BGB). Handelt ein Vertreter ohne Vertretungsmacht für den Verkäufer und erteilt der dem Käufer eine **Finanzierungsvollmacht**, so wird vereinzelt die Meinung vertreten, dass zwar ein Fall des § 180 S. 1 BGB vorliege, aber der Nichtigkeit der Finanzierungsvollmacht durch eine teleologische Reduktion der Vorschrift begegnet werden könne (*Schippers,* DNotZ 1997, 683). Dies ist jedoch nicht nötig, da die Erteilung einer Finanzierungsvollmacht durch einen Vertreter ohne Vertretungsmacht unter § 180 S. 2 BGB fällt (*Kuhn,* RNotZ 2001, 305, 315). Die Genehmigungsfähigkeit der Finanzierungsvollmacht ist gegeben, wenn der Vollmachtsempfänger (= Käufer) die von dem Vertreter behauptete Vertretungsmacht bei der

Vornahme des Rechtsgeschäfts nicht beanstandet (§ 180 S. 2, 1. Fall BGB). Bereits im Auftreten als Stellvertreter liegt zumindest konkludent die Behauptung der Vertretungsmacht, so dass bei verborgenen Mängeln in der Vertretungsmacht und fehlender Beanstandung durch den Vollmachtsempfänger (= Käufer) die Vollmachtserteilung genehmigungsfähig ist. Gleiches gilt, wenn der Vollmachtsempfänger damit einverstanden ist, dass der Vertreter ohne Vertretungsmacht gehandelt hat (§ 180 S. 2, 2. Fall BGB). An der Erfüllung dieses Tatbestandes bestehen für den Fall der Erteilung einer Finanzierungsvollmacht unter Einschaltung eines vollmachtlosen Vertreters auf Verkäuferseite keine Zweifel. Der Käufer weiß von der fehlenden Vertretungsmacht und ist mit der Beurkundung in dieser Weise einverstanden. Somit finden nach § 180 S. 2 BGB die Vorschriften über Verträge Anwendung. Dies bedeutet, dass die Vollmacht nach § 177 Abs. 1 BGB zunächst schwebend unwirksame erteilt worden ist und durch Genehmigung nach § 184 Abs. 1 BGB rückwirkend volle Wirksamkeit erhalten kann. Außerdem werden die aufgrund der Finanzierungsvollmacht abgegebene materielle Grundschuldeinigung (§ 873 BGB), deren formelle Eintragungsbewilligung (§ 19 GBO) und die sofortige Zwangsvollstreckungsunterwerfung (§§ 794 Nr. 5, 800 ZPO) rückwirkend wirksam. Die Beanstandung nach § 180 S. 2 BGB führt zur Unwirksamkeit des einseitigen Rechtsgeschäfts, wenn eine wirksame Vertretungsmacht nicht besteht; eine nachträgliche Heilung ist ausgeschlossen (BGH, NotBZ 2013, 134).

7. Bewilligung durch den Notar

210 Gibt der Notar die Bewilligung als Vertreter des Betroffenen ab, so greift dafür nicht die Ermächtigung des § 15 GBO, sondern er muss dafür eine gesonderte Vollmacht vorlegen.

Der Notar kann die **Vollmacht** auf ihn trotz § 7 Nr. 1 BeurkG beurkunden, weil die Vertretungsmacht keinen „rechtlichen Vorteil" im Sinne dieser Vorschrift darstellt (*Grziwotz* in Grziwotz/Heinemann, § 7 BeurkG Rdn. 11; *Winkler,* § 7 BeurkG Rdn. 8). Zur Beglaubigung der Unterschrift des Bevollmächtigenden bei einer Vollmacht für den Notar ist Letzterer selbst berechtigt, da § 7 Nr. 1 BeurkG nur für Beurkundungen gilt.

Gibt der Notar aufgrund der ihm erteilten Vollmacht die **Bewilligung** als Vertreter ab, so kann er trotz § 6 Abs. 1 Nr. 1 BeurkG seine eigene Erklärung beurkunden bzw. seine Unterschrift beglaubigen, weil die Bewilligung keine Willenserklärung, sondern nur eine Verfahrenserklärung ist. Die Erklärung der Bewilligung in einer „Eigenurkunde" des Notars, die er mit Unterschrift und Dienstsiegel versehen hat, ist eine dem § 29 Abs. 3 GBO entsprechende öffentliche Urkunde i.S.v. § 415 Abs. 1 ZPO, wenn der Notar dazu vom Bewilligungsberechtigten ermächtigt worden ist, diese Erklärung für den Betroffenen abgegeben hat und mit dieser Vertretung bei einer Vollzugs- oder Treuhandtätigkeit eine zu seinem öffentlichen Amt gehörende Aufgabe i.S.d. § 24

BNotO wahrnimmt (BGH, DNotZ 1981, 252; BayObLG, DNotZ 1983, 434, Rpfleger 1988, 60; OLG Frankfurt/M., MittBayNot 2001, 225; *Grziwotz* in Grziwotz/Heinemann, § 6 BeurkG Rdn. 8).

VIII. Die ersetzte und die erzwungene Bewilligung

1. Ersetzte Bewilligung

Die wichtigsten Fälle, in denen die Bewilligung durch Erklärungen oder andere Vorgänge ersetzt wird, sind Folgende: 211
1.1. Nachweis der Unrichtigkeit des Grundbuches (§§ 22, 23 Abs. 2, 24, 27 S. 2 GBO). S. dazu unten → Rdn. 361 ff.
1.2. **Aufhebung** einer gerichtlichen Entscheidung (§ 25 GBO).
1.3. **Materiell-rechtliche** Abtretungs- oder **Belastungserklärungen** bei Briefrechten (§ 26 GBO): Die Vorschrift behandelt die Fälle, bei denen sich die Rechtsänderung bereits außerhalb des Grundbuches vollzogen hat, nämlich Fälle der Übertragung oder Belastung eines Briefrechts (§ 1154 Abs. 1, § 1192 Abs. 1, § 1200 Abs. 1, § 1069 Abs. 1, § 1274 Abs. 1 BGB) sowie der Übertragung oder Belastung einer durch Pfandrecht an dem eingetragenen Recht gesicherten Forderung (§ 398 S. 1, § 401 Abs. 1, § 255 Abs. 1 BGB). In allen diesen Fällen ist die Vorlage der in § 1154 Abs. 1 BGB genannten einseitigen Erklärung notwendig, die der Form des § 29 Abs. 1 S. 1 GBO bedarf. § 29 GBO ist auf die Erklärungen anwendbar weil sie trotz ihrer materiell-rechtlichen Natur über § 26 GBO zu einer Grundbucherklärung werden. Die Abtretungserklärung ist – ungeachtet ihrer materiell-rechtlichen Wirksamkeit – zur Grundbucheintragung dann nicht geeignet, wenn sich aus ihrem Inhalt gerade ergibt, dass eine Grundbucheintragung nicht soll.
1.4. Ersuchen einer Behörde (**§ 38 GBO**);
1.5. **Vollstreckungstitel** bei Eintragung einer Zwangshypothek (vgl. im Einzelnen d. Kommentierungen in der Literatur zum Zwangsvollstreckungsrecht sowie die Kommentierungen zu §§ 866 ff. ZPO);
1.6. **Arrestbefehl** bei der Eintragung einer Arresthypothek (§§ 922, 932 ZPO);
1.7. **Pfändungsbeschluss** (§§ 828 ff. ZPO) bei Eintragung eines Pfändungspfandrechtes.
Zu beachten ist jedoch stets:
Alle vorgelegten Erklärungen oder Unterlagen ersetzen **nicht**:

- den notwendigen Antrag,
- die evtl. erforderliche Zustimmung Dritter,
- die Vorlage des Briefes (§§ 41, 42 GBO),
- oder irgendeine andere Eintragungsvoraussetzung.

2. Erzwungene Bewilligung

212 Wenn sich der Betroffene weigert, eine Bewilligung oder eine andere Grundbucherklarung abzugeben, obwohl er dazu verpflichtet ist, so kann der Berechtigte Klage auf Abgabe der entsprechenden Erklärung erheben. Mit Rechtskraft des der Klage stattgegebenen Urteils gilt die Bewilligung als abgegeben, § 894 ZPO.

In einem solchen Fall muss dem Grundbuchamt eine Ausfertigung des Urteils vorgelegt werden, die mit einer Rechtskraftbescheinigung versehen ist. Auf das Rechtskraftzeugnis kann in völlig eindeutigen Fällen (z. B. Berufungsurteil des Landgerichts) verzichtet werden. Eine vollstreckbare Ausfertigung sowie die Zustellung des Urteils nach § 750 ZPO sind im Regelfalle nicht erforderlich, weil die Grundbucheintragung hier kein Verfahren der Zwangsvollstreckung, sondern ein **reguläres Eintragungsverfahren** darstellt.

Eine vollstreckbare Ausfertigung ist ausnahmsweise nach § 894 Abs. 1 S. 2 ZPO erforderlich, wenn die Abgabe der Willenserklärung von einer Gegenleistung abhängig gemacht ist; selbstverständlich ist eine Vollstreckungsklausel auch dann erforderlich, wenn das Urteil für oder gegen einen Rechtsnachfolger vollzogen werden soll.

Zu beachten ist stets:

- das Urteil ersetzt **nur** die in ihm bezeichnete Erklärung des **Beklagten**, nie eine andere erforderliche Erklärung des Klägers oder eines anderen Beteiligten (s. dazu unten *Beispiel 41 a, b*);
- das Urteil **ersetzt** erforderliche behördliche **Genehmigungen nicht;** wegen der Rechtslage bei notwendigen gerichtlichen Genehmigungen, s. unten Bem., zu *Beispiel 41 c*.

213 Die damit zusammenhängenden Fragen seien in folgenden Beispielen verdeutlicht:

→ **Beispiel 41:**
a) A hat ein Grundstück an B verkauft. Da A sich plötzlich weigert, die Auflassung zu erklären, verklagt ihn B. A wird antragsgemäß verurteilt.
b) A hat sich verpflichtet, auf seinem Grundstück zugunsten des B eine Hypothek zu bestellen.
c) Wie Fall b), jedoch ist A minderjährig und wird von seinem Vormund vertreten.
d) Für B ist auf dem Grundstück des A eine Hypothek eingetragen. Obwohl A die gesicherte Forderung zurückbezahlt hat, weigert sich B, die Löschung zu bewilligen. A verklagt ihn; B wird antragsgemäß verurteilt.

Im *Falle a)* muss das Grundbuchamt nach § 20 GBO die Wirksamkeit der dinglichen Einigung prüfen. Das rechtskräftige Urteil ersetzt nur die Einigungserklärung des A, nicht jedoch die des B. Zwar könnte dessen Einigungserklärung in der Klageeinreichung erblickt werden, jedoch schreibt § 925 BGB für das Zustandekommen des Vertrages die gleichzeitige Abgabe der beiden Erklärungen vor. B muss also mit dem rechtskräftigen Urteil vor einem Notar die ihm obliegende Einigungserklärung abgeben, erst dann kann die Auflassung im Grundbuch vollzogen werden (OLG Düsseldorf, Rpfleger 2018, 435). Sollte im Einzelfall eine öffentlich-rechtliche Genehmigungspflicht vorliegen, so wird diese Genehmigung **nicht** ersetzt (RGZ 149, 548; *Meikel/Böttcher*, § 19 Rdn. 30). B muss also auch diese Genehmigung noch herbeiführen (Wegen einer evtl. gerichtlichen Genehmigung s. unten bei *Fall c)*.

Im *Falle b)* prüft das Grundbuchamt nur die verfahrensrechtliche Bewilligung; sie wird durch das Urteil ersetzt. Falls noch keine dingliche Einigung vorlag, wird das Urteil den A auch zur Abgabe seiner Einigungserklärung verurteilen; da in diesem Falle eine besondere Form für die dingliche Einigung nicht vorgeschrieben ist, kommt der Vertrag mit Rechtskraft zustande, weil die Einigungserklärung des B in der Klageerhebung erblickt werden kann.

Diese Unterscheidung ist wichtig für die Frage des Eintritts der Bindung an die Einigung nach § 873 Abs. 2 BGB, da § 878 BGB auch in den Fällen des § 894 ZPO anwendbar ist. Bindung tritt ein:

- im Falle der Verurteilung zur **Auflassung** frühestens mit Abgabe der Einigungserklärung des B beim Notar (§ 873 Abs. 2, 1. Alt. BGB);
- im Falle der Verurteilung zur Bestellung eines **dinglichen Rechts** bereits mit Urteilsrechtskraft, weil sich zu diesem Zeitpunkt niemand mehr vom zustande gekommenen Vertrag lösen kann.

Im *Falle c)* ist nach § 1821 Abs. 1 Nr. 1 BGB für die Bestellung der Hypothek eine gerichtliche Genehmigung erforderlich (→ Rdn. 201). Nach allgemeiner Meinung wird diese Genehmigung durch das rechtskräftige Urteil **ersetzt**, weil das Prozessgericht die Frage, ob der Rechtsvorgang genehmigt werden könne, vor einer Verurteilung des Beklagten zu prüfen habe (BayObLGZ 1953, 111; MünchKomm/*Wagenitz,* § 1821 BGB Rdn. 14).

Gegen diese Auffassung bestehen erhebliche Bedenken. Es ist zunächst schon einmal – pragmatisch betrachtet – ein idealistischer Irrtum, anzunehmen, der am Anspruchssystem geschulte Zivilrichter werde in einem solchen Fall das „Wohl des Mündels" (= Beklagten!) noch untersuchen, wenn ihm das Bestehen eines Anspruches nachgewiesen ist! Gegen die Vornahme des Genehmigungsaktes durch das Prozessgericht (und das liegt ja hier vor!), sprechen jedoch insbesondere rechtliche Bedenken: Es handelt sich dabei um einen Fall der sog. Grenzüberschreitung zwischen streitiger und freiwilliger Gerichtsbarkeit, die – soweit sie in die FG hineinwirkt – keine Rechtswirkung äußert (vgl. *Meikel/Böttcher*, § 19 Rdn. 30; KEHE/*Munzig*, § 19 Rdn. 173; *Zöller/Seibel*, § 894 ZPO Rdn. 7; *Habscheid*, NJW 1966, 1787, 1793).

Im *Falle d)* ist neben der durch das Urteil ersetzten Löschungsbewilligung des B auch noch die Eigentümerzustimmung des A (§ 27 GBO) erforderlich. Sie steckt zwar wiederum in der Klageerhebung des A, muss jedoch dem Grundbuchamt in der Form des § 29 GBO nachgewiesen werden. A muss somit ausnahmsweise seinen Eintragungsantrag in Beurkundungs- oder beglaubigter Form abgeben (sog. gemischter Antrag).

§ 4
Die Voreintragung des Betroffenen

I. Inhalt und Zweck der Regelung

1. Voreintragungsgrundsatz

Nach § 39 GBO soll eine Eintragung nur erfolgen, wenn der von ihr Betroffene als Berechtigter eingetragen ist. 214
Das bedeutet: Unabhängig davon, ob eine rechtsändernde oder eine berichtigende Eintragung vorgenommen werden soll, müssen stets eingetragen sein:

- das von der vorzunehmenden Eintragung betroffene **Recht** als solches (= bei berichtigenden Eintragungen ist dies das Buchrecht),

sowie

- der **Berechtigte** dieses Rechts (= bei berichtigenden Eintragungen der sog. Buchberechtigte).

Bei rechtsändernden Eintragungen geht das Gesetz davon aus, dass sich stets der aktuelle und richtige Rechtszustand aus dem Buch ergeben muss. Freilich hat gerade dieser Aspekt des Grundsatzes durch das Gesetz selbst eine Vielzahl von Einschränkungen erfahren (vgl. dazu unten → Rdn. 216).
§ 39 Abs. 1 GBO erfasst nicht nur den unmittelbar Betroffenen, sondern auch den nur mittelbar Betroffenen (also z. B. den Pfandgläubiger, den Eigentümer bei Löschung eines Grundpfandrechts etc.).
Entscheidender Zeitpunkt ist jener der beantragten Neueintragung; danach genügt es der herrschenden Meinung, wenn die Voreintragung zugleich mit der Neueintragung vorgenommen wird (*Demharter*, § 39 Rdn 17): Ein Beispiel für die häufige Sinnlosigkeit des Voreintragungsgrundsatzes.
Fehlt die Voreintragung, ist sie aber notwendig, so muss der Antragsteller der Neueintragung sie herbeiführen, d.h. eine geeignete Antragstellung und Bewilligung etc. veranlassen, oder – wenn ihm dies möglich ist – selbst vornehmen. Das Grundbuchamt hat darauf gegebenenfalls durch Zwischenverfügung hinzuwirken; eine Voreintragung von Amts wegen ist nicht zulässig.

2. Darstellung und Kritik der mit § 39 GBO verfolgten Zwecke

Nach überwiegender Auffassung in Rechtsprechung und Kommentarliteratur soll der Voreintragungsgrundsatz durch die folgenden Aufgaben gerechtfertigt sein: 215

- durch seine **Legitimationsfunktion**,

- seine **Schutzfunktion** und seine
- **Verständlichmachungsfunktion.**

Die ersteren beiden Funktionen haben schon in der Denkschrift zum Entwurf der Grundbuchordnung *(Hahn,* Materialien, S. 161) Erwähnung gefunden. So soll die Regel des § 39 GBO dem Grundbuchamt die Legitimationsprüfung erleichtern, weil es wegen der auch im Grundbuchverfahren geltenden Regelung des § 891 BGB vom Bestehen des eingetragenen Rechts und von der Verfügungs- und Bewilligungsmacht des voreingetragenen Berechtigten ausgehen könne. Die Schutzfunktion bestehe darin, dass die Voreintragung dem Berechtigten dagegen Schutz gewähre, dass über sein Recht unbefugterweise verfügt wird. Ähnliche Feststellungen finden sich in der gesamten Literatur *(Demharter,* § 39 Rdn. 1). Die dritte Funktion ist erstmals vom RG (RGZ 133, 283) aufgestellt und vom BGH (Rpfleger 2006, 316) übernommen worden: Der Rechtsstand soll vom Grundbuch nicht nur im aktuellen Endergebnis wiedergegeben werden, sondern das Buch soll ihn in allen seinen Entwicklungsstufen darstellen.

Die **Legitimationswirkung** der bereits vorhandenen, bestehenden Voreintragung steht außer Zweifel. Von einer solchen Wirkung kann jedoch dann keine Rede mehr sein, wenn die Voreintragung erst aus Anlass einer Neueintragung dem Antragsteller aufgegeben und nachgeholt wird. Hier muss das Grundbuchamt die Prüfung, die ihm durch die Voreintragung erspart werden soll, gerade aus Anlass der Voreintragung vornehmen; die Legitimationsprüfung wird weder erleichtert noch gar erspart, sondern verlagert sich lediglich vom Nacheintragungs- in das Voreintragungsverfahren.

Eine **Schutzfunktion** der Voreintragung ist m.E. nicht nachweisbar. Das Grundbuchamt muss auch ohne Voreintragung die Verfügungs- bzw. Bewilligungsmacht dessen prüfen, der die Nacheintragung bewilligt. Ob dies im Voreintragungs- oder im Nacheintragungsverfahren geschieht, ist letztlich für den Betroffenen gleichgültig. Wichtig ist für ihn nur, ob das GBA dabei zu einem richtigen oder falschen Ergebnis gelangt: Wenn das Grundbuchamt das Betroffensein des Bewilligenden zu Unrecht bejaht, wird es ihn ebenso voreintragen, wie es aufgrund dieser Prüfung sofort die Nacheintragung vornehmen könnte. Der Unterschied liegt allerdings darin, dass der (wahre) Berechtigte im Falle der Voreintragung sein Recht an den Nacheingetragenen verlieren kann, weil dann der Nacheingetragene seinen Erwerb auf § 892 BGB stützen könnte. Unterbleibt die Voreintragung so kann die Verfügung des (falschen) „Berechtigten" dem Nacheingetragenen das Recht hingegen nicht verschaffen. Die Voreintragungspflicht erweist sich also bei näherer Betrachtung vielmehr als ein Instrument, das geeignet ist, im Konfliktfall demjenigen eher zu schaden, den es zu schützen vorgibt.

→ **Beispiel 42:**

Im Grundbuch ist A als Eigentümer eingetragen, wahrer Eigentümer ist jedoch B. Der Nichteigentümer C, der einen wirksamen Eigentumserwerb behaupte, übereignet das Grundstück an D; das Grundbuchamt ist – zu Unrecht – vom Eigentum des C überzeugt.

I. Inhalt und Zweck der Regelung

Trägt im vorliegenden Fall das Grundbuchamt den D nach Voreintragung des C als Eigentümer ein, so hat D über § 892 BGB gutgläubig das Eigentum erworben. B hat damit sein Eigentum verloren und wird sich am Dienstherren des Grundbuchbeamten schadlos halten. Verzichtet das Grundbuchamt auf die Voreintragung des C, so kann D das Eigentum nicht erwerben! Die behauptete Schutzfunktion verkehrt sich also bei Vornahme der Voreintragung gerade in den Konfliktfällen zuweilen in ihr Gegenteil und setzt das Grundbuchamt der Gefahr von Schadensersatzansprüchen aus, Schutz verleiht sie allenfalls dem gutgläubigen **Erwerber.**

Auch die **Verständlichmachungsfunktion** vermag nicht zu überzeugen: Das Grundbuch hat nicht die Aufgabe, dingliche Entwicklungsprozesse aufzuzeigen, sondern den aktuellen, den derzeitigen Rechtszustand auszuweisen; es gibt ein statisches, nicht ein dynamisches Bild der Rechtsvorgänge am Grundstück. Nur an dem aktuellen, vom Grundbuch ausgewiesenen Rechtszustand werden vom materiellen Recht Folgen geknüpft und nur er ist für gegenwärtige und künftige Grundbuchverfahren von Bedeutung. Sicherlich mag zuweilen Interesse daran bestehen, die Rechtsentwicklung, etwa in Bezug auf Voreigentümer usw. zu erfahren; dieses nicht rechtlich, sondern nur praktisch zu wertende (vgl. dazu sogar das RG in RGZ 53, 298) Interesse kann aus den Grundakten befriedigt werden. De BGH hat selbst eingeräumt, dass das Interesse des Rechtsverkehrs an der Darstellung der Grundbuchhistorie im Widerstreit stehe mit dem wichtigen Grundsatz, das Grundbuch von überflüssigen (d.h. rechtlich bedeutungslosen) Eintragungen frei zu halten (BGH, Rpfleger 1955, 346). Was praktisch im Einzelfall vielleicht wünschenswert, rechtlich jedoch nicht relevant ist, **vermag allein jedoch** eine so aufwendige Institution wie den Voreintragungsgrundsatz nicht zu rechtfertigen.

Die strikte Einhaltung des Grundsatzes der Voreintragung des Betroffenen (§ 39 Abs. 1 GBO) entbehrt vielfach eines vernünftigen Zweckes, führt vielmehr zu Grundbucheintragungen, die sogleich wieder gelöscht werden. Außerdem werden den Beteiligten dadurch Kosten auferlegt, die keinerlei Zweck erfüllen. Mit rechtsstaatlichen Grundsätzen ist dies nicht vereinbar. § 39 Abs. 1 GBO sollte daher einer **restriktiven Auslegung** unterzogen werden, wonach die **Voreintragung des Betroffenen gemäß § 39 Abs. 1 GBO in den Fällen nicht eintragungspflichtig ist, bei denen die Voreintragung keine eigenständige Bedeutung hat, weil sie sogleich oder alsbald aus dem Grundbuch wieder verschwindet** (KEHE/*Keller*,Einl. § 2 Rdn. 5; *Meikel/Böttcher*, § 39 Rdn. 3); dies schließt aber die Eintragungsfähigkeit des Betroffenen aus praktischen Gründen (z.B. § 892, § 899a BGB) nicht aus.

215a

Erforderlich ist z.B. bei der Löschung eines Fremdgrundpfandrechts die Voreintragung des die Löschung bewilligenden Gläubigers und des der Löschung zustimmenden Eigentümers (§ 39 Abs. 1 GBO), sofern nicht ein Ausnahmefall des § 39 Abs. 2 GBO oder § 40 GBO vorliegt (*Demharter*, § 27 Rdn 25). Ist dem Grundbuchamt nachgewiesen, dass das **Fremdgrundpfandrecht**

auf den Eigentümer übergegangen ist, so ist für die Löschung die Eintragung des Eigentümers als Gläubiger des Rechts nicht erforderlich, weil er stets als – künftiger – Gläubiger aller auf dem Grundstück lastenden Grundpfandrechte bereits in Abt. I des Grundbuchs eingetragen ist (BGH, Rpfleger 1968, 277; KG, Rpfleger 1975, 136). Ist das Grundpfandrecht dagegen nicht auf den eingetragenen Grundstückseigentümer übergegangen, sondern **auf einen Dritten** (z. B. **Bürge, Ablösungsberechtigter**), so verlangt die Praxis immer wieder für die Löschung auch die Voreintragung des neuen Berechtigten. Da dieser übertriebene Formalismus eine Eintragung verlangt, die sogleich wieder gelöscht wird und den Beteiligten zusätzliche Kosten auferlegt, ist in diesem Fall eine restriktive Auslegung des § 39 Abs. 1 GBO vorzunehmen; von einer Voreintragung des Dritten, der die Löschung des Grundpfandrechts bewilligt, ist daher abzusehen (*Meikel/Böttcher*, § 27 Rdn. 10).

II. Der Anwendungsbereich des Grundsatzes

1. Der Grundsatz

215b   Er gilt für Eintragungen jeder Art, durch die ein Recht betroffen wird. Ob sie durch Zwangsvollstreckungsmaßnahmen veranlasst werden, auf behördliches Ersuchen geschehen oder wie im Regelfall bewilligt werden, macht keinen Unterschied.

→ **Beispiel 42a:**
Das Grundstück des Eigentümers E ist mit einer Buchgrundschuld für Gläubiger G belastet. Der Grundschuldgläubiger G erklärt in notariell beglaubigter Form der Abtretung seines Rechts an X; außerdem bewilligt er in dieser Erklärung die Eintragung der Abtretung in das Grundbuch. Eine Grundbucheintragung der Abtretung erfolgt jedoch nicht. Ein Jahr danach reicht X beim Grundbuchamt seinen Löschungsantrag und seine Löschungsbewilligung in notariell beglaubigter Form ein; außerdem legt er die Abtretungserklärung des G an ihn vor. Kann die Löschung der Grundschuld erfolgen?

Da für die wirksame Abtretung einer Buchgrundschuld die konstitutive Grundbucheintragung des neuen Gläubigers erforderlich ist (§ 873 Abs. 1 BGB) und diese im vorliegenden Fall nicht erfolgt ist, konnte X nicht Berechtigter der Buchgrundschuld werden. Die Abtretungserklärung vom Gläubiger G allein nützt nichts. Letzterer ist Berechtigter der Buchgrundschuld geblieben. Bei der Abgabe von Antrag (§ 13 GBO) und Bewilligung (§ 19 GBO) durch X handelte dieser somit als Nichtberechtigter. Der Zessionar X hat jedoch wirksam als Nichtberechtigter mit Zustimmung des berechtigten Zedenten G die Löschung der Grundschuld bewilligt. Die von einem Nichtberechtigten erklärte Bewil-

II. Der Anwendungsbereich des Grundsatzes

ligung nach § 19 GBO wird mit Zustimmung des eingetragenen Berechtigten wirksam. § 185 BGB ist auf die formelle Eintragungsbewilligung entsprechend anzuwenden (*Meikel/Böttcher*, § 19 Rdn. 61). Die Zustimmung des Zedenten zu der von dem Zessionar erklärten Löschungsbewilligung ergibt sich aus der Urkunde, in der der Zedent die Abtretung der Grundschuld an den Zessionar erklärt und die Eintragung der Abtretung in das Grundbuch bewilligt hat. Zwar hat der Zedent damit nicht zugleich ausdrücklich seine Einwilligung zu Verfügungen über die Grundschuld durch den Zessionar schon vor einer Eintragung der Abtretung in das Grundbuch erklärt. Das ist aber nicht erforderlich, da die Einwilligung auch konkludent zum Ausdruck gebracht werden kann. Ob dies der Fall ist, ist durch Auslegung zu ermitteln. Von einer Einwilligung ist grundsätzlich auszugehen, wenn der eingetragene Gläubiger einer Buchgrundschuld mit seiner Abtretungserklärung dem Zessionar zugleich eine Bewilligung in der Form des § 29 GBO zur Umschreibung aushändigt. Der Zedent gibt damit zu erkennen, dass er keine Rechte in Bezug auf die Buchgrundschuld mehr geltend macht und das Gläubigerrecht ohne Einschränkung auf den Zessionar überträgt, sodass kein Interesse erkennbar ist, welches der Zedent noch an den von dem Zessionar getroffenen Verfügungen über das abgetretene Grundpfandrecht haben könnte (BGH, ZNotP 2010, 338 = NotBZ 2010, 375; *Meikel/Böttcher*, § 19 Rdn. 63).

Der Löschung der Buchgrundschuld steht auch § 39 Abs. 1 GBO nicht entgegen. Vielmehr sind die Voraussetzungen des § 39 Abs. 1 GBO erfüllt. Das von der Löschung betroffene Recht ist die eingetragene Buchgrundschuld. Von der rechtsändernden Eintragung der Löschung wird der wahre Inhaber des Rechts betroffenen. Das ist im vorliegenden Fall der Zedent, weil die Abtretung der Grundschuld mangels Eintragung nicht erfolgt ist. Der Zedent G ist als Berechtigter im Grundbuch eingetragen. § 39 Abs. 1 GBO verlangt nicht, dass derjenige, der die Eintragung nach § 19 GBO bewilligt hat, im Grundbuch voreingetragen sein muss. Eingetragen sein muss der Inhaber des durch die Verfügung betroffenen Rechts, nicht jedoch derjenige, der ihn vertritt oder über dessen Recht verfügen kann (BGH, ZNotP 2010, 338 = NotBZ 2010, 375; *Meikel/Böttcher*, § 39 Rdn. 13). § 39 Abs. 1 GBO knüpft an die materielle Rechtsinhaberschaft an, demgegenüber § 19 GBO an die formelle Buchberechtigung.

Für die Löschung der Buchgrundschuld fehlt noch die Zustimmung des Grundstückseigentümers (§ 27 GBO, § 1183 BGB) in der Form des § 29 GBO.

2. Die anerkannten Ausnahmen

So apodiktisch die Regel formuliert zu sein scheint, hat sie doch – sei es im Gesetz selbst, sei es durch Literatur und Rechtsprechung – eine ganze Reihe von Ausnahmen erfahren:

2.1. § 39 Abs. 2 GBO

216 Bei Briefrechten treten an die Stelle der Eintragung:

- Briefbesitz und
- Nachweis des Gläubigerrechts gem. § 1155 BGB.

Die Regelung ist eine Konsequenz aus § 1154 BGB: Wenn das materielle Recht es ermöglicht, Briefrechte außerhalb des Buches zu übertragen, so kann das Buch in Bezug auf die Rechtsinhaberschaft keine Legitimationswirkung mehr beanspruchen.

Wer den Brief dem Grundbuchamt vorlegt, ist regelmäßig bei Fehlen entgegenstehender Anhaltspunkte als Eigenbesitzer anzusehen; die ordnungsgemäße Übergabe gem. §§ 1117 Abs. 3, 1154 Abs. 1 BGB kann vermutet werden (RGZ 93, 43).

Der Nachweis des Gläubigerrechts kann durch verschiedene Urkunden geführt werden. Am häufigsten sind öffentlich beglaubigte (oder beurkundete, § 129 Abs. 2 BGB) Abtretungserklärungen. Zwischen dem eingetragenen Berechtigten und dem Bewilligenden muss eine ununterbrochene Kette formgerechter Abtretungserklärungen bestehen; freilich liegt diese „Kette" auch vor, wenn sie nur aus einem einzigen Glied besteht. Hier gibt das Zusammenwirken der materiellrechtlichen Norm des § 1155 BGB mit dem Verfahrensrecht zuweilen Anlass zu Zweifeln.

→ **Beispiel 43:**
A ist als Gläubiger einer Briefhypothek eingetragen. Er hat das Recht außerhalb des Grundbuches abgetreten an B und dieser an C; in beiden Fällen wurden die Abtretungserklärungen öffentlich beglaubigt. C hat schließlich an D privatschriftlich abgetreten. D soll nunmehr eingetragen werden.

D kann seine Eintragung grundsätzlich auf **zwei** Arten herbeiführen:
Einmal aufgrund einer **Bewilligung** – Berichtigungsbewilligung; vgl. dazu unten → Rdn. 363 – des C. In diesem Falle ist erforderlich, dass C seine Bewilligungsmacht durch die Vorlage der Abtretungserklärungen A/B und B/C nachweist; er gilt dann gem. § 1155 BGB, § 39 Abs. 2 GBO als eingetragener Gläubiger; seine Bewilligung bedarf natürlich der Form des § 29 GBO. Die letzte Abtretungserklärung C/D ist dabei ohne Belang.

D könnte jedoch seine Eintragung **auch** gem. § 22 GBO durch **Unrichtigkeitsnachweis** (vgl. dazu unten → Rdn. 365) herbeiführen; dazu müsste allerdings die Abtretungserklärung C/D ebenso in der Form des § 29 GBO nachgewiesen werden, wie die Annahme derselben. Dieser Weg ist praktisch nicht realisierbar.

D kann jedoch seine Eintragung gem. **§ 26 GBO auch** durch Vorlage der **Abtretungserklärung** C/D und der Kette gem. § 39 Abs. 2 GBO herbeiführen, allerdings **bedarf diese dann auch** wiederum gem. § 29 GBO der öffentlichen

Form. Daraus erhellt, dass der für das materielle Recht geltende Grundsatz, die letzte Abtretungserklärung in der Kette bedürfe der öffentlichen Form nicht, auf das Grundbuchverfahren nicht schematisch übertragen werden darf. *Es gilt nur dann, wenn der letzte Zessionar seine Eintragung durch eine Bewilligung des letzten Zedenten herbeiführt.* Ist dies nicht der Fall, so müssen **alle** „Glieder" der Kette formgerecht sein. Materielles Recht und Verfahrensrecht dürfen nicht miteinander vermengt werden, weil die Ansatzpunkte verschiedene sind: Materiellrechtlich kommt es für den letzten Zessionar (in Beisp. 43: D) darauf an, das „sein" Zedent ihm erforderlichenfalls gutgläubigen Erwerb vermittelt, das setzt voraus, dass der letzte Zedent (= C) als eingetragen gilt; dafür genügt es wenn die Kette bis zu ihm (= C) reicht. Verfahrensrechtlich kommt es darauf an, dass der letzte Zessionar (= D) grundbuchrechtlich legitimiert ist; das ist er, wenn er (aufgrund Bewilligung von C) eingetragen wird, oder wenn **er** (= D) als eingetragen gilt. Dafür freilich muss die Kette bis zu D reichen!

Die **Kette der formgerechten** Erklärungen **muss also reichen:**

- Bei Eintragung aufgrund einer **Bewilligung** vom Eingetragenen bis zum Bewilligenden;
- bei Eintragungen gem. § 26 GBO vom Eingetragenen bis zum Einzutragenden.

→ **Beispiel 44:**

Abtretung A/B, B/C und C/D wie Beispiel 43: jedoch soll nunmehr die Löschung eingetragen werden.

Die Voreintragung des D ist entbehrlich, wenn alle drei Abtretungserklärungen der Form des § 29 GBO genügen; D gilt dann gem. § 39 Abs. 2 GBO als voreingetragen. Ist die Abtretung C/D nicht beglaubigt, so muss D nach h.M. zuerst voreingetragen werden.

Dass er diese Voreintragung jedoch wiederum nur herbeiführen kann durch Vorlage entweder einer formgerechten Bewilligung des C oder einer formgerechten Abtretungserklärung (§ 26 GBO) zeigt die praktische Sinnlosigkeit dieser Voreintragung; wenn alle Nachweise für die Bewilligungsmacht des D vorliegen, muss doch wohl auch ohne die das Grundbuchamt unnötig belastende Voreintragung gelöscht werden können.

2.2. § 40 GBO

Die Vorschrift verzichtet in bestimmten Fällen auf die Voreintragung, durchbricht also bewusst die von der h.M. so sehr betonte Verständlichmachungsfunktion (s. → Rdn. 215) schon von Gesetzes wegen.

Ihre erste Voraussetzung ist, dass der Bewilligende das betroffene Recht durch **Erbfolge** erworben hat. Hierher gehören somit der Alleinerbe bzw. der Miterbe, aber auch der (die) Erbeserbe(n), der Vorerbe und der Nacherbe nach Eintritt des Nacherbfalles. Nicht hierher gehören Erbschaftskäufer, der von Todes wegen Beschenkte oder der Vermächtnisnehmer, weil ihr Rechtserwerb sich stets aufgrund Rechtsgeschäfts vollzieht. Das Gleiche gilt von einem Miterben, der ein Nachlassgrundstück aufgrund Nachlassauseinandersetzung erworben hat.

218 Die Rechtsprechung hat den Grundsatz des § 40 GBO in erweiternder Auslegung u.a. angewendet auf:

- den Anfall des Vereins oder Stiftungsvermögens an den Fiskus (KG, JFG 1, 292);
- den Vermögensübergang bei Umwandlung von Kapitalgesellschaften oder Personenhandelsgesellschaften;
- den Eintritt der ehelichen oder fortgesetzten Gütergemeinschaft (KG, a.a.O.).

→ **Beispiel 44a:**
Im Grundbuch ist als Grundstückseigentümerin eine GmbH & Co. KG eingetragen. Komplementär ist die GmbH und Kommanditist ist K. Am 1.4.2017 scheidet der Kommanditist K einvernehmlich aus der KG aus. Daraufhin wird die KG im Handelsregister gelöscht. Zu notarieller Urkunde vom 11.5.2017 veräußert die GmbH das Grundstück an den Käufer XY und bewilligt die Eintragung einer Eigentumsvormerkung für ihn. Das Grundbuchamt hat die Eintragung abgelehnt. Dagegen wurde Beschwerde eingelegt. Das OLG Köln (RNotZ 2018, 501) hat die Beschwerde zurückgewiesen.

Die Rechtsbeschwerde hatte beim BGH (DNotZ 2018, 914) Erfolg. Im Grundbuch ist noch die die GmbH & Co. KG als ehemalige Grundstückseigentümerin eingetragen. § 39 Abs. 1 GBO verlangt für eine Grundbucheintragung das Voreingetragensein des betroffenen Berechtigten. Das ist bei einer rechtsändernden Eintragung der materiell in seinem ihm endgültig zustehenden Recht Betroffene. § 40 GBO durchbricht den Grundsatz des § 39 Abs. 1 GBO und befreit den Erben unter bestimmten Voraussetzungen vom Zwang der Voreintragung. Die Vorschrift dient damit dem Zweck, dem Erben die Kosten einer Eintragung zu ersparen, die bei Übertragung oder Aufhebung des Rechts sogleich wieder zu löschen wäre. Sie erleichtert ferner den Grundbuchverkehr, indem sie diejenigen, die eine Eintragungsbewilligung des Erblassers (oder eines Nachlasspflegers) oder einen gegen den Erblasser (oder Nachlasspfleger) vollstreckbaren Titel in Händen haben, von der Last der Erbenermittlung entbindet. **§ 40 GBO ist entsprechend anzuwenden** auf sonstige Fälle der Universalsukzession, die in der Auswirkung bezüglich des Rechtsüberganges einem Erbfall gleichen (*Meikel/Böttcher*, § 40 Rdn. 15).

II. Der Anwendungsbereich des Grundsatzes

Soweit an eine entsprechende Anwendung der Vorschrift des § 40 GBO auf andere Fälle als denjenigen der Erbfolge zu denken ist, kann die Vorschrift auch auf Fälle entsprechend angewendet werden, die einen Rechtsübergang kraft Gesetzes darstellen, die mit dem Erbgang weitgehend vergleichbar sind. Im vorliegenden Fall führt das Ausscheiden des einzigen Kommanditisten aus der ursprünglich bestehenden GmbH & Co. KG zu deren Auflösung und zu dem Erlöschen der Firma. Dies ist entsprechend auch im Handelsregister eingetragen. Damit fehlt es vorliegend an einem Übergang der Rechtsverhältnisse kraft Gesetzes bzw. an einem identitätswahrenden Formwechsel. Der BGH (DNotZ 2018, 914) hat entgegen dem OLG Köln (RNotZ 2018, 401) trotzdem entschieden, dass eine Ausnahme vom Voreintragungsgrundsatz entsprechend § 40 GBO auch bei einer liquidationslosen Vollbeendigung einer Personenhandelsgesellschaft gerechtfertigt ist. Dabei geht das Gesellschaftsvermögen im Wege der Gesamtrechtsnachfolge, also ohne gesonderten Übertragungsakt, auf den verbleibenden Gesellschafter über. Das rechtfertigt es, § 40 GBO entsprechend anzuwenden.

Die Voreintragung der Erben (oder des anderen Gesamtrechtsnachfolgers) ist dann **entbehrlich,** wenn,

a) entweder eingetragen werden soll der **Übergang** oder die **Aufhebung** des Rechts, oder
b) eine andere Eintragung (z. B. Belastung, Inhaltsänderung, Rangänderung, Vormerkungen, Widersprüche, Verfügungsbeschränkungen), sofern besondere **weitere Voraussetzungen** vorliegen.

Zu a) ist es ohne Bedeutung, auf welcher Rechtsgrundlage Übertragung oder Aufhebung beruhen; es ist auch gleichgültig, ob das Recht ganz oder nur zum Teil übertragen bzw. aufgehoben wird. Auch die Begründung von Wohnungseigentum durch den Erben gem. § 8 WEG gehört hierher, weil es das bisherige Eigentum aufhebt und durch eine neue Eigentumsform ersetzt.

Zu **b)** verlangt das Gesetz:

- Entweder eine **Bewilligung des Erblassers** (Rechtsvorgängers), des **Testamentsvollstreckers** oder des **Nachlasspflegers** (ihm wird der Nachlassverwalter gleichzustellen sein); die Bewilligung des Testamentsvollstreckers muss den Erben gem. §§ 2205–2209 BGB binden; auch die Bewilligung von Nachlasspfleger oder Nachlassverwalter müssen innerhalb der Grenzen ihres Wirkungskreises und ihrer Befugnisse liegen;
- oder das Vorliegen eines **Vollstreckungstitels** (§§ 704, 784 804, 932, 936 ZPO), der gegen Erblasser, Nachlasspfleger (Nachlassverwalter) oder Testamentsvollstrecker ergangen ist und vollstreckt werden kann.

220 Das **Zusammenspiel** der §§ 39 und 40 GBO mag nachstehende Übersicht verdeutlichen:

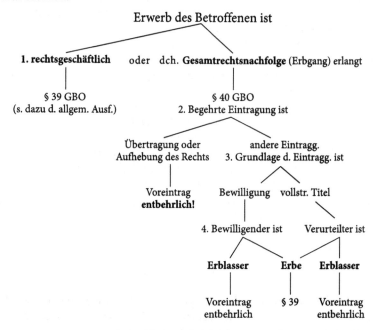

Nach § 40 Abs. 1 GBO muss der Erbe nicht im Grundbuch voreingetragen werden, wenn er sein Recht (z. B. Eigentum am Grundstück) übertragen will. Für § 40 GBO ist es gleich, ob der Erblasser von einem Alleinerben oder mehreren Miterben beerbt wird. Daher ist die Voreintragung der Miterben entbehrlich, wenn sie gemeinsam eine zum Nachlass gehörende Immobilie übertragen (OLG Hamm, Rpfleger 2017, 332).

→ **Beispiel 44b:**
Der im GB eingetragene E verstirbt. In einem notariellen Testament wurde X als Alleinerbe eingesetzt. Ohne sich im GB eintragen zu lassen veräußert X das Grundstück zu notarieller Urkunde an den Käufer Y und bewilligt für ihn eine Auflassungsvormerkung. Die Vormerkung wird im Grundbuch eingetragen, der Käufer Y zahlt den Kaufpreis und später wird Y auch als neuer Eigentümer im GB eingetragen. Danach wird ein wirksames privatschriftliches Testament von E aufgefunden, das zeitlich nach dem notariellen Testament errichtet wurde, und als Alleinerben den Z benennt. Ist der im GB stehende Y auch Eigentümer des Grundstücks geworden?

Der Veräußerer X musste gemäß § 40 GBO nicht als Betroffener im Grundbuch voreingetragen werden. Da er aber nicht der wahre Alleinerbe war, handelte er bei der Veräußerung als Nichtberechtigter. Der Käufer Y konnte damit nur gutgläubig erwerben (§ 892 BGB). Das Grundbuch war zwar

II. Der Anwendungsbereich des Grundsatzes

unrichtig, weil der Verstorbene E noch im Grundbuch stand. Die Grundbuchunrichtigkeit bei einem gutgläubigen Erwerb muss sich jedoch auf den Verfügenden beziehen (*Staudinger/Gursky*, 2013, § 892 BGB Rdn. 46), d. h. auf X. Dieser stand jedoch nicht im GB, so dass der Käufer das Grundstück nicht gutgläubig erworben hat. Deshalb wird empfohlen, das GB in diesen Fällen auf den Erben berichtigen zu lassen, wenn die Erbfolge durch eine notarielle Verfügung von Todes wegen nachgewiesen wird (*Nieder/Maaß*, Würzburger Notarhandbuch, Teil 2 Kap. 1 Rdn. 124). Wenn behauptet wird, dass beim Vorliegen eines Erbscheins wegen der Möglichkeit des gutgläubigen Erwerbs nach § 2366 BGB auf die Voreintragung verzichtet werden könne, ist dem mit *Weber* (DNotZ 2018, 884, 887 f.) zu widersprechen. Es besteht nämlich die Gefahr, dass der Erbschein nach der Beurkundung eingezogen (§ 2361 BGB) oder für kraftlos erklärt wird (§ 353 Abs 1 FamFG). Mit der Kraftloserklärung verliert der Erbschein seine Legitimationswirkung. Ein gutgläubiger Erwerb ist nicht mehr möglich. Beim gutgläubigen Erwerb nach § 2366 BGB muss der gute Glaube bis zur Grundbucheintragung bestehen; eine Vorverlagerung zur Antragstellung nach § 892 Abs. 2 BGB gibt es in diesem Fall nicht (*Staudinger/Gursky*, 2013, § 892 BGB Rdn. 46). Im vorliegenden Fall käme ein gutgläubiger Erwerb in Betracht, wenn zwar im Zeitpunkt der Beurkundung der Veräußerung noch der verstorbene Eigentümer im Grundbuch eingetragen war, aber danach der vermeintliche Erbe im Grundbuch eingetragen worden wäre, und zwar vor der Grundbucheintragung des Erwerbers (Gutachten in DNotI-Report 2019, 37).

221 Der Wortlaut des § 40 Abs. 1 GBO macht keine Einschränkung dahingehend, an wen die Übertragung erfolgt, so dass sowohl die Übertragung an einen Dritten als auch an ein Mitglied oder mehrere Mitglieder der Miterbengemeinschaft abgedeckt sind (OLG Hamm, Rpfleger 2017, 332).

Ist der eingetragene Eigentümer von mehreren Miterben beerbt worden und übertragen diese das Eigentum an der Immobilie in der Weise, dass sie ihre Erbanteile vollständig auf einen Dritten oder einen Miterben übertragen und dieser dadurch als Alleineigentümer einzutragen ist, so ist die Voreintragung der Erbengemeinschaft ebenfalls entbehrlich (LG Nürnberg-Fürth, Rpfleger 2007, 657). Im Ergebnis wirkt sich die Übertragung der Erbanteile aus wie die Übertragung des Eigentums an der Immobilie durch Auflassung. Deshalb ist § 40 Abs. 1 GBO auch in diesem Fall anzuwenden.

→ **Beispiel 44c:**

222 Der im GB eingetragene Eigentümer ist am 22.4.2012 verstorben. Er wurde von X, Y und Z beerbt. Der Miterbe Z hat am 17.1.2013 in notariell beurkundeter Form seinen Erbanteil auf den Miterben Y übertragen. Am 4.3.2013 wurde beantragt, im Wege der Grundbuchberichtigung als neuen Eigentümer die Erbengemeinschaft zwischen X und Y einzutragen (unter Vorlage des Erbscheins und der Urkunde vom 17.1.2013). Das GBA hat dies abgelehnt und die Voreintragung der Erbengemeinschaft zwischen X, Y und Z verlangt.

Das OLG Nürnberg (NotBZ 2013, 482) hat die Zwischenverfügung des Grundbuchamtes aufgehoben und die Anweisung erteilt, dem Eintragungsantrag zu entsprechen. Nach § 2033 Abs. 1 BGB kann ein **Miterbe seinen Anteil am Nachlass durch notariell beurkundeten Vertrag auf einen Dritten übertragen**. Wenn ein Grundstück zum Nachlass gehört, ist die Übertragung im Wege der Berichtigung in das Grundbuch einzutragen, weil sich der Rechtsübergang außerhalb des Grundbuchs vollzieht. Mit der Verfügung tritt der Erwerber anstelle des Veräußerers in dessen vermögensrechtliche Stellung am Nachlass ein. Nach § 39 Abs. 1 GBO soll eine Eintragung nur erfolgen, wenn die Person, deren Recht durch sie betroffen wird, als der Berechtigte eingetragen ist; danach müsste zunächst die Erbengemeinschaft im Grundbuch eingetragen werden. Nach § 40 Abs. 1 GBO ist allerdings § 39 Abs. 1 GBO nicht anzuwenden, wenn die Person, deren Recht durch die Eintragung betroffen wird, Erbe des eingetragenen Berechtigten ist und die Übertragung eines Rechts eingetragen werden soll. Die Bestimmung ist eine Ausnahmevorschrift und daher eng auszulegen. Überträgt ein Miterbe seinen Erbteil gemäß § 2033 Abs. 1 BGB, so ist das keine Verfügung über einen Nachlassgegenstand im Sinne von § 40 GBO. Der einzelne Miterbe ist mit seinem Erbteil nicht Erbe im Sinne des § 40 GBO. Die Erbteilsübertragung kann nach überwiegender Meinung nur unter vorheriger Voreintragung der ursprünglichen Erbengemeinschaft eingetragen werden (BayObLG, Rpfleger 1995, 103; OLG Hamm, DNotZ 1966, 744; *Demharter*, § 40 Rdn. 3; *Ruhwinkel*, MittBayNot 2014, 336). Aufgrund einer restriktiven Auslegung des § 39 Abs. 1 GBO (vgl. Rdn. 215a) kann aber von einer Voreintragung des übertragenden Miterben abgesehen werden.

223 Ist eine Erbengemeinschaft bestehend aus den Miterben X, Y und Z als Grundstückseigentümerin im Grundbuch eingetragen und besteht unter den Miterben Einvernehmen darüber, dass X Alleineigentümer des Grundstücks werden soll, bestehen folgende Möglichkeiten: Die Erbengemeinschaft könnte das Grundstück in notariell beurkundeter Form an X auflassen (§§ 873, 925 BGB; §§ 20, 29 GBO), der dann durch konstitutive Grundbucheintragung Alleineigentümer würde. Das gleiche Ziel könnte dadurch erreicht werden, wenn die Miterben Y und Z ihre Erbanteile in notariell beurkundeter Form auf X übertragen (§§ 2033, 2371 BGB); dadurch würde X außerhalb des Grundbuchs Alleineigentümer werden. Beide Alternativen setzen jedoch ein notariell beurkundetes Rechtsgeschäft voraus. **Nach h.M. können Miterben auch formlos aus der Erbengemeinschaft ausscheiden** (BGH, Rpfleger 2005, 140 und 1998, 287; OLG München, NotBZ 2014, 269; Wesser/Saalfrank, NJW 2003, 2937; a.A. *Meikel/Böttcher*, § 22 Rdn. 37 m.w.N.). Die dingliche Abschichtung führt außerhalb des Grundbuchs dazu, dass der Erbanteil des ausscheidenden Miterben den verbleibenden oder dem letzten Miterben anwächst, d.h. das Grundbuch unrichtig wird. Die Grundbucheintragung des Ausscheidens eines Miterben ist daher eine Grundbuchberichtigung. Formell ist für die Grundbuchberichtigung nur die Berichtigungsbewilligung des grundbuchmäßig Betroffenen

(= Ausscheidender) erforderlich. Die übrigen (verbleibenden) Miterben sind die grundbuchmäßig Begünstigten und müssen keine Berichtigungsbewilligung abgeben nach § 19 GBO (OLG Zweibrücken, NotBZ 2012, 319).

Wechselt das Eigentum einer Immobilie von einer Erbengemeinschaft auf einen Miterben allein durch das Ausscheiden der übrigen Miterben (z. B. aus der Erbengemeinschaft bestehend aus den Miterben X, Y und Z scheiden die Miterben Y und Z aus), ist § 40 Abs. 1 GBO entsprechend anwendbar und einer Voreintragung der Erbengemeinschaft bedarf es nicht (OLG Köln, RNotZ 2018, 106). Im Ergebnis wirkt sich das Ausscheiden aus der Erbengemeinschaft aus wie die Übertragung des Eigentums an der Immobilie durch Auflassung. Dies soll auch gelten, wenn bei einer Erbengemeinschaft nach dem Ausscheiden eines oder mehrerer Erben weiterhin eine Erbengemeinschaft besteht, z. B. aus der Erbengemeinschaft bestehend aus X, Y und Z scheidet nur Z aus (OLG Köln, RNotZ 2018, 106). Dem kann insoweit nicht zugestimmt werden. weil in diesem Fall liegt keine „Übertragung" des Eigentums an einer Immobilie im Sinne von § 40 Abs. 1 GBO vor. Aufgrund einer restriktiven Auslegung des § 39 Abs. 1 GBO (vgl. Rdn. 215a) kann aber von einer Voreintragung der Erbengemeinschaft abgesehen werden.

Nach Anmerkung I zu Nr. 14110 KV GNotKG wird eine Eintragungsgebühr nicht für die Eintragung von Erben des eingetragenen Eigentümers erhoben, wenn der Eintragungsantrag binnen zwei Jahre seit dem Erbfall bei dem Grundbuchamt eingereicht wird. Wurde zunächst die Erbengemeinschaft im Grundbuch eingetragen, ist damit die gebührenbefreite Tätigkeit des Grundbuchamtes abgeschlossen und die danach folgende weitere Eintragung eines oder mehrerer einzelner Erben nicht mehr gebührenbefreit; die Gebührenbefreiung gilt nur dann, wenn ein Miterbe ohne Voreintragung der Erbengemeinschaft eingetragen wird (OLG Köln, NotBZ 2014, 297). Es stellt keine unrichtige Sachbehandlung im Sinne des § 21 Abs. 1 S. 1 GNotKG dar, wenn das Grundbuchamt im Falle des einverständlichen Ausscheidens von Miterben aus der Erbengemeinschaft im Wege der sog. Abschichtung die Eintragung der verbliebenen Erben als Eigentümer erst nach Voreintragung der Erbengemeinschaft vornimmt (OLG Köln, NotBZ 2014, 297).

Ob die Voreintragung des Erben erforderlich ist, wenn eine Vormerkung zur Sicherung eines Anspruchs auf Übertragung des Eigentums an einer Immobilie eingetragen werden soll, ist geklärt. Für den praktisch wichtigsten Fall der **Eigentumsvormerkung** ist dies zu verneinen (BGH, DNotZ 2018, 914; OLG frankfurt/M., ZfIR 2017, 833). Der Gesetzeszweck des § 40 GBO ist nämlich dadurch gekennzeichnet, dass eine Eintragung des Erben vermieden werden soll, wenn er infolge einer Übertragung des erebten Rechts auf einen anderen doch alsbald aus dem Grundbuch wieder ausscheidet; den Beteiligten sollen die Kosten erspart werden, die durch die Vornahme der unnötigen Eintragung entstehen würden. Die Eintragung der Eigentumsvormerkung dient im Regelfall der Vorbereitung der endgültigen Übertragung des Eigentums. Die endgültige Übertragung und damit die Eintragung des Vormerkungsberechtigten als Grundstückseigentümer werden regelmäßig innerhalb verhältnismäßig kurzer Zeit nachfolgen.

→ **Beispiel 44d:**

225 Der im GB eingetragene Eigentümer ist verstorben. Er hatte zu Lebzeiten dem B eine transmortale Generalvollmacht erteilt. Dieser veräußerte ohne Grundbucheintragung der Erben die Immobilie an den Käufer K zu notarieller Urkunde. Unter Ausnutzung der im Kaufvertrag von den Erben (vertreten durch den Bevollmächtigten B) dem Käufer K erteilten Finanzierungsvollmacht bewilligte dieser die Eintragung einer Finanzierungsgrundschuld. Dies lehnte das GBA ab und verlangte mittels Zwischenverfügung die Voreintragung der Erben im GB. Dagegen wurde Beschwerde eingelegt.

Das OLG Frankfurt/M. (MittBayNot 2018, 247) hat diese zu Recht aufgehoben und das Grundbuchamt angewiesen, die **Finanzierungsgrundschuld** einzutragen. § 40 Abs. 1 Alt. 1 GBO ist grundsätzlich auf andere Eintragungen als die, die eine Übertragung oder Aufhebung von Rechten zum Gegenstand haben, nicht anwendbar. Für eine Finanzierungsgrundschuld muss aber entgegen traditioneller Ansicht (KG, FGPrax 2011, 270; *Demharter*, § 40 Rdn. 17; *Bauer* in Bauer/Schaub, § 40 Rdn. 19; *Weber*, DNotZ 2018, 884, 895) § 40 GBO analog angewandt werden (OLG Stuttgart, Rpfleger 2019, 189; OLG Köln, Rpfleger 2018, 444; OLG Frankfurt/M., MittBayNot 2018, 247; *Meikel/Böttcher*, § 40 Rdn. 28), wenn der nicht im Grundbuch stehende Erbe (oder ein Vertreter aufgrund transmortaler Vollmacht seitens des Erblassers) das Grundstück veräußert und eine Finanzierungsgrundschuld bewilligt hat (eventuell vertreten durch den Käufer). Es steht von vornherein fest, dass eine Eintragung im Grundbuch auf den Käufer innerhalb verhältnismäßig kurzer Zeit nachfolgen wird. Die Finanzierungsgrundschuld ist ohne Weiteres identifizierbar, da sie entweder bei Abschluss des Erwerbsvorgangs von den Erben (oder von dem vom Erblasser Bevollmächtigten) und dem Käufer gemeinsam oder binnen kurzer Zeit nach Abschluss des Kaufvertrags vom Käufer aufgrund einer im Kaufvertrag erteilten Finanzierungsvollmacht bestellt wird.

Hat der Erblasser eine transmortale Vollmacht erteilt und wird aufgrund dessen eine Immobilie veräußert, die Eintragung der Eigentumsvormerkung bewilligt und mittels der Finanzierungsvollmacht eine Finanzierungsgrundschuld bestellt, wird letztere vom Grundbuchamt ohne weiteres, d.h. ohne Voreintragung der Erben, eingetragen, wenn ihm der Tod des Eigentümers (= Vollmachtgebers) nicht bekannt ist. Die Finanzierungsgrundschuld ist dann auch wirksam entstanden, selbst wenn die Voreintragung der Erben nach § 39 Abs. 1 GBO für notwendig erachtet wird, weil eine Verletzung dieser formellen Vorschrift keine materiellen Auswirkungen hat (*Meikel/Böttcher*, § 39 Rdn. 43).

2.3. § 18 Abs. 2 GBO

Soll aufgrund Zwischenverfügung eine Vormerkung oder ein Widerspruch **226**
zur Sicherung einer Eintragung vermerkt werden, so braucht § 39 GBO nicht
beachtet zu werden. Das ist gerade in den Fällen von Bedeutung, in denen das
Grundbuchamt den Vollzug eines Eintragungsantrages von der vorherigen
Eintragung des Betroffenen abhängig machen muss. In diesen Fällen kann die
Rangwahrung der Zwischenverfügung nicht daran scheitern, dass die Eintragung der gebotenen Vormerkung auch dem Gebot des § 39 GBO unterstellt
wird.

2.4. § 927 Abs. 1, § 928 Abs. 2 BGB

Durch Erlass eines Ausschlussbeschlusses im Aufgebotsverfahren gem. **227**
§§ 927 Abs. 1 BGB, 442 FamFG wird das Grundstück herrenlos. Demzufolge
ist ein „Betroffener" i.S.d. grundbuchrechtlichen Vorschriften nicht mehr vorhanden: Die Eintragung desjenigen, der das Ausschlussurteil erwirkt hat, fällt
somit nicht unter § 39 GBO.

Gleiches gilt für die Aneignung eines durch Aufgabe herrenlos gewordenen
Grundstückes (§ 928 Abs. 2 BGB).

2.5. § 19 ZVG

Die Zwangsversteigerung ist eine objektbezogene Zwangsvollstreckung; **228**
sie richtet sich grundsätzlich gegen ein bestimmtes Grundstück, nicht primär
gegen eine bestimmte Person (vgl. § 800 ZPO: „... der jeweilige Eigentümer
..."). Die Eintragung des Versteigerungsvermerkes unterliegt daher nicht den
Voraussetzungen des § 39 GBO; die Identitätsprüfung zwischen Grundstückseigentümer und Vollstreckungsschuldner führt das Versteigerungsgericht
durch (§ 17 Abs. 1 ZVG).

2.6. § 1139 BGB

Der Widerspruch des § 1139 BGB hat, wird er innerhalb der Monatsfrist **229**
eingetragen, eine (dem BGB in diesem Zusammenhang sonst fremde) Ex-tunc-Wirkung, § 1139 BGB S. 2 BGB. Er ist deshalb auch dann einzutragen, wenn
das Recht zwischenzeitlich abgetreten worden ist, weil sonst diese spezielle
Wirkung nicht eingreifen könnte; § 39 GBO ist in diesem Fall nicht anwendbar.

2.7. Bei Eigentümerrechten

Entsteht aus einem Fremdrecht eine Eigentümergrundschuld und soll über **229a**
diese verfügt werden, so ist nach h. M. die Voreintragung des Eigentümers als

Gläubiger dieses Rechts nicht erforderlich (BGH, Rpfleger 1968, 277; *Demharter*, § 39 Rdn. 19). Die h.M. begründet dies damit, dass der Eigentümer ja bereits in Abt. I eingetragen sei und somit vom Grundbuch als potenzieller Gläubiger solcher Rechte ausgewiesen werde.

Diese Argumentation stellt somit an sich keine Ausnahme von § 39 GBO dar, sondern weist gerade die Erfüllung der Voreintragungspflicht in den genannten Fällen nach. Sie erweist sich jedoch als ein im Ergebnis sicherlich richtiger, aber in der Begründung wenig überzeugender Kunstgriff, um die auch in diesem Fall als sinnlos und umständlich erkannte Voreintragungspflicht zu umgehen.

§ 5
Der Beweis der Eintragungsgrundlagen

I. Die im Grundbuchverfahren regelmäßig zulässigen Beweismittel

1. Der Grundsatz der Beweismittelbeschränkung

Das Wesen und die Besonderheit des Grundbuchverfahrens bestehen darin, dass es durch die konstitutive Wirkung der Eintragung unmittelbare Rechtsbegründungs-, Übertragungs- oder Änderungsfunktion hat (vgl. oben → Rdn. 2–7). Diese einschneidenden und auch wirtschaftlich bedeutsamen Wirkungen sollen nur eintreten, wenn die erforderlichen Voraussetzungen der Eintragung zur Überzeugung des Grundbuchamtes feststehen.

230

Die Herbeiführung einer solchen Überzeugung sah der Gesetzgeber am besten dadurch gewährleistet, dass er alle in seinen Augen weniger „sicheren" Beweismittel ausschloss und nur den Urkundenbeweis für zulässig erklärte.

Im Grundbuchverfahren gilt deshalb der Grundsatz der Beweismittelbeschränkung.

Es sind – vorbehaltlich gewisser Ausnahmen – nur Eintragungsunterlagen verwertbar, die entweder in öffentlich-beglaubigter oder in urkundlicher Form vorliegen (s. allgemein auch oben → Rdn. 19 ff.).

Das Grundbuchverfahren steht damit in einem deutlichen Gegensatz zum grundsätzlich formfreien materiellen Recht. Das Immobiliarsachenrecht verlangt nur ausnahmsweise eine besondere Form (etwa in § 925 BGB für die Auflassung oder in § 873 Abs. 2, 1. Alt. BGB für die bindende Einigung); das Hauptelement des materiellen Rechtsvorganges, die Einigung des § 873 Abs. 1 BGB ist formfrei wirksam. Dieser Gegensatz von Formfreiheit im materiellen und Formgebundenheit im Verfahrensrecht ist durchaus sinnvoll:

– die materiellrechtliche Einigung kann aus praktischen Gründen formlos zugelassen werden, weil im Verfahren ohnehin beweissichere Unterlagen erbracht werden müssen; die Prüfung wird – vorbehaltlich der Geltung des Konsensprinzips – dorthin verlagert, wo sie hingehört, in das Verfahren;
– Wenn über die Richtigkeit der Eintragung gestritten wird, sind im Prozess (oder auch schon im Amtswiderspruchsverfahren des GBA!) ohnehin alle Beweismittel zulässig, sodass dadurch eine Korrektur einer unrichtigen Eintragung möglich ist.

2. Urkunde und öffentlich-beglaubigte Erklärung

2.1. Der Urkundenbegriff

231 Seine gesetzliche Definition findet sich in § 415 ZPO; sie ist auch im Grundbuchverfahren anwendbar (BGHZ 25, 168). Nach dieser Vorschrift müssen folgende drei Erfordernisse erfüllt sein:

- Die Erklärung muss von einer öffentlichen Behörde oder einer mit öffentlichem Glauben versehenen Person herrühren;
- Behörde oder Beurkundungsperson müssen innerhalb der Grenzen ihrer Amtsbefugnis (= sachliche Zuständigkeit) gehandelt haben;
- die Ausstellung muss in der vorgeschriebenen Form geschehen sein.

a) Behörde und Urkundsperson

232 Die **Behörde** wird üblicherweise dahin definiert, dass es sich dabei um ein in den allgemeinen Behördenorganismus eingefügtes, von der physischen Person des Amtsträgers unabhängiges Organ der Staatsgewalt handelt, das berufen ist, unter öffentlicher Autorität für mittelbare und unmittelbare Staatszwecke tätig zu sein (so: BGH, BGHZ 3, 116; BayObLGZ 1954, 325). Dieser Begriff stellt zwar zunächst nur ab auf die Behörden im historischen Sinn, d.h. auf die verfassungsmäßigen Organe des Bundes und der Länder sowie der Selbstverwaltungskörperschaften (Gemeinden, Gemeindeverbände).

233 **Urkundspersonen** sind alle diejenigen Amtsträger, denen durch Gesetz eine Beurkundungsbefugnis ausdrücklich zugewiesen ist. Hier sind zu nennen:

- die Notare (§ 20 BNotO); sie sind das wichtigste Beurkundungsorgan;
- Urkundsbeamte der Geschäftsstelle, Gerichtsvollzieher und Gerichtswachtmeister hinsichtlich der ihnen zugewiesenen Befugnis insbesondere bei der Beurkundung von Zustellungen; hierher gehören auch die gem. § 6 Abs. 2 BetreuungsbehördenG für die Beglaubigung von Vorsorgevollmachten bestellten Urkundspersonen bei der Betreuungsbehörde; ;
- Konsuln und Konsularbeamte (§§ 2, 3, 10, 11, 12, 18, 19, 24 KonsularG);
- Standesbeamte nach Maßgabe der Vorschriften des PersStG;
- Vermessungsbedienstete (§ 66 Abs. 1 Nr. 6 BeurkG) in bestimmten 6Fällen der Beurkundung vermessungstechnischer Tatbestände.

b) Einhaltung der sachlichen Zuständigkeit

234 Umfassende Beurkundungszuständigkeit kommt nur dem Notar (vgl. § 20 Abs. 1 S. 1 BNotO) zu; er ist aufgrund seiner Ausbildung und der ihm obliegenden Berufspflichten, insbesondere der weitreichenden Belehrungspflichten (§ 24 Abs. 1 S. 1 BNotO, §§ 17 ff. BeurkG) dazu in besonderem Maß mit fachlicher und sachlicher Kompetenz ausgestattet. Er nimmt überwiegend Urkunden über fremde Erklärungen auf; jedoch ist auch die sog. Eigenurkunde zulässig (vgl. dazu oben → Rdn. 210). Alle anderen Urkundspersonen haben nur eine Beurkundungszuständigkeit, die sich auf bestimmte, in der jeweiligen gesetzlichen Vorschrift genau beschriebene Gegenstände beschränkt. Kennzeichnend für diese Urkundspersonen ist, dass sie regelmäßig Urkunden über eigene Handlungen oder ihnen in amtlicher Eigenschaft bekannt gewordene Tatsachen erstellen. Eine darüber hinausgehende Beurkundungstätigkeit wäre wegen Verstoßes gegen die sachliche Zuständigkeit unwirksam.

Bei Behörden muss die Erklärung zu den Gegenständen gehören, deren Wahrnehmung in die sachliche Zuständigkeit der betreffenden Behörde fällt, wobei es regelmäßig genügt, wenn die Behörde zur Abgabe der Erklärung abstrakt befugt ist (BGH, BGHZ 19, 358; BayObLGZ 1970, 184; 1971, 343; OLG Köln, DNotZ 1958, 487). Zu beachten ist, dass sich die Erklärung regelmäßig auf die eigenen Angelegenheiten der Behörde beziehen muss und als eigene Erklärung der Behörde erscheint. Als Vertreter eines anderen kann die Behörde nur ausnahmsweise Erklärungen abgeben, sofern gerade dieses Tätigwerden als Vertreter zur eigenen Aufgabe gehört (so z.B. beim Jugendamt als Amtsvormund oder Amtspfleger vgl. BGHZ 45, 362). Eine bemerkenswerte Ausnahme enthält § 113 Abs. 1 Nr. 6 Buchst. d GBV, der für bestimmte Fälle als „Bewilligungsstelle" jede Dienststelle des Bundes benennt. Im Rahmen von Prozessverfahren sind auch die Gerichte zur Beurkundung von fremden Erklärungen zuständig (vgl. §§ 159–163 ZPO).

Wird gegen die sachliche Zuständigkeit verstoßen, so liegt keine wirksame Urkunde vor.

c) Einhaltung der vorgeschriebenen Form

Die Formvorschriften, die bei der Erstellung von **Urkunden** zu beachten sind, ergeben sich aus den §§ 8 ff. **BeurkG**; bedeutsam insbesondere die in § 13 BeurkG geregelte Vorlesungspflicht. Zu beachten sind ferner die in §§ 6, 7 BeurkG geregelten Unwirksamkeitsgründe.

235

Weist die Urkunde Mängel auf, so ist – sofern es sich um Fehlen von begriffsnotwendigen Tatbeständen handelt (z.B. Siegel, Unterschrift) – der Urkundsbegriff nicht erfüllt. Bestehen lediglich – bei ordnungsgemäßer Form – Zweifel daran, ob die abgegebenen Erklärungen vom Aussteller herrühren (Radierungen, Streichungen etc.), so ist die Frage der Echtheit nach pflichtgemäßem Ermessen unter Zugrundelegung der allgemeinen Lebenserfahrung zu prüfen (OLG Hamm, Rpfleger 1957, 113).

→ **Beispiel 44e:**
Der im Grundbuch eingetragene Grundstückseigentümer E erklärt am 16.8. zu notarieller Urkunde den Verkauf, die Auflassung und die Eintragungsbewilligung hinsichtlich seines Grundstücks an den Erwerber X.

1. Alt.:

Die notarielle Urkunde trägt die eigenhändigen Unterschriften des Veräußerers E und des Notars, nicht jedoch die des Erwerbers X. Dem Grundbuchamt wurde die Urkunde mit folgender vom Notar und vom Erwerber X eigenständig am 24.8. unterzeichneten Feststellung zum Vollzug vorgelegt: „Am 16.8. habe ich, Notar..., einen Kaufvertrag mit Auflassung zwischen dem Verkäufer E und dem Käufer X hinsichtlich des im Grundbuch des Amtsgerichts... vorgetragenen Grundstücks beurkundet. Bei der Beurkundung wurde übersehen, den Käufer X die Urkunde unterschreiben zu lassen. Der Vertrag enthält lediglich die Unterschrift des Verkäufers E. Ich, der Notar, bestätige, dass der Käufer während der gesamten Beurkundung anwesend war. Ich, der Käufer X, genehmige den gesamten Inhalt des genannten Vertrags und bestätige das Rechtsgeschäft rein vorsorglich gemäß § 141 BGB. Damit ist das Rechtsgeschäft am 16.8. rechtswirksam zwischen mir und dem Verkäufer E zustande gekommen." Kann das Grundbuchamt nun den Eigentumswechsel vollziehen?

2. Alt.:

Die notarielle Urkunde trägt die eigenhändigen Unterschriften des Veräußerers E und des Erwerbers X, nicht jedoch die des Notars. Nach Erteilung von Ausfertigungen holte der Notar seine Unterschrift auf der Urkunde vom 16.8. nach mit dem Vermerk: „Ich, Notar ..., habe heute, am 24.8. die Niederschrift unterschrieben." Kann das Grundbuchamt nun den Eigentumswechsel vollziehen?

3. Alt.:

Die notarielle Urkunde trägt die eigenhändigen Unterschriften des Veräußerers E und des Notars, nicht jedoch die des Erwerbers X. Weder im Notariat noch beim Grundbuchamt wird der Fehler bemerkt. Daraufhin wird der Käufer X als neuer Eigentümer im Grundbuch eingetragen. Ist er auch Grundstückseigentümer geworden?

1. Alt.:

§ 20 GBO verlangt im Falle der Grundstücksauflassung den Nachweis der materiellen Einigungserklärungen (§ 925 Abs. 1 BGB). Die formelle Form des Nachweises regelt § 29 GBO. Nach dessen Satz 1 müssen die zur Eintragung erforderlichen Erklärungen durch öffentliche oder öffentlich beglaubigte Urkunden nachgewiesen werden. Dazu gehört die Erklärung der materiellen Einigung bei gleichzeitiger Anwesenheit beider Teile vor dem Notar. Dass für die Auflassung dieser Nachweis nicht durch eine lediglich öffentlich beglaubigte Urkunde erbracht werden kann, entspricht allgemeiner Meinung. Denn durch eine Beglaubigung wird mit öffentlichem Glauben nur bekräftigt, dass die Unterschriften von den Personen stammen, die sie in Gegenwart des Notars vollzogen oder anerkannt haben (§ 40 BeurkG). Nicht bewiesen wird damit, dass die Erklärungen gemäß § 925 Abs.1 BGB bei gleichzeitiger Anwesenheit beider Vertragsteile vor dem Notar abgegeben worden sind. Dieser Nachweis ist nach § 29 Abs. 1 S. 2 GBO durch eine öffentliche Urkunde zu erbringen. Die vorliegende Urkunde vom 16.8. leidet an einen formalen Mangel. Willenserklärungen, aus welchen die Auflassung besteht, sind nämlich nach § 8 BeurkG durch Niederschrift über eine Verhandlung mit dem Inhalt der §§ 9 ff.

BeurkG aufzunehmen; die Niederschrift ist nach § 13 Abs. 1 S. 1 BeurkG von den Beteiligten zu unterschreiben. Die fehlende Unterschrift des Käufers X führt zur Unwirksamkeit der Beurkundung. Verstößt die Niederschrift gegen zwingende Bestimmungen des Beurkundungsrechts, zu denen § 13 Abs. 1 S. 1 BeurkG zählt, ist diese nicht geeignet, die Auflassung formgerecht im Sinne des § 29 Abs. 1 GBO nachzuweisen. Der unwirksame Beurkundungsvorgang erlangt auch durch die Eigenerklärung des Notars keine Gültigkeit. Das Grundbuchamt könnte die Eintragung nicht auf eine öffentliche Urkunde stützen, die die zur Eintragung des Rechtswechsels erforderlichen Erklärungen nach § 20 GBO nachweist, sondern nur auf eine solche Urkunde, die eine notarielle Tatsachenwahrnehmung beinhaltet. Dies widerspricht § 29 GBO. Der Begriff der öffentlichen Urkunde kann nämlich hier nicht anders ausgelegt werden als in § 415 ZPO, der seinerseits die Einhaltung der im BeurkG vorgeschriebenen Form voraussetzt. Eine Heilung der Verletzung der zwingenden Vorschrift des § 13 Abs. 1 S. 1 BeurkG kann auch nicht durch befreiende oder zustimmende Erklärungen der Beteiligten bewirkt werden. Eine nachträgliche Genehmigung der Auflassung kommt schon deshalb nicht in Betracht, weil die Auflassung trotz fehlender Unterschrift des Käufers materiell wirksam ist (vgl. 3. Alt.). Eine Heilung kann deshalb nur in Form einer erneuten, diesmal formgerechten Beurkundung vorgenommen werden (BayObLG, FGPrax 2001, 57).

2. Alt.:
Umstritten ist auch die Rechtslage bei fehlender Unterschrift des Notars. Einigkeit herrscht zwar zunächst insoweit, dass die Unterschrift solange nachgeholt werden kann, bis der Beurkundungsvorgang als endgültig abgeschlossen anzusehen ist. Wann letzteres der Fall ist, darüber gibt es jedoch unterschiedliche Meinungen. Eine Meinung geht davon aus, dass die vergessene Unterschrift durch den Notar solange nachgeholt werden könne, wie die Urkunde nach außen hin noch nicht in Erscheinung getreten sei. Spätestens nach Erteilung einer Ausfertigung sei die Nachholung der Unterschrift dem Notar verwehrt, danach sei der Beurkundungsvorgang als endgültig abgeschlossen anzusehen und die Beurkundung endgültig nichtig (OLG Naumburg, DNotI-Report 2000,129). Dieser Ansicht kann nicht gefolgt werden, da ansonsten die Vollzugspraxis des jeweiligen Notariats darüber entscheidet, ob die Nichtigkeit der Beurkundung bereits nach wenigen Stunden oder erst nach mehreren Monaten eintritt. Dies erscheint willkürlich und würde das Ende des Beurkundungsvorgangs höchst unterschiedlich ausfallen lassen. Eine zweite Auffassung lässt daher zu Recht ohne jegliche zeitliche Begrenzung die Nachholung einer vergessenen Unterschrift durch den Notar zu (LG Aachen, DNotZ 1976, 428, 430; *Lischka*, NotBZ 1999, 8, 10; Gutachten in DNotI-Report 1998, 33, 35). § 8 BeurkG sieht vor, dass bei der Beurkundung von Willenserklärungen „eine Niederschrift über die Verhandlung aufgenommen werden" muss. Die Begriffe „Verhandlung" und „Niederschrift" müssen sich nicht zeitlich decken. Der Niederschrift geht

regelmäßig eine Verhandlung voraus. Das Ergebnis dieser Verhandlung wird dann in einer Urkunde festgehalten. Die Verhandlung mag abgeschlossen sein, die Niederschrift ist es, solange der Notar noch nicht unterschrieben hat, dagegen nicht. Der Beurkundungsvorgang insgesamt ist dann überhaupt noch nicht beendet, sondern befindet sich noch in der „Schwebe". § 13 Abs. 3 BeurkG trifft auch keine Aussage darüber, wann die Niederschrift von dem Notar unterschrieben werden muss und sagt insbesondere auch nicht, dass er die Urkunde im Beisein der Beteiligten unterschreiben müsse. Der Notar kann daher seine ursprünglich vergessene Unterschrift zeitlich unbegrenzt nachholen, und zwar auch dann, wenn bereits Ausfertigungen erteilt wurden. Eine Nachtragsverhandlung für die Nachholung der Unterschrift wird für erforderlich gehalten (LG Aachen, DNotZ 1976, 428, 432). Folgender Wortlaut wird dazu empfohlen: *„Die am ... aufgenommene Verhandlung wurde von mir heute, am ... fortgesetzt und durch meine Unterschrift abgeschlossen. Unterschrift Notar."* Dem kann nicht zugestimmt werden, da das bloße Nachholen der Unterschrift weder praktisch noch begrifflich ein „Verhandeln" darstellt. Ausreichend ist vielmehr, wenn der Notar seine Unterschrift unter Angabe des Datums nachholt (*Lischka*, NotBZ 1999, 8, 11). Folgender Vermerk ist daher ausreichend: *„Ich habe heute, am ... die Niederschrift unterschrieben."*

3. Alt.:

Für den Eigentumserwerb des X sind die wirksame Auflassung an ihn und seine Grundbucheintragung erforderlich (§ 873 Abs. 1 BGB). Letzteres liegt zweifelsfrei vor. Fraglich ist, ob eine wirksame Auflassung vorliegt. Sie muss bei gleichzeitiger Anwesenheit vor dem Notar erfolgt sein (§ 925 Abs. 1 BGB); dies ist gegeben. X ist deshalb Grundstückseigentümer geworden. Welche Auswirkungen hat die fehlende Unterschrift des Erwerbers X beim Beurkundungsvorgang? Sie führt zur Unwirksamkeit der Beurkundung (vgl. § 13 Abs. 3 BeurkG). Damit ist aber nicht die Auflassung unwirksam, weil diese für die materielle Wirksamkeit nicht der Beurkundung bedarf. Als materielle Form ist nur gleichzeitige Erklärung vor dem Notar erforderlich (§ 925 Abs. 1 BGB), und dies liegt vor. Formellrechtlich hätte die Auflassung dem GBA in notariell beurkundeter Form vorgelegt werden müssen zum Nachweis der gleichzeitigen Anwesenheit (§ 29 Abs. 1 S. 2 GBO). Die Eintragung der Grundstücksauflassung im Grundbuch (§ 20 GBO) ist somit an strengere Voraussetzungen geknüpft (= notarielle Beurkundung nach § 29 Abs. 1 S. 2 GBO) als die Wirksamkeit des materiellen Geschäfts (= gleichzeitige Anwesenheit vor dem Notar nach § 925 Abs. 1 BGB). Die formelle Form der Auflassung wurde nicht gewahrt. Mängel im formellen Grundstücksrecht haben jedoch keine Auswirkungen auf die materielle Rechtslage. Die Verletzung der formellen Form der Auflassung (= notarielle Beurkundung, § 29 Abs. 1 S. 2 GBO) durch die fehlende Unterschrift des Käufers hat somit keine Auswirkungen auf die Wirksamkeit der Auflassung, da die materielle Form (= gleichzeitige Anwesenheit vor dem Notar, § 925 Abs. 1 BGB) gewahrt ist (OLG Rostock, DNotI-Report 2006, 107).

2.2. Die Unterschriftsbeglaubigung

Literatur: Böttcher, Nachträgliche Ergänzungen bei öffentlich beglaubigten Erklärungen, RpflStud 2012, 47.

a) **Öffentlich-beglaubigte Erklärungen** sind schriftlich abgegebene Erklä- **236** rungen, bei denen die Echtheit der Unterschrift oder des Handzeichens von einer mit öffentlichem Glauben versehenen Person bestätigt wird.
b) Zuständig zur Unterschriftsbeglaubigung sind u. a. (vgl. dazu *Böhringer,* NotBZ 2019, 241):

- Notare (§ 129 Abs. 1 BGB; § 20 Abs. 1 BNotO),
- Konsuln und Konsularbeamte (§ 57 Abs. 6 BeurkG),
- Vermessungsämter (bei Anträgen auf Vereinigung oder Teilung von Grundstücken; vgl. § 66 Abs. 1 Nr. 6 BeurkG i.V.m. dem als Landesrecht fortgeltenden Gesetz vom 15.11.1937, RGBl I S. 1237).

→ **Beispiel 44f:**
Aufgrund einer von der Betreuungsbehörde beglaubigten Vorsorgevollmacht wurde eine Auflassung eines Grundstücks erklärt. Die Vollmacht hatte u.a. folgenden Inhalt: *„Sie (= die bevollmächtigte Person) darf mein Vermögen verwalten und hierbei alle Rechtshandlungen im In- und Ausland vornehmen, Erklärungen aller Art abgeben und entgegen nehmen sowie Anträge stellen, abändern, zurücknehmen, namentlich über Vermögensgegenstände jeder Art verfügen."* Angefügt war folgender Zusatz: *„Achtung! Für Immobiliengeschäfte ist eine notarielle Vollmacht notwendig."* Das Grundbuchamt hat die Auflassung nicht vollzogen, weil keine notarielle Vollmacht vorlag.

Das OLG Naumburg (NotBZ 2014, 234) hat die Beanstandung des Grundbuchamts aufgehoben und dieses angewiesen, die Auflassung zu vollziehen. Zu Unrecht (*Zimmer,* NotBZ 2014, 237). Der Hinweis in der vorliegenden Vollmacht, dass sie für Immobiliengeschäfte nicht zu gebrauchen ist, war entscheidend und hätte auch vom OLG Naumburg beachtet werden müssen. Die Vollmacht war in einer öffentlich beglaubigten Urkunde enthalten. Gemäß § 6 Abs. 2 Betreuungsbehördengesetz vom 12.9.1990 (BGBl. I 2002, 2015), geändert durch Gesetz vom 6.7.2009 (BGBl. I 1696) ist die **Urkundsperson bei der Betreuungsbehörde zur öffentlichen Beglaubigung von Unterschriften auf Vorsorgevollmachten befugt.** Die Streitfrage, ob eine solchermaßen beglaubigte Vollmacht dem Formerfordernis aus § 29 GBO Genüge tun kann, ist durch die Änderung der Vorschrift durch Art. 11 des Gesetzes vom 6.7.2009 (BGBl. I 1696) entschieden. Der Vermerk der Betreuungsbehörde genügt den Vorschriften des § 40 BeurkG und § 29 GBO (OLG Dresden, NotBZ 2010, 409; OLG Naumburg, NotBZ 2014, 234). Die Zuständigkeit der Betreuungsbehörden bezieht sich aber nur auf Vorsorgevollmachten. Der Betreuungsbehörde ist es daher nicht gestattet, Unterschriften unter beliebigen Vollmachten zu beglaubigen. Die Unterschrift unter eine General- oder Spezialvollmacht unabhängig von der Vermeidung eines möglichen Betreuungsverfahrens kann die Betreuungsbehörde nicht beglaubigen. Eine Generalvollmacht kann aber als Vorsorgevollmacht ausgelegt werden, wenn sie den Zweck, eine Betreuung in jeder Hinsicht entbehrlich zu machen, erfüllen kann (OLG Jena, NotBZ 2014, 341). Eine Vorsorgevollmacht wird im Hinblick auf eine künftige Geschäftsunfähigkeit oder Betreuungsbedürftigkeit erteilt und dient der Vermeidung einer rechtlichen Betreuung. Vorsorgevollmachten sind dadurch gekennzeichnet, dass sie eine Bevollmächtigung in den Bereichen Gesundheitssorge, Pflegebedürftigkeit, Vermögenssorge und Aufenthaltsbestimmung enthalten. Indiz von Vorsorgevollmachten ist weiter der Umstand, dass sie Betreuungsverfügungen und/oder Patientenverfügungen enthalten. Vorsorgevollmachten unterscheiden sich von anderen Vollmachten vor allem dadurch, dass sie im Hinblick auf die künftig eintretende Geschäftsunfähigkeit bzw. Betreuungsbedürftigkeit des Vollmachtgebers erteilt werden, ohne dass sie deshalb im Außenverhältnis erst zu diesem Zeitpunkt Wirksamkeit erlangen müssten (OLG Jena, NotBZ 2014, 341). Deshalb beschränken die Betreuungsbehörden die von ihr zur Beglaubigung vorgeschlagenen Vollmachten im Innenverhältnis in der Regel auf den Fall der Geschäftsunfähigkeit bzw. Betreuungsbedürftigkeit. Eine Auslegung einer Urkunde als Vorsorgevollmacht scheitert allerdings nicht daran, dass die Beschränkung des Vollmachtnehmers im Innenverhältnis, von der Vollmacht erst bei Eintritt der Betreuungsbedürftigkeit Gebrauch machen zu dürfen, in der Urkunde nicht verlautbart wurde; eine solche Erklärung ist nicht zwingender Bestandteil der abstrakten, von dem dem Innenverhältnis zugrunde liegenden Rechtsverhältnis zu trennenden Vollmacht (OLG Jena, NotBZ 2014, 341; a.A. *Zimmer*, NotBZ 2014, 237). Es muss davon ausgegangen werden, dass eine durch die Urkundsperson der Betreuungsbehörde unterschriftsbeglaubigte Vorsorgevollmacht ausreicht, um im Namen des Vollmachtgebers eine Grundbucheintragung (z. B. Auflassung) herbeizuführen (§ 29 Abs. 1 S. 1 GBO)

c) Die **Form** der Beglaubigung ist in §§ 39 – 43 BeurkG geregelt (vgl. dazu ausführlich *Winkler*, DNotZ 1971, 140/145). Der Beglaubigungsvermerk muss enthalten: Das Zeugnis, dass die Unterschrift vor dem Notar abgegeben oder anerkannt worden ist; die Bezeichnung der unterschreibenden oder anerkennenden Person; Unterschrift und Siegel des Notars.

Fehlt es an einem dieser Erfordernisse, so liegt eine Beglaubigung nicht vor; die Erklärung ist dann eine lediglich privatschriftliche. Fehlt es an den im §§ 39, 40 BeurkG daneben genannten Soll-Erfordernissen, so liegt eine zwar wirksam beglaubigte, jedoch u.U. im Beweiswert geminderte Erklärung vor.

→ **Beispiel 44g:**
Alt. 1 (nach KG DNotZ 2013, 129):
Der Berechtigte einer Eigentumsvormerkung hat seine Unterschrift unter einer Löschungsbewilligung notariell beglaubigen lassen. In der Erklärung war die betroffene Immobilie falsch bezeichnet worden. Das Grundbuchamt hat die Falschbezeichnung beanstandet. Nach Rückgabe der notariell beglaubigten Löschungsbewilligung, hat

a) der Gläubiger selbst,

b) der Notar auf Grund schriftlicher Vollmacht/telefonischer Bevollmächtigung durch den Berechtigten im Text die Bezeichnung der Immobilie berichtigt. Kann nach erneuter Einreichung beim GBA die Pfandfreigabe im GB vermerkt werden?

Alt. 2 (nach OLG Frankfurt/M. DNotZ 2006, 767):
1975 wurde ein Nießbrauch für N auf dem Grundstück des E eingetragen. Am 20.9.1984 gab N eine öffentlich beglaubigte Bewilligung für die Vorrangseinräumung zugunsten für G erst noch einzutragender Grundschulden ab. 1988 wurden mehrere Grundschulden für G eingetragen. Erst am 6.2.1997 stellte der Grundschuldgläubiger G den Antrag auf Eintragung des Vorrangs unter Vorlage der Bewilligung des N. Darauf erließ das GBA am 17.2.1997 eine Zwischenverfügung und bat um Klarstellung, welche Grundschuld von G den Vorrang erhalten sollte. Am 16.4.1997 ergänzte N seine Bewilligung unter dem Beglaubigungsvermerk durch Angabe der vortretenden Grundschuld und reichte sie am 21.4.1997 wieder beim GBA ein. Der Rangtausch zwischen Nießbrauch und Grundschuld wurde sodann am 25.4.1997 im Grundbuch eingetragen. N stellte am 12.8.2004 den Antrag auf Grundbuchberichtigung bzw. Eintragung eines Amtswiderspruchs, weil die Beglaubigung seiner Rangrücktrittsbewilligung unwirksam sei.

Der Erklärende selbst ist nach h. M. jederzeit auch nach Beglaubigung seiner Unterschrift berechtigt, den über dem Beglaubigungsvermerk stehenden Text zu ändern und zu ergänzen (KG, DNotZ 2013, 129; OLG Frankfurt/M., DNotZ 2006, 767). Die Form der öffentlichen Beglaubigung bleibt gewahrt, da der Beglaubigungsvermerk nur die Echtheit der Unterschrift bescheinigt, nicht hingegen die Echtheit des darüber stehenden Textes. Die öffentliche Beglaubigung ist im Gegensatz zur öffentlichen Beurkundung nur eine Beglaubigung der Unterschrift des Erklärenden, nicht des Inhalts der schriftlich abgefassten Erklärung. Öffentliche Urkunde i.S.d. § 415 ZPO ist nur der Beglaubigungsvermerk, die abgegebene Erklärung selbst ist eine Privaturkunde. Für die nachträgliche Änderung gilt jedoch nicht die Vermutung des § 440 Abs. 2 ZPO, nämlich dass auch der über der Unterschrift stehende Text von demjenigen herrührt, dessen Unterschrift beglaubigt ist. Es unterliegt dann der freien Beweiswürdigung des Grundbuchamts, ob die Ergänzung des Textes von der bzw. mit dem Willen der Person vorgenommen worden ist, die die Unterschrift geleistet hatte. Nur wenn das GBA sichere Anhaltspunkte dafür hat, dass die Änderungen oder Ergänzungen nicht vom Unterzeichner stammen, was in der Praxis wohl kaum vorkommen wird, kann es eine erneute Unterschriftsbeglaubigung verlangen (KG, DNotZ 2013, 129; OLG Frankfurt, DNotZ 2006, 767). Die Löschungsbewilligung kann somit Alt. 1 vollzogen werden. In Alt. 2 war die Form des § 29 GBO für die Rangrücktrittsbewilligung gewahrt, diese war wirksam und das Grundbuch ist richtig; eine Grundbuchberichtigung oder die Eintragung eines Amtswiderspruchs kommen nicht in Betracht.

Der Notar ist zur nachträglichen Ergänzung oder Änderung des über dem Beglaubigungsvermerk stehenden Textes nur befugt, wenn er dazu ausdrücklich bevollmächtigt ist (KG, DNotZ 2013, 129). Der Nachweis der Bevollmächtigung des Notars muss allerdings in der Form des § 29 GBO nachgewiesen werden, d.h. die Unterschrift des Vollmachtgebers muss notariell beglaubigt sein; telefonische bzw. schriftliche Bevollmächtigung ist nicht ausreichend (KG, DNotZ 2013, 129; OLG Celle, Rpfleger 1984, 230). In Alt. 2 kann deshalb die Pfandfreigabe nicht vollzogen werden; mittels Zwischenverfügung muss der Nachweis der Bevollmächtigung in der Form des § 29 GBO verlangt werden. Die vom Notar als Bevollmächtigten erklärten Änderungen oder Ergänzungen müssen dann nicht in der Form einer selbständigen Eigenurkunde vorgenommen werden (können es aber natürlich), sie können auch durch Rand- und Zusatzvermerke bei der ursprünglichen Erklärung vorgenommen werden; diese bedürfen dann allerdings der Unterschrift des Notars und der Beifügung des Siegels.

2.3. Die Behördenerklärung

237 Nach § 29 Abs. 3 GBO gilt für den Grundbuchverkehr von Behörden eine Formerleichterung: Sie brauchen sich nicht der Mitwirkung eines Notars oder einer anderen Urkundsperson bedienen, sondern können durch eigene Urkunden am Grundbuchverkehr teilnehmen (sog. **„Behördenform"**).

> Das gilt selbstverständlich nicht, wenn eine Behörde an einer Grundstücksübereignung beteiligt ist. Die Auflassung ist ja nach materiellem Recht nur wirksam, wenn sie bei gleichzeitiger Anwesenheit von Veräußerer und Erwerber vor einem Notar erklärt worden ist (§ 925 BGB). Dieses Erfordernis kann durch § 29 Abs. 3 GBO nicht ersetzt werden. Die Vorschrift betrifft nur die nach der Grundbuchordnung aus verfahrensrechtlichen Gründen formbedürftigen Erklärungen.

§ 29 Abs. 3 GBO verlangt:

a) eine **Unterschrift:** Diese muss sich im Original auf der Erklärung befinden; ein Abschluss der Erklärung durch den Vermerk „gez. ..." und den Beglaubigungsvermerk eines Kanzleibeamten genügt nicht.

Das Grundbuchamt hat nicht zu prüfen, ob die Erklärung die nach den internen Geschäftsverteilungsvorschriften der Behörde gebotene Unterschrift des zuständigen Beamten trägt; es hat auch nicht zu prüfen, ob die Erklärung mit der nach den Vertretungsvorschriften der Behörde erforderlichen Zahl von Unterschriften versehen ist.

b) Siegel oder Stempel der Behörde, wobei Präge- oder Farbdruckstempel genügen.

Zum Behördenbegriff allgemein: BGHZ 3, 116 = NJW 1951, 799. Interessante Probleme hat die Entscheidung des Bundesverfassungsgerichts zu § 43 Abs. 1 GBV (BVerfGE 64, 229 = Rpfleger 1983, 388) aufgeworfen. Dort wurde den öffentlichen Sparkassen die Behördeneigenschaft bei der Grundbucheinsicht aberkannt, da sie sonst – in lebhaftem Wettbewerb mit den privaten Banken stehend – einen nicht unerheblichen Wettbewerbsvorteil aus der Privilegierung in § 43 GBV zögen. Wie *Feuerpeil* (Rpfleger 1990, 450) richtig feststellt, ist jedoch auch der von § 29 Abs. 3 GBO verschaffte Wettbewerbsvorteil gegenüber den auf § 29 Abs. 1 GBO verwiesenen privaten Kreditinstituten evident. Die Konsequenz einer entsprechenden Anwendung der verfassungsgerichtlichen Rechtsprechung liegt nahe!

3. Die Beweiswirkung

3.1. Bei Urkunden

Urkunden erbringen nach § 415 ZPO den vollen Beweis, dass die in ihnen enthaltenen Erklärungen sowohl inhaltlich wie nach Zeit und Ort wie beurkundet abgegeben wurden; die Beweiskraft der Urkunde erfasst auch die in der Urkunde angegebenen Feststellungen über die bezeichneten Beteiligten (LG Berlin, Rpfleger 63, 53). **Nicht** von der Beweiskraft erfasst wird stets die Frage, ob die beurkundeten Erklärungen rechtswirksam sind, sei es, dass sie z. B. wegen mangelnder Geschäftsfähigkeit gar nicht wirksam werden konnten oder etwa durch Anfechtung, Rücktritt etc. wieder beseitigt wurden.

238

Einwände oder Zweifel, die sich gegen eine beurkundete Erklärung richten, müssen deshalb unterschiedlich behandelt werden, je nachdem, ob sie sich wenden:

- gegen die beurkundete **Erklärungsabgabe** als solche (= „das habe ich nicht erklärt"), oder
- gegen die Rechtswirksamkeit der Erklärung (= „was ich erklärt habe, ist nicht wirksam").

Bestehen Zweifel gegen die **tatsächliche Abgabe** einer beurkundeten Erklärung, so ist zwar gem. § 415 Abs. 2 ZPO der Gegenbeweis gegen die Beweisvermutung zulässig. Er kann jedoch im Grundbuchverfahren nur geführt werden, wenn er seinerseits mit den nach § 29 GBO zulässigen Beweismitteln, also auch wieder durch Urkunden (etwa durch eine Eigenurkunde des Notars) erbracht werden kann. Ist dies nicht möglich, so muss eingetragen werden; die Beteiligten sind auf die prozessuale Klärung zu verweisen.

Anders ist die Rechtslage, wenn die **Rechtswirksamkeit** der als abgegeben geltenden Erklärungen infrage steht. Hier hat das Grundbuchamt die Pflicht zur umfassenden Prüfung; im Rahmen dieser Prüfung kann es auch Tatsachen verwerten, die ihm nicht in der Form des § 29 GBO zur Kenntnis gelangen (vgl. → Rdn. 248 ff.).

3.2. Bei Unterschriftsbeglaubigung

Die Beglaubigung bedeutet zweierlei:
Zum einen ist der Beglaubigungsvermerk als solcher eine Urkunde, die alle in ihr genannten Tatsachen (Ort und Zeit der Beglaubigung, Feststellungen über die Person, Personenstand usw.) voll beweist.

239

→ **Beispiel 46:**
Im Grundbuch ist als Gläubiger eines Rechts Maria A eingetragen. Der Notar legt eine Löschungsbewilligung von Maria B vor. Im Beglaubigungsvermerk ist festgestellt, dass sich der Notar anhand des Reisepasses Gewissheit darüber verschafft habe, dass die nunmehr verheiratete Maria B mit Maria A identisch sei. Das Grundbuchamt verlangt die Vorlage einer Heiratsurkunde.

Das Verlangen des Grundbuchamtes ist im vorliegenden Falle ungerechtfertigt, weil die Identitätsfeststellung des Notars voll beweiskräftig ist (vgl. OLG Hamm, OLGZ 1991, 23; *Demharter*, § 29 Rdn. 49). Mit der Beglaubigung der Unterschrift wird weiter der Beweis begründet, dass die Erklärung von dem als Aussteller Bezeichneten abgegeben ist (§ 416 ZPO), ferner wird die Echtheit der Erklärung vermutet (§ 440 Abs. 2 ZPO). Der Gegenbeweis ist zwar zulässig, allerdings wird er im Grundbuchverfahren nicht geführt werden können; auch in diesem Fall muss aufgrund der äußeren ordnungsgemäßen Beglaubigung eingetragen werden. Die Beteiligten sind auf den Prozessweg zu verweisen.

II. Die formbedürftigen Eintragungsgrundlagen

1. Die Unterscheidung von Erklärungen und Tatsachen

240 § 29 Abs. 1 GBO unterscheidet betont zwischen:

- **„Erklärungen"**, die zur Eintragung erforderlich sind (S. 1), und
- **„anderen Voraussetzungen"**, der Eintragung (S. 2), das sind Rechts- oder Lebenstatsachen.

Für Erklärungen genügt nach S. 1 auch die Form der Unterschriftsbeglaubigung; für den Nachweis von Tatsachen ist – sofern sie nicht ausnahmsweise offenkundig sind – die strenge Form der öffentlichen Urkunde vorgeschrieben. Die Praxis widmet gerade dieser Unterscheidung oft nicht genügend Aufmerksamkeit.

Ihre Rechtfertigung findet die unterschiedliche Behandlung des Beweises von Erklärungen und des Beweises von Tatsachen in den oben dargestellten Beweiswirkungen: Der Beweis, dass eine bestimmte Erklärung von einer bestimmten Person abgegeben worden ist, wird sowohl von der öffentlichen Urkunde, wie auch von der unterschriftsbeglaubigten Privaturkunde erbracht (s. → Rdn. 238, 239). Den Beweis tatsächlicher Vorgänge kann jedoch nur eine öffentliche Urkunde erbringen (§ 418 ZPO).

2. Der Begriff der „Erklärung"

Hierher gehören nach den Vorschriften des Grundbuchverfahrensrechts alle zur Vornahme der Eintragung für erforderlich bezeichneten Erklärungen, mit Ausnahme des durch ausdrückliche Vorschrift (**§ 30 GBO**) als formfrei bezeichneten Eintragungsantrages.

Zu nennen sind

- die grundbuchrechtlichen Regelerklärungen, also z. B. Bewilligung; Zustimmungen nach § 22 Abs. 2 oder § 27 GBO; Zustimmungen mittelbar Betroffener; Abtretungs- oder Belastungserklärungen gem. § 26 GBO;
- alle Erklärungen, die eine der genannten Regelerklärungen ergänzen oder rechtfertigen, also z. B. Vollmachten; Zustimmungserklärungen bei Verfügungsbeschränkungen (z. B. nach § 1365 BGB); Zustimmungen der Wohnungseigentümerversammlung (vgl. BayObLGZ 1961, 396 = DNotZ 1962, 312); Vereinigungs-, Zuschreibungs- und Teilungserklärungen.

Problematisch ist zuweilen die Abgrenzung zu den sog. **Geständnis- und Wissenserklärungen:**

→ **Beispiel 47:**
  a) A hat B zur Vornahme von Grundstücksgeschäften bevollmächtigt; die Vollmachtsurkunde ist verloren gegangen. A bestätigt in unterschriftsbeglaubigtem Schriftstück, er habe B seinerzeit Vollmacht erteilt.
  b) Zugunsten von B ist auf dem Grundstück des A eine Hypothek eingetragen. Nach Rückzahlung der gesamten Forderung bestätigt B dies in einer sog. „löschungsfähigen Quittung".

Im *Falle a)* bestätigt B durch seine Erklärung die Existenz einer früheren, von ihm abgegebenen Erklärung; er gibt also eine Bestätigung seines früheren rechtsgeschäftlichen Willens, ebenso gut könnte er die Vollmachtserteilung als Rechtsgeschäft neu vornehmen.

Im *Falle b)* bestätigt B nicht etwa auch das Bestehen bzw. die seinerzeitige Abgabe einer Erklärung, sondern er beurkundet das Vorliegen eines tatsächlichen Vorganges, nämlich dass die Rückzahlung geschehen sei.

Diese beiden unterschiedlichen Tatbestände müssen deshalb auch unterschiedlich behandelt werden: Im *Falle a)* kann unbedenklich eine Erklärung i.S.v. S. 1 angenommen werden, sodass Beglaubigungsform ausreicht (so auch BGH, BGHZ 29, 368 = NJW 1959, 883); „notfalls" enthält das Schriftstück eine neue Vollmacht oder eine Genehmigung.

Im *Falle b)* erscheint dies jedoch zweifelhaft. Die löschungsfähige Quittung enthält nicht etwa eine rechtsgeschäftliche oder verfahrensrechtlich relevante Erklärung, sondern bezeugt einen tatsächlichen Vorgang. Das wird daraus klar, dass das Eigentümerrecht aus einer Fremdhypothek durch die **Tatsache der Rückzahlung** entsteht, nicht erst durch die diese Tatsache lediglich bezeugende Quittungserklärung. Die Quittung des § 368 BGB ist auch nach bürgerlichem Recht kein Rechtsgeschäft, sondern „Bekenntnis einer Tatsache" *(Palandt/Grüneberg,* § 368 Rdn. 2), sie ist lediglich ein vom Gläubiger erstelltes Beweismittel (RGZ 108, 55). Die löschungsfähige Quittung ist somit **Tatsachenbeweis**, welcher der Form des § 29 Abs. 1 S. 2 GBO (= öffentliche **Urkunde**) bedarf; beglaubigte Form kann nicht genügen.

Aus vorwiegend praktischen Erwägungen wird jedoch häufig die lediglich beglaubigte Erklärung als genügend angesehen. Es mag sein, dass die Beweiskraft der Beurkundung auch nicht höher ist (freilich: Belehrung durch den Notar!), aber das Gesetz trifft eben eine klare Unterscheidung (nicht überzeugend daher m. E. BayObLG, Rpfleger 1995, 410).

Den Bedürfnissen der Praxis kann und soll das genügen. Ich bin weit davon entfernt, die Frage zu einem Rechtsproblem von Rang hochstilisieren zu wollen. Es ist lediglich ein Beitrag zur allgemeinen Frage, inwieweit das Gesetz ernst genommen werden soll (muss?).

Es gilt – ganz allgemein – folgender Grundsatz:
Wissens- oder Geständniserklärungen fallen nur dann unter § 29 Abs. 1 S. 1 GBO, wenn sie ihrerseits das Vorhandensein einer rechtsgeschäftlichen oder verfahrensrechtlichen Erklärung bezeugen. Erklärungen, die das Vorliegen einer rechtserheblichen Tatsache bezeugen, fallen unter § 29 Abs. 1 S. 2 GBO, weil sonst die strengere Form des S. 2 durch eine bloße Tatsachenbehauptung stets umgangen werden könnte.

3. Der Begriff der „anderen Voraussetzungen der Eintragung" (= Tatsachen)

243 „Andere Voraussetzungen der Eintragung" sind alle die, die nicht in einer von einem Beteiligten abzugebenden rechtsgeschäftlichen oder verfahrensrechtlichen Erklärung bestehen. Zu nennen sind:

- Geburt, Tod, Verheiratung, Ehescheidung, Erreichung eines bestimmten Lebensalters bei Beteiligten;
- Nachweis des Eintrittes von Bedingungen (z. B. Sicherheitsleistung vor Durchführung der Zwangsvollstreckung);
- Nachweis der Rechtsnachfolge und der damit verbundenen Unrichtigkeit des Grundbuches (z. B. Nachweis der Erbfolge; der Verschmelzung von Gesellschaften; des Eintrittes von Gütergemeinschaft);
- Nachweis bestimmter Amtsstellung oder gesetzlicher Vertretungsmacht (Bestallung eines Insolvenzverwalters oder Testamentsvollstreckers; Bestallung von Vormund oder Pfleger);
- Nachweis gerichtlicher Entscheidungen (z. B. Verurteilung gem. § 894 ZPO; Vollstreckbarkeitserklärungen etc.);
- Nachweis der familien- bzw. betreuungsgerichtlichen Genehmigung und ihres Zuganges (vgl. dazu → Rdn. 202 ff.);

- Nachweis des Übergangs von Grundpfandrechten auf den Eigentümer infolge Rückzahlung der gesicherten Forderung (s. aber → Rdn. 242).

4. Die Vorlage der Eintragungsunterlagen

Eintragungsunterlagen können in Urschrift, Ausfertigung oder beglaubigter Abschrift vorgelegt werden (*Demharter,* § 29 Rdn. 57). Genügen muss auch die Vorlage einer beglaubigten Ablichtung, wenngleich sie gesetzlich der Abschrift nicht ausdrücklich gleichgestellt ist. Eine sinngemäße Auslegung muss jedoch auch den Fortschritten der Technik Raum geben und die Erkenntnis verwerten, dass eine Ablichtung regelmäßig sicherer und vertrauenswürdiger ist als eine bloße Abschrift (vgl. LG Flensburg, SchlHAnz. 1962, 201). 244

Die Vorlage einer **beglaubigten Abschrift** genügt **nicht**: 245

a) bei Privaturkunden, d. h. also bei im Original formlosen Erklärungen;
b) bei Urkunden, an deren Besitz Rechtsfolgen geknüpft sind (Erbschein, Bestallungen, Vollstreckungstitel, Vollmachtsurkunde). Bei Vollmachtsurkunden genügt jedoch eine beglaubigte Abschrift dann, wenn rechtlich das Bestehen der Vollmacht zur Zeit der Abgabe der Erklärung ausreicht (also die Vollmacht nicht bis zur Grundbucheintragung andauern muss) und wenn der Notar ausdrücklich bescheinigt, dass ihm das Original vorgelegen habe. Nie genügt diese Form bei Erbscheinen, weil sie ja zwischenzeitlich vom Nachlassgericht eingezogen sein können.

III. Ausnahmen von der Formstrenge

1. Offenkundigkeit von Tatsachen

Tatsachen bedürfen des Urkundenbeweises nur, wenn sie nicht offenkundig sind. § 29 Abs. 1 S. 2 GBO. 246
Offenkundig sind die

- allen lebenserfahrenen Menschen ohne Weiteres bekannten Tatsachen (RGZ 145, 200), also z. B. die Tatsache, dass der 2. Weltkrieg beendet ist;
- dem zuständigen Grundbuchamt zweifelsfrei bekannten Tatsachen (BayObLGZ 52, 324; OLG Frankfurt/M., Rpfleger 1972, 104).

Nicht offenkundig sind Veröffentlichungen bezüglich der Vertretungsbefugnis etc. in amtlichen Verkündungsorganen, weil dem Grundbuchamt nicht zugemutet werden kann, sämtliche Folgeexemplare dahin zu überprüfen, ob sich etwa ein Widerruf findet (OLG Düsseldorf, Rpfleger 1961, 47); es fehlt eben hier am Element des „zweifelsfrei".

247 Von den offenkundigen Tatsachen sind nach allgemeiner Auffassung die sog. aktenkundigen Tatsachen zu unterscheiden (*Demharter*, § 29 Rdn. 61). Aktenkundig sind Tatsachen, die sich aus Akten ergeben, die beim **gleichen** Amtsgericht geführt werden. Sie gelten entweder als offenkundig, wenn sie in den Akten zur Entstehung gelangt sind oder auf sie kann von den Beteiligten Bezug genommen werden, sofern sich in den Akten öffentliche Urkunden anderer Behörden befinden, die diese Tatsache bezeugen (z.b. Sterbeurkunde in der Nachlassakte). Beweisbedürftig bleiben somit:

- Tatsachen, die aus den Akten eines **anderen** Gerichts (wenngleich am selben Ort!) hervorgehen;
- Tatsachen, die auch in den Akten des Gerichts nicht durch öffentliche, sondern nur durch Privaturkunden (privatschriftlich oder öffentlich-beglaubigt) bezeugt sind.

2. Ausnahmsweise Zulässigkeit der freien Beweiswürdigung

248 Ungeachtet der Notwendigkeit, das Formerfordernis des § 29 GBO grundsätzlich streng anzuwenden, weil der Beweis der die Eintragung rechtfertigenden Umstände zweifelsfrei erbracht werden muss, gibt es doch Gegenstände, die der rechtlichen Würdigung des Grundbuchamtes mit unterliegen, die aber nicht offenkundig sind und auch gar nicht oder nur äußerst schwer in der Form des § 29 GBO belegt werden könnten. In solchen Fällen befinden sich die Beteiligten in Beweisnot. Verfahrensrecht, das sich als Zweckmäßigkeitsrecht versteht und das den Beteiligten zustehende materielle Recht fördern will, muss sich in solchen Fällen mit Ausnahmen vom allgemeinen Grundsatz helfen.
Hierher gehören Regeln in Bezug auf:

- **Nebenumstände**, die eine Erklärung erst wirksam machen (s. unten → Rdn. 249).
- **Tatsachen**, die eine Antrags**zurückweisung** rechtfertigen können (s. dazu → Rdn. 252).

2.1. Nebenumstände, die eine Erklärung erst wirksam machen

249 Häufig bedürfen dem Grundbuchamt vorgelegte Erklärungen zu ihrer Wirksamkeit noch des Nachweises anderer Umstände, z.B. ihres Zuganges an den Erklärungsempfänger. Ebenso muss z.B. ein Grundpfandrechtsbrief vom derzeitigen Gläubiger vorgelegt werden; legt ihn der Notar vor, so muss an sich nachgewiesen werden, dass ihn der Gläubiger zuvor in Besitz hatte. Bei Grundpfandrechten kommt es für den Erwerb des Gläubigers u.U. (etwa im Hinblick auf eine Insolvenzeröffnung) auf den Zeitpunkt der Briefaushändigung an (vgl. den Fall OLG Frankfurt/M., Rpfleger 1968, 355).

III. Ausnahmen von der Formstrenge

Der Nachweis dieser Nebenumstände durch öffentliche Urkunden (§ 29 Abs. 1 S. 2 GBO) ist in der Regel nicht möglich, weil diese Vorgänge nicht beurkundet zu werden pflegen, zumal sie nur in Ausnahmefällen von Bedeutung sind und mit dem Eintritt eines solchen Ausnahmefalles nicht von vornherein gerechnet zu werden braucht. Oft ist auch der Beweis durch Beteiligtenerklärung wegen der besonderen Fallsituation sehr schwierig und deshalb nicht genügend. Das Grundbuchamt soll in einem solchen Falle nicht auf die Vorlage einer Beweisurkunde bestehen, sondern muss seine erforderliche Überzeugung auf andere Weise, insbesondere durch Anwendung von allgemeinen Erfahrungssätzen zu erlangen versuchen.

→ **Beispiel 48:**
A ist Gläubiger einer Briefhypothek. Er tritt die Hypothek durch Abtretungserklärung und Brief Übergabe an B ab. Der Eintragung von B als neuer Gläubiger in das Grundbuch widerspricht der zwischenzeitlich als Insolvenzverwalter über das Vermögen des A bestellte RA. KV. Er ist der Auffassung, die Briefübergabe habe erst nach Insolvenzeröffnung stattgefunden.

Das Grundbuchamt wird hier in freier Beweiswürdigung zu entscheiden haben. Dabei kann es wohl nicht wesentlich darauf ankommen, dass u.U. eine gemeinsame Erklärung von A und B in Urkundenform zu erlangen ist. Man wird darauf abstellen müssen, dass wegen des erfahrungsgemäß großen Interesses der beiden an einem Wirksambleiben ihres Geschäfts diese Erklärungen wenig Wahrheitsgehalt und Überzeugungskraft für sich hätten. Offen bleibt ohnehin, ob A überhaupt in der Lage wäre, eine solche der Insolvenzmasse schädliche Erklärung abzugeben. Eine Erklärung von B allein kann, wenn sie zu seinen Gunsten abgegeben ist, auf keinen Fall genügen, er ist ja von der Beantwortung der Rechtsfrage betroffen. Die von B abgegebene Erklärung muss vielmehr durch mögliche weitere Beweise (Zeugenerklärungen etwa des Notars oder anderer Personen) ergänzt werden und die aufgeworfene Frage im Wege **freier Beweiswürdigung** ihre Beantwortung finden.

Der Begriff wird wohl ähnlich wie in § 286 ZPO dahin zu verstehen sein, dass eine Behauptung erwiesen ist, wenn das Gericht von ihrer Wahrheit überzeugt ist. Hierfür genügt, da absolute Gewissheit tatsächlich und philosophisch nicht möglich ist, „ein für das praktische Verfahren brauchbarer Grad von Gewissheit, der den Zweifeln Schweigen gebietet, ohne sie völlig auszuschließen" (so BGH, BGHZ 53, 245/356 für § 286 ZPO).

→ **Beispiel 49:**
Eigentümer A hat dem B am 1.2. eine Hypothek bewilligt. Am 4.2. wird über das Vermögen des A das Insolvenzverfahren eröffnet. Am 3.2. legt B die Eintragungsbewilligung vor und stellt Antrag auf Eintragung des Rechtes.

Dem Antrag kann entsprochen werden, wenn zugunsten B's § 878 BGB eingreift (vgl. → Rdn. 145 ff.). Dazu ist neben der – hier gegebenen – rechtzeitigen Antragstellung erforderlich, dass die dingliche Einigung vor Eröffnung bindend geworden ist. Nach Sachlage kann für die Herbeiführung der Bindung nur § 873 Abs. 2, 4. Alt. BGB (= Aushändigung der Eintragungsbewilligung vor Eröffnung) infrage kommen. Diese Tatsache muss zur Überzeugung des Grundbuchamtes feststehen. Urkundliche Nachweise darüber (etwa Zustellungsurkunde oder Empfangsquittung in öffentlicher Form etc.) stehen den Beteiligten jedoch kaum jemals zur Verfügung. Das Grundbuchamt darf auf solchem Nachweis auch nicht bestehen, sondern muss die Überzeugung vom Vorliegen der Aushändigung in freier Beweiswürdigung gewinnen. Dazu mögen ihm dienlich sein Erklärungen von A und B, auch Erklärungen des Notars und anderer Zeugen. Für diese Erklärungen ist eine besondere Form nicht erforderlich. Ist der Zeitraum zwischen Bewilligungserteilung und Vorlage wie im vorhergehenden Fall sehr knapp, so spricht nach der allgemeinen Erfahrung sogar vieles dafür, dass die Bewilligung sofort nach ihrer Erstellung dem Gläubiger übergeben wurde; da er sie im Besitz hat und vorlegt, mag auch diese Tatsache allein schon genügen, um dem Grundbuchamt die erforderliche Überzeugung zu verschaffen (vgl. *Rahn*, BWNotZ 1967, 269).

250 Man wird folgenden **Grundsatz** formulieren können:

Ist das Vorliegen tatsächlicher Umstände nachzuweisen, weil diese eine abgegebene Erklärung erst wirksam machen oder sonst im Verfahren rechtliche Bedeutung haben, so soll vom Urkundenbeweis abgesehen werden, wenn:

- entweder der Nachweis dieser Tatsachen durch Urkunden nicht oder nur mit unverhältnismäßigen Erschwernissen für die Beteiligten möglich ist, oder wenn
- der bloßen – wenn auch formgerechten – Behauptung dieser Tatsache allein durch einen oder mehrere Beteiligte wegen deren besonderem Interesse an der Angelegenheit nach allgemeinen Beweisregeln kein oder nur ein geringer Beweiswert zukommen kann.

In beiden Fällen sind nach den Grundsätzen der freien Beweiswürdigung die vorliegenden formlos zulässigen Erklärungen durch andere Erkenntnisquellen (allgemeine Erfahrungssätze, aber auch Zeugenerklärungen anderer Personen oder eidesstattliche Versicherung) zu ergänzen.

251 Dieser Grundsatz erfasst auch die häufig gesondert betrachteten Fälle des **Ausschlusses von entfernt liegenden Möglichkeiten** weil die Einbeziehung von allgemeinen Erfahrungssätzen in die freie Beweiswürdigung selbstverständlich auch dazu führt, von dem nach der Lebenserfahrung regelmäßig gegebenen Geschehensverlauf auszugehen und ganz entfernte Möglichkeiten außer Acht zu lassen.

III. Ausnahmen von der Formstrenge

→ **Beispiel 50:**

Der zweite Bürgermeister A einer bayerischen Gemeinde lässt ein im Eigentum der Gemeinde stehendes Grundstück namens der Gemeinde an B auf. Da nach Art. 39 Abs. 1 BayGO der zweite Bürgermeister die Gemeinde nur wirksam vertreten kann, wenn der erste Bürgermeister verhindert ist, verlangt das Grundbuchamt den Nachweis der Verhinderung des ersten Bürgermeisters in der Form des § 29 Abs. 1 S. 2 GBO.

Der tatsächliche Umstand der „Verhinderung" ist Wirksamkeitsvoraussetzung für die Auflassungserklärung des A. Nach der oben formulierten Regel soll das Grundbuchamt keinen Urkundennachweis dieser Tatsache verlangen, wenn er nicht oder nur mit unverhältnismäßigen Erschwernissen möglich ist. Das dürfte hier der Fall sein, weil etwa die Tatsache einer Erkrankung des 1. Bürgermeisters nur durch ein zu notarieller Urkunde erklärtes ärztliches Zeugnis möglich wäre – sicherlich ein unzumutbares Verfahren, zumal der Arzt wohl kaum verpflichtet werden könnte, auf diese Art und Weise sein Krankheitszeugnis abzugeben. Das

Grundbuchamt hat also über die Frage der Verhinderung sich nach den Grundsätzen der freien Beweiswürdigung schlüssig zu werden. Dazu wird regelmäßig die – formlose – Erklärung des A, dass ein Vertretungsfall vorliege, genügen. Es entspricht der allgemeinen Lebenserfahrung, anzunehmen, dass Amtsträger eine solche Erklärung nicht leichtfertig oder gar wider besseres Wissen abgeben. Die entfernte Möglichkeit, dass dies der Fall sein könnte, kann ohne das Vorliegen **konkreter** Anhaltspunkte die allgemeine Lebenserfahrung nicht verdrängen (so auch BayObLG, Rpfleger 1971, 429).

→ **Beispiel 51:**

A ist befreiter Vorerbe; zum Nachlass gehört ein Grundstück. A lässt das Grundstück an B auf.

a) B ist ein dem A völlig fremder Immobilienmakler;

b) B ist ein Kind des Vorerben; im Kaufvertrag ist ein wertangemessener Kaufpreis vereinbart, ferner findet sich darin die Klausel, dass der Notar den Eigentumsumschreibungsantrag beim Grundbuchamt erst stellen darf, wenn der Kaufpreis bei ihm hinterlegt ist. Der Notar ist ferner verpflichtet, den Kaufpreis an A auszuzahlen;

c) Der Nacherbe trägt vor, es handle sich beim Erwerber um die Geliebte des Vorerben. Im Kaufvertrag ist zwar ein Kaufpreis vereinbart, jedoch fehlen Bestimmungen darüber, wie, auf welche Weise und wann der Kaufpreis zu bezahlen ist;

d) wie bei *b)*, jedoch ist im Kaufvertrag vereinbart, dass B dem Veräußerer auf Lebenszeit Kost und Logis zu gewähren hat.

Die Verfügung des befreiten Vorerben ist unwirksam, wenn sie unentgeltlich, d.h. ohne wertangemessene Gegenleistung vorgenommen wurde, § 2113 Abs. 2 BGB. Wirksamkeitserfordernis für die Auflassung ist somit die Entgeltlichkeit des Geschäftes. Freilich kann dies nicht schon dann angenommen werden, wenn überhaupt eine Gegenleistung vereinbart ist, sondern entscheidend ist, ob dem Nachlass ein Vermögensausgleich für die Weggabe des Grundstückes zuwächst (vgl. dazu → Rdn. 376 ff.). Es handelt sich hierbei um eine Tatsachenfeststellung. Dass dieser Tatsachennachweis durch Urkunden nur schwer oder häufig gar nicht erbracht werden kann, steht fest; die starre Regel des § 29 Abs. 1 S. 2 GBO muss also auch in diesem Falle durchbrochen werden.

Im *Falle a)* kann nach der allgemeinen Lebenserfahrung wohl regelmäßig davon ausgegangen werden, dass Entgeltlichkeit gegeben ist. Wenn im Vertrag beiderseitige Verpflichtungen vereinbart sind und keine Anhaltspunkte dafür sprechen, dass diese Vereinbarung nicht ernstlich gemeint sein sollte, kann – insbesondere auch angesichts der Berufsstellung des Käufers – von der Entgeltlichkeit ausgegangen werden (*Böttcher* in Lemke, Immobilienrecht, § 51 GBO Rdn. 35 m.w.N.).

Im *Falle b)* mag die Verwandtschaft zwischen Veräußerer und Erwerber Anlass geben, dem Vorliegen der Entgeltlichkeit mehr Aufmerksamkeit zuzuwenden. Da der Kaufvertrag jedoch detaillierte Bestimmungen über Zahlungsmodus und die Überwachung der Zahlung durch den Notar enthielt, kann an der Ernsthaftigkeit der vereinbarten Gegenleistung gleichfalls wohl nicht gezweifelt werden; Entgeltlichkeit erscheint genügend nachgewiesen (OLG Hamm, Rpfleger 1969, 349).

Im *Falle c)* wird der Vortrag des Nacherben Anlass zu weiteren Auflagen an den Antragsteller sein. Da bloßen Erklärungen des Veräußerers und der Erwerberin bei der gegebenen Sachlage kaum Beweiswert zukommen kann, wird das Grundbuchamt u.U. sogar den Nachweis der Zahlung oder Sicherstellung des Kaufpreises verlangen müssen.

Im *Falle d)* fließt dem Nachlass keine Gegenleistung zu, sondern sie wird gegenüber dem Vorerben in Naturalien erbracht. Zwar kann dies ausnahmsweise auch genügen, um ein Geschäft als entgeltlich erscheinen zu lassen (vgl. BGH, NJW 1955, 1354; BayObLGZ 57, 288). Der Fall erweist sich jedoch schon deshalb als echter Grenzfall, weil B als Erwerber hier Leistungen erbringt, zu denen er schon aufgrund der ihm obliegenden Unterhaltspflicht ohnehin verpflichtet wäre, wenn die Voraussetzungen des § 1602 BGB vorliegen. Das Grundbuchamt wird also die dort genannten Voraussetzungen in seine Beweiswürdigung mit einbeziehen müssen, um die Frage der Entgeltlichkeit prüfen zu können. Dabei werden u.U. von Bedeutung sein: Sonstiges Vermögen oder Einkommen des Veräußerers, Leistungen Dritter oder der öffentlichen Hand, Vermögenslage des Erwerbers (wegen § 1603 Abs. 1 BGB!). Gerade dieses Beispiel zeigt, dass die Vielfalt und Subtilität der anzustellenden Erwägungen des Grundbuchamtes keine Schematisierung durch sog. „Beweisregeln" vertragen.

2.2. Tatsachen, die eine Antragszurückweisung rechtfertigen können

Schon vom Wortlaut des § 29 GBO her kann bezweifelt werden, ob er auch für Tatsachen gilt, die geeignet sind, eine Grundbucheintragung zu verhindern. Auch die systematische Interpretation (= Stellung im Abschnitt „Eintragungen in das Grundbuch", der sich ersichtlich nur mit Eintragungsvoraussetzungen befasst!) spricht dafür, ihn nur für Erklärungen und Tatsachen anzuwenden, welche die Eintragung rechtfertigen. Dafür spricht auch der Sinn und Zweck des § 29 GBO: Er soll im Hinblick auf den öffentlichen Glauben durch die Formbedürftigkeit der die Eintragung rechtfertigenden Unterlagen eine weitestmögliche Gewähr für die letztendliche Richtigkeit des Grundbuches bieten. Wollte man Umstände, die gegen eine Eintragung sprechen, der gleichen Formstrenge unterstellen, so könnte häufig eine Eintragung nicht verhindert werden. Die Formstrenge würde dann im Ergebnis zu einer Unrichtigkeit des Grundbuches führen und gerade das herbeiführen, was sie verhindern soll; Sinn und Zweck des § 29 GBO würden in ihr Gegenteil verkehrt.

So ist nach richtiger h.M. § 29 GBO **nicht** anzuwenden, wenn Erklärungen abgegeben oder Tatsachen vorgetragen werden, die einer Eintragung **entgegenstehen** (BayObLGZ 1967, 13 = Rpfleger 1967, 145; OLG Frankfurt/M., Rpfleger 1977, 103).

252

3. Erleichterter Nachweis von Vertretungsbefugnis und Güterstand

3.1. Vertretungsbefugnis

Der Nachweis der Vertretungsbefugnis bei Handelsgesellschaften (z. B. OHG, KG), Genossenschaften, Vereinen und juristischen Personen (z. B. GmbH, AG) kann in Abweichung von den strengen Regeln des § 29 GBO durch eine Notarbescheinigung nach § 21 Abs. 1 BNotO, durch einen amtlichen Registerausdruck oder eine beglaubigte Registerabschrift geführt werden (**§ 32 Abs. 1 GBO**).

253

Alles das erbringt vollen Beweis für die in ihr bezeichnete Rechtsstellung der genannten Personen.

Ob diese Personen auch befugt sind, das infrage stehende Rechtsgeschäft vorzunehmen, ist unabhängig davon vom Grundbuchamt nach Maßgabe der gesetzlichen Vorschriften zu beurteilen (vgl. z. B. die Beschränkung des Prokuristen gem. § 49 Abs. 2 HGB oder der Liquidatoren gem. §§ 149, 161 HGB; §§ 70, 71 Abs. 2, 37 Abs. 2 GmbHG; §§ 268 Abs. 1 und 2, 269 AktG).

Die Bescheinigung hat die oben genannte Beweiskraft jedoch nur, wenn ihr Ausstellungsdatum **vor** dem Zeitpunkt der Abgabe der betreffenden Erklärung liegt. Ein Zeugnis, dessen Datum **nach** diesem Zeitpunkt liegt, ist nicht verwertbar, ihm kommt für den speziellen Fall keine Beweiskraft zu *(Demharter, § 32 Rdn. 15)*.

3.2. Güterstand

254 Soweit der Güterstand von Ehegatten für den betreffenden Rechtsvorgang von Bedeutung ist, muss er dem Grundbuchamt nachgewiesen werden, wenn es sich um einen vom gesetzlichen abweichenden Güterstand handelt. Der gesetzliche Güterstand bedarf keines Nachweises, von ihm ist mangels entgegenstehender Anhaltspunkte stets auszugehen (BayObLG, NJW 1960, 821).

Soll ein bestimmter anderer Güterstand bewiesen werden, so kann dieser Nachweis gem. § 33 GBO durch Vorlage einer registergerichtlichen Bescheinigung („Zeugnis") geführt werden. Hinsichtlich ihrer Beweiskraft gilt das Gleiche wie oben → Rdn. 253 ausgeführt.

3.3. Andere Nachweismöglichkeiten

255 a) In den Fällen des § 32 GBO kann nach dessen Abs. 2 bei einem **elektronisch geführten Handelsregister** der Nachweis auch durch eine Bezugnahme auf das Register geschehen.

Die Bezugnahme ersetzt nach dem Willen des Gesetzgebers jeden Beweis; es obliegt dem Grundbuchamt, sich durch Einsicht in das Register die notwendige Überzeugung zu verschaffen. Über das Ergebnis der Einsicht sollte ein Vermerk zu den Grundakten genommen werden.

256 b) Der Beweis von Vertretungsberechtigung oder Güterstand kann auch durch eine sog. **Notarbescheinigung** geführt werden. Nach § 21 Abs. 1 BNotO ist der Notar berechtigt, Bescheinigungen über eine Vertretungsberechtigung auszustellen, sofern sich diese aus dem Register ergibt. Diese Bescheinigung hat die gleiche Beweiskraft wie ein Zeugnis des Registergerichtes (§ 21 Abs. 1 S. 2 BNotO). Sie muss angeben, dass und an welchem Tag der Notar das Register eingesehen hat (§ 21 Abs. 2 S. 2 BNotO). Auch hier wird zu gelten haben, dass nur eine Notarbescheinigung beweiskräftig ist, in der ein **vor dem** Beurkundungstag liegender Einsichtszeitpunkt angegeben ist.

→ **Beispiel 51a:**

256a Die Z-GmbH ist Eigentümerin einer Immobilie. Sie bewilligte im August 2015 die Eintragung einer Grundschuld in notariell beurkundeter Form (§§ 19, 29 GBO). Dabei wurde sie von dem rechtsgeschäftlich Bevollmächtigten T vertreten; die Vollmacht wurde am 4.12.2012 notariell beurkundet. Der vom antragstellenden Notar dazu erstellte Vermerk lautete wie folgt:

„Der Notar bescheinigt gemäß § 21 Abs. 3 BNotO, dass die vorerwähnte Vollmacht heute bei Unterzeichnung in Ausfertigung vorgelegen hat, dass er diese eingesehen hat und sich so Gewissheit über die Verfügungsmacht des T verschafft hat. Der Erschienene ist dem Notar von Person bekannt."

Der Notar verzichtete auf das Übersenden der Vollmachtsurkunde an das GBA entsprechend § 12 S. 1 BeurkG. Dieses lehnte die Eintragung ab. Zu Recht?

Die Beschwerde hat das OLG Frankfurt (NotBZ 2016, 224) zurückgewiesen. Die dagegen eingelegte Rechtsbeschwerde hat der BGH (DNotZ 2017, 303) als unbegründet zurückgewiesen. Die vorgelegte Notarbescheinigung ist nicht ausreichend, weil sie nicht alle Teile der Legitimationskette umfasst. Da die Eigentümerin eine GmbH ist, muss die Herrn T erteilte Vollmacht auf einen organschaftlichen Vertreter der Gesellschaft zurückgehen; der Nachweis von dessen Vertretungsberechtigung fehlt jedoch.

In § 34 GBO ist die Möglichkeit geschaffen worden, auch Vollmachten durch eine notarielle Bescheinigung gemäß § 21 Abs. 3 BNotO nachzuweisen. Die **notarielle Vollmachtsbescheinigung** ist allerdings nur auf der Basis solcher Vollmachten zulässig, die ihrerseits den Anforderungen des Grundbuchverkehrs genügen. Der Notar muss sich deshalb die Legitimationskette, die zur Vollmacht führt, in der Form nachweisen lassen, in der sie gegenüber dem Grundbuchamt nachzuweisen wäre. § 21 Abs. 3 S. 2 BNotO schreibt dementsprechend vor, dass der Notar die Bescheinigung nur ausstellen darf, wenn er sich zuvor durch Einsichtnahme in eine öffentliche oder öffentlich beglaubigte Vollmachtsurkunde über die Begründung der Vertretungsmacht vergewissert hat. Die Vollmachtsurkunde muss jedoch nur dem Notar, nicht auch dem Grundbuchamt vorgelegt werden (OLG Hamm, MittBayNot 2017, 93). Eine durch Rechtsgeschäft erteilte Vertretungsmacht, die auf die gesetzlichen Vertreter einer im Handelsregister eingetragenen Gesellschaft zurückgeht, kann dem Grundbuchamt nur durch eine notarielle Vollmachtsbescheinigung nachgewiesen werden, wenn der Notar sämtliche Einzelschritte der Vollmachtskette nach § 21 Abs. 1 S. 1 Nr. 1 und Abs. 3 BNotO bescheinigt (BGH, DNotZ 2017, 303). Die Notarbescheinigung nach § 21 Abs. 3 BNotO ist im Grundbuchverfahren nur dann nachweistauglich, wenn vom Fortbestand der Vollmacht ausgegangen werden kann. Das hat das Grundbuchamt anhand der Angaben nach § 21 Abs. 3 S. 3 BNotO zu prüfen. Beruht die Vertretungsmacht auf mehreren rechtsgeschäftlichen Vollmachten, muss das Grundbuchamt folglich prüfen, ob und wann dem Notar die einzelnen Vollmachtsurkunden in einer dem § 29 GBO genügenden Form vorgelegen haben. Demgemäß muss der Notar in der notariellen Bescheinigung nach § 21 Abs. 3 BNotO entsprechende Angaben zu allen Vollmachtsurkunden machen. Der Notar hat nicht nur das Endergebnis der Prüfung der ihm vorgelegten Nachweise der rechtsgeschäftlichen Vertretungsberechtigung zu bescheinigen.

Durch die Notarbescheinigung nach § 21 Abs. 1 BNotO können organschaftliche Vertretungsverhältnisse nachgewiesen werden. Für sie ist eine notarielle Bescheinigung nach § 21 Abs. 1 S. 1 Nr. 1 BNotO erforderlich (§ 32 GBO). Eine solche Bescheinigung wird durch diejenige nach § 21 Abs. 3 BNotO weder ersetzt noch entbehrlich gemacht. Geht die Vollmacht bzw. die Vollmachtskette auf einen organschaftlichen Vertreter zurück, muss der Notar deshalb zusätzlich dessen Vertretungsmacht nach § 21 Abs. 1 S. 1 Nr. 1 BNotO bescheinigen. Es ist allerdings nicht erforderlich, dass der Notar für jede einzelne Vollmacht bzw. für die organschaftliche Vertretungsmacht separate notarielle

Bescheinigungen nach § 21 Abs. 1 S. 1 Nr. 1 und Abs. 3 BNotO erstellt. Die Bescheinigung einer Vollmachtskette kann in einem Vermerk zusammengefasst werden, in dem der Notar die von ihm geprüften Einzelschritte, die die rechtsgeschäftliche Vertretungsmacht ergeben, aufführt; auch eine Kombination von notariellen Bescheinigungen nach § 21 Abs. 1 S. 1 Nr. 1 und Abs. 3 BNotO ist zulässig (BGH, DNotZ 2017, 303).

Formulierungsvorschlag (nach *Kilian*, MittBayNot 2017, 94, 95):

»*Ich, der Notar, bescheinige, dass Herrn X aufgrund vorgenannter Vollmacht, die mir heute in Ausfertigung vorlag, Vertretungsmacht zur Abgabe aller in dieser Urkunde enthaltenen Erklärungen mit Wirkung für und gegen die ....AG erteilt wurde.*

Die vorgenannte Vollmacht wurde von den Vorständen Y und Z erteilt. Auf Grund Einsicht in das Handelsregister beim AG.... HRNr.... am heutigen Tag bescheinige ich, Notar, dass die Herren Y und Z zur gemeinschaftlichen Vertretung der vorbezeichneten Aktiengesellschaft berechtigt sind und am Tag der Vollmachtserteilung waren.«

Inwieweit das Grundbuchamt eine inhaltliche Prüfung der bescheinigten Vertretungsmacht vorzunehmen hat, wird unterschiedlich beurteilt. Teilweise wird angenommen, das Grundbuchamt sei nach dem Legalitätsprinzip gehalten, die Wirksamkeit der Vollmacht und den Umfang der Vertretungsmacht selbständig zu prüfen (Spieker, notar 2014, 196, 198). Nach einer anderen Auffassung kann das Grundbuchamt nur den „Tenor" und die äußerlichen Förmlichkeiten der notariellen Bescheinigung prüfen, nicht aber deren Inhalt (Zimmer, NJW 2014, 337, 341). Eine vermittelnde Ansicht meint, das Grundbuchamt dürfe Tatsachen, die es kenne und die der bescheinigten Vertretungsmacht entgegenstünden, berücksichtigen und die notarielle Vollmachtsbescheinigung ggf. zurückweisen (OLG Hamm, Rpfleger 2016, 550; OLG Frankfurt, NotBZ 2016, 224). Nicht erforderlich ist, dass in der Notarbescheinigung die abstrakten Grenzen der Vertretungsberechtigung – wie die Befugnis zum Selbstkontrahieren – wiedergegeben werden (OLG Nürnberg, MittBayNot 2017, 293).

→ **Beispiel 51b:**

256b Grundstückseigentümerin war die X-Verwaltungs-GmbH. Dies übertrug (vertreten durch dem Geschäftsführer Y) das Eigentum mit notarieller Urkunde vom 7.1.2013 auf eine KG (vertreten durch die X-Beteiligungs-GmbH, vertreten durch den Geschäftsführer Y). Dem notariellen Antrag auf Eigentumsumschreibung war eine Notarbescheinigung beigefügt, wonach eine beglaubigte Fotokopie des Gesellschaftsvertrags der X-Verwaltungs-GmbH vorgelegen habe und sich aus § 9 dieses Vertrags ergebe, dass der Aufsichtsrat ermächtigt sei, einen Geschäftsführer von den Beschränkungen des § 181 BGB zu befreien; ebenso lag eine beglaubigte Fotokopie eines privatschriftlichen Protokolls einer Aufsichtsratssitzung der X-Verwaltungs-GmbH vor, wonach der Geschäftsführer Y von den Beschränkungen des § 181 BGB befreit sei. Das GBA hat den ordnungsgemäßen Nachweis der Vertretung durch Y verneint und den Antrag auf Umschreibung des Eigentums zurückgewiesen. Zu Recht?

Das OLG Bremen (DNotZ 2014, 636) hat die dagegen eingelegte Beschwerde zu Recht zurückgewiesen. In § 34 GBO ist die Möglichkeit geschaffen worden, auch Vollmachten durch eine notarielle Bescheinigung gemäß § 21 Abs. 3 BNotO nachzuweisen. Die notarielle Vollmachtsbescheinigung ist allerdings nur auf der Basis solcher Vollmachten zulässig, die ihrerseits den Anforderungen des Grundbuchverkehrs genügen. Der Notar muss sich deshalb die Legitimationskette, die zur Vollmacht führt, in der Form nachweisen lassen, in der sie gegenüber dem Grundbuchamt nachzuweisen wäre. § 21 Abs. 3 S. 2 BNotO schreibt dementsprechend vor, dass der Notar die Bescheinigung nur ausstellen darf, wenn er sich zuvor durch Einsichtnahme in eine öffentliche oder öffentlich beglaubigte Vollmachtsurkunde über die Begründung der Vertretungsmacht vergewissert hat. In der Bescheinigung ist gem. § 21 Abs. 3 S. 3 BNotO anzugeben, in welcher Form und an welchem Tag die Vollmachtsurkunde dem Notar vorgelegen hat. Hierdurch wird sichergestellt, dass das Grundbuchamt im Hinblick auf § 172 BGB anhand der notariellen Bescheinigung überprüfen kann, ob die Vollmachtsurkunde dem Notar in Urschrift oder Ausfertigung vorgelegen hat. Diesen Anforderungen genügt es nicht, wenn sich die Befreiung des Geschäftsführers von den Beschränkungen des § 181 BGB nur aus der beglaubigten Fotokopie eines nur privatschriftlich protokollierten Gesellschafterbeschlusses ergibt. Die notarielle Vollmachtsbescheinigung erbringt zwar den vollen Beweis für die bezeugte Vertretungsbefugnis. Kennt das Grundbuchamt jedoch Tatsachen, die der bescheinigten Vertretungsmacht entgegenstehen, z.B. den Widerruf oder mangelnden Umfang der Vollmacht, kann es diese berücksichtigen und die notarielle Vollmachtsbescheinigung zurückweisen. Das Grundbuchamt darf sich dabei allerdings nicht nur auf Vermutungen stützen, sichere Kenntnis ist erforderlich.

Voraussetzungen für eine Vollmachtsbescheinigung nach § 21 Abs. 3 BNotO sind:
- Die Vollmacht ist in öffentlicher Urkunde oder öffentlich beglaubigt erteilt.
- Die Vollmacht liegt dem Notar in Urschrift oder Ausfertigung vor.

Nach § 12 Satz 1 BeurkG muss der Notar eine beglaubigte Abschrift der Vollmachtsurkunde zu seiner Urschrift nehmen.

Formulierungsbeispiel:

»Hierzu stelle ich, der Notar fest, dass Herr Franz Maier aufgrund notariell beurkundeter Vollmacht (Niederschrift der Notarin Maria Müller in N-Stadt vom.... URNr....), die mir heute in einer dem Bevollmächtigten erteilter Ausfertigung vorlag, zur Vertretung der Volks- und Raiffeisenbank N-Stadt bei der Löschung von Grundpfandrechten (alternativ: bei dem vorliegenden Rechtsgeschäft) bevollmächtigt ist.«

4. Weitere Ausnahmen vom Formzwang

257 In Bagatellfällen und bei besonderen staatlichen Maßnahmen sieht das Gesetz Ausnahmen vom Formzwang des § 29 GBO vor.

Soll ein umgestelltes Grundpfandrecht gelöscht werden, dessen Nennbetrag 3.000,- € nicht übersteigt, oder eine Reallast, deren Jahresleistung nicht mehr als 15,- € beträgt, so bedürfen die Löschungsunterlagen gem. §§ **18, 19 GBMaßnG** nicht der Form des § 29 GBO.

§ 6
Das Erfordernis behördlicher Genehmigungen

I. Das Eindringen des öffentlichen Rechts in den Grundstücksverkehr

Für nahezu alle modernen Industriestaaten, die nicht – wie etwa die Vereinigten Staaten von Amerika – über nahezu unerschöpfliche Raum- und Bodenreserven verfügen, ist in den letzten Jahrzehnten ein zunehmender Einfluss von öffentlich-rechtlichen Planungs- und Lenkungsprozessen auf den Grundstücksverkehr typisch. 258

Die Vorstellung des ungebundenen und frei verfügbaren Eigentums versagt jedenfalls beim Grundeigentum, das ja nie allein „Privatsache" des Eigentümers sein kann, sondern jedenfalls auch von Bedeutung für die Öffentlichkeit ist. Mit zunehmendem „Umweltbewusstsein" im weitesten Sinn vertieft sich die Auffassung von der Sozialpflichtigkeit des Eigentums, d. h. von seinem Eingebundensein in die Interessen der Allgemeinheit auf Erhaltung von Landschafts- und Naturschutzgebieten etwa, von Bauten und Bautenensembles oder auch auf eine vernünftige, sich ergänzende und zusammenpassende Bauplanung in Siedlungen und Stadtvierteln.

Die Sozialbindung des Eigentums, die ja in Art. 14 Abs. 2 GG ausdrücklich betont wird, steht dabei natürlich oft in einem Widerspruch zu den zuweilen egoistischen, häufig aber auch durchaus verständlichen Interessen des Eigentümers. Diese Interessen gegeneinander abzugrenzen und den Pflichtengehalt des Eigentums zu konkretisieren, ist deshalb immer mehr eine wichtige Aufgabe des Gesetzgebers geworden.

Es mag dahinstehen, ob es sinnvoll war, diese öffentlich-rechtlichen Regelungen und Beschränkungen mit den privatrechtlichen Vorgängen zu verknüpfen und ihre Beachtung – in der Regel durch öffentlich-rechtliche Genehmigungserfordernisse – zu Wirksamkeitserfordernissen des materiellen Rechtsvorganges auszugestalten; diese Einflussnahme des öffentlichen auf das private Grundstücksrecht kann jedenfalls in Deutschland bereits auf eine jahrzehntelange „Tradition" zurückblicken. Dass sie sich aus der Sicht der die angesprochenen öffentlichen Belange verwaltenden Behörden bewährt hat, kann angenommen werden, weil die Einhaltung der entsprechenden Grundsatze und Regeln durch die materiell-rerechtliche Unwirksamkeitsdrohung zweifellos gewährleistet ist, besser wohl, als dies bei bloßer Bewehrung mit Straf- oder Bußsanktionen der Fall wäre. Der Geschäftsgang der Notare und Grundbuchämter freilich wird durch sie nicht unerheblich belastet.

Es kann nicht Aufgabe dieses Buches sein, das gesamte Recht der öffentlich-rechtlichen Beschränkungen lückenlos darzustellen. Das wäre von der

Fülle des Materials her gesehen im Vergleich zu anderen, hier zu behandelnden Materien sicherlich unverhältnismäßig; auch könnte die lückenlose Aufstellung aller vorkommenden Regelungen nicht mehr an Anschaulichkeit vermitteln als dies die Darstellung der wichtigsten von ihnen versucht. Es sollen deshalb anschließend nur die Regelungen dargestellt werden, die:

- für die Praxis des Grundbuchamtes besonders bedeutsam, und
- von ihrem Zweck und ihrer Ausgestaltung her besonders interessant sind.

Nachstehend werden behandelt:

- die Regelung im Grunderwerbssteuergesetz,
- die Regelungen im Baugesetzbuch,
- die Beschränkungen nach dem Grundstücksverkehrsgesetz
- sowie die Genehmigungspflicht nach der Grundstücksverkehrsordnung.

II. Grunderwerbssteuergesetz

259 Gemäß § 22 GrEStG ist für jede rechtsändernde oder berichtigende (OLG Frankfurt/M., MittBayNot 2006, 334) Eintragung des Erwerbers eines Grundstücks oder Erbbaurechts eine **Unbedenklichkeitsbescheinigung** des Finanzamtes erforderlich. Das GBA hat zu prüfen, ob ein Rechtsvorgang vorliegt, für den Grunderwerbsteuer zu entrichten ist (BayObLG, Rpfleger 1983, 103; OLG Celle, Rpfleger 1985, 187). Trifft dies nämlich nicht zu, darf die Eintragung auch nicht von der Vorlage der UB abhängig gemacht werden (*Demharter*, § 20 Rdn. 48). Liegt ein Erwerbsvorgang nach § 1 GrEStG vor, hat das GBA eine UB auch dann zu verlangen, wenn die Steuer nicht erhoben wird; darüber befindet nämlich das Finanzamt und nicht das GBA (OLG Celle, Rpfleger 1985, 187). Bestehen Zweifel am Vorliegen eines steuerpflichtigen Vorgangs, ist eine UB zu verlangen, worüber dann das Finanzamt entscheidet (OLG Saarbrücken, Rpfleger 2005, 20; OLG Zweibrücken, Rpfleger 2000, 544). Bei Veränderungen im Gesellschafterbestand einer GbR ist das GBA berechtigt, eine UB zu verlangen (*Böttcher*, ZfIR 2009, 613, 623; OLG Frankfurt/M., MittBayNot 2006, 334). Gleiches gilt bei der Übertragung von Grundstücken im Rahmen einer Umwandlung nach § 1 UmwG (vgl. § 1 Abs. 1 Nr. 3 GrEStG). Erforderlich ist eine UB auch bei Begründung eines Erbbaurechts (BFH, BStBl. II 1968, 223), bei der Umschreibung eines Erbbaurechts als Folge eines Vermögensübergangs im Wege der Anwachsung (OLG Oldenburg, NJW-RR 1998, 1632) und bei der Rückübertragung eines Erbbaurechts in die Insolvenzmasse infolge eines schuldrechtlichen Rückgewähranspruchs (KG, Rpfleger 2012, 525). Keine UB kann verlangt werden im Fall einer bloß formwechselnden Umwandlung ohne Wechsel des Rechtsträgers (BFH, MittBayNot 1997, 124), bei einer Firmenänderung (OLG Frankfurt/M., Rpfleger 1995, 346) und dem Erlöschen eines Erbbaurechts durch Zeitablauf (BFH, MittBayNot 1995, 248). Bei der Eintragung der Erbfolge bedarf es unter gewissen Voraussetzungen keiner UB (vgl. z.B. Nr. 7.1 GBGA in Bayern). Das Vorliegen einer UB ist keine materielle Wirksamkeitsvoraussetzung für eine Rechtsänderung; ihr Fehlen macht das GB daher nicht unrichtig (OLG Frankfurt/M., MittBayNot 2006, 334; BayObLG, Rpfleger 1975, 227). Die UB muss dem Grundbuchamt in der Form des § 29 Abs. 3 nachgewiesen werden (*Demharter*, § 20 Rdn. 50). Dies kann durch die Vorlage des Originals erfolgen; eine beglaubigte Abschrift genügt, wenn der Notar bestätigt, dass ihm das Original vorgelegen hat (KG, FGPrax 2012, 9; OLG Naumburg, Rpfleger 2015, 131).

III. Die einschlägigen Regelungen des Baugesetzbuches

1. Die mit dem BauGB verfolgten Ziele, sein Instrumentarium

Nach früherem Rechtsverständnis war Baurecht nur Baupolizeirecht, d.h. es diente der Gefahrenabwehr, war also – cum grano salis – eine öffentlich-rechtliche Ausformung dessen, was wir heute privatrechtlich als „Verkehrssicherungspflicht" bezeichnen.   260

Heute genügt das nicht mehr. Baurecht nur noch als ein Instrument der Gefahrenabwehr zu sehen, würde den Bedürfnissen der Allgemeinheit nicht mehr genügen. Baurecht heute ist nicht zuletzt **Bauplanungsrecht**; d.h., es regelt die geordnete und geplante Nutzung der Grundstücke, auch und gerade soweit sie in deren Bebauung besteht.

Das BauGB hat also insbesondere zum Inhalt die Bezeichnung von Inhalt und Schranken des Eigentums im städtebaulichen Bereich unter dem Gesichtspunkt der Erfordernisse eines neuzeitlichen Städtebaus. Die sog. **Bauleitplanung** soll die Ordnung der städtebaulichen Entwicklung durch Vorbereitung und Leitung der baulichen und sonstigen Einzelheiten des Grundstückes sicherstellen.

Die Bauleitplanung des BauGB bedient sich zur Erreichung der vorstehend skizzierten Ziele vornehmlich zweier Instrumente, nämlich:

- des **Flächennutzungsplanes** (§§ 5 ff. BauGB),
- des **Bebauungsplanes** (§§ 8 ff. BauGB).

Der Flächennutzungsplan stellt die erste Planungsstufe dar. Er enthält die allgemeinen Vorstellungen der Gemeinde in Bezug auf die städtebauliche Entwicklung über einen längeren Zeitraum hinweg (vgl. § 5 Abs. 1 BauGB).

Der Bebauungsplan konkretisiert die Ergebnisse der städtebaulichen Planungstätigkeit in nunmehr rechtlich bindender Form. Er wägt das Interesse des Eigentümers an einer möglichst uneingeschränkten Nutzung ab gegen das Interesse der Öffentlichkeit etwa an Gesichtspunkten des Landschafts- und Naturschutzes, an einer ordnungsgemäßen städtebaulichen Entwicklung usw. und stellt dar, welche Grundstücke als Bauland dem Eigentümer eine Bebauungsmöglichkeit gewähren und welche Grundstücke von einer Bebauung aus Gesichtspunkten des allgemeinen Interesses frei gehalten werden müssen; er regelt die Nutzungsart (Wohnbebauung, gewerbl. Nutzung usw.), er ordnet die Bauweise (Art der Bebauung – Reihenhäuser, Blocks usw. –; Höhe, Stockwerkzahl). Diese Abwägung der öffentlichen und privaten Belange gegeneinander wirft für die Gemeinden eine Vielzahl von Problemen auf; das öffentliche Bauplanungsrecht ist ein besonders markantes Beispiel für das Zusammenwirken von Eigentumsgarantie und Sozialstaatsklausel.

Dass das Instrumentarium der Bauleitplanung „greifen" kann, d. h. die mit ihm verfolgten Zwecke erfüllt, soll durch eine Reihe von Sicherungen bewirkt werden, nämlich – für uns von Interesse –:

– das gesetzliche Vorkaufsrecht der Gemeinden (§§ 24–28 BauGB) sowie,
– das Umlegungsverfahren (§§ 45 ff., 80 BauGB).

2. Begründung von Wohnungseigentum

261 Die Gemeinden, die oder deren Teile überwiegend durch den **Fremdenverkehr** geprägt sind, können in einem Bebauungsplan oder durch eine sonstige Satzung bestimmen, dass zur Sicherung der Zweckbestimmung von Gebieten mit Fremdenverkehrsfunktionen die Begründung von Wohnungseigentum oder Teileigentum der Genehmigung unterliegt (§ 22 Abs. 1 Satz 1 Nr. 1 BauGB). Damit soll Fremdenverkehrsgemeinden ein Instrument gegen das Überhandnehmen von Zweitwohnungen und die hiervon ausgehende Beeinträchtigung des Kur- und Fremdenverkehrs gewährt werden, deren Ausgangspunkt die Bildung von Eigentumswohnungen sei. Die Gemeinde teilt dem GBA den Beschluss über die Satzung, das Datum ihres In-Kraft-Tretens sowie die genaue Bezeichnung der betroffenen Grundstücke vor ihrer Bekanntmachung rechtzeitig mit; von der genauen Bezeichnung der betroffenen Grundstücks kann abgesehen werden, wenn die gesamte Gemarkung betroffen ist und die Gemeinde dies dem Grundbuchamt mitteilt (§ 22 Abs. 2 Satz 3 und 4 BauGB). Über die Genehmigung entscheidet die Baugenehmigungsbehörde im Einvernehmen mit der Gemeinde. Über die Genehmigung ist innerhalb eines Monats nach Eingang des Antrags bei der Baugenehmigungsbehörde zu entscheiden. Kann die Prüfung des Antrags in dieser Zeit nicht abgeschlossen werden, ist die Frist vor ihrem Ablauf in einem dem Antragsteller mitzuteilenden Zwischenbescheid um den Zeitraum zu verlängern, der notwendig ist, um die Prüfung abschließen zu können höchstens jedoch um drei Monate. Die Genehmigung gilt als erteilt, wenn sie nicht innerhalb der Frist versagt wird. Darüber hat die

Baugenehmigungsbehörde auf Antrag eines Beteiligten ein Zeugnis auszustellen. Das Einvernehmen gilt als erteilt, wenn es nicht binnen zwei Monaten nach Eingang des Ersuchens der Genehmigungsbehörde verweigert wird; dem Ersuchen gegenüber der Gemeinde steht die Einreichung des Antrags bei der Gemeinde gleich, wenn sie nach Landesrecht vorgeschrieben ist (§ 22 Abs. 5 BauGB). Die generelle oder einzelne Grundstücke betreffende Aufhebung des Genehmigungsvorbehalts hat die Gemeinde ebenfalls dem GBA mitzuteilen (§ 22 Abs. 8 BauGB). Bei einem betroffenen Grundstück darf das GBA eine Eintragung nur vornehmen, wenn der Genehmigungsbescheid oder ein Zeugnis gemäß § 22 Abs. 5 Satz 5 BauGB vorgelegt wird oder wenn die Freistellungserklärung der Gemeinde gemäß § 22 Abs. 8 beim GBA eingegangen ist, § 22 Abs. 6 Satz 1 BauGB (OLG Rostock, Rpfleger 2016, 715); dies gilt auch, wenn die Gemeinde versehentlich die Mitteilung der Satzung vergessen hat, aber das Grundbuchamt trotzdem Kenntnis davon hat (*Grziwotz*, MittBayNot 2016, 355). Ein Negativattest kann das Grundbuchamt nicht verlangen (OLG Rostock, Rpfleger 2016, 715). Die Genehmigung ist Wirksamkeitsvoraussetzung der Aufteilung in Wohnungseigentum. Wird die Aufteilung im Grundbuch eingetragen, ohne dass die erforderliche Genehmigung erteilt wurde oder die Voraussetzungen der Genehmigungsfiktion vorlagen, ist das Grundbuch unrichtig. In diesem Fall kann die Baugenehmigungsbehörde das Grundbuchamt um die Eintragung eines Widerspruchs ersuchen (§ 22 Abs. 6 S. 2 BauGB). § 53 GBO bleibt davon unberührt (§ 22 Abs. 6 S. 2 Hs. 2 BauGB). Damit hat das Grundbuchamt von Amts wegen einen Widerspruch einzutragen, wenn es nachträglich feststellt, dass die eingetragene Aufteilung genehmigungspflichtig war und weder eine Genehmigung erteilt wurde noch infolge Fristablaufs als erteilt gilt. Die Eintragung des Widerspruchs dient in beiden Fällen der Verhinderung gutgläubigen Erwerbs. Um eine unwirksame Begründung von Wohnungseigentum zu vermeiden, wird ein Notar regelmäßig eine Genehmigung bzw. ein Negativattest einholen (*Grziwotz*, MittBayNot 2016, 355, 356). Das Genehmigungserfordernis entsteht im Bereich des § 22 BauGB mit dem Inkrafttreten der entsprechenden Satzung. Die Wirksamkeit der Satzung hat das Grundbuchamt nicht zu überprüfen (OLG Rostock, Rpfleger 2016, 715).

§ 172 Abs. 1 Satz 4 BauGB ermächtigt die Landesregierungen, für Grundstücke in Gebieten mit einer gemeindlichen Satzung zur Erhaltung der Zusammensetzung der Wohnbevölkerung (§ 172 Abs. 1 Satz 1 Nr. 2 BauGB = **Erhaltungssatzung**) durch Rechtsverordnung mit einer Geltungsdauer von höchstens fünf Jahren zu bestimmen, dass die Begründung von Wohnungseigentum und Teileigentum an Gebäuden, die ganz oder teilweise Wohnzwecken zu dienen bestimmt sind, nicht ohne Genehmigung erfolgen darf. Bei diesem Mileuschutz geht es um die Verhinderung der Spekulationsumwandlung durch die Bildung von Wohnungs- und Teileigentum an Wohngebäuden, durch welche die Zusammensetzung der Wohnbevölkerung vor unerwünschten Veränderungen geschützt werden soll. Im Mileuschutzgebiet greift der

Genehmigungsvorbehalt erst, wenn kumulativ sowohl die Mileuschutzsatzung als auch die Rechtsverordnung der Landesregierung in Kraft getreten sind. Die Gemeinde teilt dem GBA den Beschluss über die Satzung, das Datum ihres In-Kraft-Tretens sowie die genaue Bezeichnung der betroffenen Grundstücke vor ihrer Bekanntmachung rechtzeitig mit; von der genauen Bezeichnung der betroffenen Grundstücks kann abgesehen werden, wenn die gesamte Gemarkung betroffen ist und die Gemeinde dies dem Grundbuchamt mitteilt (§ 172 Abs. 6 Satz 6 i.V.m. § 22 Abs. 2 Satz 3 und 4 BauGB). Die generelle oder einzelne Grundstücke betreffende Aufhebung des Genehmigungsvorbehalts hat die Gemeinde ebenfalls dem GBA mitzuteilen (§ 172 Abs. 6 Satz 6 i.V.m. § 22 Abs. 8 BauGB). Bei einem betroffenen Grundstück darf das GBA eine Eintragung nur vornehmen, wenn der Genehmigungsbescheid vorgelegt wird oder wenn die Freistellungserklärung der Gemeinde gemäß § 22 Abs. 8 beim GBA eingegangen ist, § 172 Abs. 6 Satz 6 i.V.m. § 22 Abs. 6 Satz 1 BauGB (BGH, ZfIR 2017, 113). Dies kann das Grundbuchamt aber nur beachten, wenn es von der Betroffenheit des Grundstücks Kenntnis hat, z. B. durch die Mitteilung der Gemeinde. Dies gilt auch, wenn die Gemeinde versehentlich die Mitteilung vergessen hat, aber das Grundbuchamt trotzdem Kenntnis davon hat; eine Nachforschungspflicht des Grundbuchamts besteht nicht (*Grziwotz*, MittBayNot 2016, 355). Ein Negativattest kann das Grundbuchamt jedoch nicht verlangen (KG, MittBayNot 2016, 351; OLG Rostock, Rpfleger 2017, 715; a.A. OLG München, MittBayNot 2016, 353). Hat allerdings die Landesregierung gar keine entsprechende Rechtsverordnung erlassen, so kann das Grundbuchamt auch kein Negativzeugnis fordern; dies zu ermitteln, ist seine Aufgabe (OLG Hamm, Rpfleger 1999, 487; OLG Zweibrücken, Rpfleger 1999, 441). Bisher hat Hamburg eine solche Verordnung erlassen; ebenso Bayern am 04.02.2014 und Berlin am 14.03.2015. Eine genehmigungsbedürftige, aber zu Unrecht in das Grundbuch eingetragene Begründung von Wohnungseigentum ist in entsprechender Anwendung von § 135 BGB im Verhältnis zur Gemeinde relativ unwirksam (§ 172 Abs. 1 Satz 5 BauGB). Um dies zu vermeiden, wird ein Notar regelmäßig eine Genehmigung bzw. ein Negativattest einholen (*Grziwotz*, MittBayNot 2016, 355, 356). War einem Erwerber des im Grundbuch eingetragenen Wohnungseigentums die Genehmigungspflicht nicht bekannt, kann er das Wohnungseigentum gutgläubig erwerben, § 135 Abs. 2, § 892 BGB (BGH, ZfIR 2017, 113, 115). Durch den gutgläubigen Erwerb einer Eigentumswohnung entfällt die relative Unwirksamkeit im Verhältnis zur Gemeinde für das gesamte Objekt.

Genehmigungspflichtig ist im Bereich von Erhaltungssatzungen nach § 172 Abs. 1 Satz 4 BauGB die Begründung von Wohnungs- und Teileigentum. Der Anwendungsbereich der Norm für Fälle späterer Änderungen nach bereits vollzogener Teilung ist nicht ganz eindeutig. Wohl nicht erfasst werden Änderungen der Teilungserklärung, die kein neues Sondereigentum schaffen, sondern entweder bestehendes ändern, etwa in der Zusammensetzung des Wohnungseigentums durch Neuzuordnung von Räumen im Sondereigentum oder durch

Verkleinerung oder Vergrößerung von Miteigentumsanteilen, oder solche, die die Gestaltung der Gemeinschaftsordnung betreffen (OLG München, MittBayNot 2016, 353). Genehmigungspflichtig sind dagegen solche Änderungen, durch die neues Sondereigentum geschaffen wird, das zuvor nicht bestanden hat, etwa durch Aufteilung in kleinere Einheiten oder die Auflösung bisheriger Sondereigentumseinheiten und Schaffung neuer Einheiten (OLG München, MittBayNot 2016, 353).

3. Das gesetzliche Vorkaufsrecht nach §§ 24–28 BauGB

Das BauGB räumt den Gemeinden bei Vorliegen bestimmter Voraussetzungen ein Vorkaufsrecht ein. Nach § 28 Abs. 1 S. 2 BauGB darf das GBA einen Grundstückserwerber nur eintragen, wenn ihm Nichtausübung oder Nichtbestehen des Vorkaufsrechts nachgewiesen sind. Die Nichtausübung kann dabei nur durch eine entsprechende Erklärung der berechtigten Stadt oder Gemeinde dargetan werden; das Nichtbestehen ergibt sich aus dem Gesetz, insoweit obliegt dem GBA eine selbstständige Prüfungspflicht (BGH, Rpfleger 1979, 97; OLG Düsseldorf, RNotZ 2010, 457).

Das GBA kann die Vorlage eines Zeugnisses nicht verlangen, wenn sich aus dem zu vollziehenden notariellen Vertrag ergibt, dass ein Vorkaufsfall nicht gegeben ist (*Demharter*, § 20 Rdn. 52), z. B. weil der Veräußerung kein Kaufvertrag mit einem Dritten zugrunde liegt (BGH, Rpfleger 1979, 97). Bei der Übertragung eines Erb- oder Gesellschaftsanteils besteht kein Vorkaufsrecht, und zwar auch dann nicht, wenn dieser nur aus einem Grundstück besteht (LG Berlin, Rpfleger 1994, 502). Ein Vorkaufsrecht ist gemäß § 26 Nr. 1 BauGB ausgeschlossen, wenn ein Grundstück an den Ehegatten und die Kinder als GbR veräußert wird; die Vorlage eines Negativzeugnisses ist nicht erforderlich (LG Würzburg, MittBayNot 1989, 217). Das Gleiche gilt wegen § 28 Abs. 2 S. 2 BauGB, § 471 BGB bei Veräußerung durch den Insolvenzverwalter (LG Lübeck, Rpfleger 1990, 159). Das Vorkaufsrecht besteht nicht nur bei Veräußerung des ganzen Grundstücks, sondern auch bei Veräußerung nur eines Grundstücksteils oder eines ideellen Miteigentumsanteils (BGH, Rpfleger 1984, 232; OLG Frankfurt/M., FGPrax 1995, 139).

Auf die Ausübung des Vorkaufsrechts kann allgemein verzichtet werden, der Verzicht ist dem GBA mitzuteilen (§ 28 Abs. 5 BauGB). Bei der Veräußerung von **Wohnungseigentum** und von **Erbbaurechten** steht der Gemeinde ein Vorkaufsrecht nicht zu, vgl. § 24 Abs. 2, § 25 Abs. 2 S. 1 BauGB; Gleiches gilt bei der Veräußerung von Gebäudeeigentum (LG Erfurt, NotBZ 2001, 470).

4. Auswirkungen des Umlegungsverfahrens

263 Zweck des Umlegungsverfahrens ist es, zur Erschließung oder Neugestaltung bestimmter Gebiete bebaute oder unbebaute Grundstücke durch ihre Umlegung so zu ordnen, dass Grundstücke entstehen, die nach Lage, Form und Größe für die künftige Nutzung zweckmäßiger gestaltet sind. § 45 Abs. 1 BauGB.

Von der Bekanntmachung des die Umlegung anordnenden Beschlusses an besteht im Umlegungsgebiet für die in § 51 BauGB genannten Rechtsvorgänge eine Genehmigungspflicht. Genehmigungsbedürftig ist jede Art von Verfügung über ein im Umlegungsgebiet belegenes Grundstück oder über ein Recht an einem solchen Grundstück.

Die Genehmigungspflicht tritt mit der Bekanntmachung des Umlegungsbeschlusses außerhalb des Grundbuches ein (§§ 51, 50 BauGB), also bereits vor Eintragung des Umlegungsvermerkes (§ 54 BauGB). Eintragungen, die nach Bekanntmachung des Umlegungsbeschlusses ohne die erforderliche Genehmigung vorgenommen werden, machen das Grundbuch unrichtig (*Meikel/ Grziwotz*, GBO Einl. F Rdn. 46).

5. Auswirkung städtebaulicher Maßnahmen

264 Das Gesetz kennt:

- **Sanierungsmaßnahmen** (§§ 136 ff. BauGB) und
- **Entwicklungsmaßnahmen** (§§ 165 ff. BauGB).

Für die bestehenden Genehmigungspflichten ist die Unterscheidung jedoch bedeutungslos, da sie in **beiden** Verfahrensarten **gleich** geregelt sind:

Im Sanierungsgebiet und im Entwicklungsbereich sind genehmigungspflichtig (§ 144 Abs. 2, § 169 Abs. 1 Nr. 3 BauGB):

- die rechtsgeschäftliche Veräußerung eines Grundstückes (auch die Begründung von Wohnungseigentum) und die Bestellung und Veräußerung eines Erbbaurechtes;
- die Bestellung eines das Grundstück belastenden Rechts, sofern es nicht mit der Durchführung von Baumaßnahmen i.S.d. § 148 Abs. 2 BauGB zusammenhängt, also gerade den Zwecken der Sanierung dient;
- die Teilung.

IV. Die Regelungen im Grundstücksverkehrsgesetz

1. Der Gesetzeszweck

Das Grundstücksverkehrsgesetz (GrdstVG) befasst sich ausschließlich mit 265
land- und forstwirtschaftlichen Grundstücken (§ 1 GrdstVG). Die in ihm enthalten Verfügungsverbote bezwecken die Erhaltung des land- und forstwirtschaftlichen Grundbesitzes in dessen bestehender Substanz; sie wollen die Zersplitterung dieses Grundbesitzes aus ernährungspolitischen und volkswirtschaftlichen Gründen verhindern (vgl. die Versagungsgründe in § 9 GrdstVG: Ungesunde Verteilung von Grund und Boden; unwirtschaftliche Verkleinerung, die dazu führen könnte, dass ein landwirtschaftlicher Betrieb seine Lebensfähigkeit verlieren würde. Mit diesen Versagungsgründen und ihrem Verhältnis zu Vorschriften des Grundgesetzes hat sich auch das BVerfG befassen müssen, vgl. BVerfG, Rpfleger 1967, 209 und DNotZ 1967, 611).

2. Die Genehmigungspflichten

Nach § 2 GrdstVG ist die Veräußerung land- und forstwirtschaftlicher 266
Grundstücke oder Teilflächen (§ 1 Abs. 3 GrdstVG) genehmigungspflichtig.
Hierher gehören:

- die rechtsgeschäftliche **Veräußerung** (Auflassung) und der schuldrechtliche Vertrag;
- die Einräumung und Veräußerung eines Miteigentumsanteiles;
- die Veräußerung eines Erbanteils an einen anderen als einen Miterben;
- die Belastung mit einem Nießbrauch (vgl. aber § 8 Nr. 2 GrdstVG!).

Die Rechtsprechung hat diese Genehmigungspflichten teilweise erweitert, indem sie auch andere, im Gesetz nicht unmittelbar geregelte Vorgänge teleologischer Auslegung des Gesetzes mit einbezieht (vgl. *Meikel/Grziwotz*, GBO Einl. F Rdn. 88, 89).

Genehmigungs**frei** sind Vorgänge u.U. nach Maßgabe des § 4 GrdstVG.

Bedeutsam sind auch die Freigrenzen, die nach § 2 Abs. 3 Nr. 2 GrdstVG durch Landesrecht bestimmt werden können (Zusammenstellung bei *Meikel/Grziwotz*, GBO Einl. F Rdn. 94–112).

Unter einem Grundstück i.S.d. GrdstVG ist ein solches im Rechtssinn zu verstehen (OLG Schleswig, RNotZ 2007, 210). Das GBA hat selbstständig zu prüfen, ob ein Rechtsvorgang in den Bereich des GrdstVG fällt und ob Genehmigungsfreiheit besteht; es kann den Antragsteller nicht darauf verweisen, ein Negativattest der Genehmigungsbehörde vorzulegen (BGH, Rpfleger 1985, 234; OLG Jena, RNotZ 2010, 399). Keiner Genehmigung bedarf die Eintragung eines Eigentumsübergangs, der sich kraft Gesetzes, z.B. die Vereinbarung der Gütergemeinschaft, oder kraft Hoheitsaktes vollzieht (OLG Frankfurt/M.,

MittBayNot 2018, 385; *Demharter,* § 19 Rdn. 124). Auch die Bestellung eines Erbbaurechts an einem land oder forstwirtschaftlichen Grundstück ist genehmigungsfrei (BGH, Rpfleger 1976, 126; OLG Hamm, NJW 1966, 1416).

V. Sonderregelungen im Beitrittsgebiet

267   In den neuen Bundesländern und im (ehem.) Ostteil Berlins gilt die **Grundstücksverkehrsordnung** (GVO). Sie soll der Sicherstellung von Rückerstattungsansprüchen nach dem G. zur Regelung offener Vermögensfragen dienen. Genehmigungsbedürftig sind:

- die Veräußerung eines Grundstückes, von Grundstücksteilen, die -Einräumung und die Veräußerung eines Miteigentumsanteiles sowie Übertragung; von Teil- und Wohnungseigentum (§§ 2, 3 GVO);
- die Bestellung und Übertragung eines Erbbaurechts.

Die Vormerkungsbestellung ist auch hier genehmigungsfrei. Ab 1.7.2018 gibt es für den Grundstücksverkehr enorme Erleichterungen. Gemäß § 2 Abs. 1 Satz 2 Nr. 6 GVO ist eine GVO-Genehmigung nur noch dann erforderlich, wenn im Grundbuch ein Anmeldevermerk eingetragen ist. Der für eine Genehmigungsfreiheit maßgebliche Zeitpunkt ist in der Vorschrift selbst bestimmt. Auf Ersuchen der zuständigen Behörde (§ 38 GBO) wird auf den noch anmeldebelasteten Grundstücken in Abteilung II des Grundbuchs ein in § 30b Abs. 1 VermG definierter Anmeldevermerk („*Es liegt ein Antrag auf Rückübertragung nach § 30 Absatz 1 des Vermögensgesetzes vor*") eingetragen, der dann eine Grundbuchsperre bewirkt (ausführlich *Böhringer,* Rpfleger 2018, 362). Die aufgrund eines Ersuchens vorgenommene Eintragung bzw. Löschung (auch bei einer amtswegigen Löschung nach § 84 GBO) des Anmeldevermerks ist nach der Systematik des GNotKG gebührenfrei, da im GNotKG kein Gebührentatbestand dafür ausgewiesen ist.

6. Kapitel:
Die Prüfungspflicht des Grundbuchamtes

„*Die Verlautbarung der wirklichen Rechtslage hat oberstes Ziel des formellen Grundbuchrechts zu sein.*" (OLG München vom 27.4.2010, DNotZ 2010, 691, 695)

„*Das Verfahrensrecht hat im Verhältnis zum materiellen Recht grundsätzlich nur dienende Funktion, und im Bereich des Grundbuchrechts muss die Verlautbarung der wirklichen Rechtslage oberstes Ziel auch des formellen Grundbuchrechts sein. Auch wenn dieses Ziel nicht immer erreicht wird, muss es doch angestrebt und darf nicht ohne zwingenden Grund aufgegeben werden.*" (BayObLG vom 13.8.1992, MittBayNot 1993, 363, 365)

§ 1
Die Prüfungspflicht im Spannungsverhältnis zwischen Legalitätsgrundsatz und Leichtigkeit des Verfahrens

Literatur: Böttcher, Die Renaissance des Legalitätsprinzips im Grundbuchverfahren, ZfIR 2013, 673; *Böttcher*, Prüfung der Geschäftsfähigkeit durch das Grundbuchamt, RpflStud 2017, 172.

Je umfassender die Möglichkeiten und Pflichten des Gerichts in einer Verfahrensart sind, den Tatsachenstoff zu ermitteln, zu untersuchen und rechtlich zu bewerten, desto größer ist die Chance, dass dieses Verfahren mit einem gerechten Ergebnis endet. Je geringer die Möglichkeiten des Gerichts sind, auf die Tatsachenermittlung Einfluss nehmen zu können, je geringer seine Prüfungs- und Entscheidungsbefugnisse sind, desto mehr wird das Verfahrensergebnis letztlich zu einer Funktion der zwischen den Beteiligten bestehenden Machtverhältnisse, seien sie wirtschaftlicher oder auch nur intellektueller Art.

Welche „Prüfungsintensität" dem Gericht eingeräumt wird, ist grundsätzlich dem Gesetzgeber überlassen; er wägt Rationalisierungs- und Erleichterungsgesichtspunkte gegen die Notwendigkeit der richtigen und gerechten Rechtsdurchsetzung ab und gestaltet danach das Verfahren.

Der Widerspruch, der darin liegt, dass ein Verfahren, dessen Ziel die Rechtsverwirklichung ist, „zugleich die Gefahr der Rechtsvernichtung in sich trägt" *(Baur*, Richtermacht, S. 98), weil seine Formalien die Rechtsverwirklichung hindern, wird von der Rechtsprechung dahin aufgelöst, dass die **dienende Funktion** des Verfahrensrechts betont und dessen **zweckgerich-**

268

tete Auslegung gefordert wird. So hat schon das RG betont, eine Prozessvorschrift sei „wie alle anderen nicht nur um ihrer selbst willen geschaffen worden, sondern soll dem materiellen Recht und der Gerechtigkeit dienen" (RGZ 115, 411/413). Der BGH hat diese begrüßenswerte Tendenz fortgesetzt und wiederholt nachdrücklich bestärkt: „Verfahrensvorschriften sind nicht Selbstzweck, sondern zweckbestimmt" (BGHSt 14, 233/238); es „... kann nicht der Sinn von Formvorschriften sein, die nicht um ihrer selbst willen erlassen sind, sondern einen vernünftigen Ablauf des Verfahrens ... sichern müssen" (BGH, NJW 1965, 585/586). Dieses „Gebot des Vorranges sachlicher Rechtsschutzgewährung, verbunden mit der Erkenntnis der Hilfsfunktion der Prozessnormen" *(Vollkommer,* Formenstrenge, S. 38) hat schließlich zur Formulierung einer **allgemeinen verfahrensrechtlichen Generalklausel** durch den BGH geführt, die *Vollkommer* (a.a.O.) als „oberste Richtlinie" bezeichnet und die von *Gaul* (AcP 168, 37) „als allgemeine Interpretationsmaxime" verstanden wird:

„Die Verfahrensbestimmungen ... sind nur Hilfsmittel für die Verwirklichung oder Wahrung von Rechten; dabei soll die Durchsetzung des materiellen Rechts so wenig wie möglich an Verfahrensfragen scheitern" (BGH, LM Nr. 9 zu § 209 BGB).

269 Die Anerkennung dieser fundamentalen Sätze auch im Grundbuchverfahren könnte nun dadurch infrage gestellt werden, dass behauptet würde, der Zivilprozess (für den die vorstehend wiedergegebenen Sätze vordringlich formuliert wurden) und das Grundbuchverfahren verfolgten unterschiedliche Zwecke. Dies wäre gewiss ein Ernst zu nehmendes Argument; denn wenn das Grundbuchverfahren tatsächlich nicht die Verwirklichung materieller Gerechtigkeit zum Ziele haben sollte, würde seinen Verfahrensvorschriften ein ungleich stärkerer Verbalrigor zukommen, wie im umgekehrten Falle. Sollte jedoch auch das Grundbuchverfahren der Durchsetzung subjektiver Ansprüche, also der Verwirklichung materieller Gerechtigkeit dienen, so müssten die Normen auf diesen Zweck hin, also teleologisch interpretiert werden.

Der Fortgang unserer Betrachtungen wird es somit zunächst notwendig machen, die Zwecke des Zivilprozesses und des Grundbuchverfahrens miteinander zu vergleichen.

Als Hauptzweck des Zivilprozesses sind heute allgemein anerkannt der Schutz subjektiver Rechte und die Aufrechterhaltung des Rechtsfriedens *(Grunsky,* Grundlagen, S. 3 m.w.N.).

Wer nach den **Zwecken des Grundbuchverfahrens** fragt, muss zunächst einmal davon ausgehen, dass es ein Verfahren der freiwilligen Gerichtsbarkeit ist. Für sie ist als allgemeiner Verfahrenszweck einhellig (wenngleich mit verbalen Abweichungen) formuliert worden, dass sie den „Schutz privater Rechtsverhältnisse" anstrebe oder „subjektiven Rechten der Beteiligten zu dienen bestimmt" ist *(Habscheid,* § 4 II, 2; *Grunsky,* Grundlagen, S. 12).

Nach den **speziellen** Zwecken des Grundbuchverfahrens zu fragen, heißt, von der Situation auszugehen, wie sie § 873 BGB eindeutig formuliert:
Das Grundbuchverfahren ist dazu bestimmt, private Rechtsverhältnisse zu gestalten, indem es dazu dient, den Eigentumsübergang an Grundstücken bzw. deren Belastung (oder Freiwerden von Belastung) herbeizuführen. Es kann also nicht bezweifelt werden, dass das Grundbuchverfahren primär den gleichen Zwecken dient wie der Zivilprozess: Der Durchsetzung und dem Schutz subjektiver Rechte und dadurch der Aufrechterhaltung des Rechtsfriedens.

Ist somit der „Schutzzweck" der Verfahren der gleiche, so liegt es nahe, die allgemeinen Verfahrensgrundsätze jedenfalls entsprechend aber gleichermaßen anzuwenden: Auch die Vorschriften des Grundbuchverfahrens dienen der Durchsetzung des materiellen Rechts, seine Verwirklichung soll an den Verfahrensnormen so wenig wie möglich scheitern.

Eine nur oberflächliche Befassung mit dem Verfahren der GBO könnte jedoch dazu verführen, das in ihr niedergelegte formelle (§ 19 GBO) bzw. modifizierte (§ 20 GBO) Konsensprinzip als die ausschließliche Richtschnur zur Verfahrensgestaltung anzusehen.

270

Das Grundbuchamt hat die Gesetzmäßigkeit jeder Eintragung und Löschung zu prüfen und, auch gegen den Willen der Beteiligten, alle im Einzelfall einschlägigen gesetzlichen Vorschriften materiell- und verfahrensrechtlicher, privat- und öffentlich-rechtlicher Art zu beachten, auch bloße Ordnungsvorschriften, deren Verletzung eine Eintragung nicht unwirksam und das Grundbuch nicht unrichtig machen würde. Wenn der Staat im öffentlichen Interesse ein dem privaten Rechtsverkehr dienendes Register wie das Grundbuch führt, muss er auch auf dessen Richtigkeit bedacht sein. Das bedeutet, dass das Grundbuch mit dem Gesetz, mit der wahren Rechtslage übereinzustimmen hat. Dies ist der Grundsatz der Gesetzmäßigkeit, das **Legalitätsprinzip**. Somit müssen bei der Führung des Grundbuchs die Gesetze beachtet werden, so wie bei jedem anderen gerichtlichen Verfahren (OLG Hamm, DNotZ 2007, 750; OLG München, DNotZ 2007, 41). Weil Verfahrensordnungen nicht dazu verwendet werden können, einen gesetzwidrigen Zustand herbeizuführen, ist es Aufgabe des Grundbuchamtes, das Grundbuch richtig zu halten (OLG München, DNotZ 2010, 691, 695). Daher sind alle Eintragungsanträge auf ihre Gesetzmäßigkeit zu prüfen (OLG Hamm, DNotZ 2007, 750). Im Grundbuchverfahren gilt daher der im Gesetz nicht festgelegte Grundsatz, dass dem Grundbuchamt die Pflicht auferlegt ist, das Grundbuch mit der wirklichen Rechtslage in Übereinstimmung zu halten und eine Unrichtigkeit des Grundbuchs zu verhindern (*Böttcher*, ZfIR 2013, 673; BayObLG, MittBayNot 1993, 363, 365). Diese Pflicht folgt zum einen aus der Pflicht des Grundbuchamtes als eines staatlichen Organs zur gewissenhaften Führung des Grundbuchs und zum anderen aus dem Legalitätsprinzip mit seinen Gedanken, im Interesse der Allgemeinheit eine Übereinstimmung von Rechts- und Buchlage zu erzielen. Das Grundbuchamt wird in einem Verfahren der freiwilligen Gerichtsbarkeit im Rahmen der staatlichen

Rechtsfürsorge tätig. Es wirkt bei der Eintragung zum Zwecke der Vollendung eines dinglichen Rechtserwerbs mit und übt so Vermögensfürsorge aus. Es handelt aber ebenfalls im Interesse der Allgemeinheit an der Offenkundigkeit der Grundstücksverhältnisse. Auch aus diesem Gesichtspunkt ergibt sich seine Pflicht zur Schaffung richtiger Grundbuchverhältnisse.

Überwiegend wird das Legalitätsprinzip nur insoweit beachtet, als daraus das **Verbot** hergeleitet wird, das **Grundbuch** durch eine Eintragung, deren Unwirksamkeit feststeht, **wissentlich unrichtig werden zu lassen** (BGHZ 35, 135, 139; BayObLGZ 1981, 112; 1979, 434, 436). Mit dem Grundsatz, nicht bewusst an der Herbeiführung eines unrichtigen Grundbuchstandes mitzuwirken, wird das Grundbuchamt zum Hüter des Grundbuchs. Das Legalitätsprinzip ist aber Ausdruck des elementaren Verfassungsgrundsatzes von der Rechtsunterworfenheit allen gerichtlichen Handelns (Art. 20 Abs. 3 GG), der auch im Grundbuchverfahrensrecht gilt. Das bedeutet, dass grundsätzliches Ziel der Grundbuchführung eine weitgehende Kongruenz von Buch und materiellem Recht sein muss (OLG München, DNotZ 2010, 691, 695).

Bis heute höchst umstritten ist das **Verhältnis von formellem Konsensprinzip und Legalitätsprinzip.** Die Frage ist, welches Prinzip das höherwertige ist. Dabei geht es letztlich um die richtige Zuordnung zweier sich widerstreitender Ideale: der materiellen Richtigkeit des Grundbuchs und der Einfachheit und Raschheit des Verfahrens. Die herrschende Meinung besagt aber, dass das Grundbuchverfahren grundsätzlich vom Konsensprinzip bestimmt wird, ihm also der Vorrang vor dem Legalitätsprinzip zusteht; Letzteres soll nur dort Bedeutung erlangen, wo feststeht, dass das Grundbuch durch eine Eintragung unrichtig würde (BGHZ 35, 140; BayObLGZ 1981, 110, 112; KG, NJW 1971, 1319; OLG Karlsruhe, Rpfleger 1994, 248; KEHE/Keller, Einl. § 2 Rdn. 39; *Wolfsteiner*, DNotZ 1987, 67). In der Tat hat lediglich das Konsensprinzip einen ausdrücklichen, wenngleich sehr spärlichen Niederschlag in der GBO (§ 19 GBO) gefunden hat. Daraus bereits den Vorrang vor dem materiellen Legalitätsprinzip abzuleiten, wäre verfehlt. Schon in den Motiven zur GBO wird nämlich ausgeführt (Entwurf einer GBO, Amtl. Ausgabe, 1889, S. 86): *„Die Prüfungspflicht des Grundbuchamtes braucht nicht hervorgehoben zu werden; denn sie ergibt sich daraus, dass dem Grundbuchamt die Anordnung der Eintragung übertragen ist."* Der Gesetzgeber hat weder das Ideal von der Schnelligkeit und Einfachheit des Verfahrens noch das Ideal von der materiellen Richtigkeit des Grundbuchs streng übernommen. Die gefundene Kompromisslösung versucht vielmehr, beide Ideale zu berücksichtigen. Der Gesetzgeber relativierte beide Interessen dadurch, dass er durch § 19 GBO (= formelles Konsensprinzip), § 29 GBO (= Urkundennachweis) und § 39 GBO (= Voreintragung des Betroffenen) die dem Antragsteller obliegende, freilich abgeschwächte Beibringungspflicht und die dem Grundbuchamt obliegende Prüfung der Legalität nicht aufgehoben, sondern lediglich die Beibringungspflicht verschoben und die Prüfung vereinfacht hat. Das formelle Konsensprinzip kann und soll gewiss in einer großen Zahl unproblematischer Fälle das Grundbuchverfahren erleichtern und beschleunigen, aber es kann und darf nicht dazu missverstanden werden, dass es das Grundbuchamt nötigen könnte, Unrecht den Stempel des Rechts aufzudrücken. Dies führt dazu, dass formelles Konsensprinzip und Legalitätsprinzip gleichberechtigt nebeneinander stehen (*Eickmann*, Rpfleger 1973, 341, 346; *Böttcher*, ZfIR 2013, 673 und Rpfleger 1990, 486, 491; *Horst Schmid*, Rpfleger 1987, 133, 135; *Huhn*, RpflStud 1978, 30, 32; AG Bielefeld, Rpfleger 1990, 203). Ihre Abgrenzung zueinander sieht so aus, dass zwar im Regelfall, d.h. wenn das Grundbuchamt keinerlei Anhaltspunkte für eine Unwirksamkeit des materiellen Geschäfts hat, das formelle Konsensprinzip das Verfahren steuert; jeder durch Tatsachen begründete Anhaltspunkt zwingt jedoch aus der Sicht des materiellen Legalitätsprinzips zu einer genaueren Prüfung.

§ 2
Die Gegenstände der grundbuchamtlichen Prüfung

Literatur: *Böttcher*, Die Prüfungspflicht des Grundbuchgerichts, Rpfleger 1990, 486 ff.

I. Die Prüfung der Eintragungsbewilligung

1. Die allgemeinen Grundsätze

271 Dass das Grundbuchamt die Eintragungsbewilligung in ihrem vollen Umfang und in jeglicher Hinsicht zu prüfen hat, ergibt sich aus § 19 GBO. Die Prüfung umfasst also:

1. Bewilligungsberechtigung
   1.1. Bewilligungsmacht
   1.2. Bewilligungsbefugnis

2. Ordnungsgemäße Vertretung

3. Evtl. gerichtliche Genehmigung

4. Inhalt der Bewilligung
   4.1. Eintragungsfähiges Recht
   4.2. Eintragungsfähiger Inhalt
   4.3. Zulässiges Anteilsverhältnis bei mehreren Berechtigten

5. Zustimmung (Mitwirkung) anderer Beteiligter

6. Notwendigkeit öffentlich-rechtlicher Genehmigungen

Dass die Prüfungspflicht in diesem Umfang besteht, ist unbestritten; es erübrigt sich, dies durch Belege zu untermauern. Das GBA hat also nicht nur die formellen Eintragungsvoraussetzungen zu prüfen, sondern auch das materielle Recht, soweit es die Eintragungsfähigkeit betrifft (*Meikel/Böttcher*, GBO Einl. D Rdn. 91).

271a **Aufrechnungs- und Hinterlegungsverbot** sind mit dinglicher Wirkung nicht möglich (OLG Düsseldorf, NJW 1958, 1142; OLG Hamburg, Rpfleger 1959, 379; MünchKomm/*Lieder*, § 1142 BGB Rdn. 22). Das Befriedigungsrecht des Eigentümers in der Form des § 1142 Abs. 2 BGB gehört zum Inhalt des Eigentums am Grundstück; diese Vorschrift ist wegen des numerus clausus der Sachenrechte nicht abdingbar. Die Klausel »*Aufrechnung ist ausgeschlossen, soweit nicht zwingende gesetzliche Vorschriften dem entgegenstehen*« ist ebenfalls nicht eintragungsfähig (*Eickmann*, Rpfleger 1973, 341, 344). Es gibt nämlich keinen Fall, in dem dinglich ein Aufrechnungsausschluss zulässig wäre, sodass dem Ausschluss stets eine zwingende gesetzliche Vorschrift entgegensteht. Die Klausel soll also nur dazu dienen, im rechtsunkundigen Vertragspartner die irrige Vorstellung hervorzurufen, dass die Aufrechnung eben doch nicht zulässig sei.

Strittig ist die Frage, ob folgende **Kündigungsklausel** eintragungsfähig ist: »*Im Falle einer ganzen oder teilweisen Veräußerung bzw Belastung des Grundstücks ist der Hypothekengläubiger zur fristlosen Kündigung berechtigt*«. Eine Ansicht bejaht die Zulässigkeit einer solchen Klausel (BGH, NJW 1980, 1625 = Rpfleger 1980, 271). Dem ist zu widersprechen. Eine solche Bestimmung ist vielmehr als Umgehung von § 1136 BGB nichtig (OLG Celle, Rpfleger 1979, 621; *Eickmann*, Rpfleger 1973, 341, 344; *Baur/Stürner*, Sachenrecht, § 40 Rdn. 15). Mit ihr wird nämlich genau das erreicht, was die Vorschrift ihrer ratio nach gerade verhindern will, nämlich eine Beeinträchtigung der wirtschaftlichen Handlungsfreiheit des Eigentümers. Gerät dieser nämlich in finanzielle Schwierigkeiten, so wird er trotzdem von einer Veräußerung oder Belastung des Grundbesitzes Abstand nehmen, weil ihm die fristlose Kündigung droht, mit der Folge, das Erlöste dem Gläubiger geben zu müssen. 271b

Häufig enthalten Klauseln die **Fiktion des Zuganges** von Erklärungen, z. B. »*Mehreren Eigentümern gegenüber wird eine Erklärung (z.B. Kündigung) des Gläubigers auch dann wirksam, wenn sie nur einem von ihnen zugeht.*« Wenn mehrere Eigentümer als Gesamtschuldner haften, was die Regel ist, verlangt § 425 Abs. 1 und 2 BGB die Kündigung gegenüber allen Miteigentümern. Der in der Klausel enthaltene Verzicht darauf ist unwirksam, da er nur die Überbürdung des Verwaltungsaufwandes für die Mitteilung der Kündigung an die mehreren Miteigentümer von demjenigen, der die Kündigung zu erklären hat, auf denjenigen, der sie entgegennimmt, bewirkt (*Eickmann*, Rpfleger 1973, 341, 344). 271c

Die Wirksamkeit von **Zinsberechnungs- und Tilgungsverrechnungsklauseln** ist in Literatur und Rechtsprechung umstritten; da bei beiden Klauselarten der Zinseffekt derselbe ist, wird nur von Tilgungsverrechnungsklauseln gesprochen. Beispielhaft seien genannt: 271d

„*Die in der Leistung enthaltenen Zinsen werden jeweils nach dem Darlehensstand am Schluss des vergangenen Tilgungsjahres berechnet.*«

»*Die Tilgungsleistungen werden jährlich am Schluss des Kalenderjahres verrechnet.*«

Die Zulässigkeit solcher Klauseln wird bejaht (OLG Stuttgart, NJW 1987, 2020; OLG Frankfurt, BB 1987, 432) und verneint (MünchKomm/*Lieder*, § 1163 BGB Rdn. 35-38; *Bader*, BB 1986, 543 und 1797; 1987, 348; *Löwe*, ZIP 1986, 1363). Wegen Verstoßes gegen § 362 BGB und § 1163 Abs. 1 S. 2, § 1177 Abs. 1 BGB muss bei dinglicher Sicherung von der Unwirksamkeit der Klauseln ausgegangen werden. § 362 BGB besagt, dass die Wirkung einer Tilgung sofort mit der Leistung eintritt; diese Bestimmung ist eine schuldrechtliche Fundamentalnorm, weil sie Gerechtigkeit und Rechtsfrieden in grundlegender Weise herstellt, und hat somit zwingenden, d.h. nicht abdingbaren Charakter. Mit der Erfüllung gemäß § 362 BGB entsteht als gesetzliche Folge ein Eigentümerrecht (§ 1163 Abs. 1 S. 2, § 1177 Abs. 1 BGB). Dies kann durch eine schuldrechtliche Vereinbarung zwischen dem Hypothekengläubiger und dem Schuldner nicht mit dinglicher Wirkung ausgeschaltet oder hinausgeschoben werden. Entrichtet der Darlehensnehmer je nach Vertragsgestaltung seine Zahlungen in monatlichen, vierteljährlichen oder halbjährlichen Raten, so wird er dadurch benachteiligt, dass er während des laufenden Jahres Zinsen auf bereits getilgte Kapitalanteile entrichtet und die zinsmindernde Wirkung dieser Zahlungen sich erst zum Jahresende – also nicht sofort mit Erbringung der jeweiligen Leistung – auswirkt. Folgende Beispiele von Tilgungsverrechnungsklauseln sind aus den dargelegten Gründen unwirksam:

(1) »*Das Darlehen wird durch vierteljährlich fällige Tilgungsbeiträge unter Gutschrift jeweils zum Jahresende getilgt*« (= Gutschriftsklausel); RGZ 104, 68; LG Koblenz, Rpfleger 1963, 198;

(2) »*Leistungen werden zunächst auf die Zinsen und erst zum letzten Fälligkeitstermin des Jahres auf das Kapital verrechnet*« (= Zinsverrechnungsklausel); *Bader,* BB 1986, 543, 545; a.A. RGZ 143, 70.

(3) »*Jede Leistung des Schuldners gilt zunächst nicht als Leistung zur Tilgung der Schuld, sondern lässt eine Guthabensforderung des Schuldners gegen den Gläubiger entstehen, die dem Gläubiger zu dessen zusätzlicher Sicherung verpfändet wird*« (= Darlehensklausel).

2. Die Gemeinschaftsordnung nach § 10 WEG

272 Nach der Vorschrift des § 10 Abs. 2 WEG können die Wohnungseigentümer ihr Verhältnis untereinander innerhalb der Grenzen des WEG abweichend von der gesetzlichen Rechtslage regeln (= Gemeinschaftsordnung). Soweit solche Vereinbarungen nicht durch eine Grundbucheintragung verdinglicht werden sollen, hat sich das Grundbuchamt einer Überprüfung zu enthalten, denn es handelt sich dann nur um schuldrechtliche Absprachen der Wohnungseigentümer untereinander. Differenzen, die daraus auftreten können, sind nicht im Verfahren vor dem Grundbuchamt, sondern in den dafür in anderen Gesetzen vorgesehenen Formen und Rechtswegen zu bereinigen. Für derartige Streitigkeiten ist in § 43 WEG die Entscheidung durch den Richter vorgesehen. Nach § 8 Abs. 2, § 5 Abs. 4, § 10 Abs. 3 WEG können die Vereinbarungen über das Verhältnis der Wohnungseigentümer untereinander „als Inhalt des Sondereigentums" in das Grundbuch eingetragen werden, d.h. sie werden verdinglicht. Die Gemeinschaftsordnung, sei sie vom Bauträger vorformuliert oder von den Eigentümern vereinbart, gehört dann zum Inhalt des dinglichen Rechts „Wohnungseigentum" und damit zum Inhalt der Eintragungsbewilligung. Das

Grundbuchamt hat daher den Inhalt der Gemeinschaftsordnung darauf zu prüfen, ob er Abweichungen von unabdingbaren Vorschriften des WEG (§ 134 BGB) oder gegen § 138 BGB bzw. § 242 BGB verstößt (*Meikel/Böttcher*, GBO, Einl. D Rdn. 105 m.w.N.).

Folgende Klausel ist gem. § 134 BGB, § 56 S. 2 ZVG unwirksam (BGH, Rpfleger 1987, 208):
„*Der Ersteher eines Wohnungseigentums in der Zwangsversteigerung haftet für etwaige Rückstände des Voreigentümers gegenüber dem Gemeinschaftskonto.*"

Folgende Klausel ist gem. § 138 BGB nichtig (OLG Karlsruhe-Freiburg, Rpfleger 1987, 412):
„*Soweit der Eigentümer sein Wohnungseigentum nicht selbst bewohnt, ist eine Vermietung nur durch den Verwalter zulässig.*"

Gleiches gilt für folgende Klausel (OLG Zweibrücken, MittBayNot 1994, 44):
„*Zur Veräußerung und Vermietung des Sondereigentums ist keine Zustimmung der anderen Sondereigentümer erforderlich. Die Zustimmung ist jedoch bei einer Veräußerung und Vermietung an Ausländer, kinderreiche Familien (= mehr als zwei Kinder) oder Wohngemeinschaften (= mehr als drei Personen) erforderlich.*"

Folgende Klausel ist gem. § 242 BGB unwirksam (BayObLG, Rpfleger 1990, 160 m. Anm. *Böttcher*):
„*Wenn nicht innerhalb von 14 Tagen nach der Absendung der Abrechnung ein schriftlicher, begründeter Widerspruch von mehr als der Hälfte der Miteigentumsanteile eingelegt ist, gilt die Abrechnung als anerkannt.*"

272a Die Gestaltungsfreiheit für Gemeinschaftsordnungen endet dort, wo in den **Kernbereich von Rechten und Pflichten der Wohnungseigentümer** eingegriffen bzw. die personenrechtliche Gemeinschaftsstellung der Wohnungseigentümer ausgehöhlt wird (BGH, DNotZ 1988, 24, 25; OLG Hamm, ZWE 2017, 173). Unwirksam ist danach folgende Klausel (OLG Hamm, ZWE 2017, 173):
„*Wechseln die Inhaber eines Wohnungseigentums auf andere Weise als durch Zuschlag in der Zwangsversteigerung, so gilt der bisherige Wohnungseigentümer so lange als ermächtigt, alle aus dem Wohnungseigentum herrührenden Rechte wahrzunehmen und insbesondere auch Zustellungen entgegenzunehmen, bis dem Verwalter der Eigentumswechsel durch öffentliche Urkunden nachgewiesen ist.*" Die Vereinbarung setzt sich in nicht zulässiger Weise über den Eigentumswechsel hinweg und verletzt den neuen Eigentümer in seinen Eigentumsrechten und führt zur Aushöhlung seiner sachenrechtlichen Eigentumsrechte ebenso wie seiner personenrechtlichen Gemeinschaftsstellung; in dieser Form ist sie unwirksam.

Ebenso unwirksam ist folgende Vereinbarung in der Gemeinschaftsordnung (OLG Hamm, ZWE 2017, 173): „*Sind Ehegatten oder Lebenspartner nach dem LPartG an einem Wohnungseigentum beteiligt, so sind diese gegenseitig ermächtigt, alle aus dem Wohnungseigentum herrührende Rechte wahrzunehmen, insbesondere auch Zustellungen entgegenzunehmen.*" Dies läuft auf eine Blankovollmacht hinaus, die sämtliche sachenrechtliche Eigentumsrechte,

Mitgliedschaftsrechte und gemeinschaftsbezogene Drittrechte erfasst. Die Vereinbarung einer solchen umfassenden Ausübungsermächtigung mit dinglicher Wirkung auch für den Sonderrechtsnachfolger ist mit den Grundprinzipien des Wohnungseigentums nicht vereinbar und danach nichtig.

Zu beanstanden ist auch folgende Klausel (KG, FGPrax 2018, 3): *„Abstimmungsberechtigt in einer Eigentümerversammlung ist der jeweils im Zeitpunkt der Einladung im Grundbuch eingetragene Eigentümer."* Damit wird entgegen § 25 Abs. 2 WEG das Stimmrecht des zum Zeitpunkt der Eigentümerversammlung eingetragenen Eigentümers eingeschränkt. Da in der Regelung das Stimmrecht an die Eigentümerstellung im Zeitpunkt der Ladung koppelt, besteht die konkrete Gefahr, dass ein zum Zeitpunkt der mindestens zwei Wochen (§ 24 Abs. 4 S. 2 WEG) später stattfindenden Eigentümerversammlung (neu) eingetragener (z. B. Käufer, § 873 Abs. 1 BGB) oder im Wege der Berichtigung einzutragender Eigentümer (z. B. Ersteher in der Zwangsversteigerung, § 90 Abs. 1 ZVG) in seinem gesetzlichen Stimmrecht aus § 25 Abs. 2 S. 1 WEG zumindest eingeschränkt wird.

Eine in der Gemeinschaftsordnung dem Verwalter erteilte allumfassende Vollmacht zur Vertretung sämtlicher Wohnungseigentümer für alle mit dem Wohnungseigentum zusammenhängenden Angelegenheiten ist wegen Verstoß gegen die unabänderlichen Strukturprinzipien des Wohnungseigentums unwirksam (OLG Frankfurt, ZWE 2015, 263). Dagegen besteht bei folgender Klausel keine Unvereinbarkeit mit Grundprinzipien des Wohnungseigentums (OLG Hamm, ZWE 2017, 173): *„Der Verwalter ist auch berechtigt, im Namen der Wohnungseigentümergemeinschaft Wohnungs- und Teileigentum innerhalb und außerhalb der Gemeinschaft zu erwerben. Im Innenverhältnis bedürfen diese Maßnahmen eines vorherigen Beschlusses der Eigentümerversammlung. Das Grundbuchamt ist insoweit von jeder Prüfungspflicht befreit."* Gemäß § 27 Abs. 3 Nr. 7 WEG kann der Verwalter durch Vereinbarung zu weiteren Rechtsgeschäften und Rechtshandlungen befreit werden. Der Wortlaut sieht keine Begrenzung vor. Dem Verwalter kann deshalb sogar eine Generalvollmacht für die Gemeinschaft erteilt werden (*Merle/Becker* in Bärmann, § 27 WEG Rdn. 268). Deshalb bestehen auch keine Bedenken, ihm auch die Ermächtigung zum Erwerb von Teil- oder Wohnungseigentum zu erteilen. Dies stellt sich nicht als Aushöhlung der höchstpersönlichen Rechte der einzelnen Wohnungseigentümer dar. Die notwendige Legitimation der jeweiligen Maßnahme im Einzelfall wird dadurch gewährleistet, dass die Einzelmaßnahme im Innenverhältnis eines vorherigen Beschlusses der Eigentümerversammlung bedarf.

II. Die Prüfung der dinglichen Einigung

273   Im Falle einer Auflassung eines Grundstücks sowie der Bestellung, Änderung oder Übertragung eines Erbbaurechts (§ 20 GBO) ist für die Grund-

II. Die Prüfung der dinglichen Einigung

bucheintragung die Vorlage der dinglichen Einigung erforderlich (= Konsensprinzip). Die Prüfungspflicht des Grundbuchamts beschränkt sich jedoch nicht nur auf die verfahrensrechtliche Verwendbarkeit der Einigung im Grundbuchverfahren. Das Legalitätsprinzip verlangt im Falle der **Auflassung** vielmehr folgende Prüfung (*Rühl*, Materiell-rechtliche Prüfungspflichten im Eintragungsverfahren nach der GBO, 1990, 1. Kap.):

(1) Rechtsfähigkeit, Geschäftsfähigkeit
(2) Verfügungsberechtigung
  (a) Verfügungsmacht
  (b) Verfügungsbefugnis
(3) Ordnungsgemäßer Vertragsabschluss
  (a) Zwei korrespondierende Willenserklärungen
  (b) Form des § 925 BGB
(4) Ordnungsgemäße Vertretung
(5) Inhalt
  (a) Einigung über Gemeinschaftsverhältnis mehrerer Erwerber
  (b) Unbedingt und unbefristet.

Verstößt beim **Erbbaurecht** die dingliche Einigung gegen den gesetzlich möglichen Inhalt gemäß § 1 ErbbauRG (z. B. wenn die Beteiligten über Lage und Größe des belasteten Grundstücks nicht einig waren oder das Bauwerk wirtschaftlich nicht die Hauptsache darstellt), so ist die Einigung aus diesem Grund nichtig; eine Eintragung kann nicht erfolgen (BGH, DNotZ 1969, 487; BayObLG, Rpfleger 1991, 303). Fraglich ist, ob dem Grundbuchamt ein Prüfungsrecht bezüglich der Wirksamkeit der vertraglichen Vereinbarungen gemäß den §§ 2 ff. ErbbauRG zusteht. Diese Vereinbarungen werden zum „Inhalt des Erbbaurechts" (§ 2 ErbbauRG) und erlangen mit der Grundbucheintragung zwar keine dingliche Wirkung, werden aber „verdinglicht", d.h. ein Rechtsnachfolger tritt mit dem Rechtserwerb in das mit dem dinglichen Recht verknüpfte Schuldverhältnis ein, selbst wenn er es nicht kennt. Außerdem ist eine Prüfungspflicht des Grundbuchamts auch dann zu bejahen, wenn Regelungen mangels Eintragungsfähigkeit zur inhaltlichen Unzulässigkeit führen würden (§ 53 Abs. 1 S. 2 GBO). Für die Eintragung von Bestimmungen, die gegen die §§ 2 ff. ErbbauRG verstoßen, besteht somit kein Rechtsschutzbedürfnis (*Meikel/Böttcher*, GBO Einl. D Rdn. 94).

Im **Verfahren nach § 19 GBO** hat das Grundbuchamt grundsätzlich nur die Vorlage der Eintragungsbewilligung (= formelles Konsensprinzip), deren Wirksamkeit und die Eintragungsfähigkeit des bewilligten Rechts zu prüfen. Nicht verlangt werden kann in der Regel die Vorlage der dinglichen Einigung, sodass auch deren Wirksamkeit keiner Prüfung durch das Grundbuchamt unterliegt (OLG Karlsruhe, Rpfleger 2001, 343; BayObLG, DNotZ 1980, 357; OLG Frankfurt/M., NJW 1981, 876). In Ausnahme von diesem Grundsatz ist eine Eintragung dann abzulehnen, wenn aufgrund des Fehlens oder der Unwirksamkeit der dinglichen Einigung eine Grundbuchunrichtigkeit entstehen würde. Sofern durch Tatsachen oder Tatsachenbehauptungen begründete Zweifel am wirksamen Vorliegen der dinglichen Einigung bestehen, hat das Grundbuchamt durch Zwischenverfügung eine Aufklärung herbeizuführen. Das bedeutet: Soweit das Grundbuchamt keinerlei Anhaltspunkte oder bloße Vermutungen dafür hat, dass die dingliche Einigung mangelhaft sein könnte (= und das wird in der weit überwiegenden Zahl aller Verfahren sein), bedarf das Rechtsschutzbedürfnis der Beteiligten an einer Eintragung keiner näheren Begründung, d. h. es ist zu unterstellen; die Eintragung ist vorzunehmen. Ein durch Tatsachen begründete Zweifel an der Wirksamkeit der dinglichen Einigung zwingt auch im Verfahren gemäß § 19 GBO zur Aufklärung (LG Wuppertal, MittRhNotK 1994, 218; *Meikel/Böttcher,* GBO Einl. D Rdn. 96).

III. Die Prüfung des Grundgeschäftes

274   Das schuldrechtliche Verpflichtungsgeschäft und das dingliche Verfügungsgeschäft sind zwei Rechtsgeschäfte, die sich nicht nach den gleichen Vorschriften richten, nach Inhalt und Wirkungen voneinander abweichen. Das schuldrechtliche Verpflichtungsgeschäft (= Grundgeschäft) begründet die schuldrechtliche Verpflichtung zur Vornahme der dinglichen Rechtsänderung. Das dingliche Verfügungsgeschäft (= Leistungsgeschäft; Erfüllungsgeschäft) ist auf die dingliche Rechtsänderung gerichtet und dient der Erfüllung des schuldrechtlichen Verpflichtungsgeschäfts; es ist ein Rechtsgeschäft, das zu seinem wirksamen Zustandekommen keiner Zweckvereinbarung bedarf (= inhaltliche Abstraktion) und von keinem schuldrechtlichen Grundgeschäft abhängig ist (= äußere Abstraktion). Wegen dieses Abstraktionsprinzips kommen rechtsgeschäftliche dingliche Rechtsänderungen ohne Rücksicht darauf wirksam zustande, ob ein schuldrechtliches Grundgeschäft besteht. Die Unwirksamkeit des Grundgeschäfts führt nicht für sich allein zur Unwirksamkeit des Verfügungsgeschäfts. Der Ausgleich erfolgt nach Bereicherungsrecht (§§ 812 ff. BGB). Eine Überprüfung des Grundgeschäfts durch das Grundbuchamt findet grundsätzlich nicht statt (*Meikel/Böttcher,* GBO Einl. D Rdn. 97 m.w.N.). Mängel des schuldrechtlichen Geschäfts sind regelmäßig von ihm nicht zu beachten. Die Eintragungsbewilligung (§ 19 GBO) hängt in ihrer Wirksamkeit nicht von der des schuldrechtlichen Vertrages ab, auch nicht, wenn beide in einer Urkunde enthalten sind. Die Wirksamkeit des Grundgeschäfts kann auch nicht zur Bedingung der Bewilligung gemacht werden, denn diese ist als Verfahrenshandlung bedingungsfeindlich. Ebenso herrscht – soweit § 20 GBO in Betracht kommt – grundsätzlich eine scharfe Trennung zwischen dem schuldrechtlichen Grundgeschäft und dem dinglichen Erfüllungsgeschäft infolge des Abstraktionsprinzips. Vielmehr vollzieht sich, unabhängig davon,

III. Die Prüfung des Grundgeschäftes

ob das schuldrechtliche Geschäft gültig ist oder nicht, mit der Eintragung der dingliche Rechtserwerb, falls eine gültige dingliche Einigung vorliegt. Daher besteht grundsätzlich weder im Rahmen der Prüfungspflicht der formellen Eintragungsvoraussetzungen noch im Hinblick auf die Pflicht, das Grundbuch richtig zu halten, eine Pflicht zur Überprüfung des schuldrechtlichen Vertrages. Es darf daher z. B. nicht die Eintragung aufgrund einer wirksamen Auflassung wegen Rücktritts von dem zugrunde liegenden Kauf- oder Tauschvertrag abgelehnt werden. Bei dem Vollzug einer Auflassung im Grundbuch ist auch nicht eine im Rahmen des Kaufvertrags zugesicherte Lastenfreiheit zu prüfen (OLG Celle, Rpfleger 1996, 336).

Von dem Grundsatz der Unüberprüfbarkeit des schuldrechtlichen Grundgeschäfts hat die Rechtsprechung nach und nach eine Vielzahl von **Ausnahmen** zugelassen. Das aus dem Abstraktionsprinzip fließende Prüfungsverbot ist daher längst nicht mehr Dogma, sondern nur noch ein vielfältigen Ausnahmen zugänglicher Grundsatz. So muss eine Überprüfung des Grundgeschäfts dann stattfinden, wenn:

(1) es um die Frage geht, ob ein rechtlicher Vorteil i.S.d. § 107 BGB vorliegt (BayObLG, Rpfleger 1968, 18);
(2) die Wirksamkeit einer Vollmacht von der Wirksamkeit des in derselben Urkunde beurkundeten Grundgeschäfts abhängt (OLG Frankfurt/M., Rpfleger 1979, 133);
(3) im Rahmen des § 181 BGB die Erfüllung einer schuldrechtlichen Verbindlichkeit festzustellen ist;
(4) die Verfügungs- bzw. Bewilligungsberechtigung von der Art des Grundgeschäfts abhängt, z. B. beim Vorerben (OLG Hamm, Rpfleger 1971, 147).

Diese Überprüfung des schuldrechtlichen Grundgeschäfts findet im Rahmen der Prüfung der Eintragungsvoraussetzungen statt. Daher kann hier unstreitig eine Zwischenverfügung erlassen werden, wenn begründete Zweifel an der Wirksamkeit des schuldrechtlichen Vertrages bestehen (*Meikel/Böttcher*, GBO Einl. D Rdn. 98).

Das die Ursache für die Unüberprüfbarkeit des schuldrechtlichen Grundgeschäfts darstellende Abstraktionsprinzip ist eingeschränkt bei „Fehleridentität", „Bedingungszusammenhang" und „Geschäftseinheit" vom Verpflichtungs- und Verfügungsgeschäft. In diesen Fällen, d. h. wenn ein Mangel des schuldrechtlichen Grundgeschäfts auch das dingliche Erfüllungsgeschäft ergreift, ist das Grundbuchamt zur Überprüfung des Verpflichtungsgeschäfts verpflichtet, wenn sich begründete Zweifel an dessen Wirksamkeit aufdrängen; gelangt es zu der sicheren Überzeugung, dass das Grundgeschäft unwirksam ist, so muss es den Eintragungsantrag zurückweisen (OLG Frankfurt/M., NJW 1981, 876).

Eine **Fehleridentität** liegt vor, wenn der gleiche Fehler dem Verpflichtungs- und Verfügungsgeschäft anhaftet; beide Rechtsgeschäfte sind unwirksam

(*Staudinger/C. Heinze*, 2018, § 873 Rdn. 131). Die Nichtigkeit der dinglichen Einigung hat zur Folge, dass die Rechtsänderung nicht eintreten kann und das Grundbuchamt dem Antrag nicht stattgeben darf. Zur Fehleridentität beider Geschäfte kommt es bei mangelnder Geschäftsfähigkeit eines Vertragsteils (§§ 104 ff. BGB) oder beim geheimen Vorbehalt, Scheingeschäft und nicht ernst gemeinten Erklärungen (§§ 116, 117, 118 BGB). Formmängel des Verpflichtungsgeschäfts und der dinglichen Einigung beeinträchtigen sich gegenseitig nicht, weil für sie (soweit sie nicht formfrei sind) unterschiedliche Formvorschriften gelten (OLG Oldenburg, DNotZ 1985, 712). Der Verstoß gegen ein Verbotsgesetz (§ 134 BGB) macht die Einigung nur nichtig, wenn die Verbotsvorschrift auch das Verfügungsgeschäft betrifft. Ein Verstoß gegen die guten Sitten (§ 138 Abs. 1 BGB) beim Grundgeschäft lässt die dingliche Einigung unberührt, weil das Erfüllungsgeschäft i.d.R. wertneutral ist (BGH, NJW 1973, 615). Es ist regelmäßig sittlich neutral, weil es sich als rein technisches Hilfsmittel zur Verwirklichung eines dinglichen Rechtserwerbs im Einigsein über diese Rechtsänderung erschöpft. Die dinglichen Erklärungen enthalten für sich betrachtet i.d.R. nichts, woraus der Schluss auf eine Sittenwidrigkeit gezogen werden könnte.

275b Durch ausdrückliche Vereinbarung eines **Bedingungszusammenhanges** (§ 158 BGB) können die Beteiligten die Rechtswirkungen der dinglichen Einigung von der Wirksamkeit des schuldrechtlichen Verpflichtungsgeschäfts abhängig machen; in solchen Fällen wird ein Fehler des Verpflichtungsgeschäfts durch Parteivereinbarung auf das Verfügungsgeschäft erstreckt (BGHZ 38, 193). Bei der Annahme eines stillschweigenden Bedingungszusammenhangs ist Zurückhaltung geboten, da sonst die konkludente Bedingung eine der Zielsetzung des Abstraktionsprinzips widerstreitende Fiktion wäre; sie scheidet auf jeden Fall aus, wenn die Parteien keine Zweifel an der Gültigkeit des Kausalgeschäfts geäußert haben. Es entsteht ein „bedingtes Recht", das als solches im Grundbuch eingetragen werden muss. Nicht zulässig ist nach h.M. die Vereinbarung eines Bedingungszusammenhangs bei bedingungsfeindlichen Geschäften (BGH, NJW 1979, 1495; OLG Frankfurt/M., NJW 1981, 876), z. B. Auflassung eines Grundstücks (§ 925 Abs. 2 BGB). Einräumung und Aufhebung von Sondereigentum (§ 4 Abs. 2 S. 2 WEG) und Übertragung des Erbbaurechts (§ 11 Abs. 1 S. 2 ErbbauRG). Bei bedingungsfeindlichen Geschäften ist daher mit der h.M. anzunehmen, dass eine Vereinbarung des Bedingungszusammenhangs zur Nichtigkeit des Verfügungsgeschäfts führt. Die Wirksamkeit des Grundgeschäfts kann nicht zur Bedingung der Bewilligung (§ 19 GBO) gemacht werden, denn diese ist als Verfahrenshandlung bedingungsfeindlich. Bedeutung erlangt der Bedingungszusammenhang für das GBA daher wohl nur bei der Bestellung und Inhaltsänderung eines Erbbaurechts; diese Rechtsgeschäfte sind einer aufschiebenden Bedingung zugänglich und außerdem wird die dingliche Einigung vorgelegt (§ 20 GBO). Ist deren Wirksamkeit vom schuldrechtlichen

Grundgeschäft abhängig gemacht, so muss das GBA auch das Kausalgeschäft überprüfen.

Die Konstruktion der **Geschäftseinheit** von Verpflichtungs- und Verfügungsgeschäft geht davon aus, dass die Vertragspartner diese beiden Geschäfte zu einer rechtlichen Einheit mit der Folge verbinden, dass im Zweifel bei Nichtigkeit des einen Teils (gleich ob des schuldrechtlichen oder dinglichen Geschäfts) das ganze Einheitsgeschäft nichtig ist (§ 139 BGB). Ein Teil der Rechtsprechung lehnt die Geschäftseinheit zwischen Kausalgeschäft und Erfüllungsgeschäft ab (OLG Oldenburg, DNotZ 1985, 712). Dies wird insbesondere damit begründet, dass der im Erfüllungsgeschäft zum Ausdruck kommende, unser Recht durchziehende Abstraktionsgrundsatz der privatautonomen Gestaltung vorgegeben sei und es nicht im Belieben der rechtsgeschäftlichen Handelnden stehe, die Verfügungsgeschäfte, die von der Rechtsordnung als „abstrakt" gegenüber dem Rechtsgrund normiert werden, zum Teil des Kausalgeschäfts zu machen. Demgegenüber lässt die Gegenmeinung zu, dass durch den Parteiwillen obligatorische und dingliche Rechtsgeschäfte als Teile eines zusammengefassten Rechtsgeschäftes i.s.d. § 139 BGB voneinander abhängig sind; in einem solchen Falle soll eine Einheit zwischen Kausalgeschäft und Erfüllungsgeschäft trotz des Abstraktionsprinzips möglich sein (BGHZ 31, 321, 323; 38, 193; OLG Celle, OLGZ 1974, 170; OLG Frankfurt/M., NJW 1981, 876). Einigkeit herrscht zwischen beiden Ansichten nur insoweit, als eine Geschäftseinheit bei Bedingungsfeindlichkeit der Einigung ausgeschlossen ist, z. B. bei der Auflassung (§ 925 Abs. 2 BGB) und Übertragung des Erbbaurechts (§ 11 Abs. 1 S. 2 ErbbauRG); vgl. BGH, DNotZ 1990, 169; BayOblG, Rpfleger 1969, 48. Dem ist zuzustimmen, da das Abstraktionsbestreben des Gesetzgebers und damit der Wille des Gesetzgebers, die Parteidisposition auszuschließen, in diesen Fällen durch weitreichende Bedingungsverbote zum Ausdruck kommt. Ansonsten ist jedoch die Geschäftseinheit von Verpflichtungs- und Verfügungsgeschäft zuzulassen, z.B. bei der Bestellung des Erbbaurechts (*Wufka*, DNotZ 1985, 651, 660), weil der Gesetzgeber selbst der Parteidisposition im Bereich des Erfüllungsgeschäfts Geltung verschafft, indem auch Bedingungen und Befristungen bei dinglichen Rechten möglich sind; ob eine rechtliche Einheit i.s.d. § 139 BGB zwischen Kausal- und Erfüllungsgeschäft vorliegt, hängt somit vom Parteiwillen ab. Dies erfordert im Einzelfall die Feststellung konkreter Anhaltspunkte. Ein praktisch immer vorliegender wirtschaftlicher Zusammenhang und die Zusammenfassung von Grund- und Erfüllungsgeschäft in einer Urkunde genügen dafür nicht (BGH, DNotZ 1990, 169, 170; NJW 1967, 1128, 1130). Für das GBA kann diesbezüglich eine Prüfungspflicht wohl nur in Betracht kommen bei der Bestellung und Inhaltsänderung eines Erbbaurechts, da beide mit einer aufschiebenden Bedingung versehen werden können und bei denen auch die dingliche Einigung (§ 20 GBO) vorgelegt wird.

IV. Der Sonderfall der Vormerkung

276 Die Vormerkung ist akzessorisch zum zu sichernden Anspruch, d.h. sie teilt dessen rechtliches Schicksal. Das Bestehen des Anspruchs ist Wirksamkeitserfordernis für die Vormerkung, mit der Abtretung des Anspruchs geht auch die Vormerkung kraft Gesetzes über, erlischt der Anspruch, so erlischt auch die Vormerkung. Trotz dieser Besonderheiten wird die Meinung vertreten, dass das Grundbuchamt den zu sichernden Anspruch nicht zu prüfen habe und das formelle Konsensprinzip strikt anzuwenden sei; bloße Zweifel an der Wirksamkeit des zu sichernden Anspruchs sollen keine Beanstandung rechtfertigen. Nur wenn dem GBA positiv bekannt ist, dass der zu sichernde Anspruch nicht entstanden ist und auch nicht mehr entstehen kann, habe das GBA die beantragte Eintragung abzulehnen, weil es nicht dazu beitragen dürfe, dass das GB unrichtig werde (OLG Zweibrücken, RNotZ 2007, 212; BayObLG, Rpfleger 2003, 573; KG, Rpfleger 1972, 94). Die dafür angeführten Gründe überzeugen nicht. Soweit die generelle Unüberprüfbarkeit des schuldrechtlichen Grundgeschäfts geltend gemacht wird, ist dies schon im Ansatzpunkt verfehlt, weil der zu sichernde Anspruch nicht das Kausalgeschäft für die Vormerkungsbestellung darstellt. Das Grundgeschäft bei der Vormerkung ist die gesonderte schuldrechtliche Verpflichtung des Eigentümers, einem bestimmten Anspruch durch die Bewilligung einer Vormerkung zusätzlichen Schutz zu verleihen; die Prüfung des zu sichernden Anspruchs ist jedoch etwas völlig anderes. Wenn daneben argumentiert wird, eine Prüfung des vorzumerkenden Anspruchs scheidet aus, weil auch für einen künftigen Anspruch eine Vormerkung eingetragen werden kann, so ist dem entgegenzuhalten, dass bei einem vormerkungsfähigen künftigen Anspruch der Rechtsboden durch ein rechtsverbindliches Angebot oder Abkommen soweit vorbereitet ist, dass eine vom Verpflichteten nicht mehr einseitig zerstörbare Bindung an das Rechtsgeschäft besteht (BayObLG, Rpfleger 1977, 361); das Entstehen des Anspruchs hängt nur noch vom Willen des demnächst Berechtigten ab, sodass er jedenfalls entstehen kann. Bei einem endgültig unwirksamen schuldrechtlichen Vertrag steht jedoch fest, dass der Anspruch gerade nicht mehr zur Entstehung kommen kann. Außerdem wird gegen eine Prüfungspflicht des Grundbuchamts vorgebracht, dass der Entstehungsgrund des durch die Vormerkung zu sichernden Anspruchs nicht zum notwendigen Inhalt der Eintragung gehört. Dieser Aussage ist grundsätzlich zuzustimmen; damit ist allerdings für die zu entscheidende Frage gar nichts gewonnen. Das Bestehen oder die Entstehbarkeit des zu sichernden Anspruchs ist nämlich ein Wirksamkeitserfordernis der begehrten Eintragung, und solche Wirksamkeitserfordernisse müssen grundsätzlich einer Prüfung zugänglich sein. Zu Recht wird daher folgende Meinung vertreten (*Meikel/Böttcher*, GBO Einl. D Rdn. 103; *Eickmann*, Rpfleger 1973, 341, 344): Aufgrund der Notwendigkeit einer vernünftigen Verfahrensgestaltung und dem Bedürfnis nach einer

zügigen Durchführung des Eintragungsverfahrens braucht das Grundbuchamt i.d.R. nicht den zu sichernden Anspruch überprüfen, so insbesondere, wenn es nur bloße Vermutungen gegen dessen Wirksamkeit hat. In eine Prüfung des vorzumerkenden Anspruchs ist jedoch einzutreten, wenn durch Tatsachen oder Tatsachenbehauptungen begründete Zweifel an der Wirksamkeit des Anspruchs bestehen. Liegt nur eine schwebende Unwirksamkeit vor, so kann die Eintragung nicht versagt werden, weil hier die Forderungsgrundlage besteht und das Entstehen des Anspruchs jedenfalls noch möglich ist (§ 883 Abs. 1 S. 2 BGB). Gelangt das Grundbuchamt aber zur sicheren Kenntnis, dass der Anspruch nicht besteht und auch künftig nicht wirksam werden kann, muss es die Eintragung ablehnen.

Streitig ist in den Fällen, in denen der vorzumerkende Anspruch nur in der Beurkundungsform des § 311b BGB wirksam begründet werden kann, ob das Grundbuchamt die Vorlage der notariellen Urkunde verlangen muss. Eine Ansicht verneint dies und lässt die bloße Angabe der maßgeblichen Urkunde (nach Datum, Name und URNr. des Urkundsnotars) in der Bewilligung genügen (KG, DNotZ 1972, 173, 174). Dem ist zu widersprechen. Der Nachweis über die Einhaltung des Beurkundungszwanges ist in den Fällen des § 311b Abs. 1 BGB eine Voraussetzung für die Eintragungsfähigkeit der Vormerkung, die das Grundbuchamt von Amts wegen prüfen muss. Aus einem Rechtsgeschäft, das wegen eines Formverstoßes nichtig ist (§ 125 BGB) kann kein wirksamer Anspruch entstehen. Die Eintragung der Vormerkung ohne Vorlage der Urkunde könnte zu einer dauernd unrichtigen, möglicherweise inhaltlich unzulässigen Eintragung führen. Da dem Bewilligenden die Urkundenvorlage ohne Schwierigkeiten möglich ist, hat dies auch keine Verzögerung des Eintragungsverfahrens zur Folge. Nach richtiger Ansicht hat das Grundbuchamt daher die Pflicht, vor Eintragung der Vormerkung in den Fällen des § 311b Abs. 1 BGB die Vorlage einer beglaubigten Abschrift der maßgebenden Urkunde zu verlangen (KEHE/ *Keller,* Einl. § 6 Rdn. 36, 37; *Meikel/Böttcher,* GBO Einl. D Rdn. 104; *Staudinger/ Gursky,* § 885 Rdn. 63).

V. Allgemeine Geschäftsbedingungen im Grundbuchverfahren

1. Begriff der AGB

Allgemeine Geschäftsbedingungen sind alle für eine Vielzahl von Verträgen vorformulierte Vertragsbedingungen, die eine Vertragspartei (Verwender) der anderen Vertragspartei bei Abschluss des Vertrags stellt (§ 305 Abs. 1 S. 1 BGB). Vertragsbedingungen sind alle Regelungen, die nach ihrem objektiven Wortlaut bei den Empfängern den Eindruck hervorrufen, es solle damit der

277

Inhalt eines vertraglichen Rechtsverhältnisses gestaltet werden (BGHZ 133, 187). Die Art des Rechtsverhältnisses ist irrelevant; auch ein sachenrechtliches Rechtsverhältnis fällt darunter. Auch die inhaltliche Gestaltung von einseitigen Rechtsgeschäften fällt in den Anwendungsbereich der §§ 305 ff. BGB, z. B. Eintragungsbewilligung nach § 19 GBO, Vollmachten (BGH, NJW 2000, 2677; 1987, 2011). Die Vertragsbedingungen müssen vorformuliert sein. Ausreichend dafür ist, dass die Vertragsbedingungen zeitlich vor dem Vertragsschluss fertig formuliert vorliegen, um in künftige Verträge einbezogen zu werden. Auch die als Textbaustein im PC gespeicherte, immer wieder verwendete Vertragsbestimmung fällt unter § 305 Abs. 1 S. 1 BGB (BGH, NJW 1988, 410). Der Verwender muss die Absicht haben, die Klausel für eine Vielzahl von Verträgen (mindestens drei) zu verwenden (BGH, NJW 2002, 138). Unerheblich ist, ob dies dann auch tatsächlich geschieht. Bereits beim ersten Verwendungsfall handelt es sich um AGB (BGH, NJW 2004, 1454). Entscheidend ist, dass eine der Parteien selbst oder durch eine Hilfsperson die Einbeziehung der von ihr oder einem Dritten vorformulierten Bedingungen verlangt, also ein konkretes Einbeziehungsangebot macht und auf diese Weise unter Ausschluss des anderen Teils einseitig rechtsgeschäftliche Gestaltungsmacht in Anspruch nimmt (BGHZ 130, 57). Entwirft ein Notar selbst einen Text, muss unterschieden werden: Beauftragt nur eine Vertragspartei den Notar mit der Gestaltung des Textes und/oder nimmt nur eine Vertragspartei auf die Gestaltung des Textes Einfluss, muss sie sich das Verhalten des Notars zurechnen lassen; die Klauseln gelten als von ihr gestellt (BGH, NJW 1992, 2160; 1982, 1035; 1981, 2343). Formuliert dagegen der Notar als unparteilicher Dritter einen Text und können beide Parteien die inhaltliche Ausgestaltung beeinflussen, hat i.d.R. keine Partei die Klauseln gestellt. Die Klauseln sind dann von einer Partei gestellt, wenn das Stellen einer Partei zuzurechnen ist, etwa weil dem Notar das Formular (z. B. Grundschuldbestellungsurkunde) von einer Partei zur Verfügung gestellt wurde (BGHZ 83, 58) oder weil der Notar als „Hausnotar" regelmäßig für eine Partei (z. B. Bauträger) tätig ist (BGHZ 118, 239; NJW 1985, 2477).

278 **Wohnungseigentum** wird durch einen Vertrag der Miteigentümer (§ 3 WEG) oder durch eine Teilungserklärung des Alleineigentümers (§ 8 Abs. 1 WEG) begründet; mit der Anlegung der Wohnungsgrundbücher wird die Teilung wirksam (§ 4 Abs. 1 bzw. § 8 Abs. 2 S. 2 WEG). Zusätzlich zu diesen Begründungserklärungen kann eine Gemeinschaftsordnung erstellt werden, und zwar gemeinschaftlich (§ 5 Abs. 4, § 10 WEG) oder einseitig (§ 8 Abs. 2 S. 1, § 5 Abs. 4, § 10 WEG); dadurch wird das Verhältnis der Wohnungseigentümer untereinander geregelt. Begrifflich sind die Begründungserklärungen und die Aufstellung der Gemeinschaftsordnung zwei verschiedene Dinge; beide unterliegen zwar dem gleichen Verfahren, sind jedoch sonst auseinander zu halten. Wie bei der Auflassung bestehen auch bei den Begründungserklärungen, sei es durch Vertrag (§ 3 WEG) oder durch einseitige Teilungserklärung (§ 8 Abs. 1 WEG), keinerlei rechtsgeschäftliche Gestaltungsfreiheiten. Vielmehr verfolgen diese einzig und allein das Ziel, durch Begründung von Sondereigentum Wohnungseigentum zu schaffen. Berührungspunkte mit dem AGBG sind somit nicht denkbar. Die Gemeinschaftsordnung ist eine Vereinbarung der Wohnungseigentümer untereinander. Im Falle des § 3 WEG entsteht sie auch als Vereinbarung, als Vertrag. Bei § 8 WEG handelt es sich um die Errichtung eines Status der Miteigentümer, für die das Gesetz dem teilenden Eigentümer die alleinige Kompetenz gibt; es ist ein privatrechtlicher Rechtssetzungsakt für die künftigen Wohnungseigentümer untereinander. Entsprechend dem Wortlaut des Gesetzes (§ 10 WEG) steht der Inhalt der Gemeinschaftsordnung grundsätzlich zur Disposition der Beteiligten. Diese vorerst nur schuldrechtlich wirkenden Vereinbarungen werden dann verdinglicht, d. h. auch gegenüber Sonderrechtsnachfolgern wirksam, wenn sie als Inhalt des Sondereigentums im Grundbuch eingetragen werden (§ 5 Abs. 4, § 10 Abs. 3 WEG). Eine gemeinschaftlich vereinbarte Gemeinschaftsordnung der künftigen Wohnungseigentümer (§ 5 Abs. 4, § 10 WEG) kann – jedenfalls theoretisch – allgemeine Geschäftsbedingung i.S.v. § 305 Abs. 1 BGB sein. Es handelt sich um eine vertragliche Vereinbarung. In der Praxis wird eine einvernehmlich aufgestellte Gemeinschaftsordnung aber wohl nie die Voraussetzungen von AGB erfüllen (*Kesseler*, ZNotP 2005, 20). Im konkreten Fall wird es i.d.R. bereits an der Vorformulierung der Gemeinschaftsordnung fehlen. Außerdem wird grundsätzlich das Vielzahlerfordernis nicht vorliegen, was voraussetzen würde, dass die gleichen Bestimmungen in einer Vielzahl von Verträgen mit anderen Miteigentümern angewendet werden. Vor allem aber scheitert die Anwendung §§ 305–310 BGB aber daran, dass das Vertragswerk nicht einem Teil der Wohnungseigentümer von den übrigen „bei Vertragsabschluss gestellt", d. h. seine Einbeziehung einseitig gefordert worden ist.

Ob eine vom Alleineigentümer **einseitig begründete Gemeinschaftsordnung** (§ 8 Abs. 2 S. 2, § 5 Abs. 4, § 10 WEG) die Voraussetzung von § 305 Abs. 1 BGB erfüllt, ist umstritten. Festzuhalten bleibt zunächst: An der „Vorformulierung" besteht aus der Sicht der an die Gemeinschaftsordnung gebundenen Erwerber der Eigentumswohnungen kein Zweifel. Auch das Merkmal der „Vielzahl" ist in den Fällen unproblematisch, in denen entweder der Bauträger gewerbsmäßig tätig ist und die vorgesehene Gemeinschaftsordnung auch für weitere, künftig von ihm geplante Objekte verwenden will oder in denen ein von dritter Seite vorformuliertes Muster zugrunde gelegt wird. Da die Gemeinschaftsordnung ein einseitig, gegenüber dem Grundbuchamt zu erklärendes Rechtsgeschäft ist, fehlt es – jedenfalls im Zeitpunkt ihrer Abgabe – an einem Vertragspartner des Eigentümers und damit auch an der Möglichkeit des Aushandelns gemäß § 305 Abs. 1 S. 3 BGB; dadurch ist aber gleichzeitig das Merkmal des „Stellens" der Gemeinschaftsordnung aus der Sicht der künftigen Wohnungseigentümer erfüllt. Eine Meinung bejaht nun die unmittelbare Anwendung §§ 305–310 BGB auf die einseitig begründete Gemeinschaftsordnung, weil diese durch die Übertragung und Eintragung mindestens eines

Wohnungseigentumsrechtes auf einen Erwerber auch „Vertragsqualität" erhält (MünchKomm/*Basedow* § 305 BGB Rdn. 10; BayObLG, BB 1979, 857, 858; LG Magdeburg, Rpfleger 1997, 108). Dem kann nicht gefolgt werden. Nicht nur, dass Vertragsbedingungen bereits begrifflich ausscheiden, auch die Rechtsverbindlichkeit der in der Gemeinschaftsordnung einseitig getroffenen Regelungen tritt gegenüber dem Erwerber nicht durch Vereinbarung oder rechtsgeschäftliche Unterwerfung ein, sondern kraft Gesetzes als zwangsläufige Folge seines Erwerbs. Insoweit konsequent lehnt daher eine Ansicht die Anwendung der §§ 305–310 BGB auf einseitig begründete Gemeinschaftsordnungen ab (KG, ZWE 2017, 403; BayObLG, NJW-RR 1992, 83; 1987, 714; OLG Hamburg, FGPrax 1996, 132, 133). Das Schutzbedürfnis der Erwerber von Eigentumswohnungen gegenüber einseitig vom Bauträger gesetzten, inhaltlich unangemessenen Regelungen in Gemeinschaftsordnungen, macht jedoch eine analoge Anwendung von AGB-Recht notwendig (*Fuchs* in Ulmer/Brandner/Hensen, Vor. § 307 BGB Rdn. 108; *Meikel/Böttcher*, GBO Einl. D Rdn. 139; *H. Roth*, BB 1992 Beilage 4 S. 1, 3; *Ulmer*, FS Weitnauer, 1980, S. 205). Zu denken ist nur an die nicht selten anzutreffenden Benutzungsbeschränkungen, Vertragsstrafen, Aufrechnungsverbote, Genehmigungs- und Zugangsfiktionen, Entziehungsregelungen oder übermäßige Verwalterrechte. Gegen eine analoge Anwendung von AGB-Recht auf einseitig gestellte Gemeinschaftsordnungen spricht auch nicht das besondere Verfahren nach den §§ 43 ff. WEG. Zum einen hat sich dieses Verfahren nicht als effektiv erwiesen, und zum anderen setzt es immer eine gerichtliche Geltendmachung voraus, dient nur dem Schutz von Individualinteressen und legt den Interessenkonflikt durch „bloßen" Ausgleich bei. Die grundbuchamtliche Inhaltskontrolle geschieht dagegen von Amts wegen, dient auch dem öffentlichen Interesse und wirkt vor allem präventiv.

2. Inhaltskontrolle durch das GBA

279 Bereits im Jahre 1973 fordert erstmals *Eickmann* eine Prüfungspflicht des Grundbuchamtes hinsichtlich AGB (Rpfleger 1973, 341). Inzwischen herrscht in Rechtsprechung und Literatur Einigkeit darüber, dass das Grundbuchamt eine AGB-Kontrolle durchzuführen hat (BayObLG, NJW 1980, 2818; OLG Celle, DNotZ 1979, 622; LG Nürnberg-Fürth, BB 1979, 698; *Meikel/Böttcher*, GBO Einl. H Rdn. 116 m.w.N.). Dies ist auch gerechtfertigt. Denn die Inhaltskontrolle von AGB ist Rechtsanwendung und daher von jedem Rechtsanwender von Amts wegen vorzunehmen, also auch vom Grundbuchamt. Es bedarf keiner Berufung einer Partei auf die Unangemessenheit einer AGB-Bestimmung.

3. Inhaltskontrolle, Einzelfälle

3.1. Umfang

Zu den ungeklärten Fragen im Grundbuchverfahrensrecht gehört die nach dem Prüfungsumfang hinsichtlich AGB. Es werden dazu zwei Meinungen vertreten: Die erste Ansicht geht davon aus, dass das Grundbuchamt alle AGB-Klauseln uneingeschränkt an den §§ 307–309 BGB zu messen hat (LG Nürnberg-Fürth, BB 1979, 698). Die überwiegende Ansicht gestattet dem Grundbuchamt eine Beanstandung aufgrund aller drei Verbotsnormen (§§ 307–309 BGB) nur dann, wenn sich ein Verstoß dagegen „aufdrängt" oder „zweifelsfrei" vorliegt, d. h. bei „Offensichtlichkeit" oder „Eindeutigkeit" (BayObLG, DNotZ 2003, 51; OLG Celle, Rpfleger 1979, 261).

280

Nach hier vertretener Ansicht ist davon auszugehen, dass der Grundbuchrechtspfleger verpflichtet ist, die ihm vorgelegten Unterlagen daraufhin zu überprüfen, ob sich darin ein Verstoß gegen die §§ 307–309 BGB befindet. Bei einem Eintragungsverfahren gemäß § 19 GBO ergibt sich eine diesbezügliche Prüfungspflicht aus der unstreitigen Pflicht des Grundbuchamts, die Eintragungsfähigkeit des dinglichen Rechts zu untersuchen (= Legalitätsprinzip); eine gegen die §§ 307–309 BGB verstoßende Grundbucheintragung führt mangels Eintragungsfähigkeit zur teilweisen inhaltlichen Unzulässigkeit (§ 53 Abs. 1 S. 2 GBO), die keinem gutgläubigen Erwerb zugänglich ist. Das im Eintragungsverfahren des § 20 GBO geltende Legalitätsprinzip verlangt sowieso die Überprüfung der materiell-rechtlichen Regelungen, die Inhalt des Grundbuchs werden sollen, sodass sich bereits daraus die uneingeschränkte Prüfungspflicht des Grundbuchrechtspflegers hinsichtlich der §§ 307–309 BGB ergibt. Widersprochen werden muss der Ansicht, die eine Prüfungspflicht nur dann bejaht, wenn sich ein Verstoß gegen die §§ 307–309 BGB „aufdrängt" oder „zweifelsfrei" vorliegt, d. h. bei „Offensichtlichkeit" oder „Eindeutigkeit". Diese Begriffe sind nichtssagende Leerformeln. Diese Einschränkungen beruhen auf der falschen Voraussetzung, dass eine gegen die §§ 307–309 BGB verstoßende Grundbucheintragung zur teilweisen Grundbuchunrichtigkeit führt; im letzteren Fall darf eine Eintragung nämlich nur dann versagt werden, wenn die Grundbuchunrichtigkeit zur Überzeugung des Rechtspflegers feststeht. Mangels Eintragungsfähigkeit liegt aber eine inhaltlich unzulässige Eintragung vor, wenn eine Klausel trotz Verstoßes gegen die §§ 307–309 BGB im Grundbuch eingetragen wird. Hinsichtlich der Eintragungsfähigkeit eines dinglichen Rechtes besteht jedoch unstreitig eine Prüfungspflicht, nicht nur bei der nichts sagenden „Offensichtlichkeit".

Es ist daher wie folgt vorzugehen (*Pawlowski/Smid*, Freiwillige Gerichtsbarkeit, Rdn. 466): Das Grundbuchamt muss die §§ 307–309 BGB im Eintragungsverfahren beachten. Im Rahmen dieser Prüfung ist es an das besonders ausgestaltete Beweisverfahren im formellen Grundbuchrecht gebunden. Gelangt es zur Überzeugung, dass die Eintragung wegen der §§ 307–309 BGB inhaltlich unzulässig ist, muss es den Antrag ablehnen. Kann die Eintragungsfähigkeit der AGB-Klausel nicht mit Sicherheit verneint werden, muss die Eintragung erfolgen.

a) Eintragungsbewilligung

281 Eine Mindermeinung besagt, dass die Eintragungsbewilligung (§ 19 GBO) nicht vom Grundbuchamt überprüft werden dürfe (OLG Frankfurt/M., ZfIR 1998, 235, 237). Maßgeblich sei, dass sie aufgrund ihres verfahrensrechtlichen und einseitigen Charakters weder unmittelbar noch mittelbar unter § 305 Abs. 1 BGB falle, der vorformulierte Vertragsbedingungen voraussetzt. Die §§ 305 ff. BGB wollen aber auch einseitige Erklärungen erfassen. Deshalb und wegen des Sachzusammenhangs zwischen dem dinglichen Einigungsvertrag und der Eintragungsbewilligung (§ 874 BGB: Bezugnahme auf die Bewilligung zur näheren Bezeichnung des Inhalts des dinglichen Rechts) ist in Übereinstimmung mit der h.M. (OLG Stuttgart, NJW 1979, 222; OLG Celle, Rpfleger 1979, 261; LG Nürnberg-Fürth, BB 1979, 698; *Meikel/Böttcher,* GBO Einl. D Rdn. 129 m.w.N.) davon auszugehen, dass § 305 Abs. 1 BGB auf die Eintragungsbewilligung als rechtlich selbstständiges inhaltliches „Spiegelbild der Einigung" unmittelbar anzuwenden ist.

b) Dingliche Einigung

282 Die Tatsache, dass §§ 305–310 BGB primär auf schuldrechtliche Verträge zugeschnitten ist, schließt unter den Voraussetzungen des § 305 Abs. 1 BGB nicht aus, es auch auf sachenrechtliche Verträge anzuwenden, insbesondere auf die dingliche Einigung gemäß § 873 BGB. Bei der nach § 20 GBO gebotenen Überprüfung der **Auflassung** eines Grundstücks besteht allerdings kein Anlass für die Anwendung von § 305 BGB, weil sich der Inhalt des Einigungsvertrags wegen seines abstrakten Charakters in der Vereinbarung des Eigentumsübergangs erschöpft (*Meikel/Böttcher,* GBO Einl. D Rdn. 130).

Strittig ist die Frage, ob das Grundbuchamt verpflichtet ist, die **Erbbaurechtsbestellung** im Rahmen des § 20 GBO an den §§ 305–310 BGB zu messen. Hier können der Grundstückseigentümer und der Erbbauberechtigte aufgrund der §§ 2–8, § 27 Abs. 1 S. 2, § 32 Abs. 1 S. 2 ErbbauRG den Inhalt des Erbbaurechts mit verdinglichter Wirkung über dessen gesetzlichen Inhalt hinaus (vgl. z.B. §§ 23, 26, 31–34 ErbbauRG) vertraglich gestalten; mit ihrer Eintragung im Grundbuch erstarken die zunächst nur schuldrechtlich wirkenden Vereinbarungen i.S.d. § 2 ErbbauRG zum Inhalt des Erbbaurechts. Eine Meinung verneint die Anwendung §§ 305–310 BGB auf die Erbbaurechtsbestellung (*Schöner/Stöber,* Grundbuchrecht, Rdn. 1723, 1746). Ausgehend von § 305 Abs. 1 BGB können Vereinbarungen i.S.v. § 2 ErbbauRG mit der Gegenansicht (*Meikel/*

Böttcher, GBO Einl. D Rdn. 131; *Eickmann*, Rpfleger 1978, 1, 4) allgemeine Geschäftsbedingungen darstellen, wenn sie z. b. von Siedlungsgenossenschaften oder kirchlichen Organisationen für eine Vielzahl von Verträgen vorformuliert und dem jeweiligen künftigen Erbbauberechtigten als Vertragspartner bei Abschluss des Erbbaurechtsvertrages „gestellt" werden. Richtig ist, dass das Gesetz den Inhalt des Erbbaurechts nur sehr begrenzt geregelt hat (§§ 1, 2, 3, 26, 31–34 ErbbauRG), im Übrigen aber der vertraglichen Gestaltung der Beteiligten überlassen. Wenn bei der Unwirksamkeit von AGB-Klauseln somit nicht auf gesetzliche Vorschriften zurückgegriffen werden kann, ist grundsätzlich eine Lückenfüllung via ergänzender Vertragsauslegung geboten. Während dies vor allem im Prozess Bedeutung erlangen dürfte, haben die Beteiligten im Grundbuchverfahren ja sogar die Möglichkeit, nach dem Erlass einer Zwischenverfügung bzw. Zurückweisung ordnungsgemäße Bestimmungen zu erstellen.

3.2. Einzelfälle

Aufrechnungsverbote mit unbestrittenen oder rechtskräftig festgestellten Forderungen sind, nach § 309 Nr. 3 BGB unwirksam. Dabei macht es keinen Unterschied, ob es sich um eine ausdrücklich das Aufrechnungsverbot erfassende AGB-Klausel handelt oder um eine sonstige Abrede, die im Ergebnis wie ein Aufrechnungsverbot wirkt, z. B. eine Barzahlungsklausel (*Meikel/Böttcher*, GBO Einl. D Rdn. 144). Aufrechnungsverbote können aber auch außerhalb des Anwendungsbereichs von § 309 Nr. 3 BGB gemäß § 307 BGB unwirksam sein; dies ist der Fall bei einer Bestimmung, wonach die Aufrechnung mit Forderungen des Vertragspartners des Verwenders ausnahmslos ausgeschlossen ist (BGH, MDR 1985, 228). 283

Die Form von Anzeigen und Erklärungen ist in § 309 Nr. 13 BGB geregelt. Soweit AGB-Klauseln mehr als gewöhnliche Schriftform verlangen, sind sie unwirksam. Dies ist z. B. der Fall, wenn vereinbart wird, dass der Grundstückseigentümer ein Grundpfandrecht nur mittels eingeschriebenem Brief kündigen könne (*Knops*, ZfIR 1998, 577, 592).

Häufig enthalten AGB-Klauseln, nach denen in bestimmten Fällen Erklärungen fingiert werden, z. B. bei Erhöhungen von Nebenleistungen. Sie sind nur unter den Voraussetzungen von § 308 Nr. 5a und b BGB wirksam. Wenn es heißt „*Alle Zahlungen gelten als für den Eigentümer des Pfandobjekts geleistet, sofern der Zahlende nicht schriftlich etwas anderes bestimmt*", so wird dadurch vom Gesetz vor allem in den Fällen abgewichen, in denen ein Dritter oder (falls Eigentümer und persönlicher Schuldner nicht identisch sind) der ersatzberechtigte persönliche Schuldner (vgl. § 1164 BGB) Zahlungen leistet; insoweit liegt ein Verstoß gegen § 308 Nr. 5 BGB vor. Eine Klausel „*Die Abrechnung gilt ohne Erteilung einer Entlastung als rechnerisch anerkannt, wenn nicht binnen 2 Monaten seit ihrer Bekanntgabe die Wohnungseigentümer gegenüber dem Verwalter schriftlich Widerspruch erhoben haben*" ist unwirksam; gemäß § 308 284

Nr. 5b BGB muss schon in den AGB eine Verpflichtung zur Vorwarnung enthalten sein (*Stürner*, BWNotZ 1977, 106, 111). Bei einem Tilgungsdarlehen, das zur Konditionsanpassung in bestimmten Zeitabschnitten fällig gestellt wird, ist eine AGB-Klausel, die den Darlehensgeber zu einem Verlängerungsangebot verpflichtet und das Schweigen des Darlehensnehmers als Annahme wertet, nicht zulässig (BGH, NJW 1985, 617); nach § 308 Nr. 5 BGB muss dem Darlehensnehmer eine angemessene Frist zur Erklärung eingeräumt werden und zusätzlich muss sich der Darlehensgeber bereits in seinen AGB verpflichten, den Darlehensnehmer bei Fristbeginn nochmals besonders auf die Bedeutung seines Schweigens hinzuweisen.

285 Eine AGB-Klausel, die vorsieht, dass eine Erklärung des Verwenders von besonderer Bedeutung dem anderen Vertragsteil als zugegangen gilt (= Fiktion des Zugangs), ist gemäß § 308 Nr. 6 BGB unwirksam. Dies ist z. B. der Fall bei einer Klausel, die bestimmt, dass eine Erklärung des Verwenders (Gläubigers) von besonderer Bedeutung (fristlose Kündigung der Hypothek) dem Schuldner (oder Grundstückseigentümer) auch dann als zugegangen gilt, wenn sie bei einer Änderung der Anschrift an die letzte dem Gläubiger bekannte Adresse versandt worden ist (BayObLG, NJW 1980, 3818; LG Magdeburg, Rpfleger 1997, 108). Die Klausel „*Erklärungen gegenüber dem Beirat gelten als allen Wohnungseigentümern zugegangen*" ist in dieser Allgemeinheit nicht mit § 308 Nr. 6 BGB vereinbar (*Stürner*, BWNotZ 1977, 106, 111). Unwirksamkeit gemäß dieser Vorschrift liegt bei folgender Regelung vor (*Eickmann*, Rpfleger 1978, 1, 8): „*Erklärungen der Gläubigerin wirken gegenüber allen Gesamtschuldnern, auch wenn sie nur einem von ihnen zugegangen sind*". Unwirksam sind i.d.R. auch Klauseln, die bei mehreren gesamtschuldnerisch haftenden Partnern vorsehen, dass ein Gesamtschuldner als Empfangsvertreter bevollmächtigt wird, da dies dem in § 425 Abs. 2 BGB zugrunde gelegten Leitbild widerspricht (§ 307 Abs. 2 Nr. 1 BGB; vgl. BGH, DNotZ 1989, 621). Eine vorformulierte Bestimmung, nach der eine Genehmigung zu ihrer Wirksamkeit nicht des Zugangs bedarf, verstößt gegen § 308 Nr. 6 BGB (LG Koblenz, DNotZ 1988, 496).

286 Strittig ist die Frage, ob eine Hypothekenbedingungen enthaltene Kündigungsklausel, wonach der Gläubiger einer Hypothek berechtigt sein soll, im Falle der Veräußerung des Grundstücks durch den Schuldner das Darlehen zu kündigen, nach § 307 BGB kontrolliert werden kann und gegebenenfalls unwirksam ist. Eine Meinung (BGH, NJW 1980, 1635; BayObLG, DNotZ 1981, 128) verneint die Anwendung des § 307 Abs. 2 Nr. 1 BGB, weil diese Vorschrift nur Klauseln betreffe, die vom dispositiven Recht abweichen; § 1136 BGB ist jedoch eine zwingende Verbotsnorm. Dem kann nicht zugestimmt werden. Die infrage stehende Kündigungsklausel betrifft einen gesetzlich nicht geregelten Sachverhalt, ergänzt somit das Gesetz (§ 1136 BGB) und ist damit an § 307 BGB zu messen (*Löwe*, BB 1980, 1241). Nach anderer Ansicht (OLG Celle, DNotZ 1979, 622; *von Westphalen*, ZIP 1984, 1, 10; *Meikel/Böttcher*, GBO Einl. D Rdn. 149 m.w.N.) ist sie gemäß § 307 Abs. 2 Nr. 1 BGB unwirksam, weil dadurch

eine dem Sinn und Zweck von § 1136 BGB zuwiderlaufende Beschränkung des wirtschaftlichen Handlungsspielraums des AGB-Kunden erreicht wird. Andererseits besteht für den Gläubiger kein wesentliches Interesse an einer solchen Klausel, weil ja auch bei einer Grundstücksveräußerung das dingliche Recht bestehen bleibt und die Forderung weiter sichert.

7. Kapitel:
Die Entscheidungen des Grundbuchamtes

§ 1
Die Entscheidung bei Fehlen einer Eintragungsvoraussetzung

I. Der grundbuchrechtliche Beibringungsgrundsatz

1. Die Verfahrensstruktur

Im Zivilprozess liegt es weitgehend in der Hand der Parteien, über welche Tatsachen das Gericht Beweis zu erheben hat: Wenn eine Partei bestimmte Tatsachen nicht bestreitet, gelten sie als zugestanden (§ 138 Abs. 3 ZPO) und bedürfen dann keines Beweises (§ 288 Abs. 1 ZPO); das Gericht behandelt sie als wahr und legt sie seiner Entscheidung zugrunde. Über beweisbedürftige Tatsachen wird grundsätzlich Beweis nur erhoben, wenn eine Partei ihn anbietet und antritt. 287

Im Regelverfahren der freiwilligen Gerichtsbarkeit gilt demgegenüber gem. § 26 FamFG der Amtsermittlungsgrundsatz: das heißt, dass das Gericht sowohl bestimmt, welche Beweise es für notwendig erachtet, als auch sodann diese Beweise selbst herbeischafft und erhebt.

Das Grundbuchverfahren stellt seiner gesetzlichen Ausgestaltung nach ein Mixtum compositum aus diesen beiden Verfahren dar:

- zwar bestimmt das Grundbuchamt, welche Beweise (Unterlagen) es für notwendig erachtet,
- jedoch obliegt es dem Antragsteller, sie herbeizuschaffen.

Das Grundbuchamt ist also im Antragsverfahren (wegen der sog. Amtsverfahren s. → Rdn. 13) zu eigenen Ermittlungen oder zur Herbeischaffung von Beweisen und Eintragungsunterlagen weder berechtigt noch verpflichtet (ganz h.M., vgl. BayObLGZ 71, 275 = Rpfleger 1971, 429; BGHZ 30, 258 = Rpfleger 1960, 122). Vielmehr obliegt die Herbeischaffung der die Eintragung rechtfertigenden Unterlagen und Beweise **allein** dem Antragsteller; es gilt also der Beibringungsgrundsatz, der freilich – gegenüber der Bedeutung, die der Begriff im zivilprozessualen Schrifttum gefunden hat – hier dahin modifiziert wird, dass der Umfang des Beizubringenden (also des Beweisbedürftigen) ausschließlich vom Gericht nach Maßgabe der gesetzlichen Vorschriften bestimmt wird. Wir nennen diese Verfahrensgestaltung den **grundbuchrechtlichen Beibringungsgrundsatz**.

2. Die Beweiswürdigung

288 Die beigebrachten Beweise sind vom Grundbuchamt dahin zu würdigen, ob sie den Eintragungsantrag rechtfertigen. Das scheint auf den ersten Blick problemlos zu sein, da doch bei der Art der im Antragsverfahren zulässigen Beweismittel (s. → Rdn. 230 ff.) für den Antragsteller stets die Beweisregeln der §§ 415, 416 ZPO eingreifen. Wollte man deswegen jedoch eine echte Beweiswürdigung als im Grundbuchverfahren nicht relevant bezeichnen, so machte man sich damit wohl einer unerlaubten Verkürzung der Problematik schuldig.

Wir haben nämlich oben → Rdn. 248 ff. gesehen, dass es Umstände gibt, die für die Entscheidung des Grundbuchamtes von Bedeutung sind, jedoch von den Beteiligten nicht in der Form des § 29 GBO nachgewiesen werden können oder nachgewiesen werden müssen. In Bezug auf solche Umstände wird der Beweis dann erbracht,

- durch jedes der im FamFG zugelassenen Beweismittel,
- sofern nicht zugunsten des Antragstellers bereits der sog. Anscheinsbeweis eingreift.

289 Der **Anscheinsbeweis** greift stets dann ein, wenn ein Erfahrungssatz besteht, der es gestattet, von einer bewiesenen Tatsache auf das Vorliegen einer anderen zu schließen (*Diederichsen*, ZZP 81, 54).

Typische Fälle:
- Wenn im Rahmen des § 878 BGB die Tatsache beweisbedürftig ist, dass der Eigentümer dem Begünstigten die Bewilligung ausgehändigt hat (§ 873 Abs. 2, 4 Alt. BGB), so spricht der Besitz des Gläubigers an der Bewilligung prima facie für das Vorliegen dieses Vorganges;
- wenn der Vorerbe oder Testamentsvollstrecker ein zum Nachlass gehöriges Eigentümerrecht an ein Kreditinstitut abtritt, so spricht jegliche Lebenserfahrung dafür, dass dies entgeltlich geschah.

Ist die Anwendung des Anscheinsbeweises nicht möglich, so obliegt es dem Grundbuchamt, sich in **freier Beweiswürdigung** anhand aller vorliegenden Beweise und Tatsachen darüber schlüssig zu werden, welche Tatsachen es einer Entscheidung zugrunde legen will. Dies gilt insbesondere dann, wenn eintragungshindernde Tatsachen vorgetragen werden, weil sie der Form des § 29 GBO nicht bedürfen (s. → Rdn. 252).

Feste Regeln für die Durchführung der freien Beweiswürdigung aufzustellen, ist schlechthin unmöglich. Entscheidend ist letztlich die subjektive Überzeugung des zur Entscheidung berufenen Rechtspflegers (BGHZ 53, 254/255). Dass dabei ängstliches Erwägen selbst entferntester Möglichkeiten ebenso wenig am Platze ist wie bedenkenlose Großzügigkeit, liegt auf der Hand. Letztlich liegt eben alles an der Persönlichkeit des Rechtspflegers, seinem Gespür für die

Besonderheiten des Einzelfalles und seinem Verständnis für die Notwendigkeiten eines geordneten Verfahrens.

3. Das Ergebnis der Beweiswürdigung

Am Ende der Beweiswürdigung steht eine Erkenntnis des Grundbuchamtes. Sie kann nur dahin lauten, dass:

- entweder das Grundbuchamt davon überzeugt ist, dass alle Eintragungsvoraussetzungen vorliegen;
- oder dass das Grundbuchamt davon überzeugt ist, dass nicht alle Eintragungsvoraussetzungen vorliegen und Mängel auch nicht mit den erforderlichen Rechtswirkungen (= Ex-tunc-Wirkung!) beseitigt werden können,
- oder dass zwar nach der gegenwärtigen Beweislage nicht alle Eintragungsvoraussetzungen zur Überzeugung des Grundbuchamtes nachgewiesen sind, eine Beseitigung der Mängel jedoch jedenfalls theoretisch möglich erscheint.

Im ersteren Falle muss dem Eintragungsantrag durch die begehrte Eintragung entsprochen werden, im zweiten Falle muss das Grundbuchamt die Eintragung endgültig verweigern, im letzten Falle hat das Grundbuchamt durch eine sog. Zwischenverfügung die Beibringung weiterer geeigneter Beweismittel anheimzugeben.

Nach h.M. soll das Grundbuchamt wegen des Wortlautes des § 18 regelmäßig nach seinem pflichtgemäßen Ermessen zwischen der Zurückweisung und dem Erlass einer Zwischenverfügung die Wahl haben (RGZ 126, 109; OLG Hamm Rpfleger 2015, 130; OLG Düsseldorf NotBZ 2010, 411; BayObLG, Rpfleger 1979, 210). Ein solches Ermessen ist jedoch **nicht** gegeben. In die vielfach schon dem verfassungsrechtlichen Schutz des Art. 14 GG unterliegenden Erwartungen oder Berechtigungen, die aus der Antragstellung beim Grundbuchamt fließen, kann nur aufgrund eindeutiger gesetzlicher Regelungen eingegriffen werden (so auch *Habscheid*, NJW 1967, 226; *Böttcher*, MittBayNot 1987, 9; ebenso: KEHE/*Volmer*, § 18 Rdn. 21 ff.). Dabei ist davon auszugehen, dass der aus der Antragstellung fließende, begünstigende Zustand nur ausnahmsweise durch die Zurückweisung des Antrages beendet werden darf; vielmehr im Regelfall durch die rechtserhaltende und Rang wahrende Zwischenverfügung gesichert werden muss. Wann ausnahmsweise die schwerwiegende Folge der Zurückweisung einzugreifen hat, kann nicht durch die Aufstellung einer problematischen, weil im Einzelfall ausfüllungsbedürftigen Blankettformel wie „leichtere" und „schwerere" Mängel dargestellt werden. Die Anwendung solcher Begriffe, die die Voraussehbarkeit und die Berechenbarkeit der gerichtlichen Entscheidung unmöglich machen, lässt sich freilich auch im Verfahrensrecht nicht immer vermeiden, sie sollte jedoch stets Ultima ratio sein. Es bedarf ihrer für den hier darzustellenden Problemkreis nicht, weil sich die Fälle der ausnahmsweisen Zurückweisung nach eindeutigen Kriterien bestimmen lassen, die aus der Systematik und der Ratio legis der verfahrensrechtlichen Normen abzuleiten sind. Die Zurückweisung ist dabei weder als Instrument zur Verfahrensbeschleunigung misszuverstehen (vgl. OLG Hamm, DNotZ 1966, 744; Zwischenverfügung nur bei „schnell behebbaren Mängeln"), noch als eine Sanktion für unsachgemäßes Betreiben des Verfahrens. Deshalb ist auch die Auffassung abzulehnen, dass die Zurückweisung schon dann gerechtfertigt sei, wenn ein Antrag in Kenntnis bestehender Eintragungshindernisse gestellt wird (so z.B. KG, KGJ 50, 136; ablehnend: KEHE/*Volmer*, § 18 Rdn. 27; *Meikel/Böttcher*, § 18 Rdn. 85).

Auch eine zuweilen geforderte Abwägung zwischen den Interessen des Antragstellers und solchen der Allgemeinheit findet nicht statt. Das Grundbuchverfahren dient der Durchsetzung privater Vermögensinteressen (vgl. → Rdn. 268 ff.), ein öffentliches Interesse, das eine bestimmte Verfahrensgestaltung verlangen würde, besteht nicht, sieht man von dem ganz allgemein in allen Verfahren geltenden Grundsatz ab, dass sie zweck- und gesetzmäßig betrieben werden müssen. Das Interesse der Allgemeinheit setzt vielmehr erst dann ein, wenn das Verfahren bis zur Eintragungsentscheidung gediehen ist: Hier verlangen die Grundsätze der Grundbuchwahrheit und der Grundbuchklarheit danach, dass die vorzunehmende Eintragung bestimmten Regeln gehorcht, die den Zweck der Grundbucheinrichtung, nämlich die Publizitätswirkung gewährleisten.

293 Die Möglichkeit einer (nicht Rang wahrenden!) *Aufklärungsverfügung* gem. § 139 ZPO besteht nur in den Fällen, in denen das GBA (auch) Vollstreckungsorgan ist, vgl. dazu → Rdn. 298, 299.

II. Die Zurückweisung

1. Die Fälle der Zurückweisung

294 Wie → Rdn. 292 ausgeführt, setzt eine rechtsstaatlichen Anforderungen genügende Verfahrensordnung voraus, dass die Fälle der endgültigen Verweigerung einer Eintragung nach eindeutigen Kriterien bestimmbar sind. Neben dem – selten vorliegenden – Fall der **Unzuständigkeit** des angegangenen Grundbuchamtes sind folgende Fallgruppen festzustellen:

1.1. Antragsmangel

295 Der wirksame Antrag wahrt nicht nur materielle Anwartschaft, sondern bewirkt auch den Rang einzutragender Rechte (vgl. → Rdn. 338). Ist der Antrag mangelhaft, so können diese Wirkungen nicht eintreten; auf ihn darf eine

Eintragung dann nicht gestützt werden. Eine Zwischenverfügung scheidet aus, weil das Fehlen eines Antrages oder dessen Mängel nicht mit rückwirkender Kraft heilbar sind. Solche Mängel sind:
- Fehlen der Antragsberechtigung (*Meikel/Böttcher*, § 18 Rdn. 35),
- Vorliegen einer gerichtlichen Entscheidung, die dem Antragsteller die Stellung eben dieses Antrages verbietet (RGZ 118, 120; KG, Rpfleger 1962, 177; OLG Hamm, DNotZ 1970, 661).

Nicht hierher gehören die Fälle einer nicht nachgewiesenen Vollmacht zur Antragstellung (sie kann durch Zwischenverfügung noch angefordert werden, weil allgemein im Verfahrensrecht die Handlungen eines vollmachtlosen Vertreters nachträglich und mit Rückwirkung genehmigt werden können) oder die Fälle, in denen der Antrag ausnahmsweise formbedürftig und diese Form nicht gewahrt ist. Auch dieser Mangel kann wirksam nachträglich beseitigt werden.

1.2. Unwirksame oder noch nicht erklärte Bewilligung des unmittelbar Betroffenen

Der Erlass einer Zwischenverfügung ist ausgeschlossen, wenn der Mangel nicht mit rückwirkender Kraft geheilt werden kann (BGH, BGHZ 27, 313; OLG Düsseldorf, RNotZ 2009, 238). Durch den Erlass einer Zwischenverfügung sollen dem Antragsteller der Rang und die sonstigen Rechtswirkungen, die sich nach dem Eingang des Antrags richten (§ 879 BGB i.V.m. §§ 17, 45 GBO; § 878, § 892 Abs. 2 BGB) und die bei sofortiger Zurückweisung verloren gingen, erhalten bleiben. Dies ist nur gerechtfertigt, wenn der Mangel des Antrags mit rückwirkender Kraft geheilt werden kann. Denn andernfalls könnte der Antragsteller einen ihm nicht gebührenden Rechtsvorteil erlangen. Mit einer Zwischenverfügung kann deshalb nicht aufgegeben werden, eine noch nicht geklärte Bewilligung des unmittelbar Betroffenen beizubringen; in diesem Fall kommt nur eine Zurückweisung in Betracht (BGH, Rpfleger 2014, 580, 581; OLG München, NotBZ 2015, 63; OLG Frankfurt, Rpfleger 2014, 416; OLG Schleswig, FGPrax 2010, 282); dies gilt auch für eine Berichtigungsbewilligung (OLG München, NotBZ 2013, 279; OLG Schleswig, FGPrax 2010, 282). Eine erst später erklärte Bewilligung kann nämlich nicht zurückwirken. Zu denken ist an die noch nicht erklärte Eintragungsbewilligung des Grundstückseigentümers bei der Beantragung einer Grundschuldeintragung oder an die noch nicht erklärte Löschungsbewilligung des Grundschuldberechtigten bei der Beantragung einer Grundschuldlöschung. Die Zurückweisung kommt allerdings nur dann in Betracht, wenn das GBA definitiv weiß, dass der unmittelbar Betroffene seine Bewilligung noch nicht erklärt hat. Fehlt bei der Antragstellung die Bewilligung des unmittelbar Betroffenen und ist dem GBA nicht bekannt, ob die bereits erklärte Bewilligung nur vergessen wurde vorzulegen oder noch gar nicht erklärt wurde, dann kommt keine Zurückweisung in Betracht.

Ist die vorgelegte Bewilligung des unmittelbar Betroffenen unwirksam (z. B. unter auflösender Bedingung erklärt und die auflösende Bedingung ist noch möglich), muss der Antrag zurückgewiesen werden, weil der Mangel nicht mit rückwirkender Kraft geheilt werden kann. **Fehlt die Eintragungsbewilligung des mittelbar Betroffenen** (z. B. des Grundstückseigentümers bei einer Grundschuldlöschung, § 27), kann keine Zurückweisung erlassen werden, sondern nur eine rangwahrende **Zwischenverfügung**.

→ **Beispiel 52:**
Im Grundbuch ist seit 1990 eine Buchgrundschuld für den Gläubiger G eingetragen. Dieser erklärte am 18.9.2015 in notariell beglaubigter Form die Abtretung seines Rechts an den Zessionar Z. Letzterer beantragte am 2.2.2017 unter Vorlage der Abtretungserklärung die Eintragung der Abtretung im Grundbuch im Wege der Grundbuchberichtigung; mit der notariell beglaubigten Abtretungserklärung an ihn sei die Grundbuchunrichtigkeit nachgewiesen. Das Grundbuchamt hat den Antrag am 2.3.2017 zurückgewiesen. Dagegen wurde Beschwerde eingelegt.

Das KG (Rpfleger 2017, 535) hat diese zurückgewiesen. Für die Abtretung einer Buchgrundschuld bedarf es einer formlosen Einigung zwischen Zedent und Zessionar und der konstitutiven Grundbucheintragung (§ 1192 Abs. 1, § 1154 Abs. 3, § 873 Abs. 1 BGB). Im vorliegenden Fall fehlt noch die Grundbucheintragung der Abtretung, so dass bisher kein Gläubigerwechsel stattgefunden hat. Das Grundbuch ist nach wie vor richtig und eine Grundbuchberichtigung kommt deshalb nicht in Betracht. Gläubiger der Grundschuld ist weiterhin der bisherige Inhaber G. Formellrechtlich bedarf es für die Grundbucheintragung der Abtretung eines Antrags (§ 13) und eine mindestens notariell beglaubigte Bewilligung des Zedenten (§§ 19, 29). Dieser hat am 18.9.2015 die materielle Abtretungserklärung abgegeben (§ 873 Abs. 1 BGB). Eine ausdrückliche formelle Bewilligung für die Grundbucheintragung der Abtretung (§ 19) ist nicht enthalten. In der materiellen Abtretungserklärung des Zedenten für eine Buchgrundschuld kann aber auch seine formelle Eintragungsbewilligung liegen, soweit nichts Gegenteiliges ersichtlich ist (*Meikel/Böttcher*, § 19 Rdn. 11). Wenn von den Beteiligten allerdings erklärt wird, wie im vorliegenden Fall, dass sie bereits von einer wirksamem Abtretung ausgehen und nur noch eine Grundbuchberichtigung wollen, soll dies nicht gelten (KG, Rpfleger 2017, 535). Damit fehlte die notwendige Eintragungsbewilligung des Zedenten als unmittelbar Betroffenen nach § 19 GBO und dies ist ein Zurückweisungsgrund nach § 18 GBO.

→ **Beispiel 52a:**
Ein dingliches Vorkaufsrecht für den ersten Verkaufsfall (§ 1094 BGB) war für A, B und C nach § 428 BGB im Grundbuch eingetragen. A bewilligte mit öffentlich beglaubigter Urkunde (§§ 19, 29 GBO) für alle Gesamtberechtigte die Löschung im Grundbuch. Den Löschungsantrag (§ 13 GBO) hat das Grundbuchamt mit Zwischenverfügung beanstandet (§ 18 GBO) und dafür auch die Löschungsbewilligung von

den Berechtigten B und C verlangt. Die dagegen eingelegte Beschwerde hat das OLG Brandenburg (NotBZ 2015, 351) zurückgewiesen.

Aufgrund der Rechtsbeschwerde hat der BGH (NJW 2017, 1811) die Beschlüsse des OLG Brandenburg und des Grundbuchamts aus formalen Gründen zu Recht aufgehoben. Fehlt nämlich die Eintragungs- oder Löschungsbewilligung eines unmittelbar von der Eintragung oder Löschung Betroffenen, darf keine rangwahrende Zwischenverfügung ergehen, sondern der Antrag ist nach § 18 zurückzuweisen (BGH, FGPrax 2014, 192). Eine Entscheidung in der Sache war dem BGH nicht möglich, weil Gegenstand des Rechtsbeschwerdeverfahrens nur die Zwischenverfügung und nicht der Eintragungsantrag war. Da einem Gesamtgläubiger nach § 428 BGB grundsätzlich nicht das Recht zusteht, über die Forderung zulasten der anderen Gesamtgläubiger zu verfügen, bedarf es zur Aufhebung eines dinglichen Rechts, für das eine Gesamtberechtigung i. S. d. § 428 BGB besteht, entgegen einer vertretenen Meinung (OLG Zweibrücken, FGPrax 2014, 59, 60) der Aufgabeerklärung (§ 875 BGB) aller Gesamtgläubiger, und zur Löschung der Löschungsbewilligung aller (§ 19 GBO), sofern sich aus dem zugrunde liegenden Schuldverhältnis nicht etwas anderes ergibt (BGH, NJW 2017, 1811).

1.3. Unwirksame oder noch nicht erklärte Auflassung

Eine Zurückweisung hat zwingend zu erfolgen, wenn die endgültige Unwirksamkeit der Auflassung feststeht (OLG Karlsruhe, Rpfleger 2014, 416; OLG Frankfurt/M., MittBayNot 2019, 171 und DNotZ 2012, 140; BayObLG, Rpfleger 1986, 176). Dies ist der Fall, wenn die Auflassung nicht bei gleichzeitiger Anwesenheit beider Vertragsteile erklärt wurde (§ 925 Abs. 1 S. 1 BGB) oder der Notar bei der Erklärung der Auflassung nicht dauernd anwesend war (§ 925 Abs. 1 S. 1 und 2 BGB) oder die Auflassung in einem außergerichtlichen Vergleich erklärt wurde (§ 925 Abs. 1 S. 3 BGB) oder die Auflassung unter einer Bedingung bzw. Zeitbestimmung erfolgt ist (§ 925 Abs. 2 BGB). Der Antrag ist in solchen Fällen zurückzuweisen, da die Auflassung ordnungsgemäß wiederholt werden muss. Gleiches gilt, wenn das GBA definitiv weiß, dass die Auflassung überhaupt noch nicht erklärt worden ist (z. B. bei einem beurkundeten Kaufvertrag hinsichtlich einer noch nicht vermessenen Grundstücksteilfläche) oder wenn eine nicht ausreichende Auflassung erneut erklärt werden müsste, z. B. beim Abweichen der Identitätserklärung von der Auflassung (OLG München, NotBZ 2015, 63; 2014, 263; OLG Köln, RNotZ 2014, 367; BayObLG FGPrax 2001, 13). Inhalt einer Zwischenverfügung kann es nämlich nicht sein, auf den Abschluss eines Rechtsgeschäfts hinzuwirken, dass Grundlage der einzutragenden Rechtsänderung sein soll. Eine Zwischenverfügung ist nur gerechtfertigt, wenn der Mangel mit rückwirkender Kraft geheilt werden kann; dies ist bei einer unwirksamen oder noch nicht erklärten Auflassung nicht der

Fall. Fehlt bei der Antragstellung auf einen Eigentumswechsel aber die Auflassung und ist für das GBA nicht ersichtlich, ob die bereits erklärte Auflassung nur vergessen wurde vorzulegen oder noch gar nicht erklärt wurde, dann kommt eine Zwischenverfügung in Betracht. Wird zum Nachweis der Auflassung eine notarielle Urkunde vorgelegt, aus der sich ihre Unwirksamkeit durch einen Beurkundungsmangel ergibt (z. B. fehlende Unterschrift der Beteiligten oder des Notars, § 13 Abs. 3 BeurkG), so verlangt eine Meinung die Antragszurückweisung und eine neue Beurkundung mit anschließender neuer Antragstellung (OLG Celle, DNotZ 1954, 32). Dem kann nicht gefolgt werden, wenn die notarielle Beurkundung nur grundbuchverfahrensrechtliche Eintragungsvoraussetzungen nach § 29 Abs. 1 S. 2 GBO ist, wie z. B. bei der Auflassung. Letztere bedarf materiellrechtlich zu ihrer Wirksamkeit nicht der notariellen Beurkundung, wie sich aus § 925 BGB ergibt. Formellrechtlich ist dies jedoch erforderlich für den Nachweis der gleichzeitigen Anwesenheit vor einem Notar. Wenn die in § 925 BGB vorgeschriebene Form eingehalten, jedoch die Form des § 29 GBO nicht gewahrt ist, liegt ein Mangel der dinglichen Einigung nicht vor, sondern es ist lediglich ein Beweismangel gegeben, der geheilt werden kann; eine Zwischenverfügung ist somit zulässig (KEHE/*Volmer*, § 18 Rdn. 45; *Böttcher*, MittBayNot 1987, 65, 66).

→ **Beispiel 52b:**
Der Bauträger B verkaufte am 27.9.2011 zu notarieller Urkunde eine Eigentumswohnung an den Käufer K. Am 30.4.2015 wurde der Bauträger rechtskräftig verurteilt, der Übertragung der Eigentumswohnung an den Käufer K zuzustimmen und dessen Eintragung als Eigentümer zu bewilligen. Unter Vorlage dieses Urteils hat der Käufer seine Eintragung im Grundbuch am 13.7.2017 beantragt. Das GBA erließ diesbezüglich eine Zwischenverfügung. Dagegen hat K Beschwerde eingelegt.

Diese hatte beim OLG Düsseldorf (Rpfleger 2018, 435) Erfolg. Aber nur deshalb, weil keine Zwischenverfügung hätte ergehen dürfen, sondern der Antrag hätte zurückgewiesen werden müssen nach § 18 GBO. Eine Zurückweisung hat zwingend zu erfolgen, wenn die Unwirksamkeit der Auflassung feststeht (OLG Karlsruhe, Rpfleger 2014, 416; OLG Frankfurt, DNotZ 2012, 140). Die Auflassung muss ordnungsgemäß wiederholt werden. Gleiches gilt, wenn das GBA weiß, dass die Auflassung überhaupt noch nicht wirksam erklärt worden ist (OLG Düsseldorf, Rpfleger 2018, 435; OLG Köln, RNotZ 2014, 367; OLG München, NotBZ 2014, 263). Inhalt einer Zwischenverfügung kann es nämlich nicht sein, auf den Abschluss eines Rechtsgeschäfts hinzuwirken, dass Grundlage der einzutragenden Rechtsänderung sein soll (BGH, Rpfleger 2014, 123; 2014, 580). Eine Zwischenverfügung ist nur gerechtfertigt, wenn der Mangel mit rückwirkender Kraft geheilt werden kann; dies ist bei einer unwirksamen oder noch nicht erklärten Auflassung nicht der Fall.

Der Verkäufer wurde verurteilt, der Übertragung der Eigentumswohnung an den Käufer zuzustimmen. Dies ist dahingehend auszulegen, dass der Verkäufer zur Abgabe der Auflassungserklärung verurteilt wurde, § 873, 925 BGB (OLG Düsseldorf, Rpfleger 2018, 435). Die Auflassung muss grundsätzlich bei gleichzeitiger Anwesenheit von Verkäufer und Käufer vor einem Notar erklärt werden (§ 925 Abs. 1 BGB) und wird mit der notariellen Beurkundung bindend (§ 873 Abs. 2 Alt. 1 BGB). Im vorliegenden Fall wird zwar die Auflassungserklärung des Verkäufers durch das rechtskräftige Urteil gegen ihn ersetzt (§ 894 ZPO), nicht aber die Auflassungsannahme durch den Käufer (BayObLG, RNotZ 2005, 362). Bei der Antragstellung am 13.7.2017 unter Vorlage des rechtskräftigen Urteils gegen den Verkäufer lag deshalb keine wirksame Auflassung vor (§ 20). Der im Prozess obsiegende Käufer muss daher unter Vorlage einer mit Rechtskraftvermerk versehenen Ausfertigung des Urteils seine Auflassungserklärung vor einem Notar abgeben (§ 925 Abs. 1 BGB) und notariell beurkunden lassen, § 29 Abs. 1 S. 2 GBO (OLG München, Rpfleger 2017, 532; OLG Düsseldorf, Rpfleger 2018, 435). Im vorliegenden Fall geschah dies nicht. Deshalb lag noch keine Auflassung vor bei Antragstellung und der Antrag war deshalb zurückzuweisen.

1.4. Nichtvorliegen der Voraussetzungen der Zwangsvollstreckung

298 Wenn die begehrte Eintragung eine Vollstreckungsmaßnahme darstellt, müssen bei Antragstellung die Voraussetzungen der Zwangsvollstreckung bereits erfüllt sein. Das ergibt sich aus der Überlegung, dass dem Vollstreckungsgläubiger sonst infolge der Rang wahrenden Wirkung der Zwischenverfügung ein Rang vorbehalten würde, auf den er keinen Anspruch haben kann, weil die zu diesem Zeitpunkt vorgenommene Zwangsvollstreckung unzulässig war (BGH, BGHZ 27, 314 = NJW 1958, 1090; OLG München, FGPrax 2009, 103).

299 Fälle der angesprochenen Art sind insbesondere:

- Mängel oder Fehlen von Titel, Klausel oder Zustellung;
- Fehlen der von § 867 Abs. 2 ZPO vorgeschriebenen Verteilung;
- noch nicht abgelaufene Frist gem. § 798 ZPO;
- Nichteintritt eines bestimmten Kalendertages gem. § 751 Abs. 1 ZPO;

In allen diesen Fällen ist eine rangwahrende Zwischenverfügung nicht zulässig. Möglich ist – neben der Zurückweisung – allenfalls eine **nicht rangwahrende Aufklärungsverfügung gem. § 139 ZPO, § 28 Abs. 2 FamFG** weil das Verfahren des GBA als Vollstreckungsorgan auch den Regeln der ZPO untersteht (OLG Düsseldorf, Rpfleger 2019, 260 und Rpfleger 2019, 80; *Meikel/Böttcher*, § 18 Rdn. 47). Dass eine rangwahrende Wirkung nicht besteht, sollte dann in der Verfügung klargestellt werden. Geht danach ein weiterer Antrag ein, so gilt § 17 GBO *nicht*, d.h. der spätere Antrag ist zu vollziehen; er macht u.U. den früheren Antrag unvollziehbar (z.B. bei – zu beanstandender – Pfändung und späterer Abtretung eines Rechts).

1.5. Fehlen eines materiellen Rechtsgeschäfts

300 Eine Zurückweisung ist zu erlassen, wenn ein bestehendes Hindernis nur durch den Abschluss eines neuen Rechtsgeschäfts beseitigt werden kann, weil sonst die beantragte Eintragung einen ihr nicht gebührenden Rang erhielte; es ist daher nicht zulässig, mit einer Zwischenverfügung auf den Abschluss eines Rechtsgeschäfts hinzuwirken, das Grundlage der einzutragenden Rechtsänderung sein soll (BGH, Rpfleger 2014, 123; 2014, 580; OLG München, NotBZ 2015, 63; OLG Karlsruhe, Rpfleger 2014, 416). Deshalb kann das Grundbuchamt einem Eigentümer, der die Eintragung einer Vereinigung oder Bestandteilszuschreibung (§ 890 BGB) von Grundstücken beantragt, nicht im Wege einer Zwischenverfügung nach § 18 GBO aufgeben, das aus der Entstehung unterschiedlicher Belastungen oder Rangverhältnisse begründete Eintragungshindernis (§ 5 Abs. 1 S. 2 GBO) durch Pfanderstreckungen oder Löschungen oder Rangregulierungen zu beseitigen; wenn der beantragten Eintragung das Hindernis einer zu besorgenden Verwirrung entgegensteht, muss ein solcher Antrag des Eigentümers sofort zurückgewiesen werden (BGH, Rpfleger 2014, 123; OLG Dresden NotBZ 2019, 149). Gleiches gilt, wenn dem Grundbuchamt ein notariell beurkundeter Kaufvertrag hinsichtlich einer noch nicht vermessenen Grundstücksteilfläche einschließlich des amtlichen Messungsergebnisses zum Vollzug vorgelegt wird; wegen der fehlenden materiellen Auflassung (§§ 873, 925 BGB, § 20 GBO) und formellen Bewilligung des Verkäufers (§ 19 GBO) ist ein solcher Antrag sofort zurückzuweisen (OLG München, NotBZ 2015, 63).

1.6 Inhaltlich nicht vollziehbares Recht oder Rechtsgeschäft

301 Ein zwingendes Gebot zur Antragszurückweisung liegt vor, wenn der gestellte Eintragungsantrag inhaltlich nicht vollziehbar ist. Dies ist der Fall, wenn die Eintragung eines **nicht eintragungsfähigen Rechtes** begehrt wird, z. B. Miet- oder Pachtrecht (OLG Hamm, DNotZ 2001, 216). Wenn die Eintragung eines Rechtes beantragt wird, das nach dem numerus clausus der Sachenrechte nicht eintragungsfähig ist, ist eine Zwischenverfügung sinnlos; das begehrte Recht ist und bleibt nicht eintragungsfähig. Ist der Gesamtinhalt eines beantragten Rechts unzulässig, z. B. beim Antrag auf Eintragung einer Dienstbarkeit zur Sicherung von Leistungsansprüchen (vgl. § 1018 BGB), so liegt keine Dienstbarkeit i.S. des BGB vor; es hat eine Zurückweisung zu erfolgen (*Kleist*, MittRhNotK 1985, 133, 138). Da eine Zwischenverfügung nicht darauf gerichtet sein kann, das zur Eintragung **beantragte dingliche Recht inhaltlich zu ändern oder durch ein anderes Recht zu ersetzen**, muss in diesen Fällen eine Zurückweisung geschehen (OLG Zweibrücken, FGPrax 1997, 133; OLG Hamm, Rpfleger 1983, 395). Würden die Beteiligten auf eine Zwischenverfügung hin das beantragte Recht in ein eintragungsfähiges Recht umgestalten, so würde nicht mehr der alte, sondern ein neuer Antrag vorliegen. In einem solchen Fall ist von der ratio legis her kein Raum für eine Zwischenverfügung. Beispiele: Eintragung eines Wohnungsrechts ist als Grunddienstbarkeit statt als beschränkte persönliche Dienstbarkeit beantragt; Nießbrauch ist beantragt, eingetragen werden könnte nur eine beschränkte persönliche Dienstbarkeit (BayObLG, Rpfleger 1981, 397); Belastung von Wohnungseigentum ist beantragt, vorhanden ist jedoch nur gewöhnliches Miteigentum oder Alleineigentum, es sei denn der Antrag auf Eintragung des Wohnungseigentums wurde zuvor gestellt (OLG Hamm, Rpfleger 1983, 395). Wird die Eintragung eines an sich eintragungsfähigen Rechtes beantragt, ist dabei aber die Eintragung von **Neben- oder Teilbestimmung** unzulässig (z. B. Hypothekenklauseln), so entspricht es allgemeiner Meinung, dass in diesen Fällen ausnahmsweise eine Zwischenverfügung erlassen werden kann (*Böttcher,* MittBayNot 1987, 9, 13).

1.7 Fehlende Grundbuchunrichtigkeit bei Stellung eines Berichtigungsantrages

Wenn bei einem Berichtigungsantrag das Grundbuch (noch) nicht unrichtig ist, muss der Antrag zurückgewiesen werden (BayObLG, MittBayNot 1981, 23; KEHE/*Volmer,* § 18 Rdn. 48). Würde die begehrte Eintragung vorgenommen, so hätte sie nicht die angestrebte Richtigkeit des Grundbuches, sondern gerade dessen Unrichtigkeit zur Folge. Eine solche Eintragung verbietet das Legalitätsprinzip. Dies ist z. B. bei Anträgen auf Berichtigung des Grundbuches durch Vermerk von Verpfändungen oder Pfändungen der Fall, wenn die gerichtliche Pfändung eines Erbteiles vermerkt werden soll, bevor der Pfändungsbeschluss dem Drittschuldner zugestellt wurde oder die Pfändung eines Briefgrundpfandrechts vermerkt werden soll, bevor der Pfändungsgläubiger in den Besitz des Briefes gelangt. Eine Zwischenverfügung muss dagegen erlassen werden, wenn die Grundbuchunrichtigkeit schlüssig behauptet wird (z. B. Zustellung, Briefbesitz) und das Gegenteil nicht bekannt ist, jedoch versehentlich der Nachweis der Eintragungsvoraussetzungen (z. B. Zustellungsurkunde, Brief) nicht mit vorgelegt wird. Erst wenn zuverlässig feststeht, dass keine Grundbuchunrichtigkeit vorliegt (z. B. keine Zustellung erfolgt ist, der Pfändungsgläubiger keinen Besitz am Brief erlangt hat), ist die Zwischenverfügung aufzuheben und der Antrag zurückzuweisen (*Böttcher,* MittBayNot 1987, 9, 12).

301a

→ **Beispiel 53:**
A beantragt die Eintragung der Pfändung eines Briefrechtes. Er hat jedoch noch keinen Besitz am Brief erlangt.

In diesem Falle ist die Pfändung erst vollendet mit der Übergabe (Wegnahme) des Briefes, § 830 Abs. 1 S. 1 und 2 ZPO. Würde der Pfändungsvermerk (dessen Eintragung bei einer vollzogenen Pfändung ja Grundbuchberichtigung darstellt!) schon vor der Besitzerlangung am Brief bewirkt, so hätte er nicht die

Folge, das unrichtige Grundbuch richtig zu machen, sondern gerade die, das richtige Grundbuch unrichtig werden zu lassen. Eine solche Eintragung verbietet das Legalitätsprinzip.

2. Die Form der Zurückweisung

2.1. Der Beschluss

302 Sie geschieht durch begründeten **Beschluss**. Er zerfällt in:

a) Rubrum

„In der Grundbuchsache Starnberg Bd. 100 Blatt 830 wegen Eintragung einer Hypothek ergeht folgender Beschluss"

b) Tenor

„Der Antrag wird zurückgewiesen."

Nicht erforderlich und deshalb auch nicht üblich ist eine Entscheidung über die Auferlegung von Gerichtskosten. Die Folge ergibt sich unmittelbar aus dem GNotKG, sie braucht daher nicht angeordnet zu werden. Davon zu unterscheiden ist die Entscheidung über eine Erstattung von außergerichtlichen Kosten der Beteiligten. Eine solche Entscheidung kann nach § 81 FamFG ergehen, wenn mindestens zwei Beteiligte vorhanden sind, die unterschiedliche Entscheidungen angestrebt haben (z. B.: ein Gläubiger hat die Eintragung einer Hypothek beantragt, der Insolvenzverwalter hat dem Antrag erfolgreich widersprochen; ein Antragsteller hat eine „Berichtigung" begehrt, der Buchberechtigte hat die Richtigkeit des Buches nachgewiesen). In einem solchen Fall kann die Billigkeit es gebieten, dem erfolglos gebliebenen Antragsteller die Kosten des anderen Beteiligten aufzuerlegen (so wäre es im vorstehenden Beispiel wohl unbillig, den Gläubigern die dem Verwalter entstandenen Kosten anzulasten!).

c) **Entscheidungsgründe,** die sämtliche Hindernisse aufzeigen müssen, um der Gefahr einer erneuten Beanstandung des Antrages bei dessen Wiederholung vorzubeugen (RGZ 84, 274). Muster bei *Eickmann/Böttcher,* Grundbuchrecht, S. 7, 8.

d) Nach § 39 FamFG hat jeder Beschluss eine **Rechtsbehelfsbelehrung** über das statthafte Rechtsmittel sowie das Gericht, bei dem es einzulegen ist, dessen Sitz und die einzuhaltende Form und Frist zu enthalten. Verwirklicht wird damit der verfassungsrechtlich garantierte Anspruch auf wirkungsvollen Rechtsschutz. Eine Zurückweisung nach § 18 Abs. 1 ist somit mit einer Rechtsbehelfsbelehrung zu versehen (*Böttcher,* Rpfleger 2011, 53, 60). Da die Belehrung Bestandteil des Beschlusses ist, muss sie von der Unterschrift des Rechtspflegers gedeckt sein, sich somit über der Unterschrift befinden; nicht ausreichend sind ein separates Beiblatt oder die Rückseite des Beschlusses. Ist die Belehrung mangelhaft oder fehlt sie gar vollständig, wird eine Rechtsmittelfrist trotzdem in Gang gesetzt.

Muster:
»*Gegen diesen Zurückweisungsbeschluss findet das Rechtsmittel der Beschwerde statt. Eine Frist besteht nicht. Die Beschwerde kann bei dem Grundbuchamt Hersbruck, Schlossplatz 1, 91217 Hersbruck, oder bei dem Beschwerdegericht, Oberlandesgericht Nürnberg, Fürther Straße 110, 90429 Nürnberg, eingelegt werden. Die Beschwerde ist durch Einreichung einer Beschwerdeschrift oder durch Erklärung zur Niederschrift des Grundbuchamtes oder der Geschäftsstelle des Beschwerdegerichts einzulegen.*«

2.2. Bekanntmachung

Der Beschluss ist den Beteiligten bekannt zu machen, §§ 40, 41 FamFG. An den Antragsteller ist er zuzustellen, § 41 Abs. 1 S. 2 FamFG. Dies sollte auch gelten, obwohl die Grundbuchbeschwerde nicht fristgebunden ist. Vgl. dazu **Rdn. 28**.   303

3. Zwischenverfügung trotz Zurückweisungsgebot

Erlässt das GBA eine Zwischenverfügung, obwohl eine Zurückweisung geboten gewesen wäre (s. oben → Rdn. 294), so hat sie keine rangwahrende Wirkung. Die Behebung des Hindernisses gilt als neuer Antrag, der als im Zeitpunkt der Einreichung der – neuen – Unterlagen gestellt anzusehen ist (vgl. → Rdn. 340).   304

III. Die Zwischenverfügung

Eine Zwischenverfügung ergeht bei allen Verfahrensmängeln, die nicht in die oben → Rdn. 294–301 dargestellten Fallgruppen einzuordnen sind; sie ist somit die regelmäßige Entscheidung bei Anträgen, die noch nicht vollzogen werden können.   305

1. Der Inhalt der Zwischenverfügung

Die Zwischenverfügung **muss** stets enthalten: 306

- die Angabe der bestehenden **Eintragungshindernisse**,
- die Bezeichnung der Mittel zu deren **Beseitigung**,
- die Setzung einer **Frist** dazu,
- Rechtsbehelfsbelehrung (vgl. Rdn. 302 a.E.).

a) Die Zwischenverfügung ist im Grundbuchverfahren das Instrument, mit dem das Gericht seiner Hinweis- und Belehrungspflicht nachkommt (darauf weist *Habscheid*, NJW 1967, 226 zu Recht ausdrücklich hin!). Soll die Zwischenverfügung diesen Zweck richtig erfüllen, so muss sie **alle Eintragungshindernisse,** die nach Auffassung des Grundbuchamtes bestehen, vollständig darstellen (*Meikel/Böttcher*, § 18 Rdn. 104). Es ist nicht zulässig, die Zwischenverfügung zunächst auf eines oder mehrere Hindernisse zu beschränken und nach dessen Beseitigung den Antrag erneut zu beanstanden (BayObLGZ 70, 165 = Rpfleger 1970, 346). Etwas anderes gilt dann, wenn das (neue) Hindernis zunächst nicht erkennbar war, z. B. weil es sich erst aus einer Stellungnahme des Antragstellers auf die (erste) Zwischenverfügung ergibt.

b) Die Zwischenverfügung hat **alle Möglichkeiten** anzugeben, durch die nach Auffassung des Grundbuchamtes die bestehenden Eintragungshindernisse wirksam beseitigt werden können (*Meikel/Böttcher*, § 18 Rdn. 105). Bestehen in Bezug auf ein Hindernis mehrere Möglichkeiten, so sind sie alle aufzuzeigen (BayObLGZ 1970, 165 = Rpfleger 1970, 346; OLG Hamm, Rpfleger 1973, 169); der Antragsteller hat dann die Wahl, welche Möglichkeit er ergreifen will. Das Grundbuchamt sollte hier besonders gewissenhaft vorgehen und die Behebungsmöglichkeiten in einer allgemein verständlichen und auch für den Laien nachvollziehbaren Art darstellen.

c) Die Frist ist nach der Lage des Einzelfalles zu bestimmen. Sie muss ausreichen, die aufgezeigten Hindernisse innerhalb ihres Laufes zu beseitigen. Werden mehrere Behebungsmöglichkeiten aufgezeigt, so muss die Frist so bemessen sein, dass auch die langwierigste Behebungsmöglichkeit noch ergriffen und durchgeführt werden kann.

Fristverlängerung ist auf Antrag möglich und sollte auch nur aus wichtigem Grund versagt werden. Zulässig ist sie allerdings nur, wenn die in der Verfügung bezeichnete Frist noch nicht abgelaufen ist (**a.A.** OLG Düsseldorf, MittRhNotK 1992, 188).

Häufig enthält die Zwischenverfügung auch noch die Androhung, dass nach fruchtlosem Fristablauf der Antrag zurückgewiesen werde. Dies ist zwar nicht zwingend vorgeschrieben, empfiehlt sich jedoch schon deshalb, damit den Beteiligten die Notwendigkeit einer ernsthaften und schleunigen Beseitigung der Hindernisse nachdrücklich vor Augen geführt wird.

Die Zwischenverfügung ist den Beteiligten bzw. deren Vertreter (Notar!) zuzustellen, § 41 Abs. 1 S. 2 FamFG; vgl. Rdn. 29.

2. Die Wirkungen der Zwischenverfügung

2.1. Grundsatz

307 Die Zwischenverfügung wahrt dem Antragsteller alle materiell-rechtlichen und verfahrensrechtlichen Wirkungen des Antrages (RGZ 110, 206), also:

- die Wirkung des § 878 BGB,
- die Wirkung des § 892 Abs. 2 BGB und
- die Wirkung der §§ 17, 45, die über § 879 BGB den Rang der Grundstücksrechte bestimmen.

308 Eine Selbstbindung des Grundbuchamtes tritt durch die Zwischenverfügung nur in sehr eingeschränktem Umfang ein. So kann das Grundbuchamt jederzeit die Zwischenverfügung aufheben und durch eine neue Zwischenverfügung ersetzen oder auch dem Antrag entsprechen. Das Vorliegen neuer Tatsachen ist dazu nicht erforderlich. Die Aufhebung der Verfügung, verbunden mit einer Zurückweisung des Eintragungsantrages ist allerdings nur möglich bei Eintritt neuer, bei Erlass der Zwischenverfügung nicht gewürdigter Tatsachen *(Habscheid, NJW 1967, 226).*

309 Wenn die Aufhebung jederzeit zumindest zugunsten des Antragstellers zulässig ist, so **muss** eine solche Entscheidung vom Grundbuchamt bei Vorliegen **neuer Tatsachen** von Amts wegen getroffen werden.

> → **Beispiel 54:**
> Der verheiratete A will das in seinem Alleineigentum stehende Grundstück, das sein einziges Vermögensstück darstellt, mit einem Grundpfandrecht belasten. Das Grundbuchamt verlangt die Ehegattenzustimmung nach § 1365 BGB. Kurz darauf legt A ein rechtskräftiges Scheidungsurteil mit gegenseitigem Verzicht auf den Zugewinnausgleich vor.

Der die Zwischenverfügung rechtfertigende Grund (vgl. dazu *Bernauer*, DNotZ 2019, 12) ist nunmehr weggefallen (vgl. BGH, Rpfleger 1978, 207; BayObLG, Rpfleger 1972, 368). Das braucht der Antragsteller jedoch nicht durch Beschwerde gegen die Entscheidung geltend zu machen; das Grundbuchamt muss vielmehr die Zwischenverfügung von Amts wegen aufheben.

2.2. Die Rangwahrung durch Rangschutzvermerk (Vormerkung)

310 a) Geht nach dem mit der Verfügung beanstandeten ein weiterer Antrag ein, der das gleiche Recht betrifft, so müsste mit seiner Verbescheidung bis zur endgültigen Erledigung des Erstantrages zugewartet werden. Das ist dem zweiten Antragsteller nicht zuzumuten, weil er damit in nicht zu rechtfertigender Art und Weise vom ersten Antragsteller abhängig wäre. Deshalb gibt **§ 18 Abs. 2 GBO** die Möglichkeit, die Rangwahrung zugunsten des Erstantrages „grundbuchfest" zu machen und damit zugleich den Vollzug des Zweitantrages zu ermöglichen.

> → **Beispiel 55:**
> Auf dem Grundstück des A soll für B eine Hypothek eingetragen werden. Das Grundbuchamt erlässt eine Zwischenverfügung; kurz danach beantragt C die Eintragung einer Zwangshypothek.

Das Grundbuchamt trägt nunmehr zugunsten von B an nächster Rangstelle eine Vormerkung ein; sodann wird – in der folgenden Rangstelle – die Zwangshypothek für C vollzogen. Erfüllt B die Zwischenverfügung (d. h. er beseitigt die aufgezeigten Hindernisse in der bezeichneten Weise), so wird die Vormerkung in die beantragte Hypothek umgeschrieben, erhält also deren Rangstelle. Die Rechte haben dann den Rang, der ihnen nach der Eingangsreihenfolge zukommt und die Zwischenverfügung hat ihre rangwahrende Aufgabe erfüllt. Beseitigt B die Hindernisse nicht, so wird sein Antrag nach Fristablauf zurückgewiesen und die Vormerkung wird gelöscht (§ 18 Abs. 2 S. 2 GBO). Die Hypothek des C hat dann die bessere Rangstelle erlangt, da B nicht eingetragen wurde.

Damit diese Rangwirkung auch optisch deutlich erkennbar ist, wird die Vormerkung „halbspaltig" eingetragen und neben ihr – also in der zunächst freien zweiten Spaltenhälfte – das endgültige Recht vermerkt. Vgl. §§ 12, 19 GBV und Muster i. d. Anl. zur GBV Nr. 2a Abt. III Nr. 4.

Trotz – unglücklich gewählter – gleicher Bezeichnung ist die Vormerkung nach § 18 Abs. 2 GBO **keine** Vormerkung i.S.d. § 883 BGB. Auf sie sind daher weder die Vorschriften des BGB über Vormerkungen anwendbar, noch gilt für sie z. B. § 106 InsO. Sie hat lediglich den Zweck, den öffentlich-rechtlichen Anspruch des Antragstellers auf endgültige Verbescheidung seines Antrages zu sichern.

Gleiches gilt sinngemäß für den ebenfalls in § 18 Abs. 2 GBO erwähnten Widerspruch, der dann einzutragen ist, wenn nicht eine rechtsändernde, sondern eine berichtigende Eintragung begehrt wird.

Von § 18 Abs. 2 GBO wird nach überw. Auffassung kein Gebrauch gemacht, wenn der Zweitantrag (Ersuchen) auf Eintragung einer Verfügungsbeeinträchtigung gerichtet ist, denn dann müsste die Zweiteintragung dem Erstantragsteller die Möglichkeit gutgläubigen Erwerbes zerstören, das Schutzverfahren könnte sich mithin u.U. in das Gegenteil verkehren! In einem solchen Fall wird die Eintragung der Verfügungsbeeinträchtigung bis zur endgültigen Erledigung des Erstantrages zurückgestellt *(Meikel/Böttcher,* § 18 Rdn. 147; *Hagemann,* Rpfleger 1984, 397, 399; *Baum,* Rpfleger 1990, 141).

311 b) Eine **Besonderheit** ergibt sich in folgendem Fall:

→ **Beispiel 56:**

Auf dem Grundstück des A ist für B eine Buchhypothek eingetragen. Zunächst geht ein Antrag ein auf Eintragung der Abtretung dieser Hypothek durch B an C. Dem Antrag stehen Hindernisse entgegen, sodass das Grundbuchamt eine Zwischenverfügung erlässt. Später geht ein Antrag des D auf Eintragung der Pfändung dieser Hypothek ein.

Betrachten wir diese Situation, so zeigt sich Folgendes: Die Abtretung der Buchhypothek wird erst mit ihrer Eintragung wirksam. Solange die Eintragung nicht vorgenommen ist, steht das Recht dem B zu und kann dann auch zugunsten eines Gläubigers des B gepfändet werden. Die Eintragung der Pfändung kann somit im Augenblick nicht verweigert werden. Sie steht jedoch auf tönernen Füßen: Erfüllt B die Zwischenverfügung, so muss die Abtretung – die ja zunächst durch einen Schutzvermerk (Vormerkung) nach § 18 Abs. 2 GBO zu sichern ist – so eingetragen werden, dass sie der Eintragung zugunsten von D „vorgeht", d.h. C muss so gestellt werden, als wäre sein Antrag von Anfang an vollzugsreif gewesen (= Rang wahrende Wirkung der Zwischenverfügung!). Wäre jedoch die Abtretung sofort eingetragen worden, so hätte der Antrag auf Eintragung der Pfändung zurückgewiesen werden müssen, weil er sich gegen B richtet, der dann ja nicht mehr Rechtsinhaber gewesen wäre (vgl. dazu *Thomas/ Putzo*, § 830 Rdn. 12). Die spätere Eintragung (= Pfändung) wird in einem solchen Fall zwar zunächst vorgenommen, sie steht jedoch unter dem Vorbehalt einer späteren Löschung, wenn die Zwischenverfügung erfüllt wird (RGZ 110, 207; BayObLGZ 30, 440). Dieser Vorbehalt ist kenntlich zu machen. Es sind dann folgende Eintragungen vorzunehmen:

aa) Abt. III, Sp. 7 (halbspaltig)

„Vormerkung zur Sicherung der Eintragung der Abtretung des Rechts an … Gem. § 18 Abs. 2 GBO eingetragen am …"

bb) am gleichen Ort (ganzspaltig)

„Gepfändet für … wegen einer Forderung von … unter Bezugnahme auf den Pfändungs- und Überweisungsbeschluss des … eingetragen mit dem sich aus der Zwischenverfügung vom … und der Vormerkung vom … ergebenden Vorbehalt am …"

Wird die Zwischenverfügung erfüllt, so wird die Vormerkung in die endgültige Eintragung (= Abtretung) umgeschrieben und gerötet. Der Antrag auf Eintragung der Pfändung wird – obwohl ihm zunächst ja schon entsprochen worden war! – zurückgewiesen; der Pfändungsvermerk wird von Amts wegen gelöscht.

Wird die Zwischenverfügung nicht erfüllt, so wird der Antrag auf Eintragung der Abtretung zurückgewiesen und die Vormerkung gelöscht. Bei der Eintragung der Pfändung wird der Halbsatz „mit dem sich … ergebenden Vorbehalt" gerötet, da er dann gegenstandslos ist.

c) Sobald über den Erstantrag durch Zurückweisung entschieden ist, muss der Schutzvermerk gelöscht werden; das gilt auch dann, wenn die Zurückweisung bereits angefochten ist (*Meikel/Böttcher*, § 18 Rdn. 162). Darin liegt nur scheinbar eine Benachteiligung des Antragstellers: Hätte das Grundbuchamt seinen Antrag von Anfang an zurückgewiesen, anstatt ihn durch Zwischenverfügung zu verbescheiden, so wäre er ja auch vor nachfolgenden Anträgen nicht geschützt.

Der Schutzvermerk wird ferner gelöscht, wenn der ihn rechtfertigende Erstantrag zurückgenommen wird. Der Begünstigte, der den Eintragungsantrag nicht (mit-)gestellt hat, kann diese Löschung nicht verhindern (KG, Rpfleger 1972, 174).

Geschieht die Löschung versehentlich, so muss der Schutzvermerk neu eingetragen werden, weil in einem solchen Fall der Anspruch auf endgültige Verbescheidung des Antrages noch besteht und damit das Gebot des § 18 Abs. 2 GBO weiter gilt.

312 Wir müssen also im Falle des § 18 Abs. 2 GBO genau unterscheiden, ob zwischen den beiden Anträgen besteht:

- eine (nur) *rangmäßige Konkurrenz* (= Beispiel 55), bei der es nur darum geht, das Rangverhältnis der beiden Rechte zueinander sicherzustellen, oder
- eine sog. *existenzielle Konkurrenz* (= Beispiel 56), die dadurch gekennzeichnet ist, dass der Vollzug des Erstantrages den Zweitantrag unvollziehbar werden lässt; in diesem Fall steht die Zweiteintragung unter Vorbehalt.

313 d) Zuweilen wirken sich die Mängel, die zur Beanstandung des Erstantrages führen, auch auf die Vormerkung aus, d.h. dass auch sie dann bestimmte, an sich vorgeschriebene Erfordernisse für Eintragungen nicht erfüllen kann. Beispielsweise fehlt bei einer für A und B bestellten Hypothek die Angabe gem. § 47 GBO – natürlich kann diese (ja gerade mit der Zwischenverfügung angeforderte) Angabe auch in die Vormerkung nicht aufgenommen werden.

Allgemein anerkannt ist, dass es nicht schadet (*Meikel/Böttcher*, § 18 Rdn. 134):

- wenn die Vormerkung ohne Angaben nach § 47 GBO eingetragen wird,
- wenn die Voreintragung des § 39 GBO fehlt.

Hingegen kann eine Vormerkung *nicht* eingetragen werden:

- wenn der Berechtigte fehlt, worunter eine nur unkorrekte Bezeichnung eines identifizierbaren Berechtigten wohl nicht fällt; oder
- insoweit, als der durch die Vormerkung frei zu haltende Haftungsumfang nicht feststeht.

§ 2
Die Entscheidung bei Vorliegen aller Eintragungsvoraussetzungen

I. Die Eintragungsverfügung

Wenn das Grundbuchamt davon überzeugt ist, dass alle Eintragungsvoraussetzungen vorliegen, so hat es dem Antrag zu entsprechen. Diese Positiventscheidung ergeht durch eine interne (dem Antragsteller nicht bekannt zu machende) Verfügung, die den Urkundsbeamten anweist, die Eintragung vorzunehmen und die zugleich den Wortlaut der Eintragung festlegt, § 44 Abs. 1 S. 2 GBO. **314**

Die Eintragungsverfügung hat folgenden **Inhalt**:

a) Die genaue Bezeichnung der Grundbuchstelle, an der die Eintragung vorzunehmen ist (Band, Blatt, Best. Verz. oder Abteilung, Spalte, lfd. Nummer),
b) die Angabe des genauen Wortlauts der Eintragung; dieser kann allerdings auch im sog. Handblatt (einer kleinformatigen bei den Grundakten aufzubewahrenden wörtlichen Wiedergabe des Grundbuchblattes) eingetragen und in der Eintragungsverfügung darauf verwiesen werden.

Beim **maschinell geführten Grundbuch** ist § 44 Abs. 1 S. 1, 2 zweiter Halbsatz und S. 2 GBO nicht anzuwenden; § 44 Abs. 1 S. 2 erster Halbsatz GBO gilt mit der Maßgabe, dass der Rechtspfleger die Eintragung unmittelbar am Bildschirm veranlassen kann (§ 130 S. 1 GBO); einer besonderen Eintragungsverfügung bedarf es dann nicht (§ 74 Abs. 1 S. 2 GBV). Wird die Eintragung nicht besonders verfügt, so ist in geeigneter Weise der Veranlasser der Speicherung aktenkundig oder sonst feststellbar zu machen (§ 130 S. 2 GBO).

Den Wortlaut der Eintragung bestimmt ausschließlich und ohne jegliche Einschränkung alleine das Grundbuchamt. Seine Festlegung gehört mit zum Kernbereich der dem Gericht zugewiesenen Entscheidungstätigkeit und wird deshalb von der sachlichen Unabhängigkeit erfasst. Deshalb sind weder die Mustereintragungen der Grundbuchverfügung bindend, noch kann die Verwaltung einen bestimmten Wortlaut der Eintragung bindend vorschreiben. Die von den Justizverwaltungen herausgegebenen „Texthandbücher für Grundbucheintragungen" sind deshalb – im Einzelfall gewiss nützliche – Anregungen und Hilfestellungen; sie können den Rechtspfleger aber weder binden, noch ihm die Verantwortung für die Gesetzesmäßigkeit der Eintragung abnehmen. **315**

Auch an Vorschläge des Antragstellers oder anderer Beteiligter ist das Grundbuchamt nicht gebunden (RGZ 50, 153; KG, Rpfleger 1966, 305; BGHZ 47, 46 = Rpfleger 1967, 111). Der Antrag rechtfertigt die Eintragung, aber er be- **316** stimmt sie nicht, genauso wenig wie etwa behauptet werden kann, der Kläger könne im Zivilprozess mit der Klageerhebung bindende Wünsche zur Urteilsformulierung äußern. Die Fassung der gerichtlichen Entscheidungen ist stets allein in die Hand des Gerichts gelegt, das ja auch diese Entscheidung alleine zu verantworten hat und dafür die zivilrechtliche Haftung trägt.

II. Die sog. Folgeverfügungen

Zusammen mit der Verfügung der Eintragung selbst sind auch Verfügungen über die weitere Behandlung der Angelegenheit zu treffen. Insbesondere sind dabei zu nennen:

1. Briefbildung und -aushändigung

317 Der Rechtspfleger hat den Grundpfandrechtsbrief in seinem wesentlichen Inhalt entweder selbst zu entwerfen oder, falls der Entwurf durch den Urkundsbeamten erstellt wird, ihn vor der Ausführung abzuzeichnen und damit zu billigen. Der Inhalt des Briefes ergibt sich aus den §§ 56–59 GBO.

318 Nach Erstellung des Briefes besteht gegen das Grundbuchamt ein öffentlich-rechtlicher Herausgabeanspruch, dessen Inhalt in **§ 60 GBO** geregelt ist. Wegen der materiell-rechtlichen Bedeutung des Briefes und seiner Aushändigung hat das Grundbuchamt genau zu prüfen, an welche n der Beteiligten er nach seiner Erstellung zu übersenden ist. Darüber hat der Rechtspfleger in der Eintragungsverfügung eine präzise Anordnung zu treffen.

Der Brief ist grundsätzlich dem Eigentümer auszuhändigen, sofern er nicht nachträglich erteilt wird (§ 60 Abs. 1 GBO). Ist der Eigentümer zwischenzeitlich in Insolvenz gefallen, so hat das Grundbuchamt den Brief dem Insolvenzverwalter zu übersenden. Eine Verurteilung des Eigentümers zur Bestellung einer Briefhypothek gem. § 894 ZPO ändert nichts am Grundsatz des § 60 GBO .

Dem Gläubiger ist der Brief nur auszuhändigen, wenn eine wirksame Anweisung gem. § 60 Abs. 2 GBO vorliegt. Sie ist Verfahrenshandlung, nach der ausdrücklichen Regelung in § 60 Abs. 2 GBO der Form des § 29 Abs. 1 S. 1 GBO bedürftig und nach allgemeiner Meinung nicht von der Vollmacht des § 15 Abs. 2 GBO erfasst.

Da der Herausgabeanspruch an das Grundbuchamt ausschließlich öffentlich-rechtlicher Natur ist (vgl. *Derleder,* DNotZ 1971, 272/278), hat eine Vereinbarung gem. § 1117 Abs. 2 BGB, wenn sie nicht durch eine Bestimmung gem. § 60 Abs. 2 GBO ergänzt ist, für das Grundbuchamt an sich keine Bedeutung. Man kann jedoch einer solchen Vereinbarung den Willen zur Anweisung des Grundbuchamtes im Wege der Auslegung entnehmen.

2. Bekanntmachung der Eintragung

Nach § **55 GBO** soll jede Eintragung verschiedenen Beteiligten bekannt gemacht werden. Diese Bekanntmachung ist keine i.S.d. § 41 FamFG, weil die Eintragungsverfügung ja eine rein innerdienstliche Anordnung und keine Entscheidung mit Außenwirkung ist und die Eintragung ihre Wirksamkeit mit dem Abschluss des Eintragungsvorganges (= Leistung der letzten Unterschrift) erlangt. **319**

Die Bekanntmachung des § 55 GBO hat somit reinen Informationscharakter, ohne dass an ihre Vornahme oder an ihr Ausbleiben irgendwelche Rechtsfolgen geknüpft wären.

Die in den einschlägigen Vorschriften als Empfangsberechtigte Genannten können einen anderen zum Empfang bevollmächtigen. Die Zulässigkeit einer solchen **Benachrichtigungsvollmacht** kann nicht bestritten werden, weil sich aus der Verzichtsmöglichkeit des § 55 Abs. 7 GBO ergibt, dass die Benachrichtigung nicht etwa eine im öffentlichen Interesse zu erfüllende Pflicht des Grundbuchamtes ist, sondern dass auf sie ein Anspruch besteht, über den auch dergestalt verfügt werden kann, dass er durch einen anderen ausgeübt wird. Soweit nicht das Gesetz ausdrücklich oder sein Sinn und Zweck persönliches Handeln vorschreibt, können Rechtshandlungen durch gewillkürte Vertreter vorgenommen werden.

Der Empfänger (regelmäßig der Notar des § 15 Abs. 2 GBO) hat die Nachricht sorgfältig auf die Richtigkeit der Eintragung zu überprüfen; erforderlichenfalls beim GBA nachzufragen oder Gegenvorstellungen zu erheben (BayObLG, Rpfleger 1989, 147; OLG Köln, Rpfleger 2001, 123). Die Beteiligten dürfen regelmäßig darauf vertrauen, dass der Notar diese Pflicht wahrnehmen werde (BGH, NJW 1984, 1748). Grundsätzlich dazu: *Reithmann*, NotBZ 2004, 100.

8. Kapitel:
Die Eintragungen im Grundbuch

§ 1
Form und Inhalt der Eintragungen

I. Die Form der Grundbucheintragung

1. Der Eintragungsort

Wo die jeweilige Eintragung vorzunehmen ist, ergibt sich aus den §§ 6 bis 12   **320**
GBV. Vereinfacht dargestellt ergibt sich:
Das **Bestandsverzeichnis** (§§ 6 mit 8 GBV) dient zur Darstellung des Grundstücksbestandes und seiner Veränderungen, die **Abt. I** (§ 9 GBV) enthält den bzw. die Eigentümer; in **Abt. II** werden alle Grundstücksbelastungen eingetragen, die keine Grundpfandrechte sind, sowie alle Verfügungsbeeinträchtigungen und die sich auf das Eigentum oder auf Rechte der Abt. II beziehenden Vormerkungen und Widersprüche (§§ 10, 12 GBV); die **Abt. III** dient der Eintragung von Grundpfandrechten sowie der sich auf sie beziehenden Vormerkungen und Widersprüche (§§ 11, 12 GBV).
Die Abt. II und III enthalten gleichermaßen – neben anderen Spalten – je eine sog. Hauptspalte und eine sog. Veränderungsspalte. In die erstere wird jeweils das Recht als solches eingetragen; in der zweiten werden die sich auf die eingetragenen Rechte beziehenden Veränderungen vermerkt. Für die Löschung von Eintragungen sind gesonderte Löschungsspalten vorgesehen (vgl. im Einzelfall die der GBV. beigegebenen amtlichen Grundbuchmuster mit Mustereintragungen).

2. Die Datierung der Eintragungen

Nach **§ 44 Abs. 1 S. 1 GBO** soll jede Eintragung den Tag ihrer Vornahme   **321**
angeben. Die Ausgestaltung als Sollvorschrift stellt diese natürlich nicht in das Belieben des Grundbuchamtes (das zur Datierung verpflichtet ist), sondern deutet an, dass eine fehlende Datumsangabe die Eintragung trotzdem wirksam sein lässt und den materiellen Rechtsvorgang nicht beeinflusst.
Fehlt das Datum bei der Eintragung eines Rechts, so ist die Eintragung trotzdem wirksam. Der Rang eines Rechtes mit fehlendem Eintragungsdatum bestimmt sich gegenüber anderen Rechten der gleichen Abteilung nach der räumlichen Reihenfolge. Über das Rangverhältnis von Rechten in verschiede-

nen Abteilungen, wenn eines davon undatiert ist, herrscht Streit. Es soll nach einer Meinung den Rang vor Rechten haben, denen das ihm nach § 879 Abs. 1 S. 1 BGB in derselben Abteilung nachfolgende datierte Recht gemäß § 879 Abs. 1 S. 1 oder 2 GBO vorgeht (RGRK/*Augustin*, § 879 Rdn. 37). Nach richtiger Ansicht bestimmt sich der Rang des undatierten Rechts nach der tatsächlichen Eintragungszeit (Staudinger/S. *Heinze*, 2018, § 879 Rdn. 61; *Meikel/Böttcher*, § 45 Rdn. 226). Es ist nämlich davon auszugehen, dass das Recht im Augenblick der Vollendung der Eintragung entsteht, da das Fehlen der Datumsangabe materiell-rechtlich nicht schadet; damit entsteht auch sein Rang. Eine andere Frage ist, ob sich der materiell-rechtlich entstandene Rang auch nachweisen lässt. Ist dies der Fall, kann das Rangverhältnis von Amts wegen klargestellt werden. Gelingt der Nachweis nicht, muss das undatierte Recht weichen, d. h. es hat hinter alle Eintragungen der anderen Abteilungen zurückzutreten. Unter zwei undatierten letztrangigen Rechten in beiden Abteilungen besteht Gleichrang.

Die rein formale Zeitangabe im Eintragungsvermerk soll auch bei falscher Datierung gelten (vgl. *Wolff/Raiser*, Sachenrecht, § 41 I 2), z. B.: *Am 1.10.2018 wurde in Abt. II ein Recht eingetragen. In den ersten Tagen des Jahres 2019 wurde in die bisher freie Abt. III ein Recht eingetragen, wobei gewohnheitsmäßig noch die Jahreszahl „2018" vermerkt wurde.*

Nach richtiger Ansicht begründet das angegebene Datum nur eine Vermutung für die Rangfolge analog § 891 BGB und erzeugt Dritten gegenüber den entsprechenden Rechtsschein nach § 892 BGB; materiell-rechtlich bestimmt sich der Rang nach der tatsächlichen Eintragungszeit (*Meikel/Böttcher*, § 45 Rdn. 225 m.w.N.). Der danach Rangbessere muss allerdings sein Recht beweisen. Eine versehentliche Rückdatierung kann ordnungsgemäß bestellte Rechte der anderen Abteilung nicht auf einen schlechteren Rang zurückdrängen; eine solche Eintragung hat für den Rang keine formelle Rechtskraft. Ist das mit dem falschen Datum eingetragene Recht zediert worden, so kann zugunsten eines redlichen Zessionars Gutglaubensschutz eingreifen. Im Beispielsfall hat das Recht in Abt. II materiell-rechtlich Vorrang vor dem Recht in Abt. III trotz der entgegenstehenden Daten im GB. Ein gutgläubiger Dritter kann beim Erwerb des Rechts in Abt. III jedoch gutgläubig den im GB unrichtig verlautbarten Vorrang erwerben.

Beim **maschinell geführten GB** ist § 44 Abs. 1 S. 1 GBO nicht anzuwenden (§ 130 GBO). Jede Eintragung soll nach § 129 Abs. 2 GBO den Tag angeben, an dem sie wirksam geworden ist.

3. Die Unterzeichnung der Eintragungen

3.1. Der Grundsatz

322 Jede Eintragung muss von zwei zuständigen Personen unterzeichnet werden. **§ 44 Abs. 2 S. 2 GBO.** Die Ausgestaltung der Norm als Mussvorschrift führt

I. Die Form der Grundbucheintragung

dazu, dass bei Verstößen keine Eintragung im Rechtssinne vorliegt, sodass sich die materiell-rechtliche Rechtsänderung nicht vollziehen kann (vgl. KEHE/*Eickmann*, § 44 Rdn. 8).

Zuständig sind nach § 44 Abs. 1 S. 2 GBO der Rechtspfleger und der Urkundsbeamte der Geschäftsstelle; jedoch kann statt des Letzteren ein von der Leitung des Amtsgerichts ermächtigter Justizangestellter unterschreiben. Beim **maschinell geführten GB** sind die Vorschriften des § 44 Abs. 1 S. 2 Hs. 2 und S. 3 GBO über die Notwendigkeit der Unterschrift bei Grundbucheintragungen nicht anzuwenden (§ 130 GBO). In diesem Fall hat die Person, die die Eintragung veranlasst, der Eintragung ihren Nachnamen hinzuzusetzen und beides elektronisch zu unterschreiben (§ 75 GBV).

Da § 44 GBO die Unterschrift eines „zuständigen Beamten" verlangt, führen Zuständigkeitsmängel hier – entgegen der Tendenz in anderen FG-Verfahren (vgl. Rdn. 56) – zur Unwirksamkeit der Eintragung und verhindern damit den materiellen Rechtserwerb (KEHE/*Keller*, § 44 Rdn. 9).

Zu den Zuständigkeitsfragen vgl. oben → Rdn. 56, Beispiel 8.

Ist eine Unterschrift **unterblieben**, so kann ihre Nachholung das Recht erst in diesem Zeitpunkt zur Entstehung bringen. Damit ist jedoch noch nichts über den Rang gesagt, der dem nunmehr entstandenen Recht zukommt. Überwiegend wird dazu die Auffassung vertreten, es habe Rang nach allen ordnungsgemäß eingetragenen Rechten, auch wenn sie ihm räumlich nachgehen (*Meikel/Böttcher*, § 44 Rdn. 75); möglich ist freilich gutgläubiger Erwerb des aus dem Buch ersichtlichen Ranges.   323

Man darf die Unterschrift nachholen, muss jedoch, damit das Buch nicht den Schein eines besseren Ranges verlautbart, einen entsprechenden Hinweisvermerk von Amts wegen anbringen; also z.B. „Das Recht Nr. 2 hat infolge nachträglicher Unterzeichnung Rang nach den Rechten Abt. II Nrn. 1 und 2 und Abt. III Nrn. 3 und 4".

3.2. Die sog. Sammelbuchung

Sie liegt vor, wenn bei mehreren materiell-rechtlich selbstständigen Rechten nicht jeder Eintragungsvermerk für sich datiert und unterschrieben ist, sondern die mehreren Eintragungen in einem einheitlichen Vermerk zusammengefasst und dieser nur einmal unterzeichnet wird.   324

Diese Sammelbuchung ist unter bestimmten Umständen zulässig (vgl. *Jestaedt*, Rpfleger 1970, 380; *Meikel/Böttcher*, § 44 Rdn. 77-86).

Sie ist möglich:
a) als **Buchung unter einer Nummer**,

325 also z. B.

Abt. II, Sp. 1: 1
Sp. 2: 1
Sp. 3: Je beschränkte persönl. Dienstbarkeit (Wohnungsrecht) für
a) Josef Meier, Rentner in München
b) dessen Ehefrau Maria Meier, geb. Huber, Hausfrau in München
eingetragen gem. Bewilligung vom ...
am ...
Pfleg

Diese Buchung unter einer laufenden Nummer ohne Anteilsangabe nach § 47 GBO sowie ohne Rangvermerke wird heute zu Recht als zulässig angesehen (BayObLGZ 1957, 322 = Rpfleger 1958, 88; KEHE/*Keller*, § 44 Rdn. 23; *Meikel/ Böttcher*, § 44 Rdn. 82, 84). Sie empfiehlt sich jedoch nur für Rechte in Abt. II; die Eintragung von Grundpfandrechten in dieser Form ist nicht zuzulassen, weil die Möglichkeit der Veränderung der Rechte (Teillöschung, Teilabtretung) zur Unübersichtlichkeit des Grundbuches führen müsste.

Die Sammelbuchung unter einer Nummer lässt entsprechend viele untereinander unabhängige Rechte entstehen, die untereinander Gleichrang haben. Von ihr kann also kein Gebrauch gemacht werden, wenn ein unterschiedliches Rangverhältnis entstehen soll. In einem solchen Fall muss die Sammelbuchung unter mehreren Nummern gewählt werden.

b) als **Buchung unter mehreren Nummern**

326 Diese neue Buchungsform empfiehlt sich insbesondere für Grundpfandrechte; gegen ihre Zulässigkeit bestehen keine Bedenken (KEHE/*Keller*, § 44 Rdn. 24, 25; *Meikel/Böttcher*, § 44 Rdn. 84-86). Sie verschafft den Rechten den sich aus ihrer Reihenfolge ergebenden Rang.

Abt. III Sp. 1	Sp. 2	Sp. 3	Sp. 4
1	1	10.000,-	Hypothek ohne Brief für Zehntausend Euro Darlehen der A-Bank in X nebst 7 % Jahreszinsen;
2	1	20.000,-	Grundschuld zu zwanzigtausend Euro für die B-Bank in Y nebst 10 % Jahreszinsen.
			Zu Nrn. 1 und 2: Gegen den jeweiligen Eigentümer sofort vollstreckbar. Gem. Bewilligungen je vom ... eingetragen am ... Pfleg

Bei der zulässigen Sammelbuchung decken die abschließenden Unterschriften die Eintragungsvermerke für alle Rechte. Der Eintragungstext muss jedoch zweifelsfrei ergeben, dass Datum und insbesondere Unterschrift alle Buchungen ergreifen soll.

II. Der Inhalt der Eintragung

1. Der Bestimmtheitsgrundsatz

Das Grundbuch ist dazu bestimmt, die dinglichen Rechtsverhältnisse am Grundstück zu schaffen und darzustellen. Angesichts der Bedeutung dieser Rechtsvorgänge und im Hinblick auf die dem Buch beigelegte Publizitätswirkung versteht sich, dass das Buch die Rechtsverhältnisse in klaren und eindeutigen Eintragungen darstellen muss, damit der ihnen zuerkannte öffentliche Glaube nicht zu einer Gefahr für den Rechtsverkehr wird. 327

Der Bestimmtheitsgrundsatz verlangt, dass das Grundbuch stets ausweist:

- den vollständigen **Inhalt** und **Umfang** des eingetragenen Rechts,
- die **Person** des Berechtigten,
- bei mehreren Berechtigten deren **Gemeinschaftsverhältnis**,
- das betroffene **Grundstück**,
- Umstände, die den **Rechtsbestand** beeinflussen (Bedingungen, Befristungen etc.).

Damit ist freilich nicht festgestellt, ob diese Umstände sämtliche ausdrücklich aus dem Eintragungswortlaut ersichtlich sein müssen. Unser Grundbuchverfahren kennt nämlich **zwei** Arten der Eintragung: 328

- die **unmittelbare** Eintragung; sie liegt dann vor, wenn eine Tatsache in den Eintragungstext mit aufgenommen wird;
- die **mittelbare** Eintragung; sie liegt dann vor, wenn zulässigerweise auf die Eintragungsbewilligung Bezug genommen wird (§ 874 BGB).

In beiden Fällen ist die entsprechende Klausel oder Tatsache eingetragen; beide Eintragungsarten gelten gleich viel und erfüllen gleichermaßen die Voraussetzungen des § 873 BGB und den Bestimmtheitsgrundsatz. Freilich steht es nicht im Belieben des Grundbuchamtes, wann es von der mittelbaren oder unmittelbaren Eintragung Gebrauch macht; deren Voraussetzungen und damit Zulässigkeit sind durch Literatur und Rechtsprechung sehr streng gegeneinander abgegrenzt.

2. Die Notwendigkeit unmittelbarer Eintragung

Eine unmittelbare Eintragung bedeutet nach dem vorne Gesagten, dass der entsprechende Eintragungsteil in den in das Buch einzutragenden Text selbst aufzunehmen ist. Unmittelbar einzutragen sind dabei insbesondere stets

329 2.1. die **Natur** des Rechts, also seine Bezeichnung als Hypothek, Grundschuld, usw. Bei Rechten, die ihrem Wesen nach eine Vielzahl von Berechtigungen enthalten können (also Dienstbarkeiten, Reallasten), muss auch deren nähere Ausgestaltung angegeben werden (sog. **Charakterisierungszusatz**; vgl. KG, Rpfleger 2016, 275; OLG Schleswig, NotBZ 2010, 427). Das ergibt sich daraus, dass zwar der Hauptinhalt einer Hypothek klar ist: Gem. § 1113 BGB muss eine bestimmte Geldsumme „aus dem Grundstück" geleistet werden. Nicht klar wäre jedoch eine Eintragung, die nur als „Dienstbarkeit" bezeichnet ist, weil dies ja nur kennzeichnen würde, dass der Eigentümer etwas (was?) zu dulden oder zu unterlassen hat. Hier muss angegeben werden, worum es im Einzelfall geht, also: „Geh- und Fahrtrecht", „Wasserleitungsrecht", etc.! Gleiches gilt für die Reallast; auch sie muss näher bezeichnet werden, z.B. als „Rentenrecht", „Holzbezugsrecht" etc. Die schlagwortartige Bezeichnung des Rechts muss nicht in der Eintragungsbewilligung angegeben werden; dies ist vielmehr Aufgabe des Grundbuchamts (KG, Rpfleger 2016, 275).

Die Bezeichnung allein mit dem Begriff des Rechts genügt somit nur bei Hypotheken, Grundschulden, Rentenschulden, Nießbrauch, Vorkaufsrecht, Erbbaurecht.

330 2.2. Der **Umfang** des Rechts, also insbesondere bei Grundpfandrechten der Geldbetrag und die Nebenleistungen (§ 1115 Abs. 1 BGB, § 1192 BGB).

Während dabei die Bezeichnung des Nennbetrages keine Schwierigkeiten bereitet, hat die Eintragung der **Nebenleistungen** angesichts der oft komplizierten Vereinbarungen Literatur und Rechtsprechung immer wieder beschäftigt, weil hier der Bestimmtheitsgrundsatz besonders stark mit dem Bestreben in Widerspruch geraten kann, das Grundbuch klar und übersichtlich zu halten. Ohne dass hier alle Einzelheiten dieser Problematik ausgebreitet werden sollen (vgl. dazu ausf. die Darstellung von *Böttcher*, Rpfleger 1980, 81 ff.), ist festzuhalten:

a) Zusammenfassung von Zinsen und anderen Nebenleistungen (Säumniszuschläge, Vorfälligkeitsentschädigungen etc.) ist nicht zulässig;

b) Zusammenfassung von verschiedenen Nebenleistungen, die keine Zinsen sind, ist zulässig, wenn ein Höchstsatz eingetragen wird. Vgl. deswegen und wegen anderer Probleme (Eintragung von Beginn des Laufes der Nebenleistungen, von deren Voraussetzungen, von der Berechnungsgrundlage etc.).

331 2.3. die **Person** des Berechtigten; sie ist nach Maßgabe des § 15 GBV unmittelbar einzutragen;

332 2.4. das **Gemeinschaftsverhältnis** mehrerer Berechtigter in der für den Grundbuchverkehr notwendigen Bestimmtheit (vgl. oben → Rdn. 176 ff.).

2.5. das **betroffene Grundstück;** es wird durch die Angabe der Nummer des Bestandsverzeichnisses in Sp. 3 (Abt. I) bzw. Sp. 2 (Abt. II und III) bezeichnet. Lastet das Recht zulässigerweise nur an einem Miteigentumsanteil, so muss dies unmittelbar in den Eintragungstext aufgenommen werden. 333

2.6. die Umstände, die den **Bestand** des Rechts beeinflussen; deshalb sind Bedingungen und Befristungen des Rechts unmittelbar einzutragen (OLG München, NotBZ 2019, 111; OLG Köln, DNotZ 1963, 48). Es genügt dabei allerdings, wenn die Tatsache der Bedingung oder Befristung als solche im Eintragungsvermerk erscheint, während wegen der näheren Bezeichnung der Bedingung etc. Bezug genommen werden kann (OLG Karlsruhe, DNotZ 1968, 432); 334

2.7. Unmittelbar sind ferner stets einzutragen: 335

- der Ausschluss der Brieferteilung (§ 1116 Abs. 2 BGB),
- die Bezeichnung als Sicherungshypothek (§ 1184 Abs. 2 BGB),
- der Grundbuchvertreter bei einer Wertpapierhypothek (§ 1189 Abs. 1 S. 2 BGB),
- die dingliche Unterwerfungsklausel des § 800 ZPO,
- Rangvermerke (s. dazu ausf. → Rdn. 348 ff.).

3. Die Bezugnahme auf die Bewilligung

Um eine Überfüllung des Buches zu verhindern, gestattet es § 874 BGB, in bestimmtem Umfang im Eintragungstext auf die Bewilligung zu verweisen, sodass dann der Inhalt der Bewilligungsurkunde über diese Verweisung mittelbarer Inhalt der Eintragung wird. Damit ist klar, dass auch durch Bezugnahme nicht eingetragen werden kann, was nicht eintragungsfähig ist. Die Bewilligung muss deshalb insbesondere schuldrechtliche und dingliche Bestimmungen deutlich voneinander trennen (*Staudinger/C. Heinze*, 2018, § 874 Rdn. 5). 336

Soweit eine Urkunde die Bewilligung ersetzt, kann auch auf sie Bezug genommen werden.

Die Bezugnahme ist zulässig: 337

a) **nach § 874 BGB** bei Rechten am Grundstück und bei Nießbrauch und Pfandrechten an solchen Rechten und zwar wegen des näheren Inhalts (also nicht wegen der Art des Rechts, deshalb ist der Charakterisierungszusatz bei Dienstbarkeiten → Rdn. 329 – unmittelbar einzutragen);

b) nach **§ 14 Abs. 1 ErbbauRG** zur näheren Bezeichnung des Inhalts eines Erbbaurechtes (vgl. auch § 56 Abs. 2 GBV);

c) nach **§ 7 Abs. 3, § 32 WEG** zur näheren Bezeichnung des Gegenstandes und Inhalts des Sondereigentums bei Wohnungseigentum und des Gegenstandes und Inhalts eines Dauerwohnrechts;

d) nach **§ 885 Abs. 2 BGB** zur näheren Bezeichnung des zu sichernden Anspruches bei einer Vormerkung;

e) nach **§ 1115 Abs. 1 BGB** zur Bezeichnung der Forderung bei einer Hypothek.

Nach der materiellen Normen kann auf die Bewilligung Bezug genommen werden (§§ 874, 885 Abs. 2, 1115 Abs. 1 BGB, § 7 Abs. 3 WEG, § 14 Abs. 1 S. 2 ErbbauRG). Dieses Ermessen des Grundbuchamtes wird durch § 44 Abs. 2 GBO weitgehend beseitigt (*Demharter*, § 44 Rdn. 37); das GBA soll nämlich im gesetzlichen Umfang auf die Eintragungsbewilligung Bezug. Dies bedeutet, dass das GBA Bezug nehmen muss, es aber bei einem Verstoß dagegen nicht zu Unwirksamkeit der Eintragung kommt.

§ 2
Die Reihenfolge der Eintragungen

I. Der Prioritätsgrundsatz

1. Das Zusammenwirken von materiellem und formellem Recht

Nach **§ 879 Abs. 1 BGB** haben die Grundstücksrechte den sich aus der Reihenfolge ihrer Eintragung ergebenden Rang, wobei S. 1 a.a.O. direkt diese (räumliche) Reihenfolge anspricht, S. 2 a.a.O. jedoch auch nichts anderes, nämlich die zeitliche Reihenfolge meint *(Materieller Prioritätsgrundsatz)*. Da die Reihenfolge der Eintragungen somit von entscheidender Bedeutung für die Rechte ist, kann sie nicht im Belieben des Grundbuchamtes stehen, sondern muss an eindeutige Kriterien anknüpfen, die die Eintragungsreihenfolge bestimmen. Der Gesetzgeber hat als solchen Rang bestimmenden Faktor den Zeitpunkt der Antragstellung beim Grundbuchamt gewählt; er bestimmt nach **§ 17 GBO** die Entscheidungsreihenfolge des Grundbuchamtes (→ Rdn. 339 ff.) und damit auch die Reihenfolge und Form der Eintragungen (§ 45 GBO; → Rdn. 343 ff.).

338

Wenn das Grundbuchamt richtig entscheidet, verschafft die Priorität des formellen Antrages den materiell besseren Rang *(Formeller Prioritätsgrundsatz)*.

Freilich: Wenn das Grundbuchamt gegen §§ 17, 45 GBO verstößt und etwa ein später beantragtes Recht zuerst einträgt, bestimmt sich das bestehende Rangverhältnis ausschließlich nach § 879 BGB; d.h. dass das später eingegangene aber früher eingetragene Recht den besseren Rang erlangt. Das Grundbuch ist dann richtig, weil die Grundbucheintragung den Rang mit konstitutiver Wirkung schafft (sog. „formale Rechtskraft der Eintragung", vgl. BGHZ 21, 98, 99; *Meikel/Böttcher*, § 45 Rdn. 5 m.w.N.).

Die mit der Reihenfolge beantragter Eintragungen zusammenhängenden Fragen verlangen wegen dieser weitreichenden und bedeutsamen Folgen die besondere Aufmerksamkeit des Grundbuchamtes, zumal nach h.M. ein entgegen §§ 17, 45 GBO eingetragener und damit endgültig entstandener Rang auch regelmäßig zwischen den Beteiligten nicht mehr kondiziert werden kann (BGHZ 21, 98; vgl. *Meikel/Böttcher*, § 45 Rdn. 5), sodass der Ausgleich nur durch Amtshaftung des Grundbuchamtes gewährt wird!

2. Die Entscheidungsreihenfolge des § 17 GBO

2.1. Grundsätze

Nach § 17 GBO müssen Anträge, die „dasselbe Recht betreffen", in der Eingangsreihenfolge entschieden werden.
Ein solcher Zusammenhang besteht:

339 a) wenn zwischen den beantragten Rechten ein materielles Rangverhältnis i.S.d. §§ 879 ff. BGB gegeben ist (vgl. dazu *Palandt/Herrler*, § 879 Rdn. 4 ff.);
b) wenn die beantragte Eintragung ihrer Art nach geeignet ist, die andere Eintragung rechtlich zu beeinflussen, das ist z. B. stets der Fall im Verhältnis zwischen **Verfügungsbeeinträchtigung** (z. B. Insolvenzvermerk, Zwangsversteigerungsvermerk) und dinglichen Grundstücksrechten, weil die vorhergehende Eintragung der Verfügungsbeeinträchtigung geeignet ist, den guten Glauben des Erwerbers zu zerstören und damit gem. § 892 Abs. 2 BGB endgültig den Rechtserwerb zu hindern. Es kommt dabei nicht darauf an, ob im vorliegenden Fall eine solche Möglichkeit etwa deshalb ausscheidet, weil die Voraussetzungen des § 878 BGB vorliegen; auch in diesem Fall ist § 17 GBO anzuwenden (*Wilke* in Bauer/Schaub, § 17 Rdn. 9; *Meikel/Böttcher*, § 17 Rdn. 14; *Baum*, Rpfleger 1990, 141, 142; *Tröster*, Rpfleger 1985, 337, 338; *Rieger*, BWNotZ 2001, 79, 84; **a.A.** *Becker* ZfIR 2019, 253, 256);
c) wenn die früher beantragte Eintragung erst die Zulässigkeit der später beantragten herbeiführt.

340 In allen diesen Fällen muss das Grundbuchamt die Anträge in ihrer Eingangsreihenfolge verbescheiden, sei es durch Eintragung, Zwischenverfügung oder Zurückweisung. Der richtigen Entscheidungsart (Zurückweisung oder Zwischenverfügung) kommt dabei in diesem Zusammenhang besondere Bedeutung zu:

→ **Beispiel 58:**

A hat am 1.2. die Eintragung einer Zwangshypothek beantragt; da der Titel noch nicht zugestellt ist, erlässt das Grundbuchamt am 2.2. Zwischenverfügung. Am 3.2. geht ein Antrag des B auf Eintragung eines dinglichen Rechts ein, am 4.2. lässt A zustellen und legt den Nachweis vor.

Bei Fehlen einer Zwangsvollstreckungsvoraussetzung hätte das Grundbuchamt nicht durch Zwischenverfügung entscheiden dürfen, sondern hätte den Antrag zurückweisen müssen (s. oben → Rdn. 298, 299). Wurde in einem solchen Fall jedoch fälschlich eine Zwischenverfügung erlassen, so ist der Antrag erst in dem Zeitpunkt als eingegangen i.S.d. § 17 GBO zu behandeln, in dem der Mangel behoben wurde (ganz h.M. vgl. *Meikel/Böttcher*, § 18 Rdn. 47). In unserem Beispiel hat also das Grundbuchamt im Rahmen des § 17 GBO folgende Eingangsdaten zugrunde zu legen: B: 3.2.; A: 4.2.!

> Die **unzulässige Zwischenverfügung** hat also **keine rangwahrende Wirkung**!

2.2. Ausnahmen

Ausnahmen von § 17 GBO bestehen:

a) wenn die früher beantragte Eintragung erst durch die später beantragte zulässig wird; 341

→ **Beispiel 59:**
A hat gegen B einen Vollstreckungstitel. Er erfährt, dass B ein bestimmtes Grundstück erwerben will und beantragt sofort die Eintragung einer Zwangshypothek gegen B. Dieser Antrag geht kurz vor dem Antrag auf Eigentumsumschreibung auf B ein.

Wenn der Antrag auf Eigentumsumschreibung noch nicht vorläge, müsste das Grundbuchamt selbstverständlich den Antrag des A zurückweisen. So aber liegen beide Anträge vor: Nach dem Wortlaut des § 17 GBO müsste der Antrag A zuerst behandelt werden, dies könnte nur durch Zurückweisung geschehen. Sofort nach dieser Zurückweisung könnte jedoch der Antrag des B vollzogen werden und sofort danach wäre der Zurückweisungsgrund entfallen. Die Anwendung von § 17 GBO wäre somit hier ein bloßer Formalismus zulasten des A. In einem solchen Fall ist deshalb § 17 GBO seinem Zweckgedanken nach nicht anzuwenden (h.M., vgl. *Meikel/Böttcher*, § 17 Rdn. 22);

b) wenn der Antragsteller des früheren Eingangs nachträglich bestimmt (§ 31 GBO!), dass zuerst der spätere Antrag vollzogen werden soll (*Meikel/Böttcher*, § 17 Rdn. 21). 342

3. Die Buchungsreihenfolge des § 45 GBO

3.1. Grundsatz

Auch § 45 GBO dient der Verwirklichung des Prioritätsgrundsatzes: Verlangt § 17 GBO die der Eingangspriorität entsprechende Verbescheidung, so regelt § 45 GBO die mit ihr übereinstimmende Buchung. 343

Sind in **einer Abteilung** mehrere Eintragungen zu bewirken, so erhalten sie die Buchungsreihenfolge, die dem Antragseingang entspricht. Dadurch wird das der Eingangsreihenfolge entsprechende Rangverhältnis begründet. § 879 Abs. 1 S. 1 BGB. Sind die Anträge gleichzeitig eingegangen, so muss der aus diesem Eingang sich ergebende Gleichrang durch einen Rangvermerk dargestellt werden, § 45 Abs. 1, 2. Hs. GBO.

344 Die Rangvermerke sind bei allen beteiligten Rechten einzutragen(§ 18 GBV). Sie werden in die Eintragungsvermerke selbst aufgenommen, gehören also in der 2. Abteilung in Spalte 3 und in der 3. Abteilung in Spalte 4. Eine selbstständige Eintragung der Rangvermerke würde deren Wirksamkeit aber nicht beeinträchtigen. Zweckmäßig wird ein Rangvermerk an den Schluss des Eintragungsvermerks unmittelbar vor das Datum gesetzt. Der Vermerk lautete etwa: „*... im Gleichrang mit dem Recht Nr. 6 eingetragen am ...*". Es ist also, wenn z. B. in der Abt III unter lfd. Nr. 3 eine Hypothek zu 10.000 € und unter lfd. Nr. 4 eine Hypothek zu 50.000 € eingetragen werden, deren Eintragung gleichzeitig beantragt wurde, bei der Hypothek Nr. 3 in Sp. 4 zu vermerken: „*... im Gleichrang mit der Hypothek Nr. 4 eingetragen am ...*". Ein entsprechender Eintrag ist bei der Hypothek Nr. 4 in Sp. 4 zu vermerken: „*... im Gleichrang mit der Hypothek Nr. 3 eingetragen am ...*". Ergibt sich bei gleichzeitigem Eingang der Anträge aus der Natur der Sache, dass vermutlich kein Gleichrang gewollt ist, so hat das GBA evtl. die Beteiligten auf die Rangvorschriften hinzuweisen, so z. B. bei gleichzeitig eingegangenen Anträgen auf Eintragung einer Restkaufpreishypothek für den Verkäufer und einer Hypothek zur Baufinanzierung für einen Dritten (*Meikel/Böttcher*, § 45 Rdn. 52, 102).

345 Sind Eintragungen in **verschiedenen Abteilungen** vorzunehmen, so werden sie unter dem gleichen Datum und ohne weitere Zusätze bewirkt, sofern die Anträge gleichzeitig eingegangen sind. § 45 Abs. 2 GBO. Dies führt dann auch zu dem diesen Rechten nach ihrem Eingang zukommenden Gleichrang, § 879 Abs. 1 S. 2, 2. Hs. BGB.

Sind die Rechte zu verschiedenen Zeitpunkten eingegangen, so kann der ihnen zukommende Vor- und Nachrang auf verschiedene Weise eingetragen werden:

- entweder durch Eintragung unter verschiedenen Daten (vgl. § 879 Abs. 1 S. 2 BGB),
- oder durch Eintragung mit gleichem Datum, aber durch Beifügung eines Rangvermerkes (§ 45 Abs. 2 GBO).

3.2. Ausnahmen

346 Eine Reihe gesetzlicher Vorschriften sieht Ausnahmen von § 45 GBO vor:
a) **§ 883 Abs. 3 BGB**: Ein durch Vormerkung gesichertes Recht erhält den Rang der Vormerkung (deshalb deren halbspaltige Eintragung, § 19 Abs. 1 GBV!). Das gilt auch für die Vormerkung des § 18 GBO.
b) **§ 10 Abs. 1 ErbbauRG**: Das Erbbaurecht darf nur an ausschließlich erster Rangstelle eingetragen werden; kann diese Rangstelle nicht verschafft werden, ist die Eintragung abzulehnen;
c) **§ 128 ZVG**: Die Sicherungshypothek für die Forderung gegen den Ersteher eines versteigerten Grundstücks erhält den Rang des Anspruches, zu

dessen Befriedigung die Forderung übertragen wurde. Dieses Rangverhältnis hat das Vollstreckungsgericht in seinem Eintragungsersuchen zu bezeichnen;

d) **§ 130 Abs. 3 ZVG:** Anträge, die vom Ersteher eines bestimmten Grundstückes vor seiner Eintragung als Ersteher bereits gestellt wurden, können bis zur Eintragung des Erstehers zurückgestellt werden.

3.3. Rang außerhalb des Buches

§ 45 GBO gilt weiter dann nicht, wenn ein Rangverhältnis außerhalb des Grundbuches entstanden ist. 347

Dies ist insbesondere dann der Fall, wenn Pfändungen außerhalb des Grundbuches wirksam werden (Briefrechte, Erbteilspfändungen!). Das Grundbuchamt hat deshalb das ihm durch geeignete Urkunden (z. B. Protokoll des GV über Wegnahme von Hypothekenbriefen oder Nachweis von Verpfändungen) nachzuweisende Rangverhältnis mehrerer Pfändungen einer Briefhypothek unabhängig von dem Eingang der Anträge der Pfandgläubiger zu vermerken; die Eintragung ist hier nur Grundbuchberichtigung (vgl. ausführlich dazu *Meikel/Böttcher,* § 45 Rdn. 40).

Rangverhältnisse außerhalb des Buches bestehen z. B. auch bei der Sicherungshypothek nach § 848 ZPO, wenn bei der Auflassung zugleich für den Auflassenden weitere Rechte bestellt werden (vgl. BayObLGZ 1972, 536 = Rpfleger 1972, 182; *Meikel/Böttcher,* § 45 Rdn. 40).

II. Die Rangherstellung

1. Zweck und gesetzliche Grundlagen

Sollen an einem Grundstück mehrere dingliche Rechte bestellt werden, so bestehen bei den Beteiligten nahezu immer ganz konkrete Vorstellungen über den Rang, den diese Rechte künftig einnehmen. Dies gilt insbesondere bei Grundpfandrechten. So sind gewisse Geldinstitute (z. B. Sparkassen) gehalten, Darlehen regelmäßig nur gegen erstrangige Sicherheiten auszugeben. Dagegen gewähren Bausparkassen regelmäßig auch Darlehen gegen Absicherung an zweiter Rangstelle, weil durch die sog. „Ansparpflicht" das Risiko bei dieser Art des Kreditgeschäftes geringer ist. 348

Wenn also ein Grundstückseigentümer etwa zur Finanzierung eines Bauvorhabens von einer öffentlichen Sparkasse und einer Bausparkasse je ein Darlehen gegen dingliche Sicherheit erhält, so sind sich die Beteiligten von Anfang an darüber einig, dass das Recht der Sparkasse die erste, das Recht der Bausparkasse die zweite Rangstelle erhalten muss.

Dieser gewünschte Rang könnte natürlich dadurch herbeigeführt werden, dass die Eintragungsanträge in der entsprechenden Reihenfolge beim Grundbuchamt eingereicht werden. Über §§ 17, 45 Abs. 1 GBO wird dann gem. § 879 Abs. 1 BGB der gewünschte Rang begründet (vgl. → Rdn. 338). Dieses Verfahren ist freilich mit Risiken belastet. Wenn infolge irgendwelcher Zufälligkeiten die gewollte Reihenfolge nicht eingehalten werden kann (Verzögerungen bei der Post; Versehen des Notars bei der Einlieferung usw.), entsteht ein nichtgewollter Rang, der dann durch einen zusätzliche Kosten verursachenden Rangrücktritt wieder korrigiert werden muss.

Um diese Risiken auszuschließen, kann der gewünschte Rang durch eine sog. **Rangbestimmung** herbeigeführt werden.

Materiell-rechtlich sind dazu Einigung und – ausdrückliche – Eintragung erforderlich (§ 879 Abs. 3, § 873 BGB; vergl. dazu *ausführlich Meikel/Böttcher*, § 45 Rdn. 72 ff.).

Verfahrensrechtlich muss gegenüber dem GBA eine verfahrensrechtliche Rangbestimmungserklärung abgegeben werden. Sie kann nach allgemeiner Meinung enthalten sein:

- in der Bewilligung, (dann wird sie stets vom Eigentümer abgegeben), oder
- im Eintragungsantrag, (dann wird sie von einem oder allen Antragsberechtigten abgegeben).

349 Dass es möglich ist, die Rangbestimmung in der **Bewilligung** zu treffen, kann keinem Zweifel unterliegen. Ob man nun den Rang eines Rechtes als Bestandteil des Rechtsinhalts ansieht oder als eine besondere Eigenschaft des Rechts, ist letztlich ohne Belang; die Bewilligung formuliert ja alle rechtlich bedeutsamen Eigenschaften eines Rechts.

350 Die Möglichkeit, im **Antrag** eine Rangbestimmung zu treffen, ergibt sich aus **§ 45 Abs. 3 GBO.** Man kann freilich diese Regelung als systemwidrig bezeichnen, nachdem doch der Antrag nach seiner ganzen Konzeption eine abstrakte Verfahrenshandlung darstellt, deren einziger Inhalt das Begehren ist, es möge ein Eintragungsverfahren in Gang gesetzt werden. Dass der Antrag hier nun auch inhaltliche Regelungen enthält, die sonst der Bewilligung zugewiesen sind, ist das zu mancherlei Problematik führende Ergebnis gesetzgeberischer Inkonsequenz. Nach allgemeiner Auffassung bedarf der Antrag, der eine Rangbestimmung enthält, gem. § 30 GBO der Form des § 29 GBO (für viele: *Meikel/Böttcher*, § 45 Rdn. 86). Streitig ist, ob der Notar in einem von ihm gem. § 15 GBO in Vertretung der Antragsberechtigten gestellten Antrag eine solche Rangbestimmung treffen kann. Die herrschende Meinung verneint dies (KG, Rpfleger 2000, 453; OLG Hamm, MittRhNotK 1995, 274), kann jedoch für ihre Auffassung kaum gedankliche Konsequenz in Anspruch nehmen: Wenn die Rangbestimmung Inhalt des Antrages sein kann und der Notar zur Antragstellung namens der Antragsberechtigten allgemein ermächtigt ist, so müsste die von der h.M. behauptete Einschränkung seiner Vertretungsbefugnis als Ausnahme von der gesetzlichen Regel des § 15

GBO doch wohl ihrerseits entweder expressis verbis im Gesetz niedergelegt sein, oder sich doch jedenfalls aus dem Sinn und Zweck des § 15 GBO ableiten lassen. Das ist jedoch nicht der Fall. Gerade der mit § 15 GBO verfolgte Zweck der „Betreuungsfunktion" (vgl. dazu BayObLGZ 1955, 160 u. BGHZ 29, 372 = NJW 1959, 883; auch § 24 Abs. 1 BNotO!) würde es viel eher gebieten, dem Notar diese Befugnis zuzugestehen, (so auch KEHE/*Keller*, § 45 Rdn. 22; *Meikel/Böttcher*, § 15 Rdn. 33, § 45 Rdn. 86; *Staudinger/S. Heinze*, 2018, § 879 Rdn. 39). Dafür spricht im Ergebnis auch, dass die h.M. keine Bedenken dagegen hat, dem Notar die Befugnis zu einer zeitlich verschiedenen Vorlage mit entsprechender Rangwirkung zuzuerkennen.

2. Einzelfälle, systematische Erfassung

Die Möglichkeit, Rangbestimmungen in einer oder mehreren Bewilligungen und/bzw. Anträgen zu treffen, führt zu einer wenig erfreulichen und nicht immer problemfreien Vielheit von denkbaren Fallkonstellationen:

2.1. Rangbestimmungen nur in Bewilligung

→ **Beispiel 60:**
Für A und B soll je eine Hypothek eingetragen werden; Antrag A ist vor Antrag B eingegangen. In beiden Bewilligungen ist bestimmt, dass B Rang vor A erhalten soll.

Beide Bewilligungen decken sich hinsichtlich der Rangbestimmung; der begehrte Rang kann eingetragen werden (*Meikel/Böttcher*, § 45 Rdn. 89).

→ **Beispiel 61:**
Wie *Beispiel 60*, jedoch enthält nur die Bewilligung bei A die Rangbestimmung zugunsten des Rechts B.

Auch hier liegt ein inhaltlicher Widerspruch nicht vor; die Rangbestimmung kann vollzogen werden (*Meikel/Böttcher*, § 45 Rdn. 90).

→ **Beispiel 62:**
Wie *Beispiel 60*, jedoch enthält nur die Bewilligung bei B die Rangbestimmung zugunsten des Rechts B.

Auch hier liegt wiederum ein inhaltlicher Widerspruch nicht vor. Dass die Bestimmung erst bei dem späteren Eingang getroffen wurde, schadet nicht. Die Bewilligung rührt ja stets vom Eigentümer her; ob er die Rangbestimmung in der früheren oder in der späteren oder in beiden Bewilligungen trifft, ist rechtlich bedeutungslos (*Meikel/Böttcher*, § 45 Rdn. 91; anders ist die Rechtslage bei Bestimmungen im Antrag! dazu unten → Rdn. 252).

Die Rangbestimmung geht jedoch ins Leere, wenn Recht A bereits eingetragen wurde. In diesem Fall kann nun nicht etwa – so eine häufige Praxis – B einfach an zweiter Rangstelle eingetragen werden: Der gesamte Inhalt der Bewilligung wird ja über § 874 BGB Inhalt des Buches. Das Buch wäre dann in sich widersprüchlich, weil es ja den Vorrang des A ausweist, während die Bewilligung bei B vom Vorrang des B spricht! Hier muss Zwischenverfügung ergehen, die verlangt, dass A entweder im Rang zurücktritt oder in der Bewilligung bei B die Rangbestimmung gestrichen wird (*Meikel/Böttcher*, § 45 Rdn. 89).

→ **Beispiel 63:**
Wie *Beispiel 60*, jedoch ist in Bewilligung bei A bestimmt, dass A, in Bewilligung bei B, dass B Vorrang haben soll.

Hier widersprechen sich die Rangbestimmungen; sie neutralisieren sich gegenseitig und es ist dann nach der Eingangsreihenfolge zu vollziehen, d. h. es ist A an erster Rangstelle einzutragen. B freilich kann in diesem Fall nicht sofort an zweiter Rangstelle eingetragen werden (vgl. oben *Beispiel 61*); hier ergeht Zwischenverfügung (*Meikel/Böttcher*, § 45 Rdn. 92).

→ **Beispiel 64:**
Wie *Beispiel 60*, jedoch ist in der Bewilligung bei A bestimmt, dass B, in Bewilligung bei B, dass A den Vorrang haben soll.

Auch hier widersprechen sich die Bewilligungen. Der Unterschied zu *Beispiel 63* liegt jedoch darin, dass hier die Eintragung des Rechtes A an erster Rangstelle aus den bei *Beispiel 62* genannten Gründen nicht möglich ist. Hier werden nach überw. Meinung und Praxis beide Anträge zurückgewiesen (*Güthe/Triebel*, § 45 Anm. 17). Es erscheint jedoch fraglich, ob diese harte Entscheidung notwendig und gerechtfertigt ist. Die Schwierigkeit des Falles – vor der die h.M. kapituliert – liegt darin, dass bei Eingang eines weiteren Rechts (C) die dann gebotenen Vormerkungen des § 18 Abs. 2 GBO zueinander nicht in ein Rangverhältnis gebracht werden können. Es fragt sich jedoch, ob dies die primäre Aufgabe dieser Vormerkungen ist – das Rangverhältnis zwischen A und B wird unschwer durch geeignete Erklärungen zu klären sein – oder ob sie nicht in erster Linie die Aufgabe haben, für A und B insgesamt den erforderlichen Rang gegenüber C frei zu halten. Geht man von dieser Überlegung aus, so erscheint es zulässig, für A und B eine globale Vormerkung für den Gesamtbetrag der beiden Rechte einzutragen und dann dem Antrag des C zu entsprechen. Man könnte etwa folgenden Wortlaut in Vorschlag bringen (*Meikel/Böttcher*, § 45 Rdn. 92):
Sp. 1: 1, 2
Sp. 2: 1

Sp. 3: 10.000,- €
   5.000,- €
15.000,- €

Sp. 4: Je Vormerkung zur Sicherung der Eintragung von Hypotheken für 10.000,- € nebst ... zugunsten ... und für 5.000,- € nebst ... zugunsten ... In dem nach Maßgabe der Zwischenverfügung vom ... zu bestimmenden Range untereinander eingetragen gem. § 18 Abs. 2 GBO am ...

Eine unzulässige Sammelbuchung könnte darin nicht gesehen werden, weil die Vormerkung des § 18 Abs. 2 GBO kein dingliches Recht verlautbart oder sichert, sondern lediglich ein grundbuchtechnisches Sicherungsmittel darstellt. Sie sichert nur den öffentlichen Anspruch auf Eintragung vor dem nachfolgenden Recht des C (vgl. oben → Rdn. 311 ff.). Diesen Zweck erfüllt sie in unserem Falle; C hat davon keinen Nachteil, A und B werden in vertretbarem Umfang geschützt.

2.2. Rangbestimmungen nur in Antrag

→ **Beispiel 65:**
Wie *Beispiel 60,* jedoch enthalten die Bewilligungen zur Rangfrage nichts. In den Anträgen bei Recht A und B ist übereinstimmend für B der Vorrang bestimmt.

352

Wenn die Rangbestimmungen in mehreren Anträgen einander nicht widersprechen, können sie vollzogen werden, sofern in keiner Bewilligung sich Rangbestimmungen finden, (vgl. dazu → Rdn. 353). Es ist dabei ohne Belang, ob die Anträge vom Betroffenen oder vom Begünstigten gestellt werden (*Meikel/Böttcher,* § 45 Rdn. 93).

→ **Beispiel 66:**
Wie *Beispiel 65,* jedoch ist nur im Antrag bei A festgelegt, dass A Vorrang haben soll.

Im Gegensatz zur Rangbestimmung in nur einer der Bewilligungen, die stets genügt (... in → Rdn. 351), ist die Rechtslage bei einseitiger Rangbestimmung in nur einem Antrag differenzierter. Im vorliegenden Fall bestehen gegen die Rangbestimmung jedoch schon deswegen keine Bedenken, weil sie sich mit dem aus der Eingangsreihenfolge ergebenden Gebot der §§ 17, 45 GBO deckt. In einem solchen Fall ist sie vollziehbar; selbst wenn sie nicht vorläge oder unwirksam wäre, müsste ja A vor B eingetragen werden (*Meikel/Böttcher,* § 45 Rdn. 94).

→ **Beispiel 67:**
Wie *Beispiel 65,* jedoch ist nur im Antrag des A festgelegt, dass B den Vorrang haben soll.

Der Unterschied zu *Beispiel 66* liegt darin, dass der begehrte Rang nicht mit der Eingangsreihenfolge übereinstimmt. Zwar könnte der gegenüber den allgemeinen Regeln bessere Rang nicht von B einseitig beansprucht werden (... in → Rdn. 352); es bestehen jedoch keine Hinderungsgründe, im vorliegenden Fall dem Antrag zu entsprechen, nachdem hier ja der aus der Eingangsreihenfolge Begünstigte (= A) auf die aus dem Eingang fließende Anwartschaft auf den besseren Rang zugunsten des B verzichtet *(Meikel/Böttcher,* § 45 Rdn. 95).

Dies gilt auch dann, wenn der Eigentümer den Antrag gestellt hat, denn der Eigentümer hätte ja auch die Möglichkeit, durch einseitige Erklärung in der Bewilligung bei A diese Rangbestimmung zu treffen (... in → Rdn. 351).

> → **Beispiel 68:**
> Wie *Beispiel 65*, jedoch ist nur im Antrag bei B für B der Vorrang beansprucht.

Der Unterschied zu *Beispiel 67* liegt darin, dass hier nicht der aus der Eingangsreihenfolge Begünstigte seinen besseren Rang preisgibt, sondern der Eingangschlechtere für sich einen besseren Rang einseitig in Anspruch nimmt. Das ist jedenfalls dann **nicht** zulässig, wenn der Antrag vom Gläubiger gestellt worden ist; er kann nicht einseitig dem A die Anwartschaft auf besseren Rang entziehen *(Meikel/Böttcher,* § 45 Rdn. 96).

Wie wird bei Unvollziehbarkeit der Bestimmung verfahren? Dass A an erster Rangstelle einzutragen ist, steht fest. Bezüglich des Antrages B könnte an eine Zwischenverfügung gedacht werden, die auf Antragseinschränkung (= Beseitigung der Rangbestimmung) gerichtet ist *(Meikel/Böttcher,* § 45 Rdn. 96). Es erscheint jedoch auch vertretbar, das Recht des B sofort an zweiter Rangstelle einzutragen. Der Unterschied zu *Beispiel 62* liegt hier darin, dass die dort zu besorgende Widersprüchlichkeit des Buchinhaltes hier nicht besteht.

Den gewünschten Vorrang kann B ohnehin nur durch den Rangrücktritt des A erreichen (§ 880 BGB); dies ist auch ohne Zwischenverfügung möglich.

> → **Beispiel 69:**
> Wie *Beispiel 65*, jedoch ist im Antrag des A bestimmt, dass A, im Antrag B ist bestimmt, dass B Vorrang haben soll.

Hier widersprechen sich die Anträge. Die Bestimmung bei B ist jedoch aus den vorne in *Beispiel 68* geschilderten Gründen nicht vollziehbar. Es bleibt somit auch hier beim Vollzug in der Eingangsreihenfolge (... in → Rdn. 352). Wegen der Entscheidung über Antrag B ... in → Rdn. 352.

> → **Beispiel 70:**
> Wie *Beispiel 65*, jedoch ist im Antrag A bestimmt, dass B, im Antrag B, dass A den Vorrang haben soll.

Hier bestimmt B den Rang übereinstimmend mit der Eingangsreihenfolge. A verzichtet zwar auf sein besseres Recht, B will jedoch den besseren – ihm zugedachten Rang – nicht in Anspruch nehmen. Auch in diesem Fall bleibt es deshalb beim Vollzug in der Eingangsreihenfolge (*Meikel/Böttcher,* § 45 Rdn. 97).

2.3. Rangbestimmungen in Antrag und Bewilligung

353 Widersprechen Rangbestimmungen in einem Antrag oder mehreren Anträgen Rangbestimmungen in einer Bewilligung, so gilt nach allgemeiner Auffassung **nur** die Letztere. Die Möglichkeit der Bestimmung im Antrag ist also **subsidiär**; sie greift nur ein, wenn die Bewilligung zur Rangfrage schweigt (*Meikel/Böttcher,* § 45 Rdn. 98). Enthält auch nur eine der Bewilligungen eine Rangbestimmung, so sind Bestimmungen im Antrag gegenstandslos.

2.4. Regeln

354 Im Interesse einer Systematisierung und als Handreichung für die Praxis mag es nützlich sein, die vorstehenden Betrachtungen in Regeln zusammenzufassen:

- **Übereinstimmende** Rangbestimmungen in mehreren **Bewilligungen** oder mehreren **Anträgen** sind stets vollziehbar (… in → Rdn. 351 u. 352).
- Enthält nur **eine Bewilligung** eine Rangbestimmung, so ist sie vollziehbar, es sei denn, eines der beteiligten Rechte ist bereits eingetragen (… in → Rdn. 351).
- **Widersprechen** sich mehrere Rangbestimmungen in verschiedenen **Bewilligungen,** so sind sie insoweit vollziehbar, als sie mit der Eingangsreihenfolge übereinstimmen (… in → Rdn. 351).
- Enthält nur **ein Antrag** eine Rangbestimmung, so ist sie vollziehbar, wenn sie entweder mit der Eingangsreihenfolge übereinstimmt oder der aus der Eingangsreihenfolge Begünstigte seinen besseren Rang preisgibt (… in → Rdn. 352).
- **Widersprechen** sich Rangbestimmungen in mehreren **Anträgen,** so werden die Anträge in der Eingangsreihenfolge vollzogen. Es schadet dabei nicht, wenn einem Recht durch den Eingang ein besserer Rang verschafft wird, als für es beantragt ist (… in → Rdn. 352).

III. Die nachträgliche Rangänderung

355 Der nach § 879 BGB entstandene Rang kann nachträglich durch die Beteiligten geändert werden.

Wir sprechen also von **Rangherstellung** (→ Rdn. 348 ff.), wenn **alle** beteiligten Rechte noch nicht eingetragen sind; wir sprechen von **Rangänderung**, wenn mindestens **eines** der Rechte bereits eingetragen ist und deshalb bereits einen Rang erworben hat.

356 Verfahrensrechtlich sind zur Eintragung einer Rangänderung erforderlich:

a) ein **Antrag**, der von einem der beteiligten Gläubiger herrühren kann, vom Eigentümer wohl allenfalls nur dann, wenn das zurücktretende Recht ein Grundpfandrecht ist (vgl. zur Problematik des Eigentümerantrages oben → Rdn. 100 ff.).

b) die **Bewilligung** des zurücktretenden Gläubigers; ist der Gläubiger minderjährig, so bedarf die Rücktrittsbewilligung des Vormundes, Pflegers oder Betreuers bei einer Hypothek der gerichtlichen Genehmigung nach § 1822 Nr. 13 BGB (vgl. *Meikel/Böttcher*, GBO Einl. E Rdn. 175), bei einer Grundschuld der Genehmigung nach § 1812 Abs. 1 und 3 BGB (*Meikel/Böttcher*, § 45 Rdn. 127). Bei einem durch seine Eltern vertretenen Minderjährigen entfällt das Genehmigungserfordernis, weil weder § 1822 Nr. 13 noch § 1812 in § 1643 BGB genannt sind.

Bei Rechten, die unter § 1821 Abs. 1 Nr. 1 BGB fallen (= Nießbrauch, Dienstbarkeiten, Reallasten und Vorkaufsrecht) ist die Genehmigung sowohl bei Vormündern wie bei Eltern erforderlich (§ 1821 Abs. 1 Nr. 1 BGB ist in § 1643 BGB genannt!).

c) Die **Zustimmung des Eigentümers** (vgl. oben → Rdn. 136 ff.) bei Rücktritt eines Grundpfandrechts (§ 880 Abs. 2 S. 2 BGB).

Nach überwiegender Auffassung soll die Eigentümerzustimmung auch dann entfallen, wenn eine Zwangshypothek zurücktritt oder wenn ein Grundpfandrecht einer Zwangshypothek den Vorrang einräumt (BGH, NJW 1953, 899; 1954, 954). Begründet wird dies damit, dass der Eigentümer auch Pfändungen in die an deren Stelle entstehenden Eigentümerrechte dulden müsste. Das ist zwar richtig, gilt jedoch gleichermaßen für die aus einem rechtsgeschäftlich bestellten Grundpfandrecht entstehenden Eigentümerrechte, sodass eine Sonderbehandlung nicht gerechtfertigt ist (*Meikel/Böttcher*, § 45 Rdn. 117; *Eickmann*, RpflStud 1982, 74, 77). Wegen einer gerichtlichen Genehmigung bei einem minderjährigen, betreuten usw. Eigentümer vgl. Rdn. 201.

d) sofern das zurücktretende Recht mit dem Recht eines **Dritten** belastet ist (Pfandrecht, Nießbrauch), dessen **Zustimmung**, § 876 S. 1, § 880 Abs. 3 BGB;

e) sofern ein subjektiv-dingliches Recht zurücktritt, die Zustimmung der am herrschenden Grundstück Berechtigten, soweit § 876 S. 2 BGB eingreift und § 21 GBO nicht von der Zustimmungspflicht befreit (vgl. oben → Rdn. 136 ff.).

IV. Die Pfanderstreckung (nachträgliche Mitbelastung)

1. Wesen, Durchführung

Soll ein bisher auf einem Grundstück eingetragenes dingliches Recht künftig auch auf einem anderen Grundstück lasten, so kann es auf dieses Grundstück erstreckt werden (sog. *unselbstständige Neubelastung*). Dazu ist neben dem Antrag die Bewilligung des Eigentümers genügend.

357

Es ist dabei nicht erforderlich, dass die Bewilligung alle Bestimmungen der früheren Bewilligung wiederholt, sondern es genügt die Bezugnahme auf die Grundbucheintragung (vgl. OLG Frankfurt/M., DNotZ 1971, 667) oder auf die alte Bewilligung (*Meikel/Böttcher*, § 5 Rdn. 51). Ist bei der Hypothek die Zwangsvollstreckungsunterwerfung eingetragen, so muss sich der Eigentümer auch wegen des nunmehr mithaftenden Grundstückes der sofortigen Zwangsvollstreckung in der Form des § 800 ZPO unterwerfen (*Meikel/Böttcher*, § 5 Rdn. 53).

Bei Vollzug auf dem gleichen Blatt ist dann bei dem Recht zu vermerken:
„Das Grundstück Nr. 2 des Bestandsverzeichnisses haftet mit. Eingetragen am ..."

Da Haupt- und Veränderungsspalte eine Einheit bilden, braucht im Übrigen keine Bestimmung des Haupteintrages hier wiederholt zu werden; durch diesen Vermerk ist die Eintragung i.S.d. § 873 BGB bewirkt (*Meikel/Böttcher*, § 5 Rdn. 52).

Ist das nachträglich zu belastende Grundstück auf einem anderen Blatt gebucht, so muss das Recht auf dem neuen Blatt erneut im vollständigen Wortlaut gebucht werden. In beiden Blättern sind dann Vermerke gem. § 48 Abs. 1 S. 2 GBO anzubringen.

2. Rangverhältnisse

→ **Beispiel 71:**

a) auf dem Grundstück Best.Verz. Nr. 1 lastet eine Hypothek (= Abt. III Nr. 1), das Recht soll auf das bisher unbelastete Grundstück Best.Verz. Nr. 2 erstreckt werden;

358

b) Grundstück Best.Verz. Nr. 2 ist belastet mit einer Grundschuld (III/1), Best.Verz. Nr. 1 ist belastet mit einer Hypothek (III/2). Die Hypothek soll auf Best.Verz.Nr. 2 erstreckt werden;

c) wie Beispiel b), jedoch soll die Grundschuld auf Best.Verz. Nr. 1 erstreckt werden;

d) auf Best.Verz. Nr. 1 lasten als III/1 eine Hypothek und als III/2 eine Grundschuld. Beide Rechte sollen auf das unbelastete Grundstück Best.Verz. Nr. 2 erstreckt werden.

Im *Beispiel a)* hat die auf Best.Verz. Nr. 2 durch die Erstreckung neu einzutragende Hypothek ebenfalls die erste Rangstelle, da dieser Rang ja dort noch frei ist. Er bedarf deshalb keines Rangvermerks.

Im *Beispiel b)* steht die Hypothek hinter der Grundschuld; wird sie auf Best. Verz. Nr. 2 erstreckt, so kann sie dort nur zweite Rangstelle erwerben, weil die erste Rangstelle besetzt ist. Dieser Nachrang wird jedoch bereits von der Hauptspalte ausgewiesen, sodass es eines Rangvermerkes nicht bedarf.

Im *Beispiel c)* besteht der Unterschied zu Beispiel b) darin, dass zwar auch hier das zu erstreckende Recht am neuen Grundstück nur zweite Rangstelle erwerben kann, diese Rangstelle jedoch aus dem Buch nicht ersichtlich ist, weil ja die Grundschuld räumlich vor der Hypothek eingetragen ist. In diesem Fall ist deshalb ein gesonderter Rangvermerk erforderlich (RGZ 132, 111):

> Sp. 7: „Das Grundstück Best.Verz. Nr. 1 haftet mit. Im Range nach der Hypothek Nr. 2 eingetragen am ..."

Im *Beispiel d)* sind im Wege der unselbstständigen Neubelastung zwei Rechte auf einem neuen Grundstück gebucht worden. Nach den allgemeinen Grundsätzen des materiellen Rangrechts muss davon ausgegangen werden, dass sie im Zeitpunkt der Eintragung entstehen (§ 873 BGB) und mangels eines Rangvermerks gleichen Rang haben *(Güthe/Triebel,* § 48 Anm. 14). Die h.M. nimmt demgegenüber an, die Rechte hätten wegen der Einheit von Haupt- und Veränderungsspalte den sich aus der Reihenfolge ihrer Ersteintragungen ergebenden Rang (RGZ 132, 106; BayObLG, NJW 1959, 1155; OLG Frankfurt, Rpfleger 1978, 312; OLG Hamm, Rpfleger 1985, 17). Dieser Ausgangspunkt ist jedoch nicht richtig: Die Gegenansicht (KEHE/*Keller,* § 45 Rdn. 21; Meikel/*Böttcher,* § 45 Rdn. 48-50; *Horst Schmid,* Rpfleger 1982, 251) weist zu Recht darauf hin, dass das in den §§ 17 und 45 GBO niedergelegte Prioritätsprinzip auch hier Geltung haben muss. Ohne Rangbestimmung gem. § 45 Abs. 3 GBO kommt es also hier zum Gleichrang! Etwas anderes ist es freilich, zu überlegen, ob nicht eine solche Rangbestimmung im Wege der Auslegung einer Nachverpfändung regelmäßig entnommen werden kann. *Meyer-Stolte* (Rpfleger 1971, 201) kann dahin gefolgt werden, dass in der Tat eine Nachverpfändung ohne ausdrückliche Erklärung über den Gleichrang (oder einen anderen Rang) stets dahin ausgelegt werden kann, es sei auch auf dem neuen Grundstück die bisherige Rangfolge gewollt.

Damit ist jedoch noch nichts darüber gewonnen, wie die **Eintragung** zu lauten hat: Auch wenn – ohne Aufklärung durch Zwischenverfügung – die Bewilligung im obigen Sinne ausgelegt wird, ändert das m. E. nichts an der Notwendigkeit eines Rangvermerkes. Für dessen von der h.M. angenommene Entbehrlichkeit (vgl. OLG Hamm, a.a.O.) spricht wohl nur die Tradition der Gewohnheit; die Behauptung, Haupt- und Nebenspalten stünden in einer Rangeinheit zueinander, widerspricht der ganz allgemeinen Regel, das ein von der Priorität abweichender Rang ausdrücklich gebucht werden muss. Vgl. zur Problematik: *Meikel/Böttcher*, § 45 Rdn. 45-50, 61-70; *Schmid*, Rpfleger 1982, 251 sowie 1984, 130; *Feuerpeil*, Rpfleger 1983, 298.

V. Die Rangregulierung

Sie wird unter gewissen Voraussetzungen bei Veränderungen im Grundstücksbestand (Vereinigung, Bestandteilszuschreibung) erforderlich. **359**

Lesen Sie zum besseren Verständnis deshalb zunächst oben → Rdn. 71 ff.

→ **Beispiel 72:**
Best.Verz. Nr. 1 ist mit einer Hypothek (III/1), Best.Verz. Nr. 2 mit einer Grundschuld (III/2) belastet. Die beiden Grundstücke sollen miteinander vereinigt werden.

Hinsichtlich der beiden Grundpfandrechte führt die Vereinigung zu keiner Änderung der Belastungsverhältnisse, sie bleiben an den bisherigen Grundstücken (nunmehr: realen Grundstücksteilen!) bestehen (BGH, NJW 2006, 1000). Zur Beseitigung der Verwirrungsgefahr (§ 5 Abs. 1 S. 2 Nr. 1) müssen für die Hypothek und die Grundschuld jeweils eine Pfanderstreckung erfolgen. Diese setzt jedoch im vorliegenden Fall zugleich eine Rangregulierung voraus, weil beide Rechte ja bisher erste Rangstelle hatten und für das nunmehrige neue (einheitliche) Grundstück ja ihr Rangverhältnis der Feststellung bedarf (vgl. ... in → Rdn. 79).

Dazu ist erforderlich (vgl. *Meikel/Böttcher*, § 45 Rdn. 164): **360**

a) Bestimmung des Eigentümers gem. § 45 Abs. 3 GBO, wie das Rangverhältnis nunmehr aussehen soll,
b) Bewilligung des Gläubigers, dessen Recht nunmehr schlechteren Rang erhalten soll,
c) Zustimmung des Eigentümers dazu (= enthalten in der Erklärung zu a)!),
d) Eintragung der Rangänderung (zusammen mit der Pfanderstreckung) bei dem nunmehr schlechterrangigen Recht.

→ **Beispiel 73:**
Wie oben *Beispiel 71*, jedoch soll das Grundstück Best.Verz. Nr. 2 dem Grundstück Best.Verz. Nr. 1 als Bestandteil zugeschrieben werden.

Hier ist die Folge der Zuschreibung für die Belastungen – in § 1131 BGB – klar geregelt.
Eine Pfanderstreckung muss insoweit stattfinden, als die Wirkung des § 1131 BGB nicht eintritt (s. oben ... in → Rdn. 82). Ist **nur das Hauptgrund-**

stück mit einem **Grundpfandrecht belastet**, so erstreckt sich diese Belastung kraft Gesetzes auf das Bestandteilsgrundstück (§ 1131 BGB), sodass eine rechtsgeschäftliche Pfanderstreckung entbehrlich ist. Ist **nur das Bestandteilsgrundstück belastet**, so gilt § 1131 BGB nicht, sodass das Recht rechtsgeschäftlich auch auf das Hauptgrundstück erstreckt werden muss. Sind jedoch **sowohl das Hauptgrundstück als auch das Bestandteilsgrundstück unterschiedlich belastet**, so müssen mittels Pfanderstreckung einheitliche Belastungsverhältnisse geschaffen werden (unter Beachtung von § 1131 BGB). Die sich daraus ergebenden unterschiedlichen Rangverhältnisse sind dann durch eine Rangregulierung zu vereinheitlichen.

Deshalb ist auch hier eine Rangregulierung notwendig, damit ein einheitliches Rangverhältnis beider Rechte am ganzen Grundstück geschaffen werden kann.

Erforderlich sind dann (neben der Erstreckungserklärung!):

a) Bestimmung des Eigentümers gem. § 45 Abs. 3 GBO,
b) Bewilligung des Gläubigers, der schlechteren Rang erhalten soll,
c) Zustimmung des Eigentümers (= liegt in der Erklärung zu a!).

VI. Fehlerhafte Rangeintragungen

1. Ohne Rangbestimmung

→ **Beispiel 73a:**

Beim GBA gehen zeitlich nacheinander die Anträge auf Eintragung von Zwangshypotheken für A und B ein. Die Rechte werden am gleichen Tag eingetragen, und zwar die Zwangshypothek für B unter lfd. Nr. 1 der Abt. III, die Zwangshypothek für A unter lfd. Nr. 2 der Abt. III; Rangvermerke werden nicht gemacht.

Die Eintragung ist unter Verletzung der §§ 17, 45 Abs. 1 S. 1, 1. Hs. GBO vorgenommen worden. Dies sind jedoch nur Ordnungsvorschriften. Werden sie verletzt, so bestimmt sich der Rang nach der Grundbucheintragung, die somit das Rangverhältnis schafft. Das GB kann nicht unrichtig werden, die §§ 22, 53, 71 Abs. 2 S. 1 GBO und § 894 BGB sind nicht anwendbar. Die **Grundbucheintragung** schafft den Rang somit mit konstitutiver Wirkung, **wenn die räumliche Eintragungsreihenfolge mit der tatsächlichen Eintragungszeit übereinstimmt,** sodass insoweit eine formelle Rechtskraft bezüglich des Rangverhältnisses vorliegt (BGHZ 21, 98; KG, Rpfleger 2012, 621; BayObLG, Rpfleger 1976, 302; OLG Frankfurt, FGPrax 1995, 1). Ist das GB jedoch nicht unrichtig, so kann eine Rangänderung nur nach § 880 BGB erfolgen bzw. – gegen den Willen des Begünstigten – durch ein Urteil nach § 894 ZPO, sofern ein Anspruch auf Rangänderung besteht. Soweit die Eintragung den Rang mit formeller Rechtskraft bestimmt, ist mit der h.M. ein **Bereicherungsanspruch** des durch den Buchungsfehler Benachteiligten gegen den Begünstigten **zu verneinen** (BGH, NJW 1956, 1314; *Staudinger/S. Heinze*, 2018, § 879 BGB Rdn. 47). Zwar hat der Begünstigte den besseren Rang auf Kosten des Berechtigten erlangt, da dieser seine mit Stellung des Eintragungsantrags erworbene Anwartschaft auf Erwerb des Rechts samt dem ihm gebührenden Rang verloren hat. Der Verlust ist jedoch nicht ohne rechtlichen Grund erfolgt; § 879 BGB stellt den rechtlichen Grund für den tatsächlich erworbenen Rang dar. Dem Benachteiligten bleibt nur ein Schadensausgleich über § 839 BGB (= **Staatshaftung**) wegen des pflichtwidrigen Handelns des Grundbuchamts. Dabei ist die Höhe des Schadens solange schwer zu bestimmen, als nicht durch eine Zwangsversteigerung der Ausfall feststeht.

2. Mit Rangbestimmung

2.1. Ohne Rangvermerke

→ **Beispiel 73b:**
Der Eigentümer vereinbart mit A, dass für ihn eine Grundschuld an erster Rangstelle eingetragen wird; mit B vereinbart er die Eintragung einer Grundschuld an zweiter Rangstelle (§ 879 Abs. 3 BGB). In seinen Anträgen (§ 13 GBO) und Bewilligungen (§ 19 GBO) bestimmt der Eigentümer auch dieses Rangverhältnis. Die Anträge werden gleichzeitig gestellt. Das GBA trägt ohne Rangvermerke die Grundschuld des B unter lfd. Nr. 1, die Grundschuld für A unter lfd. Nr. 2 der Abt III ein.

Das vereinbarte Rangverhältnis (§ 879 Abs. 3 BGB) ist mangels Eintragung nicht entstanden. Ob die Rechte dann selbst entstanden sind, richtet sich nach § 139 BGB (BGH, MittBayNot 1990, 102). Verneinendenfalls ist das GB unrichtig, sodass ein Amtswiderspruch einzutragen ist. Da jedoch eine schlechte Sicherung besser ist als gar keine, ist i.d.R. von der Wirksamkeit auszugehen, d.h. das GB ist richtig in Bezug auf die Rechte und deren Rang (*Staudinger/S. Heinze*, 2018, § 879 BGB Rdn. 68). Letzterer richtet sich nach der **Grundbucheintragung,** die der gesetzlichen Rangbestimmung des § 879 Abs. 1 BGB entspricht BGHZ 21, 98; KG, Rpfleger 2012, 621), d.h. im Beispielsfall nach der räumlichen Reihenfolge (= B vor A). Der gesetzliche Rang bedarf nämlich keiner abweichenden Einigung und keiner Rangvermerke.

2.2. Mit Rangvermerken

→ **Beispiel 73c:**
Der Eigentümer bewilligte für A eine Grundschuld an erster Rangstelle und für B eine Hypothek an zweiter Rangstelle (§ 879 Abs. 3 BGB). Die Eintragungsanträge (§ 13 GBO) wurden zwar gleichzeitig gestellt, wobei aber bestimmt wurde, dass die Grundschuld für A Vorrang vor der Hypothek für B haben soll. Das Grundbuchamt trug beide Rechte mit Gleichrangvermerken ein.

Ob die Rechte in diesem Fall überhaupt entstanden sind, richtet sich nach § 139 BGB. Die Ausnahme dieser Vorschrift (= Wirksamkeit) ist in der Praxis die Regel, da den Beteiligten i.d.R. eine schlechte Sicherung lieber ist als gar keine (BGH, MittBayNot 1990, 102). Der Grundstückseigentümer hatte eine **verfahrensrechtliche Rangbestimmung nach § 45 Abs. 3 GBO** vorgenommen. Die Eintragung ist aber unter Verletzung von § 45 Abs. 3 GBO vorgenommen worden. Dies ist jedoch nur eine Ordnungsvorschrift. Wird sie verletzt und liegt keine materielle Rangbestimmung nach § 879 Abs. 3 BGB zugrunde (was kaum vorstellbar ist!), so bestimmt sich der Rang nach der Grundbucheintragung, die somit das Rangverhältnis schafft; das GB kann nicht unrichtig werden, die §§ 22, 53, 71 Abs. 2 S. 1 GBO und § 894 BGB sind nicht anwendbar. Die **Grundbucheintragung** schafft den Rang somit mit konstitutiver Wirkung (BGH, NotBZ 2014, 248; KG, FGPrax 2012, 238),

Beispiel 73d:

Zu notarieller Urkunde vom 19.6.2012 hat der Vater seiner volljährigen Tochter sein Grundstück aufgelassen. Letztere bewilligte in dieser Urkunde einen Nießbrauch für ihren Vater, im Rang danach eine Nießbrauchsvormerkung für ihre Mutter und eine Reallast für Vater und Mutter im Gleichrang mit der Nießbrauchsvormerkung. Der Eintragungsantrag beim Grundbuchamt wurde am 20.7.2012 gestellt. Das Grundbuchamt hat am 11.10.2012 folgende Eintragungen in Abt. II vorgenommen:

Nr. 5: Nießbrauch im Gleichrang mit Nr. 7

Nr. 6: Vormerkung für Nießbrauch im Gleichrang mit Nr. 7

Nr. 7: Reallast im Gleichrang mit Nr. 5 und Nr. 6

Der Nießbrauchsberechtigte legte gegen die gleichrangige Eintragung mit der Reallast Beschwerde ein. Gegen den Gleichrang sollte wegen Grundbuchunrichtigkeit ein Amtswiderspruch eingetragen werden (§ 71 Abs. 2 S. 2, § 53 GBO).

Dies hatte beim BGH (NotBZ 2014, 248) Erfolg. Ein Gleichrang zwischen Nießbrauch und Reallast war nicht gewollt. Dies folgte zwar nicht aus dem Wortlaut der Urkunde; darin war zu dem Rangverhältnis beider Rechte nichts gesagt. Dies ergibt sich jedoch durch Auslegung der Eintragungsbewilligungen. Da zwischen der Vormerkung und der Reallast ausdrücklich der Gleichrang bestimmt, aber zum Rangverhältnis zwischen Nießbrauch und Reallast nichts geregelt wurde, lässt nur den Schluss zu, dass Nießbrauch und Reallast nicht gleichrangig sein sollten, sondern der Nießbrauch im Rang vor der Reallast eingetragen werden sollte. Die Tochter hat in ihren Eintragungsbewilligungen (§ 19 GBO) verfahrensrechtliche Rangbestimmungen nach § 45 Abs. 3 GBO vorgenommen (wenn auch nur stillschweigend zwischen Nießbrauch und Reallast). Bei der gleichrangigen Eintragung hat das Grundbuchamt § 45 Abs. 3 GBO verletzt. Dies ist jedoch nur eine Ordnungsvorschrift. Wird sie verletzt und liegt keine materielle Rangbestimmung nach § 879 Abs. 3 BGB zugrunde, so bestimmt sich der Rang nach der Grundbucheintragung, die somit das Rangverhältnis schafft; das GB kann nicht unrichtig werden; die **Grundbuch-**

eintragung schafft den Rang somit mit konstitutiver Wirkung BGH (NotBZ 2014, 248; KG, FGPrax 2012, 238), Im vorliegenden Fall war bei der Bestellung von Nießbrauch und Reallast nicht nur die bewilligende Grundstückseigentümerin beim Beurkundungstermin anwesend, sondern auch die künftigen Berechtigten von Nießbrauch und Reallast. Deshalb kann in den Erklärungen aller Beteiligter eine **materielle Rangbestimmung nach § 879 Abs. 3 BGB** gesehen werden (BGH, NotBZ 2014, 248). Der Nießbrauch und die Reallast wurden entgegen dieser materiellen Rangvereinbarung mit Gleichrangvermerken eingetragen.

Ob die Rechte in diesem Fall überhaupt entstanden sind, richtet sich nach § 139 BGB. Die Ausnahme dieser Vorschrift (= Wirksamkeit) ist in der Praxis die Regel, da den Beteiligten i.d.R. eine schlechte Sicherung lieber ist als gar keine (BGH, MittBayNot 1990, 102). Nach h.M. (BGH, NotBZ 2014, 248; OLG München, NJW-RR 2006, 239; OLG Brandenburg, Rpfleger 2002, 135) ,soll der aus den Rangvermerken sich ergebende Rang nicht wirksam geworden sein, weil dafür die Vereinbarung fehlt; da ein bestimmtes Rangverhältnis jedoch notwendigerweise zustande gekommen ist, könne nur die Rangfolge eingetreten sein, die sich aus § 879 Abs. 1 BGB ergebe, wenn man sich die Rangvermerke wegdenke. Der Nießbrauch hätte demnach Vorrang vor der Reallast (§ 879 Abs. 1 S. 1 BGB); soweit die Rangvermerke ein anderes Rangverhältnis verlautbaren, sei das GB unrichtig (daher Eintragung eines Amtswiderspruchs). In diesem Fall würde das (stillschweigend) vereinbarte Rangverhältnis dem gesetzlichen Rangverhältnis nach § 879 Abs. 1 S. 1 BGB entsprechen. Die Lösung überzeugt trotzdem nicht. Es gilt das Rangverhältnis, das sich aus der **Grundbucheintragung** ergibt (*Meikel/Böttcher*, § 45 Rdn. 221; *Hügel/Zeiser*, § 45 Rdn. 20, 87; *Streuer*, Rpfleger 1985, 388); das bedeutet für den Beispielsfall, dass das durch die Rangvermerke zum Ausdruck gebrachte Rangverhältnis gilt: Nießbrauch im Gleichrang mit Reallast. Aus § 879 Abs. 3 BGB lässt sich nur entnehmen, dass eine abweichende Vereinbarung der Eintragung bedarf; daraus folgt aber nicht umgekehrt, dass eine abweichende Eintragung einer Vereinbarung bedarf. Ebenso ist nicht erklärbar, wieso der Rangdarstellung durch Rangvermerke (§ 879 Abs. 3 BGB) eine geringere Aussagekraft zukommen soll als der Rangdarstellung nach § 879 Abs. 1 BGB. Das Verhältnis von Abs. 3 zu Abs. 1 des § 879 BGB ergibt, dass eine abweichende Rangeintragung die Regelung des Abs. 1 außer Kraft setzt; Rangvermerke (§ 879 Abs. 3 BGB) gehen aus der gesetzlichen Rangfolge des § 879 Abs. 1 BGB vor. Dies ergibt sich auch aus der Entstehungsgeschichte: Der heutige § 879 Abs. 3 BGB lautete im Entwurf I zum BGB (= § 840 Abs. 2): »*Ist in das Grundbuch ein anderes Rangverhältnis als das aus den Vorschriften des ersten Absatzes sich ergebende eingetragen, so ist das eingetragene Rangverhältnis maßgebend*« und im Entwurf II zum BGB (= § 800 Abs. 1 S. 3): »*Ist ein anderes Rangverhältnis eingetragen, so ist dieses maßgebend*«. Beide in der Sache übereinstimmenden Fassungen machen unmissverständlich klar, da die durch Rangvermerke dargestellte Reihenfolge den

Vorrang hat vor dem sich aus § 879 Abs. 1 BGB (= § 840 Abs. 1 im Entwurf I, § 800 Abs. 1 S. 2 und 3 im Entwurf II) ergebenden Rangverhältnis. Ebenso klar sprechen dies die Motive (*Mugdan*, S. 126) aus: »*Die Rangordnung bestimmt sich nach dem Datum bzw der Reihenfolge der Eintragung nur insoweit, als nicht das Grundbuch selbst ergibt, dass ein anderes Rangverhältnis gelten soll*«.

9. Kapitel:
Besondere Verfahrensarten

§ 1
Die Grundbuchberichtigung

Literatur: Böttcher, Die Berichtigung des Grundbuchs, RpflStud 1991, 33; *Böttcher,* Grundbuchberichtigung beim Ausscheiden aus einer Erbengemeinschaft oder GbR, Rpfleger 2007, 437; *Böttcher,* Löschung zeitlich beschränkter Rechte gemäß §§ 23, 24 GBO, RpflStud 1991, 104; Der Löschungserleichterungsvermerk gemäß §§ 23 Abs. 2, 24 GBO, MittRhNotK 1987, 219.

I. Der Begriff der Grundbuchunrichtigkeit

Das Grundbuch ist unrichtig, wenn der aus ihm ersichtliche Rechtszustand mit der tatsächlichen Rechtslage nicht übereinstimmt, **§ 894 BGB**. 361

Nicht als Unrichtigkeit in dem hier zu behandelnden Sinne zählen falsch gebuchte Tatsachen oder Rechtsverhältnisse, die nicht dem öffentlichen Glauben des Grundbuches unterliegen, also Angaben rein tatsächlicher Art (Wirtschaftsart, Bebauung des Grundstückes, Größe etc.), oder falsche Bezeichnung des Berechtigten bei unveränderter Identität.

Die **Ursachen** der Unrichtigkeit können verschieden sein: 362

a) Nichtübereinstimmung von Einigung und Bewilligung, also eine Folge des formellen Konsensprinzips, weil ein Erfordernis der materiellen Rechtsänderung fehlte;
b) Rechtsänderung außerhalb des Grundbuches (z.B. Entstehung von Rechten kraft Gesetzes = § 1287 BGB, § 848 ZPO; Übergang des Eigentums durch Zuschlag in der Zwangsversteigerung oder durch Erbgang; Übertragung einer Briefhypothek gem. § 1154 Abs. 1 BGB; Erlöschen einer Grunddienstbarkeit gem. § 1026 BGB; Erlöschen eines Nießbrauchs durch Tod des Berechtigten gem. § 1061 BGB; Veränderungen bei Grundpfandrechten als Folgen der Gläubigerbefriedigung).

Wegen Vormerkungen und Widersprüchen s. → Rdn. 372, 373.

II. Voraussetzungen der Berichtigung

1. Die bewilligte Berichtigung

363 Nach § 22 GBO kann das unrichtige Grundbuch berichtigt werden, wenn eine darauf gerichtete Berichtigungsbewilligung vorgelegt wird.

Diese Bewilligung ist eine solche des § 19 GBO, also gleichfalls eine verfahrensrechtliche Erklärung, für die das oben Festgestellte gilt, soweit nicht ihr besonderer Charakter Abweichungen davon verlangt:

Gegenstand der Bewilligung des § 22 GBO ist nicht die Rechtsbegründung, Übertragung oder inhaltliche Neugestaltung, sondern die Berichtigung, also die Eintragung einer bereits bestehenden Rechtslage. Sie will also nicht konstitutive Wirkung herbeiführen, sondern deklaratorische. **Dieser Unterschied muss aus der Bewilligung hervorgehen; ihr Inhalt hat somit die Unrichtigkeit schlüssig darzutun.**

Der Unterschied zum Unrichtigkeitsnachweis (→ Rdn. 365) besteht darin, dass dort die Unrichtigkeit **nachgewiesen** werden muss, während hier die geringere Form der schlüssigen Behauptung genügt. Bestehen jedoch Zweifel an der Unrichtigkeit des Grundbuches, so hat das Grundbuchamt die Berichtigung aufgrund Bewilligung abzulehnen und den Unrichtigkeitsnachweis zu verlangen.

Bewilligungsberechtigt ist derjenige, dessen im Grundbuch (wenn auch zu Unrecht) eingetragenes Recht von der Berichtigung formell betroffen ist.

364 Der **Sinn des § 22 GBO** ist der:

Entweder: Schwacher „Nachweis" (= Schlüssigkeit) **und** Bewilligung,
oder: Starker Nachweis (= Beweis) **ohne** Bewilligung.

Die Bewilligung kann ersetzt werden durch ein behördliches Ersuchen (§ 38 GBO) oder durch ein gerichtliches Urteil, das den Buchberechtigten zur Berichtigung verurteilt (§ 894 ZPO).

Soll ein Eigentümer oder ein Erbbauberechtigter im Wege der Berichtigung eingetragen werden, so ist bei der bewilligten Berichtigung dessen Zustimmung erforderlich (**§ 22 Abs. 2 GBO**). Nach h.M. ist sie nicht erforderlich, wenn der Eigentümer bereits eingetragen ist, so z.B. wenn ein Eingetragener einen weiteren Gesamthandsanteil durch Anwachsung erwirbt (*Demharter*, § 22 Rdn. 55; *Meikel/Böttcher*, § 22 Rdn. 148).

2. Der Unrichtigkeitsnachweis

365 Wer die Unrichtigkeit nachweisen (= zur Überzeugung des Grundbuchamts beweisen!) kann, braucht sich nicht um die Bewilligung des Buchberechtigten zu bemühen; andererseits: Wer keine Bewilligung des Buchberechtigten erhält, muss sich den Unrichtigkeitsnachweis verschaffen, § 22 GBO.

Was den Nachweis zu erbringen geeignet ist, entscheidet das materielle Recht. Das Grundbuchamt hat dabei strenge Anforderungen zu stellen, da es ja hier gegen oder zumindest ohne den Willen des Betroffenen eine Änderung des Buchinhaltes vornehmen soll (BayObLGZ 1971, 339). Es genügt also weder irgendein Grad der Wahrscheinlichkeit oder gar nur Glaubhaftmachung, sondern das Grundbuchamt muss von der gegenwärtigen Grundbuchunrichtigkeit voll und ganz überzeugt sein. Unklarheiten oder Zweifel gehen zulasten des Antragstellers, dem dann nur der Weg der Klage nach § 894 BGB bleibt.

Der Nachweis ist in in der Regel der Form des § 29 GBO zu führen; da es sich meist um den Nachweis von Tatsachen handeln wird, ist somit Urkundenform (nicht bloße Beglaubigung) erforderlich. Ausnahmsweise kann die Unrichtigkeit einmal offenkundig (§ 29 Abs. 1 S. 2 GBO) sein.

Beispielhafte Einzelfälle: 366

a) Fehlen oder Mangel der dinglichen Einigung: Nachweis nur selten möglich; hier kann zumeist nur Klage nach § 894 BGB helfen. Fehlen des Formerfordernisses von § 925 BGB kann sich u.U. aus notarieller Urkunde oder Bekenntnisurkunde des Notars ergeben;

b) Staatliche Hoheitsakte: Vorlage der entsprechenden Entscheidung in Urschrift oder Ausfertigung (z.B. Pfändungsbeschluss, Zuschlagsbeschluss, Flurbereinigungsplan);

c) Rechtsgeschäftliche Erklärungen: Vorlage der entsprechenden Erklärungen in Urkundenform oder unterschriftsbeglaubigter Form (z.B. Erbanteilsübertragung, Ehevertrag, Umwandlungsbeschluss);

d) Tod, Heirat, Scheidung: Vorlage der entsprechenden Personenstandsurkunden oder des entsprechenden Urteils;

e) Zurückzahlung einer hypothekarisch gesicherten Forderung: Vorlage einer sog. **löschungsfähigen Quittung.** Sie setzt voraus:
 – Erklärung, dass die gesicherte Forderung zurückbezahlt worden ist, und
 – Erklärung, von wem die Rückzahlung erfolgte (OLG Köln, NJW 1961, 368; *Meikel/Böttcher*, § 27 Rdn. 53 m.w.N.).

Das Letztere ist erforderlich, damit das Grundbuchamt beurteilen kann, auf wen das dingliche Recht übergegangen ist (Eigentümer, persönl. Schuldner, Bürge, ablösungsberechtigter Dritter etc.).

Bei Grundschulden muss die Quittung angeben, ob auf das dingliche Recht oder auf die persönliche Forderung geleistet worden ist, sofern dies nicht aus der Bestellungsurkunde entnommen werden kann.

3. Sonderfälle

3.1. Die Löschung von sog. rückstandsfähigen Rechten

367 Nahezu alle dinglichen Rechte können mit einer auflösenden Bedingung oder mit einer Zeitbestimmung versehen werden. Besonders häufig ist die Beschränkung von Rechten auf die Lebensdauer oder auf ein bestimmtes Lebensalter des Berechtigten. Manche Rechte sind kraft Gesetzes dergestalt beschränkt, so z.B. der Nießbrauch (§ 1061 BGB), die beschränkt persönliche Dienstbarkeit (§ 1092 Abs. 1 BGB) oder das subjektiv-persönliche Vorkaufsrecht (§ 1098 Abs. 1, § 473 BGB).

In all diesen Fällen erlischt das Recht mit dem Eintritt der Bedingung (Versterben des Berechtigten, Erreichen eines bestimmten Lebensalters, Eintritt eines anderen bestimmten Ereignisses); das Grundbuch wird also durch Rechtsänderung außerhalb des Buches unrichtig. Der Eigentümer könnte somit durch Nachweis der Unrichtigkeit (→ Rdn. 365) das Recht ohne Mitwirkung des Berechtigten oder seines Rechtsnachfolgers löschen lassen.

Bei manchen Rechten ist es jedoch möglich, dass noch Einzelleistungen aus der Zeit vor dem Erlöschen des Rechts rückständig sind; so etwa, wenn der Nießbraucher vor seinem Ableben noch nicht alle bis zu diesem Zeitpunkt fällig gewordenen Mietzinsen erhalten hat, oder wenn bei einer auf die Lebenszeit des Gläubigers beschränkten Hypothek der Eigentümer noch nicht alle bis zum Todestag fälligen Hypothekenzinsen entrichtet hatte. In einem solchen Falle ist zwar das Stammrecht erloschen, d.h., dass für die Zukunft keine Ansprüche mehr bestehen, der Anspruch auf die schon fällig gewordenen Leistungen besteht jedoch weiter und steht dem Gläubiger bzw. seinem Rechtsnachfolger zu. Eine Löschung aufgrund Unrichtigkeitsnachweises würde diesen Rückständen ihre buchmäßige dingliche Sicherung entziehen, obwohl diese als solche weiter bestehen; das Buch würde (bliebe) weiter unrichtig. Für Rechte, aus denen möglicherweise Rückstände entstehen könnten, enthalten deshalb §§ 23, 24 GBO eine Sonderregelung für die Löschung durch Unrichtigkeitsnachweis.

368 **Voraussetzungen** sind:

a) das Vorliegen eines Rechts, das auf Lebenszeit oder auf ein bestimmtes Lebensalter der Berechtigten beschränkt, mit einer Zeitbestimmung oder auflösenden Bedingung versehen ist;
b) die Möglichkeit, dass aus diesem Recht Rückstände entstehen können. Es kommt dabei nicht darauf an, ob im Einzelfall tatsächlich Rückstände bestehen, sondern nur darauf, ob sie nach der Art des Rechts denkbar sind.

369 Der **Nießbrauch** ist kraft Gesetzes (§ 1061 BGB) auf die Lebenszeit des Berechtigten beschränkt (§ 23 Abs. 1 S. 1 GBO) und kann rechtsgeschäftlich auf ein Lebensalter des Berechtigten (§ 24 Fall 1 GBO), den Eintritt eines sonstigen Zeitpunkts oder Ereignisses beschränkt werden (§ 24 Fall 2 GBO). Beim Nieß-

II. Voraussetzungen der Berichtigung

brauch besteht die Möglichkeit von Rückständen (OLG München, DNotZ 2013, 23; *Böttcher*, MittRhNotK 1987, 219, 223). Im Fall des Grundstücksnießbrauchs können Mietzinsen, im Fall des Rechtsnießbrauchs können Hypothekenzinsen rückständig sein.

Eine gewöhnliche **beschränkte persönliche Dienstbarkeit** ist kraft Gesetzes (§ 1090, § 1061 BGB) auf die Lebenszeit des Berechtigten beschränkt (§ 23 Abs. 1 S. 1 GBO) und kann rechtsgeschäftlich auf ein Lebensjahr des Berechtigten (§ 24 Fall 1 GBO), den Eintritt eines sonstigen Zeitpunkts oder Ereignisses beschränkt werden (§ 24 Fall 2 GBO). Die Möglichkeit von Rückständen ist i.d.R. ausgeschlossen (*Böttcher*, MittRhNotK 1987, 219, 223). Eine Ausnahme kommt dann in Betracht, d. h. die Möglichkeit von Rückständen besteht, wenn eine Unterhaltspflicht vereinbart wurde gemäß § 1090 Abs. 2, § 1021 BGB. 369a

Das **Wohnungsrecht** (§ 1093 BGB) ist ebenfalls kraft Gesetzes (§ 1090, § 1061 BGB) auf die Lebenszeit des Berechtigten beschränkt (§ 23 Abs. 1 S. 1 GBO) und kann rechtsgeschäftlich auf ein Lebensalter des Berechtigten (§ 24 Fall 1 GBO), den Eintritt eines sonstigen Zeitpunkts oder Ereignisses beschränkt werden (§ 24 Fall 2 GBO). Für das Wohnungsrecht wird die Ansicht vertreten, dass Rückstände schlechthin ausgeschlossen sind (LG Bonn, NJW 1963, 819; LG Frankenthal, MittBayNot 1971, 361). Dem kann so nicht zugestimmt werden. Es ist zwar richtig, dass beim Wohnungsrecht i.d.R. Rückstände ausgeschlossen sind, aber dies gilt nicht ausnahmslos (OLG Celle, DNotZ 2013, 126; OLG München, NotBZ 2010, 66). So besteht die Möglichkeit von Rückständen, wenn eine Unterhaltspflicht zum Inhalt des Wohnungsrechts gehört, so z. B. die Pflicht des Bestellers zur Erhaltung der guten Bewohnbarkeit und Beheizbarkeit der Wohnräume (§§ 1093 Abs. 1 S. 1, 1090 Abs. 2, 1021 BGB) oder zur Übernahme der Schönheitsreparaturen und sonstigen Instandhaltungs- und Instandsetzungskosten (OLG Celle, DNotZ 2013, 126). Wurde bei der Bestellung des Wohnungsrechts vereinbart, dass dann, wenn die Wohnräume nicht zur Verfügung gestellt werden, der Mietwert in bar zu entrichten ist, so können hinsichtlich der Geldleistungen Rückstände eintreten (OLG Hamm, Rpfleger 2001, 402). Rückstände sind auch dann nicht ausgeschlossen, wenn das auf einzelne Räume beschränkte Wohnungsrecht die Mitbenutzung von Gemeinschaftsanlagen vertraglich umfasst, deren einwandfreie Beschaffenheit die unerlässliche Voraussetzung für die ordnungsgemäße Ausübung des Wohnungsrechts ist (OLG München, NotBZ 2010, 66). 369b

Ein **Dauerwohn- und Dauernutzungsrecht** kann auf einen bestimmten Zeitpunkt befristet werden; ein solches Recht gehört dann zu § 24 Fall 2 GBO. Da es eine Dienstbarkeit besonderer Art ist, besteht grundsätzlich – wie bei den übrigen Dienstbarkeiten – keine Möglichkeit von Rückständen beim Erlöschen. Ausnahmsweise sind dann Rückstände möglich, wenn als Inhalt des Dauerwohnrechts Vereinbarungen getroffen wurden über Instandhaltung und Instandsetzung der Gebäudeteile, Tragung von Grundstückslasten (Grund- 369c steuern, Hypothekenzinsen), Versicherung des Gebäudes und seinen Wiederaufbau im Falle der Zerstörung (§ 33 Abs. 4 Ziff. 2–4 WEG).

369d Das **subjektiv-persönliche Vorkaufsrecht** ist kraft Gesetzes (§ 1098 Abs. 1, § 473 BGB) auf die Lebenszeit des Berechtigten beschränkt (§ 23 Abs. 1 S. 1 GBO). Zum Teil wird die Meinung vertreten, dass es für die nachträgliche Löschung im Grundbuch grundsätzlich der Löschungsbewilligung aller Erben in öffentlich beglaubigter Form bedarf, weil es sich insoweit um ein rückstandsfähiges Recht handeln soll; eine Sterbeurkunde reiche für die Löschung nur bei eingetragenem Löschungserleichterungsvermerk (§ 23 Abs. 2 GBO) oder wenn seit dem Erbfall ein Jahr verstrichen ist, §§ 23, 29 GBO (OLG Zweibrücken, NotBZ 2012, 239; Rpfleger 1989, 450; OLG Hamm, Rpfleger 1989, 148). Dem kann nicht zugestimmt werden. Das Vorkaufsrecht hat nämlich die Wirkung einer Vormerkung (§ 1098 Abs. 2 BGB). Mit dem Tod des Berechtigten erlischt dort nicht der gesicherte Anspruch, sondern lediglich die Vormerkung, insbesondere deren Wirkungen aus § 883 Abs. 2 BGB, § 888 Abs. 1 BGB. Damit wird eine vormerkungswidrig etwa schon vorgenommene und deshalb nach § 883 Abs. 2 BGB relativ unwirksame Verfügung voll wirksam. Mit dem Tod des Berechtigten kann die Vormerkung keine Rückstände mehr sichern, die daraus entstehen, dass ein Rückübertragungsanspruch zu Lebzeiten des Berechtigten entstanden, jedoch noch nicht durchgesetzt ist. Das, was die Gegenansicht als Rückstand der Vormerkung ansieht, betrifft allein den schuldrechtlichen Anspruch. Ist dieser aber infolge Erlöschens der Vormerkung nicht mehr gesichert, dann ist auch die Durchsetzung des Anspruchs ungesichert. Eine Löschung der auf die Lebenszeit des Berechtigten beschränkten Vormerkung ist daher nach § 22 GBO mit einem Todesnachweis des Berechtigten möglich (BGH, DNotZ 1992, 569). Der auf die Erben übergegangene Eigentumsverschaffungsanspruch bleibt dagegen bestehen, allerdings ungesichert. Den Erben des Berechtigten steht gegen den vertragswidrig verfügenden Übernehmer möglicherweise ein Schadensersatzanspruch wegen Nichterfüllung zu. Die Verfügung ist jedoch absolut wirksam geworden. Dies gilt auch für das unvererbliche subjektiv-persönliche Vorkaufsrecht (*Demharter*, § 23 Rdn. 11; *Wufka*, MittBayNot 1996, 156, 157; *Lülsdorf*, MittRhNotK 1994, 129, 139).

369e Eine **Grunddienstbarkeit** kann befristet oder auflösend bedingt bestellt werden und fällt somit unter § 24 Fall 2 GBO. Die Möglichkeit von Rückständen ist jedoch i.d.R. ausgeschlossen. Eine Ausnahme besteht z.B. dann, wenn nach § 1021 BGB bestimmt wurde, dass der Eigentümer des belasteten Grundstücks eine auf dem Grundstück befindliche Anlage, die zur Ausübung der Grunddienstbarkeit gehört, zu unterhalten hat. Da diese Unterhaltspflicht auch dinglicher Art ist (§ 1021 Abs. 2 BGB!), besteht in diesem Ausnahmefall die Möglichkeit von Rückständen; an der dinglichen Natur des Unterhaltsanspruchs ändert sich auch nichts, wenn er wegen einer Leistungsstörung in einen Geldzahlungsanspruch umgewandelt wird (BayObLGZ, 1979, 372).

369f **Grundpfandrechte** (Hypothek, Grundschuld, Rentenschuld) können auf die Lebenszeit des Berechtigten (§ 23 Abs. 1 S. 1 GBO), auf ein bestimmtes

II. Voraussetzungen der Berichtigung

Lebensalter des Berechtigten (§ 24 Fall 1 GBO) und bis zu einem sonstigen Zeitpunkt oder Ereignis (§ 24 Fall 2 GBO) beschränkt sein. Erlischt ein Grundpfandrecht in einem solchen Fall, so besteht die Möglichkeit von Rückständen (z. B. Hypothekenzinsen).

Reallasten können subjektiv-dinglich und subjektiv-persönlich bestellt werden. Während subjektiv-dingliche Reallasten (Erbbauzins) nur auf einen bestimmten Zeitpunkt oder ein Ereignis beschränkt sein können (§ 24 Fall 2 GBO), ist bei der subjektiv-persönlichen Reallast daneben auch eine Beschränkung auf die Lebenszeit des Berechtigten (§ 23 Abs. 1 S. 1 GBO) und auf ein bestimmtes Lebensalter des Berechtigten (§ 24 Fall 1 GBO) möglich. Da es bei den Reallasten denkbar ist, dass fällige Leistungen noch nicht erbracht worden sind, ist grundsätzlich die Möglichkeit von Rückständen zu bejahen (OLG Köln, Rpfleger 2018, 607). Werden im Rahmen eines Altenteils die zu erbringenden Pflege- und Wartungsleistungen durch eine Reallast gesichert, können dem Berechtigten bei Versagung oder Schlechterfüllung der geschuldeten Leistungen Ersatzaufwendungen erwachsen, hinsichtlich derer er sich gemäß §§ 1107, 1147 BGB durch Vollstreckung in das Grundbuch befriedigen könnte. Hieraus folgt, dass bei einer Reallast die Möglichkeit von Rückständen besteht.

369g

Das in der Regel befristete **Erbbaurecht** erlischt mit Fristablauf automatisch, d. h. ohne dass es dazu einer besonderen Erklärung bedarf. Dadurch wird das Grundbuch unrichtig. Da die Befristung entweder im Grundbuchvermerk selbst eingetragen ist oder sich zumindest aus der in Bezug genommenen Eintragungsbewilligung ergibt, ist der Fristablauf und damit die Grundbuchunrichtigkeit für das Grundbuchamt offenkundig (§ 29 Abs. 1 GBO). Die Art und Weise der Grundbuchberichtigung ist umstritten. Zum Teil wird die Meinung vertretend, die Löschung des Erbbaurechts könne aufgrund eines schriftlichen Antrags des Grundstückseigentümers oder des Erbbauberechtigten erfolgen (§§ 13, 30 GBO), da die Grundbuchunrichtigkeit offenkundig sei, §§ 22, 29 GBO (Soergel/*Stürner*, § 29 ErbbauRG Rdn. 1).

369h

Nach anderer Ansicht ist das Erbbaurecht ein rückstandsfähiges Recht i. S. v. § 24 Fall 2, § 23 Abs. 1 S. 2 GBO, da dem Erbbauberechtigten beim Erlöschen seines Rechts grundsätzlich ein Entschädigungsanspruch gemäß § 27 Abs. 1 Satz 1 ErbbauRG gegen den Grundstückseigentümer zusteht (OLG Celle, NJW-RR 1995, 1420).

Keiner der beiden Ansichten kann zugestimmt werden. Bei der Entschädigungsforderung handelt es sich nicht um Rückstände i. S. v. §§ 23, 24 GBO, weil sie erst mit dem Erlöschen des Erbbaurechts fällig wird (BGH, DNotZ 2013, 851 = ZfIR 2013, 550). Eine berichtigende Löschung des Erbbaurechts nur aufgrund eines Antrags des Erbbauberechtigten oder Grundstückseigentümers ist dann zulässig, wenn die Entschädigungsforderung nach § 27 ErbbauRG ausgeschlossen ist (*Wagner/Weber*, Rpfleger 2016, 685, 691.

Ist die Entschädigungsforderung des Erbbauberechtigten nicht ausgeschlossen, kann die berichtigende Löschung des Erbbaurechts nur erfolgen, wenn die

Entschädigungsforderung nach §§ 27, 28 ErbbauRG in der Veränderungsspalte der Abt. II des Grundstücksgrundbuchs anstelle des erloschenen Erbbaurechts und damit in dessen Rang und mit ihr zugleich ein Vermerk über das jeweilige Pfandrecht eines Realgläubigers (§ 29 ErbbauRG) eingetragen wird oder der Erbbauberechtigte und die Realgläubiger der Löschung zustimmen (BGH, DNotZ 2013, 851 = ZfIR 2013, 550; OLG Hamm, DNotZ 2007, 750).

Die materiellrechtlichen Rechtspositionen des Erbbauberechtigten (§§ 27, 28 ErbbauRG) und der Realgläubiger (§ 29 ErbbauRG) müssen bei dem grundbuchverfahrensrechtlichen Vollzug des Erlöschens des Erbbaurechts infolge Zeitablaufs berücksichtigt werden. Die Verlautbarung im Grundbuch darf deshalb nur in einer Weise erfolgen, die den Erbbauberechtigten und die Realgläubigern vor einem Verlust der ihnen nach materiellem Recht zustehenden Rechtspositionen schützt. Das Grundbuchverfahrensrecht hat gegenüber dem materiellen Recht eine dienende Funktion. Ein nach materiellem Recht entstandenes dingliches Recht am Grundstück müsse deshalb durch eine Eintragung im Grundbuch so verlautbart werden, dass es nicht wegen fehlender Eintragung durch gutgläubigen lastenfreien Erwerb nach § 892 BGB erlöschen kann. Für die Eintragung der Entschädigungsforderung (§§ 27, 28 ErbbauRG) bedarf es jedoch eines Antrags vom Grundstückseigentümer oder Erbbauberechtigten (§ 13 GBO). Erforderlich ist die Eintragungsbewilligung des Grundstückseigentümers in öffentlich beglaubigter Form (§§ 19, 29 GBO) oder der urkundliche Nachweis des Entstehens des dinglichen Entschädigungsanspruchs (§§ 22, 29 GBO), wozu eine Bezugnahme auf den entsprechenden dinglichen Inhalt des Erbbaurechts genügt. Das Pfandrecht eines Realgläubigers an der Entschädigungsforderung (§ 29 ErbbauRG) kann nur aufgrund eines Antrags des Erbbauberechtigten oder Realgläubigers eingetragen werden (§ 13 GBO). Die Grundbuchberichtigung erfolgt aufgrund Bewilligung des Erbbauberechtigten in öffentlich beglaubigter Form (§§ 19, 29 GBO) oder Nachweises des Bestehens des Pfandrechts, wozu eine Bezugnahme auf die beim Erlöschen des Erbbaurechts noch eingetragenen dinglichen Rechte der Realgläubiger genügt (§§ 22, 29 GBO).

369i Eine **Vormerkung** ist kraft Gesetzes nicht auf die Lebenszeit des Berechtigten beschränkt; dies ist jedoch durch Rechtsgeschäft möglich (BGH, Rpfleger 1992, 287). Davon zu unterscheiden ist die Frage, ob der durch die Vormerkung gesicherte Anspruch auf die Lebenszeit des Gläubigers beschränkt ist. Bedeutung hat diese Problematik vor allem bei der sog. Rückauflassungsvormerkung erlangt. Bei Übergabeverträgen und Kaufverträgen möchte der Veräußerer zum Teil sicherstellen, dass das übertragene Grundstück an ihn in bestimmten Fällen zurückfällt. Ein Rückübertragungsanspruch wird deshalb vereinbart für die Fälle, wenn das Grundstück ohne die Zustimmung des Übertragenden veräußert oder belastet wird, wenn der Erwerber vor dem Übertragenden verstirbt, wenn der Erwerber in Vermögensverfall gerät (Insolvenz, Zwangsversteigerung) oder wenn die Pflegeverpflichtung des Übernehmers nachhaltig schlecht erfüllt wird. Dieser aufschiebend bedingte Rückübertragungsanspruch wird dann durch eine Rückauflassungsvormerkung gesichert. Ist in einem Übergabevertrag ein Rückübertragungsanspruch vorgesehen, so sind dieser und die dafür bestellte Rückauflassungsvormerkung i.d.r. auf die Lebenszeit des Veräußerers beschränkt (BayObLG, Rpfleger 1990, 61). Dies gilt insbesondere zum einen für eine Rückforderung wegen Nicht- bzw. Schlechterfüllung der durch den Übernehmer zu erfüllenden Versorgungsverpflichtungen, zum anderen für den Fall eines Vermögensverfalls des Übernehmers bzw. drohender Zwangsvollstreckungsmaßnahmen (OLG Hamm, DNotZ 2007, 122). Bei Kaufverträgen soll die Rückübertragungsklausel die Zahlung des Kaufpreises sicherstellen. Ein solcher Rückübertragungsanspruch ist befristet bis zur vollständigen Kaufpreiszahlung und aufschiebend bedingt durch einen Zahlungsrückstand von z.B. mehr als drei Kaufpreisraten. Bei solchen Kaufverträgen besteht im Gegensatz zu Übergabeverträgen keine Vermutung für die Beschränkung des Rückübertragungsanspruchs auf die Lebenszeit des Übertragenden. Im Einzelfall ist an folgende Konstellationen zu denken:

(a) Zeitlich beschränkter Anspruch und beschränkte Vormerkung;
(b) Zeitlich unbeschränkter Anspruch und beschränkte Vormerkung;
(c) Zeitlich unbeschränkter Anspruch und unbeschränkte Vormerkung;
(d) Zeitlich beschränkter Anspruch und unbeschränkte Vormerkung.

a) Ist der aufschiebend bedingte **Rückübertragungsanspruch** auf die **Lebenszeit** des Gläubigers beschränkt, kann dies **auch für die akzessorische Rückauflassungsvormerkung gelten** (BGH, DNotZ 1992, 569, 570). Eine solche Fallgestaltung dürfte jedoch selten von den Beteiligten gewollt sein. Sie erscheint nur dann sachgerecht, wenn es wirklich Wille der Beteiligten ist, dass der zugrunde liegende gesicherte Anspruch mit dem Tod erlöschen soll, gleichgültig ob die aufschiebende Bedingung eingetreten ist oder nicht. Es widerspricht dem Gerechtigkeitsempfinden, dass die Vertragswidrigkeit, d.h. Veräußerung des Grundstücks ohne Zustimmung des Übergebers, durch den Tod des Vormerkungsberechtigten folgenlos wird.

Formulierungsvorschlag (*Lülsdorf,* MittRhNotK 1994, 129, 137):

»*Die Rechte aus dem vorstehenden Rückübertragungsrecht erlöschen mit dem Tod des Übertragenden, auch wenn sie zu seinen Lebzeiten ausgeübt und hierdurch entstanden sind.*

Zur Sicherung dieses auf die Lebenszeit beschränkten und bedingten Rückübertragungsanspruchs bewilligen und beantragen die Beteiligten die Eintragung einer auf die Lebenszeit des Berechtigten befristete Auflassungsvormerkung für den Übertragenden.«

Sind **Anspruch und Vormerkung zeitlich beschränkt** oder bedingt, so gilt (BayObLG, DNotZ 1990, 295): Mit dem Eintritt des Ereignisses (z.B. Tod) erlischt der schuldrechtliche Anspruch (z.B. auf Rückübertragung) und damit auch die Vormerkung; Rückstände sind dann nicht möglich. § 23 Abs. 1 GBO ist nicht einschlägig; ebenso ist eine Löschungserleichterungsklausel nach § 23 Abs. 2 GBO nicht eintragungsfähig. Die Vormerkung kann gemäß § 22 GBO auf Grund Unrichtigkeitsnachweises (z. B. Sterbeurkunde) gelöscht werden. Dies gilt auch dann bei einer Rückauflassungsvormerkung, wenn der Rückübereignungsanspruch zu Lebzeiten des Vormerkungsberechtigten bereits entstanden, aber noch nicht durchgesetzt ist.

b) In der Praxis kommt es auch vor, dass der schuldrechtliche **Rückübereignungsanspruch nicht auf die Lebenszeit des Gläubigers beschränkt ist.** Er wird dahingehend modifiziert, dass ein Erlöschen dann ausscheidet, wenn Rückforderungsansprüche zu Lebzeiten des Berechtigten bereits entstanden, aber noch nicht erfüllt sind, so dass der Anspruch zugunsten der Erben des Berechtigten weiter besteht. Denn andernfalls hinge die Realisierbarkeit der Rückforderungsansprüche praktisch vom Zufall ab. In einem solchen Fall geht bei dem Tod des Berechtigten grundsätzlich auch eine dafür bestellte Vormerkung auf die Erben über, § 401 BGB (BGH, BGHZ 25, 23). In Ausnahme davon kann jedoch für den vererblichen Anspruch auch eine **Vormerkung** bestellt werden, die **auf Lebenszeit des Berechtigten beschränkt** ist (*Everts*, ZfIR 2012, 589, 592). In diesen Fällen entfällt für die Erben dann allerdings der Vormerkungsschutz, worüber der Notar zu belehren hat.

Formulierungsvorschlag (*Lülsdorf*, MittRhNotK 1994, 129, 137):

»Die Rechte aus dem vorstehenden Rückübertragungsrecht erlöschen mit dem Tod des (längerlebenden) Berechtigten, sofern sie nicht zuvor geltend gemacht wurden. Zur Sicherung dieses vererblichen und bedingten Rückübertragungsanspruchs bewilligen und beantragen die Beteiligten die Eintragung einer auf die Lebenszeit des Übertragenden befristeten Vormerkung für den Übertragenden.

Der Notar hat den Übertragenden darüber belehrt, dass aufgrund der zeitlichen Beschränkung der Vormerkung eine grundbuchliche Sicherung seiner Erben in dem Fall des von ihm zu Lebzeiten ausgeübten, aber noch nicht erfüllten Rückübertragungsanspruchs nicht gewährleistet ist.«

Möglich ist es auch, die Vormerkung nicht unmittelbar auf den Tod des Veräußerers zu befristen, sondern etwas darüber hinaus, um im Fall der Ausübung kurz vor dem Tod den Erben noch die Möglichkeit der Durchsetzung des Anspruchs zu geben.

Formulierungsvorschlag:

»Zur Sicherung des bedingten Anspruchs auf Rückauflassung des Vertragsbesitzes bewilligt der Erwerber an dem erworbenen Grundbesitz eine auf ein Jahr nach dem Tod des Veräußerers befristete Vormerkung und beantragt deren Eintragung in das Grundbuch.«

Ist **nur die Vormerkung, nicht auch der gesicherte Anspruch, zeitlich beschränkt** oder bedingt, so sollten nach einer früheren Ansicht Rückstände möglich sein (BayObLG, Rpfleger 1990, 504). Wenn der durch die Vormerkung gesicherte Anspruch bereits vor dem Tode des Berechtigten wirksam entstanden ist, der Gläubiger aber diesen Anspruch nicht mehr selbst durchsetzen konnte, bestehen möglicherweise die aus der Vormerkung gemäß § 888 Abs. 1 BGB entstandenen Rechte, die als Rückstände angesehen werden. Dem widerspricht die heute h.M. (BGH, Rpfleger 1992, 287) zu Recht. Mit dem Tod des Berechtigten erlischt nicht der gesicherte Anspruch, sondern lediglich die Vormerkung, insbesondere deren Wirkungen aus § 883 Abs. 2, § 888 Abs. 1 BGB. Damit wird eine vormerkungswidrig etwa schon vorgenommene und deshalb nach § 883 Abs. 2 BGB relativ unwirksame Verfügung voll wirksam. Mit dem Tod des Berechtigten kann die Vormerkung keine Rückstände mehr sichern, die daraus entstehen, dass ein Rückübertragungsanspruch zu Lebzeiten des Berechtigten entstanden, jedoch noch nicht durchgesetzt ist. Das, was die Gegenansicht als Rückstand der Vormerkung ansieht, betrifft allein den schuldrechtlichen Anspruch. Ist dieser aber infolge Erlöschens der Vormerkung nicht mehr gesichert, dann ist auch die Durchsetzung des Anspruchs ungesichert. Eine Löschung der auf die Lebenszeit des Berechtigten beschränkten Vormerkung ist daher nach § 22 GBO mit einem Todesnachweis des Berechtigten möglich. Der auf die Erben übergegangene Eigentumsverschaffungsanspruch bleibt dagegen bestehen, allerdings ungesichert. Den Erben des Berechtigten steht gegen den vertragswidrig verfügenden Übernehmer möglicherweise ein Schadensersatzanspruch wegen Nichterfüllung zu. Die Verfügung ist jedoch absolut wirksam geworden. Der Vormerkungsberechtigte hat durch die zeitliche Beschränkung der Vormerkung auf ihren Schutz nach seinem Tod verzichtet. Rückstände im Sinne von § 23 GBO liegen nicht vor. Während darunter nur Rechte mit »wiederkehrenden Leistungen« zu verstehen sind, handelt es sich bei einem durch die Vormerkung gesicherten Eigentumsverschaffungsanspruch nur um einen einmalig zu erfüllenden Anspruch. § 23 GBO verlangt außerdem Rückstände an »Leistungen«. Leistungen aus der Vormerkung sind aber nicht zu erbringen, weder vom schuldrechtlich zur Übereignung verpflichteten ursprünglichen Eigentümer noch vom späteren Dritten. Bei § 883 Abs. 2 und § 888 Abs. 1 BGB handelt es sich nicht um Leistungspflichten im Sinne einer Pflicht zur Erfüllung, sondern um gesetzliche Wirkungen aus der Vormerkung. Deshalb sind Rückstände an Leistungen ausgeschlossen, sodass auch kein Löschungserleichterungsvermerk nach § 23 Abs. 2 GBO eingetragen werden kann.

c) Ist **sowohl die Rückauflassungsvormerkung als auch der Rückübereignungsanspruch nicht auf die Lebenszeit des Inhabers beschränkt,** handelt es sich bei der Löschung der Vormerkung nach dem Tod des Berechtigten nicht um eine Grundbuchberichtigung, sondern um eine rechtsändernde Eintragung, die nur auf Grund einer Bewilligung der Erben (§ 19 GBO) erfolgen kann. Es scheidet somit eine Löschung sowohl nach § 22 GBO als auch nach

§ 23 Abs. 1 GBO aus (BGH, Rpfleger 1996, 100). Die Vormerkung ist ja gerade nicht auf die Lebenszeit des Berechtigten beschränkt, was Voraussetzung für die Anwendung des § 23 GBO ist. Sind **sowohl der Anspruch als auch die Vormerkung ohne zeitliche Beschränkung** bestellt worden, kann es beim Tod des Berechtigten keine Rückstände geben; es kommt zur Erbfolge. Trotzdem wird die Eintragungsfähigkeit eines Löschungserleichterungsvermerks analog § 23 Abs. 2 GBO bejaht (OLG Köln, Rpfleger 1994, 345), In diesem Fall könne nämlich der fortbestehende schuldrechtliche Anspruch als Rückstand der ebenfalls fortbestehenden Vormerkung angesehen werden. Diese Auffassung wird zu Recht abgelehnt (BGH, Rpfleger 1996, 100). Bei § 23 Abs. 2 GBO geht es um Rückstände aus einem erloschenen Stammrecht. Im vorliegenden Fall ist aber nichts anderes geschehen, als dass der ursprüngliche Anspruch auf einen Rechtsnachfolger übergegangen ist. Die Annahme, es handle sich um Rückstände im Sinne von § 23 GBO, liegt daher fern. Das GB wird durch den Tod des Berechtigten nur unrichtig hinsichtlich des Inhabers, aber nicht in Bezug auf die Vormerkung selbst. Ihre Löschung ist daher keine Grundbuchberichtigung, sondern eine rechtsändernde Eintragung, die einer Bewilligung der Erben gemäß § 19 GBO bedarf. Die Möglichkeit der Löschung ohne diese Bewilligung wäre systemwidrig. Ein Löschungserleichterungsvermerk gemäß § 23 Abs. 2 GBO ist daher nicht eintragungsfähig.

d) Ist zwar der schuldrechtliche **Rückübertragungsanspruch auf die Lebenszeit des Gläubigers beschränkt,** die **Vormerkung aber ohne Beschränkung** bestellt worden, so erlischt mit dem Tod der Anspruch auch die akzessorische Vormerkung (BGH, ZNotP 2012, 229). Das GB ist unrichtig. Rückstände, die auf die Erben übergehen können, sind nicht denkbar, so dass weder § 23 Abs. 1 GBO Anwendung findet noch eine Löschungserleichterungsklausel nach § 23 Abs. 2 GBO eingetragen werden kann. Die Grundbuchberichtigung könnte vielmehr durch Unrichtigkeitsnachweis (z. B. Sterbeurkunde) gemäß § 22 GBO erfolgen. Diese Grundsätze wurden in Frage gestellt, da nach der Rechtsprechung des BGH bei einer im Grundbuch eingetragenen Vormerkung nachträglich ein neuer Anspruch vereinbart werden kann, wenn der ursprüngliche erloschen ist (= Novation), und der bisherige Anspruch im Umfang erweitert werden (= Extension), und zwar ohne dass dafür jeweils eine neue Grundbucheintragung erforderlich ist; der „Rang" dieser Veränderungen soll sich dann nach der jeweils formlosen Eintragungsbewilligung des § 885 BGB bestimmen (BGH, NJW 2000, 805; 2008, 578). Auch wenn vielfach dagegen zu Recht angenommen wird, dass sowohl in dem Fall der Novation als auch bei einer Extension des gesicherten Anspruchs eine neue Grundbucheintragung erforderlich ist und sich der „Rang" dann danach bestimmt (*Böttcher,* NotBZ 2008, 401 m.w.N.), sollte unter Beachtung der Rechtsprechung des *BGH* gelten, dass für Löschung der genannten Rückauflassungsvormerkungen im Grundbuch der urkundliche Nachweis des Todes des Berechtigten nicht mehr genüge, weil die Möglichkeit bestünde, dass der gesicherte Anspruch ausgewechselt oder vererblich gestellt worden ist und die Vormerkung inzwischen einen auf die Erben des Berechtigten übergegangenen Anspruch sichert; deshalb sollte in diesen Fällen der Löschungsbewilligung der Erben des verstorbenen Berechtigten in notariell beglaubigter Form (§§ 19, 29 GBO) und den Nachweis ihrer Erbenstellung (§ 35 GBO) nötig sein (OLG München, NotBZ 2012, 227). Eine Möglichkeit zur Erleichterung der Löschung der Vormerkung nach dem Tod des Vormerkungsberechtigten besteht jedenfalls darin, dass der Vormerkungsberechtigte den Grundstückseigentümer und seine Rechtsnachfolger bevollmächtigt, die Vormerkung nach seinem Tod zu löschen. Damit die auf Lebenszeit beschränkten Rückauflassungsvormerkungen weiterhin mit Sterbeurkunde gelöscht werden können, wurde folgende Vereinbarung bei der Bestellung empfohlen (*Michael*, notar 2010, 407, 411):

„*Der Anspruch auf Rückübertragung ist höchst persönlich und weder vererblich noch übertragbar. Der Rückübertragungsanspruch und damit auch die Rückauflassungsvormerkung erlöschen mit dem Ableben des Veräußerers. Eine Erweiterung oder ein Austausch von Schuldgründen, die den Veräußerer zur Rückübertragung berechtigen, können nicht über die in dieser Urkunde zur Eintragung bewilligte Rückauflassungsvormerkung abgesichert werden. Der Veräußerer erteilt dem Erwerber Vollmacht, die Löschung der zugunsten des Veräußerers bewilligten Rückauflassungsvormerkung zu bewilligen und zu beantragen. Die Vollmacht soll durch den Tod des Veräußerers nicht erlöschen. Der Notar wird angewiesen, dem Erwerber eine die Vollmacht enthaltende Ausfertigung dieser Urkunde nur gegen Vorlage der Sterbeurkunde des Veräußerers zu erteilen.*"

Der BGH (DNotZ 2012, 609) hat jedoch seine Rspr. zur Novation erfreulicherweise dahin konkretisiert, dass die unrichtig gewordenen Eintragung einer Vormerkung nur dann durch nachträglich Bewilligung für einen neuen Anspruch verwendet werden kann, wenn Anspruch, Eintragung und Bewilligung kongruent sind; an dieser Übereinstimmung fehlt es, wenn die Vormerkung für einen höchstpersönlichen, nicht vererblichen und nicht übertragbaren Rückübertragungsanspruch des Berechtigten eingetragen ist, die Vormerkung nach der nachfolgenden Bewilligung aber einen anderweitigen, vererblichen Anspruch sichern soll. Ist zwar der schuldrechtliche **Rückübertragungsanspruch auf die Lebenszeit des Gläubigers beschränkt,** die **Vormerkung aber ohne Beschränkung** bestellt worden, so erlischt mit dem Tod der Anspruch auch die akzessorische Vormerkung und das GB wird unrichtig. Die Grundbuchberichtigung kann durch Unrichtigkeitsnachweis (z. B. Sterbeurkunde) gemäß § 22 GBO erfolgen.

Liegen beide Voraussetzungen des § 23 Abs. 1 GBO vor, so darf das Recht innerhalb eines Jahres nach dem Eintritt des das Erlöschen des Stammrechts herbeiführenden Ereignisses nur mit Bewilligung des Berechtigten bzw. dessen Rechtsnachfolgers gelöscht werden; eine Löschung aufgrund Unrichtigkeitsnachweises ist also innerhalb des Sperrjahres nicht zulässig.

Auch nach dem Ablauf des Sperrjahres ist eine Bewilligung des Berechtigten bzw. Rechtsnachfolgers erforderlich, wenn er der Löschung gegenüber dem Grundbuchamt widersprochen hat.

Der Widerspruch gegen die Löschung ist ein Sicherungsmittel eigener Art, das von Amts wegen in das Grundbuch eingetragen wird, jedoch seine Wirkungen auch ohne diese Eintragung bereits vom Zeitpunkt des Eingangs beim Grundbuchamt an äußert.

Infolge seiner klaren Formulierung verdrängt § 23 GBO als lex specialis die Regel des § 17 GBO: Der Widerspruch des § 23 GBO verhindert die Löschung auch dann, wenn er nach dem Löschungsantrag eingegangen ist.

371 Diese Erschwerung des Grundbuchverfahrens kann vermieden werden, wenn bei dem Recht ein sog. **Löschungserleichterungsvermerk** eingetragen wird, **§ 23 Abs. 2 GBO**. Ist nämlich diese Löschungserleichterung eingetragen, so schließt sie § 23 Abs. 1 GBO aus und es bleibt bei dem Verfahren des § 22 GBO (= Löschung gegen Unrichtigkeitsnachweis).

Wir müssen unterscheiden:

a) Der Vermerk wird **zugleich** mit dem Recht eingetragen (Regelfall!). In diesem Fall genügt zur Eintragung der Löschungserleichterung die Bewilligung des Eigentümers (BGH, Rpfleger 1976, 206). Diese heute h.M. mag formal zutreffen; dass sie in der praktischen Auswirkung allein den Eigentümer begünstigt, kann kaum bestritten werden.

b) Wird der Vermerk jedoch **nachträglich** (also bei dem bereits eingetragenen Recht) vermerkt, so kann diese Einschränkung des ja vom Gläubiger bereits ohne eine solche Beschränkung erworbenen Rechts nur mit Zustimmung (Bewilligung) des Gläubigers vorgenommen werden.

3.2. Die Berichtigung bei Vormerkungen und Widersprüchen

a) Vormerkungen

372 Aus der eigentümlichen Rechtsnatur der Vormerkung als einem Sicherungsmittel besonderer Art ergeben sich auch im Hinblick auf die Möglichkeiten der Grundbuchunrichtigkeit Besonderheiten:

Das Grundbuch wird unrichtig, wenn:

aa) die einstweilige Verfügung oder eine andere gerichtliche Entscheidung aufhoben wird, durch welche die Eintragung der Vormerkung angeordnet worden war; genügt zur berichtigenden Löschung der Nachweis der Aufhebung **(§ 25 GBO)**;

bb) die in § 885 BGB genannte Bewilligung unwirksam war; sie konnte dann ebenso wenig wie bei dinglichen Rechten eine unwirksame Einigung das Recht verschaffen;

cc) der gesicherte schuldrechtliche Anspruch nicht besteht und auch nicht mehr entstehen kann (BayObLGZ 59, 223), z.B. auch wenn eine materiell-rechtlich erforderliche Genehmigung rechtskräftig versagt wird (BayObLG, Rpfleger 1960, 161);

II. Voraussetzungen der Berichtigung

dd) der gesicherte Anspruch nicht vormerkungsfähig ist;
ee) der gesicherte Anspruch erloschen ist, z. B. infolge Erfüllung. Hier ist größte Zurückhaltung bei einer Löschung aufgrund Unrichtigkeitsnachweises (= ohne Löschungsbewilligung des Berechtigten!) zu empfehlen, da nie abschließend festgestellt werden kann, ob nicht noch ein Anspruch aus § 883 Abs. 2 BGB steht; dies insbesondere deshalb, weil ja teilweise die Anwendung der Vormerkung auch gegenüber Vermietungen oder Verpachtungen bejaht wird.
ff) der gesicherte Anspruch an einen anderen abgetreten wird und die Vormerkung gem. § 401 BGB mit übergeht (vgl. BayObLGZ 71, 310 = Rpfleger 1972, 16).

b) Widersprüche

Auch der Widerspruch ist ein Sicherungsmittel eigener Art. Ob durch seine Eintragung bzw. Löschung das Grundbuch unrichtig werden kann, ist streitig. Mit der überwiegenden Auffassung (MünchKomm/*Kohler*, § 894 Rdn. 18; BGHZ 25, 16) ist dies jedoch zu bejahen, da der Widerspruch eine Beschränkung i.S.d. § 894 BGB darstellt; eine Beeinträchtigung i.S. dieser Vorschrift liegt jedenfalls schon darin, dass verfahrensrechtliche Regeln das Grundbuchamt u.U. daran hindern, entgegenstehende Verfügungen zu vollziehen (vgl. → Rdn. 407). 373

Die Eintragung eines Widerspruches macht das Grundbuch unrichtig, wenn:

aa) die materiell-rechtliche Bewilligungserklärung fehlt oder unwirksam ist;
bb) die Eintragung, gegen die sich der Widerspruch richtet, nicht unrichtig war, d.h. also, wenn vor der Eintragung des Widerspruches keine Grundbuchunrichtigkeit vorlag;
cc) sich der Widerspruch gegen eine aufgrund einstweiliger Verfügung eingetragene Vormerkung richtet, weil sie keinem gutgläubigen Erwerb zugänglich ist;
dd) der Widerspruch sich gegen eine Verfügungsbeschränkung richtet, weil ein solcher Widerspruch unzulässig ist.

Wird ein Widerspruch zu Unrecht gelöscht, so macht die Löschung das Grundbuch unrichtig.

3.3. Die Berichtigung bei Briefrechten

Briefrechte können außerhalb des Buches übertragen oder belastet werden (§ 1154 Abs. 1, § 1192 Abs. 1, § 1200 Abs. 1, § 1069 Abs. 1, § 1274 Abs. 1 BGB). 374

Die nachträgliche Eintragung dieser Vorgänge in das Buch ist somit Grundbuchberichtigung.

Für sie verlangt § 26 GBO als Spezialvorschrift gegenüber § 22 GBO die Vorlage der in § 1154 BGB erwähnten einseitigen Erklärung des bisherigen Gläubigers.

§ 26 GBO enthält eine Vereinfachung für den Grundbuchverkehr, weil nach § 22 GBO ja entweder die Berichtigungsbewilligung oder der Nachweis der Abtretungserklärung, von deren Annahme und der Nachweis der Briefübergabe erforderlich wären.

§ 26 GBO gilt auch für die Übertragung oder Belastung einer Forderung, für die ein eingetragenes Recht als Pfand haftet.

Die Erklärung des § 1154 BGB ist zwar materiell-rechtlich auch dann wirksam, wenn sie nur in gewöhnlicher Schriftform erteilt wird. Im Rahmen des § 26 GBO bedarf sie jedoch der Form des § 29 GBO; auf ihre materielle Wirksamkeit auch bei geringerer Form kommt es dabei nicht an.

Enthält die Erklärung eine Klausel, die eine Grundbucheintragung ausschließt (üblich z. B.: „Die Abtretung soll nicht in das Grundbuch eingetragen werden."), so ist diese Erklärung keine taugliche Eintragungsunterlage, weil die materiell-rechtliche Erklärung nicht kraft Fiktion stets als Bewilligung gilt, sondern ihr nur diese Wirkungen beigelegt werden kraft eines dahin vermuteten Parteiwillens (so zu Recht *Demharter,* § 26 Rdn. 14. Ist klar erkennbar, dass dieser Wille nicht besteht, so ist für die Unterstellung kein Raum.

3.4 Gesellschaft bürgerlichen Rechts

Eintritt eines Gesellschafters

374a   Unrichtigkeitsnachweis (§ 22 GBO) ist der Vertrag zwischen dem Eintretenden und den Gesellschaftern in der Form des § 29 GBO. Für die Grundbuchberichtigung mittels Bewilligung (§ 19 GBO) ist diese von allen bisherigen Gesellschaftern nötig, und zwar in öffentlich beglaubigter Form (§ 29 GBO); der Eintretende muss nach § 22 Abs. 2 GBO in dieser Form zustimmen.

Ausscheiden eines Gesellschafters

374b   Unrichtigkeitsnachweis (§ 22 GBO) ist die Vereinbarung aller Gesellschafter in öffentlich beglaubigter Form (§ 29 GBO). Über die Frage, wie das Grundbuch beim Ausscheiden eines Gesellschafters mittels Bewilligung (§ 19 GBO) berichtigt werden kann, ist man sich höchst uneins. *Demharter* (§ 47 Rdn. 31) fordert die Berichtigungsbewilligung von dem ausgeschiedenen und den verbleibenden, d. h. von allen Gesellschaftern. Dem muss widersprochen werden. Diese Meinung vermischt das materielle und formelle Grundstücksrecht. Materiell bedarf es für das Ausscheiden eines Gesellschafters aus der GbR unstrittig des formlosen Einvernehmens aller Gesellschafter, aber formell ist für die Grundbuchberichtigung nur die Berichtigungsbewilligung des grundbuchmäßig Betroffenen (= Ausscheidender) erforderlich OLG München, Rpfleger 2013, 382; KG, NotBZ 2011, 393; OLG Jena, ZfIR 201, 542; *Palandt/Herrler*, § 899a BGB Rdn. 3; *Böttcher,* Rpfleger 2007, 437, 440). Die übrigen (verbleibenden) Gesellschafter sind die grundbuchmäßig Begünstigten und müssen keine Berichtigungsbewilligung abgeben nach § 19 GBO. Ihre eventuelle wirtschaftliche Betroffenheit hat für die Frage der formellen Betroffenheit bei einer Berichtigungsbewilligung keine Bedeutung. Soweit die formelle Zustimmungspflicht der übrigen (verbleibenden) Gesellschafter aus § 22 Abs. 2 GBO gefolgert wird (*Zimmermann,* BWNotZ 1995, 73, 82), muss auch dem widersprochen werden. Nach letztgenannter Norm darf die Berichtigung des Grundbuchs durch Eintragung eines Eigentümers auf Grund Berichtigungsbewilligung nur mit Zustimmung des Eigentümers erfolgen. Bei § 22 Abs. 2 GBO muss es sich aber um eine Berichtigung handeln, bei der jemand neu als Eigentümer einzutragen ist; dann muss dieser zustimmen. Die Vorschrift gilt dagegen nicht für den bereits als Eigentümer Eingetragenen, der kein neues oder anders geartetes Eigentum hinzu erwirbt; es ist nämlich nur die Zustimmung eines nicht eingetragenen Eigentümers erforderlich. Wird im Falle des Ausscheidens eines Gesellschafters aus einer GbR das Grundbuch mittels Berichtigungsbewilligung des Betroffenen berichtigt (§ 19 GBO), bedarf es somit nicht der Zustimmung der übrigen (verbleibenden) Gesellschafter nach § 22 Abs. 2 GBO (KG, NotBZ 2011, 393; *Böttcher,* Rpfleger 2007, 437, 441).

Übertragung eines Gesellschaftsanteils

Im Grundbuch ist eine Gesellschaft bürgerlichen Rechts bestehend aus den Gesellschaftern A, B und C als Grundstückseigentümerin eingetragen. Der Gesellschafter C hat seinen Anteil außerhalb des Grundbuchs an den Gesellschafter B übertragen und ist damit aus der Gesellschaft ausgeschieden. Die Grundbuchberichtigung hat der übertragende Gesellschafter C in öffentlich beglaubigter Form beantragt und bewilligt (§§ 13, 19, 29 GBO). Das Grundbuchamt verlangte mittels Zwischenverfügung (§ 18 GBO) die öffentlich beglaubigte Zustimmung der übrigen Gesellschafter A und B. Das KG (NJW-RR 2015, 1252) hat diese aufgehoben und das Grundbuchamt angewiesen, die Grundbuchberichtigung vorzunehmen. Der Entscheidung kann nicht zugestimmt werden. Sie ist mit den geltenden Grundsätzen des Grundbuchverfahrens kaum in Einklang zu bringen. 374c

Grundsätzlich kann ein Gesellschafter nicht über seinen Anteil an dem Gesellschaftsvermögen verfügen (§ 719 Abs. 1 BGB). Trotzdem steht die Zulässigkeit der Anteilsübertragung heute außer Streit. Voraussetzung dafür ist aber die Zustimmung aller Mitgesellschafter zum Verfügungsgeschäft zwischen Veräußerer und Erwerber, die bereits im Gesellschaftsvertrag enthalten sein kann. Diese Veränderung im Gesellschafterbestand bedarf materiell - rechtlich grundsätzlich keiner Form, und zwar auch dann nicht, wenn die GbR

Grundstückseigentümerin ist; § 311b BGB findet keine Anwendung. An der rechtsfähigen GbR als solches ändern solche Gesellschafterwechsel nichts, nur die interne Zusammensetzung der GbR verändert sich. Eigentümer eines Grundstücks oder Berechtigte eines Grundstücksrechts ist nach wie vor die rechtsfähige GbR. Das Grundbuch wird daher nicht unrichtig im Sinne von § 894 BGB, § 22 GBO. Eine Auflassung nach §§ 873, 925 BGB ist für solche Veränderungen im Gesellschafterbestand einer rechtsfähigen GbR daher nicht notwendig. Die Gesellschafterwechsel vollziehen sich außerhalb des Grundbuches.

Die Grundbuchberichtigung kann wie immer erfolgen mit Unrichtigkeitsnachweises (§ 22 GBO) oder Berichtigungsbewilligung (§ 19 GBO). Unrichtigkeitsnachweis bedeutet in der Regel die Vorlage der materiellen Erklärungen beim Grundbuchamt in der Form des § 29 GBO. Bei der Anteilsübertragung ist der Unrichtigkeitsnachweis durch Vorlage des Übertragungsvertrags nebst den notwendigen Zustimmungen der übrigen Gesellschafter in notariell beglaubigter oder beurkundeter Form (§ 29 GBO) zu führen (*Meikel/Böttcher*, § 22 Rdn. 137).

Wird der Weg, so wie im vorliegenden Fall, mittels Berichtigungsbewilligung (§ 19 GBO) gewählt, so soll nach dem KG (NJW-RR 2015, 1252) die des übertragenden Gesellschafters genügen. Die h. M. verlangt dagegen zu Recht zusätzlich auch die Mitbewilligung der übrigen Gesellschafter in öffentlich beglaubigter Form gem. § 29 GBO (OLG München, Rpfleger 2016, 14; OLG Köln, RNotZ 2013, 106; OLG Zweibrücken, NJW 2010, 384; *Palandt/Herrler*, § 899a BGB Rdn. 3). Die **Bewilligungsberechtigung** steht nach § 19 GBO nur dem **Betroffenen** zu. Das ist derjenige, dessen grundbuchmäßiges Recht rechtlich im Zeitpunkt der Grundbucheintragung beeinträchtigt werden kann oder beeinträchtigt werden wird. **Betroffener im Sinne des § 19 GBO** ist jeder, dessen grundbuchmäßiges Recht durch die vorzunehmende Eintragung nicht nur wirtschaftlich, sondern rechtlich beeinträchtigt wird oder zumindest rechtlich nachteilig berührt werden kann (BGH, DNotZ 2001, 381). Im Gegensatz zum Antragsrecht nach § 13 GBO, bei dem nur die unmittelbar Beteiligten einen Antrag stellen können, muss die Bewilligung des § 19 GBO von den unmittelbar und mittelbar Betroffenen abgegeben werden. Das Betroffensein gem. § 19 GBO muss unabhängig von etwaigen Veränderungen des materiellen Sachenrechts, erst recht unabhängig von schuldrechtlichen Erwägungen und wirtschaftlichen Nachteilen, aber auch unabhängig von den Folgen der gestatteten Grundbucheintragung beurteilt werden. Bei der Anteilsübertragung eines im Grundbuch eingetragenen Gesellschafters ist dieser unproblematisch der unmittelbar Betroffene nach § 19 GBO für die Grundbuchberichtigung; im vorliegenden Fall ist dies der übertragende Gesellschafter C, dessen Bewilligung auch vorlag.

Der betroffene Buchberechtigte ist zu unterscheiden vom **begünstigten Buchberechtigten** (= **erwerbender Gesellschafter**). Letzterer muss grundsätz-

II. Voraussetzungen der Berichtigung

lich keine Bewilligung für die Grundbucheintragung abgeben. In Ausnahme von diesem Grundsatz ist die Zustimmung eines neu einzutragenden Eigentümers erforderlich, wenn seine Eintragung mittels Berichtigungsbewilligung des Betroffenen erfolgen soll (§ 22 Abs. 2 GBO). Bei der Anteilsübertragung eines Gesellschafters auf einen Dritten, ist deshalb für die Grundbuchberichtigung neben der Bewilligung des unmittelbar betroffenen Gesellschafters (= Übertragender) nach § 19 GBO grundsätzlich auch die Zustimmung des begünstigten Gesellschafters (= Erwerbender) erforderlich. Dies gilt wiederum dann nicht, wenn die Anteilsübertragung auf einen bereits im Grundbuch eingetragenen Gesellschafter erfolgt. Im vorliegenden Fall ist deshalb aus diesem Grund (!) nicht die Zustimmung des erwerbenden, aber bereits im Grundbuch eingetragenen Gesellschafters B nach § 22 Abs. 2 GBO erforderlich.

Wie zu verfahren ist, wenn für die Grundbucheintragung der Anteilsübertragung neben der Berichtigungsbewilligung des übertragenden Gesellschafters nach § 19 GBO die Zustimmung der übrigen Gesellschafter fehlt, die materiell – rechtlich notwendig ist, darüber herrscht große Uneinigkeit in der obergerichtlichen Rechtsprechung. Das KG (NJW-RR 2015, 1252) bejaht in der vorliegenden Entscheidung trotzdem die Grundbucheintragung. Das OLG München (Rpfleger 2016, 14) geht davon aus, dass das Grundbuchamt mittels Zwischenverfügung (§ 18 GBO) die fehlenden Zustimmungen der übrigen Gesellschafter als mittelbar Betroffene verlangen muss. Richtig ist die letztgenannte Ansicht. Für eine Grundbucheintragung genügt nicht die Bewilligung des unmittelbar Betroffenen, sondern dafür sind auch die Bewilligungen der mittelbar Betroffenen erforderlich. Niemand braucht nämlich eine Grundbucheintragung zu dulden, durch die seine Buchposition auch nur möglicherweise beeinträchtigt wird, denn das wäre u. U. ein unstatthafter Eingriff in eine bereits bestehende und damit absolut wirkende dingliche Rechtsposition. Eine Beeinträchtigung liegt immer schon dann vor, wenn die **Buchposition durch die Grundbucheintragung eventuell eine ungünstigere Gestaltung erfährt.** Wer mittelbar in seiner Buchposition betroffen ist, ist somit auch bewilligungspflichtig, d. h. pflichtig in dem Sinne, dass er zwar zur Abgabe der Bewilligung nicht verpflichtet ist, aber nur mit seiner Bewilligung die Voraussetzungen des § 19 GBO erfüllt sind. Bei der Prüfung, ob eine Grundbuchposition abstrakt verschlechtert wird, ist in die Ermittlung, wer bewilligen muss, auch der Kreis derer einzubeziehen, die verfahrensmäßig **möglicherweise betroffen** sind, d. h. in ihrer Grundbuchposition verfahrensmäßig abstrakt beeinträchtigt werden können. Dies begründet sich daraus, weil das Grundbuchamt grundsätzlich den materiell – rechtlichen Tatbestand nicht zu prüfen hat. Dann muss es aber das Einverständnis, d. h. die Bewilligung, aller verlangen, die von der Grundbucheintragung möglicherweise betroffen werden könnten. Niemand darf ohne sein Zutun eine Rechtsposition verlieren. Mittelbar betroffen und damit bewilligungspflichtig im Sinne von § 19 GBO sind insbesondere **diejenigen, deren Zustimmung** nach materiellem Recht zur Rechtsänderungen notwendig. Dieses mittelbare Betroffensein hat seine Wurzel im materiellen Recht. Trotzdem sind diese Beteiligten auch verfahrensmäßig bewilligungspflichtig.

Dies bedeutet für die Anteilsübertragung bei einer GbR: Nach materiellem Recht bedarf es unstrittig dafür eines Übertragungsvertrags zwischen dem ausscheidenden und eintretenden Gesellschafter und der Zustimmung der übrigen Gesellschafter; eine Form ist für diese Erklärungen nicht notwendig. Für die folgende Grundbuchberichtigung sind nach formellem Recht die Berichtigungsbewilligung des übertragenden Gesellschafters als unmittelbar Betroffenen und die Zustimmung der übrigen Gesellschafter als mittelbar Betroffene erforderlich (§ 19 GBO); diese Erklärungen bedürfen der notariellen Form (§ 29 GBO). Erfolgt die Anteilsübertragung auf einen Dritten, der bisher nicht Gesellschafter war, ist für die Grundbucheintragung aufgrund der Sondervorschrift des § 22 Abs. 2 GBO auch seine Zustimmung erforderlich.

Der Vergleich des KG (NJW-RR 2015, 1252) mit dem isolierten Ausscheiden eines Gesellschafters aus einer GbR hinkt. Dafür ist nach materiellem Recht eine Vereinbarung aller Gesellschafter notwendig. Im Unterschied dazu bedarf es für die Anteilsübertragung eines Übertragungsvertrags zwischen dem ausscheidenden und eintretenden Gesellschafter und der Zustimmung der übrigen Gesellschafter. Materiell sind damit bei beiden Vorgängen sicherlich immer alle Gesellschafter beteiligt, aber in unterschiedlicher Art und Weise. Deshalb hat das KG (NotBZ 2011, 393) für die Grundbuchberichtigung nach dem isolierten Ausscheiden eines GbR-Gesellschafters völlig zu Recht entschieden, dass dafür die Berichtigungsbewilligung des ausscheidenden Gesellschafters als unmittelbar Betroffenen genügt (§ 19 GBO) und die Mitwirkung der übrigen Gesellschafter als unmittelbar Begünstigte nicht erforderlich ist. Bei der Anteilsübertragung sind die übrigen Gesellschafter aber materiell zustimmungspflichtig und damit formell als mittelbar Betroffene auch bewilligungspflichtig.

Tod eines Gesellschafters

374d Durch den Tod eines Gesellschafters wird die GbR grundsätzlich aufgelöst (§ 727 Abs. 1 BGB); der Erbe bzw. die Erbengemeinschaft wird bei Schweigen des Gesellschaftsvertrags Mitglied der Liquidationsgesellschaft, wodurch das Grundbuch unrichtig wird (OLG Schleswig, Rpfleger 2012, 433). Im Gesellschaftsvertrag kann jedoch für diesen Fall auch eine sog. Fortsetzungsklausel enthalten sein; dann scheidet der Verstorbene aus der Gesellschaft aus, sein Anteil wächst gemäß § 738 Abs. 1 BGB den verbliebenen Gesellschaftern an, er fällt nicht in den Nachlass, sodass das Grundbuch in Bezug auf diese Anwachsung unrichtig wird. Der Gesellschaftsvertrag kann auch eine sog. Nachfolgeklausel beinhalten, wonach alle oder nur bestimmte Erben in die Gesellschaft eintreten und diese entgegen § 727 Abs. 1 BGB als werbende Gesellschaft fortsetzen. Schließlich ist auch eine sog. Eintrittsklausel möglich, die zunächst eine Fortsetzungsklausel beinhaltet und sodann den Erben oder Dritten ein rechtsgeschäftlich auszuübendes Beitrittsrecht einräumt. Bestimmen sich die Rechtsfolgen des Todes eines Gesellschafters nach dem Gesetz, muss der Alleinerbe oder die Erbengemeinschaft anstelle des Verstorbenen bei der aufgelösten Gesellschaft eingetragen werden. Enthält dagegen der Gesellschaftsvertrag eine Fortsetzungsklausel, muss das Ausscheiden des verstorbenen Gesellschafters vermerkt werden. Bei der einfachen Nachfolgeklausel sind anstelle des verstorbenen Gesellschafters nicht die Erbengemeinschaft, sondern alle Miterben einzeln als neue Gesellschafter einzutragen, bei der qualifizierten Nachfolgeklausel gilt dies nur für die dazu bestimmten Miterben. Im Falle einer Eintrittsklausel muss zunächst nur das Ausscheiden des verstorbenen Gesellschafters vermerkt werden; erst bei der Ausübung des Eintrittsrechts ist der Eingetretene als neuer BGB-Gesellschafter einzutragen. Soll das Grundbuch berichtigt werden durch Unrichtigkeitsnachweis (§ 22 Abs. 1 GBO), müssen nach h. M. vorgelegt werden die Sterbeurkunde, ein Erbschein oder ein notarielles Testament (Erbvertrag) nebst dem Eröffnungsprotokoll (§ 35 GBO) und der Gesellschaftsvertrag in der Form des § 29 GBO (OLG München, ZfIR 2015, 532).

Soll das Grundbuch nach dem Tod eines Gesellschafters auf Grund Bewilligung (§ 19 GBO) berichtigt werden, so ist diese unstrittig notwendig von den noch im GB eingetragenen Restgesellschaftern. Daneben soll die Bewilligung der Erben als Rechtsnachfolger des verstorbenen Gesellschafters notwendig und ausreichend sein (KG, NotBZ 2016, 425; *Palandt/Herrler*, § 899a BGB Rdn. 3; *Weber*, ZEV 2017, 656; *Goslich*, MittBayNot 2018, 141; *Tomasic*, MittBayNot 2015, 479). Dies kann aber dann nicht richtig sein, wenn die Erben nicht Rechtsnachfolger in den Gesellschaftsanteil werden. Wer neben den verbliebenen Gesellschaftern die Berichtigung zu bewilligen hat, richtet sich nach der Rechtsnachfolge in den Gesellschaftsanteil. Zu deren Feststellung ist dem Grundbuchamt der Gesellschaftsvertrag in der Form des § 29 GBO vorzulegen (OLG München, Rpfleger 2017, 690; OLG Hamm, Rpfleger 2012, 253; OLG Schleswig, FGPrax 2012, 62; OLG Brandenburg, ZEV 2012, 116; OLG Zweibrücken, FGPrax 1995, 93; *Demharter*, § 22 Rdn. 41).

Dies bedeutet, dass das Grundbuchamt in jedem Fall den Gesellschaftsvertrag in der Form des § 29 GBO benötigt, egal ob das GB berichtigt werden soll auf Grund Unrichtigkeitsnachweises (§ 22 Abs. 1 GBO) oder Bewilligung (§ 19 GBO). Liegt der Gesellschaftsvertrag aber nur in Schriftform vor, ist auf die Form des § 29 GBO zu verzichten, weil sonst gar keine Grundbuchberichtigung möglich wäre (OLG München, ZfIR 2015, 532; OLG Schleswig, Rpfleger 2012, 433). Bei einem nur mündlich oder nur konkludent geschlossenen Gesellschaftsvertrag kann dessen Inhalt ausnahmsweise auch ohne Vorlage des Vertrags nachgewiesen werden, dies geschieht dadurch, dass die verbliebenen Gesellschafter und die Erben des verstorbenen Gesellschafters übereinstimmende Erklärungen über den Inhalt des Gesellschaftsvertrags in der Form des

§ 29 GBO vorlegen (OLG München, ZfIR 2015, 532; OLG Schleswig, Rpfleger 2012, 433); nach Ansicht des OLG München (Rpfleger 2016, 146) und des OLG Schleswig (Rpfleger 2012, 433) kann das Grundbuchamt auch verlangen, dass die Richtigkeit der Angaben der verbliebenen Gesellschafter und der Erben an Eides Statt zu versichern ist. Beim Fehlen der Erklärungen ist der Antrag zurückzuweisen (OLG München, ZfIR 2015, 532).

§ 2
Die Eintragung von Vor- und Nacherbenrecht

I. Das Wesen von Vor- und Nacherbschaft

1. Ihre Anordnung

Literatur: Böttcher, Die Vor- und Nacherbfolge in der Grundbuchpraxis, NotBZ 2011, 269; *Böttcher,* Veräußerung einer Immobilie durch den Vorerben, RpflStud 2016, 36.

Durch das Institut der Vor- und Nacherbschaft (§ 2100 BGB) kann ein Erblasser die Erbschaft zunächst einer bestimmten Person zuwenden, zugleich aber anordnen, dass sie bei einem späteren frei vom Erblasser zu bestimmenden Anlass einem anderen (dem Nacherben) zufällt. Vor- und Nacherbe sind beide Erben des Erblassers. Mit dem Erbfall tritt zunächst der Anfall der Vorerbschaft beim Vorerben (VE) ein, zugleich erlangt der Nacherbe (NE) bereits eine Anwartschaft auf die künftige Nacherbschaft (BGHZ 37, 325), welche die Verfügungsmacht des VE in gewissem Umfange beschränkt, damit dieser nicht das Recht des NE durch entsprechende Verfügungen zunichte machen oder beeinträchtigen kann (vgl. → Rdn. 376, 380 ff.). **375**

2. Die Verfügungsbeschränkungen des Vorerben

2.1. Grundsätze

Der Vorerbe ist in seiner Verfügungsberechtigung gewissen Beeinträchtigungen unterworfen, damit er während der Dauer der Vorerbschaft das Recht des Nacherben nicht benachteiligen kann. Die Verfügung des Vorerben über ein zum Nachlass gehörendes Grundstück oder Grundstücksrecht ist im Falle des Eintritts der Nacherbfolge insoweit unwirksam, als sie das Recht des Nacherben vereiteln oder beeinträchtigen würde (§ 2113 Abs. 1 BGB). Dies gilt auch für unentgeltliche Verfügungen des Vorerben (§ 2113 Abs. 2 BGB). Solche **Verfügungen des Vorerben sind aber zunächst wirksam**, d. h. sie verschaffen dem Dritten das Recht; sie werden aber **im Zeitpunkt des Nacherbfalles unwirksam** (BGH, BGHZ 52, 269, 270; OLG München, RNotZ 2013, 552). Insoweit ist es daher gerechtfertigt, von einer „schwebenden Wirksamkeit" der Verfügungen des Vorerben zu sprechen. **376**

Ein **Dritter, der von der Anordnung der Nacherbfolge keine Kenntnis hat (= gutgläubig ist),** kann das Grundstück oder Grundstücksrecht vom Vorerben unbelastet von der Unwirksamkeitsfolge des § 2113 Abs. 1 und 2 BGB erwerben (§ 2113 Abs. 3 BGB, § 892 BGB), d. h. sein Erwerb ist von Anfang voll wirksam und bleibt es auch bei Eintritt des Nacherbfalles. Damit der Nacherbe gegen diesen gutgläubigen Erwerb geschützt wird, ordnet § 51 GBO an, Dass zugleich mit dem Recht des Vorerben von Amts wegen auch das des Nacherben im Grundbuch eingetragen wird. Der eingetragene Nacherbenvermerk zerstört dann den guten Glauben des Erwerbers (§ 892 Abs. 1 S. 2 BGB), so dass die Folgen aus § 2113 Abs. 1 und 2 BGB gegen ihn wirken im Nacherbfall.

Die Verfügungen eines Vorerben sind von Anfang an voll wirksam, wenn sie das **Recht des Nacherben nicht beeinträchtigen** (vgl. § 2113 Abs. 1 BGB). Dabei ist es unerheblich, ob der Vorerbe befreit oder nicht befreit ist. Die Frage der Beeinträchtigung ist rein rechtlich zu beurteilen. Das Recht des Nacherben wird nicht beeinträchtigt, wenn der Vorerbe eine Verfügung über ein Grundstück oder Grundstücksrecht in **Erfüllung einer Nachlassverbindlichkeit** vornimmt (OLG Düsseldorf, FGPrax 2003, 151). Gleiches gilt, wenn der Vorerbe die **Erfüllung eines Vermächtnisses** (OLG Celle, ZfIR 2005, 35) oder einer **Teilungsanordnung** (OLG Hamm, Rpfleger 1995, 209) vornimmt. Eine Beeinträchtigung liegt allerdings vor, wenn die Verfügung des Vorerben vorzeitig erfolgt, d.h. vor einem letztwillig bestimmten Termin (OLG Hamm, Rpfleger 1996, 504). Die **Vereinbarung der Gütergemeinschaft** ist keine den Beschränkungen des § 2113 BGB unterliegende Verfügung über das einem Ehegatten als Vorerben gehörende Grundstück zugunsten des anderen Ehegatten, sondern eine Verfügung über das ganze Vermögen des einen Ehegatten zugunsten des anderen Ehegatten durch Verschaffung gemeinschaftlichen Eigentums; er kann allerdings sein Vermögen nur in dem Umfang und unter den Beschränkungen auf den anderen übertragen, als es ihm selbst zusteht. Die durch Nacherbfolge gebundenen Vermögensteile kann er daher nur unbeschadet der Rechte der Nacherben übertragen; die Rechte der Nacherben werden dadurch nicht berührt (BayObLG, Rpfleger 1989, 328).

2.2. Die erfassten Fälle

377 Das Recht des Vorerben, über Nachlassgegenstände zu verfügen (§ 2112 BGB), ist gemäß § 2113 Abs. 1 BGB bei Grundstücken und Grundstücksrechten insoweit eingeschränkt, als dass die Verfügungen bei Eintritt des Nacherbfalls **absolut unwirksam** sind, wenn sie die Rechte des Nacherben vereiteln oder beeinträchtigen. Bei der Frage der Vereitelung oder Beeinträchtigung ist eine rechtliche Betrachtungsweise maßgebend; deshalb ist das Recht des Nacherben auch dann beeinträchtigt, wenn der Vorerbe ein zwar Grundstück veräußert, aber dem Nachlass eine Gegenleistung über dem Verkehrswert zufließt. Verfügungen nach § 2113 Abs. 1 BGB sind alle Rechtsübertragungen (Auflassung von Grundstücken, Übertragung von Grundstücksrechten), Belastungen von Grundstücken und Grundstücksrechten sowie Inhaltsänderungen, Aufhebungen und Rangänderungen von Grundstücksrechten. Letzteres gilt, wenn das Grundstücksrecht selbst Gegenstand des Nacherbenrechts ist. Ist dagegen das belastete Grundstück selbst Gegenstand des Nacherbenrechts, stellt die

I. Das Wesen von Vor- und Nacherbschaft

Eigentümerzustimmung nach § 880 Abs. 2 S. 2, § 1183 BGB eine Verfügung nach § 2113 Abs. 1 BGB dar. Die Bestellung einer **Vormerkung** durch den Vorerben ist eine Verfügung nach § 2113 Abs. 1 BGB. Das einer Verfügung des Vorerben zugrunde liegende **schuldrechtliche Rechtsgeschäft** bedarf keiner Zustimmung des Nacherben; wird sie dennoch erklärt, liegt darin die Zustimmung zur Verfügung des Vorerben in Erfüllung des schuldrechtlichen Grundgeschäfts (BGH, DNotZ 1979, 32). Eine **Erbauseinandersetzung** mit Grundstücksübertragung unter nicht befreiten Vorerben kann nur mit Zustimmung des Nacherben voll wirksam vorgenommen werden, weil sie sonst bei Eintritt des Nacherbfalls insoweit unwirksam wäre, als sie das Recht des Nacherben vereiteln oder beeinträchtigen würde (§ 2113 Abs. 1 BGB). Muss der Vorerbe als Grundstückseigentümer einer Veräußerung oder Belastung eines Erbbaurechts nach § 5 ErbbauRG zustimmen, bedarf dies der Zustimmung der Nacherben, wenn die Verfügung auch bei Eintritt des Nacherbfalls wirksam bleiben soll (§ 2113 Abs. 1 BGB); insoweit liegt eine Verfügung über das Grundstücksrecht „Erbbaurecht" vor und die Zustimmung des Eigentümers ist ein Teil dieser Verfügung.

Unentgeltliche Verfügungen, wie z. B. die Veräußerung oder Belastung von Grundstücken, werden bei Eintritt des Nacherbfalls unwirksam (§ 2113 Abs. 2 BGB), und zwar **absolut unwirksam**, so dass sich jeder darauf berufen kann (BGH, DNotZ 1970, 32). Eine unentgeltliche Verfügung i.S.v. § 2113 Abs. 2 BGB liegt vor, wenn der Vorerbe objektiv betrachtet, ohne gleichwertige Gegenleistung ein Opfer aus der Erbmasse bringt und subjektiv betrachtet, entweder weiß, dass für dieses Opfer aus der Erbmasse **keine gleichwertige Gegenleistung** zufließt, oder dies bei ordnungsmäßiger Verwaltung hätte erkennen müssen; entscheidend dabei ist eine wirtschaftliche Betrachtungsweise (BGH, NJW 1984, 366). Unerheblich ist dabei, ob die Beteiligten selbst von Unentgeltlichkeit ausgegangen sind oder ob der Empfänger die Pflichtverletzung des verfügenden Vorerben gekannt hat. Für die Frage der Entgeltlichkeit kommt es auf den Zeitpunkt der Verfügung an (BGH, NJW 1977, 1631). Der Entgeltlichkeit steht nicht entgegen, dass die Gegenleistung noch nicht bewirkt ist oder dass der befreite Vorerbe das Nachlassgrundstück mit Grundpfandrechten belastet, um so dem Erwerber die Finanzierung des Kaufpreises zu ermöglichen. Verkäufe zum so genannten Freundschaftspreis sind wegen Unentgeltlichkeit unwirksam, wenn beide Kaufparteien wissen, dass der Wert des verkauften Grundstücks nicht dem Verkehrswert entspricht (BGH, DNotZ 1985, 482). Die Veräußerung eines Grundstücks unter dem Vorbehalt eines Nießbrauchs ist entgeltlich, wenn die Kapitalisierung des Nießbrauchs und der Wert der weiteren Gegenleistung insgesamt ein angemessenes Entgelt darstellen (OLG Hamm, Rpfleger 1991, 59). Entgeltlichkeit ist auch bei einem Grundstückskaufvertrag gegen Einräumung eines Wohnungsrechts und einer Leibrente anzunehmen. Eine Nachlassteilung zwischen Vorerben ist dann entgeltlich, wenn ein Vorerbe wertmäßig dabei nicht mehr erhält, als ihm aufgrund seiner Erbquote gebührt

(BayObLG, Rpfleger 1986, 470) oder wenn ein Vorerbe angemessen abgefunden wird (BayObLG, DNotZ 1983, 320). Eine teilweise unentgeltlich Verfügung ist einer voll unentgeltlichen gleichzusetzen (BGH, NJW 1985, 382). Eine unentgeltliche Verfügung liegt auch bei gemischten Schenkungen des Vorerben vor und grundsätzlich bei sog. ehebedingten oder unbenannten Zuwendungen, die der Vorerbe seinem Ehegatten macht (BGH, DNotZ 1992, 513). Dient eine Grundschuldbestellung durch den befreiten Vorerben Zwecken der Nachlassverwaltung und fließt die Darlehensvaluta tatsächlich dem Nachlass zu, wird die Kreditgewährung wirtschaftlich als Gegenleistung für die Grundschuldbestellung angesehen und eine entgeltliche Verfügung bejaht. Eine Grundschuldbestellung durch den befreiten Vorerben ist aber auch dann als entgeltlich anzusehen, wenn das Darlehen dem Vorerben selbst zugutekommt. Bei der befreiten Vorerbschaft ist es gleichgültig, ob die Gegenleistung in den Nachlass gelangt (§ 2111 BGB) oder ob sie lediglich dem Vorerben persönlich zugutekommt (BGH, DNotZ 1985, 482, 484); der befreite Vorerbe darf den Nachlass gemäß §§ 2134, 2136 BGB für sich verwenden. Der Nacherbe muss das hinnehmen und hat demgemäß insoweit kein beeinträchtigungsfähiges Recht im Sinne von § 2113 Abs. 2 BGB (BGH, DNotZ 1985, 482, 484).

2.3. Heilung durch Zustimmung

379 Verfügungen des Vorerben sind bei Zustimmung (Einwilligung oder Genehmigung) des Nacherben voll wirksam und bleiben es auch bei Eintritt des Nacherbfalls, analog §§ 183-185 BGB (BGH, ZNotZ 2014, 106). Der Nachlassgegenstand scheidet damit aus dem Nachlass aus und unterliegt nicht mehr den Beschränkungen des § 2113 BGB. Anstelle des ausgeschiedenen Gegenstandes gehört die Gegenleistung als Surrogat zum Nachlass. Erforderlich ist die Zustimmung aller Nacherben, auch der bedingt eingesetzten Nacherben und bei mehrfacher Nacherbfolge der weiteren Nacherben. Nicht erforderlich ist die Zustimmung des Ersatznacherben, da dieser bis zum Wegfall des Nacherben noch keine Rechte und Pflichten hat (BGH, ZNotP 2014, 106; OLG München, RNotZ 2015, 303). Dies gilt auch dann, wenn die Verfügung des Vorerben in der Übertragung des Grundstücks auf den Nacherben selbst besteht (OLG Hamm, NotBZ 2015, 41). Lebt ein Nacherbe in Gütergemeinschaft, so ist die Zustimmung des Nacherben ausreichend; der Ehegatte muss nicht zustimmen.

Für **unbekannte Nacherben** (z. B. Kinder, Abkömmlinge des Vorerben) muss ein Pfleger nach § 1913 BGB handeln, der der Genehmigung des Gerichts nach §§ 1821, 1812, 1915 BGB bedarf (BGH, ZNotP 2014, 106). Unbekannt ist ein Nacherbe insbesondere, wenn er bzw. der Kreis der Nacherben erst im Zeitpunkt des Eintritts des Nacherbfalls bestimmt werden kann oder wenn er nur für den Fall als Nacherbe berufen sein soll, dass er den Vorerben überlebt. Sind für den Fall der Wiederheirat des Vorerben seine gesetzlichen Erben als Nacherben eingesetzt, so sind sie insgesamt unbekannt; in diesem Fall kann nur ein Pfleger zustimmen (KG, Rpfleger 1971, 354). Soweit als Nacherben die „Abkömmlinge des Vorerben" eingesetzt sind, so sind nach dem allgemeinen Sprachgebrauch alle jene Personen gemeint, die im Rechtssinne vom Erblasser abstammen, also Kinder, Enkel, Urenkel usw. (OLG Düsseldorf, NotBZ 2014, 144). Zu Lebzeiten des Vorerben können dann jederzeit Nacherben hinzukommen, da auch adoptierte Kinder Abkömmlinge sein können (OLG München, RNotZ 2014, 172). Nicht völlig ausgeschlossen sind deshalb auch weitere Abkömmlinge nach dem 65. Lebensjahr einer Frau oder bei Unfruchtbarkeit des Vorerben (OLG München, RNotZ 2014, 172); selbst eine geringe Wahrscheinlichkeit genügt nicht, die grundbuchrechtlichen Anforderungen abzuschwächen. Sind aber die gemeinsamen Kinder des Erblassers und der Vorerbin als Nacherben eingesetzt, so ist spätestens neun Monate nach dem Erbfall hierüber Klarheit zu erlangen (OLG Düsseldorf, ZEV 2010, 98). Bei „leiblichen ehelichen Abkömmlingen" erfüllt die Adoption von Kindern diese Voraussetzung nicht (OLG Düsseldorf, RNotZ 2015, 27). Zur Vermeidung von Auslegungsschwierigkeiten sollte bei einer Verfügung von Todes wegen genau formuliert werden (z. B. leibliche Abkömmlinge, eheliche Kinder usw.). Ein nur abstrakt bestimmter Nacherbe (z. B. erstgeborenes Kind des Vorerben) ist im Zweifel ebenso bekannt wie ein namentlich bezeichneter Erbe, wenn feststeht, wer die abstrakte Bestimmung erfüllt und sich daran bis zum Nacherbfall außer durch den Tod der bestimmten Person nichts mehr ändern kann (BGH, ZNotP 2014, 106). Dies kann dann durch Personenstandsurkunden und eidesstattliche Versicherungen nachgewiesen werden; ein Pfleger nach § 1913 erübrigt sich in diesem Fall. Soweit möglich sollten keine unbekannten Nacherben (z. B. Abkömmlinge) eingesetzt werden, sondern konkret benannte Personen (z. B. Meine Kinder Franz und Sophia). Bei unbekannten Nacherben sollte zusätzlich ein Nacherbenvollstrecker nach § 2222 BGB eingesetzt werden, der bis zum Eintritt des Nacherbfalls die Rechte der unbekannten Nacherben ausübt.

Die Zustimmung des **gesetzlichen Vertreters (Eltern, Vormund, Betreuer, Pfleger) des Nacherben** zu einer Verfügung des Vorerben, die unter den Katalog der §§ 1812, 1821, 1822 BGB fällt, bedarf der **Genehmigung des Gerichts,** §§ 1643, 1908i, 1915 BGB (BGH, ZNotP 2014, 106). Der Schutzbefohlene gibt durch seine Zustimmung sein künftiges Recht an einem Grundstück oder Grundstücksrecht auf; die Aufgabe dieses Anwartschaftsrechts ist nicht anders zu behandeln als die Aufgabe des Eigentums an einem Grundstück oder die Berechtigung an einem Grundstücksrecht selbst. Genehmigungspflichtig nach § 1821 Abs. 1 Nr. 1 Alt. 1 BGB ist daher z. B. die Zustimmung des Nacherben zur Verfügung des Vorerben über ein Nachlassgrundstück.

Die Zustimmung eines Nacherben ist gegenüber dem Vorerben oder dessen Vertragspartner (z. B. einem Grundschuldgläubiger bei Bestellung einer Grundschuld durch den Vorerben) abzugeben. Ist der **Vorerbe auch Vertreter des Nacherben**, so soll er trotzdem nicht gehindert sein, die Zustimmung für den Nacherben abzugeben (OLG Hamm, DNotZ 2003, 635). Dem ist zu widersprechen. Gibt der Vorerbe als Vertreter des Nacherben die Zustimmung gegenüber sich selbst ab, dürfte eindeutig ein Verstoß gegen § 181 BGB vorliegen. Gleiches muss aber auch dann gelten, wenn der Vorerbe als Vertreter des Nacherben die Zustimmung gegenüber seinem Vertragspartner (z. B. dem Grundschuldgläubiger) abgibt, weil sonst § 181 BGB ohne weiteres umgangen werden könnte (*Meikel/Böttcher*, GBO, Einl. I Rdn. 283).

2.4. Befreiung des Vorerben

380 Der Erblasser kann den Vorerben **von den Beschränkungen des § 2113 Abs. 1 BGB** befreien. In diesem Fall sind die entgeltlichen Verfügungen des Vorerben über Grundstücke und Grundstücksrechte von Anfang an voll wirksam und bleiben es auch bei Eintritt des Nacherbfalls. Der Befreiungswille des Erblassers muss deutlich zum Ausdruck kommen. Befreiung ist anzunehmen, wenn der Nacherbe „auf den Überrest", „auf das was von Nachlass noch vorhanden ist" usw. eingesetzt wird (§ 2137 Abs. 1 BGB) oder wenn der Erblasser bestimmt hat, dass der Vorerbe zur freien Verfügung über die Erbschaft berechtigt sein soll (§ 2137 Abs. 2 BGB). Der Befreiungswille kann sich auch aufgrund einer Auslegung einer letztwilligen Verfügung ergeben, etwa wenn die Nacherbschaft dadurch bedingt ist, dass der Vorerbe ohne leibliche Nachkommen verstirbt (OLG Hamm, DNotZ 1972, 96). Eine Vermutung für die Anordnung einer Befreiung besteht, wenn ein Ehegattentestament mit Wiederverehelichungsklausel vorliegt (BGH, FamRZ 1961, 275). Der befreite Vorerbe kann trotz seiner Befreiung analog § 2120 BGB von den Nacherben die Zustimmung zur entgeltlichen Veräußerung eines zum Nachlass gehörenden Grundstücks verlangen, wenn der Vertragsgegner des Vorerben dies fordert; unerheblich ist dabei, ob es sich um eine Maßnahme ordnungsgemäßer Verwaltung handelt (OLG Frankfurt/M., NotBZ 2011, 398). Von den Beschränkungen des § 2113 Abs. 2 BGB kann der Erblasser keine Befreiung erteilten (vgl. § 2136 BGB). Unentgeltliche Verfügungen des Vorerben werden deshalb grundsätzlich unwirksam mit Eintritt des Nacherbfalls.

2.5. Zusammentreffen von Vorerbschaft mit Testamentsvollstreckung oder mit weitergeltender Vollmacht

381 a) Ist neben der NE-Folge auch Testamentsvollstreckung angeordnet, so verdrängt das Verwaltungs- und Verfügungsrecht des Testamentsvollstreckers das des VE (BayObLG, NJW 1959, 1920). In einem solchen Fall sind die zu § 52 GBO entwickelten Grundsätze anzuwenden (s. → Rdn. 392 ff.).

382 b) Hat der Erblasser zu Lebzeiten eine über den Tod hinaus wirkende Vollmacht einem Dritten erteilt, so ist streitig, ob der Bevollmächtigte damit gegenüber dem NE unbeschränkt oder beschränkt handeln kann. Verschiedentlich wird das Handeln des Dritten so angesehen, als habe ihm der NE zugestimmt

(OLG Stuttgart, DNotZ 1974, 365; *Keim*, DNotZ 2008, 175, 185). Für eine so weitgehende Unterstellung fehlt jedoch jeder Anhaltspunkt; es bleibt unerfindlich, welcher Anknüpfungspunkt dafür besteht, der es gestatten würde, eine vom NE nicht abgegebene und auch nicht gewollte Zustimmung zu fingieren. Richtig ist die Auffassung, die den Dritten als Bevollmächtigten des Vorerben ansieht und ihn den gleichen Beschränkungen unterwirft, denen auch dieser unterliegt (*Schaub* in Bauer/Schaub, § 51 GBO Rdn. 64; *Böttcher* in Lemke, Immobilienrecht, § 51 GBO Rdn. 33).

II. Die Eintragung des Nacherbenrechts

1. Der Nachweis des Nacherbenrechts

Das Recht des Nacherben, das von Amts wegen bei der Eintragung des Vorerben mitzuvermerken ist (**§ 51 GBO,** vgl. → Rdn. 384) kann nachgewiesen werden: 383

- durch Erbschein
- oder durch ein öffentliches Testament nebst Niederschrift des Nachlassgerichtes über dessen Eröffnung
- Europäisches Nachlasszeugnis.

Der Nachweis durch Erbschein ist für das Grundbuchamt am problemlosesten; das Grundbuchamt darf jedoch, wenn ein unter **§ 35 Abs. 1 S. 2 GBO** fallendes Testament vorliegt, keinen Erbschein verlangen. Dies gilt auch dann, wenn die Auslegung des Testaments rechtliche Schwierigkeiten mit sich bringt. Nur wenn zur Ermittlung des Erblasserwillens **tatsächliche** Ermittlungen notwendig wären, kann ein Erbschein verlangt werden (BayObLG, Rpfleger 2000, 266; OLG Köln, Rpfleger 2000, 157). Grundsätzlich hat das Grundbuchamt jedoch das Testament selbstständig auszulegen. Tatsächliche Ermittlungen sind z. B. veranlasst, wenn die Testierfähigkeit des Erblassers bestritten wird, oder wenn eine unbestimmte Einsetzung („… die Kinder meines Bruders …") vorliegt.

Es kann dabei als eine der vielen Ungereimtheiten der Rechtspflegergesetzgebung angesehen werden, dass hier dem Rechtspfleger des Grundbuchamtes eine Befugnis zuerkannt ist, die dem Rechtspfleger des Nachlassgerichts nicht zusteht (§ 16 Abs. 1 Nr. 6 RPflG)!

2. Die Amtseintragung

Um den gutgläubigen Erwerb Dritter zulasten des NE zu verhindern, ist zugleich mit dem Recht des VE ein Nacherbschaftsvermerk von Amts wegen einzutragen, **§ 51 GBO.** 384

Der Vermerk ist, wenn er das Eigentum oder Rechte in Abt. II betrifft, in Abt. II, wenn er Rechte in Abt. III betrifft, dort einzutragen (vgl. §§ 10, 11 GBV). Er hat den Nacherben und evtl. Ersatzerben (*Böttcher* in Lemke, Immobilienrecht, § 51 GBO Rdn. 15) anzugeben und festzustellen, ob der VE befreit oder nicht befreit ist.

384a Der Nacherbe kann **auf die Eintragung des Nacherbenvermerks** auch ohne konkrete rechtsgeschäftliche Verfügung des Vorerben **verzichten** (OLG München, Rpfleger 2017, 448; *Demharter,* § 51 Rdn. 26; *Böttcher* in Lemke, Immobilienrecht, § 51 GBO Rdn. 17). Erforderlich sind auch die formgerechten (§ 29 GBO) Zustimmungen bedingt eingesetzter Nacherben und Nachnacherben (BayObLG, DNotZ 1983, 318). Für unbekannte Nacherben muss ein Pfleger handeln, § 1913 BGB (BayObLG, MittBayNot 1997, 238). Der vertritt die bereits bekannten Nacherben aber nicht. Die Zustimmung von Ersatznacherben ist ebenfalls notwendig (OLG München, RNotZ 2015, 301; OLG Hamm, Rpfleger 2015, 15). Denn der Nacherbe kann nur über sein Nacherbenrecht verfügen, nicht über die Anwartschaft des Ersatznacherben. Daran ändert nichts die Tatsache, dass der Vorerbe zur Verfügung über Nachlassgegenstände nicht der Zustimmung der Ersatznacherben, sondern nur diejenige der Nacherben benötigt. Die Zustimmung des Nacherben zu einer Verfügung des Vorerben über ein Nachlassgrundstück ist nicht vergleichbar mit dem Verzicht auf die Eintragung des Nacherben- bzw. Ersatznacherbenvermerks bei einem Grundstück, das im Nachlass verbleibt. Während der Nacherbe bei der Zustimmung zu einer Verfügung des Vorerben lediglich sein alleiniges Nacherbenrecht ausübt, verfügt wer bei einem Verzicht auf die Eintragung eines Nacherben- bzw. Ersatznacherbenvermerks zugleich über etwaige künftige Rechte der eingesetzten Ersatznacherben; diese unterliegen als solche jedoch nicht seiner Verfügungsbefugnis. Verzichtet der gesetzliche Vertreter auf das Eingetragensein des Nacherbenvermerks (§ 51 GBO) am Nachlassgrundstück und bewilligt er die Löschung des eingetragenen Nacherbenvermerks (ohne konkrete Verfügung des Vorerben), ist eine Genehmigung nach § 1821 Abs. 1 Nr. 1 BGB erforderlich (*Meikel/Böttcher,* GBO, Einl. I Rdn. 178). Der Nacherbenvermerk stellt für den Nacherben eine Schutzposition dar; verzichtet er auf ihn, verliert er dadurch nicht den Schutz des § 2113 Abs. 1 BGB, wohl aber kann er einen Rechtsverlust durch gutgläubigen Erwerb eines Dritten nach §§ 2113 Abs. 3, 892 BGB erleiden. Der Verzicht auf die Eintragung des Nacherbenvermerks bereitet praktisch deshalb erhebliche Schwierigkeiten. Es ist deshalb zu empfehlen, von derartigen Verzichtserklärungen ohne materiellen Inhalt abzusehen. Vielmehr sollte eine am Erbrecht orientierte materiell-rechtliche Lösung gewählt werden, die sodann grundbuchverfahrensrechtlich vollzogen wird. Entweder stimmen also die Nacherben (nicht Ersatznacherben!) einer Veräußerung zu oder die Nacherben befreien den Vorerben von den Beschränkungen der Vor- und Nacherbschaft (*Hartlich*, RNotZ 2017, 385).

II. Die Eintragung des Nacherbenrechts

→ **Beispiel 73e:**
Frau E als Grundstückseigentümerin hatte mit ihrer Tochter T am 24.11.1991 einen Erbvertrag abgeschlossen mit u.a. folgendem Inhalt: „Frau E setzt ihre Tochter T zur Erbin ein. Nacherbe der Tochter T ist deren Sohn S und für den Fall, dass die Tochter T weitere leibliche Kinder bekommt, sämtliche Kinder zu gleichen Teilen." Frau E verstarb am 23.5.2015. Am 15.7.2015 beantragte die Tochter T ihre Eintragung als Eigentümerin ohne gleichzeitige Eintragung eines Nacherbenvermerks. In der notariellen Urkunde vom 13.8.2015 versicherte die im 59. Lebensjahr stehende Vorerbin T an Eides Statt, dass sie abgesehen von ihrem Sohn S keine weiteren Abkömmlinge habe. In der gleichen Urkunde verzichtete der Sohn S auf die Eintragung eines Nacherbenvermerks. Das Grundbuchamt hat den Antrag am 29.10.2015 zurückgewiesen. Dagegen wurde Beschwerde eingelegt.

Das OLG Hamm (RNotZ 2016, 110) hat die Beschwerde als unbegründet zurückgewiesen. Gemäß § 51 GBO ist bei der Eintragung des Rechts eines Vorerben in das Grundbuch zugleich grundsätzlich auch das Recht des Nacherben in Form eines Nacherbenvermerks einzutragen. Die Eintragung eines Nacherbenvermerks dient dem Schutz des Nacherben vor einem gutgläubigen Dritterwerb. Verlautbart und für Dritte im Grundbuch erkennbar gemacht werden damit die Verfügungsbeschränkungen, denen der Vorerbe nach materiellem Recht unterliegt. Der Vorerbe kann grundsätzlich nicht beantragen, dass bei Eintragung seiner Person der Nacherbenvermerk nicht eingetragen wird. Vielmehr erfolgt die Eintragung des Nacherbenvermerks von Amts wegen mit der Eintragung des Rechts des Vorerben, mithin ohne entsprechenden Eintragungsantrag (§ 51 GBO). Gleichwohl unterbleibt eine Eintragung des Nacherbenvermerks, wenn sämtliche Nacherben darauf in der Form des § 29 GBO verzichten. Auf die materiellen Beschränkungen des Vorerben hat ein solcher Verzicht des Nacherben keine Auswirkungen, so dass das Nacherbenrecht trotz der Nichteintragung des Nacherbenvermerks unverändert fortbesteht. Im Grundbuchverkehr wird es dann jedoch nicht mehr beachtet und unterliegt der Gefahr des Untergangs mit gutgläubigem Erwerb eines Dritten aufgrund einer Verfügung des Vorerben (OLG München, Rpfleger 2017, 448).

Von der Erblasserin E eingesetzte Nacherben sind nicht nur der Sohn S der Vorerbin T, sondern – bedingt durch ihre Geburt – auch die im Erbvertrag angeführten weiteren leiblichen Kinder der Vorerbin T. Mit den im grundbuchrechtlichen Antragsverfahren zulässigen Beweismitteln lässt sich nicht nachweisen, dass der Eintritt der Bedingung – Geburt weiterer leiblicher Kinder – ausgeschlossen ist. Grundsätzlich ist nur der Urkundenbeweis nach § 29 GBO zulässig. Eine Beweisaufnahme durch Einholung von Sachverständigengutachten oder durch Vernehmung von Beteiligten oder Zeugen kommt daher nicht in Betracht. Ebenso wenig genügen privatärztliche Bescheinigungen (z.B. über die Gebärfähigkeit). Es ist im vorliegenden Fall weder offenkundig, dass die Vorerbin T nicht mehr schwanger werden kann, noch besteht ein allgemeiner Erfahrungssatz, dass eine Schwangerschaft bei einer 59-jährigen Frau ausgeschlossen ist. In Betracht kommt auch eine künstliche Befruchtung, die die Geburt eines leiblichen Kindes der Vorerbin T zur Folge haben könnte. Das OLG Hamm (FGPrax 1997, 128) hat zwar am 11.2.1997 entschieden, dass im Jahre 1996 bei einer damals 65-jährigen Frau die Lebenserfahrung gegen die Geburt weiterer Kinder spricht. In den seit dieser Entscheidung vergangenen fast 20 Jahren hat die sog. Reproduktionsmedizin jedoch Möglichkeiten geschaffen, nach denen auch Frauen jenseits der Menopause noch schwanger werden können, so dass die Schwangerschaft einer heute 59-jährigen nicht sicher ausgeschlossen werden kann. Auch die der Vorerbin T angebotene Versicherung an Eides Statt, dass sie eine künstliche Befruchtung in Zukunft nicht plane, ist als Beweismittel ungeeignet. Gegenstand einer Versicherung an Eides Statt können nur Tatsachen sein. Die Motivationslage der Vorerbin in Bezug auf eine zukünftige künstliche Befruchtung stellt aber keine einem Nachweis zugängliche Tatsache dar.

Die bedingt eingesetzten Nacherben bedürfen deshalb des Schutzes durch den einzutragenden Nacherbenvermerk, so dass die beantragte Eigentumsumschreibung ohne gleichzeitige Eintragung des Nacherbenvermerks nicht in Betracht kommt.

Letztlich war auch der Verzicht des Nacherben S auf Eintragung des Nacherbenvermerks unzureichend. Erforderlich ist auch die Mitwirkung etwa vorhandener Ersatznacherben, d.h. etwa vorhandener Kinder von S (OLG Hamm, RNotZ 2016, 110). Der Nacherbe S hätte daher die von ihm abgegebene Erklärung entweder dahingehend ergänzen müssen, dass er an Eides Statt versichert, derzeit keine Abkömmlinge zu haben, oder etwa vorhandene Kinder hätten die Verzichtserklärung auf Eintragung des Nacherbenvermerks ebenfalls abgeben müssen.

Um die Eintragung eines Nacherbenvermerks zu verhindern, bedarf es deshalb der Abgabe einer Verzichtserklärung durch alle betroffenen Nacherben und Ersatznacherben. Sind sie unbekannt, müssen sie bei einem Verzicht durch einen Pfleger nach § 1913 BGB vertreten werden. Dieser benötigt für die Erklärung des Verzichts zudem eine Genehmigung des Betreuungsgerichts (§ 1915 Abs. 1 Satz 1 i. V. m. § 1821 Abs. 1 Nr. 1 BGB).

384b Zwar besteht zwischen dem Vermerk und dinglichen Grundstücksrechten kein Rangverhältnis im materiellen Sinne, jedoch ist der Vermerk auch hier wieder – ähnlich wie der Insolvenzvermerk – als Eintragung einer Verfügungsbeschränkung für die Anwendung des § 892 BGB von Bedeutung. Für ihn muss deshalb auch § 17 GBO anwendbar sein (OLG Hamm, Rpfleger 1966, 48; OLG Hamburg, DNotZ 1967, 376); d.h., dass die vor dem Antrag des VE eingegangenen Rechtsänderungen vor der Eintragung des NE-Vermerks zu vollziehen bzw. mit einem sog. **Wirksamkeitsvermerk** zu versehen sind.

→ Beispiel 73f:
Eigentümerin eines Grundstücks ist die befreite Vorerbin V. Nacherben sind ihre beiden Söhne S1 und S2 und eine weitere Nacherbin NE. Der Nacherbenvermerk ist im

GB eingetragen. Die Vorerbin V veräußerte das Grundstück zu notarieller Urkunde an die beiden Nacherben S1 und S2 für 2,6 Millionen € und beantragte und bewilligte die Eintragung einer Eigentumsvormerkung. Der notariellen Urkunde beigefügt war das Gutachten eines öffentlich bestellten und vereidigten Sachverständigen, im dem der Verkehrswert auf 2,59 Millionen € geschätzt wurde. Zugleich bewilligten und beantragten die Vertragsparteien, bei der Vormerkung im GB zu vermerken, dass diese allen Nacherben gegenüber wirksam ist. Das GBA verlangte mittels Zwischenverfügung die Zustimmung der weiteren Nacherbin NE. Dagegen wurde Beschwerde eingelegt.

Das OLG München (RNotZ 2016, 305) hat die Zwischenverfügung des Grundbuchamts zu Recht aufgehoben. Hat der Vorerbe ein Recht am Grundstück oder eine Vormerkung bestellt, kann ein deklaratorischer **Wirksamkeitsvermerk** eingetragen werden, mit dem verlautbart wird, dass die Verfügung auch bei Eintritt des Nacherbfalls wirksam bleibt und nicht nach § 2113 BGB unwirksam wird (BGH, DNotZ 1999, 1000). Der Wirksamkeitsvermerk wird im Wege der Grundbuchberichtigung eingetragen auf Antrag (§ 13 GBO) und Bewilligung aller Nacherben (§ 19 GBO) oder aufgrund Unrichtigkeitsnachweises (§ 22 GBO), d. h. wenn nachgewiesen wird, dass das einzutragende Recht entgegen § 2113 Abs. 1 und 2 BGB bei Eintritt der Nacherbfolge wirksam bleibt. Im vorliegenden Fall fehlte eine Bewilligung der weiteren Nacherbin NE. Nicht erforderlich ist die Zustimmung eines Ersatznacherben, da dieser bis zum Wegfall des Nacherben noch keine Rechte und Pflichten hat (BGH, ZNotP 2014, 106; OLG München, RNotZ 2015, 303).

Jedoch kann der Wirksamkeitsvermerk auch eingetragen werden, wenn nachgewiesen ist, dass eine entgeltlich Verfügung des befreiten Vorerben vorliegt, die auch bei Eintritt des Nacherbfalls wirksam bleibt (§ 2136 mit § 2113 Abs. 2 BGB). Eine unentgeltliche Verfügung i.S.v. § 2113 Abs. 2 BGB liegt vor, wenn der Vorerbe objektiv betrachtet, ohne gleichwertige Gegenleistung ein Opfer aus der Erbmasse bringt und subjektiv betrachtet, entweder weiß, dass für dieses Opfer aus der Erbmasse **keine gleichwertige Gegenleistung** zufließt, oder dies bei ordnungsmäßiger Verwaltung hätte erkennen müssen; entscheidend dabei ist eine wirtschaftliche Betrachtungsweise (BGH, NJW 1984, 366; OLG München, RNotZ 2014, 172). Unerheblich ist dabei, ob die Beteiligten selbst von Unentgeltlichkeit ausgegangen sind oder ob der Empfänger die Pflichtverletzung des verfügenden Vorerben gekannt hat. Für die Frage der Entgeltlichkeit kommt es auf den Zeitpunkt der Verfügung an (BGH, NJW 1977, 1631). Der Nachweis der Entgeltlichkeit muss regelmäßig nicht in der Form des § 29 GBO erbracht werden, da dies praktisch kaum möglich ist (OLG München, RNotZ 2016, 305). Das Grundbuchamt ist deshalb berechtigt, bei der Prüfung dieser Frage die Regeln der Lebenserfahrung und der Wahrscheinlichkeit anzuwenden. Über die Frage der Entgeltlichkeit bzw. Unentgeltlichkeit kann das Grundbuchamt nur im Wege freier Beweiswürdigung entscheiden. Das Grundbuchamt ist aber weder berechtigt noch verpflichtet, Ermittlungen und Beweiserhebungen eigenständig anzustellen. Zweifel an der Entgeltlichkeit müssen nicht vom Grundbuchamt geklärt werden. Es kann dann die Zustimmung des Nacherben verlangen, aber auch mittels Zwischenverfügung die Vorlage eines Sachverständigengutachtens aufgeben. Eine allzu ängstliche, auch die entferntesten Möglichkeiten noch berücksichtigende Betrachtungsweise des Grundbuchamtes ist nicht angebracht. Bei einem Kaufvertrag des befreiten Vorerben mit einem unbeteiligten Dritten, das beiderseitige Verpflichtungen auslöst, kann Entgeltlichkeit angenommen und davon ausgegangen werden, dass es kein Scheingeschäft ist; der erste Anschein spricht für Entgeltlichkeit (OLG München, DNotZ 2001, 697). Auf ein Gutachten gestützter Nachweis ist in derartigen Fällen regelmäßig nicht notwendig (OLG Düsseldorf, Rpfleger 2008, 299). Bestehen jedoch zwischen dem Vorerben und dem Vertragspartner verwandtschaftliche Beziehungen oder ein persönliches Näheverhältnis (z. B. Lebensgefährte des Vorerben), muss die Entgeltlichkeit sorgfältiger geprüft werden; die Vorlage eines Wertgutachtens zum Nachweis der Entgeltlichkeit erscheint dann angebracht. Im vorliegenden Fall sind die Beteiligten den Erfordernissen für die Eintragung des Wirksamkeitsvermerks in ausreichendem Maß nachgekommen, indem sie ein zeitnahes, in der Sache umfassendes und aussagekräftiges Gutachten eines öffentlich bestellten und vereidigten Sachverständigen zum Verkehrswert des verkauften Grundstücks vorgelegt haben. Das Gutachten weist nachvollziehbar einen Wert aus, der mit dem vereinbarten Kaufpreis in Einklang zu bringen ist. Vor der Eintragung des Wirksamkeitsvermerks ist nach dem OLG München (RNotZ 2016, 305) dem Nacherben NE formlos rechtliches Gehör zu gewähren.

III. Verfügungen des nicht eingetragenen Vorerben

385 Bevor der VE über ein Recht verfügt, muss er grundsätzlich seine Eintragung als Erbe herbeiführen. Zugleich wird aber gem. § 51 GBO das Recht des Nacherben vermerkt, sodass dessen Rechte gesichert sind.

Ausnahmsweise bedarf es jedoch der Eintragung des VE nicht, so, wenn er z. B. ein ererbtes Grundstück sogleich veräußert (§ 40 GBO). In einem solchen Fall muss das Grundbuchamt **von Amts wegen** die Rechte des NE schützen.

Verfügt der nicht im Grundbuch eingetragene Vorerbe ohne im Grundbuch voreingetragen werden zu müssen gemäß § 40 GBO (z. B. Veräußerung eines geerbten Grundstücks) und damit ohne Buchung des Nacherbenvermerks im Grundbuch nach § 51 GBO, so kann zwar der Ersterwerber nicht gutgläubig zu Lasten des Nacherben erwerben (weil das Grundbuch nicht unrichtig ist hinsichtlich des Verfügenden, vgl. BGH, NJW 1970, 943)), aber danach kann sich ein gutgläubiger Erwerb anschließen (§ 892 BGB). Deshalb muss das Grundbuchamt in diesem Fall von Amts wegen die Rechte des Nacherben wahren.

Eintragungen auf Grund einer Bewilligung des Erblassers oder eines Nachlasspflegers oder eines Testamentsvollstreckers können ohne weiteres vollzogen werden, weil die Verfügungen dieser Personen auch den Nacherben binden. In allen anderen Fällen muss der **nicht befreite Vorerbe die Zustimmung des Nacherben** vorlegen und der **befreite Vorerbe die Entgeltlichkeit der Verfügung nachweisen** (vgl. § 2113 Abs. 2 BGB) oder bei unentgeltlicher Verfügung die Zustimmung des Nacherben beibringen. Sonst muss das Grundbuchamt entgegen § 40 GBO durch Zwischenverfügung auf die Voreintragung des Vorerben (§ 39 Abs. 1 GBO) bestehen, was die Eintragung des Nacherbenvermerks von Amts wegen zur Folge hat (§ 51 GBO).

Da die **Entgeltlichkeit i.S.v. § 2113 Abs. 2 BGB** schwierig in der Form des § 29 GBO nachzuweisen ist, ist das Grundbuchamt berechtigt und verpflichtet, bei der Prüfung dieser Frage die Regeln der Lebenserfahrung und der Wahrscheinlichkeit anzuwenden (OLG Düsseldorf, Rpfleger 2008, 299; OLG München, DNotZ 2005, 697). Über die Frage der Entgeltlichkeit bzw. Unentgeltlichkeit kann das Grundbuchamt nur im Wege freier Beweiswürdigung entscheiden; die Beweismittelbeschränkung des § 29 GBO gilt nicht. Das Grundbuchamt ist aber weder berechtigt noch verpflichtet, Ermittlungen und Beweiserhebungen eigenständig anzustellen (KG, Rpfleger 1968, 224). Zweifel an der Entgeltlichkeit müssen nicht vom Grundbuchamt geklärt werden. Es kann dann die Zustimmung des Nacherben verlangen, aber auch mittels Zwischenverfügung die Vorlage eines Sachverständigengutachtens aufgeben. Eine allzu ängstliche, auch die entferntesten Möglichkeiten noch berücksichtigende Betrachtungsweise des Grundbuchamtes ist nicht angebracht. Bei einem Kaufvertrag des befreiten Vorerben mit einem unbeteiligten Dritten, das beiderseitige Verpflichtungen auslöst, kann Entgeltlichkeit angenommen und davon ausgegangen werden, dass es kein Scheingeschäft ist; der erste Anschein spricht für Entgeltlichkeit (OLG München, DNotZ 2005, 697). Auf ein Gutachten gestützter Nachweis ist in derartigen Fällen regelmäßig nicht notwendig (OLG Düsseldorf, Rpfleger 2008, 299). Bestehen jedoch zwischen dem Vorerben und dem Vertragspartner verwandtschaftliche Beziehungen oder ein persönliches Näheverhältnis (z.B. Lebensgefährte des Vorerben), muss die Entgeltlichkeit sorgfältiger geprüft werden; die Vorlage eines Wertgutachtens zum Nachweis der Entgeltlichkeit erscheint dann angebracht. Um dem schwierigen Nachweis der Entgeltlichkeit einer Verfügung des befreiten Vorerben aus dem Weg zu gehen, ist der Praxis zu empfehlen, auch in diesen Fällen die Zustimmung der Nacherben einzuholen.

Ist es dem VE nicht möglich, die erforderlichen Nachweise zu führen, so muss er, auch wenn dies nach § 40 GBO an sich nicht erforderlich wäre, seine Voreintragung und damit die Eintragung des schützenden Nacherbschaftsvermerks herbeiführen.

Ohne weiteren Nachweis und ohne Zustimmung des NE kann jedoch eine Eintragung vorgenommen werden, wenn sie noch durch eine Bewilligung des

Erblassers begründet ist oder wenn die Bewilligung eines Nachlasspflegers oder Testamentsvollstreckers vorliegt.

IV. Verfügungen des eingetragenen Vorerben

1. Verfügungen bei bestehen bleibendem Nacherbenvermerk

388 Ist der VE eingetragen, so ist es auch der Nacherbschaftsvermerk. Er schützt den NE gegen einen Rechtsverlust durch gutgläubigen Erwerb § 2113 Abs. 3, § 892 Abs. 1 S. 2 BGB). Ist der Vermerk eingetragen, so kann das Grundbuchamt mit Ausnahme von Löschungen alle Eintragungen, die der VE bewilligt, vollziehen (OLG München, RNotZ 2013, 552; OLG Frankfurt, DNotZ 2012, 150). Es kommt dabei nicht darauf an, ob es sich um einen befreiten oder nicht befreiten VE handelt, es ist dabei auch bedeutungslos, ob die Verfügungen entgeltlich oder nicht sind. Der **Nacherbenvermerk bewirkt daher keine Grundbuchsperre** (OLG München, RNotZ 2013, 552: OLG Frankfurt, DNotZ 2012, 150).

2. Verfügungen, die auch zur Löschung des Nacherbenvermerks führen

389 Eine Löschung des Nacherbenvermerks würde demgegenüber das Recht des NE zerstören, weil mit der Löschung (beispielsweise eines Eigentümerrechts) auch der bei diesem Recht eingetragene Vermerk aus dem Buch verschwinden würde (sog. „mittelbare Löschung des Nacherbschaftsvermerkes") und somit kein Schutz mehr für den NE bestünde. Soll ein der Nacherbschaft unterliegendes Recht gelöscht werden, so ist deshalb zu unterscheiden:

- a) Ist der **Vorerbe befreit**, so sind ihm lediglich **unentgeltliche** Verfügungen verboten.
  Hierher gehören in erster Linie Eigentümerrechte, die der VE zur Löschung bringen will. Eine solche Löschung ist regelmäßig eine unentgeltliche Verfügung, weil ja die durch das Recht belegte Rangstelle aufgegeben wird, ohne dass dafür eine Gegenleistung zum Nachlass käme. Ausnahmen bestehen jedoch insoweit, als
  - aa) das Eigentümerrecht durch eine Zahlung des VE entstanden ist, die nicht mit Mitteln des ererbten Vermögens, sondern mit Privatmitteln des VE bewirkt wurde. Das ist insbesondere dann der Fall, wenn der VE mit Mitteln einer vom Erblasser abgeschlossenen Kapitallebensversicherung ein Recht ablöst;
  - bb) eine Verpflichtung zur Löschung bestand, die eine Nachlassverbindlichkeit darstellt (vgl. OLG Saarbrücken, DNotZ 1950, 66 für den Fall des Bestehens einer Löschungsvormerkung);

cc) es sich um ein letztrangiges Eigentümerrecht handelt (BayObLG, NotBZ 2001, 408), weil dann – so die h.M. – ja die Möglichkeit bestehe, die freigewordene Rangstelle jederzeit wieder auszunützen. Diese Argumentation muss allerdings durchaus nicht immer zutreffen: Wird das Grundstück versteigert, so erweist sich die Aufgabe des Eigentümerrechts als Nachteil, denn der auf dieses Recht bei seinem Bestehen entfallende Erlösanteil fällt nunmehr den nächstberechtigten Gläubigern der Rangklasse des § 10 Abs. 1 Nr. 5 ZVG zu!

→ **Beispiel 73g:**
Grundstückseigentümer ist ein befreiter (§ 2136 BGB) Vorerbe. Nacherben sind seine Abkömmlinge, Ersatznacherben deren Abkömmlinge. In Abt. II des GB ist der Nacherbenvermerk eingetragen. Am 6.10.2014 verkaufte der VE zu notarieller Urkunde das Grundstück an den Käufer K; die Auflassung wurde ebenfalls erklärt. Am 18.11.2014 wurden die Eintragung des Eigentumswechsels und die Löschung des Nacherbenvermerks beantragt. Das GBA verlangte mittels Zwischenverfügung die Zustimmung der Nacherben und Ersatznacherben. Dagegen wurde Beschwerde eingelegt.

Das OLG Karlsruhe (MittBayNot 2016, 430; ebenso OLG Bamberg, MittBayNot 2015, 402) hat die Zwischenverfügung aufgehoben. Der Erblasser hat den Vorerben **von den Beschränkungen des § 2113 Abs. 1 BGB befreit** (§ 2136 BGB). In diesem Fall sind die entgeltlichen Verfügungen des Vorerben über Grundstücke von Anfang an voll wirksam und bleiben es auch bei Eintritt des Nacherbfalls. Von den Beschränkungen des § 2113 Abs. 2 BGB kann der Erblasser keine Befreiung erteilten (vgl. § 2136 BGB); Unentgeltliche Verfügungen des Vorerben werden deshalb grundsätzlich unwirksam mit Eintritt des Nacherbfalls. Die entgeltliche Veräußerung des befreiten Vorerben über ein Nachlassgrundstück ist stets auch dem Nacherben gegenüber wirksam; die Zustimmung des Nacherben ist dazu nicht erforderlich. Ist das Grundstück danach aus dem Nachlass ausgeschieden, dann ist das Grundbuch hinsichtlich des noch eingetragenen Nacherbenvermerks unrichtig.

Soll der Nacherbenvermerk dann aufgrund dieses Unrichtigkeitsnachweises (§ 22 GBO) gelöscht werden, ist den Nacherben nach h.M. davor **rechtliches Gehör** zu gewähren, Art. 103 GG (OLG Karlsruhe, MittBayNot 2016, 430; OLG Bamberg, MittBayNot 2015, 402; a.A. *Morhard*, MittBayNot 2016, 431 und 2015, 361). Ihre Anhörung sei nicht deshalb entbehrlich, weil die Entgeltlichkeit der Verfügung bei entsprechender Würdigung der Person des Käufers (z.B. BRD) nicht ernsthaft bestritten werden könne. Das Löschungsverfahren vor dem GBA stellt ein gerichtliches Verfahren im Sinne des Art. 103 Abs. 1 GG dar. Durch die Löschung des Nacherbenvermerks wird in diesem Verfahren in die Rechte des Nacherben unmittelbar eingegriffen. Das Grundbuchamt, dem die Ermittlung der am Verfahren materiell Beteiligten obliegt, darf die Ermittlung der am Verfahren zu beteiligenden Nacherben und deren Anschrift nicht den Beteiligten (z. B. veräußernde Vorerbin und Erwerberin) aufgeben. Soweit als Nacherben die „Abkömmlinge des Vorerben" eingesetzt sind, so sind nach dem allgemeinen Sprachgebrauch alle jene Personen gemeint, die im Rechtssinne vom Erblasser abstammen, also Kinder, Enkel, Urenkel usw. Zu Lebzeiten des Vorerben können dann jederzeit Nacherben hinzukommen, da auch adoptierte Kinder Abkömmlinge sein können. Nicht völlig ausgeschlossen sind deshalb auch weitere Abkömmlinge nach dem 65. Lebensjahr einer Frau oder bei Unfruchtbarkeit des Vorerben (OLG Hamm, RNotZ 2016, 110); selbst eine geringe Wahrscheinlichkeit genügt nicht, die grundbuchrechtlichen Anforderungen abzuschwächen. Einem unbekannten Nacherben ist zur Gewährung des rechtlichen Gehörs ein Pfleger nach § 1913 BGB zu bestellen; zur Prüfung der Entgeltlichkeit der Veräußerung wird der Pfleger womöglich ein Sachverständigengutachten einholen. Nach *Morhard* (MittBayNot 2015, 361) wird die Mehrheit der Käufer unter diesen Umständen von ihrer Kaufabsicht Abstand nehmen; der Vorerbe sei also nicht befreit, sondern gefesselt. Den Ersatznacherben ist rechtliches Gehör nicht zu gewähren sei (OLG Karlsruhe, MittBayNot 2016, 430; OLG München, Rpfleger 2015, 475).

Die Beurteilung der Entgeltlichkeit/Unentgeltlichkeit ist ausschließlich Sache des Grundbuchamtes und muss von Amts wegen wahrgenommen werden. Den Nachweis der Entgeltlichkeit muss der Vorerbe führen. Dieser Nachweis kann i.d.R. nicht in der Form des § 29 GBO geführt werden und braucht es deshalb auch nicht (OLG München, Rpfleger 2012, 250). Das Grundbuchamt hat daher in freier Beweiswürdigung den gesamten Sachverhalt zu würdigen (OLG Köln, RNotZ 2013, 103). Bei der Veräußerung von Nachlassgrundbesitz an einen unbeteiligten Dritten genügt die Vorlage des Kaufvertrags; ein allgemeiner Erfahrungssatz besagt nämlich, dass ein Kaufvertrag mit einem unbeteiligten Dritten ein entgeltlicher Vertrag und keine verschleierte Schenkung ist (OLG Karlsruhe, MittBayNot 2016, 430; OLG München, Rpfleger 2012, 250).

b) Ist der **VE nicht befreit**, so bedarf seine Verfügung stets der Zustimmung des Nacherben, die in der Form des § 29 GBO zu erbringen ist. Ist der Nacherbe noch unbekannt, so muss Pflegschaft gem. § 1913 BGB eingeleitet werden. Dies ist immer dann der Fall, wenn der Nacherbfall bedingt ist, d.h. durch ein bestimmtes Ereignis (bzw. dessen Nichteintritt) ausgelöst wird, oder wenn ein Termin festgelegt ist. In diesen Fällen gilt § 2066 S. 2 BGB: Entscheidend ist nicht der gegenwärtige Zustand (d.h. der Zustand im Zeitpunkt des Erbfalles), sondern der Zustand im Zeitpunkt des Nacherbfalles. Hat der Erblasser also z.B. in einem Falle bedingter Nacherbfolge (Wiederverheiratungsklausel, Berufsausbildungsklausel) „die Kinder meines Bruders" eingesetzt, so ist ein Fall des § 1913 BGB gegeben, wenn vor Bedingungseintritt verfügt werden soll, weil man nicht weiß, wie die Familienverhältnisse im Zeitpunkt des Nacherbfalles sein werden. Der Pfleger des § 1913 BGB vertritt dann freilich – hier liegt ein nicht seltener Fehler der Praxis – nur die „ungewissen, künftigen" Nacherben; sind bereits Kinder des Bruders vorhanden, so wirken sie nach den allgemeinen Regeln gesondert und selbstständig mit!

c) Freigabe einzelner Nachlassgegenstände aus der Nacherbenbindung

→ **Beispiel 73h:**
Eigentümer eines Grundstücks sind die Vorerben V1 und V2. Die Nacherbfolge soll beim Tod der Vorerben eintreten. Als Nacherben sind A und B eingesetzt. Ersatznacherben sind deren Abkömmlinge nach den Regeln der gesetzlichen Erbfolge. Der Nacherbenvermerk ist im Grundbuch eingetragen. Die beiden Vorerben schließen mit den beiden Nacherben notariell beurkundete Vereinbarung, worin die Nacherben bezüglich des Grundstücks „auf ihr Nacherben- und Ersatznacherbenrecht" verzichten. Dabei wird ausgeführt, dass damit das Grundstück aus dem Nachlass ausscheidet und von der Nacherbeneinsetzung nicht mehr erfasst sein soll. Den Antrag auf Löschung des Nacherbenvermerks hat das Grundbuchamt mit dem Hinweis zurückgewiesen, dass die Zustimmung der Ersatznacherben fehle.

Das OLG Hamm (Rpfleger 2016, 632) hat die Zurückweisung zu Recht aufgehoben und das Grundbuchamt angewiesen, den Nacherbenvermerk zu löschen. Der Nacherbenvermerk kann gelöscht werden aufgrund einer Löschungsbewilligung aller möglicherweise Betroffenen (§ 19 GBO), wozu auch die Ersatznacherben gehören (OLG München, RNotZ 2015, 301), oder eines Unrichtigkeitsnachweises (§ 22 GBO). Im vorliegenden Fall kommt nur die letztere Möglichkeit in Betracht. Das OLG Hamm schließt sich diesbezüglich der h. M. an, dass ein nacherbengebundener Nachlassgegenstand im Einvernehmen aller Vor- und Nacherben und ohne Mitwirkung der Ersatznacherben aus der Nacherbfolge ausgeschieden und in das sog. freie Eigenvermögen des Vorerben überführt werden kann (BGH, DNotZ 2001, 392). Für die materielle Wirksamkeit der Freigabe ist die Beteiligung der Ersatznacherben nicht notwendig, da diese bis zum Eintritt des Nacherbfalls noch keine Rechte und Pflichten haben.

Hinsichtlich der dogmatischen Einordnung einer solchen Freigabe herrscht keine Klarheit. Der BGH (DNotZ 2001, 392) hat in einem obiter dictum die Möglichkeit einer Auseinandersetzung zwischen Vor- und Nacherben grundsätzlich anerkannt, sich aber zu deren rechtlicher Ausgestaltung nicht geäußert. Das BayObLG (DNotZ 2005, 790) sieht den Vorgang als Verfügung über den Nachlassgegenstand an, bei einem Grundstück also als Auflassung nach §§ 873, 925 BGB. Das OLG Hamm (Rpfleger 2016, 632) neigt dazu, der berechtigten Auffassung von *Keim* (DNotZ 2016, 751 und 2003, 822) zu folgen, wonach die Freigabe eine Verfügung durch einseitige empfangsbedürftige Willenserklärung darstellt: durch sie wird ein bestehendes Recht des Nacherben, nämlich eine zu seinen Gunsten bestehende Beschränkung der Verfügungsbefugnis des Vorerben über einen Nachlassgegenstand, aufgegeben. Die Freigabeerklärung bedarf bei Grundstücken nicht der Form des § 925 BGB, da kein Eigentumswechsel stattfindet, und der zugrunde liegende Verpflichtungsvertrag ist auch nicht gemäß § 311b BGB beurkundungsbedürftig, weil er keine Verpflichtung zur Übertragung eines Grundstücks begründet. Zum Nachweis gegenüber dem Grundbuchamt muss die Freigabeerklärung der Nacherben aber zumindest öffentlich beglaubigt sein (§ 29 GBO). Ob die Mitwirkung der Vorerben zwingend erforderlich ist, konnte im konkreten Fall offen bleiben, da diese an der Vereinbarung beteiligt waren. Für die Praxis dürfte es bis zur höchstrichterlichen Klärung sicherheitshalber angezeigt sein, die Vorerben an einer entsprechenden Freigabe zu beteiligen. Der aufgezeigte Weg zur Aufhebung der Nacherbenbindung an einzelnen Nachlassgegenständen dürfte nur dann erfolgreich sein, wenn alle Nacherben bekannt und mitwirkungsbereit sind; bei offener Nacherbenformulierung (z. B. Nacherben sind alle Abkömmlinge einer lebenden Person bei Eintritt des Nacherbfalls) dürfte dies regelmäßig ausscheiden.

3. Beteiligung des Nacherben

390 Vor jeder Eintragung, die unmittelbar oder mittelbar zu einer Löschung des Nacherbschaftsvermerkes führt, hat das Grundbuchamt den NE zu hören. Die Anhörungspflicht ergibt sich gem. Art. 103 GG aus der Stellung des NE als Beteiligter (vgl. dazu oben → Rdn. 14).

4. Schema der Zustimmungs- und Nachweiserfordernisse

391

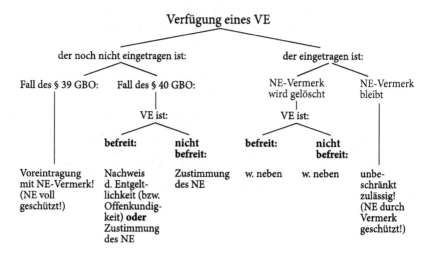

§ 3
Die Eintragung von Testamentsvollstreckung

I. Rechtsnatur und Wirkungen

Literatur: Böttcher, Die Testamentsvollstreckung im Grundbuchverfahren, RpflStud 2014, 1.

Der Testamentsvollstrecker (= TV) hat die Aufgabe, eine letztwillige Verfügung des Erblassers zur Ausführung zu bringen (§ 2205 BGB); bei Wahrnehmung dieser Aufgabe ist er Partei kraft Amtes, also unabhängiger, treuhänderischer Sachwalter. Sein Amt kann den ganzen Nachlass oder auch nur einzelne Nachlassteile umfassen. Im Umfang des TV-Amtes – und das ist für den Grundbuchverkehr von wesentlicher Bedeutung – wird dem Erben vom Erbfall an die Verfügungsbefugnis entzogen, § 2211 BGB. Die Anordnung von Testamentsvollstreckung bedeutet eine absolute Verfügungsentziehung beim Erben, weil die Verfügungsbefugnis voll entzogen und einer anderen Person übertragen wird. 392

Gutglaubensschutzvorschriften finden Anwendung (§ 2211 Abs. 2 BGB).

II. Die Eintragung der Testamentsvollstreckung

Nach **§ 52 GBO** ist bei der Eintragung des Erben die Tatsache der Testamentsvollstreckung (nicht die Person des TV!) von Amts wegen einzutragen, sofern das Grundstück oder betroffene Rechte seiner Verwaltung unterliegen. Der Nachweis wird auch hier gem. § 35 GBO erbracht, also 393

- entweder durch öffentliches Testament mit Eröffnungsniederschrift, das vom Grundbuchamt auch hier selbstständig auszulegen ist. Zeugnisse des Nachlassgerichts können auch hier nur verlangt werden, wenn tatsächliche (nicht rechtliche!) Zweifel bestehen;
- oder durch Testamentsvollstreckerzeugnis.

Ein Erbschein allein genügt nicht, weil er den Umfang des der Testamentsvollstreckung unterliegenden Vermögens und evtl. Einschränkungen der Rechte des TV (vgl. § 2208 BGB) nicht ausweist.

Die Eintragung geschieht bei Grundstücken, Rechten an solchen, Rechten an Grundstücksrechten, bei Vormerkungen, Widersprüchen und Verfügungsbeschränkungen. Sie wird als Verfügungsbeschränkung an gleicher Stelle wie der Nacherbschaftsvermerk (vgl. → Rdn. 384) vollzogen.

Die Eintragung des Vermerks kann weder auf Verlangen des TV noch des Erben unterbleiben. Der TV kann jedoch seiner Verwaltung unterstehende

Nachlassgegenstände freigeben (vgl. BGHZ 56, 284 = Rpfleger 1971, 349 und BGHZ 57, 6 = Rpfleger 1972, 49). Die Freigabe ist dem Grundbuchamt durch eine ausdrückliche Erklärung, die der Form des § 29 GBO bedarf, nachzuweisen (OLG Hamm, Rpfleger 1973, 133). In einem solchen Fall unterbleibt die Eintragung des Vermerkes.

III. Verfügungen des Erben

1. Eingetragener oder einzutragender Erbe

394 Ist der Erbe eingetragen, so steht – richtiges Handeln des Grundbuchamtes vorausgesetzt – auch der TV-Vermerk im Buch. In einem solchen Fall ist auch ein gutgläubiger Erwerb des Begünstigten nicht mehr möglich (§ 2211 Abs. 2, § 892 Abs. 1 S. 2 BGB). Das Legalitätsprinzip gebietet deshalb hier stets das Unterlassen einer allein vom Erben ohne Mitwirkung des TV bewilligten Eintragung. Zurückweisung ist jedoch nicht geboten, weil die – durch Zwischenverfügung anheimzustellende – Genehmigung seitens des TV die Verfügung wirksam macht (vgl. RGZ 87, 432).

Beantragt der Erbe seine notwendige Voreintragung und zugleich die Eintragung einer Verfügung, so kann das Ergebnis kein anderes sein: Die Eintragung des Erben macht die weitere Eintragung erst zulässig, muss also jene berühmte „logische Sekunde" vor der anderen Eintragung geschehen; da aber gleichzeitig der TV-Vermerk einzutragen ist, kann danach eine Verfügung des Erben aus den vorgenannten Gründen nicht mehr vollzogen werden.

2. Nicht eingetragener und nicht einzutragender Erbe

395 Ist eine Eintragung zu bewirken, die der nicht eingetragene Erbe bewilligt hat, so kann einer der Fälle vorliegen, bei denen eine Voreintragung der Erben nach den bekannten Grundsätzen (s. oben → Rdn. 216 ff.) nicht notwendig ist. Da der Erbe jedoch seine Bewilligungsmacht gem. § 35 GBO nachzuweisen hat, erfährt das Grundbuchamt auch in einem solchen Fall vom Bestehen der Testamentsvollstreckung.

Das Grundbuchamt muss deshalb auch in diesem Fall, da sich ein Rechtserwerb des Dritten ersichtlich ohne Mitwirkung des TV nicht vollenden kann, den Antrag beanstanden (Legalitätsprinzip!).

Hat der Erbe bereits vor dem Erbfall – als Nichtberechtigter – verfügt, so lehnt die h.M. Anwendbarkeit des § 878 BGB jedenfalls dann ab, wenn Einwilligung oder Genehmigung des Berechtigten nicht vorliegen und Heilung der fehlenden Verfügungs- und Bewilligungsmacht nur gem. § 185 Abs. 2 S. 1 2. Alt. BGB (= Erwerb des Grundstückes) eintritt (so BGHZ 49, 197/207; BayObLGZ 1960, 462).

IV. Verfügungen des Testamentsvollstreckers

Der Testamentsvollstrecker hat den Nachlass in Besitz zu nehmen und zu verwalten (§ 2205 S. 1 BGB). Außerdem steht ihm die Verfügungsbefugnis zu (§ 2205 S. 2 BGB), und zwar die alleinige; dem Erben ist die Verfügungsbefugnis damit entzogen. Nach § 2205 S. 3 BGB ist der **Testamentsvollstrecker zu unentgeltlichen Verfügungen nur befugt,** soweit sie einer sittlichen Pflicht oder einer auf den Anstand zu nehmenden Rücksicht entsprechen. Eine Verfügung, die dagegen verstößt, ist **schwebend unwirksam** (mit der Möglichkeit der Genehmigung durch die Erben und evtl. der Vermächtnisnehmer); das Grundbuch wird dadurch unrichtig. Eine vom Testamentsvollstrecker getroffene Verfügung ist auch dann in vollem Umfang unwirksam, wenn sie nur zu einem Teil unentgeltlich war (BGH NJW 1963, 1613). An der Unwirksamkeit ändert sich auch nichts, wenn der Erwerber in gutem Glauben war, ein voll entgeltliches Geschäft mit dem Testamentsvollstrecker zu tätigen, da der gute Glaube daran nicht geschützt wird. Der Erblasser kann den Testamentsvollstrecker von der Beschränkung des § 2205 S. 3 BGB nicht befreien.

396

Eine unentgeltliche Verfügung liegt dann vor, wenn der Testamentsvollstrecker **objektiv ohne gleichwertige Gegenleistung** ein Opfer aus der Erbmasse erbringt und subjektiv entweder weiß, dass dem Opfer keine gleichwertige Gegenleistung an die Erbmasse gegenübersteht, oder doch bei ordnungsgemäßer Verwaltung der Masse unter Berücksichtigung seiner künftigen Pflichten, die Erbschaft an die Erben herauszugeben, das Fehlen oder die Unentgeltlichkeit hätte erkennen müssen (BGH, NJW-RR 2016, 457; OLG München, Rpfleger 2018, 318). Für die objektive Unentgeltlichkeit reicht es aus, dass keine vollständig gleichwertige Gegenleistung in den Nachlass fällt. Als subjektives Merkmal muss hinzukommen, dass der **Testamentsvollstrecker die Unentgeltlichkeit zumindest hätte erkennen müssen** (BGH, NJW-RR 2016, 457). Auf die Erkennbarkeit durch den Vertragspartner kommt es nicht an. Nach dem sog. Zuflussprinzip muss die Gegenleistung in den Nachlass gelangen; ist dies nicht der Fall (z.B. wenn ein Gegenwert in das freie Vermögen eines Miterben gelangt), bleibt sie bei der Ermittlung der Gleichwertigkeit von Leistung und Gegenleistung außer Betracht. Wie der Testamentsvollstrecker eine in die Erbschaftsmasse gelangte Gegenleistung dann verwendet (z.B. Veruntreuung), ist für die Frage der Entgeltlichkeit nicht mehr von Bedeutung. Maßgebend ist nämlich der Zeitpunkt der Verfügung; danach eintretende Veränderungen sind unbeachtlich (BGH, NJW 1977, 1631).

396a

Die Beurteilung der Entgeltlichkeit/Unentgeltlichkeit ist ausschließlich Sache des Grundbuchamtes und muss von Amts wegen wahrgenommen werden (OLG München, Rpfleger 2012, 250). Eine unterlassene Prüfung ist eine Amtspflichtverletzung und kann die Eintragung eines Amtswiderspruchs (§ 53 GBO) zur Folge haben. Den Nachweis der Entgeltlichkeit muss der Testa-

396b

mentsvollstrecker führen. Dieser **Nachweis kann i.d.R. nicht in der Form des § 29 GBO geführt werden** und braucht es deshalb auch nicht (OLG München, Rpfleger 2018, 318). Die Gleichwertigkeit von Leistung und Gegenleistung bzw. deren Einschätzung durch die Vertragspartner sind Tatsachen, die in öffentlichen Urkunden nicht belegt werden können. Das Grundbuchamt hat daher in **freier Beweiswürdigung** den gesamten Sachverhalt zu würdigen (OLG Köln, RNotZ 2013, 103). Dabei ist übertriebene Ängstlichkeit nicht angebracht. Von einer entgeltlichen Verfügung kann das Grundbuchamt ausgehen, wenn der Testamentsvollstrecker die einzelnen Beweggründe für seine Verfügung und deren wirtschaftliche und rechtlichen Auswirkungen vorträgt und die von ihm vorgetragenen Tatsachen bei vernünftiger Würdigung eine entgeltliche Verfügung erkennen lassen und begründete Zweifel an der Pflichtmäßigkeit der Handlung nicht ersichtlich sind (OLG München, Rpfleger 2012, 250). Die Erklärungen der Beteiligten sind als wahr zu betrachten, solange nicht Anhaltspunkte für die Unrichtigkeit vorhanden sind. Nur wenn auf Grund konkreter Anhaltspunkte berechtigte Zweifel an der Entgeltlichkeit bestehen, kann das Grundbuchamt eine Zwischenverfügung erlassen. Zu eigenen Ermittlungen und Beweiserhebungen ist das Grundbuchamt weder berechtigt noch verpflichtet. Keinesfalls ausreichend ist die bloße Behauptung der Entgeltlichkeit durch den Testamentsvollstrecker. Vom Grundbuchamt nicht zu prüfen ist, ob der Testamentsvollstrecker seiner Pflicht zur ordnungsgemäßen Verwaltung gemäß § 2216 BGB nachkommt. Gleiches gilt für die Frage, wie der Testamentsvollstrecker eine in die Erbschaftsmasse gelangte Gegenleistung verwendet. Im Rahmen der Prüfung des Grundbuchamts kann auch ein von den Beteiligten erholtes Wertgutachten berücksichtigt werden (OLG München, Rpfleger 2018, 318).

Bei der **Veräußerung** von Nachlassgrundbesitz an einen unbeteiligten Dritten genügt die Vorlage des Kaufvertrags; ein allgemeiner Erfahrungssatz besagt nämlich, dass ein Kaufvertrag mit einem unbeteiligten Dritten ein entgeltlicher Vertrag und keine verschleierte Schenkung ist (OLG München, Rpfleger 2012, 250). Eine Versicherung des Testamentsvollstreckers, dass der Kaufpreis dem Grundstückswert entspricht, ist nicht notwendig. Soweit nicht besondere Umstände vorliegen, ist den Erklärungen des Testamentsvollstreckers kein Misstrauen entgegen zu bringen; das Grundbuchamt muss jedoch in der Lage sein, die Entgeltlichkeit nach allgemeiner Erfahrung zu beurteilen. Zu Recht weist *Keim* (ZEV 2007, 470) darauf hin, dass die Vermutung zu gelten habe, dass der Preis beim Verkauf nach Marktgesetzen zustande gekommen ist und der Testamentsvollstrecker an Dritte nichts unnötig verschleudert.

Bei der Eintragung einer **Eigentumsvormerkung** soll das Grundbuchamt nach überwiegender die Entgeltlichkeit nicht zu prüfen brauchen (OLG München, Rpfleger 2012, 250); dies soll erst beim Eigentumswechsel zu geschehen haben. Dem ist zu widersprechen. Schließt der Testamentsvollstrecker einen Kaufvertrag „unter Wert" ab, so ist dieser schwebend unwirksam. Fraglich ist dann, ob ein künftiger und damit vormerkungsfähiger Anspruch vorliegt (§ 883 Abs. 1 S. 2 BGB). Ein künftiger Anspruch liegt dann vor, wenn der Veräußerer nicht mehr einseitig den Rechtserwerb verhindern kann, d. h. kein künftiger Anspruch ist gegeben, wenn der Veräußerer seine Bindung jederzeit und beliebig abschütteln kann. Bei einem nach § 2205 S. 3 BGB unzulässigen und damit schwebend unwirksamen Kaufvertrag durch den Testamentsvollstrecker fehlt jede rechtliche Bindung des Testamentsvollstreckers an den Kaufvertrag. Der Übereignungsanspruch des Käufers ist während des Schwebezustandes nicht vormerkungsfähig und deshalb hat das Grundbuchamt schon bei der Eintragung einer Eigentumsvormerkung zu prüfen, ob Anhaltspunkte für eine teilweise Unentgeltlichkeit des vom Testamentsvollstrecker abgeschlossenen Kaufvertrags vorliegen (*Amann*, MittBayNot 2012, 267; *Keim*, ZEV 2007, 470, 472; MünchKomm/*Kohler*, § 883 BGB Rdn. 27).

Der Testamentsvollstrecker ist aufgrund der entsprechenden Anwendung **396c** von **§ 181 BGB** an Rechtsgeschäften für den Nachlass gehindert, an denen er auf der anderen Seite als Vertreter eines Dritten oder im eigenen Namen beteiligt ist (OLG München, NotBZ 2012, 227). Ohne Verstoß gegen § 181 BGB kann der Testamentsvollstrecker auf beiden Seiten des Rechtsgeschäfts nur dann auftreten, wenn es ausschließlich in der Erfüllung einer Verbindlichkeit besteht (z. B. Vermächtnis, Teilungsanordnung, Auflage) oder er durch den Erblasser von diesen Beschränkungen befreit wurde (= Gestattung). In Erfüllung einer Nachlassverbindlichkeit handelt der Testamentsvollstrecker, wenn er zur Erfüllung eines Vermächtnisses ein Grundstück an sich selbst auflässt (BayObLG, DNotZ 1983, 176). Die Verfügungsbefugnis des Testamentsvollstreckers, zu dessen Aufgaben die Erfüllung eines Vermächtnisses gehört, erstreckt sich auch auf die Entgegennahme der Auflassung durch den Vermächtnisnehmer, wenn der Testamentsvollstrecker auch der Testamentsvollstrecker über das Vermächtnis ist (§ 2223 BGB); § 181 BGB steht dem nicht entgegen (OLG Hamm, RNotZ 2010, 587). Eine Erfüllung einer Erblasserschuld liegt auch vor, wenn der Erblasser einen Grundstückskaufvertrag abgeschlossen hat und vor der Auflassung durch den Testamentsvollstrecker an sich selbst verstirbt. Der Erblasser kann dem Testamentsvollstrecker auch In-sich-Geschäfte gestatten (OLG München, Rpfleger 2018, 318). Der Nachweis der Gestattung oder Erfüllung einer Verbindlichkeit ist dem Grundbuchamt gegenüber mit dem öffentlichen Testament oder einem Erbvertrag zu führen; auch ein privatschriftliches Testament in beglaubigter Abschrift mit Eröffnungsvermerk des Nachlassgerichts genügt (OLG München, Rpfleger 2018, 318; OLG Düsseldorf, RNotZ 2014, 61). In beiden Fällen kann auch auf die beim selben Amtsgericht geführten Nachlassakten verwiesen werden. Unzulässige In-sich-Geschäfte des Testamentsvollstreckers sind schwebend unwirksam. Genehmigen alle Erben das Rechtsgeschäft, wird es wirksam; durch Verweigerung der Genehmigung wird es endgültig unwirksam. Ein Nachweis mit Hilfe des Testamentsvollstreckerzeugnisses ist nicht möglich, da die Befreiung des Testamentsvollstreckers von den Einschränkungen des § 181 BGB nicht in dieses Zeugnis aufgenommen wird (OLG Düsseldorf, RNotZ 2014, 61).

396d Nach h. M. kann der Testamentsvollstrecker mit **Zustimmung aller Erben, etwaiger Nacherben und Nachnacherben** Verfügungen jeder Art vornehmen, auch wenn sie entgegen § 2205 S. 3 BGB unentgeltlich oder gegen den Erblasserwillen erfolgen (BGH, DNotZ 1972, 90). Für unbekannte Nacherben muss ein Pfleger nach § 1913 BGB zustimmen, der der Genehmigung des Gerichts gemäß §§ 1812, 1821, 1822 BGB bedarf (§ 1915 BGB). Nicht zustimmen müssen Ersatznacherben und Nachlassgläubiger und Auflagebegünstigte (BGH, DNotZ 1972, 86). Nach überwiegender Ansicht ist auch die Zustimmung der Vermächtnisnehmer erforderlich, soweit deren Vermächtnisse noch nicht erfüllt oder sonst erledigt sind (BGH, BGHZ 57, 84, 92-95). Eine Mindermeinung lehnt dies grundsätzlich ab, weil ein Vermächtnisnehmer nicht Eigentümer der Nachlasssachen, kein Gesamtrechtsnachfolger sei und auch keine Verfügungsbefugnis habe (*Zahn*, MittRhNotK 2000, 89, 96 Fn. 70). Eine Zustimmung eines Vermächtnisnehmers dürfte nur dann erforderlich sein, wenn über den Vermächtnisgegenstand verfügt wird.

Die Zustimmungen müssen dem **Grundbuchamt** in notariell beglaubigter oder beurkundeter Form vorgelegt werden (§ 29 GBO). Die Eigenschaft der Erben ist nach § 35 GBO nachzuweisen (Ausfertigung des Erbscheins oder beglaubigte Abschrift einer öffentlichen Verfügung von Todes wegen nebst Eröffnungsniederschrift); möglich ist auch eine Verweisung auf die Nachlassakten desselben Amtsgerichts. Zum Nachweis, wer Vermächtnisnehmer ist, genügt die Vorlage der Verfügung von Todes wegen, und zwar auch ein Privattestament. Auch diesbezüglich kann das Grundbuchamt die Nachlassakten beim gleichen Amtsgericht beiziehen. Dann kann gleichzeitig geklärt werden, ob weitere Testamente oder Erbverträge mit Vermächtnisanordnungen in den Akten sind. Ansonsten ist eine Bescheinigung des Nachlassgerichts diesbezüglich erforderlich. Ist ein Vermächtnis bereits erfüllt, muss dies dem Grundbuchamt ebenfalls in der Form des § 29 GBO nachgewiesen werden. Bei einem Grundstücksvermächtnis ist die Erfüllung durch Grundbuchvollzug nachweisbar.

396e Um **entgeltliche Verfügungen** des Testamentsvollstreckers handelt es sich auch dann, wenn sie in **Erfüllung einer letztwilligen Verfügung** des Erblassers vorgenommen werden, z. B. Vermächtnis, Teilungsanordnung (BGH, NJW 1963, 1613; OLG München, RNotZ 2015, 359). Zum Nachweis gegenüber dem Grundbuchamt ist zunächst eine beglaubigte Abschrift der die entsprechende Erblasseranordnung enthaltene letztwillige Verfügung (mit Eröffnungsniederschrift) vorzulegen; es genügt auch ein privatschriftliches Testament (OLG München, RNotZ 2016, 528 und RNotZ 2015, 359). Weiterhin ist erforderlich eine Bescheinigung des Nachlassgerichts, dass sich weitere Testamente oder Erbverträge im Nachlassakt nicht befinden. Zum Nachweis, dass der Testamentsvollstrecker die Erblasseranordnung pflichtgemäß erfüllt, wird das

IV. Verfügungen des Testamentsvollstreckers

Grundbuchamt im Wege der freien Beweiswürdigung die Verfügung des Testamentsvollstreckers mit der Erblasseranordnung vergleichen.

Das Grundbuchamt hat zu prüfen, ob die vom Testamentsvollstrecker vorgenommenen Verfügungen sich in den Grenzen seiner Befugnisse bewegen. Geht es um die Prüfung der Verfügungsbefugnis des Testamentsvollstreckers, so genügt die Vorlage des **Testamentsvollstreckerzeugnisses** oder der **öffentlich beurkundeten Verfügung von Todes wegen mit Eröffnungsniederschrift** in der entsprechenden Form (§ 35 Abs. 2 GBO); der zusätzlichen Vorlage eines Erbscheins bedarf es nicht. Mit dem Erbschein allein kann sich ein Testamentsvollstrecker nicht legitimieren, weil z. B. sein Name und Beschränkungen seiner Befugnisse darin nicht angegeben werden.

396f

Das **Testamentsvollstreckerzeugnis** weist den Testamentsvollstrecker im Rechtsverkehr und gegenüber dem Grundbuchamt aus (§ 35 Abs. 2 Hs. 1 GBO). In ihm wird die Gültigkeit der Ernennung einer bestimmten Person zum Testamentsvollstrecker amtlich bescheinigt. Im Zeugnis sind namentlich anzugeben der Erblasser und der Testamentsvollstrecker. Weitere Angaben sind nur erforderlich, wenn sie vom gesetzlichen Regelfall abweichen und für den Rechtsverkehr von Bedeutung sind. Anzugeben sind Beschränkungen und Erweiterungen der Vertretungsmacht, wie z. B.

- gegenständliche Beschränkungen (z. B. auf ein bestimmtes Grundstück),
- zeitliche Beschränkungen und Bedingungen.
- Beschränkungen des Aufgabenkreises (z. B. Nacherbenvollstreckung nach § 2222 BGB),
- Erweiterung des Aufgabenkreises (z. B. Dauervollstreckung nach § 2209 BGB),
- Untersagung der Veräußerung auf Dauer oder auf Zeit,
- Beschränkung durch Mittestamentsvollstrecker.

Gemäß § 2368 Abs. 3 Hs. 1 BGB finden die Vorschriften über den Erbschein auf das Testamentsvollstreckerzeugnis entsprechend Anwendung. Das Zeugnis enthält daher die Vermutung der Richtigkeit und Vollständigkeit (§ 2365 BGB) und entfaltet in diesem Rahmen **Gutglaubensschutz** (§ 2366 BGB). Gemäß §§ 2368 Abs. 3, 2365 BGB wird vermutet, dass

- der darin Genannte rechtsgültig Testamentsvollstrecker ist,
- ihm das Testamentsvollstreckeramt in seinem regelmäßigen gesetzlichen Umfang, gegebenenfalls mit dem in dem Zeugnis angegebenen Erweiterungen, ursprünglich zustand,
- der Testamentsvollstrecker durch keine anderen als die im Zeugnis angegebenen Anordnungen beschränkt ist.

Ist ein Testamentsvollstreckerzeugnis erteilt, so ist für die Verfügungsbefugnis des Testamentsvollstreckers das Zeugnis maßgebend. Verfügt der Testamentsvollstrecker unter Vorlage des Zeugnisses über Nachlassgrundbesitz, obwohl er dazu nicht befugt ist, wird seine Rechtsmacht zugunsten des gutgläubigen Erwerbers fingiert. Gutglaubensschutz entfaltet das Zeugnis aber nur zugunsten Dritter im Verhältnis zum Nachlass, nicht dagegen für Geschäfte zwischen dem Testamentsvollstrecker und den Erben (BGH, BGHZ 41, 23, 30). Ebenso sagt das Zeugnis nichts dazu, ob ein Grundstück zum Nachlass gehört und der Verwaltung des Testamentsvollstreckers unterliegt. Gemäß § 2368 Abs. 3 Hs. 2 BGB führt jede Beendigung des Testamentsvollstreckeramtes automatisch zur Kraftlosigkeit des Zeugnisses und zum Wegfall des öffentlichen Glaubens, und zwar ohne Einziehung oder Kraftloserklärung oder Herausgabe an das Nachlassgericht; die Richtigkeitsvermutung geht also nicht dahin, dass das Amt im Zeitpunkt der Vorlage des Zeugnisses noch bestanden hat. Um einen Missbrauch vorzubeugen, ist deshalb das wirkungslos gewordene Zeugnis vom Nachlassgericht zurückzufordern. Jeder, der mit einem Testamentsvollstrecker Rechtsgeschäfte tätigt, sollte sich deshalb vergewissern, dass der im Zeugnis Ausgewiesene im Zeitpunkt des Vertragsschlusses noch Testamentsvollstrecker ist. Der Vertragspartner trägt das Risiko, dass der Testamentsvollstrecker bis zur Grundbucheintragung seine Verfügungsbefugnis infolge Amtsbeendigung verliert. Deshalb wird vorgeschlagen, die Lücke im Gutglaubensschutz des § 2368 Abs. 3 BGB durch ein sog nachlassgerichtliches Fortbestandszeugnis zu schließen. Da dies aber mangels gesetzlicher Grundlage unzulässig ist, sollte die kautelarjuristische Praxis nicht darauf vertrauen. In Betracht kommt evtl. die Einholung einer Bestätigung des Nachlassgerichts, wonach sich aus den Nachlassakten die Beendigung des Amtes nicht ergibt, die Nachlassakten also weder eine Kündigungserklärung des Testamentsvollstreckers noch einen Entlassungsbeschluss des Nachlassgerichts enthalten. Die Lösung des Problems erfolgt nach richtiger, wenn auch nicht unbestrittener Ansicht unter Anwendung des § 878 BG (vgl. Rdn. 396j).

396g Das Testamentsvollstreckerzeugnis ist den **Grundbuchamt** in Ausfertigung vorzulegen (die Urschrift bleibt bei den Nachlassakten); eine beglaubigte Abschrift genügt grundsätzlich nicht (OLG Hamm, NotBZ 2017, 104). Es genügt auch nicht, dass der beurkunde Notar bescheinigt, dass ihm bei der Beurkundung das Testamentsvollstreckerzeugnis in Ausfertigung vorgelegt wurde und dann das Zeugnis in beglaubigter Abschrift beim Grundbuchamt vorgelegt wird (OLG Hamm, NotBZ 2017, 104). Auch wenn zwischen der Beurkundung und dem Eingang beim Grundbuchamt ein längerer Zeitraum liegt, hat das Grundbuchamt grundsätzlich vom Fortbestand des Zeugnisses auszugehen. Nur wenn es konkrete Zweifel daran gibt, kann das Grundbuchamt einen Nachweis verlangen, dass das Amt noch fortbesteht. Sind dem Zeugnis keine Beschränkungen des Testamentsvollstreckers zu entnehmen, so hat das Grundbuchamt von der gesetzlichen Verfügungsbefugnis nach § 2205 BGB auszugehen (BayObLG, Rpfleger 1999, 25). An die Auslegung der letztwilligen Verfügung durch das Nachlassgericht ist das Grundbuchamt bei der Vorlage eines Testamentsvollstreckerzeugnisses gebunden; zu einer eigenen, ergänzenden oder berichtigenden Auslegung der Verfügung von Todes wegen ist das Grundbuchamt dann nicht berechtigt (BayObLG, DNotZ 1991, 548). Eine Ausnahme gilt nur dann, wenn das Grundbuchamt Kenntnis von Tatsachen erlangt, die die Unrichtigkeit des Testamentsvollstreckerzeugnisses erweisen und dem Nachlassgericht im Zeitpunkt der Erteilung des Zeugnisses nicht bekannt waren.

Der Testamentsvollstrecker kann sich auch durch eine **öffentliche Verfügung von Todes wegen**, die seine Ernennung enthält, legitimieren (§ 35 Abs. 2, Hs. 2 GBO); erforderlich ist dazu die Eröffnungsniederschrift des Nachlassgerichts und der Nachweis der Annahme des Amtes in grundbuchtauglicher Form (§ 29 GBO). Die öffentliche Verfügung von Todes wegen und das Eröffnungsprotokoll müssen in beglaubigter Abschrift dem Grundbuchamt vorgelegt werden. Die Annahme des Amtes als Testamentsvollstrecker kann durch eine mit Dienstsiegel versehene Bescheinigung des Nachlassgerichts erbracht werden (= Annahmezeugnis, vgl. OLG Hamm, Rpfleger 2017, 398)). Ein solches Annahmezeugnis ist als ein auf die Frage der wirksamen Amtsannahme beschränktes Testamentsvollstreckerzeugnis zu qualifizieren. Das Zeugnis darf nur dann ausgestellt werden, wenn die Annahme zu Protokoll des Nachlassgerichts erklärt wurde oder in öffentlich beglaubigter Form vorliegt. Für den Nachweis der Amtsannahme im Grundbuchverfahren reicht eine Bestätigung des Nachlassgerichts über den dortigen Eingang einer privatschriftlichen Annahmeerklärung nicht aus. Eine Verweisung auf die beim gleichen Gericht geführten Nachlassakten ist zulässig; daraus muss sich aber auch die wirksame Annahme des Amtes durch den Testamentsvollstrecker ergeben. Auch die Annahmeerklärung gegenüber dem Grundbuchamt kann genügen, wenn dieses zum für den Nachlassfall zuständigen Amtsgericht gehört (LG Saarbrücken, Rpfleger 2009, 375). Hat der Erblasser die Ernennung des Testamentsvollstreckers einem Dritten oder dem Nachlassgericht überlassen, müssen auch diese Ernennungen in öffentlich beglaubigter Form nachgewiesen werden. Kann sich der Testamentsvollstrecker durch eine öffentliche Verfügung von Todes wegen legitimieren, kann das Grundbuchamt grundsätzlich nicht noch die Vorlage eines Testamentsvollstreckerzeugnisses verlangen, auch nicht bei rechtlichen Schwierigkeiten. Das Zeugnis kann vom Grundbuchamt ausnahmsweise nur dann verlangt werden, wenn noch tatsächliche Ermittlungen anzustellen wären.

V. Löschung des Vermerks

→ **Beispiel 73i:**
Der im GB eingetragene Eigentümer ist Alleinerbe. Es besteht Testamentsvollstreckung, die auch im GB vermerkt ist. Nach dem Testament soll bei Wegfall des Testamentsvollstreckers das Nachlassgericht einen neuen Testamentsvollstrecker ernen-

nen. Am 13.1.2014 veräußerte der Testamentsvollstrecker in beurkundeter Form das Grundstück entgeltlich. Der Testamentsvollstrecker gab am 8.4.2014 sein Zeugnis beim Nachlassgericht zurück und erklärte sein Amt für erledigt. Am 18.8.2014 wurden beim GBA die Anträge auf Eintragung des Eigentumswechsels und auf Löschung des Testamentsvollstreckervermerks gestellt. Diese hat das GBA am 2.10.2014 zurückgewiesen.

Nach dem OLG München (RNotZ 2015, 232) zu Recht. Die Verfügungsbefugnis des Testamentsvollstreckers muss grundsätzlich bis zur Grundbucheintragung vorliegen. Dieser konnte nach § 2226 BGB jederzeit durch Erklärung gegenüber dem Nachlassgericht kündigen, etwa indem er das Amt nicht fortführt und das Zeugnis zurückgibt; dies geschah am 8.4.2014. Da zwischen der Niederlegung des Amtes und der Beendigung der Testamentsvollstreckung zu unterscheiden ist, bestand danach die Testamentsvollstreckung weiter. Dafür sprach auch der eingetragene Testamentsvollstreckervermerk (§ 891 BGB). Das Nachlassgericht musste einen neuen Testamentsvollstrecker ernennen (vgl. 2200 BGB). Dieser hätte dann die Veräußerung genehmigen müssen. Ob im vorliegenden Fall der Testamentsvollstrecker wirklich sein Amt niederlegen wollte mit der Folge, dass seine Veräußerung des Grundstücks nicht mehr im GB vollzogen werden konnte, erscheint zumindest zweifelhaft. Denkbar ist es auch, ihm insoweit diesen Geschäftswillen abzusprechen, um seiner Verfügung zum Erfolg zu verhelfen (*Grotheer,* notar 2015, 125). Das Testamentsvollstreckerzeugnis hätte ihm ohne Neuerteilung wieder ausgehändigt werden können.

Für die Löschung des Testamentsvollstreckervermerks ist ein Unrichtigkeitsnachweis (§ 22 GBO) erforderlich. Eine abstrakte Berichtigungsbewilligung des Testamentsvollstreckers genügt nicht (OLG München, RNotZ 2015, 232), da der Vermerk von Amts wegen einzutragen ist und der Testamentsvollstrecker auf die Eintragung auch nicht verzichten kann. Die Testamentsvollstreckung endet auch mit Wegfall des Testamentsvollstreckers durch Kündigung gegenüber dem Nachlassgericht (§ 2226 BGB), wenn der Erblasser keine Ersatztestamentsvollstreckung angeordnet hat (OLG München, RNotZ 2015, 232). Der Erblasser hatte aber das Nachlassgericht mit der Auswahl eines Ersatzvollstreckers beauftragt. Mit der Erledigung sämtlicher Aufgaben durch den Testamentsvollstrecker endet die Testamentsvollstreckung von selbst (BGH, BGHZ 41, 23, 25). Der Nachweis ist durch einen neuen Erbschein ohne Testamentsvollstreckervermerk zu führen; der Nachweis war nicht geführt. Eine Erklärung des Testamentsvollstreckers in der Form des § 29 GBO, alle Aufgaben seien erfüllt, reicht nicht aus.

Damit konnten weder der Eigentumswechsel noch die Löschung des Testamentsvollstreckervermerks im GB vollzogen werden. Die Entscheidung zeigt, dass der Testamentsvollstrecker sein Amt erst nach Eigentumsumschreibung aufgeben sollte. Der Testamentsvollstrecker hatte im vorliegenden Fall den Fehler gemacht, sein Zeugnis zu früh an das Nachlassgericht zurückzureichen und dadurch das Amt zu kündigen.

→ **Beispiel 73j** (Fortsetzung von *Beispiel 73i*)**:**
Am 18.8.2014 wurden beim GBA die Anträge auf Eintragung des Eigentumswechsels und auf Löschung des Testamentsvollstreckervermerks gestellt. Der Testamentsvollstrecker gab am 8.9.2014 sein Zeugnis beim Nachlassgericht zurück und erklärte sein Amt für erledigt.

Endet die Amtsstellung des Testamentsvollstreckers nach seiner bindenden Verfügung und Antragstellung beim GBA, aber **vor Grundbucheintragung**, so soll § 878 BGB nicht anwendbar sein, weil der Verlust der Verfügungsbefugnis dem Verlust der Verfügungsmacht nicht gleichzustellen sei (BayObLG, Rpfleger 1999, 25; OLG Köln, MittRhNotK 1981, 139). Dem ist zu widersprechen, weil sonst der Grundstücksverkehr mit einem Vermögensverwalter nicht zumutbar und damit praktisch lahm gelegt wäre (OLG Brandenburg, VIZ 1995, 365; *Palandt/Herrler*, § 878 BGB Rdn. 11; *Meikel/Böttcher*, Anhang zu §§ 19, 20 GBO Rdn. 72). Die Praxis kann sich jedoch nicht auf die Anwendbarkeit des § 878 BGB verlassen. Veräußert der Testamentsvollstrecker daher im Rahmen seiner Befugnisse ohne Zustimmung der Erben, so ist zu empfehlen, die Kaufpreiszahlung über Anderkonto abzuwickeln und die Grundbucheintragung des Käufers zur Auszahlungsvoraussetzung zu machen. Die Auszahlung sollte ferner davon abhängig gemacht werden, dass dem Notar eine schriftliche Bestätigung des Testamentsvollstreckers vorliegt, wonach keine gesetzlichen oder sonstigen Gründe vorliegen, die zum Zeitpunkt der Grundbucheintragung zu einer Amtsbeendigung geführt haben; ferner sollte sie davon abhängig gemacht werden, dass sich nach Feststellung des Notars aus den Nachlassakten keine Anhaltspunkte für eine vorzeitige Amtsbeendigung ergeben haben. Vorsicht ist für den Notar auch geboten, wenn bei Veräußerungen durch den Testamentsvollstrecker eine Notarbestätigung über die rangrichtige Eintragung eines Grundpfandrechtes im Raum steht. Eine solche Bestätigung sollte der Notar mangels evtl. Unanwendbarkeit des § 878 BGB nicht abgeben.

396j

§ 4
Der Amtswiderspruch und die Amtslöschung

Literatur: Böttcher, Amtswiderspruch und Amtslöschung, RpflStud 2011, 164.

I. Der Amtswiderspruch

1. Zweck und Aufgabe

397 Eintragung oder Löschung eines Rechts allein führen regelmäßig dessen Entstehen oder Untergang nicht herbei (§§ 873, 875 BGB). Sind solche Eintragungen jedoch im Grundbuch vorgenommen worden, so begründen sie die Gefahr von Rechtsverlusten infolge gutgläubigen Erwerbes. Zwar ist es grundsätzlich dem Betroffenen überlassen, sich gegen diese Gefahren zu schützen (§§ 894, 899 BGB!), doch ist ein Handeln des Grundbuchamtes dann veranlasst, wenn die Unrichtigkeit durch Verletzung gesetzlicher Vorschriften bewirkt worden ist und deshalb die Gefahr von Schadensersatzansprüchen gegen den Fiskus besteht.

2. Voraussetzungen

398 Gemäß § 53 GBO ist ein Amtswiderspruch einzutragen, wenn:

– eine **Grundbuchunrichtigkeit** besteht,
– das Grundbuchamt gesetzliche **Vorschriften verletzt** hat und
– die Möglichkeit **gutgläubigen Erwerbs** besteht.

2.1. Grundbuchunrichtigkeit

399 Das Grundbuch ist unrichtig, wenn sein Inhalt mit der materiellen Rechtslage nicht übereinstimmt.

Ob dies gegeben ist, muss vom Grundbuchamt sorgfältig geprüft werden, weil nur eine zur Zeit der Eintragung des Widerspruches noch bestehende Unrichtigkeit dessen Eintragung rechtfertigt (OLG Hamm, NJW 1961, 560). Allerdings muss die Unrichtigkeit nicht zur Überzeugung des GBA feststehen, sondern es genügt, dass sie glaubhaft gemacht ist (OLG Hamm, FGPrax 2006, 146; *Böttcher* in Lemke, Immobilienrecht, § 53 GBO Rdn. 7). Besteht die Möglichkeit zwischenzeitlichen gutgläubigen Erwerbs, so muss der böse Glaube des Erwerbers glaubhaft sein (vgl. KG, Rpfleger 1973, 22; ausführlich dazu *Demharter,* Rpfleger 1991, 41). Diese Einschränkung ergibt sich daraus, dass auch beim erzwungenen Widerspruch des § 899 BGB die Glaubhaftmachung der Unrichtigkeit ausreicht.

2.2. Gesetzesverstoß

Die Eintragung muss unter Verletzung gesetzlicher Vorschriften bewirkt worden sein. Dies ist der Fall, wenn das Grundbuchamt eine im Eintragungsverfahren zu beachtende Norm oder Rechtsregel gar nicht oder falsch angewandt hat oder wenn es eine nicht anwendbare Norm angewandt hat. Dabei ist von dem Sachverhalt auszugehen, der dem GBA unterbreitet wurde. Hat das GBA auf diesen das Gesetz richtig angewandt, so liegt ein Gesetzesverstoß nur vor, wenn das GBA erkannte oder hätte erkennen müssen, dass der vorliegende Sachverhalt unrichtig war (BGH, BGHZ 30, 255 = NJW 1959, 1635). 400

Die Unrichtigkeit braucht nicht durch die **Gesetzesverletzung** herbeigeführt worden sein, es genügt, wenn die Eintragung als solche ursächlich für die Grundbuchunrichtigkeit war: 401

→ **Beispiel 74**
a) Bei einer Eigentumsübertragung hat das Grundbuchamt nicht erkannt, dass die Auflassung nicht wirksam zustande kam;
b) Bei einer Hypothekeneintragung hat das Grundbuchamt nicht erkannt, dass die Form des § 29 GBO bei der Bewilligung nicht gewahrt war, weil der Beglaubigungsvermerk nicht den gesetzlichen Vorschriften genügte. Später stellte sich noch heraus, dass eine Einigung über die Bestellung des Rechts nicht zustande kam.

Im *Falle a)* hatte das Grundbuchamt gem. § 20 GBO die Wirksamkeit der dinglichen Einigung zu prüfen, der Verstoß gegen § 20 GBO war unmittelbar kausal für die eingetretene Grundbuchunrichtigkeit.

Im *Falle b)* brauchte das Grundbuchamt gem. § 19 GBO die dingliche Einigung nicht zu prüfen: unmittelbar kausal für die Unrichtigkeit ist aber deren Fehlen. Trotzdem liegen die Voraussetzungen des § 53 GBO vor, weil das Grundbuchamt gegen § 29 GBO verstoßen hat, obwohl bei Vorliegen der Einigung dieser Verstoß keine materiellen Folgen gehabt hätte, somit nicht unmittelbar kausal für die Unrichtigkeit war. Trotzdem wäre das Buch nicht unrichtig geworden, wenn das Grundbuchamt richtig gehandelt und die Eintragung unterlassen hätte! Deshalb ist hier gem. § 53 GBO zu verfahren.

Während bei der Prüfung der Unrichtigkeit des Buches auf den derzeitigen Zustand abzustellen ist (vgl. → Rdn. 399), verlangt die Prüfung der Gesetzesverletzung eine Betrachtung, die zurückgreift auf den Zeitpunkt der seinerzeitigen Entscheidung. Maßgebend ist die damals dem GBA unterbreitete Sach- und Rechtslage.

Das Unterlassen einer Eintragung kann niemals zu einer Unrichtigkeit führen, wenn es sich um einen Fall handelt, bei dem – wie meist – die Rechtsentstehung eben gerade von der Eintragung abhängt.

2.3. Möglichkeit gutgläubigen Erwerbs

402 Da der Amtswiderspruch den Eintritt gutgläubigen Erwerbs und dadurch veranlasste Regressforderungen verhindern soll, entfällt seine Notwendigkeit dann, wenn sich an die unrichtige Eintragung kein gutgläubiger Erwerb anschließen kann. Dies ist der Fall:

- bei Eintragungen rein tatsächlicher Art;
- bei Eintragungen negativen Charakters, wie Widersprüchen, Nacherbschaftsvermerken (BayObLGZ 1957, 287), Testamentsvollstreckervermerken, Zwangsversteigerungsvermerken, Insolvenzvermerken;
- bei Vormerkungen, soweit sie nach wohl richtiger, wenngleich nicht h.M. dem öffentlichen Glauben nicht unterliegen, d.h. also bei der Übertragung der nicht bestehenden Vormerkung an den Zweiterwerber (vgl. zur Problematik BGHZ 25, 16 = NJW 1957, 1229; *Reinicke*, NJW 1964, 2373; *Canaris*, JuS 1969, 84); sowie bei Vormerkungen, die aufgrund einstweiliger Verfügung eingetragen wurden;
- bei ersichtlich unvollständigen Eintragungen, bei denen sich die Unvollständigkeit aus ihrem Inhalt ohne weiteres ergibt (*Böttcher* in Lemke, Immobilienrecht, § 53 GBO Rdn. 18). Dies ist z.B. der Fall, wenn bei mehreren Berechtigten die Angabe des Gemeinschaftsverhältnisses nach § 47 Abs. 1 GBO fehlt.

Soweit Eintragungen dem öffentlichen Glauben unterstehen, sind sie auch der Eintragung eines Amtswiderspruches zugänglich, das gilt auch für höchstpersönliche Rechte, wie Nießbrauch (§ 1059 S. 1 BGB) oder Wohnungsrecht (anders BayObLGZ 1954, 141; KG, Rpfleger 1975, 68), weil hier zwar § 892 BGB nicht anwendbar ist, wohl aber § 893 BGB (*Böttcher* in Lemke, Immobilienrecht, § 53 GBO Rdn. 17).

3. Das Verfahren

403 Die Entscheidung über die Eintragung eines Amtswiderspruches geschieht in einem Amtsverfahren; d.h. dass es eines Antrages und einer Bewilligung nicht bedarf, vielmehr Anträge etc. nur Anregungen auf Verfahrenseinleitung sind. Auch ohne solche Anregungen hat das Grundbuchamt bei Vorliegen konkreter Anhaltspunkte für eine Grundbuchunrichtigkeit in ein Verfahren nach § 53 GBO einzutreten, um dessen Voraussetzungen zu untersuchen.

Die notwendigen Ermittlungen unterliegen im Amtsverfahren der Vorschrift des § 26 FamFG, d.h., dass das Grundbuchamt selbst die erforderlichen

Beweise zu beschaffen und zu erheben hat (vgl. dazu → Rdn. 13 und allgemein zum Verfahren des § 53 GBO: *Eickmann*, RpflStud 1984, 1, 4 ff.). Derjenige, für den der Widerspruch eingetragen wird und der, gegen den sich der Widerspruch richtet, sind Beteiligte des Verfahrens (s. → Rdn. 14).

404 Kommt das Grundbuchamt zum Ergebnis, dass die Eintragung eines Widerspruches nicht veranlasst ist, so hat es darüber durch Beschluss zu entscheiden und diese Entscheidung den Beteiligten bekannt zu machen.

Zu tenorieren ist: „die Eintragung eines Amtswiderspruches unterbleibt".

In Verfahren nach § 53 GBO wird häufig Anlass sein, eine **Kostenentscheidung** nach § 81 FamFG zu treffen, wenn die Beteiligten entgegengesetzte Rechtsmeinungen vertreten und entgegengesetzte Verfahrensergebnisse verfolgt haben.

4. Eintragung und Wirkungen

4.1. Eintragungsinhalt

405 Die Eintragung muss enthalten:

– die Bezeichnung des Berechtigten. Das ist derjenige, dem der Berichtigungsanspruch aus § 894 BGB zusteht;
– die Bezeichnung der konkreten Unrichtigkeit, also nicht genügend: „Widerspruch gegen die Richtigkeit des Grundbuches", sondern „Widerspruch gegen die Eintragung des Josef Meier als Eigentümer", oder „Widerspruch gegen die Höhe des bei der Hypothek Nr. 2 angegebenen Zinssatzes" usw.

Wegen des Ortes der Eintragung und ihrer Form vgl. §§ 12, 19 GBV.

4.2. Wirkungen

406 Der Widerspruch hat die Wirkungen des § 892 Abs. 1 S. 1 BGB: Er zerstört die Rechtsscheinwirkung des Buches. Wegen dieser schwerwiegenden Folge in Bezug auf andere Eintragungen muss wohl der Rechtsgedanke des § 17 GBO hier in gleicher Weise Anwendung finden wie etwa bei der Eintragung des Insolvenzvermerkes oder ähnlicher rechtsbeschränkender Eintragungen (**a.A.** *Demharter*, § 53 Rdn. 39). Schwierig ist es jedoch, das Anknüpfungsmoment zu finden, das den Verfahrensmäßigen „Vorrang" bzw. „Nachrang" der anderen Einträge abgrenzt. Da ein Antrag nicht vorliegen kann und auch Anregungen von Beteiligten etc. nicht immer vorliegen, muss m.E. an die Schlussentscheidung des Grundbuchamtes angeknüpft werden: Wenn das Grundbuchamt die Entscheidung trifft, dass ein Amtswiderspruch einzutragen ist, so hat es den Zeitpunkt seines Beschlusses (oder des Erlasses der Eintragungsverfügung) aktenkundig zu machen. Alle vor diesem Zeitpunkt eingegangenen Anträge müssen noch „unbelastet" mit dem Widerspruch vollzogen werden und unterliegen dann noch dem Gutglaubensschutz. Man kann dem nicht entgegenhalten, dass hier der wahre Rechtsinhaber nicht geschützt sei: Wenn es um die Anwendung von § 892 BGB geht, schwebt dem Gesetzgeber immer primär der Schutz des Dritten vor; wann dieser Schutz endet und wann die „Risikosphäre" des Dritten beginnt, in der dann der Schutz des Berechtigten überwiegt, muss genau abgrenzbar sein und darf aus verfassungsrechtlichen Gründen (Art. 14 GG) nicht vom Belieben des Grundbuchamtes abhängen.

4.3. Weitere Eintragungen trotz Widerspruch?

407 Wenn wir oben feststellten, dass der Widerspruch die Rechtsscheinwirkung beendet, so drängt sich zunächst als Konsequenz daraus auf, dass das Grundbuchamt bei eingetragenem Widerspruch entgegenstehende Eintragungen verweigern müsse, weil sie ja dem Erwerber das Recht nicht mehr verschaffen können und durch sie das Buch unrichtig werden würde. Trotzdem lässt die h.M. – grundsätzlich zu Recht – nach Eintragung des Widerspruches entgegenstehende Eintragungen zu (*Böttcher* in Lemke, Immobilienrecht, § 53 GBO Rdn. 30; *Demharter*, § 53 Rdn. 18). Rechtfertigung dafür ist, dass der Widerspruch nicht in der Lage ist, die Vermutung des § 891 BGB zu zerstören; eine Eintragung hat das GBA jedoch dann abzulehnen, wenn es die Vermutung des § 891 BGB für widerlegt ansieht. Bei Eintragungen im Anschluss an einen Widerspruch ist deshalb eine diesbezügliche gewissenhafte Prüfung veranlasst!

> → **Beispiel 74a:**
>
> Gegen einen Wohnungseigentümer erging ein Kostenfestsetzungsbeschluss für die „übrigen Eigentümer der Wohnungseigentümergemeinschaft Uhlandstraße 29 in 10711 Berlin". Aufgrund dessen wurde eine Zwangshypothek auf seiner Einheit für die „Wohnungseigentümergemeinschaft Uhlandstraße 29 in 10711 Berlin" eingetragen. Der Wohnungseigentümer hat dagegen Beschwerde eingelegt mit dem Ziel, die Zwangshypothek zu löschen.

Die Beschwerde gegen eine Grundbucheintragung ist grundsätzlich unzulässig (§ 71 Abs. 2 S. 1 GBO). Mit ihr kann nur eine Amtslöschung oder die Eintragung eines Amtswiderspruchs verlangt werden (§ 71 Abs. 2 S. 2, § 53 GBO). Eine Amtslöschung kommt nur bei inhaltlich unzulässigen Eintragungen in Betracht, die einen Rechtszustand verlautbaren, den es aus Rechtsgründen nicht geben kann. Die Eintragung der Zwangshypothek ist aber nicht inhaltlich unzulässig, da deren Eintragung möglich ist (§§ 866, 867 ZPO).

Denkbar ist also nur die Eintragung eines Amtswiderspruchs gegen die Zwangshypothek nach § 53 Abs. 1 S. 1 GBO. Dies setzt eine Verletzung von gesetzlichen Vorschriften durch das Grundbuchamt und eine Grundbuchunrichtigkeit voraus. Der zur Eintragung vorgelegte Titel hat keine Forderung der „Wohnungseigentümergemeinschaft" zum Inhalt, sondern eine Forderung

I. Der Amtswiderspruch

der „übrigen Eigentümer der Wohnungseigentümergemeinschaft". Als Berechtigter der Zwangshypothek ist aber die „Wohnungseigentümergemeinschaft" eingetragen, somit der teilrechtsfähige Verband, gefolgt von der konkreten Angabe des gemeinschaftlichen Grundstücks (§ 10 Abs. 6 WEG). Die „übrigen Eigentümer" sind aber zu unterscheiden von dem teilrechtsfähigen Verband der „Wohnungseigentümergemeinschaft". Vielmehr existieren mit den in einer nicht rechtsfähigen Eigentümergemeinschaft verbundenen Miteigentümern einerseits, denen z. B. das Grundstück gehört, und dem Verband der Wohnungseigentümergemeinschaft andererseits, der z. B. Eigentümer der Instandhaltungsrücklage ist, zwei unterschiedliche Zuordnungsobjekte von Rechten und Pflichten (OLG München, FGPrax 2013, 156). Da bei Eintragung einer Zwangshypothek allein der Vollstreckungstitel die Grundlage für das Tätigwerden des Grundbuchamts als Vollstreckungsorgan bildet, darf nur diejenige Person als Gläubiger eingetragen werden, die durch den Vollstreckungstitel bzw. -klausel als Inhaber der titulierten Forderung ausgewiesen ist (OLG München, Rpfleger 2019, 21). Ein auf die „übrigen Eigentümer der Wohnungseigentümergemeinschaft" lautender Titel erlaubt deshalb nicht die Eintragung der „Wohnungseigentümergemeinschaft" als Berechtigte (OLG München, Rpfleger 2019, 21). Das Grundbuchamt hat gegen diese rechtlichen Vorgaben verstoßen.

Dies hat auch zur Unrichtigkeit des Grundbuchs geführt, denn das Grundbuch ist gerade dadurch unrichtig geworden, dass es eine andere Person als Inhaber der Zwangshypothek als die im Titel ausgewiesenen Gläubiger verlautbart. Materiell-rechtlich entsteht die Hypothek bei dieser Sachlage trotz Eintragung nicht, weil eine Voraussetzung für die Zwangsvollstreckung – nämlich ein den Vollstreckungsgläubiger ausweisender Titel – fehlt. Damit besteht eine Divergenz zwischen dem Grundbuchinhalt und der materiellen Rechtslage. Das OLG München (Rpfleger 2019, 21) hat deshalb zu Recht die Eintragung eines Amtswiderspruchs gegen die Zwangshypothek angeordnet.

> → **Beispiel 74b:**
> Am 27.3.2015 beantragte und bewilligte der Grundstückseigentümer E die Eintragung einer Briefeigentümergrundschuld. Am gleichen Tag trat er dieses Recht ab an den Gläubiger C. Die Grundbucheintragung der Eigentümergrundschuld erfolgte am 2.4.2015 (Abt. III Nr. 4). Der Grundschuldbrief wurde am 21.4.2015 vom Eigentümer an den C übergeben.
> Am 9.6.2015 beantragte und bewilligte der Grundstückseigentümer E die Eintragung einer Fremdbuchgrundschuld für G. Außerdem beantragte und bewilligte er den Rangrücktritt der Eigentümerbriefgrundschuld Abt. III Nr. 4 hinter die Fremdbuchgrundschuld des G.
> Am 19.6.2015 wurde die Fremdbuchgrundschuld für G im Grundbuch eingetragen (Abt. III Nr. 5), und zwar im Rang vor der Eigentümerbriefgrundschuld Abt. III Nr. 4.
> Der Gläubiger C legte am 17.8.2015 gegen die Rangänderung von Abt. III Nr. 4 und Abt. III Nr. 5 Beschwerde ein.
> Die Abtretung der Eigentümerbriefgrundschuld von E an C wurde am 14.10.2015 im Grundbuch vermerkt.

Die Beschwerde hatte beim OLG Frankfurt/M. (Rpfleger 2018, 437) Erfolg. Grundsätzlich kann gegen eine Grundbucheintragung keine Beschwerde eingelegt werden (§ 71 Abs. 2 S. 1 GBO). Jedoch kann mit der Beschwerde die Eintragung eines Amtswiderspruchs nach § 53 GBO verlangt werden. Voraussetzungen dafür sind eine Grundbuchunrichtigkeit und die Verletzung gesetzlicher Vorschriften durch das Grundbuchamt.

Die Eintragung des Rangrücktritts der Briefgrundschuld Abt. III Nr. 4 hat das Grundbuchamt entgegen den Vorschriften der §§ 41 Abs. 1 S. 1, 42 S. 1 GBO ohne Vorlage des Grundschuldbriefes vorgenommen. Nach diesen Vorschriften soll eine Eintragung bei einem Briefgrundpfandrecht nur vorgenommen werden, wenn der Brief vorgelegt wird. Entsprechend ist auch die nach §§ 62 Abs. 1 S. 1, 70 Abs. 1 S. 1 GBO erforderliche Eintragung des Rangrücktritts auf dem Grundschuldbrief unterblieben. Damit hat das Grundbuchamt bei der Eintragung des Rangrücktritts der Briefgrundschuld Abt. III Nr. 4 gesetzliche Vorschriften im Sinne von § 53 GBO verletzt.

Voraussetzung für eine materielle Rangänderung ist die Einigung und Grundbucheintragung. Nach § 880 Abs. 2 S. 1 BGB ist beim Rangrücktritt einer Grundschuld die dingliche Einigung des zurücktretenden und des vortretenden Berechtigten erforderlich. Im vorliegenden Fall fehlt es an einer auf den Rangrücktritt der Briefgrundschuld gerichteten Einigungserklärung des zurücktretenden Gläubigers. Denn im Zeitpunkt der Eintragung der Rangänderung (= 19.6.2015) war der eingetragene Eigentümer nicht mehr der Berechtigte der in Abt. III Nr. 4 eingetragenen zurücktretenden Briefgrundschuld; vielmehr war die Briefgrundschuld in diesem Zeitpunkt bereits wirksam an den neuen Gläubiger C abgetreten.

Ursprünglich war der eingetragene Eigentümer E Inhaber der Briefgrundschuld, die er als Eigentümerbriefgrundschuld mit Datum vom 27.3.2015 bestellt hat und die mit ihrer Eintragung am 2.4.2015 in Abt. III Nr. 4 entstanden ist. Allerdings hatte E diese Grundschuld im Zeitpunkt der Eintragung des Rangrücktritts am 19.6.2015 bereits wirksam an den Gläubiger C abgetreten und war daher im Hinblick auf die diesen Rangrücktritt betreffende Einigung nicht mehr Berechtigter. Nach dem OLG Frankfurt/M. (Rpfleger 2018, 437) bedarf die Abtretung einer Briefgrundschuld einer Einigung, Eintragung und Briefübergabe nach §§ 1192, 1154, 1117 BGB. Dies ist nicht richtig. Erforderlich ist vielmehr eine Einigung zwischen dem Zedenten und dem Zessionar nach § 873 Abs. 1 BGB, wobei die Erklärung des Zedenten schriftlich erfolgen muss, und der Briefübergabe an den Zessionar gemäß § 1192 Abs.1, § 1154 Abs. 1 BGB. Eine Grundbucheintragung ist beim Briefrecht gerade nicht erforderlich für seine Abtretung. Und der Hinweis auf § 1117 BGB ist auch nicht richtig, da die Norm die Bestellung eines Briefrechtes betrifft und nicht dessen Abtretung. Im vorliegenden Fall wurde die Eigentümerbriefgrundschuld vom Eigentümer E an den Zessionar C am 27.3.2015 abgetreten und die Briefübergabe erfolgte am 21.4.2015. Damit ist der Zessionar C am 21.4.2015 Inhaber der Briefgrund-

I. Der Amtswiderspruch

schuld Abt. III Nr. 4 geworden. Und deshalb war der Eigentümer E zum Zeitpunkt der Eintragung der Rangänderung am 19.6.2015 nicht mehr Inhaber der Briefgrundschuld Abt. III Nr. 4. Unschädlich ist es, dass die Einigung über die Abtretung der Briefgrundschuld am 27.3.2015 vor dem Entstehen des Rechts am 2.4.2015 erfolgte. Entscheidend ist, dass das Briefrecht vor dem Wirksamwerden der Abtretung durch Briefübergabe am 21.4.2015 entstanden ist.

Da es somit an einer wirksamen Einigung für den Rangrücktritt der Briefgrundschuld Abt. III Nr. 4 zwischen ihrem Berechtigten (= C) und dem Gläubiger der vortretenden Buchgrundschuld Abt. III Nr. 5 fehlte, ist das Grundbuch insoweit unrichtig geworden nach § 894 BGB.

Ein gutgläubiger Erwerb des Rangvortritts seitens der Grundschuld Abt. III Nr. 5 kommt nicht in Betracht. Denn an die Eintragung im Grundbuch kann sich bei einem Briefgrundpfandrecht ein gutgläubiger Erwerb nicht anschließen, weil in Ansehung der Gläubigerstellung die Vermutungswirkung aus § 1155 BGB vorrangig zu beachten ist. Insofern gilt nur der auf einen eingetragenen Gläubiger in zurückzuführender Reihe von öffentlich beglaubigten Abtretungserklärungen ausgewiesene legitimierte Besitzer des Grundschuldbriefes fiktiv als im Grundbuch eingetragener Berechtigter. Die Vermutungswirkung des § 891 BGB gilt insofern ausschließlich für den nach § 1155 BGB Ausgewiesenen, nicht aber hinsichtlich des eingetragenen Berechtigten (OLG Frankfurt, Rpfleger 2018, 437). Damit scheidet ein gutgläubiger Erwerb des Rangvortritts durch die Verfügung des noch als Grundschuldgläubiger eingetragenen E aus.

Da die Voraussetzungen für die Eintragung eines Amtswiderspruchs nach § 53 GBO gegeben waren, wurde das Grundbuchamt angewiesen, diesen einzutragen.

→ **Beispiel 74c:**
Der Verkäufer V wurde am 30.1.2011 rechtskräftig zur Abgabe der Auflassungs- und Bewilligungserklärung Zug um Zug gegen Zahlung von 45.000 EUR durch K verurteilt. Das Urteil wurde am 24.3.2011 durch den Urkundsbeamten der Geschäftsstelle mit einer einfachen Vollstreckungsklausel versehen. Daraufhin nahm K die Auflassung in notariell beurkundeter Form an, und zwar unter Vorlage des rechtskräftigen Urteils gegen V (versehen mit der einfachen Vollstreckungsklausel). Der Antrag auf Grundbucheintragung des K wurde am 11.1.2012 beim Grundbuchamt gestellt. Dieses erließ eine Zwischenverfügung und verlangte eine qualifizierte Klausel nach § 726 ZPO auf dem Urteil. Diese wurde vom Rechtspfleger am 27.2.2012 angebracht. Daraufhin wurde K am 4.4.2012 als neuer Eigentümer im Grundbuch eingetragen. Der Verkäufer V legte dagegen Beschwerde ein und verlangte die „Rückgängigmachung" der Grundbucheintragung.

Eine „Rückgängigmachung" der Grundbucheintragung ist nicht möglich (§ 71 Abs. 2 S. 1 GBO). Mit der Beschwerde kann jedoch die Eintragung eines Amtswiderspruchs verlangt werden, wenn das Grundbuchamt bei der Eintragung eine gesetzliche Vorschrift verletzt hat und das Grundbuch unrichtig geworden ist. Diese Voraussetzungen sind im vorliegenden Fall erfüllt. Bei der Grundbucheintragung des K hat das Grundbuchamt § 20 GBO verletzt und dadurch ist das Grundbuch unrichtig geworden. Das Grundbuchamt darf einen neuen Eigentümer nur eintragen, wenn ihm eine wirksame Auflassung vorgelegt wird (§ 20 GBO), und zwar in notariell beurkundeter Form (§ 29 Abs. 1 S. 2 GBO). Materiell muss die Auflassung bei gleichzeitiger Anwesenheit von Veräußerer und Erwerber vor einem Notar erklärt werden (§ 925 Abs. 1 BGB).

Es liegt eine rechtskräftigen Verurteilung des Veräußerers zur Abgabe der Auflassung vor **(§ 894 S. 1 ZPO)**. Durch das rechtskräftige Urteil (= 30.1.2011) wird nur die Erklärung des Verurteilten ersetzt, aber nicht die des Vertragspartners (BayObLGZ 1983, 181, 185). Der im Prozess obsiegende Teil muss daher mit dem Urteil seine Auflassungserklärung gem. § 925 BGB vor einer zuständigen Stelle abgeben, da vom Gesetz nur fingiert wird, dass der Verurteilte erschienen ist; eine erneute Abgabe der bereits durch das Urteil ersetzenden und damit existenten Auflassungserklärung findet nicht statt (BayObLG, Rpfleger 2005, 49). Wenn der Kläger seinerseits seine Erklärung vor dem Notar abgibt, muss daher eine mit Rechtskraftvermerk versehene Ausfertigung des Urteils bei der Abgabe der Erklärung vorliegen; eine nachträgliche Vorlage eines schon vorhandenen Urteils ersetzt die Vorlage nicht (BayObLG, Rpfleger 1983, 390). Im Falle der Verurteilung Zug um Zug gegen eine Leistung (z. B. Kaufpreiszahlung) gilt die Erklärung erst mit Erteilung einer qualifizierten vollstreckbaren Ausfertigung (§ 726 Abs. 2 ZPO) als abgegeben (§ 894 S. 2 ZPO), d.h. bei der Erklärung der Auflassung (= 14.9.2011) durch den Kläger muss die qualifizierte vollstreckbare Ausfertigung (§ 726 Abs. 2 ZPO) bereits erteilt sein; bei späterer Erteilung (= 27.2.2012) ist die Auflassung unwirksam (OLG Hamm, Rpfleger 2014, 366). Eine zeitlich zuvor erklärte einseitige Auflassung des Titelgläubigers ist auch dann unwirksam, wenn ihm von dem Urkundsbeamten der Geschäftsstelle eine einfache vollstreckbare Ausfertigung des Urteils erteilt worden ist (= 24.3.2011). Im vorliegenden Fall war die Auflassung deshalb unwirksam und hätte vom Grundbuchamt nicht vollzogen werden dürfen. Mit der Eintragung des K wurde das Grundbuch daher unrichtig, so dass ein Amtswiderspruch veranlasst ist (§ 53 GBO).

II. Die Amtslöschung

408 Ist eine Eintragung inhaltlich unzulässig, so muss sie von Amts wegen gelöscht werden, **§ 53 Abs. 1 S. 2 GBO.** Eine Grundbucheintragung ist inhaltlich unzulässig, wenn sie einen Rechtszustand oder -vorgang verlautbart, den es nach geltender Rechtsordnung nicht geben kann, d.h. der rechtlich unmöglich ist (BGH, Rpfleger 2019, 72, BayObLG, Rpfleger 2002, 140; *Böttcher* in Lemke, Immobilienrecht, § 53 GBO Rdn. 33), z. B.

- bei der Eintragung eines nicht eintragungsfähigen Rechts, z. B. Mietrecht;
- bei Eintragungen, die ein eintragungsfähiges Recht mit einem nicht erlaubten Inhalt verlautbaren, z. B. Zwangshypothek unter 750 Euro (§ 866 Abs. 3 ZPO), Erbbaurecht an 2. Rangstelle (§ 10 ErbbauRG);
- bei Eintragungen, die ein eintragungsfähiges Recht ohne den notwendigen Inhalt verlautbaren, z. B. Grunddienstbarkeit, beschränkte persönliche Dienstbarkeit ohne schlagwortartige Bezeichnung des Inhalts wie Geh- und Fahrtrecht, Wohnungsrecht (BGH, NJW 1961, 2157; OLG Köln, Rpfleger 1982, 463);
- bei einem in sich widersprüchlichen Grundbuch (BGH, Rpfleger 2019, 72).

→ **Beispiel 74d:**

In einer Teilungserklärung nach § 8 WEG (Eintragungsbewilligung nach § 19 GBO) vom 17.2.1983 wurde eine Einheit als „Wohnung" beschrieben; im Aufteilungsplan war nichts Gegenteiliges ersichtlich. In der Abgeschlossenheitsbescheinigung vom 7.2.1983 wurde die Einheit fehlerhaft als „gewerbliche Räume" ausgewiesen. Beim Grundbuchamt wurde die Anlegung eines „Wohnungsgrundbuchs" beantragt. Es wurde jedoch ein „Teileigentumsgrundbuch" angelegt. Dabei wurde im Bestandsverzeichnis das Sondereigentum ausdrücklich als „gewerblich genutzte Räume" bezeichnet; außerdem wurde bei der Eintragung auf die Eintragungsbewilligung (Teilungserklärung) Bezug genommen. Die Abgeschlossenheitsbescheinigung wurde am 22.3.2016 insoweit geändert, als die „Gewerbeeinheit" zu einer „Wohnungseinheit" erklärt wurde. Der Eigentümer hat am 23.6.2016 die Grundbuchberichtigung dergestalt beantragt, dass das Teileigentumsgrundbuch in ein Wohnungseigentumsgrundbuch umgeschrieben wird. Dies hat das Grundbuchamt abgelehnt. Dagegen wurde Beschwerde eingelegt.

Die Qualifikation eines Raumeigentums als Wohnungs- oder Teileigentum (§ 1 Abs. 2 bzw. Abs. 3 WEG) hat Vereinbarungscharakter im Sinne von § 5 Abs. 4, § 10 Abs. 2 und 3 WEG, mit der Folge, dass für eine Umwandlung grundsätzlich die Zustimmung der übrigen Wohnungseigentümer (und der dinglich Berechtigten, soweit deren Rechtsstellung beeinträchtigt wird) erforderlich ist. Um eine Umwandlung von Teileigentum in Wohnungseigentum geht es im vorliegenden Fall aber nicht. In der Teilungserklärung nach § 8 WEG und damit in der bei der Grundbucheintragung in Bezug genommenen Eintragungsbewilligung nach § 19 GBO wurde die Einheit als „Wohnung" beschrieben. Dies gehört aber ebenfalls zum Grundbuchinhalt, wenn auch nur durch mittelbare Grundbucheintragung (§ 7 Abs. 3 WEG). Gewollt war damit die Begründung von Wohnungseigentum. Fehlerhaft war die Abgeschlossenheitsbescheinigung vom 7.2.1983 (§ 7 Abs. 4 S. 1 Nr. 2 WEG), die die Abgeschlossenheit der Einheit mit nicht zu Wohnzwecken dienenden (gewerblich genutzten) Räumen bestätigte. Das Grundbuchamt hätte die seinerzeitige Eintragung nicht vornehmen dürfen. Angelegt wurde jedoch ein Teileigentumsgrundbuch und im Bestandsverzeichnis wurde das Sondereigentum ausdrücklich als „gewerblich genutzte

Räume" und damit als Teileigentum bezeichnet. Das Grundbuch insgesamt ist damit in sich widersprüchlich (mittelbare Grundbucheintragung: Wohnungseigentum und unmittelbare Grundbucheintragung: Teileigentum). Dies führt nicht zu einer Grundbuchunrichtigkeit, die zu berichtigen wäre, sondern zu einer inhaltlich unzulässigen Eintragung, die von Amts wegen nach § 53 Abs. 1 S. 2 GBO zu löschen ist (OLG München, ZWE 2017, 126).

409 Auch bei einer Amtslöschung liegt ein Amtsverfahren vor, für das die → Rdn. 403, 404 formulierten Grundsätze gelten. Die Beteiligten (= Gläubiger des zu löschenden Rechts und Gläubiger von Rechten am Recht) sind zu hören.

> → **Beispiel 74e:**
> Die Eltern haben zu notarieller Urkunde vom 7.4.2016 ihren Grundbesitz auf ihren volljährigen Sohn übertragen. Als Gegenleistung räumte der Übernehmer seinen Eltern folgendes Recht ein:
> „Der Übernehmer verpflichtet sich, dem Übergeber im Vertragsanwesen unentgeltlich Wohnung zu gewähren. Der Übergeber kann die alleinige und ausschließliche Benutzung einer mindestens 90 qm großen Wohnung im Erdgeschoss verlangen. Die Räume des Berechtigten hat der Übernehmer auf seine Kosten stets in gut wohnlichem Zustand zu halten. Der Berechtigte hat Anspruch auf freie Beheizung, freie Beleuchtung, freien Wasser- und Strombezug."
> Das Grundbuchamt hat am 1.6.2016 ein Wohnungs- und Mitbenützungsrecht für die Übergeber eingetragen. Am 24.6.2016 hat das Grundbuchamt dagegen einen Amtswiderspruch eingetragen, weil das eingetragene Recht nicht bewilligt worden und das Grundbuch damit unrichtig sei. Dagegen wurde Beschwerde ein gelegt.

Im Grundbuch wurde ein Wohnungs- und Mitbenützungsrecht für die Eltern unter Bezugnahme auf die Bewilligung des Sohnes eingetragen, mithin eine beschränkte persönliche Dienstbarkeit (Wohnungsrecht) nach § 1093 BGB). Mit dem bewilligten Inhalt, nämlich der Gewährung von nicht näher bestimmten Räumen als Wohnung, kann aber aus Rechtsgründen ein Wohnungsrecht nicht bestehen; die auf die Bewilligung Bezug nehmende Eintragung (§ 874 BGB) verlautbart folglich ein Recht in einer gesetzlich nicht zulässigen Ausgestaltung und ist somit wegen inhaltlicher Unzulässigkeit von Amts wegen zu löschen, § 53 Abs. 1 S. 2 GBO (OLG München, Rpfleger 2018, 364).

Die Beteiligten haben im Rahmen eines Übergabevertrags ein dingliches Recht zum Wohnen bestellt. Dafür stellt das Gesetz verschiedene Formen zur Verfügung: Eine beschränkte persönliche Dienstbarkeit (**Wohnungsrecht**) nach § 1093 BGB, wenn das Recht eingeräumt werden soll, ein bestimmtes Gebäude oder einen bestimmten Gebäudeteil unter Ausschluss des Eigentümers zu benutzen. Es kommt auch eine beschränkte persönliche Dienstbarkeit nach §§ 1090 bis 1092 BGB in Betracht, wenn nur die Mitbenutzung zum Wohnen ohne Ausschluss des Eigentümers gewollt ist (**Wohnungsnutzungsrecht**) oder eine Reallast nach §§ 1105 ff BGB (**Wohnungsreallast**), wenn der Eigentümer verpflichtet sein soll, nicht lediglich die Benutzung von Räumen zu Wohnzwecken zu dulden, sondern Wohnraum durch positive, wiederkehrende Leistung zur Verfügung zu stellen (zu gewähren) und in gebrauchsfähigem Zustand zu erhalten, wobei dies aber nicht unter Ausschluss des Eigentümers geschehen darf (OLG Hamm, DNotZ 1975, 229, 230).

Ein wesentlicher Unterschied zwischen Wohnungsreallast als Anspruch auf Verwertung des Grundstücks und beschränkter persönlicher Dienstbarkeit als Anspruch auf Nutzung besteht darin, dass letztere sich in einem Dulden erschöpft. Die Reallast hat dagegen ein positives Tun, nämlich ein Geben des Verpflichteten zum Inhalt. Das Wohnungsrecht nach § 1093 BGB erfordert eine ausreichende Bestimmung der dem Wohnungsrecht unterliegenden Räume entweder nach Stockwerk und der genauen Lage dort oder durch Verweisung auf eine Skizze, so dass jeder Dritte ohne Weiteres aus der Eintragung feststellen kann, an welchen Räumen das Recht auf Nutzung unter Ausschluss des Eigentümer besteht (*Staudinger/Reymann*, 2017, § 1093 BGB Rdn. 50). Ist dagegen der Eigentümer ohne Festlegung der Räume allgemein verpflichtet, dem Berechtigten Wohnraum mit einer bestimmten Größe und Qualität zur Verfügung zu stellen, so handelt es sich um eine Wohnungsreallast (OLG München, Rpfleger 2018, 364). Zudem spricht für die Vereinbarung einer Reallast, wenn der Eigentümer die zur Verfügung stellenden Räume in einem gebrauchsfähigen Zustand zu erhalten hat. Die Reallast kann aber nicht darauf gerichtet sein, Räume unter Ausschluss des Eigentümers zur Verfügung zu stellen; der Eigentümer ist dann nicht auf Dauer von der Nutzung der Räume ausgeschlossen.

Nach der Ausgestaltung des Rechts in der Überlassungsurkunde können die Eltern die alleinige und ausschließliche Benutzung einer mindestens 90 qm großen Wohnung im Erdgeschoss verlangen, ohne dass deren Lage bezeichnet wäre. Das Auswahlrecht der Räumlichkeiten steht dem Sohn als Grundstückseigentümer zu. Diesem ist zudem die Pflicht auferlegt, die Räume auf seine Kosten stets in gut wohnlichem Zustand, insbesondere beheizbar und mit elektrischem Licht beleuchtbar zu erhalten. Die Vereinbarung stellt sich folglich als Einräumung einer Wohnungsreallast dar. Die Eintragung als Wohnungs- und Mitbenützungsrecht ist daher inhaltlich unzulässig und im Grundbuch von Amts wegen zu löschen, § 53 Abs. 1 S. 2 GBO (OLG München, Rpfleger 2018, 364).

Auch der eingetragene Amtswiderspruch ist als unzulässig zu löschen (§ 53 Abs. 1 S. 2 GBO), denn er bezieht sich auf eine inhaltlich unzulässige Eintragung, die keine Grundlage für einen gutgläubigen Erwerb sein kann. In Folge der Löschung des Wohnungs- und Mitbenützungsrechts nach § 53 Abs. 1 S. 2 GBO ist der ursprüngliche Antrag auf Eintragung einer Wohnungsreallast nicht erledigt und daher neu zu entscheiden (OLG München, Rpfleger 2018, 364). Daher wurde das Verfahren ans Grundbuchamt zur erneuten Entscheidung über den Antrag zurückverwiesen.

Anstelle einer Amtslöschung kann ausnahmsweise auch eine Ergänzung oder **Klarstellung** veranlasst sein.

409a

→ **Beispiel 75:**
Im Grundbuch ist an letzter Rangstelle eine Grunddienstbarkeit eingetragen, bei der die genaue Bezeichnung des Rechts („Geh- und Fahrtrecht") fehlt.

Da hier gegen den Bestimmtheitsgrundsatz verstoßen wurde, liegt eine inhaltlich unzulässige Eintragung vor (Fehlen des notwendigen Inhalts). Da das Recht jedoch die letzte Rangstelle innehat, ist es nicht notwendig das Recht zu löschen, sondern durch gesonderten Vermerk in Sp. 5: „Das Recht Nr. ... ist ein Geh- und Fahrtrecht", kann der Inhalt vervollständigt werden. Das Recht wird dann ex nunc (OLG Hamm, DNotZ 1954, 208; OLG Düsseldorf, DNotZ 1958, 157) inhaltlich zulässig und wirksam.

Aus dieser ex-nunc-Wirkung ergibt sich, dass die bloße Ergänzung oder Klarstellung **unzulässig** ist:

a) wenn hinter dem betroffenen Recht andere Rechte eingetragen sind. Es kann ihm jedoch durch den Klarstellungsvermerk der **Nachrang** hinter allen anderen Rechten verschafft werden; dieser Rang ist jedoch durch entsprechende Vermerke kenntlich zu machen. Dies scheidet freilich aus, wenn für das Recht seinerzeit eine Rangbestimmung getroffen war;
b) wenn die Eintragungsunterlagen dies nicht mehr rechtfertigen, also insbesondere wenn der seinerzeit Bewilligende nunmehr nicht mehr Inhaber der Bewilligungsmacht ist (vgl. OLG Hamm, ZfIR 1998, 52).

→ **Beispiel 75a:**
Die Eintragungsbewilligung für eine Grunddienstbarkeit enthält u. a. folgenden Inhalt: *„Der jeweilige Eigentümer des herrschenden Grundstücks ist berechtigt die Teilfläche ... unter Ausschluss des Eigentümers des dienenden Grundstücks in der nach den jeweils gültigen öffentlich-rechtlichen Vorschriften zulässigen Weise zu nutzen, insbesondere als Spielfläche, Grünfläche, Kfz-Stellfläche oder durch Bebauung jedweder öffentlich-rechtlich zulässiger Art."* Im Grundbuch wurde daraufhin wie folgt eingetragen: *„Recht auf Nutzung als Spielfläche, Grünfläche, Kfz-Stellfläche, Bebauungsrecht für ...; eingetragen gemäß Bewilligung vom ... am ..."* Der Grundstückseigentümer beantragte die Löschung der Grunddienstbarkeit.

Eine Grundbucheintragung ist von Amts wegen zu löschen, wenn sie inhaltlich unzulässig ist (§ 53 Abs. 1 S. 2 GBO). Eine inhaltliche Unzulässigkeit liegt u. a. dann vor, wenn ein eintragungsfähiges Recht mit einem nicht eintragungsfähigen Inhalt eingetragen wurde. Eine Grunddienstbarkeit ist ein eintragungsfähiges Recht (§ 1018 BGB). Deren Inhalt kann u. a. sein, dass der Eigentümer des dienenden Grundstücks die Nutzung durch den Eigentümer des herrschenden Grundstücks in einzelnen Beziehungen duldet, z. B. Geh- und Fahrtrecht (1. Alt. des § 1018 BGB). Im vorliegenden Fall ist das Recht des Dienstbarkeitsberechtigten nach der Eintragungsbewilligung aber nicht auf eine „Nutzung des dienenden Grundstücks in einzelnen Beziehungen begrenzt", da jegliche

Nutzung im Rahmen der jeweiligen öffentlich-rechtlichen Vorschriften zugelassen wird. Ein solch umfassendes Nutzungsrecht kann nicht Inhalt einer Grunddienstbarkeit sein und deren Eintragung wäre im Grundbuch von Amts wegen zu löschen (BGH, DNotZ 2015, 113). Ein unbeschränktes Nutzungsrecht kann auch dann nicht Inhalt einer Grunddienstbarkeit sein, wenn seine Ausübung auf eine Teilfläche des dienenden Grundstücks begrenzt ist (OLG München, DNotZ 2010, 845).

Bei der Eintragung einer Grunddienstbarkeit muss deren Inhalt schlagwortartig bezeichnet werden (z. B. Geh- und Fahrtrecht); eine Bezugnahme auf die Eintragungsbewilligung nach § 874 BGB ist insoweit nicht zulässig (BGH, Rpfleger 2007, 34). Im vorliegenden Fall wurde schlagwortartig eingetragen „Spielfläche, Grünfläche, Kfz-Stellfläche, Bebauungsrecht". Dies ist ausreichend und insoweit ist die Grunddienstbarkeit auch entstanden. Nicht ausdrücklich im Grundbuch eingetragen wurde das „umfassende Nutzungsrecht"; eine Bezugnahme nach § 874 BGB ist nicht ausreichend. Damit liegt insoweit gar keine Grundbucheintragung vor und damit auch keine inhaltlich unzulässige Eintragung. Eine Amtslöschung nach § 53 Abs. 1 S. 2 GBO kommt deshalb nicht in Betracht. Da aber bei der Buchung des Rechts im Grundbuch über den nach § 874 BGB zulässigen Umfang hinaus auf die Eintragungsbewilligung Bezug genommen worden ist, die Eintragung des Rechts im Grundbuch selbst sich jedoch als inhaltlich zulässig darstellt, hat das GBA von Amts wegen einen Vermerk in das Grundbuch einzutragen, durch den klargestellt wird, welche Teile der Eintragungsbewilligung nicht Inhalt des Grundbuchs geworden sind (BGH, DNotZ 2015, 113).

Eine Grundbuchberichtigung auf Antrag des Grundstückseigentümers nach § 22 GBO kommt auch nicht in Betracht, das das Grundbuch richtig ist. Zwar stimmen die dingliche Einigung nach § 873 BGB (= umfassendes Nutzungsrecht) und die Grundbucheintragung (= Nutzung in einzelnen Beziehungen) nicht überein; jedoch entsteht das Recht in diesem Fall mit dem geringeren Umfang als Teilrecht. Die Einigung über ein weitergehendes Recht umfasst in der Regel auch den Willen der Beteiligten über das Entstehen eines Rechts mit geringerem Inhalt (BGH, DNotZ 2015, 113).

10. Kapitel:
Rechtsbehelfe im Grundbuchverfahren

§ 1
Die Anfechtung von Eintragungen

Literatur: Steuer, Die Beschwerde gegen eine Eintragung im Grundbuch – unzulässig?, RpflStud 1999, 69.

I. Grundsatz der Unanfechtbarkeit

Nach **§ 71 Abs. 2 S. 1 GBO** ist die Beschwerde gegen eine Eintragung unzulässig. Der Grund für diese Regelung liegt in der einer Grundbucheintragung beigelegten Rechtsscheins und Gutglaubenswirkung: Derjenige, der im Vertrauen auf die Grundbucheintragung ein Recht erworben hat, soll nicht damit rechnen müssen, dass dieser Erwerb durch einen Rechtsbehelf nachträglich wieder zerstört werden könnte. Aus dieser Ratio des § 71 Abs. 2 S. 1 GBO ergibt sich umgekehrt, dass eine Anfechtung der Eintragung zulässig ist, sofern sich an die Eintragung gutgläubiger Erwerb nicht anschließen kann. In diesen Fällen ist ein Amtswiderspruch nicht zulässig (vgl. → Rdn. 398 ff.), dann aber muss die Anfechtbarkeit gegeben sein. 410

Stets zulässig ist die sog. **Fassungsbeschwerde** (ausführlich dazu *Holzer,* ZfIR 2005, 165 und NotBZ 2006, 333), die nicht eine Löschung, Änderung oder Ergänzung des materiellen Rechts verlangt, sondern lediglich die klarstellende Ergänzung des Eintragungsvermerkes, weil dieser mehrdeutig oder missverständlich ist (OLG München, Rpfleger 2009, 81; OLG Düsseldorf, FGPrax 2009, 101; OLG Zweibrücken, FGPrax 2007, 161; BayObLG, Rpfleger 2002, 303). Kein Fall einer zulässigen Fassungsbeschwerde liegt jedoch vor, wenn eine Eintragung ordnungsgemäß und rechtlich zulässig formuliert ist und der Gläubiger demgegenüber eine andere, zumeist ausführlichere Fassung verlangt. Die Fassungsbeschwerde korrigiert nur eine rechtlich zweifelhafte, nicht aber eine in der Formulierung dem Gläubiger nicht zusagende, rechtlich aber eindeutige Eintragung! 411

II. Die sog. beschränkte Beschwerde

412 Mit dem Rechtsbehelf kann jedoch verlangt werden, dass ein Amtswiderspruch oder eine Amtslöschung eingetragen wird. **§ 71 Abs. 2 S. 2 GBO.** Diese Einschränkung braucht nicht ausdrücklich erklärt zu werden; eine nach S. 1 unzulässige Anfechtung ist dahin auszulegen.

In einem solchen Falle hat der Rechtspfleger somit darüber zu entscheiden, ob Anlass für ein Verfahren nach § 53 GBO besteht. Diese Pflicht des Rechtspflegers ergibt sich aus seiner Pflicht zur Prüfung der Abhilfefrage. Hilft der Rechtspfleger der Beschwerde nicht ab, so hat er sie dem Beschwerdegericht vorzulegen, und zwar unter Benachrichtigung der Beteiligten (OLG München, FGPrax 2008, 13). Die Nichtabhilfeentscheidung ist nicht gesondert zu verbescheiden und auch nicht selbstständig anfechtbar (BayObLG, FGPrax 2003, 199). Bejaht der Rechtspfleger die Voraussetzungen des § 53 GBO, so verfügt er – im Abhilfeweg – die Eintragung eines Widerspruches oder einer Löschung.

413 Ist die Frage der Eintragung eines Amtswiderspruches oder einer Löschung bereits in einem darauf gerichteten Verfahren geprüft worden, so erscheint es nicht veranlasst, dass das Grundbuchamt erneut in eine Prüfung dieser Frage eintritt, wenn nicht neue Tatsachen vorgetragen werden. Freilich sollte man nicht so weit gehen, die Beschwerde in einem solchen Fall für unzulässig anzusehen (so OLG Frankfurt/M., NJW 1963, 2033); das Grundbuchamt wird jedoch in einem solchen Fall beschließen: „Bei der Entscheidung vom ... hat es sein Bewenden." Zur Begründung genügt dann der Hinweis auf die Gründe der seinerzeitigen Entscheidung und die Feststellung, dass der Beschwerdeführer demgegenüber keine neuen Tatsachen vorgetragen habe.

Ergeht die Entscheidung des Rechtspflegers dahin, dass ein Amtswiderspruch einzutragen sei, so gilt für diesen das oben → Rdn. 405 ff. Gesagte.

> → **Beispiel 76:**
> Im GB des E wurde 1997 ein subjektiv-persönliches Vorkaufsrecht für V eingetragen mit dem bewilligten Inhalt, dass der von einem vereidigten Gutachter festgestellte Schätzwert als Mindestpreis anzusetzen ist. Das Grundbuchamt hat das Vorkaufsrecht 2016 von Amts wegen gelöscht. V hat beantragt, die Amtslöschung aufzuheben und das Vorkaufsrecht wieder in das Grundbuch einzutragen. Den Antrag hat das Grundbuchamt zurückgewiesen. Dagegen hat V Beschwerde eingelegt.

Es handelt sich bei dem Begehren des Antragstellers um eine beschränkte Beschwerde gemäß § 71 Abs. 2 S. 2 GBO. Denn der Antragsteller wendet sich gegen die Löschung seines Vorkaufsrechts. Das Rechtsmittel der Grundbuchbeschwerde nach § 71 Abs. 2 GBO kann im vorliegenden Fall allerdings nur mit dem eingeschränkten Ziel der Eintragung eines Amtswiderspruchs nach § 53 GBO gegen die erfolgte Löschung verfolgt werden, da bei einer Löschung nicht die Wiedereintragung verlangt werden kann und es sich bei der erfolgten Löschung des Vorkaufsrechts um eine Eintragung handelt, an die sich ein gutgläubiger Erwerb anschließen kann.

Das OLG Frankfurt/M. (MittBayNot 2018, 149) hat das Grundbuchamt zu Recht angewiesen, einen Amtswiderspruch gemäß § 53 Abs. 1 S. 1 GBO gegen die Löschung des Vorkaufsrechts einzutragen. Die §§ 463-473 BGB beinhalten für das dingliche Vorkaufsrecht grundsätzlich zwingendes Recht und unterliegen deshalb nicht der Disposition der Beteiligten. Es handelt sich hierbei um eine Typenfixierung des Vorkaufsrechts (*Böttcher* in Lemke, Immobilienrecht, § 1098 BGB Rdn. 3). Deshalb kann z. B. die Einhaltung einer bestimmten Form bei der Mitteilung über den Inhalt des Drittkaufs (§ 469 Abs. 1 S. 1 BGB) nicht zum Inhalt des dinglichen Vorkaufsrechts gemacht werden (KG, ZfIR 2019, 347). Auch kann dinglich nicht vereinbart werden, dass andere Erwerbsgründe als ein Kaufvertrag (z. B. Schenkung) den Vorkaufsfall auslösen (§ 463 BGB). Unzulässig ist auch ein sog. limitiertes dingliches Vorkaufsrecht bei dem abweichend von § 464 Abs. 2 BGB der Kaufpreis beim Drittkauf als Fest-, Höchst- oder Gutachterpreis festgesetzt wird (BGH, NJW 2001, 2883; OLG Frankfurt/M., MittBayNot 2018, 149).

Die Eintragung eines limitierten Vorkaufsrechts soll umgedeutet werden können in eine Eintragung einer Eigentumsvormerkung für ein schuldrechtliches Vorkaufsrecht mit Kaufpreisabrede (RGZ, 104, 122; BayObLG, DNotZ 1954, 30). Nach dieser Ansicht müsste das Grundbuchamt den wirklichen Inhalt des Rechts in der Veränderungsspalte durch einen Klarstellungsvermerk beschreiben. Diese Meinung ist abzulehnen, da der Vormerkungsschutz bereits mit der Grundbucheintragung der Vormerkung beginnt und beim Vorkaufsrecht der Berechtigte erst ab dem Vorliegen des Vorkaufsfalles geschützt wird (NK-BGB/*Reetz*, § 1098 Rdn. 5; *Böttcher* in Lemke, Immobilienrecht, § 1098 BGB Rdn. 3).

Wurde ein limitiertes Vorkaufsrecht im Grundbuch eingetragen, so ist die Eintragung nicht insgesamt inhaltlich unzulässig, so dass eine Amtslöschung nach § 53 GBO nicht in Frage kommt (OLG Frankfurt/M., MittBayNot 2018, 149). Es wird hierdurch die Zulässig- und Wirksamkeit der restlichen Eintragung nicht berührt, wenn diese für sich den wesentlichen Erfordernissen des eingetragenen dinglichen Rechts genügt (BGH, DNotZ 1967, 106). Im vorliegenden Fall wird durch die Beseitigung der unzulässigen Preisvereinbarung dem Vorkaufsrecht lediglich der gesetzlich vorgeschriebene Inhalt gegeben. Insgesamt unrichtig wäre das Grundbuch nur dann, wenn anzunehmen wäre, dass sich die Beteiligten über ein Vorkaufsrecht mit gesetzlich zulässigem Inhalt nicht geeinigt haben würden. Grundsätzlich ist davon auszugehen, dass die Beteiligten das Vorkaufsrecht mit dem gesetzlichen Inhalt gewollt haben und das Recht so entstanden ist (BGH, DNotI-Report 2017, 46). Im Regelfall ist davon auszugehen, dass die Vertragsparteien bei Kenntnis der Nichtigkeit des preislimitierten Vorkaufsrechts zumindest das inhaltlich zulässige Vorkaufsrecht vereinbart hätten, denn ein solches Vorkaufsrecht ist den Parteien mehr wert als gar kein Vorkaufsrecht (OLG Frankfurt/M., MittBayNot 2018, 149). Ob sich die Beteiligten mit dem gesetzlich zulässigen Inhalt ausnahmsweise nicht geeinigt hätten, kann das Grundbuchamt wegen der Beweismittelbeschränkung nicht feststellen, weshalb eine Löschung des Vorkaufsrechts als inhaltlich unzulässig ausscheidet und im vorliegenden Fall vom Grundbuchamt nicht hätte vorgenommen werden dürfen (*Böhringer*, MittBayNot 2018, 152, 153). Vielmehr hätte statt der amtswegigen Löschung des Vorkaufsrechts bei diesem in der Veränderungsspalte einen Klarstellungsvermerk darüber anbringen müssen, dass die Preislimitierung nicht Inhalt des Vorkaufsrechts ist (*Böhringer*, MittBayNot 2018, 152, 154).

Da das Vorkaufsrecht mangels Aufgabeerklärung des Berechtigten nach § 875 BGB materiell nicht erloschen ist, aber im Grundbuch formell gelöscht wurde, ist das Grundbuch insoweit unrichtig. Deshalb hat das OLG Frankfurt/M. (MittBayNot 2018, 149) das Grundbuchamt zu Recht angewiesen, gegen die Löschung des Vorkaufsrechts einen Amtswiderspruch einzutragen gemäß § 53 GBO. Ansonsten könnte ein gutgläubiger Dritter das Grundstück lastenfrei erwerben (§ 892 BGB) und das Vorkaufsrecht dadurch auch materiell zum Erlöschen bringen.

Wurde ein limitiertes Vorkaufsrecht im Grundbuch eingetragen, so ist das Vorkaufsrecht zwar entstanden, aber die Festpreisvereinbarung ist dinglich unwirksam und wirkt nur schuldrechtlich; es liegt kein inhaltlich unzulässiges Vorkaufsrecht vor, das von Amts wegen zu löschen wäre nach § 53 GBO.

§ 2
Die Anfechtung anderer Entscheidungen

I. Unanfechtbare Entscheidungen

Unanfechtbar sind (und zwar auch dann, wenn der Rechtspfleger entschieden hat): **414**

- unverbindliche Meinungsäußerungen des Grundbuchamtes, also insbesondere aufklärende Hinweise aller Art oder die Ankündigung einer bestimmten Entscheidung. Das Institut des sog. Vorbescheides gilt im Grundbuchverfahren bedauerlicherweise als nicht zulässig (BGH, DNotZ 1980, 741; OLG Zweibrücken, FGPrax 1997, 127; BayObLG, DNotZ 1993, 599; **a.A.** zu Recht OLG Saarbrücken OLGZ 1972,129; LG Koblenz, Rpfleger 1997, 158; *Meikel/Böttcher*, § 18 Rdn. 29 m.w.N.).
- Entscheidungen ohne Außenwirkungen; hierher gehört in erster Linie die Eintragungsverfügung. Sie enthält zwar die Entscheidung über das Eintragungsbegehren, ist jedoch nach h.M. nicht anfechtbar (*Demharter*, § 71 Rdn. 20).

Man muss allerdings dabei die Konsequenz dieser rigoristischen Betrachtungsweise sehen: Die Eintragungsverfügung ist nicht anfechtbar, auch die Eintragung als solche nicht – Grundbuchamt und Beteiligte werden also gezwungen, auch bei zweifelhaften und streitigen Rechtsfragen zunächst ein fait accompli zu schaffen! Ob es nicht durchaus sinnvoll sein könnte, auch im Grundbuchverfahren eine Regelung zu finden, die es gestattet, zweifelhafte Rechtsfragen zu klären, **bevor** durch den Grundbucheintrag vollendete Tatsachen und die Möglichkeit gutgläubigen Erwerbs geschaffen worden sind? Wenn man die zum Vorbescheid ergangene Entscheidung des BGH studiert, so treffen alle dort für den Vorbescheid ins Feld geführten Argumente gleichermaßen auf die Situation im Grundbuchverfahren zu. Befürwortend auch LG Memmingen, Rpfleger 1990, 251 m. zust. Anm. *Minkus*; LG Freiburg, BWNotZ 1980, 61; *Kahlfeld*, BWNotZ 1998, 60.

II. Anfechtbare Entscheidungen und Anfechtungsverfahren

1. Anfechtbare Entscheidungen und weitere Zulässigkeitsvoraussetzungen

1.1. Anfechtbarkeit

415 Anfechtbar sind

- die Zurückweisung eines Eintragungsantrages oder -ersuchens;
- die Ablehnung einer Anregung, eine Eintragung von Amts wegen vorzunehmen;
- Zwischenverfügungen (§ 58 Abs. 1 FamFG gilt nicht), solange sie noch nicht zur Zurückweisung geführt haben, also auch nach Ablauf der in ihnen genannten Frist. Ist bereits die Zurückweisung beschlossen, so wird die Beschwerde gegen die Zwischenverfügung gegenstandslos (OLG Frankfurt/M., OLGZ 1970, 284). Umgekehrt ist eine Beschwerde unzulässig, die sich gegen eine Zurückweisung wendet mit dem Anliegen, eine Zwischenverfügung wieder herzustellen, die zuvor bestanden hat und der der Beschwerdeführer nicht nachgekommen ist und die er auch nicht angefochten hat (*Riedel*, Rpfleger 1969, 151);
- Entscheidungen, die mit der Brieferteilung zusammenhängen (vgl. *Demharter*, § 71 Rdn. 13);
- Entscheidungen über die Einsicht ins Grundbuch;
- Entscheidungen über die Verwahrung und Herausgabe von Urkunden (BGH, NJW 1967, 1371);
- Entscheidungen über die Schließung eines Grundbuchblattes;
- Entscheidungen über die Einhaltung und Durchführung des Berichtigungszwanges (vgl. § 82 GBO);
- Entscheidungen über die Gegenstandslosigkeit einer Eintragung (§ 89 GBO);
- Entscheidungen über einen Widerspruch im Rangklarstellungsverfahren (§ 110 GBO).

Nicht mit der Grundbuchbeschwerde anfechtbar, weil keine Entscheidungen i.S.d. § 71 Abs. 1 GBO, sind vorläufige Meinungsäußerungen des Grundbuchamtes (BGH, Rpfleger 1998, 420; *Demharter*, § 71 Rdn. 17). Aus diesen Gründen soll bei einem Antrag auf Eintragung einer Zwangshypothek auch eine nicht Rang wahrende Beanstandungsverfügung des Grundbuchamtes nach § 139 ZPO zur Behebung von vollstreckungsrechtlichen Hindernissen (z. B. fehlender Zustellungsnachweis) nicht anfechtbar sein nach § 71 GBO (OLG München, Rpfleger 2010, 578; BayObLG, DNotZ 2005, 614). Nach richtiger Auffassung ist aber auch gegen diese Entscheidung des Grundbuchamtes die Beschwerde nach § 71 Abs. 1 GBO zulässig (*Wilke* in Bauer/Schaub, § 18 Rdn. 34; *Wilsch*, NotBZ 2009, 313, 316).

→ **Beispiel 77:**
Eheleute kauften 2005 zu notarieller Urkunde eine Eigentumswohnung vom Bauträger. Die Auflassung wurde am 19.11.2007 vom Bauträger im eigenen Namen sowie in Vollmacht für die Eheleute erklärt. Die Grundbucheintragung der Eheleute erfolgte am 31.5.2016. Diese beantragten danach den Bauträger im Wege der Grundbuchberichtigung wieder als Eigentümer einzutragen. Als Begründung führten die Eheleute an, dass sie 2014 vom Kaufvertrag zurückgetreten seien und die Vollmacht widerrufen hätten. Das Grundbuchamt hat den Antrag zurückgewiesen. Die dagegen eingelegte Beschwerde hat das OLG als unzulässig verworfen. Mit der Rechtsbeschwerde verfolgten die Eheleute weiterhin die Berichtigung des Grundbuchs.

Der BGH (ZfIR 2018, 279) stimmte dem OLG zu. Die eingelegte Beschwerde gegen den Zurückweisungsbeschluss des Grundbuchamts war unzulässig, was auf den ersten Blick erstaunt, aber trotzdem richtig ist. Während gegen eine Entscheidung des Grundbuchamts (z. B. Zurückweisungsbeschluss, Zwischenverfügung) die Beschwerde möglich ist (§ 71 Abs. 1 GBO), ist die Beschwerde gegen eine Grundbucheintragung grundsätzlich unzulässig (§ 71 Abs. 2 S. 1 GBO). Im vorliegenden Fall wurde jedoch nicht gegen eine Grundbucheintragung Beschwerde erhoben, sondern gegen die Zurückweisung einer beantragten Grundbuchberichtigung. Dann ist folgendermaßen zu unterscheiden:
Unterliegt eine Eintragung dem öffentlichen Glauben des Grundbuchs und ist somit grundsätzlich unanfechtbar (§ 71 Abs. 2 S. 1 GBO), tritt jedoch anschließend eine nachträgliche Unrichtigkeit ein und lehnt das Grundbuchamt die beantragte Berichtigung ab, so ist dagegen die unbeschränkte Beschwerde gemäß § 71 Abs. 1 GBO zulässig. Die Beschwerde zielt nämlich nicht auf die rückwirkende Beseitigung einer Eintragung, sondern richtet sich gegen die Ablehnung des Antrags, die Grundbucheintragung ex nunc der veränderten Rechtslage anzupassen; ein inzwischen eingetretener Erwerb bliebe also unberührt.
Liegt bei einer Eintragung, die dem öffentlichen Glauben des Grundbuchs unterliegt, eine **ursprüngliche Unrichtigkeit** vor – wie im vorliegenden Fall – und soll diese berichtigt werden, so ist gegen die Zurückweisung des Berichtigungsantrags nach h. M. keine Beschwerde gemäß § 71 Abs. 1 GBO zulässig, weil sich der Antrag nicht auf die Vornahme einer neuen Eintragung, sondern auf die Beseitigung einer bestehenden Eintragung richtet; die Beschwerde gegen die Zurückweisung des Berichtigungsantrags wäre gleichzusetzen mit einer Beschwerde gegen die zu berichtigende Eintragung und ist deshalb nach § 71 Abs. 2 S. 1 GBO unzulässig (OLG München, FGPrax 2014, 15; *Meikel/Böttcher*, § 22 Rdn. 176). Dem hat sich der BGH (ZfIR 2018, 279) angeschlossen.
Nicht abschließend geklärt war die Frage, ob die Beschwerde nach § 71 Abs. 2 S. 1 GBO auch dann ausgeschlossen ist, wenn sich der als Eigentümer im Grundbuch Eingetragene gegen seine Eintragung wendet (bzw. wie im vorliegenden Fall gegen die Ablehnung eines darauf bezogenen Berichtigungsantrags) und die Wiedereintragung der vor ihm eingetragenen Person anstrebt. Das OLG

Hamm (FGPrax 2016, 8) hat dies verneint, das OLG München (FGPrax 2010, 232) bejaht. Der BGH (ZfIR 2018, 279) hält auch in diesem (vorliegenden) Fall die Beschwerde nach § 71 Abs. 2 S. 1 GBO zu Recht für unzulässig. Die abstrakte Möglichkeit des gutgläubigen Erwerbs an eine Eigentumseintragung besteht zweifellos. Dass der Bucheigentümer eine solche Verfügung wahrscheinlich unterlassen wird, ist dabei unerheblich. Zudem verneint der BGH zu Recht ein Bedürfnis für eine Beschwerde, da der Bucheigentümer die Eigentumsfrage im Zivilverfahren klären lassen kann, indem er auf Feststellung des Eigentums des wahren Berechtigten klagt. Mit dem rechtskräftigen Urteil kann er die Berichtigung des Grundbuchs nach § 22 GBO herbeiführen.

Ist die unbeschränkte Beschwerde nach § 71 Abs. 2 S. 1 GBO gegen eine Grundbucheintragung unzulässig, kommt die beschränkte Beschwerde mit dem Ziel der Eintragung eines Amtswiderspruchs gemäß § 53 GBO in Betracht (§ 71 Abs. 2 S. 2 GBO). Im vorliegenden Fall war die Beschwerde auch insoweit unzulässig, weil die im Grundbuch als Eigentümer eingetragenen Eheleute nicht beschwerdeberechtigt waren. Voraussetzung für die Beschwerdeberechtigung nach § 71 Abs. 2 S. 2 GBO ist, dass dem Beschwerdeführer ein Grundbuchberichtigungsanspruch nach § 894 BGB zusteht (BGH, BGHZ 106,, 253, 255). Dieser Anspruch steht aber nicht dem Buchberechtigten zu, sondern dem wahren Berechtigten. Macht der Beschwerdeführer geltend, ihm stehe das im Grundbuch eingetragene Recht nicht zu, so kann er nicht die Berichtigung des Grundbuchs nach § 894 BGB verlangen, und zwar auch nicht analog (BGH, ZfIR 2018, 279). Die Norm findet Anwendung, wenn ein dem Anspruchsteller zustehendes Recht im Grundbuch nicht oder nicht richtig eingetragen ist, aber nicht, wenn der Anspruchsteller geltend macht, dass ihm das im Grundbuch eingetragene Recht nicht zusteht. Deshalb kam im vorliegenden Fall auch nicht die Eintragung eines Amtswiderspruchs nach § 71 Abs. 2 S. 2, § 53 GBO in Betracht.

1.2. Beschwerdeberechtigung

416 Nach § 59 Abs. 2 FamFG würde gegen einen Zurückweisungsbeschluss nur der Antragsteller beschwerdeberechtigt sein. Die Vorschrift findet jedoch im Grundbuchverfahren keine Anwendung (*Demharter*, § 71 Rdn. 57, 63). Die GBO regelt die Beschwerde. **Beschwerdeberechtigt** ist grundsätzlich jeder, dessen Rechtsstellung durch die Entscheidung des Grundbuchamts berührt wird (OLG Köln, Rpfleger 2002, 194; OLG Hamm, FGPrax 1995, 181). Statt der Beeinträchtigung eines Rechts (§ 59 Abs. 1 FamFG) genügt die eines rechtlich geschützten Interesses (BGH, Rpfleger 1998, 420; BayObLG, Rpfleger 1979, 210). Im Grundbucheintragungsverfahren, das auf Antrag erfolgt (§ 13 GBO), deckt sich die Beschwerdeberechtigung mit der Antragsberechtigung, d.h. bei einer Zwischenverfügung oder Zurückweisung (§ 18 GBO) ist jeder Antragsberechtigte i.S.v. § 13 Abs. 1 S. 2 GBO auch beschwerdeberechtigt, und zwar unabhängig davon, ob er auch tatsächlich einen Antrag gestellt hatte (BGH, NJW 1994, 1158; OLG Karlsruhe, FGPrax 2005, 219); § 59 Abs. 2 FamFG gilt nicht (*Demharter*, § 71 Rdn. 63).

In den **Amtsverfahren** (s. oben → Rdn. 13) ist beschwerdeberechtigt jeder, der durch die Entscheidung in seiner Rechtsstellung beeinträchtigt ist oder werden könnte (*Demharter*, § 71 Rdn. 68-72). Hier deckt sich also die Beschwerdeberechtigung mit der Definition des materiell Beteiligten.

Der **Notar** ist im Rahmen des § 15 GBO – freilich auch hier nur als Vertreter eines Beschwerdeberechtigten – zur Einlegung der Beschwerde ohne besonderen Vollmachtsnachweis ermächtigt (*Demharter*, § 71 Rdn. 74). Im eigenen Namen kann der Notar nie Beschwerde einlegen; ein eigenes Beschwerderecht steht ihm nicht zu (BayObLGZ 1972, 44 = DNotZ 1972, 372).

Behörden sind beschwerdeberechtigt, soweit sie ein Recht aus § 38 GBO haben oder soweit sie berechtigt sind, die privatrechtlichen Interessen von Beteiligten zu wahren (*Demharter*, § 71 Rdn. 76).

2. Verfahren

Nach § 64 Abs. 1 FamFG ist die Beschwerde bei dem Gericht einzulegen, dessen Beschluss angefochten wird. Im Grundbuchverfahren gilt § 73 Abs. 1 GBO, wonach die Beschwerde bei dem Grundbuchamt oder bei dem Beschwerdegericht eingelegt werden kann (*Böhringer*, BWNotZ 2010, 2, 10). Die Beschwerde ist durch Einreichung einer Beschwerdeschrift oder durch Erklärung zur Niederschrift des Grundbuchamtes oder der Geschäftsstelle des OLG einzulegen (§ 73 Abs. 2 S. 1 GBO). Sie kann nach § 73 Abs. 2 S. 2 GBO entsprechend § 14 Abs. 2 FamFG auch als elektronisches Dokument nach Maßgabe des § 130a Abs. 1 und 3 ZPO sowie des § 298 ZPO eingelegt werden. Der Absender muss das elektronische Dokument mit seiner qualifizierten elektronischen Signatur versehen.

Über die Beschwerde entscheidet das Oberlandesgericht/Kammergericht, in dessen Bezirk das Grundbuchamt seinen Sitz hat (§ 72 GBO, § 119 Abs. 1 Nr. 1b GVG).

Nach § 63 Abs. 1 FamFG ist die Beschwerde binnen einer Frist von einem Monat einzulegen. Dies gilt nicht im Grundbuchverfahren; die Grundbuchbeschwerde nach § 71 GBO ist nicht befristet (*Demharter*, § 71 Rdn. 2).

Die Beschwerde muss die Bezeichnung des angefochtenen Beschlusses sowie die Erklärung enthalten, dass Beschwerde gegen diesen Beschluss eingelegt wird (§ 64 Abs. 2 S. 2 FamFG). Sie ist von dem Beschwerdeführer oder seinem Bevollmächtigten zu unterzeichnen (§ 64 Abs. 2 S. 3 FamFG). Nach § 65 Abs. 1 FamFG soll die Beschwerde begründet werden. Dazu kann das Gericht dem Beschwerdeführer eine Frist einräumen (§ 65 Abs. 2 FamFG). Lässt der Beschwerdeführer die Frist verstreichen, ohne eine Begründung bei Gericht einzureichen, führt dies aber nicht zur Unzulässigkeit der Beschwerde (*Netzer*, ZNotP 2009, 303, 306).

Erachtet das Grundbuchamt die Beschwerde für begründet, so hat es ihr abzuhelfen nach § 75 GBO (ebenso § 68 Abs. 1 FamFG). Andernfalls ist die Beschwerde unter Benachrichtigung der Beteiligten (OLG München, FGPrax 2008, 13) unverzüglich dem Beschwerdegericht vorzulegen. Unter Grundbuchamt i.S.v. § 75 GBO ist der Rechtspfleger zu verstehen; der Richter kann daher nicht abhelfen (BayObLG, Rpfleger 1999, 525; OLG Jena, Rpfleger 2000, 210). Eine Anfechtung der Nichtabhilfeentscheidung ist nicht zulässig und nicht gesondert zu verbescheiden (BayObLG, FGPrax 2003, 199).

Hat sich die angefochtene Entscheidung in der Hauptsache erledigt, kann das Beschwerdegericht nach § 62 FamFG auf Antrag aussprechen, dass die Entscheidung des Gerichts des ersten Rechtszugs den Beschwerdeführer in seinen Rechten verletzt hat, wenn schwerwiegende Grundrechtseingriffe vorliegen oder eine Wiederholung konkret zu erwarten ist. Die Anwendung des § 62 FamFG im Grundbuchverfahren ist mangels einer eigenständigen Regelung in der GBO nicht ausgeschlossen; hat der Notar eine Zwischenverfügung (§ 18 GBO) angefochten, mit der ihm aufgegeben wurde, Eintragungsvoraussetzungen durch Einreichung diverser Urkunden nachzuweisen und kommt er dem nach, so ist für ein Feststellungsgesuch dahin, dass seinem Antrag auch ohne Vorlage der geforderten Unterlagen stattzugeben gewesen wäre, bei Nichtvorliegen eines gravierenden Grundrechtseingriffs oder konkreter Wiederholungsgefahr, regelmäßig kein Raum (OLG Düsseldorf, NotBZ 2018, 387; Rpfleger 2010, 261).

Die Beschwerde hat im Grundbuchverfahren zunächst keine aufschiebende oder sonst den Buchverkehr beeinträchtigende Wirkung (vgl. § 76 Abs. 3 GBO).

Können sich aus der Tatsache, dass die Beschwerde keine aufschiebende Wirkung hat, für den Beschwerdeführer Nachteile ergeben, so ist das Beschwerdegericht zu einstweiligen Anordnungen gem. § 76 GBO ermächtigt.

Das Beschwerdegericht prüft die Entscheidung des Grundbuchamtes in tatsächlicher und rechtlicher Hinsicht nach. Allerdings ist es im Antragsverfahren an die sich aus dessen Rechtsnatur ergebenden Grenzen gebunden; § 26 FamFG gilt auch hier nicht.

Das Verbot der reformatio in peius gilt auch für das Beschwerdegericht (*Demharter*, § 75 Rdn. 12); da es sich jedoch nur am Entscheidungssatz, nicht an den Gründen orientiert, ist das Beschwerdegericht nicht gehindert, die Zurückweisung eines Antrages aus einem anderen, für den Beschwerdeführer ungünstigeren Grund zu bestätigen.

Hält das Beschwerdegericht die Beschwerde für begründet, so hat es bei Zurückweisung eines Antrages entweder dem Grundbuchamt den Erlass einer Zwischenverfügung aufzugeben oder die Eintragung anzuordnen.

Hebt das Beschwerdegericht (oder der Rechtspfleger im Abhilfeverfahren) eine Zurückweisung auf, so leben die alten Wirkungen des zurückgewiesenen Antrages wieder auf, d.h. der zurückgewiesene Antrag hat den Rang seines Einganges und die Wirkungen des § 878 BGB (*Demharter*, § 13 Rdn. 10). Dies gilt nicht, wenn die Beschwerde zulässigerweise (§ 74 GBO) auf neue Tatsachen gestützt worden ist; dann ist sie nämlich als neuer Antrag anzusehen, der erst im Zeitpunkt der Beschwerdeeinlegung als gestellt gilt und dann den Rang dieses Zeitpunktes erhält (BGH, NJW 1997, 2751).

Ist freilich in der Zwischenzeit ein Recht eingetragen worden, das nach Eingang der Anträge an sich Nachrang hätte, so muss es bei der von diesem Recht erworbenen Rangstellung sein Bewenden haben (RGZ 135, 385; BGHZ 45, 191 = NJW 1966, 1020). Das Beschwerdegericht kann weiter bei Beschwerde gegen eine Eintragung die Löschung anordnen, falls sich die Eintragung als inhaltlich unzulässig erweist (OLG Hamm, Rpfleger 1957, 117), oder das Grundbuchamt anweisen gem. § 71 Abs. 2 GBO zu verfahren.

Bei Anfechtung einer Zwischenverfügung kann diese aufgehoben werden. Eine Zurückweisung des Antrages ist dem Gericht verwehrt (BayObLGZ 1954, 235; *Demharter*, § 77 Rdn. 14). Ebenso wird es jedoch nicht auf Eintragung erkennen, sondern es wird – da sich sein Nachprüfungsrecht auf die in der angefochtenen Verfügung angesprochenen Eintragungshindernisse beschränkt – das Grundbuchamt anweisen, von den in der Zwischenverfügung erhobenen Bedenken abzusehen und unter Berücksichtigung der Auffassung des Beschwerdegerichts den Antragsteller neu zu verbescheiden (*Demharter*, § 77 Rdn. 24).

Bei Anfechtung einer sonstigen Entscheidung wird das Beschwerdegericht das Grundbuchamt zu einer bestimmten Handlungsweise anweisen (z. B. Grundbucheinsicht zu gewähren oder einen Brief zu erteilen oder zu ergänzen).

Gegen den Beschluss des OLG/KG ist die **Rechtsbeschwerde** statthaft, wenn sie das OLG/KG in dem Beschluss zugelassen hat (§ 78 Abs. 1 GBO). Die Rechtsbeschwerde ist zuzulassen, wenn die Rechtssache grundsätzliche Bedeutung hat oder die Fortbildung des Rechts oder die Sicherung einer einheitlichen Rechtsprechung eine Entscheidung des Rechtsbeschwerdegerichts erfordert (§ 78 Abs. 2 S. 1 GBO). Zuständig zur Entscheidung über die Rechtsbeschwerde ist der BGH (§ 133 GVG). Über die Zulassung hat das OLG/KG von Amts wegen zu entscheiden. Schweigt die Beschwerdeentscheidung zur Zulassung, ist die Rechtsbeschwerde nicht zugelassen. Die Nichtzulassung der Rechtsbeschwerde durch das OLG/KG kann nicht angefochten werden. An die Zulassung der Rechtsbeschwerde durch das OLG/KG ist der BGH gebunden (§ 78 Abs. 2 S. 2 GBO). Der BGH weist aber die vom OLG/KG zugelassene Rechtsbeschwerde durch einstimmigen Beschluss ohne mündliche Verhandlung oder Erörterung zurück, wenn er davon überzeugt ist, dass die Voraussetzungen für die Zulassung nicht vorliegen und die Rechtsbeschwerde keine Aussicht auf Erfolg hat (§ 78 Abs. 3 GBO, § 74a FamFG). Die Rechtsbeschwerde ist binnen einer Frist von einem Monat nach der schriftlichen Bekanntgabe des Beschlusses durch Einreichen einer Beschwerdeschrift beim BGH einzulegen (§ 78 Abs. 3 GBO, § 71 Abs. 1 S. 1 FamFG). Die Rechtsbeschwerde muss unterschrieben sein (§ 78 Abs. 3 GBO, § 71 Abs. 1 S. 3 FamFG), und zwar von einem beim BGH zugelassenen Rechtsanwalt (§ 10 Abs. 4 S. 1 FamFG). Von einem Notar kann eine Rechtsbeschwerde nicht eingelegt werden, und zwar auch dann nicht, wenn der Notar den Antrag nach § 15 Abs. 2 GBO gestellt hat (*Demharter*, § 78 Rdn. 17). Zu Niederschrift eines Gerichts kann die Rechtsbeschwerde nicht eingelegt werden. Möglich ist aber die Einlegung mittels Telefax. Auch als elektronisches Dokument kann die Rechtsbeschwerde eingelegt werden; dann muss das Dokument mit der qualifizierten elektronischen Signatur eines beim BGH zugelassenen Rechtsanwalts versehen sein. Wurde die Monatsfrist ohne Verschulden nicht eingehalten, kann auf Antrag Wiedereinsetzung in den vorherigen Stand gewährt werden (§ 17 Abs. 1 FamFG); im Falle einer unterbliebenen oder fehlerhaften Rechtsmittelbelehrung wird das Fehlen des Verschuldens vermutet (§ 17 Abs. 2 FamFG). Die Rechtsbeschwerde ist, sofern die Beschwerdeschrift keine Begründung enthält, binnen einer Frist von einem Monat zu begründen; die Frist beginnt mit der schriftlichen Bekanntgabe des angefochtenen Beschlusses (§ 78 Abs. 3 GBO, § 71 Abs. 2 FamFG). Sie kann nur darauf gestützt werden, dass die angefochtene Entscheidung auf einer Verletzung des Rechts beruht; dies ist der Fall, wenn eine Rechtsnorm nicht oder nicht richtig angewendet worden ist (§ 78 Abs. 3 GBO, § 72 Abs. 1 FamFG). Der Prüfung des BGH unterliegen nur die von den Beteiligten gestellten Anträge (§ 78 Abs. 3 GBO, § 74 Abs. 3 FamFG). Mit der Sachentscheidung ist allein der BGH befasst, weil eine Abhilfebefugnis des OLG/KG nicht besteht. Soweit die Rechtsbeschwerde begründet ist, ist der angefochtene Beschluss aufzuheben (§ 78 Abs. 3 GBO, § 74 Abs. 5 FamFG).

Nach § 75 FamFG findet gegen die im ersten Rechtszug erlassenen Beschlüsse, die ohne Zulassung der Beschwerde unterliegen, auf Antrag unter Umgehung der Beschwerdeinstanz unmittelbar die Rechtsbeschwerde (= Sprungrechtsbeschwerde) statt. Da die §§ 71–81 GBO die Rechtsmittel im Grundbuchverfahren abschließend regeln, findet in Grundbuchsachen keine Sprungrechtsbeschwerde nach § 75 FamFG statt (*Demharter*, § 78 Rdn. 13).

11. Kapitel:
Auslandsbezug im Grundbuchverfahren

§ 1
Die ausländische Urkunde im Grundbuchverfahren

I. Allgemeines

Auch im deutschen Grundbuchverfahren kommt es aufgrund der zunehmenden Internationalisierung zu einer immer häufigeren Verwendung von ausländischen Urkunden. Das Grundbuchgericht muss hierbei die Formwirksamkeit eigenständig prüfen, und zwar anhand des deutschen Grundbuchverfahrensrechts, also in erster Linie anhand des § 29 GBO. Das deutsche Grundbuchverfahrensrecht kann bisweilen strengere Formvorschriften aufstellen als die jeweilige ausländische Rechtsordnung. Es bleibt trotzdem das deutsche Verfahrensrecht zu beachten, weil es nicht allein um die Frage der Wirksamkeit des Rechtsgeschäfts geht sondern eben um die verfahrensrechtliche Verwendbarkeit. Art. 11 Abs. 1 EGBGB enthält zum Verfahrensrecht keine Regelung sondern schreibt lediglich die Ortsform hinsichtlich der materiellen Erklärung vor (KEHE/*Sieghörtner/Nicht* § 8 Einl. Rn. 359). 418

Bei ausländischen Urkunden handelt es sich um solche, die von einer ausländischen Urkundsperson (in der Regel ein Notar, aber nicht zwingend) oder Behörde ausgestellt worden sind. Keine ausländische Urkunde liegt vor, wenn sie vor einem Konsularbeamten (in der Botschaft oder im Konsulat) oder von einem Honorarkonsul erstellt wurde. Diese Urkunden sind inländischer Natur (KEHE/*Sieghörtner/Nicht* § 8 Einl. Rn. 360). Für diese Urkunde gilt wie für alle anderen inländischen Urkunden ohne Weiteres die Richtigkeitsvermutung des § 437 Abs. 1 ZPO.

II. Grundsatz der Legalisation

Eine solche Richtigkeitsvermutung gibt es für ausländische Urkunden nicht. Vielmehr hat das Zivilgericht die Echtheit nach Umständen des Falles zu ermessen, § 438 Abs. 1 ZPO. Die genannte Vorschrift des Zivilprozessrechts hilft im strengeren Grundbuchverfahrensrecht nicht weiter. Es sind für die Richtigkeitsvermutung hohe Maßstäbe anzulegen, um der Funktion des Grundbuchs gerecht zu werden. Gleichzeitig muss für Beteiligten nachvollziehbar sein, warum eine Urkunde gegebenenfalls keine Verwendung finden kann. 419

Durch die Legalisation wird die ausländische Urkunde ihrem Inhalt nach nicht verändert.

Der Zweck der Legalisation ergibt sich aus dem Gesetz, § 13 Abs. 2 Konsulargesetz:

*„Die Legalisation bestätigt die Echtheit der Unterschrift, die Eigenschaft, in welcher der Unterzeichner der Urkunde gehandelt hat, und gegebenenfalls die Echtheit des Siegels, mit dem die Urkunde versehen ist (**Legalisation im engeren Sinn**).“*

Die Konsularbeamten des Amtsbezirks, in dem die Urkunde ausgestellt wurde, sind zur Legalisation befugt, § 13 Abs. 1 Konsulargesetz. Die Legalisation erfolgt durch entsprechenden Vermerk, welcher wiederum mit Unterschrift und Dienstsiegel abzuschließen ist, § 13 Abs. 3 Konsulargesetz; dieser Vermerk ist nach den vorgenannten Grundsätzen öffentliche, inländische Urkunde.

420 Die sog. **Legalisation im weiteren Sinn** nach § 13 Abs. 4 Konsulargesetz geht inhaltlich weit über die Legalisation im engeren Sinn hinaus, denn es wird ferner bestätigt, dass der Aussteller für die Aufnahme der Urkunde zuständig war und die entsprechende Ortsform des Ausstellungsstaats gewahrt worden ist. Die Legalisation im weiteren Sinne hat bereits die Qualität eines Rechtsgutachtens (KEHE/*Sieghörtner/Nicht* § 8 Einl. Rn. 364). Ihr kommt in der Rechtspraxis bisher keinerlei Bedeutung zu. Nur wenn das Grundbuchgericht erhebliche Anhaltspunkte dafür hat, dass die Urkunde formfehlerhaft oder kompetenzwidrig ist, kommt die Legalisation im weiteren Sinn in Betracht; dies scheint jedoch nahezu ausgeschlossen. Hinzu kommt der anerkannte Erfahrungssatz, der auch und gerade im internationalen Rechtsverkehr gilt, dass ausländische Urkunden nicht fehlerhaft und kompetenzwidrig aufgenommen werden.

421 Das Grundbuchgericht kann kaum auf eine Legalisation verzichten, sofern nicht weitere Erleichterungen bestehen (siehe hierzu nachfolgend die Ausführungen zu Apostillierung und zwischenstaatlichen Verträgen). Der Echtheitsnachweis ist nur erbracht, wenn das dafür vorgeschriebene Verfahren eingehalten wurde, es darf also auch nicht auf eine Bescheinigung der anderen Behörde des Ausstellungsstaats vertrauen (vgl. auch: *Hügel/Zeiser* Sonderkapitel Internationale Bezüge Rn. 120 (Absehen lediglich im Einzelfall unter Berücksichtigung besonderer Umstände denkbar); a.A.: BayObLG Rpfleger 1993, 192 und KEHE/*Sieghörtner/Nicht*, § 8 Einl. Rn. 365). Streng genommen liegt nämlich auch für diese weitere, ausländische Urkunde, die die Echtheit der eigentlichen ausländischen Urkunde bestätigen soll, kein Echtheitsnachweis vor. Das Grundbuchgericht wird daher unter Berücksichtigung der Grundsätze des deutschen Grundbuchverfahrensrechts stets den geeigneten Nachweis verlangen müssen, auch wenn die Urkunde allem Anschein nach echt scheint. Ein Ermessen steht dem Grundbuchgericht nur sehr eingeschränkt zu.

III. Apostillierung
(der praktische Regelfall bei weit über 100 Vertragsstaaten)

Das Verfahren der Legalisation ist mitunter mühsam. Es ist zu beachten, dass der Verwendungsstaat (also Deutschland) die Prüfung der Echtheit der ausländischen Urkunde des Errichtungsstaats übernimmt, ein aufwändiges Prüfverfahren wird dem vorausgehen müssen. Um die Effizienz und damit letztlich auch die Verwendbarkeit sowie Akzeptanz ausländischer Urkunden im jeweiligen Verwendungsstaat zu erhöhen, wird nach den Grundsätzen des Haager Übereinkommens (Vertrag vom 5. Oktober 1961, dem nach und nach weitere Länder beigetreten sind; Übersicht u. a. bei *Hügel/Zeiser* Sonderkapitel Internationale Bezüge Rn. 145.1 (sog. Länderliste) und *Meikel/Hertel* Einl G Rn. 350) ein anderer Weg beschritten. Es soll hierbei durch die sog. Apostille, die nach einem bestimmten Muster (einem stets gleich aussehenden und inhaltliche identischen Stempel) erteilt wird, durch den jeweiligen Ausstellungsstaat die Echtheit der erstellten Urkunde bescheinigt werden. Das Muster sieht folgendermaßen aus:

422

423

	APOSTILLE[1] (Convention de La Haye du 5 octobre 1961)
	1. Land: Country / Pays:
	Diese öffentliche Urkunde This public document / Le présent acte public
	2. ist unterschrieben von has been signed by a été signé par
	3. in seiner/ihrer Eigenschaft als acting in the capacity of agissant en qualité de
	4. sie ist versehen mit dem Siegel / Stempel des (der) bears the seal / stamp of est revêtu du sceau / timbre de
	Bestätigt Certified / Attesté
5. in at / à	**6. am** the / le
7. durch by / par	
8. unter Nr. N° sous n°	
9. Siegel/Stempel: Seal / stamp: Sceau / timbre :	**10. Unterschrift:** Signature: Signature:

---

1 Entnommen der https://www.hcch.net/de/instruments/conventions/specialised-sections/apostille (Stand: 15.04.2019).

Diese Apostille bestätigt nur die Echtheit der Unterschrift und die Eigenschaft, in welcher der Unterzeichner der öffentlichen Urkunde gehandelt hat, und gegebenenfalls die Echtheit des Siegels oder Stempels, mit dem die öffentliche Urkunde versehen ist.

Diese Apostille bestätigt nicht den Inhalt der öffentlichen Urkunde, auf die sie sich bezieht.

[Diese Apostille ist nicht anzuwenden im gesamten Staatsgebiet von [geben Sie den Namen des Staates an, in dem die öffentliche Urkunde errichtet wurde und, soweit möglich und einschlägig, die Teile des Staatsgebiets, auf welche sich die Gültigkeit des Übereinkommens erstreckt].

Übereinkommen zur Befreiung ausländischer öffentlicher Urkunden von der Legalisation v. 05.10.1961 (auszugsweise)

Artikel 1

(1) Dieses Übereinkommen ist auf öffentliche Urkunden anzuwenden, die in dem Hoheitsgebiet eines Vertragsstaates errichtet worden sind und die in dem Hoheitsgebiet eines anderen Vertragsstaates vorgelegt werden sollen.

(2) Als öffentliche Urkunden im Sinne dieses Übereinkommens werden angesehen:
 a) Urkunden eines staatlichen Gerichts oder einer Amtsperson als Organ der Rechtspflege, einschließlich der Urkunden, die von der Staatsanwaltschaft oder einem Vertreter des öffentlichen Interesses, von einem Urkundsbeamten der Geschäftsstelle oder von einem Gerichtsvollzieher ausgestellt sind;
 b) Urkunden der Verwaltungsbehörden;
 c) notarielle Urkunden;
 d) amtliche Bescheinigungen, die auf Privaturkunden angebracht sind, wie z. B. Vermerke über die Registrierung, Sichtvermerke zur Feststellung eines bestimmten Zeitpunktes und Beglaubigungen von Unterschriften.

(3) Dieses Übereinkommen ist jedoch nicht anzuwenden
 a) auf Urkunden, die von diplomatischen oder konsularischen Vertretern errichtet sind;
 b) auf Urkunden der Verwaltungsbehörden, die sich unmittelbar auf den Handelsverkehr oder auf das Zollverfahren beziehen.

Artikel 2

Jeder Vertragsstaat befreit die Urkunden, auf die dieses Übereinkommen anzuwenden ist und die in seinem Hoheitsgebiet vorgelegt werden sollen, von der Legalisation. Unter Legalisation im Sinne dieses Übereinkommens ist nur die Förmlichkeit zu verstehen, durch welche die diplomatischen oder konsularischen Vertreter des Landes, in dessen Hoheitsgebiet die Urkunde vorgelegt werden soll, die Echtheit der Unterschrift, die Eigenschaft, in welcher der Unterzeichner der Urkunde gehandelt hat, und gegebenenfalls die Echtheit des Siegels oder Stempels, mit dem die Urkunde versehen ist, bestätigen.

Artikel 3

(1) Zur Bestätigung der Echtheit der Unterschrift, der Eigenschaft, in welcher der Unterzeichner der Urkunde gehandelt hat, und gegebenenfalls der Echtheit des Siegels oder Stempels, mit dem die Urkunde versehen ist, darf als Förmlichkeit nur verlangt werden, daß die in Artikel 4 vorgesehene Apostille angebracht wird, welche die zuständige Behörde des Staates ausstellt, in dem die Urkunde errichtet worden ist.

(2) Die in Absatz 1 erwähnte Förmlichkeit darf jedoch nicht verlangt werden, wenn Gesetze oder andere Rechtsvorschriften des Staates, in dem die Urkunde vorgelegt wird, oder

dort bestehende Gebräuche oder wenn Vereinbarungen zwischen zwei oder mehreren Vertragsstaaten sie entbehrlich machen, sie vereinfachen oder die Urkunde vorn der Legalisation befreien.

Artikel 4

(1) Die in Artikel 3 Absatz 1 vorgesehene Apostille wird auf der Urkunde selbst oder auf einem mit ihr verbundenen Blatt angebracht; sie muß dem Muster entsprechen, das diesem Übereinkommen als Anlage beigefügt ist.
(2) Die Apostille kann jedoch in der Amtssprache der Behörde, die sie ausstellt, abgefaßt werden. Die gedruckten Teile des Musters können auch in einer zweiten Sprache wiedergegeben werden. Die Überschrift „Apostille (Convention de La Haye du 5 octobre 1961)" muß in französischer Sprache abgefaßt sein.

Artikel 5

(1) Die Apostille wird auf Antrag des Unterzeichners oder eines Inhabers der Urkunde ausgestellt.
(2) Ist die Apostille ordnungsgemäß ausgefüllt, so wird durch sie die Echtheit der Unterschrift, die Eigenschaft, in welcher der Unterzeichner der Urkunde gehandelt hat, und gegebenenfalls die Echtheit des Siegels oder Stempels, mit dem die Urkunde versehen ist, nachgewiesen.
(3) Die Unterschrift und das Siegel oder der Stempel auf der Apostille bedürfen keiner Bestätigung.

Artikel 6

(1) Jeder Vertragsstaat bestimmt die Behörden, die zuständig sind, die Apostille nach Artikel 3 Absatz 1 auszustellen.

(2) Er notifiziert diese Bestimmung dem Ministerium für auswärtige Angelegenheiten der Niederlande bei der Hinterlegung der Ratifikations- oder der Beitrittsurkunde oder bei der Erklärung über die Ausdehnung des Übereinkommens. Er notifiziert ihm auch jede Änderung, die in der Bestimmung dieser Behörden eintritt.

[...]

425 Nach Art. 1 Abs. 2 werden insbesondere Urkunden von den Gerichten, Verwaltungsbehörden und Notaren vom Anwendungsbereich des Übereinkommens erfasst. Art. 5 Abs. 3 ordnet an, dass ein weiterer Echtheitsnachweis für die Apostille entbehrlich ist. Das ist konsequent und richtig, weil sonst eine endlose Kette an Echtheitsnachweisen die Konsequenz wäre, was es selbstverständlich zu verhindern gilt.

Weitere Konsequenz der Apostillierung zur Vereinfachung des internationalen Rechtsverkehrs ist, dass eine zusätzliche Legalisation nicht mehr erfolgt, vgl. Art. 2 des Übereinkommens. Dieser Gedanke kommt ferner in § 13 Abs. 5 Konsulargesetz zum Ausdruck, wonach Urkunden, die von der Legalisation befreit sind, nicht mehr legalisiert werden. Das Haager Übereinkommen dient also im Endergebnis dazu, vom Erfordernis der Legalisation zu befreien. Durch die Apostille kann der Beweis der Echtheit der Urkunde im Sinne des § 438 Abs. 2 ZPO erbracht werden (KEHE/*Sieghörtner/Nicht* § 8 Einl. Rn. 377). Das Grundbuchgericht wird daher stets eine Apostille verlangen können (einschränkend

OLG Dresden DNotZ 2011, 51, wonach aufgrund besonderer Umstände des Einzelfalls nach dem Ermessen des Grundbuchgerichts auf die Legalisation oder Apostille verzichtet werden könne)

Eine Übersicht über die Vertragsstaaten kann den jeweiligen Kommentaren zum Grundbuchverfahrensrecht entnommen werden (*Meikel/Hertel* Einl G Rn. 350; *Hügel/Zeiser* Sonderkapitel Internationale Bezüge Rn. 145.1, der zutreffend darauf hinweist, dass sich die aufgezeigte Rechtslage zwischenzeitlich ändern kann). Entsprechende sorgfältige Prüfung ist insbesondere bei den Staaten geboten, deren Urkunden nicht in regelmäßiger Verwendung beim Grundbuchgericht sind (KEHE/*Sieghörtner/Nicht* § 8 Einl. Rn. 378, wonach die Rechtslage nicht selten unklar sei).

IV. EU-Apostillenverordnung

Zu beachten ist ferner die sog. EU-Apostillen-Verordnung, die am 16.02.2019 in Kraft getreten ist. Danach sind bestimmte Urkunden zukünftig von jeglicher Förmlichkeit ausgenommen, Art. 4. Art. 2 EU-Apostillen-Verordnung gibt Auskunft darüber, welche Urkunden unter den Anwendungsbereich fallen, im Wesentlichen gehören hierzu Sachverhalte aus dem Personenstandsrecht (einen ersten Überblick aus standesamtlicher Sicht gibt *Schlauß*, StAZ 2019, 10, 11). **426**

Übersetzungen dürfen zukünftig nicht mehr verlangt werden, sofern anhand der mehrsprachigen Formulare der Inhalt der Urkunde erschlossen werden kann, Art. 6 Abs. 1, Art. 7 Abs. 1 EU-Apostillen-Verordnung. Dadurch kann im Rechtsverkehr eine gewisse Erleichterung erzielt werden.

V. Staatsverträge

Das Grundbuchgericht muss prüfen, ob Legalisation oder Apostille nicht durch einen Staatsvertrag entbehrlich werden. Dabei ist eine exakte Prüfung erforderlich, welche Urkunden genau von der Apostillierung befreit sind. Gleichwohl sollen in diesem Lehrbuch an dieser Stelle nicht alle Verträge näher vorgestellt werden, eine Auswahl muss genügen. Es ist jedoch wichtig, die praktische Konsequenz der existierenden Staatsverträge aufzuzeigen. **427**

Das deutsch-französische Abkommen (BGBl. II 1974, 1075, BGBl. II 1975, 353) hat einen hohen praktischen Stellenwert erreicht. Das kommt dadurch, dass Urkunden der Verwaltungsbehörden, der Gerichte und Notare von jeder weiteren Förmlichkeit befreit sind. Für diese Urkunden kann eine weitere Förmlichkeit nicht verlangt werden, sie sind ohne weiteren Echtheitsnachweis zu akzeptieren. Die unterschriftsbeglaubigte Urkunde eines französischen Notars ist daher ebenso ohne weiteren Nachweis im Grundbuchverfahren zu akzeptieren. **428**

429 Das deutsch-dänische Abkommen (RGBl. II 1936, 213; BGBl. II. 1953, 186) ist bereits erheblich diffiziler, alle Urkunden wie im Verhältnis zu Frankreich sind nicht anzuerkennen (in manchen Fällen bedarf es einer sog. Zwischenbeglaubigung: KEHE/*Sieghörtner*/*Nicht* § 8 Einl. Rn. 368). Von weiteren Förmlichkeiten befreit sind aber insbesondere gerichtliche und notarielle Urkunden, sodass bei einer Unterschriftsbeglaubigung durch einen dänischen Notar eine separater Echtheitsnachweis nicht erforderlich ist, sofern die Urkunde vom dänischen Notar ordnungsgemäß gesiegelt und unterschrieben ist.

430 Weitere Befreiungen von den Förmlichkeiten sehen der deutsch-italienische Vertrag (BGBl. II 1974, 1069; BGBl. II 1975, 660, 931) sowie der deutsch-österreichische Beglaubigungsvertrag (RGBl. II 1924, 61; BGBl. II 1952, 436) vor. Urkunden der Verwaltungsbehörden und notarielle Urkunden – wozu auch die Unterschriftsbeglaubigung gehört –, sind von der Legalisation befreit.

431 Besondere Erwähnung muss noch der deutsch-schweizerische Vertrag (RGBl. 1907, Nr. 33 v. 23.07.1907, 411) finden. Hierbei sind **gerichtliche Urkunden von weiteren Echtheitsnachweisen befreit**. Umfasst von der Befreiung sind aber nicht die notariellen Urkunden. Bei notariellen Unterschriftsbeglaubigungen aus der Schweiz ist daher eine Apostille zu verlangen (die Schweiz ist Vertragsstaat nach dem Haager Übereinkommen).

§ 2
Die ausländische Urkunde in fremder Sprache – Erfordernis der Übersetzung

Bei fremdsprachigen Urkunden zum Nachweis über sonstige Tatsachen oder Urkunden, die keine unmittelbare Eintragungsbewilligung enthalten, stellt sich die Frage, ob diese im Grundbuchverfahren akzeptiert werden können. Urkunden in nicht deutscher Sprache bedürfen dann nicht der Übersetzung, wenn der Grundbuchrechtspfleger die fremde Sprache versteht. Je komplizierter jedoch der Text ist, desto eher wird das Grundbuchgericht eine Übersetzung der Urkunde erfordern. Jedenfalls kann das Grundbuchgericht nicht pauschal Übersetzungen verlangen (KEHE/*Sieghörtner*/Nicht § 8 Einl. Rn. 437).

432

Das Grundbuchgericht hat die Übersetzung nach pflichtgemäßem Ermessen zu erfordern, es kann jedoch die Übersetzung eines in Deutschland von der Landesjustizverwaltung beeideten Dolmetschers verlangen, der die Richtigkeit und Vollständigkeit der Übersetzung bescheinigt (einschränkend OLG Dresden DNotZ 2011, 51).

In der grundbuchlichen Praxis kann damit auch eine Übersetzung bei Beglaubigungsvermerken verlangt werden, wenn das Gericht die Sprache nicht oder nur rudimentär versteht (eindeutig: KG DNotZ 2011, 909 (Beglaubigungsvermerk in italienischer Sprache); vgl. auch KG FGPrax 2013, 10 (mit Anm. *Heinemann*) = Rpfleger 2013, 196 (mit Anm. *Demharter*). Der maßgebliche Text muss vollständig verstanden werden.

Der vereidigte Dolmetscher ist keine Urkundsperson im Sinne des § 415 ZPO, die Unterschrift unter der maßgeblichen Übersetzung ist daher öffentlich zu beglaubigen, § 29 Abs. 1 S. 2 GBO (seit nunmehr zirka einhundert Jahren ständige Rechtsprechung des KG JFG 7, 242, 249; KG DNotZ 2011, 909; KG FGPrax 2013, 10, 11).

Ob allerdings die Übersetzung mit der fremdsprachigen Urkunde tatsächlich beweissicher verbunden werden muss (so KG FGPrax 2013, 10, 11 mit ablehnender Anm. *Heinemann*, FGPrax 2013, 11, 12), muss bezweifelt werden, weil es an einer entsprechenden Vorschrift mangelt. § 44 BeurkG gilt jedenfalls für den Dolmetscher nicht, eine entsprechende gesetzliche Grundlage existiert nicht (*Demharter*, Rpfleger 2013, 197, 198: Anm. zur Entscheidung des KG Rpfleger 2013, 196). So hat das Kammergericht bereits auch in anderem Sachzusammenhang entschieden, dass es bei einem behördlichen Ersuchen nicht in jedem Fall der beweissicheren Verbindung bedarf, sofern der Sachzusammenhang anderweitig ersichtlich ist (KG BeckRS 2018, 2788 Rn. 12). Begründung hierfür ist, dass § 44 S. 1 BeurkG keine entsprechende Anwendung finde. Nach hier vertretener Auffassung ist es nicht zwingend erforderlich, dass die übersetzte Urkunde im Original mit der Übersetzung verbunden wird. Es ist ausreichend wenn eine Abschrift der fremdsprachigen, übersetzten Urkunde mit der Übersetzung zu-

433

sammen mit der Unterschrift des Dolmetschers nebst Unterschriftsbeglaubigung verbunden wird. So ist sichergestellt, dass der Dolmetscher für die Richtigkeit und Vollständigkeit der Übersetzung eintritt, vgl. den Rechtsgedanken des § 142 Abs. 3 ZPO (richtig daher: *Demharter*, Rpfleger 2013, 197, 198).

434 Hinsichtlich der Bewilligung sind strengere Anforderungen zu stellen, sie muss, da sie unter Berücksichtigung von § 874 BGB, § 44 Abs. 2 GBO, am öffentlichen Glauben des Grundbuchs teilnimmt, in deutscher Sprache vorliegen. Die Bewilligung muss in deutscher Sprache abgefasst sein (h.M.: KEHE/*Sieghörtner*/Nicht § 8 Einl. Rn. 436; *Demharter* § 1 Rn. 48; OLG Zweibrücken Rpfleger 1999, 326). Es genügt, wenn die fremdsprachige Urkunde unter Berücksichtigung der vorgenannten Grundsätze übersetzt worden ist. Allerdings muss in diesem Fall immer eine Übersetzung verlangt werden, da die Urkunde Teil des Grundbuchs ist und am öffentlichen Glauben teilnimmt. Auch vor einem Notar kann eine Urkunde in fremder Sprache errichtet werden, sofern der Notar dieser Sprache mächtig ist, § 50 Abs. 1 BeurkG. Die vom Notar übersetzte Urkunde kann daher auch im Grundbuchverfahren Verwendung finden.

Die (notarielle) Praxis verfährt hinsichtlich der ausschließlich abgefassten fremdsprachigen Bewilligungen oder sonstiger Erklärungen zumeist anders. Die Urkunden werden zweisprachig verfasst mit Hinweis, dass der deutsche Text maßgeblich ist und der fremdsprachliche Text lediglich zu Informationszwecken dient. Es muss aber zwingend auch § 16 Abs. 2 BeurkG beachtet werden, eine Übersetzung in die fremde Sprache ist dann unumgänglich. Sofern der Notar der fremden Sprache nicht hinreichend mächtig ist, muss er sich nach § 16 Abs. 3 BeurkG der Hilfe eines Dolmetschers bedienen.

Beurkundet der Notar in deutscher Sprache und ist ein Beteiligter der deutschen Sprache (oder der Beurkundungssprache, die eben auch eine andere als die deutsche sein kann) nach seinen Angaben oder (alternativ) der Überzeugung des Notars nicht hinreichend kundig, so soll Entsprechendes in der Niederschrift festgestellt werden, § 16 Abs. 1 BeurkG. In einem solchen Falle ist die Niederschrift anstelle des Vorlesens zu übersetzen, § 16 Abs. 2 S. 1 BeurkG. Die Übersetzung kann vom Notar vorgenommen werden; wenn der Notar nicht selbst übersetzt, muss er sich der Hilfe eines Dolmetschers bedienen, § 16 Abs. 3 S. 1 BeurkG. Der Dolmetscher soll die Urkunde am Ende ebenso unterschreiben, § 16 Abs. 3 S. 5 BeurkG. Die vergessene Unterschrift des Dolmetschers bleibt rechtsfolgenlos, es handelt sich lediglich um eine Sollvorschrift und damit nicht um eine Wirksamkeitsvoraussetzung der Beurkundung.

Der Beteiligte kann eine schriftliche Übersetzung verlangen, § 16 Abs. 2 S. 2 BeurkG. In der Praxis wird hierauf häufig verzichtet. In der Praxis kommt es ferner häufiger vor, dass – sofern die Sprachkompetenz noch als hinreichend beurteilt wird – also § 16 Abs. 1 BeurkG nicht einschlägig ist, in deutscher Sprache beurkundet wird, die Urkunde trotzdem zweisprachig verfasst wird mit dem Hinweis, dass der deutsche Text maßgeblich ist und der fremdsprachige Text lediglich zu Informationszwecken dient. Dieses Verfahren ist zulässig.

Dressler-Berlin

§ 3
Ausländischer Güterstand im Grundbuchverfahren

Dass ausländische Ehegatten in Deutschland belegenes Grundvermögen 435
erwerben, ist heutzutage keine Seltenheit mehr. Besonders interessant ist die
Frage, wenn die Ehegatten in einer Gemeinschaftsform aufgrund des ausländischen Ehegüterrechts erwerben wollen.

I. Die EuGüVO

1. Allgemeines

Die EuGüVO (VO (EU) 2016/1103) gilt für Ehen, die ab dem 29.01.2019 ge- 436
schlossen wurden und ist damit aktuell. Zu Recht konstatiert *Weber* (DNotZ
2016, 659, 663; ähnlich *Erbarth*, NZFam 2018, 249, 250) jedoch, dass die Regelung nach Art. 14, 15 EGBGB a. F. noch Jahrzehnte zur praktischen Anwendung kommen werden. Nicht in allen EU-Ländern gilt die Verordnung.
Die Verordnung ist lediglich in den Ländern anwendbar, die an der durch Beschluss (EU) 2016/954 begründeten Verstärkten Zusammenarbeit im Bereich
der Zuständigkeit, des anzuwendenden Rechts und der Anerkennung und
Vollstreckung von Entscheidungen in Fragen der Güterstände internationaler
Paare (eheliche Güterstände und Güterstände eingetragener Partnerschaften)
teilnehmen, Art. 70 Abs. 2 EuGüVO.

Das sind die folgenden Länder (vgl. die Darstellung bei *Erbarth*, NZFam
2018, 249, 250): Belgien, Bulgarien, Deutschland, Finnland, Frankreich, Griechenland, Italien, Kroatien, Luxemburg, Malta, die Niederlande, Österreich,
Portugal, Schweden, Slowenien, Spanien, die Tschechische Republik und Zypern.

Das heißt aber nicht, dass sich das anzuwendende Recht aus Sicht der teilnehmenden Staaten – eben auch Deutschland – danach beurteilt, ob es sich
um das Recht eines Mitgliedstaates oder eines Drittstaates handelt (*Weber*,
DNotZ, 2016, 659, 662; *Martiny*, ZfPW 2017, 1, 13). Danach ist die Rechtslage in
dem teilnehmenden Staat – also auch in Deutschland – zunächst stets nach der
EuGüVO zu ermitteln, auch wenn dann gegebenenfalls das Recht eines (EU-)
Staates maßgeblich ist, in dem die EuGüVO nicht gilt oder der gar nicht Mitglied der EU ist.

2. Rechtswahl

437 Auch nach dem EuGüVO ist eine Rechtswahl weiterhin möglich. Jedoch kann nach dem Inkrafttreten der EuGüVO auch für davor geschlossene Ehen keine Rechtswahl mehr nach Art. 15 Abs. 2 EGBGB a. F. (insbesondere Nr. 3, Rechtswahl beschränkt auf einzelne Immobilien) erfolgen. Maßgeblich ist ausschließlich das Recht der EuGüVO, auch für vor dem 29.01.2019 geschlossene Ehen kommt eine Rechtswahl lediglich noch nach der EuGüVO in Betracht (*Weber*, DNotZ 2016, 659, 663; *Erbarth*, NZFam 2018, 249, 250).

Artikel 22 EuGüVO: Rechtswahl
(1) Die Ehegatten oder künftigen Ehegatten können das auf ihren ehelichen Güterstand anzuwendende Recht durch Vereinbarung bestimmen oder ändern, sofern es sich dabei um das Recht eines der folgenden Staaten handelt:
a) das Recht des Staates, in dem die Ehegatten oder künftigen Ehegatten oder einer von ihnen zum Zeitpunkt der Rechtswahl ihren/seinen gewöhnlichen Aufenthalt haben/hat, oder
b) das Recht eines Staates, dessen Staatsangehörigkeit einer der Ehegatten oder künftigen Ehegatten zum Zeitpunkt der Rechtswahl besitzt.
(2) Sofern die Ehegatten nichts anderes vereinbaren, gilt eine während der Ehe vorgenommene Änderung des auf den ehelichen Güterstand anzuwendenden Rechts nur für die Zukunft.
(3) Eine rückwirkende Änderung des anzuwendenden Rechts nach Absatz 2 darf die Ansprüche Dritter, die sich aus diesem Recht ableiten, nicht beeinträchtigen.

Auch die EuGüVO sieht Rechtswahlmöglichkeiten vor. Nach Art. 22 Abs. 1 a) oder b) kommt das Recht des Staates des gewöhnlichen Aufenthaltes eines Ehegatten oder das Recht des Staates der Staatsangehörigkeit in Betracht. Maßgeblich ist das vorstehende Kriterium zum Zeitpunkt der Rechtswahl und nicht etwa zum Zeitpunkt der Eheschließung (Richtig, wenngleich dieses Ergebnis aus dem klaren Wortlaut der Vorschrift folgt: *Martiny*, ZfPW 2017, 1, 15). Die inhaltlichen Anforderungen an den gewöhnlichen Aufenthalt sind im Einzelnen unklar, es kommt aber auf den Daseinsmittelpunkt – also den tatsächlichen Lebensmittelpunkt – an; es darf sich nicht nur um eine vorübergehende Anwesenheit handeln, die bloße körperliche Anwesenheit reicht hierfür ebenso nicht aus (MünchKommFamFG/*Mayer* EheGÜVO Art. 6 Rn. 12 ff., *Martiny*, ZfPW 2017, 1, 16; *Weber*, DNotZ 2016, 659, 670; vgl. aus jüngerer Vergangenheit die Entscheidung des OLG Düsseldorf ErbR 2018, 590 = FGPrax 2018, 277, 278 m.w.N.: „Der gewöhnliche Aufenthalt wird definiert als der Ort, an dem der Schwerpunkt aller sozialen, kulturellen und wirtschaftlichen Beziehungen einer Person, also ihr Daseinsmittelpunkt, liegt.") Der Lebensmittelpunkt bestimmt sich wiederum nach der Dauer und Regelmäßigkeit des Aufenthalts sowie der sozialen Integration. Um den gewöhnlichen Aufenthalt abschließend festzustellen, bedarf es daher tatsächlicher Ermittlungen. Letztlich sind hierbei sämtliche Einzelfallumstände zu berücksichtigen (vollkommen richtig: MünchKommFamFG/*Mayer* EheGÜVO Art. 6 Rn. 12 a. E. und *Dutta*, IPRax

2017, 139, 145; vgl aber auch die lesenswerten Ausführungen von *Eberl-Borges*, ErbR 2018, 593, 594). Eine Definition des gewöhnlichen Aufenthalts ist nur schwerlich möglich (*Dutta*, IPRax 2017, 139, 145 m.w.N.). Im Grundbuchverfahren ist der gewöhnliche Aufenthalt nicht abschließend zu ermitteln, das Gericht wird – sofern das Gesetz auf diese Frage ankommt –, auf die Angaben der Beteiligten angewiesen bleiben.

Hinsichtlich der Rechtswahl des Staates des gewöhnlichen Aufenthalts muss kein gemeinsamer gewöhnlicher Aufenthalt existieren. Entsprechendes gilt für die Rechtswahl des Staates der Staatsangehörigkeit eines Ehegatten. Eine gemeinsame Staatsangehörigkeit ist nicht erforderlich. Wie Personen mit mehreren Staatsangehörigkeiten zu behandeln sind, entscheidet das jeweilige, nationale Recht (*Martiny*, ZfPW 2017, 1, 16, 17 mit zutreffendem Hinweis auf Erwägungsgrund Nr. 50). Fraglich ist die Rechtswahlmöglichkeit, wenn ein Ehegatte eine Nicht-EU-Staatsangehörigkeit besitzt, es ist noch nicht abschließend geklärt, ob auch das Recht dieses Nicht-EU-Staates gewählt werden kann. Dafür sprechen die größtmögliche Rechtswahlfreiheit und die einheitliche Lösung hinsichtlich aller Staatsangehörigen ob EU-Staat oder Nicht-EU-Staat (*Martiny*, ZfPW 2017, 1, 17).

Die Flexibilität bei der Rechtswahlentscheidung ist groß, die Rechtswahl kann vor, bei oder nach der Eheschließung erfolgen, sie kann wieder geändert oder aufgehoben werden (*Martiny*, ZfPW 2017, 1, 18). Die Rechtswahländerung hat grundsätzlich ex-nunc-Wirkung, Art. 22 Abs. 2 EuGüVO; es kann jedoch anderes vereinbart werden. Die rückwirkende Änderungsmöglichkeit ist nicht unproblematisch. Sie soll nach Art. 22 Abs. 3 EuGüVO nur dann möglich sein, wenn Rechte Dritter nicht berührt werden, die Abgrenzung erscheint jedoch schwierig (*Martiny*, ZfPW 2017, 1, 18 kritisiert daher zu Recht, dass überhaupt eine rückwirkende (ex-tunc) Möglichkeit für die Rechtswahl zulässig ist). Rückwirkend könnte es bei verändertem Güterstand zu einer Grundbuchunrichtigkeit kommen, entscheidend hierfür sind die Konsequenzen der veränderten Rechtswahl, die nach dem Güterstatut zu beantworten sind.

Nach Art. 23 Abs. 1 EuGüVO genügt grundsätzlich die Schriftform. Es sind unter Umständen strengere Vorschriften des jeweiligen nationalen Rechts zu beachten, sofern dieses eine strengere Form vorsieht. Voraussetzung ist der gemeinsame gewöhnliche Aufenthalt in diesem Staat, vgl. Art. 23 Abs. 2 EuGüVO. In Deutschland ist bei einer Rechtswahl mit gewöhnlichem Aufenthalt in Deutschland die besondere Form des § 1410 BGB zu beachten (*Martiny*, ZfPW 2017, 1, 18).

3. Die gesetzliche Regelung – keine Rechtswahl

Sofern **keine** Rechtswahl (dazu vorherige Rn.) zur Anwendung kommt, ist Art. 26 Abs. 1 EuGüVO zu beachten.

438

Artikel 26 EuGüVO: Mangels Rechtswahl der Parteien anzuwendendes Recht
(1) Mangels einer Rechtswahlvereinbarung nach Artikel 22 unterliegt der eheliche Güterstand dem Recht des Staates,
  a) in dem die Ehegatten nach der Eheschließung ihren ersten gemeinsamen gewöhnlichen Aufenthalt haben, oder anderenfalls
  b) dessen Staatsangehörigkeit beide Ehegatten zum Zeitpunkt der Eheschließung besitzen,
oder anderenfalls
  c) mit dem die Ehegatten unter Berücksichtigung aller Umstände zum Zeitpunkt der Eheschließung gemeinsam am engsten verbunden sind.
(2) Besitzen die Ehegatten zum Zeitpunkt der Eheschließung mehr als eine gemeinsame Staatsangehörigkeit, findet nur Absatz 1 Buchstaben a und c Anwendung.
(3) Ausnahmsweise kann das Gericht, das für Fragen des ehelichen Güterstands zuständig ist, auf Antrag eines der Ehegatten entscheiden, dass das Recht eines anderen Staates als des Staates, dessen Recht nach Absatz 1 Buchstabe a anzuwenden ist, für den ehelichen Güterstand gilt, sofern der Antragsteller nachweist, dass
  a) die Ehegatten ihren letzten gemeinsamen gewöhnlichen Aufenthalt in diesem anderen Staat über einen erheblich längeren Zeitraum als in dem in Absatz 1 Buchstabe a bezeichneten Staat hatten und
  b) beide Ehegatten auf das Recht dieses anderen Staates bei der Regelung oder Planung ihrer vermögensrechtlichen Beziehungen vertraut hatten.
Das Recht dieses anderen Staates gilt ab dem Zeitpunkt der Eheschließung, es sei denn, ein Ehegatte ist damit nicht einverstanden. In diesem Fall gilt das Recht dieses anderen Staates ab Begründung des letzten gemeinsamen gewöhnlichen Aufenthalts in diesem anderen Staat.
Die Anwendung des Rechts des anderen Staates darf die Rechte Dritter, die sich auf das nach Absatz 1 Buchstabe a anzuwendende Recht gründen, nicht beeinträchtigen.
Dieser Absatz gilt nicht, wenn die Ehegatten vor der Begründung ihres letzten gemeinsamen gewöhnlichen Aufenthalts in diesem anderen Staat eine Vereinbarung über den ehelichen Güterstand getroffen haben.

439 Nach Art. 26 Abs. 1 a) ist zunächst maßgeblich der erste gemeinsame gewöhnliche Aufenthalt – das (neue) zentrale Anknüpfungskriterium im europäischen IPR – (*Eberl-Borges*, ErbR 2018, 593, 595; ausführlich *Dutta*, IPrax 2017, 139) *nach der Eheschließung*. Existiert ein solcher nicht, kommt die gemeinsame Staatsangehörigkeit beider Ehegatten *zum Zeitpunkt der Eheschließung* zum Tragen, Abs. 1 b). Existiert beides nicht, so stellt Art. 26 Abs. 1 c) auf das Recht des Staates ab, mit dem die Ehegatten *zum Zeitpunkt der Eheschließung* am engsten verbunden sind (auch hier existiert wie unter Geltung des EGBGB (siehe dazu unten) damit eine Anknüpfungsleiter: *Weber*, DNotZ 2016, 659, 670). Es fällt auf, dass auf den Zeitpunkt der Eheschließung oder (kurz) nach der Eheschließung abgestellt wird; damit hat der europäische Verordnungsgeber eine Grundentscheidung für die Unwandelbarkeit des Güterstandes getroffen (*Erbarth*, NZFam 2018, 249, 251; *Martiny*, ZfPW 2017, 1, 21; *Weber*, DNotZ 2016, 659, 674).

Unklar ist, welche Zeitspanne in Art. 26 Abs. 1 a) mit *kurz nach der Eheschließung* gemeint ist (*Martiny*, ZfPW 2017, 1, 22, der die Überlegungen anstellt, die von zurzeit 6 Monaten oder 1 Jahr sprechen. Ggf. könnte auch entscheidend sein, ob die Ehegatten bei Eheschließung bereits konkret geplant hatten einen gewöhnlichen Aufenthalt zu begründen; *Weber,* DNotZ 2016, 659, 672 schlägt eine Grenze von zirka 3 Monaten vor). Für das Grundbuchgericht heißt das in der Praxis, dass mitunter schwerlich feststellbar ist, wo der gewöhnliche Aufenthalt kurz nach der Eheschließung gewesen ist. Insbesondere kann das Grundbuchgericht auch keine tatsächlichen Ermittlungen zur Frage anstellen, wo sich der gewöhnliche Aufenthalt befunden hat. An dieser Stelle zeigt sich wie an vielen anderen, dass das Grundbuchgericht nicht der geeignete Ort ist, den Güterstand abschließend zu ermitteln. Das Grundbuchgericht wird auf die Angaben der Beteiligten angewiesen sein. Ein gemeinsamer gewöhnlicher Aufenthalt setzt nicht zwingend voraus, dass die Ehegatten einen Haushalt führen und in häuslicher Gemeinschaft leben (MünchKommFamFG/ *Mayer* EheGÜVO Art. 6 Rn. 15). Denkbar sind hier Fälle von Ehegatten, die eine Fernbeziehung in demselben Land führen.

Art. 26 Abs. 1 b) ist indessen nur anwendbar, wenn beide Ehegatten zum Zeitpunkt der Eheschließung eine Staatsangehörigkeit gemeinsam besitzen. Die Beurteilung der Staatsangehörigkeit richtet sich nach dem jeweiligen nationalen Recht (*Martiny,* ZfPW 2017, 1, 22). Sofern mehrere gemeinsame Staatsangehörigkeiten zum Zeitpunkt der Eheschließung existieren, ist Art. 26 Abs. 2 EuGüVO zu beachten, wonach die Anknüpfung an die Staatsangehörigkeit einfach wegfällt. Warum allerdings dann noch auf Art. 26 Abs. 1 a) verwiesen wird, bleibt unklar, da die Staatsangehörigkeit als Anknüpfung ohnehin nur dann in Betracht kommt, wenn gerade kein gemeinsamer gewöhnlicher Aufenthalt im Sinne des Abs. 1 a) existiert (zutreffend *Martiny,* ZfPW 2017, 1, 22). Die Anknüpfung an die gemeinsame Staatsangehörigkeit wird aufgrund der Subsidiarität an Bedeutung verlieren, in der Regel werden die Ehegatten einen gemeinsamen gewöhnlichen Aufenthalt haben (so die wohl zutreffende Einschätzung von *Weber,* DNotZ 2016, 659, 672).

Art. 26 Abs. 1 c) – eine Art Ausweichklausel – (so *Martiny,* ZfPW 2017, 1, 23) stellt auf die engste Verbindung zum Zeitpunkt der Eheschließung ab, wodurch gegebenenfalls unter Heranziehung aller Umstände der Güterstand ermittelt werden kann. Es versteht sich von selbst, dass diese tatsächlichen Ermittlungen vom Grundbuchgericht nicht zu leisten sind.

Art. 26 Abs. 3 EuGüVO gewährt die Möglichkeit, unter bestimmten Voraussetzungen einen anderen Güterstand als nach den Abs. 1a) zu bestimmenden Kriterien Güterstand feststellen zu lassen. Diese Entscheidung gilt sodann ab Eheschließung und damit ex tunc, es denn, dass ein Ehegatte hiermit nicht einverstanden ist. Der Grundsatz der Unwandelbarkeit wird hierdurch in gewisser Weise durchbrochen (zutreffend *Martiny,* ZfPW 2017, 1, 24).

II. Artt. 14, 15 EGBGB – Rechtslage bezüglich des Güterrechts von bis zum 28.01.2019 geschlossenen Ehen (Eheschließung ab dem 08.04.1983)

442 **Artikel 14 EGBGB: Allgemeine Ehewirkungen** (alte Fassung)

(1) Die allgemeinen Wirkungen der Ehe unterliegen

1. dem Recht des Staates, dem beide Ehegatten angehören oder während der Ehe zuletzt angehörten, wenn einer von ihnen diesem Staat noch angehört, sonst

2. dem Recht des Staates, in dem beide Ehegatten ihren gewöhnlichen Aufenthalt haben oder während der Ehe zuletzt hatten, wenn einer von ihnen dort noch seinen gewöhnlichen Aufenthalt hat, hilfsweise

3. dem Recht des Staates, mit dem die Ehegatten auf andere Weise gemeinsam am engsten verbunden sind.

(2) Gehört ein Ehegatte mehreren Staaten an, so können die Ehegatten ungeachtet des Artikels 5 Abs. 1 das Recht eines dieser Staaten wählen, falls ihm auch der andere Ehegatte angehört.

(3) Ehegatten können das Recht des Staates wählen, dem ein Ehegatte angehört, wenn die Voraussetzungen des Absatzes 1 Nr. 1 nicht vorliegen und

1. kein Ehegatte dem Staat angehört, in dem beide Ehegatten ihren gewöhnlichen Aufenthalt haben, oder

2. die Ehegatten ihren gewöhnlichen Aufenthalt nicht in demselben Staat haben.

Die Wirkungen der Rechtswahl enden, wenn die Ehegatten eine gemeinsame Staatsangehörigkeit erlangen.

(4) Die Rechtswahl muß notariell beurkundet werden. Wird sie nicht im Inland vorgenommen, so genügt es, wenn sie den Formerfordernissen für einen Ehevertrag nach dem gewählten Recht oder am Ort der Rechtswahl entspricht.

Artikel 15 EGBGB: Güterstand (alte Fassung)

(1) Die güterrechtlichen Wirkungen der Ehe unterliegen dem bei der Eheschließung für die allgemeinen Wirkungen der Ehe maßgebenden Recht.

(2) Die Ehegatten können für die güterrechtlichen Wirkungen ihrer Ehe wählen

1. das Recht des Staates, dem einer von ihnen angehört,

2. das Recht des Staates, in dem einer von ihnen seinen gewöhnlichen Aufenthalt hat, oder

3. für unbewegliches Vermögen das Recht des Lageorts.

(3) Artikel 14 Abs. 4 gilt entsprechend.

(4) Die Vorschriften des Gesetzes über den ehelichen Güterstand von Vertriebenen und Flüchtlingen bleiben unberührt.

Wie bereits oben ausgeführt werden die Artt. 14, 15 EGBGB a. F. weiterhin praktische Relevanz haben, auf die vor dem 29.01.2019 geschlossenen Ehen findet Art. 15 EGBGB in der bis dahin geltenden Fassung weiterhin Anwendung, Art. 229 § 47 Abs. 2 Nr. 2 EGBGB.

Nach dem Inkrafttreten der EuGüVO kann auch für vor dem Inkrafttreten **443** der EuGüVO geschlossene Ehen keine Rechtswahl nach Art. 15 Abs. 2 EGBGB a. F. (insbesondere Nr. 3, Rechtswahl beschränkt auf einzelne Immobilien) erfolgen. Maßgeblich ist ausschließlich das Recht der EuGüVO (*Weber*, DNotZ 2016, 659, 663). Eine Rechtswahl beschränkt auf das in Deutschland belegene, unbewegliche Vermögen sieht die EuGüVO nicht mehr vor. Aufgrund der kurzen Geltungsdauer der EuGüVO soll an dieser Stelle zumindest ein kurzer Abriss der bis dahin bestehenden Rechtswahlmöglichkeiten aufgezeigt werden. Die Ehegatten konnten eine Rechtswahl gemäß Art. 15 Abs. 2 EGBGB a. F. treffen, wobei die Rechtswahl dem Verweis aus Art. 15 Abs. 1 EGBGB a. F. vorging, die Ehegatten hatten es also durch die Rechtswahl in der Hand, das maßgebliche Güterrecht mitzubestimmen.

Maßgeblich für die Rechtswahl sind die Staatsangehörigkeit, der gewöhnliche Aufenthalt oder das Recht des Lageorts (lex rei sitae).

Hinsichtlich der Staatsangehörigkeit konnte das Recht des Staates gewählt **444** werden, dem einer von ihnen angehört, Art. 15 Abs. 2 Nr. 1 EGBGB a. F. Bei Mehrstaatern war und ist umstritten, ob dieser jede Rechtsordnung der Staaten wählen kann, denen er angehört (KEHE/*Sieghörtner/Nicht* § 8 Einl. Rn. 222, siehe inhaltlich *Staudinger/Mankowski* (2010) Art. 15 Rn. 133 ff. (hoch umstritten), die besseren Argumente dürften wohl eher dafür sprechen, lediglich an die effektive Staatsangehörigkeit anzuknüpfen, Art. 5 Abs. 1 S. 1 EGBGB).

Weitere Möglichkeit war, das Recht des Staates zu wählen, in denen einer **445** der Ehegatten seinen gewöhnlichen Aufenthalt hat, Art. 15 Abs. 2 Nr. 2 EGBGB a. F. Das war auch möglich, wenn die Ehegatten dieselbe Staatsangehörigkeit innehatten und/oder den gewöhnlichen Aufenthalt in einem Staat begründet hatten (KEHE/*Sieghörtner/Nicht* § 8 Einl. Rn. 223; *Staudinger/Mankowski* (2010) Art. 15 Rn. 144 und 149). Bei der Rechtswahl des Art. 15 Abs. 2 EGBGB a. F. bestand keine Kaskade, vielmehr hatten die Wahlmöglichkeiten nach Art. 15 Abs. 2 EGBGB a. F. Gleichrang.

Art. 15 Abs. 2 Nr. 3 EGBGB a. F. sah als Möglichkeit ferner vor, das Recht **446** des Lageortes zu wählen (gegenständlich beschränkte Rechtswahl auf das in Deutschland belegene, unbewegliche Vermögen). Diese Rechtswahlmöglichkeit ist durch die EuGüVO weggefallen. Es war und ist hierbei umstritten, ob hinsichtlich mehrerer Grundstücke in Deutschland insgesamt die Rechtswahl getroffen werden musste oder ob hinsichtlich unterschiedlichen unbeweglichen Vermögens auch unterschiedliche Rechtswahlen getroffen werden konnten (siehe Übersicht bei KEHE/*Sieghörtner/Nicht* § 8 Einl. Rn. 224). Die besseren Gründe scheinen dafür zu sprechen, verschiedene Rechtswahlen zuzulassen.

Der Begriff des unbeweglichen Vermögens war nach dem deutschen Recht als Recht des Lageortes zu bestimmen (KEHE/*Sieghörtner/Nicht* § 8 Einl. Rn. 224). Es gehören hierzu Grundstücke, Raumeigentum nach dem WEG, aber auch Erbbaurechte, dingliche Rechte, die in Abt. II oder III des Grundbuchs eingetragen werden. Umstritten war und ist, ob auch die schuldrechtlichen Ansprüche auf Eigentumsübertragung hierher gehören. Das war und ist zu verneinen, auch wenn diese vormerkungsgesichert sind (KEHE/*Sieghörtner/Nicht* § 8 Einl. Rn. 224; *Staudinger/Mankowski* (2010) Art. 15 EGBGB Rn. 185 ff.).

447 Art. 15 Abs. 1 EGBGB a. F. verweist hinsichtlich güterrechtlichen Wirkungen der Ehe, sofern keine Rechtswahl nach Abs. 2 getroffen wurde, auf Art. 14 EGBGB a. F. und damit auf die Vorschriften der allgemeinen Ehewirkungen. Die Norm stellt **auf den Zeitpunkt der Eheschließung ab**. Es kommt **primär auf die gemeinsame Staatsangehörigkeit beider Ehegatten** an, Art. 14 Abs. 1 Nr. 1 1. Alt. EGBGB a. F. (KEHE/*Sieghörtner/Nicht* § 8 Einl. Rn. 214 (wo die Formulierung „gemeinsames Heimatrecht" gewählt ist); *Staudinger/Mankowski* (2010) Art. 15 Rn. 24; die Anknüpfung erfolgt in Form einer Kaskade (oder Sprosse), historisch wird die Anknüpfungsleiter bei Art. 14 EGBGB als „(modifizierte) Kegel'sche Leiter" bezeichnet, siehe hierzu *Staudinger/Mankowski* (2010) Art. 14 EGBGB Rn. 27 f.) Darin unterscheidet sich die EuGüVO von der bis Januar 2019 geltenden Rechtslage. Art. 14 Abs. 1 Nr. 1 2. Alt. EGBGB kann nicht einschlägig sein, weil dafür der Zeitraum während der Ehe maßgebend ist, insofern aber Art. 15 Abs. 1 EGBGB a. F. aufgrund des Wortlauts dieser Norm (Zeitpunkt der Eheschließung) nicht mehr an diesen Zeitraum anknüpft (KEHE/*Sieghörtner/Nicht* § 8 Einl. Rn. 214). Ergibt sich mangels gemeinsamer Staatsangehörigkeit hier noch keine Lösung für den maßgeblichen Güterstand, ist gem. Art. 14 Abs. 1 Nr. 2 1. Alt. EGBGB a. F. an den **gemeinsamen gewöhnlichen Aufenthalt** zum Zeitpunkt der Eheschließung anzuknüpfen; die 2. Alt. kommt auch hier nicht zur Anwendung, da er schon vom Wortlaut des Art. 15 Abs. 1 EGBGB a. F. nicht umfasst ist (KEHE/*Sieghörtner/Nicht* § 8 Einl. Rn. 215; zum maßgeblichen Zeitpunkt jüngst *Eberl-Borges*, ErbR 2018, 593 (Anm. zur Entscheidung des OLG Düsseldorf ErbR 2018, 590).

Sofern die maßgebliche Rechtsordnung auch jetzt noch nicht eindeutig ist, ist gemäß Art. 14 Abs. 1 Nr. 3 EGBGB a. F. auf die engste Verbindung der Ehegatten (zum Zeitpunkt der Eheschließung) abzustellen.

Durch den Bezugspunkt „Zeitpunkt der Eheschließung" kommt es im Grundsatz zu einer Unwandelbarkeit des Güterrechts (Vgl. hierzu KEHE/*Sieghörtner/Nicht* § 8 Einl. Rn. 213; *Eberl-Borges*, ErbR 2018, 593). Der Grundsatz der Unwandelbarkeit hat Ausnahmen. Da Art. 15 Abs. 1 EGBGB a. F. durchaus auf fremde Rechtsordnungen verweist, ist die Wandelbarkeit des Güterstandes zu akzeptieren, wenn eben jene fremde Rechtsordnung, auf die verwiesen wurde, die Wandelbarkeit des Güterstands zulässt. Letztlich kann es aufgrund der Beachtung des ausländischen Güterrechts wieder zur Anwendung deutschen Rechts kommen, wenn wiederum das ausländische Güterrecht hinsichtlich der Immobilien auf die Rechtsordnung des Lageorts verweist (KEHE/*Sieghörtner/Nicht* § 8 Einl. Rn. 219).

III. Güterrecht von 1953 bis 1983

Hinsichtlich des Güterrechts von Ehen, die zwischen dem 01.04.1953 und dem 08.04.1983 geschlossen wurden, ist Art. 220 Abs. 3 EGBGB zu beachten. Hiernach ist gemäß Art. 220 Abs. 3 S. 1 Nr. 1 EGBGB das Rechts des Staates maßgeblich, **dem beide Ehegatten bei der Eheschließung** angehörten. Nach Nr. 2 ist ansonsten, wenn Nr. 1 nicht einschlägig ist, das Recht maßgeblich, dem sich beide Ehegatten unterstellt haben oder von dessen Anwendung sie ausgegangen sind. Das „Unterstellen" im Sinne dieser Vorschrift hat eine ausdrückliche oder konkludente Rechtswahl als Voraussetzung (KEHE/*Sieghörtner/Nicht* § 8 Einl. Rn. 229; *Staudinger/Dörner* (2016) Artikel 220 EGBGB Rn. 104, der gleichzeitig den geringen Anwendungsbereich der Norm erklärt). Ein bloßes „Ausgehen" im Sinne dieser Vorschrift ist weit weniger, eine gewisse Billigung beider Ehegatten ist hierfür schon ausreichend (*Staudinger/Dörner* (2016) Artikel 220 EGBGB Rn. 105).

Sofern weder Nr. 1 noch Nr. 2 einschlägig sind, ist nach Nr. 3 das Recht des Staates dem der Ehemann bei Eheschließung angehörte, maßgeblich. Diese Norm wird in der Literatur überwiegend für verfassungswidrig gehalten (wohl zu Recht KEHE/*Sieghörtner/Nicht* § 8 Einl. Rn. 229; *Staudinger/Dörner* (2016) Artikel 220 EGBGB Rn. 85 ff. mit umfangreichen Nachweisen; der BGH NJW 1987, 583, 585 hat die Norm aber für verfassungskonform erachtet).

Bei aller Vorsicht dürfte der Anwendungsbereich dieser Vorschrift hinsichtlich des Grundbuchs relativ gering sein, zumal nach Art. 220 Abs. 3 S. 2 für die Zeit nach dem 08.04.1983 ohnehin Art. 15 EGBGB in der bis einschließlich 28. Januar 2019 geltenden Fassung anzuwenden ist (es kommt zu einem Wandel des Güterrechts: nach *Staudinger/Dörner* (2016) Artikel 220 EGBGB Rn. 95 gilt Abs. 3 S. 2 auch für bereits abgeschlossene Vorgänge. Wandelt sich durch den Wandel des Güterrechts im Grundbuch verzeichnetes Eigentum vom Miteigentum zu Gesamthandseigentum oder umgekehrt, so wird eine Grundbuchberichtigung erforderlich (KEHE/*Sieghörtner/Nicht* § 8 Einl. Rn. 229).

IV. Güterrecht vor 1953

Hinsichtlich des Güterrechts für Ehen die vor dem 01.04.1953 geschlossen wurden, sind speziellere Lehrbücher zu Rate zu ziehen (einen kurzen Einstieg liefert bereits KEHE/*Sieghörtner/Nicht* § 8 Einl. Rn. 228).

V. Beachtung des ausländischen Güterstands im Grundbuchverfahren

450 Das Grundbuchgericht hat keine gesteigerten Prüfungsanforderungen hinsichtlich des ausländischen Güterstands (einhellige Meinung: KEHE/*Sieghörtner*/*Nicht* § 8 Einl. Rn. 240; jüngst aus der Rechtsprechung OLG Frankfurt FGPrax 2017, 60, 61; OLG München NJOZ 2013, 1047, 1048). Nach hier vertretener Ansicht muss das Grundbuchgericht lediglich bei Kenntnis der Anwendung ausländischen Güterrechts in die Prüfung eintreten, ob der gewollte Güterstand möglich ist (*Hügel/Zeiser* Sonderkapitel Internationale Bezüge Rn. 77). Es ist aber nicht Aufgabe des Grundbuchgerichts, abschließend auszuermitteln, ob der gewollte Güterstand auch der Wahrheit entspricht. Diese Prüfung ist beim Grundbuchgericht nicht richtig aufgehoben und im Rahmen der im Grundbuchverfahren vorherrschenden Beweismittelbeschränkung gar nicht möglich. Dies gilt umso mehr, als dass nach der EuGüVO das zentrale Anknüpfungskriterium nunmehr der gewöhnliche Aufenthalt ist. Die Rechtsprechung hat sich schon vor einiger Zeit dieser Ansicht angeschlossen. Das Grundbuchgericht kann die Eintragung eines (möglicherweise) in einem ausländischen Güterstand lebenden Beteiligten (zu Alleineigentum oder beide Ehegatten zu Bruchteilseigentum) nur dann ablehnen, wenn es sichere Kenntnis hat, dass das Grundbuch durch die vorgenommene Eintragung unrichtig würde; die bloße Möglichkeit der Grundbuchunrichtigkeit rechtfertigt nicht die Ablehnung der Eigentumsumschreibung (BayObLG NJW-RR 2001, 879; BayObLG NJW-RR 1992, 1235 (keine Verpflichtung des Grundbuchgerichts, den ausländischen Güterstand zu erforschen); in diese Richtung auch OLG Düsseldorf FGPrax 2000, 5).

451 Ferner muss das Grundbuchgericht prüfen, ob die Ehegatten Bruchteilseigentum erwerben können, wenn sie eigentlich in einer Gütergemeinschaft nach ausländischem Recht leben (KEHE/*Sieghörtner*/*Nicht* § 8 Einl. Rn. 235). Insofern ist also Vorsicht geboten. Es ist jedoch keineswegs so, dass ein Erwerb zu Bruchteilseigentum (in der Praxis zumeist zu je ½) ausscheidet. Es ist nämlich nach der ausländischen Rechtsordnung oftmals möglich, dass die Ehegatten mit Erwerb (konkludent) eine vorzeitige Teilauseinandersetzung des erworbenen Vermögens (hier: Grundeigentum) vornehmen und dann der Erwerb zu Bruchteilen zulässig ist.

So hat das OLG München (NJW 2016, 1186, 1187 Rn. 14) hinsichtlich des Bruchteilserwerbs durch polnische Eheleute entschieden, dass diese auch dann zu Bruchteilen erwerben können, wenn sie in Errungenschaftsgemeinschaft (eine Art Gesamthandsgemeinschaft) nach polnischem Recht leben. Dagegen hat das OLG Zweibrücken (FGPrax 2016, 113 siehe hierzu auch die abl. Anm. *Milzer*, FGPrax 2016, 114) die Eintragung von Bruchteilseigentum italienischer Eheleute, die im Güterstand der Errungenschaftsgemeinschaft verneint, obwohl die Ehegatten nach der hier maßgeblichen Rechtsordnung beim Einverständnis des jeweiligen anderen Ehegatten auch zu Alleineigentum erwerben können. Überzeugend hat *Milzer* (FGPrax 2016, 114, ablehnende Anm. zur Entscheidung des OLG Zweibrücken) dargelegt, dass italienischen Ehegatten im Güterstand der Errungenschaftsgemeinschaft nicht per se Erwerb zu Bruchteilen verwehrt ist.

In den Niederlanden existiert der gesetzliche Güterstand der Gütergemeinschaft, einer Gemeinschaftsform, die zumindest der Begrifflichkeit des deutschen Gesamthandsvermögens angenähert ist (KEHE/*Sieghörtner/Nicht* § 8 Einl. Rn. 294). Der Bruchteilserwerb scheidet aus, weil die niederländische Gütergemeinschaft vor Auflösung der Ehe einen Erwerb zu Bruchteilen nicht kennt, es kommt dann lediglich die Eintragung der Eheleute „in Gütergemeinschaft nach niederländischem Recht" o. ä. in Betracht (so zu Recht OLG München NJW-RR 2009, 806; OLG Schleswig FGPrax 2010, 19).

452 Die nicht gesteigerte Prüfungskompetenz gilt nach herrschender, jedoch nicht unumstrittener Ansicht erst recht bei der Eintragung einer Auflassungsvormerkung der Eheleute (*Schöner/Stöber* Rn. 3421b mit zutreffenden Hinweis auf BayObLG NJW-RR 1986, 1025 (Erwerb eines italienischen Staatsangehörigen zu Alleineigentum, es muss nicht abschließend festgestellt werden, ob der Güterstand dem deutschen oder italienischem Recht unterliegt); siehe auch OLG München NJOZ 2013, 2004 (zur Eintragung einer Vormerkung für Ehegatten in Errungenschaftsgemeinschaft nach kroatischem Recht)).

VI. Gemeinschaftsverhältnis falsch eingetragen – Grundbuchunrichtigkeit als Folge

453 Sind die Ehegatten mit dem Gemeinschaftsverhältnis im Grundbuch falsch eingetragen, liegt in aller Regel eine Grundbuchunrichtigkeit vor, die Auflassung ist jedoch wirksam (*Hügel/Zeiser* Internationale Bezüge Rn. 77; DNotI-Report 2007, 91, 92).

Es dürfte sich als Mittel zur Behebung besonders die Berichtigungsbewilligung anbieten, wobei beide Eheleute beim falsch eingetragenen Gemeinschaftsverhältnis die Grundbuchberichtigung unter schlüssiger Darlegung der Grundbuchunrichtigkeit bewilligen müssen, § 22 Abs. 1, 2 GBO. Hierbei ist zu beachten, dass schlüssig dargelegt wird, warum das Grundbuch unrichtig ist und wie das Grundbuch durch die Eintragung wieder richtig wird. Es müssen also die güterrechtlichen Verhältnisse erläutert werden, sodass für das Grundbuchgericht die wahre Rechtslage klar wird.

Wurden die Ehegatten im Grundbuch zu Bruchteilen (je ½) eingetragen, obwohl in Wirklichkeit von einem gesamthänderischen Verhältnis auszugehen ist, so kann die Berichtigung bei Erfüllung der entsprechenden Voraussetzungen nach § 22 GBO auch ohne neue Auflassung auf die Eheleute unter Benennung des entsprechenden ausländischen Güterstands erfolgen.

Wurden die Ehegatten im Grundbuch fälschlicherweise im falschen (gesamthänderischen) Güterstand eingetragen, der in Wirklichkeit nicht besteht, ist die Auflassung dennoch als wirksam anzusehen und kann in der Regel in einen gewollten Eigentumserwerb zu Bruchteilen (je ½) umgedeutet werden (BayObLGZ 1983, 118, 124). Das Grundbuch ist insoweit unrichtig. Es kommt entsprechende Berichtigung nach den oben aufgezeigten Grundsätzen ebenso im Rahmen des § 22 GBO in Betracht (*Hügel/Zeiser* Sonderkapitel Internationale Bezüge Rn. 77 ff.; nach OLG Schleswig FGPrax 2010, 19, 21 (Berichtigungsantrag nach §§ 22, 30 GBO in einfacher Form ausreichend). Nach hier vertretener Auffassung ist entweder der Nachweis eines bestimmten Güterstand zu erbringen oder alternativ eine entsprechende Berichtigungsbewilligung in der Form des § 29 GBO (für Berichtigungsbewilligung in der Form des § 29 GBO ebenso KEHE/*Sieghörtner*/Nicht Einl. § 8 Rn. 238).

§ 4
Ausländische Erbnachweise im Grundbuchverfahren

I. Erbschein

Seit längerem umstritten ist die Frage, inwieweit ausländische Erbnachweise im Grundbuchverfahren zu verwenden. Die Frage ist hierbei, ob mit Erbschein im Sinne des § 35 GBO lediglich ein deutscher Erbschein, also von einem deutschen Gericht ausgestellter Erbschein gemeint ist (*Hügel/Zeiser* § 35 Rn. 167). § 35 Abs. 1 GBO ist lex specialis im Grundbuchverfahren und knüpft inhaltlich an die Regelung zum deutschen Erbschein, § 2365 BGB, an (KG NJW-RR 2013, 79, 80; KG NJW-RR 1997, 1094, 1095; OLG Bremen DNotZ 2012, 687, mit Anm. *Hertel*). Die Begründung hierfür ist, dass das deutsche Grundbuchgericht von der Prüfung von Erbrechtsverhältnissen mit Auslandsbezug entlastet werden soll. Historisch lässt sich dieses Ergebnis sicherlich damit begründen, dass der Gesetzgeber bei Schaffung der Grundbuchordnung nur an den deutschen Erbschein (und eben nicht an einen ausländischen Erbschein) gedacht hat (*Meikel/Krause* § 35 Rn. 45; *Meikel/Hertel* Einl G Rn. 243). In der Regel konnte dieses Ergebnis ferner damit begründet werden, dass das deutsche Grundbuchgericht gegebenenfalls einen Fremdrechtserbschein für das in Deutschland belegene, unbewegliche Vermögen verlangen konnte, § 352c Abs. 1 FamFG (ehemals § 2369 BGB). Diese Argumentation könnte nunmehr jedoch im Anwendungsbereich der EuErbVO an Kraft verlieren. Der EuGH (DNotZ 2018, 699 = NJW 2018, 2309 Rn. 44, 54 ff. (Entscheidung „Oberle")) hat entschieden, dass die Erteilung eines Fremdrechtserbscheins eines deutschen Nachlassgerichts nicht mehr in Betracht kommt, wenn bereits nach Art. 4 EuErbVO ein Gericht eines anderen Staates im Anwendungsbereich der EuErbVO für diese Nachlassangelegenheit zuständig ist. Dies ist dann der Fall, wenn der Erblasser im europäischen Ausland (im Anwendungsbereich der EuErbVO) seinen gewöhnlichen Aufenthalt hatte. Die deutsche Zuständigkeitsregel des § 343 Abs. 3 FamFG verstößt insofern gegen die Regelung des Art. 4 EuErbVO. Es bleibt abzuwarten, wie sich diese Entscheidung in der grundbuchgerichtlichen Praxis niederschlagen wird, sie hat jedenfalls erhebliche Kritik in der Literatur erfahren (*Dörner*, DNotZ 2018, 661, 681 (ab hier zur Entscheidung „Oberle"); *Zimmermann*, ZEV 2018, 468 (Anm. zur Entscheidung „Oberle"). Dadurch könnte es in der Praxis zur Stärkung des Europäischen Nachlasszeugnisses kommen, da ein sog. Fremdrechtserbschein von einem deutschen Gericht mangels Zuständigkeit wohl nicht mehr erteilt werden wird.

454

II. Testament

455 In der Tat gibt es gewichtige Stimmen, die das Grundbuchgericht verpflichtet sehen wollen, auch ausländische, öffentliche Testamente anzuerkennen und als Eintragungsgrundlage zu verwenden (vgl. die Darstellung bei *Meikel/Krause* § 35 Rn. 108 ff. sowie Rn. 129 ff. (wonach das Grundbuchgericht hier im Regelfall einen Erbschein verlangen kann); Prüfungspflicht der ausländischen Erbrechtslage bejaht von *Meikel/Hertel* Einl G Rn. 248; KEHE/*Volmer* § 35 Rn. 99; *Hügel/ Wilsch* § 35 Rn. 72 f.). Dieser Ansicht kann nicht gefolgt werden. Es gilt auch und erst recht hier, die Effektivität des Grundbuchverfahrens nicht dadurch zu gefährden, das Grundbuchgericht zur Prüfung ausländischer Testamente anzuhalten. Im Übrigen wäre die Situation wertungswidersprüchlich dazu, die Anerkennung des ausländischen Erbscheins zu versagen, die Anerkennung des ausländischen Testaments vom Grundsatz her jedoch zuzulassen. Die Prüfung müsste sich dann auf die materielle Erbfolge und die formelle Testamentserrichtung erstrecken. Es ist schon nach deutschem Erbrecht und in der grundbuchgerichtlichen Praxis des Öfteren nicht immer einfach, die Erbfolge nach deutschem Recht aufgrund notarieller Testamente zu bestimmen. Zu denken hier nur an die umfangreichen Zweifelsregelungen im deutschen Erbrecht, zu deren Anwendung das Grundbuchgericht nach fast einhelliger Meinung verpflichtet ist (vgl. hierzu aber die kritische Würdigung durch *Meikel/Krause* § 35 Rn. 119 (bei der Anwendung von Zweifelsregeln müsse das Grundbuchgericht einen Erbschein fordern) sowie 124 ff.).

Wie soll sich dies praktisch in allen Fällen umsetzen lassen? Es gibt weitere Unwägbarkeiten bei der Verwendung ausländischer Testamente im Grundbuchverfahren, wobei die Übersetzung und Apostillierung des Testaments sicherlich noch zu den lösbaren Problemen zählt (einen guten Überblick zu diesen Fragen gibt *Hügel/Wilsch* § 35 Rn. 173). Wichtig ist bei Bestimmung des Erben stets die Prüfung, ob das betreffende, ausländische Erbrecht ein sog. Noterbrecht kennt. Dieses Noterbrecht ist dem deutschen Recht fremd, da in Deutschland das Enterben durch das Pflichtteilsrecht aufgefangen wird, was jedoch lediglich einen schuldrechtlichen Anspruch in Geld gegen die Erben gewährt. In anderen Rechtsordnungen ist jedoch das System des Noterbrechts verbreitet, sodass der Enterbte trotzdem mit einer geringen Quote Teil der Erbengemeinschaft werden kann. Zusätzlich problematisch ist, dass sich der Enterbte (bzw. der Noterbberechtigte) nicht unbedingt aus dem Testament ergeben muss.

Ferner kann es sein, dass die Erbschaft – anders als nach dem deutschen Erbrecht – aktiv angenommen werden muss. Hierzu müssten theoretisch Nachweise vorgelegt werden (*Meikel/Hertel* Einl G Rn. 251, der in den vorbeschriebenen Fällen zu dem zutreffenden Ergebnis kommt, dass die Erbfolge bei Rechtsordnungen mit existierendem Noterbrecht mittels Erbschein nachzuweisen ist).

Diese Überlegungen sprechen meines Erachtens zwingend dafür, bei ausländischen Testamenten einen Erbschein oder ein Europäisches Nachlasszeugnis zu verlangen.

III. Europäisches Nachlasszeugnis (ENZ)

Das ENZ ist in § 35 GBO als weiterer Erbnachweis anerkannt worden ohne dass sich hierbei eine Änderung zu den beiden anderen Nachweismöglichkeiten auftut. Es wurde eingeführt durch die EU-Verordnung Nr. 650/2012, die sog. EuErbVO, und gilt für alle Todesfälle ab dem 17.08.2015. Räumlicher Anwendungsbereich ist die gesamte Europäische Union mit Ausnahme der Länder Dänemark, Irland und dem Vereinigten Königreich. Die Ausstellung eines ENZ ist nur zulässig, sofern ein grenzüberschreitender Nachlassbezug besteht, vgl. Art. 62 Abs. 1 EuErbVO. Das ENZ gilt nach Erteilung im Ausland und im Land der Ausstellungsbehörde, Art. 62 Abs. 3 EuErbVO. Ob tatsächlich der für die Ausstellung des ENZ notwendige Nachlassbezug gegeben ist, kann und darf das Grundbuchgericht nicht prüfen, dies unterliegt nicht der Prüfungskompetenz des Gerichts (KEHE/*Volmer* § 35 Rn. 77). Ein Erbschein kann neben dem ENZ nicht verlangt werden. 456

Das ENZ entfaltet eine Richtigkeitsvermutung für den darin dargestellten Sachverhalt, Art. 69 Abs. 2 S. 1 EuErbVO. Ferner besteht eine Richtigkeits- und Vollständigkeitsvermutung für die im ENZ aufgeführten Erben, Testamentsvollstrecker und Vermächtnisnehmer, Art. 69 Abs. 2 S. 2 EuErbVO. Die Vermutung erstreckt sich darauf, dass die genannten Personen nur den im ENZ genannten Beschränkungen unterliegen. Der genaue Inhalt des ENZ ergibt sich aus Art. 68 EuErbVO und ist ziemlich umfangreich geraten. Interessant ist, dass neben den (üblichen) Angaben zu dem Erblasser, Antragsteller, Erben und Testamentsvollstrecker (Art. 68 e), f), g) EuErbVO) auch die Vermächtnisnehmer anzugeben sind, Art. 68 m) EuErbVO. Fehlen die nach § 15 Abs. 1 a) GBV notwendigen Angaben zur Grundbuchberichtigung, so ergeht Zwischenverfügung mit dem Ziel der Ergänzung des ENZ (*Böhringer*, NotBZ 2015, 281, 289). 457

Das ENZ unterliegt einem Formblattzwang, Art. 67 Abs. 1 S. 2 EuErbVO und § 39 IntErbRVG. Die Ausstellungsbehörde muss das Formblatt für die Ausstellung des ENZ verwenden, beim Antrag ist die Verwendung des Formulars aber fakultativ und somit nicht verpflichtend (EuGH FamRZ 2019, 645; MünchKommBGB/*Dutta* EuErbVO Art. 67 Rn. 15). Welche Wirkungen ein Verstoß gegen den Formzwang hat, ist nicht abschließend geklärt. Nach überwiegender Ansicht wird derzeit wohl die Anfechtbarkeit angenommen (MünchKommBGB/*Dutta* EuErbVO Art. 67 Rn. 15; *Hügel/Wilsch* § 35 Rn. 36). Da das Zeugnis in allen Mitgliedsstaaten seine Wirkungen entfaltet, kann eine 458

Apostillierung oder gar Legalisation (zu den einzelnen Begrifflichkeiten siehe oben) nicht verlangt werden, Artt. 69 Abs. 1, 74 EuErbVO. Pauschale, ganzheitliche Übersetzungen können nicht verlangt werden, da durch das stets gleiche Formblatt eine Übersetzung in die deutsche Sprache möglich sein sollte. Ausnahmen sind aber ENZ in kyrillischer Sprache (beispielsweise aus Bulgarien oder Griechenland), wo das ENZ mangels Sprachkenntnissen vollständig übersetzt vorzulegen ist (*Hügel/Wilsch* § 35 Rn. 38).

459 Vom ENZ werden (auch in Deutschland) lediglich beglaubigte Abschriften erteilt, Art. 70 Abs. 1 EuErbVO, Ausfertigungen existieren daher nicht. Gemäß Art. 70 Abs. 3 S. 1 EuErbVO wird in der Regel das ENZ mit einer Gültigkeitsdauer von sechs Monaten versehen, wobei sich das Ablaufdatum aus dem ENZ selbst ergeben muss. Fraglich ist, ob das ENZ noch zum Zeitpunkt der Grundbucheintragung gültig sein muss. Feststeht, dass die Vermutungswirkung des Art. 69 Abs. 2 EuErbVO nur von einem gültig ENZ ausgeht (so nunmehr Beck-OK GBO/*Wilsch*, 36. Ed. 01.06.2019, GBO § 35 Rn. 39). Dennoch möchte eine im Vordringen befindliche Auffassung die Gültigkeitsdauer auf den nach § 878 BGB maßgeblichen Zeitpunkt – also die Antragstellung beim Grundbuchgericht – vorverlagern (*Hügel/Wilsch* § 35 Rn. 39; *KEHE/Volmer* § 35 Rn. 79; *Bauer/Schaub* § 35 Rn. 119). Begründet wird dies regelmäßig damit, dass die Bearbeitungsdauer beim Grundbuchgericht nicht zulasten des Antragstellers gehen könne (*KEHE/Volmer* § 35 Rn. 79). Dieser Auffassung kann jedoch nicht gefolgt werden.

Dies zeigt ein Vergleich zum Erbschein als Nachweis für die Grundbuchberichtigung. Soweit ersichtlich vertritt hier niemand ernsthaft, dass die Vorlage der Erbscheinsausfertigung zum Zeitpunkt der Antragstellung genügt. Die Vorlage der Erbscheinsausfertigung ist noch immer nahezu allgemeine Meinung als Grundlage der Grundbuchberichtigung (statt aller: *Meikel/Krause* § 35 Rn. 56 und *Demharter* § 35 Rn. 23; grundsätzlich kritisch dazu: KEHE/*Volmer* § 35 Rn. 44, der in Rn. 45 sogar vertritt, dass die beglaubigte Abschrift ausreichend ist (aber nicht richtig)). Wird der Erbschein nach Antragstellung vom Nachlassgericht eingezogen oder für kraftlos erklärt, § 353 FamFG, kann dieser nicht mehr Grundlage einer Grundbuchberichtigung sein. Insofern kommt es dann zum Zeitpunkt der Eintragung nicht mehr darauf an, ob vorher bei Antragstellung der Erbschein noch ordnungsgemäß vorlag. Auch das Argument der Bearbeitungsdauer verfängt nicht. Hätte das Grundbuchgericht noch am Tage der Antragstellung das Grundbuch berichtigt, dann wäre der Erbschein taugliche Grundlage. Liegen jedoch Hinweise für eine Einziehung des Erbscheins vor, so ist dies ein veränderter Lebenssachverhalt, der eine andere rechtliche Beurteilung erfordert. Bezogen auf das ENZ heißt das, dass dieses auch noch zum Zeitpunkt der Eintragung gültig sein muss (ebenso *Böhringer*, NotBZ 2015, 281, 284). Läuft die Gültigkeitsdauer zwischen Antragseingang und Vollzug ab, so hat das Grundbuchgericht im Wege der Zwischenverfügung die Verlängerung der Gültigkeit zu erfordern, Art. 70 Abs. 3 S. 3 EuErbVO. Ferner ist darauf hinzuweisen, dass auch die aus § 878 BGB folgende Wertung der Fiktion der Fortdauer der Verfügungsbefugnis nicht zur Anwendung kommen kann. § 878 BGB heilt einen etwaigen Mangel in der Verfügungsbefugnis; der Erbschein ist aber Mittel zur Dokumentation der Verfügungsmacht – ein entscheidender Unterschied.

Als Nachweismittel kommt daher nur eine zeitlich zum Zeitpunkt der Eintragung noch gültige beglaubigte Abschrift, gefertigt von der Ausstellungsbehörde in Betracht; eine beglaubigte Abschrift der beglaubigten Abschrift, gefertigt von einem deutschen Notar genügt hingegen nicht (*Böhringer*, NotBZ 2015, 281, 286). Ist die Grundbuchberichtigung erfolgt und läuft das ENZ danach ab (was bei einer Gültigkeitsdauer von in der Regel sechs Monaten nahezu immer passieren wird), ist das ENZ nicht nochmals zu erneuern. Es gilt weiterhin § 891 BGB (KEHE/*Volmer* § 35 Rn. 80). Auch das Grundbuchgericht darf sich nach erfolgter Berichtigung auf die Richtigkeit des Grundbuchs verlassen. **460**

IV. Das Europäische Nachlasszeugnis bringt neue grundbuchverfahrensrechtliche Probleme – das dinglich wirkende Vermächtnis

Vor dem Inkrafttreten der EuErbVO war es nahezu einhellige Ansicht, dass sie sog. Vindikationslegate (= dinglich wirkendes Vermächtnis) ausländischer Rechtsordnungen keine unmittelbare, dingliche Wirkung auf die in Deutschland belegenen, unbeweglichen Vermögensgegenstände haben können (BGH NJW 1995, 58, 59). Dieses auf dem Vorrang des Sachenrechts basierende Prinzip hat sich bewährt und nach wie vor seine Geltung, wenn Länder beteiligt sind, die nicht dem Anwendungsbereich der EuErbVO unterliegen. Das deutsche Recht kennt von diesem Grundsatz soweit ersichtlich lediglich eine Ausnahme: das dem alleinigen Vorerben zugewendete Vorausvermächtnis (das kann auch ein Grundstück sein), weil sich hierauf die Nacherbfolge im Zweifel nicht erstreckt, § 2110 Abs. 2 BGB. **461**

Konsequenz dieser herrschenden Auffassung war es, dass zur Erfüllung ausländischer Vermächtnisse (mit dort dinglicher Wirkung) wie bei Vermächtnissen nach deutschem Recht stets ein gesonderter dinglicher Übertragungsakt erforderlich war. Hinsichtlich des Volleigentums an einem Grundstück musste, um Eigentümer zu werden, bei einem Vermächtnis ausländischer Rechtsordnung stets eine Einigung in Auflassungsform erklärt werden, §§ 873, 925 BGB, sowie die Grundbucheintragung erfolgen. Die Eintragung war damit konstitutiver Natur. Damit wurden die Vermächtnisse ausländischer Rechtsordnungen an die deutsche Rechtslage des Sachenrechts angeglichen, die Vermächtnisse mit dinglicher Wirkung wurden regelmäßig in schuldrechtliche Vermächtnisse, das Vindikationslegat in ein Damnationslegat deutscher Rechtsordnung umgedeutet. **462**

Auch unter Geltung der EuErbVO ging die wohl überwiegende Meinung davon aus, dass sich an dieser Rechtslage nichts geändert haben kann (*Volmer*, Rpfleger 2013, 421, 426/427 m.w.N.; *Simon/Buschbaum*, NJW 2012, 2393, 2394; Vgl. ebenso die Begründung des Gesetzgebers zu § 35 GBO: BT-Drucks. 18/4201 S. 58). Die Begründungen hierfür sind im Einzelnen unterschiedlich. Dieser Auffassung hatte sich die gesamte grundbuchrechtliche Literatur angeschlossen (*Meikel/Hertel* Einl G Rn. 247; KEHE/*Volmer* Grundbuchrecht, 7. Auflage (2015), § 35 Rn. 109; *Hügel/Wilsch* § 35 Rn. 40; *Demharter*, GBO, 30. Auflage (2016), § 35 Rn. 5; *Schöner/Stöber* Rn. 3137a; *Böhringer*, NotBZ 2015, 281, 287; *Döbereiner*, NJW 2015, 2449, 2453; *Döbereiner*, ZEV 2015, 559, 560, 562; *Hertel*, ZEV 2013, 539, 540).

463 Dabei lässt sich dieses Ergebnis damit begründen, dass Art. 1 Abs. 2 Buchst. k) und l) zum einen die Art der dinglichen Rechte und zum anderen jede Eintragung von Rechten an unbeweglichen Vermögensgegenständen in einem Register, einschließlich der gesetzlichen Voraussetzungen und Wirkung für eine solche Eintragung vom Anwendungsbereich der EuErbVO ausnehmen und damit der Anwendungsbereich der Verordnung gar nicht eröffnet ist (zur Entstehungsgeschichte der ErbVO gerade unter dem Gesichtspunkt der Klärung von Fragen im Zusammenhang mit dem Vindikationslegat: *Geimer/Schütze*, IntRechtsverkehr, *Schall/Simon*, 56. EL September 2018, EuErbVO Art. 1 Rn. 71-76; a.a., nach welcher entsprechende Regelung zum Vindikationslegat insbesondere von Buchstabe l) gerade überhaupt nicht erfasst werden: *Dutta/Weber/Schmidt* EuErbVO Art. 1 Rn. 138).

Eine andere Meinung kommt zu demselben Ergebnis, im Wesentlichen wird es aus Art. 31 EuErbVO hergeleitet, wonach nach dem geltenden Recht des Mitgliedsstaats, in dem das Grundstück belegen ist, nach dem Grundsatz des Vorrangs des Rechts der belegenen Sache eine Anpassung der Rechtslage des anderen Mitgliedsstaats zu erfolgen hat, nach dessen Recht sich die Erbrechtslage grundsätzlich gestaltet (*Müller-Lukoschek*, NotBZ 2016, 441, 446; *Müller-Lukoschek*, NotBZ 2014, 329, 335/336; *Müller-Lukoschek*, Die neue EuErbVO, § 2 Rn. 111 ff., insbes. 114, 117; *Dörner*, ZEV 2012, 505). Der letztgenannten Ansicht hatte sich der deutsche Gesetzgeber bei Schaffung des ENZ als weitere Nachweismöglichkeit im Rahmen des § 35 GBO ausdrücklich angeschlossen (BT-Drucks. 18/4201 S. 58):

„Zwar kann das Europäische Nachlasszeugnis nach Artikel 63 Absatz 2 Buchstabe b ErbVO auch als Nachweis für die Zuweisung eines bestimmten Vermögenswerts oder bestimmter Vermögenswerte des Nachlasses an die in dem Zeugnis als Erbe(n) oder gegebenenfalls als Vermächtnisnehmer genannte(n) Person(en) dienen. Diese dinglich wirkenden Teilungsanordnungen und Vermächtnisse (sogenannte Vindikationslegate) sind dem deutschen Recht jedoch unbekannt. Sie werden nach Artikel 31 ErbVO in schuldrechtlich wirkende Teilungserklärungen und schuldrechtliche Vermächtnisse umgedeutet, die dinglich vollzogen werden müssen. Diese Wirkung des Nachlasszeugnisses spielt daher für die Eintragung in das Grundbuch keine Rolle."

Nach Erwägungsgrund Nr. 15 letzter Satz der Verordnung soll ein Mitgliedstaat nicht verpflichtet sein, ein dingliches Recht an einer in diesem Mitgliedstaat belegenen Sache anzuerkennen, wenn sein Recht dieses dingliche Recht nicht kennt (*Müller-Lukoschek*, NotBZ 2014, 329, 336). Das Eigentumsrecht – auch der Erwerb kraft Gesetzes (vgl. §§ 1922, 1942 BGB) – ist dem deutschen Recht nicht fremd. Dem deutschen Recht ist aber bis auf das dem alleinigen Vorerben vermachte Vorausvermächtnis, welches gewisse dingliche Wirkungen entfaltet (zu Letzterem: MünchKommBGB/*Grunsky* § 2110 Rn. 3), § 2110 Abs. 2 BGB, das Vermächtnis mit dinglicher Wirkung fremd. Der nach ausländischem Recht mögliche Erwerbsvorgang ist dem deutschen Recht also unbekannt. Nach Erwägungsgrund Nr. 18 der Verordnung ist für unbewegliches Vermögen das Recht der belegenen Sache maßgebend (lex rei sitae). Nach Erwägungsgrund 18 S. 1 sollten die Voraussetzungen der Eintragung von Rechten an unbeweglichen Vermögensgegenständen – darunter fällt auch das Vollrecht Eigentum – vom Anwendungsbereich der Verordnung ausgenommen werden.

Dass jedoch für die Anerkennung eines ausländischen Vermächtnisses mit dinglicher Wirkung stets das Recht maßgebend ist, in welchem die Anerkennung bezogen auf das unbewegliche Vermögen zu erfolgen hat, ergibt sich nach hier vertretener Ansicht insbesondere auch aus Erwägungsgrund Nr. 19 Satz 2, 3 der Verordnung. Danach ist das Recht des Mitgliedsstaats, in dem das Register geführt wird, für die Frage maßgebend, ob die Eintragung deklaratorischer (= berichtigender) oder konstitutiver (= rechtsbegründender) Natur ist. Bezogen auf die Anerkennung eines ausländischen Vermächtnisses heißt das, dass nach dem Grundsatz des Rechts der Bundesrepublik Deutschland zu entscheiden ist, ob und in welcher Form ein ausländisches Vermächtnis hinsichtlich unbeweglichen, in Deutschland belegenen Vermögens anzuerkennen ist. Dabei hat der Verordnungsgeber insbesondere auch die Klärung der Frage dem jeweiligen Mitgliedsstaat überlassen, inwieweit die Eintragung im Register – hier: Eintragung bei dem Grundbuchgericht – konstitutiver oder deklaratorischer Natur ist – nur der jeweilige Mitgliedsstaat ist berechtigt, diese Frage zu beantworten. Die EuErbVO beantwortet diese Frage nicht, sondern überträgt die Klärung den einzelnen Mitgliedsstaaten.

Dennoch wird der Vorrang des Erbstatuts ausschließlich ohne Berücksichtigung der Entstehungsgeschichte auf Art. 23 Abs. 2 Buchst. e) EuErbVO gestützt (vgl. zum Vorrang des Art. 23: MünchKommBGB/*Dutta* EuErbVO Art. 1 Rn. 49 und Art. 23 Rn. 21 f.; a.A. *Döbereiner*, ZEV 2015, 559, 561). Dann ist die Frage der Eintragungsart (deklaratorisch oder konstitutiv) bereits entschieden, die Entscheidung obliegt demzufolge nicht mehr dem einzelnen Mitgliedsstaat, in welchem sich das Immobiliargut befindet.

Der EuGH hat in der Sache jedoch entschieden, dass ausländische dingliche Vermächtnisse auch in Deutschland dingliche Wirkung entfalten, wenngleich er sich nicht umfangreich mit den weiteren Erwägungsgründen Nr. 18 und 19 sowie der Entstehungsgeschichte zu Art. 1 Abs. 2 Buchst. k) und l) auseinandergesetzt, was im vorliegenden Sachverhalt aber absolut unumgänglich gewesen wäre (EuGH NJW 2017, 3767, 3769 (Rn. 48ff.) Entscheidung „Kubicka"; vgl. ausführlich und unter Herausarbeitung der Entstehungsgeschichte des Art. 1 Abs. 2 Buchst. k) und l) einschließlich der gestalterischen Motive des Gesetzgebers: *Geimer/Schütze*, IntRechtsverkehr, *Schall/Simon*, EuErbVO Art. 1 Rn. 73, 74 und 76). Die Begründung des Verordnungsgebers wurde in der Entscheidungsfindung nicht umfangreich berücksichtigt. Daher kommt der EuGH zu dem Ergebnis, dass Art. 1 Abs. 2 Buchst. k) der Anerkennung der dinglichen Wirkung nicht entgegenstehe (NJW 2017, 3767, 3769 (Rn. 51). Ferner führt der EuGH aus, dass die Voraussetzungen, unter denen unbewegliches Vermögen erworben wird, nicht zu den durch Art. 1 Abs. 2 Buchst. l) EuErbVO vom Anwendungsbereich der Verordnung ausgeschlossenen Bereichen zählen (EuGH NJW 2017, 3767, 3769 (Rn. 51, 58)). Die Begründung des EuGH ist nicht vollends überzeugend.

V. Praktische Probleme bei der Umsetzung der Entscheidung – Nachlasszeugnis als Unrichtigkeitsnachweis

466 Die Beachtung der Entscheidung des EuGH bringt praktische Probleme mit sich. Das ENZ stößt hier nämlich an die Grenzen des Leistbaren. Das ENZ ist kein geeignetes Nachweisinstitut, um umfangreiche Prüfungen des jeweiligen Rechtsanwenders zu ermöglichen.

Hierbei ist zu berücksichtigen, dass im Regelfall keine Übersetzung des Nachlasszeugnisses verlangt werden kann, aber mangels Kenntnis der ausländischen Sprache verlangt werden muss (*Hügel/Wilsch* § 35 Rn. 38). Das kann nunmehr tatsächlich zu Schwierigkeiten führen. Von dem Rechtsanwender kann nicht verlangt werden, das jeweilige Rechtssystem in der jeweiligen Sprache mit den juristischen Fachbegriffen zu beherrschen. Das ENZ trägt unter diesem Gesichtspunkt keineswegs zu einer Vereinfachung des Rechtsverkehrs bei, wenn sich hinsichtlich eines Vermächtnisses das jeweils andere Land über die genaue rechtliche Konstruktion informieren muss. Alles in allem erscheint die Situation für die Praxis – auch unter Berücksichtigung der Interessen der Beteiligten – ziemlich unbefriedigend. Es ist fraglich, ob unter dieser Entscheidung die Akzeptanz des ENZ nicht weiter leidet, zumal es in der grundbuchgerichtlichen Praxis bisher noch nicht besonders weit verbreitet ist.

Das Vermächtnis ist im Europäischen Nachlasszeugnis auszuweisen, Art. 63 Abs. 1, 2 Buchst. b) und Art. 68 Buchst. m). Grundbuchverfahrensrechtlich handelt es sich bei der Eintragung eines dinglich wirkenden Vermächtnisses um eine Grundbuchberichtigung im Sinne des §§ 22 Abs. 1, 35 Abs. 1 S. 1 GBO, das Europäische Nachlasszeugnis ist der Unrichtigkeitsnachweis (zutreffend: *Böhringer*, ZfIR 2018, 81, 82; *Wachter*, Zerb 2017, 358, 362).

Für die Eintragung eines ausländisches, dinglich wirkendes Vermächtnisses muss sich aus dem Europäischen Nachlasszeugnis ergeben, dass es sich um ein solches Vermächtnis handelt. Damit es vom deutschen Grundbuchgericht anerkannt wird, muss dies der Bezeichnung des § 28 GBO genügen. § 28 GBO stellt hierbei eine gesetzliche Eintragungsvoraussetzung des deutschen Grundbuchverfahrensrechts dar, was gemäß Art. 1 Abs. 2 Buchst. l) EuErbVO zu akzeptieren ist (vgl. grundsätzlichen Möglichkeit des deutschen Rechts, verfahrensrechtliche, weitere Anforderungen an die Eintragung im Register/Grundbuch zu stellen auch: *Müller-Lukoschek*, NotBZ 2014, 329, 336). Genügt das Europäische Nachlasszeugnis diesen Anforderungen nicht, kann es als Grundlage einer etwaigen Grundbuchberichtigung, die dann eben nicht nachweisbar ist, nicht verwendet werden, es kommt aber eine Zwischenverfügung zur Ergänzung des ENZ in Betracht (auf die Probleme des § 28 GBO weist bereits *Wachter*, Zerb 2017, 358, 362 hin). Sind mehrere dingliche Vermächtnisnehmer vorhanden, muss aus dem ENZ das Gemeinschaftsverhältnis im Sinne des § 47 Abs. 1 GBO angegeben werden (*Böhringer*, ZfIR 2018, 81, 84).

Fraglich ist, ob bei einem dinglich wirkenden Vermächtnis auch eine Grundbuchberichtigung in Betracht kommen kann. Diese Frage ist aber zu bejahen (*Böhringer*, ZfIR 2018, 81, 82/83). Bewilligungsbefugt als einzig möglicher unmittelbar Betroffener ist der Erbe, der zumindest nach bisherigem deutschen Rechtsverständnis der Rechtsinhaber gewesen wäre. Zu beachten ist, dass die Grundbuchberichtigungsbewilligung nur in Betracht kommt, wenn die betreffende ausländische Rechtsordnung ein dinglich wirkendes Vermächtnis grundsätzlich kennt. Relevant werden kann eine Berichtigungsbewilligung bei Rechtsordnungen, die das Vindikationslegat kennen, der Vermächtnisnehmer aber noch in das Eigentum oder den Besitz eingewiesen werden muss (sog. sekundierender Realakt, siehe hierzu beispielsweise *Döbereiner*, ZEV 2015, 559). Sofern ein entsprechender Nachweis über das Vorliegen dieser Voraussetzungen nicht geführt werden kann, kann im Rahmen der schlüssigen Darlegung der Berichtigungsbewilligung hinreichend dargetan werden, dass diese notwendigen, zwingenden Voraussetzungen eingetreten sind.

Zu beachten ist, dass der Vermächtnisnehmer selbst der Grundbuchberichtigung in der Form des § 29 GBO zustimmen muss, § 22 Abs. 2 GBO.

Ob die (hilfsweise) erklärte Auflassung bei einem angenommenen Vindikationslegat und unentdecktem Vindikationslegat ein geeigneter Ausweg ist, um den Eigentumswechsel herbeizuführen, wurde bereits an anderer Stelle diskutiert (*Dressler*, Rpfleger 2018, 413, 416).

Ob in den Fällen, in denen aus dem Europäischen Nachlasszeugnis tatsächlich ein dinglich wirkendes Vermächtnis ersichtlich ist, eine vom Erben an den Vermächtnisnehmer erklärte Auflassung nebst Bewilligung, §§ 19, 20 GBO sowie §§ 873, 925 BGB, eine Alternative für eine schnelle Grundbucheintragung ist, erscheint zweifelhaft (der Praxis helfen wollend: *Wachter*, Zerb 2017, 358, 362).

12. Kapitel:
Elektronischer Rechtsverkehr im Grundbuchverfahren

§ 1
Das maschinelle (elektronische) Grundbuch

Das elektronisierte Grundbuch gibt es bereits seit über 20 Jahren. Es wird noch immer als maschinelles Grundbuch bezeichnet, vgl. die Bezeichnung des 7. Abschnitts der GBO. Die Voraussetzungen für den elektronischen Rechtsverkehr sowie die elektronische Grundakte wurden nunmehr bereits vor zirka zehn Jahren mit dem ERVGBG (Gesetz vom 11.08.2009, BGBl. I S. 2713) geschaffen. §§ 135 ff. GBO wurden neu eingefügt. **468**

Das Datenbankgrundbuch wiederum ist nunmehr in § 126 Abs. 1 GBO legal definiert und eine spezielle, modifizierte Variante des elektronischen Grundbuchs. Der Gesetzgeber versteht darunter das Grundbuch in strukturierter Form mit logischer Verknüpfung der Inhalte (siehe auch die lesenswerten Ausführungen von KEHE/*Püls* Vorbemerkung § 126 Rn. 10ff).

Das Grundbuchgericht arbeitet zwar mit dem elektronischen Grundbuch am PC, die Darstellung des Grundbuchs ist aber seit jeher unverändert geblieben und hat sich, zumindest nach Meinung vieler Praktiker, wozu auch die Notare zählen, bewährt. Es wird noch immer mit Aufschrift, einem Bestandsverzeichnis und drei Abteilungen dargestellt, wie dies schon § 4 GBV für das papierne Grundbuch vorgesehen hat, vgl. auch § 61 GBV.

Grundbuchblatt ist seit der Elektronisierung nicht mehr das Grundbuch in der Papierform. Auch das maschinelle Grundbuch als solches ist legal definiert, es handelt sich hierbei um den in den dafür bestimmten Datenspeicher aufgenommenen und auf Dauer unverändert in lesbarer Form wiedergabefähigen Inhalt des Grundbuchblattes, § 62 Abs. 1 GBV.

Nach § 63 Abs. 1 GBV ist dieser gespeicherte Inhalt so wiederzugeben, wie es den bisherigen Mustern der GBV (bzw. WGV) entspricht, § 63 S. 1 GBV. Nach § 63 S. 2, 3 ist es nunmehr jedoch möglich, dass die Landesregierungen weitere Darstellungsformen (zum Beispiel in Form einer Rangtabelle) einführen. Wie hierbei jedoch die vielfältigen Rangprobleme gelöst werden können, ist bisher ungeklärt. Die offenen Fragen sind bisher unbeantwortet (vgl. die Darstellung bei *Meikel/Dressler* Vor § 126 Rn. 77 ff. mwN.). Hinzukommt, dass sich die bisherige traditionelle Darstellungsform doch bewährt hat, was auch die Fachverbände in ihren Stellungnahmen zum Datenbankgrundbuchgesetz (DaBaGG) deutlich zum Ausdruck gebracht haben (*Meikel/Dressler* Vor § 126 Rn. 79). **469**

In der grundbuchgerichtlichen Praxis wird zumeist mit Textbausteinen gearbeitet, die einem Großteil der täglichen Eintragungsarbeit genügen und zahlreiche Eintragungen in den Abteilungen 1 bis 3 abdecken. Solche Textbausteine sind darüber hinaus insbesondere auch sinnvoll bei der Anlegung und Änderung von Wohnungseigentum (§§ 3, 8 WEG) sowie bei der Anlegung von Erbbaurechten. Der Gesetzgeber hatte bereits in einer frühen Phase zur Einführung des DaBaGG den Versuch unternommen, verbindliche Eintragungsmasken vorzuschreiben, dieses Vorhaben wurde jedoch wieder aufgegeben (*Meikel/Dressler* Vor § 126 Rn. 81). Die vom System angebotenen Bausteine sind daher bisher nicht verpflichtend zu verwenden, in der Regel wird sich der Grundbuchrechtspfleger dieser Bausteine jedoch bedienen.

470 Durch die in § 127 Abs. 1 Nr. 3, 4 GBO gegebene Möglichkeit der grundbuchgerichtsübergreifenden Zuständigkeit erhofft sich der Gesetzgeber eine Reduzierung des Arbeitsaufwands. Derzeit haben Nr. 3, 4 noch keine Bedeutung, insbesondere in den Ländern nicht, die keine elektronische Aktenführung haben.

Weitere Effektivierungen im Grundbuchbereich könnten durch die Vorschrift des § 76a GBV erreicht werden. § 76a Abs. 1 Nr. 2 GBV sieht beim Datenbankgrundbuch die Möglichkeit vor, nach Veränderungen im Bestandsverzeichnis die übrigen Abteilungen automatisch (also ohne aktive Eintragung durch den Grundbuchrechtspfleger) zu aktualisieren. Dabei sollte die Verbesserung der Lesbarkeit des Grundbuchs erreicht werden, wenngleich bei einer automatischen Aktualisierung auch gewisse Gefahren bestehen. Insbesondere bei sog. Teilbelastungen in Abteilung 2 scheint eine spürbare Verbesserung bei automatischer Aktualisierung nicht einzutreten.

Hinsichtlich der Aktualisierungen in Abteilung 3 muss sichergestellt werden, dass der Belastungsgegenstand auch nach Veränderungen im Bestandverzeichnis korrekt angegeben wird. Dies ist unbedingt notwendig, um fälschlicherweise einer Belastungssituation vorzubeugen, die vor automatischer Aktualisierung so nicht bestanden hat.

471 Es wird doch sehr spannend sein, die weitere Entwicklung des Datenbankgrundbuchs zu beobachten. Die Vorgänge im Grundbuchgericht – unter Berücksichtigung der einzelnen Ländersituationen – sind sicherlich hochkomplex und teilweise sogar landesspezifisch. Es dauert sicherlich noch eine Zeit, bevor das Datenbankgrundbuch in Deutschland flächendeckend eingeführt ist. Ob es bis 2023 so weit ist? Der Weg könnte sich lohnen, um das elektronische Grundbuch in eine modernere Form zu überführen. Abgesehen von der Altdatenübernahme – es sind theoretisch Millionen Seiten an Altaktenbestand sowie Millionen von Grundbüchern in die elektronische Form zu überführen – ist es eine reizvolle Vorstellung, dass die mittelbare Bezugnahme gem. § 874 BGB anders genutzt werden kann als bisher. Wenn nämlich der in Bezug genommene Inhalt ebenso elektronisiert vorliegt, ist es nur noch eine Frage der Software, inwieweit dieser erscheint, wenn der Leser des Grundbuchs über den Eintragungstext „fährt".

§ 2
Elektronischer Rechtsverkehr

Der elektronische Rechtsverkehr ist bisher nicht in allen Bundesländern zugelassen, jedes Bundesland kann entsprechende Regelungen erlassen, § 135 Abs. 1 GBO. Die Bundesländer befinden sich hierbei in unterschiedlichen Stadien, in einigen herrscht Echtbetrieb, in anderen Testbetrieb und in wiederum anderen gibt es derzeit noch keinen elektronischen Rechtsverkehr beim Grundbuchgericht (eine aktuelle Länderübersicht gibt es bei: http://www.elrv.info/de/elektronischer-rechtsverkehr/rechtsgrundlagen/ElRv_Uebersicht_BL.html (Stand: 14.05.2019)). **472**

Es bedarf zunächst eines entsprechenden Postfachs seitens des Grundbuchgerichts, § 135 Abs. 1 Nr. 3, 136 Abs. 1 GBO. **473**

Der Antrag ist eingegangen mit vollständiger Übersendung der Dokumente, § 136 Abs. 1 S. 1 GBO. Für den reinen Eintragungsantrag ist eine besondere Form nicht vorgeschrieben, er ist auch nicht zwingend zu unterschreiben. Die reine Antragstellung kann daher in Form eines elektronischen Dokuments erfolgen, sofern der Name der ausstellenden Person erkennbar ist (*Meikel/Dressler* § 137 Rn. 46). Es kommt nicht mehr auf die Vorlage beim Grundbuchbeamten an, vgl. hierzu noch § 13 Abs. 2, 3 GBO.

Möglich ist es, dass eine sog. Hybridakte beim Grundbuchgericht geführt wird. Die Zulässigkeit ergibt sich aus § 135 Abs. 2 GBO, eine entsprechende landesgesetzliche Vorschrift ist also Voraussetzung. Wenn also nicht alle Dokumente in elektronischer Form überreicht werden, besteht eine Akte aus Papier und elektronischen Dokumenten, der sog. Hybridakte. In der Übergangszeit wird es wohl eine Hybridakte geben, da nicht sofort alle Dokumente in die entsprechende Form übernommen werden können (vgl. beispielsweise Aufteilungspläne im Sinne des § 7 Abs. 4 WEG). Ferner gibt es noch immer Papierunterlagen, die zur Entfaltung gewisser Rechtswirkungen in einer bestimmten papiernen Form vorgelegt werden müssen. In erster Linie zu denken ist an den Erbschein, der auch beim Grundbuchgericht nach nahezu einhelliger Ansicht in Ausfertigung vorzulegen ist. Es kommt hierbei zum Medienbruch. Die Zukunft muss zeigen, ob und wie ein solcher verhindert werden kann. Der elektronische Rechtsverkehr in Grundbuchsachen ändert hieran zunächst nichts, § 137 Abs. 1 S. 3 GBO.

Die Eintragungen im Grundbuch werden bereits jetzt elektronisch gefertigt. Insofern wird das Datenbankgrundbuch auch einige Neuerungen bereithalten (siehe hierzu oben). Jedoch bleibt die Grundbucheintragung prinzipiell die Gleiche. Wirksam ist die Eintragung mit dauerhafter Speicherung im entsprechenden Datenspeicher, § 129 Abs. 1 S. 1 GBO. Die elektronische Unterschrift ist hingegen keine Wirksamkeitsvoraussetzung, § 75 S. 1 GBV, was jedoch um- **474** stritten ist (Darstellung bei *Meikel/Dressler* § 129 Rn. 26). Die elektronische Unterschrift wird Teil des Grundbuchs, § 75 S. 3 GBV. Die Grundbucheintragung wird damit auch heute noch mit dem Namen der die Eintragung veranlassenden Person abgeschlossen. Zu Zeiten des papiernen Grundbuchs war dieser Verfahrensablauf ein anderer. Nach § 44 Abs. 1 S. 2 GBO war die Eintragung vom Rechtspfleger und vom Urkundsbeamten der Geschäftsstelle zu unterschreiben (4-Augen-Prinzip). Dieses 4-Augen-Prinzip wurde aber mit Einführung des maschinellen Grundbuchs abgeschafft.

475 Sofern entsprechend vom Landesgesetzgeber zugelassen, wird das Grundbuchgericht Entscheidungen nach § 18 GBO auch im elektronischen Wege erlassen können, § 140 Abs. S. 1 GBO. Der Gesetzgeber kann die entsprechenden Regelungen bereits erlassen, auch wenn die Grundbuchakte noch nicht vollständig elektronisch geführt wird. Voraussetzung ist aber eine zum Teil geführte elektronische Grundakte (Hybridakte). Beschlüsse und Zwischenverfügungen sind mit einer qualifizierten, elektronischen Signatur zu versehen, § 140 Abs. 1 S. 2 GBO.

Sachregister

(Die angegebenen Zahlen beziehen sich auf die Randnummern im Text.)

A
Abänderungsbefugnis
- von Entscheidungen 29

Abänderungsverbot
- Ausnahmen vom – 30
- bei vollzogenen Eintragungen 30
- bei zurückgewiesenen Antragen 30

Abhilfe
- des Rechtspflegers 412

Ablehnung
- von Gerichtspersonen 33

Abstraktionsprinzip 274

Abteilung
- erste – 68
- zweite – 69
- dritte – 70
- Inhalt der –320

Änderungsbewilligung 118

AGB siehe „Allgemeine Geschäftsbedingungen"

Aktenkundigkeit 247

Allgemeine Geschäftsbedingungen
- Begriff der – 277
- bei Bewilligung 281
- bei Erbbaurechten 282
- bei Teilungserklärungen 278
- Inhaltskontrolle der – 279, 280
- Umfang der Inhaltskontrolle von – 280 f.

Amtseintragung
- des Nacherbenvermerks 384

Amtsermittlungsgrundsatz
- im Amtsverfahren 20
- im Antragsverfahren 20

Amtslöschung
- bei unzulässigem Inhalt 408
- Klarstellung statt – 409
- Strengbeweis bei – 22

Amtsverfahren 13
- Beschwerdeberechtigung im – 416
- rechtliches Gehör im – 25

Amtswiderspruch
- bei Gesetzesverstoß 400
- Eintragungsinhalt des – 405
- Freibeweis beim – 22
- gegen Grundbuchunrichtigkeit 399
- Möglichkeiten des gutgläubigen Erwerbs 402
- Verfahrensablauf bei – 403
- Voraussetzungen des – 398
- weitere Eintragung trotz – 407
- Wirkungen des – 406
- Zweck des – 397

Anfechtung
- anderer Entscheidungen 414
- von Eintragungen 410

Anscheinsbeweis 289

Anspruch
- Erwerb eines orginären – 189
- vormerkungsfähiger – 276

Anteilverhältnis
- bei Bruchteilgemeinschaft 178
- bei Gesamtberechtigung nach § 428 BGB 180

- bei Gesamthandsgemeinschaft 179
- bei Mitberechtigung nach
  § 432 BGB 181
- bei Zwangseintragung 177
- Grundsatz 176

Antrag
- als Verfahrenshandlung 93
- Einschränkung des Vorbehaltsverbots 99
- Form des – 96
- formelle Bedeutung des – 90
- Geltungsbereich des – 92
- gemischter – 96
- Inhalt des – 95
- materielle Bedeutung des – 91
- Rangbestimmung im – 350
- Rechtsnatur des – 93 ff.
- Rücknahme des – 111
- Übereinstimmung mit Bewilligung 97
- unter Vorbehalt 98
- Verfahrensfähigkeit 94
- Wirksamwerden des – 109
- Zeitpunkt des – 110
- Zweck des – 89

Antragsberechtigung 100
- des Notars 105
- Fehlen der – 295
- mittelbar Beteiligter 103

Antragsmangel 295

Antragsrecht
- der Beteiligten 100

Antragsrücknahme
- Berechtigung zur – 112
- Form der – 114
- Grundsatz der – 111
- Vertretung bei – 113
- Verzicht auf – 111

Antragsverfahren 13, 287
- Beschwerdeberechtigung im – 416
- rechtliches Gehör im – 25

Apostille 422

Aufhebung

- der Zwischenverfügung 309

Aufklärungsverfügung 293

Auflassung siehe „Dingliche Einigung"

Aufrechnungsverbot 284

Aushändigung
- der Bewilligung 186
- des Briefes 317

Ausländische Erbnachweise
- Erbschein 454
- Testament 455

Ausländischer Güterstand 435
- Gesetzliche Regelung 438
- Gewöhnlicher Aufenthalt 437, 439, 440
- Kegel'sche Leiter 447
- Rechtswahl 437, 443
- Staatsangehörigkeit 437, 443
- Unwandelbarkeit 439, 441, 447

Ausländische Urkunde
- In fremder Sprache 432

Auslegung
- einer letztwilligen Verfügung 383
- zweckgerichtete – 268

Ausschließung
- von Gerichtspersonen 33

B

Baugesetzbuch
- Regelungen des – 260

Bauleitplanung 260

Bebauungsplan 260

Bedingungen
- Eintragung von – 334

Bedingungszusammenhang 275

Befristungen
- Eintragung von – 334

Beglaubigung
- Form der – 236

Begünstigter 100 ff.

Behörde
- begriffliche Definition 232
- Eigenurkunde einer – 198

Sachregister

Behördenbewilligung 198
Behördenerklärung 237
Behördenform 237
Behördliche Genehmigung
– Erfordernis von – 258
Beibringungsgrundsatz 20, 287
Beistände 35
Beitrittsgebiet
– Besonderheiten bei Bewilligungsmacht 140
– Genehmigungserfordernisse im – 267
– Sonderregelungen im – 267
– Umrechnungssatz im – 256
Bekanntmachung
– Charakter der – 319
– der Eintragung 319
– Form bei Entscheidungen 28
– Form der – 303
Belastungsverhältnisse 359
Belastungsvollmacht 134
Benachrichtigungspflicht 319
Benachrichtigungsvollmacht 319
Berichtigung
– bei Briefrechten 374
– bei Vormerkung 372
– bei Widerspruch 373
– bewilligte – 363
– durch Nachweis der Unrichtigkeit 364
– durch Schlüssigkeit und Bewilligung 364
– Voraussetzungen der – 363
Berichtigungsbewilligung 118
Beschluss
– Zurückweisungs – 302
– Zustellung bei befristetem Rechtsbehelf 303
Beschwerde
– Wirkung der – 417
Beschwerdeberechtigung 416
– im Amtsverfahren 416
– im Antragsverfahren 416

Beschwerdegericht 417
Bestandsverzeichnis 67
– Inhalt des – 320
Bestandteilszuschreibung
– Begriff 80
– Voraussetzungen für – 81
– Vormundschaftsgerichtliche Genehmigung bei – 83
– Wirkungen der – 82
Bestimmtheitsgrundsatz 327
Beteiligte 13
– Antragsrecht der – 100
– formell – 14
– Gewerkschaften als – 15
– Juristische Personen als – 15
– Leibesfrucht als – 16
– materiell – 14
– Verstorbene als – 16
Beteiligtenfähigkeit 15
Beteiligung
– mittelbare – 103, 136
– unmittelbare – 101, 102
Betrauungsakt 56
Betroffener 100 ff.
Beurkundungszuständigkeit
– anderer Urkundspersonen und Behörden 234
– des Notars 234
Bevollmächtigte 35
Beweis
– der Eintragungsgrundlagen 230
Beweisarten 22
Beweisaufnahme 21
Beweiskraft
– der Notarbescheinigung 256
Beweislast 23
Beweismittel
– im Antragsverfahren 21
– im FG-Verfahren 21
– zulässige – 21, 230
Beweismittelbeschränkung 230
Beweiswürdigung
– Ergebnis der – 290

– freie – 248, 289
Bewilligung
– als Verfahrenshandlung 126
– Anfechtbarkeit der – 191
– Begriff der – 117
– Anwendung bürgerlich-rechtlicher Grundsätze 128
– Arten der – 118
– bei Auflassung 120, 133
– bei Belastungen 133
– bei möglicher Betroffenheit 136
– Bezugnahme auf – 336
– durch Behörden 198
– durch gesetzliche Vertreter juristischer Personen 199
– durch gesetzliche Vertreter natürlicher Personen 200
– durch gewillkürte Vertreter 208
– durch Notar 210
– durch Vertreter 194
– durch Vertreter ohne Vertretungsmacht 209
– einer Behörde 198
– Einschränkung des § 21 GBO – 137
– Ersatz der Aushändigung 188
– ersetzte – 211
– erzwungene – 212
– Fehlen der – 123
– Inhalt der – 173 ff.
– Inhaltskontrolle der – 281
– Mitwirkung mittelbar Betroffener 136
– Prüfung der – 268
– Rangbestimmung in der – 349
– Rechtsnatur der – 121
– Selbstkontrahieren bei der – 195
– Stellungnahme zur Rechtsnatur der – 122
– Unwiderruflichkeit der – 183
– Voraussetzungen des Wirksamwerdens der – 185

– Wesensunterschiede zwischen dinglicher Einigung und – 123
– Widerruf der – 183
– Willensrichtung von dinglicher Einigung und – 124
– Wirksamkeit der – 183 ff.
– Wirksamwerden der – 183
– Wirksamwerden durch Aushändigung 186
– Wirkungen der – 125
– zur Löschung 118
– Zurücknahme der – 189
Bewilligungsbefugnis
– Begriff der – 128 f.
– Grundsatz 141
– Entzug und Einschränkung der – 142
– Heilung durch Zustimmung 144
– Schutzvorschrift des § 878 BGB 145 f.
– Sonderfälle 143
Bewilligungsberechtigung 128 ff.
Bewilligungsinhalt
– Anteilsverhältnis mehrerer Berechtigter 176
– Eintragungsfähiger Inhalt 175
– Eintragungsfähiges Recht 174
– Verfahrenserklärung 173
Bewilligungsmacht
– Begriff der – 128 f.
– Besonderheiten im Beitrittsgebiet 140
– Fehlen der – 132
– Grundsatz des § 19 GBO 130
– Tod des Inhabers der – 135
– Vollmacht bei Belastung 134
– Zustimmungsberechtigung 131
Bezeichnung
– des Rechts 329
Bezugnahme
– auf die Bewilligung 336
– auf Register 255

- Zulässigkeit der – 337
Bildung
- des Briefes 314
- eines Flurstücks 78
Bindung
- an Einigung 150
Bösgläubigkeit 165
Brief
- Bildung und Aushändigung des – 314, 317
- Herausgabeanspruch des Eigentümers 318
Briefrechte
- Ausnahmen von der Voreintragung bei – 216
Briefübergabe 318
Bruchteilsgemeinschaft 178
Buchung siehe auch „Sammelbuchung"
- unter einer Nummer 325
- unter mehreren Nummern 326
Buchungsreihenfolge
- Ausnahmen von der – 346
- des § 45 GBO 343
- in einer Abteilung 343
- in verschiedenen Abteilungen 345
Buchungszwang 65
Beweiswirkung
- der Unterschriftsbeglaubigung 329
- der Urkunde 238

C
Charakterisierungszusatz 329

D
Datenbankgrundbuch 468

Datierung
- der Eintragung 321
dingliche Einigung (siehe auch „Einigung")
- Fehlen der – 366

- Inhaltskontrolle der – 282
- Prüfung der – 273
- Unterschiede zur Bewilligung 123
Dolmetscher 432
Doppelvollmacht 203

E
Ehegüterverordnung (EuGüVO) 436 ff.
Eigentum
- Sozialbindung des – 258
Eigentümerrechte
- Verzögerung der Entstehung eines – 286
Eigenurkunde
- des Notars 210
- einer Behörde 198
Einigung
- Bindung an die – 150
Einigungsgrundsatz 115
Eintragung
- Anfechtung der – 410
- bei eingetragenem Insolvenzvermerk 152
- bei eingetragener Vormerkung 153
- bei Verfügung eines Nichtberechtigten 154
- Bekanntmachung der – 319
- Datierung der – 321
- des Berechtigten 331
- des betroffenen Grundstücks 333
- des Gemeinschaftsverhältnisses 332
- Form der – 320
- Inhalt der – 327
- mittelbare – 328
- Reihenfolge der – 338
- trotz Amtswiderspruch 407
- unmittelbare – 331 f., 328
- Unterzeichnung der – 322
- von Bedingungen und Befristungen 334
- von Nebenleistungen 330

- Wortlaut der – 315
- Zuständigkeitsmängel bei – 322

Eintragungsfähigkeit 174 f.
Eintragungsgrundlagen 240
- Beweis der – 230

Eintragungsinhalt
- Vorschläge des Antragstellers 316

Eintragungsort 320
Eintragungsunterlagen
- Vorlage der – 244

Eintragungsverfügung
- Inhalt der – 314

Eintragungsvoraussetzungen
- Fehlen einer – 287

Einwände
- gegen Urkunde 238
- gegen Wirksamkeit der Erklärung 238

Elektronischer Rechtsverkehr 468, 472
Entgeltlichkeit
- Nachweis der – 386

Entscheidungen
- Abänderungsbefugnis von – 29
- anfechtbare – 415
- Arten der – 27
- Bekanntmachung von – 28
- des GBA 287
- ohne Außenwirkung 414
- unanfechtbare – 414
- Wirksamwerden von – 27

Entscheidungsgründe 302
Entscheidungsgrundlagen
- Art der Gewinnung von – 19

Entscheidungsreihenfolge des § 17 GBO 339
Entwicklung
- städtebauliche – 259

Entwicklungsmaßnahmen 264
Erbbaurecht
- Veräußerungsverbot bei – 171

Erfahrungssätze 251, 289
Erklärung
- Begriff der – 241 ff.
- fingierte – 285

Ersatznacherbe 384
Erstreckungserklärung 360
Erwerbsfähigkeit 14, 172
Erwerbsverbote 172
EU-Apostillenverordnung 426
Europäisches Nachlasszeugnis 456
- Vindikationslegat 461

F
Fassungsbeschwerde 411
Fehleridentität 275
Feststellungslast 23
- bei § 878 BGB 149

FamFG
- Anwendung und weitere Gesetze 33
- bei Bevollmächtigten und Beiständen 35
- bei der Gerichtssprache 37
- bei Fristenberechnung 36
- bei Prozesskostenhilfe 34
- über die Öffentlichkeit 38
- über die Rechtshilfe 39
- über die Sitzungspolizei 40
- über die Zwangsmittel 41

Fingierte Erklärungen 285
Flächennutzungsplan 259
Flurstück 58
- Bildung eines neuen – 78
- Verschmelzung von – 78

Folgeverfügungen 317
Form
- bei Antragsrücknahme 114
- des Antrags 96
- der Beglaubigung 236
- der löschungsfähigen Quittung 242
- der Rücknahme 114
- der Urkunde 235
- der Zurückweisung 302
- von Erklärungen des Schuldners 284

Sachregister

Formelles Konsensprinzip 116
Formstrenge
- Ausnahmen von der - 246
Formzwang
- Ausnahmen vom - 257
Freibeweis
- beim Amtswiderspruch 22
Freie Beweiswürdigung 248
Fristenberechnung 36

G
Gegenbeweis 238, 239
Gemarkung 59
Gemeinschaftsordnung 272
Gemeinschaftsverhältnis 332
Gemischter Antrag 96
Genehmigung
- Erteilung der - 203
- gem. § 185 BGB 132
- gem. § 878 BGB 151
- Nachweis der - 202
- Prüfungspflicht des GBA 202
- systematische Darstellung der - 208
- Wirksamwerden der - 203
- Zugang der - 203
Genehmigungsbedürftige Rechtsvorgänge 201
Genehmigungsbedürftigkeit
- von Grundbucheintragungen 201
- Schutz des § 878 BGB 151
Genehmigungserfordernisse
- im Beitrittsgebiet 267
Genehmigungspflichten
- bei Begründung von Wohnungseigentum 261
- nach dem Grundstücksverkehrsgesetz 265
Generalklausel 286
Gerichtspersonen
- Ablehnung von - 33
- Ausschließung von - 33
Gerichtssprache 37

Gesamtberechtigung nach § 428 BGB 180
Gesamtgläubigerschaft 180
Gesamthandsgemeinschaft 179
Geschäftseinheit 275
- Geschäftsverteilungsplan 57
- Verstoß gegen die - 57
Gesellschaft bürgerlichen Rechts 182b
Gesetzesverstoß 400
Geständniserklärung 242
Gewerkschaften
- als Beteiligte 15
Gewöhnlicher Aufenthalt 437, 439, 440
Grundbuch
- blätter 64
- Einrichtung des - 63
- Elektronisches - 468
- Maschinelles - 468
Grundbuchamtsbezirk 45
Grundbuchberichtigung siehe „Berichtigung"
Grundbuchblatt 64
- Abteilungen des - 68 ff.
- Bestandsverzeichnis des - 67
- Bestandteile des - 66
Grundbuchrichter 49
Grundbuchsachen 42
Grundbuchsperre 151 ff., 168
Grundbuchunrichtigkeit
- Amtswiderspruch gegen - 399
- Begriff der - 361
- Ursachen der - 362
Grundbuchverfahren
- Zweck des - 269
Grundgeschäft
- Mängel des - 275
- Prüfung des - 274
Grundpfandrechtsbrief siehe „Brief"
Grundstück
- Ideal - 60
- im Rechtssinn 60

- zusammengesetztes – 60
Grundstücksbegriffe 58 ff.
Grundstücksgleiche Rechte 61
Grundstücksteilung
- Begriff 71
- bei Belastung 72
- ideelle – 73
- im eigenen Besitz 75
- notwendige Nachweise bei – 74
- Wirkungen der – 76
Grundstücksvereinigung
- Begriff 77
- Voraussetzungen der – 78
- Wirkungen der – 79
Grundstücksverkehrsgesetz 265
- Beschränkungen nach dem – 258
- Genehmigungspflichten nach dem – 266
- Zweck des – 265
Grundstücksverkehrsordnung
- Regelungen der – 267
Grundstücksverzeichnis
- amtliches – 58
Güterstand
- Nachweis des – 254
Gutglaubensschutz
(siehe auch „Schutzvorschrift des § 892 BGB")
- Ablehnung der Eintragung 157
- Anwendung im Grundbuchverfahren 155, 156
- Voraussetzungen für – 157
Gutgläubiger Erwerb 159, 398, 402

H
Haager Übereinkommen – 422
Heilung
- durch Zustimmung des Nacherben 379
Höchstzinssatz 330
Hybridakte 473
Hypothekenbrief siehe „Brief"

I
Idealgrundstück 60
Ideelle Teilung 73
Identitätsfeststellung
- durch Notar 239
Inhaltskontrolle
- der AGB 280
- der Bewilligung 281
- der dinglichen Einigung 282
- Systematik der – 283
Insolvenzeröffnung 142 ff.
Interpretationsmaxime 268
Investitionsvorrangbescheinigung 267

J
Juristische Personen
- als Beteiligte 15
- im Gründungsstadium 16
- verfahrensunfähige – 18

K
Kataster siehe „Liegenschaftskataster"
Klarstellung
- statt Amtslöschung 409
- Wirkung der – 409
Konkurrenz
- existentielle – 312
- rangmäßige – 312
Konsensprinzip 115 f.

L
Legalisation
- im engeren Sinne 419
- im weiteren Sinne 420
Legalitätsgrundsatz 268, 270
Legalitätsprinzip 116
Legitimationsfunktion der Voreintragung 215
Leibesfrucht
- als Beteiligte 16
Liegenschaftskataster 58

Löschung
- rückstandsfähiger Rechte 367
- von Amts wegen siehe „Amtslöschung"
Löschungsbewilligung 118
Löschungserleichterungsvermerk 317
löschungsfähige Quittung
- Form der - 242
- Inhalt der - 366

M
Mängel
- des Antrags 295
- der Urkunde 235
Maßregeln
- Unanfechtbarkeit von - 414
Materielles Konsensprinzip 115
- Prüfung des - 119
Mitbelastung
- nachträgliche - 357
Mitberechtigung nach § 432 BGB 181
Mitteilungen in Zivilsachen 319
MiZi siehe „Mitteilungen in Zivilsachen"

N
Nacherbe
- Beteiligung des - 390
- Schutz des - 376
- Zustimmung des - 379, 391
Nacherbenrecht
- Nachweis des - 383
Nacherbenvermerk
- Amtseintragung des - 384
- Eintragung des - 383
Nacherbschaft
- Anordnung der - 375
Nachgenehmigung 203, 203
Nachweis
- des Güterstandes 254
- der Unrichtigkeit 364
- der Vertretungsmacht 193

- der Vertretungsbefugnis von Handelsgesellschaften 253
- der gerichtlichen Genehmigung 202
Nasciturus siehe „Leibesfrucht"
Nebenleistungen
- Eintragung von - 330
Neubelastung
- unselbstständige - 357
Nichtberechtigter 132
- Schutz bei Verfügung eines - 154
Non liquet siehe „Feststellungslast"
Notar
- als Vertreter 210
- Auswirkungen der Beurkundung/Beglaubigung 107
- Beurkundungszuständigkeit des - 234
- Bewilligung durch - 210
- Eigenurkunde des - 210
- Identitätsfeststellung durch - 239
- Vollmachtsvermutung des - 105
- Voraussetzungen des § 15 GBO 106
Notarbescheinigung 199
- Beweiskraft der - 256

O
Offenkundigkeit 246
Öffentliches Recht 258
Öffentlichkeit 38

P
Personalfolium 64
Pfanderstreckung 78
- Rangverhältnisse bei - 358
- Wesen der - 357
PKH siehe „Prozesskostenhilfe"
Planungsstufen 259
Präsentatsbeamter 52
Prioritätsgrundsatz 338
Prozesskostenhilfe 34
Prüfung

– des Grundgeschäfts 274
Prüfungspflicht des GBA
– Umfang der – 268 f.

R
Rang
– außerhalb des Buches 347
Rangänderung 355
– Voraussetzungen der – 356
Rangbestimmung
– in Antrag 350
– in Bewilligung 349
– Einzelfälle der – 351
– Regeln für die – 354
Rangherstellung 348
Rangregulierung
– Notwendigkeit der – 359
– Voraussetzungen der – 360
Rangschutzvermerk 310
Rangwahrung
– der Zwischenverfügung 310
Realfolium 64
Recht
– Bezeichnung des – 329
– nicht eintragungsfähige – 297
– Umfang des – 329
Rechtliches Gehör 24
– im Amtsverfahren 25
– im Antragsverfahren 25
– Inhalt des Rechts auf – 25
– Regeln für die Gewährung – 26
Rechtsbehelf
– Beschlusszustellung bei befristetem – 303
Rechtsgeschäfte
– genehmigungsbedürftige – 201
Rechtshilfe 39
Rechtskraft 31
– fähigkeit von Grundbucheintragungen 32
– formelle – 31
– materielle – 32

Rechtsnatur des Antrags 93 ff.
Rechtspfleger 50
Rechtspflegeorgane 49 ff.
Rechtswirksamkeit
– der Erklärung 238
Reformatio in peius 417
Registergericht
– Zeugnis des – 199
Rubrum 302
Rücknahme
– der Bewilligung 189, 190
– des Antrags siehe „Antragsrücknahme"
Rückstände
– Möglichkeit von – 369
Rückstandsfähige Rechte
– Löschung von – 367

S
Sammelbuchung
– als Buchung unter einer Nummer 325
– als Buchung unter mehreren Nummern 326
– Zulässigkeit der – 324
Sanierungsmaßnahmen 264
Schutzfunktion der Voreintragung 215
Schutzvorschrift des § 878 BGB
– Anwendungsbereich 146
– Bindung an die Einigung (Beispiele) 150
– Feststellungslast 149
– Schutz bei eingetragener Beeinträchtigung 152
– Schutz bei eingetragener Vormerkung 153
– Schutz bei Genehmigungsbedürftigkeit 151
– Schutz bei Verfügung eines Nichtberechtigten 154
– Schutzbereich 147
– Voraussetzungen 148

Schutzvorschrift des § 892 BGB
- absolute Verfügungsbeschränkung 164
- Abteilung der Eintragung 157
- bei Eintragung eines Widerspruchs 159
- bei Fehlen einer Verfahrensvoraussetzung 158
- bei Fehlen eines Rechtsgeschäfts 163
- bei fehlendem Verkehrsgeschäft 162
- Bösgläubigkeit 165
- nach Berichtigung des Grundbuchs 161
- Selbstkontrahieren bei – 195
- zweifelhafte Fälle 160
Sitzungspolizei 40
Sozialbindung
- des Eigentums 258
Sperrjahr 370
Staatsvertrag 427 ff.
Städtebauliche Entwicklung 259
Städtebauliche Maßnahmen
- Auswirkungen von – 264
Stellungnahme 25
Strengbeweis
- bei Amtslöschung 22
- bei Löschung wegen Gegenstandslosigkeit 22
- im Rangklarstellungsverfahren 22

T
Tatsache
- Aktenkundigkeit von – 247
- Begriff der – 243
- beweisbedürftige – 247
- Offenkundigkeit von – 246
Teilung siehe „Grundstücksteilung"
Tenor 302
Testamentsauslegung 383
Testamentsvollstrecker
- Mitwirkung des – 394
- Verfügungen des – 396
Testamentsvollstreckerzeugnis 393
Testamentsvollstreckung
- Eintragung der – 393
- Nachweis der – 393
- neben Vorerbschaft 381
- Rechtsnatur der – 392
- Verfügungen des Erben trotz – 394

U
Übersetzung 432, 455, 458
UdG siehe „Urkundsbeamter der Geschäftsstelle"
Umlegungsverfahren
- Auswirkungen des – 263
Umrechnungssatz
- im Beitrittsgebiet 257
Unanfechtbarkeit
- Grundsatz der – 410
Unentgeltliche Verfügungen
- des Testamentsvollstreckers 396
- des Vorerben 378
Unmittelbare Eintragung 331 f.
- Notwendigkeit der – 329
- von Nebenleistungen 330
Unrichtigkeit
- dauernde – 273
- vorläufige – 273
Unrichtigkeit des Grundbuchs siehe „Grundbuchunrichtigkeit"
Unrichtigkeitsnachweis 365
Unrichtigwerden des Buches 300
Unterschriftsbeglaubigung 236
- Beweiswirkung der – 239
Unterzeichnung
- der Eintragung 322
- fehlende – 323
Urkunde
- Beweiswirkung von – 238
- Einwände gegen – 238
- Form der – 235
- Mängel der – 235
Urkundenbegriff 231

Urkundenbeweis 238
- Absehen vom – 250
Urkundsbeamter der Geschäftsstelle 51
Urkundspersonen 232 f.

V

Vereinigung siehe „Grundstücksvereinigung"
Verfahrensarten 13
Verfahrensfähigkeit 17, 88, 94
Verfahrensgrundsätze 13 ff.
Verfahrensunfähige Personen
- juristische – 18
- natürliche – 18
Verfahrensvoraussetzungen
- allgemeine – 85
- Begriff 84
- besondere – 86
- Prüfungsschema zu – 87
- Zusammenwirken von allgemeinen und besonderen – 88
Verfügung
- der Eintragung 314
- des Erben trotz Testamentsvollstreckung 394
- Unanfechtbarkeit von – 414
- unentgeltliche – 378
Verfügung von Todes wegen
- Auslegung einer – 383
- Begriffliche Definition 377
Verfügungsbeeinträchtigungen 164
Verfügungsbefugnis 141
- Verlust der – 167
Verfügungsbeschränkungen
- Arten der – 164
- des Vorerben 376
Verfügungsverbot 143
- Anwendung der §§ 17, 45 GBO 170
- bei Erbbaurechten 171
- Folgen im Grundbuchverfahren 168

- Rechtsnatur der – 166
- zum Schutz des gutgläubigen Dritten 169
Verkehrsgeschäft 164
Vermächtnis, dinglich wirkendes 461
Verrechnungsklauseln 286
Verschmelzung von Flurstücken 78
Verständlichmachung der Voreintragung 215
Verstorbene
- als Beteiligte 16
Verstoß
- gegen die örtliche Zuständigkeit 45, 47
Vertragsbedingungen 277
Vertretung
- bei Antragsrücknahme 113
- bei Antragstellung 104
- bei Bewilligung 192 ff.
- durch Notar 105, 108
Vertretungsbefugnis 253 ff.
- Nachweis der – 253
Vertretungsmacht
- Beschränkung der – 194
- Fortbestehen der – 197
- Nachweis der – 193
- Selbstkontrahieren 195
- Umfang der – 194
Verwender von AGB 277
Verwirrung
- durch Flurstücksverschmelzung 39
Verwirrungsgefahr
- bei Vereinigung 78
- bei Zuschreibung 82
Vollmacht
siehe auch „Vertretung"
- Benachrichtigungs – 319
- Form der – 208
- über den Tod hinaus 382
Voraussetzungen der Zwangsvollstreckung 299
- Fehlen von – 298

Vorausvermächtnis 461
Vorbehalt
– bei Antrag 98
– verbindender – 99
Vorbescheid 414
Voreintragung 214 ff.
– Ausnahmen von der – 216 ff.
– begriffliche Neuabgrenzung der – 228
– des Vorerben 385
– fakultative – 228
– Grundsatz der – 214
– Legitimationsfunktion der – 215
– Schutzfunktion der – 215
– systematische Darstellung der – 220
– Verständlichmachungsfunktion der – 215
Vorerbe
– befreiter – 385
– Befreiung des – 380
– nicht eingetragener – 385
– unentgeltliche Verfügungen des – 386
– Verfügung ohne Voreintragung des – 385
– Verfügungsbeschränkungen des – 376
– Voreintragung des – 385
Vorerbschaft
– Anordnung der – 375
– neben Testamentsvollstreckung 381
Vorgenehmigung 203, 206
Vorkaufsrecht nach §§ 24–28 BauGB 262
Vormerkung
– Buchung der – 311
– gem. § 18 Abs. 1 GBO 313
– gem. § 18 Abs. 2 GBO 310
– Prüfungspflicht des GBA 276
– Voraussetzungen der – 276

W
Widerruf
– der Bewilligung 183
Widerspruch
– gegen Löschung 370
– und gutgläubiger Erwerb 159
Widerspruch gem. § 18 Abs. 2 GBO 310
Willenserklärung 242
Wohnungseigentum
– Genehmigungspflicht bei Begründung von – 261

Z
Zerlegung 71
Zeugnis
– des Registergerichts 199
Zinsen 330
Zuflurstück 60, 78
Zugang
– der gerichtlichen Genehmigung 203
Zugangsfiktion 285
Zulässigkeit
– der Vormerkung gem. § 18 Abs. 2 GBO 313
Zurücknahme (siehe auch „Antragsrücknahme")
– der Bewilligung 189, 190
Zurückweisung
– Fälle der – 294 f.
– Form der – 302
Zusammengesetztes Grundstück 60
Zuständigkeit
– funktionelle – 48
– örtliche – 45
– sachliche – 42
– Verstoß gegen – 46, 56
Zuständigkeitsmängel
– bei Eintragung 322
Zuständigkeitsregeln 48
Zustellung
– von Entscheidungen 28

Zustimmung
- bei fehlender Bewilligungsbefugnis 144
- bei Rangänderung 356
- Rechtsnatur der – 117
- zur Bewilligung 313

Zustimmungsberechtigte 118

Zustimmungserfordernis
- des Nacherben 391

Zwangsmittel 41

Zwangsvollstreckungsvoraus-
setzungen
- Fehlen von – 298

Zwischenverfügung 273
- Aufhebung der – 309
- Bindung des GBA an – 308
- Inhalt der – 306
- Rangwahrung der – 310
- trotz Zurückweisungsgebots 304
- Wirkung der – 307

RECHTSPFLEGER STUDIENBÜCHER 1

Schriftleitung: Prof. Roland Böttcher

Grundbuchrecht

von
Prof. Dieter Eickmann (†) und
Prof. Roland Böttcher,
Hochschule für Wirtschaft und Recht Berlin,
6., völlig neu bearb. Auflage (Aug.) 2018
XIII und 217 Seiten
brosch. € [D] 39,–
ISBN 978-3-7694-1202-4

In 14 Fällen mit ausführlichen Lösungen wird das gesamte Spektrum des Grundbuchrechts behandelt:

Veräußerung von Grundstücken oder Teilen / GbR (neuer Fall 14!) / Grundpfandrechte / Dienstbarkeiten / Vorkaufsrecht / Erbbaurecht / Wohnungseigentum / Rangrecht / Teilung etc. / Grundbuchberichtigung / Amtswiderspruch und -löschung / Vor- und Nacherbschaft / Zwangshypothek / Pfändungen / Insolvenzeröffnung / Beteiligung von Minderjährigen, Betreuten.

Prof. Böttcher ist aufgrund seiner Erfahrung in Lehre und Praxis sowie zahlreichen Veröffentlichungen ein exzellenter Kenner der Materie.

Das Buch ist daher nicht nur ein vorzügliches Hilfsmittel für Studierende, sondern auch für Praktiker von besonderem Nutzen!*

* Eine optimale Ergänzung ist das Lehrbuch *Eickmann/Böttcher*, Grundbuchverfahrensrecht, 5. Aufl. 2019.

... Ihre Buchhandlung erwartet Sie!
www.gieseking-verlag.de